“十三五”职业教育国家规划教材

“十三五”全国航海类专业职业教育创新教材

海上货物运输

主　编　王　捷　王锦法　汪益兵

主　审　季永青

大连海事大学出版社

图书在版编目(CIP)数据

海上货物运输 / 王捷，王锦法，汪益兵主编 . — 大连：大连海事大学出版社，2019.11(2021.12 重印)
“十三五”全国航海类专业职业教育创新教材　“十二五”职业教育国家规划教材
ISBN 978-7-5632-3866-8

Ⅰ.①海…　Ⅱ.①王…　②王…　③汪…　Ⅲ.①海上运输—货物运输—职业教育—教材　Ⅳ.①U695.2

中国版本图书馆 CIP 数据核字(2019)第 257484 号

大连海事大学出版社出版

地址：大连市黄浦路523号　邮编：116026　电话：0411-84729665(营销部)　84729480(总编室)

http://press.dlmu.edu.cn　E-mail:dmupress@dlmu.edu.cn

大连金华光彩色印刷有限公司印装　大连海事大学出版社发行

2019 年 11 月第 1 版　2021 年 12 月第 2 次印刷
幅面尺寸:184 mm×260 mm　印张:30.25(另加彩页 1 幅)
字数:656 千　印数:2001~3000 册

出版人:刘明凯

责任编辑:张　华　责任校对:董洪英　刘长影
封面设计:张爱妮　版式设计:张爱妮

ISBN 978-7-5632-3866-8　定价:76.00 元

总　序

随着我国产业结构优化升级不断加快和经济发展质量不断提高，职业教育重要地位和作用越来越凸现。为了适应我国经济社会不断发展的需要，职业教育改革形势迫在眉睫。《国家职业教育改革实施方案》（国发〔2019〕4号）指出：改革开放以来，职业教育为我国经济社会发展提供了有力的人才和智力支撑，现代职业教育体系框架全面建成，服务经济社会发展能力和社会吸引力不断增强，具备了基本实现现代化的诸多有利条件和良好工作基础。

航海职业教育在我国航海人才培养板块中占举足轻重的地位，培养了大批水上运输技术技能人才。"十三五"以来，航海职业教育改革不断深化，航海专业课程教学与教材的推陈出新是提高海员专业素质的直接抓手。为此，全国交通运输职业教育教学指导委员会航海类专业指导委员会，组织各校航海类专家在"经全国职业教育教材审定委员会审定的'十二五'职业教育国家规划教材"基础上适当增加了其他课程教材，编写了"'十三五'全国航海类专业职业教育创新教材"。本套教材具有如下三个创新点：

其一，紧密结合轮机工程技术和航海技术两个专业的国家级教学资源库、专家教学研究成果等立体化数字资源。本套教材以二维码的形式将传统教材与资源库、教学研究成果有机结合，实现了教学方法上的创新性，便于学生自学和知识扩展。

其二，紧密结合国家有关船员职业培训新规定。本套教材内容紧扣《中华人民共和国海船船员适任考试和发证规则》及《海船船员培训大纲（2016版）》等文件，覆盖规则和大纲的全部内容。

其三，紧密结合前沿的生产技术和衔接新老编写团队工作。本套教材新增企业一线技术人员参与编写，将前沿的生产技术和管理资料应用到教学工作，并在"经全国职业教育教材审定委员会审定的'十二五'职业教育国家规划教材"基础上适当增加了其他课程教材，充分体现了知识和技能的实用性、先进性。

本套教材主要用作航海类院校相关专业学生学习用书，也可作为海船船员适任培训相关课程的学习资料。

全国交通运输职业教育教学指导委员会对本套教材的编写提出了许多好的建议。全国航海职教联盟和中国交通教育研究会职教分会专家库的专家们积极参与了有关教材的编写和审定。大连海事大学出版社为本套教材的出版做了大量的卓有成效的工作。在此一并表示衷心的感谢。

全国交通运输职业教育教学指导委员会

航海类专业指导委员会

2019年8月

编者的话

海上货物运输作为水路、公路、铁路、航空和管道五大交通运输体系中的第一大运输方式，承担了全球约90%的国际贸易运输量。随着全球经济一体化和国际贸易的发展，海上货物运输的船舶类别和货物种类趋于多样化和复杂化，海上人命安全、海洋环境保护的压力越来越大，航运业对海员在海上货物运输管理中的要求也越来越高。国际海事组织（IMO）已在其颁布的《1978年海员培训、发证和值班标准国际公约》马尼拉修正案中把"货物装卸和积载"列在海船船员适任标准的7项职能之中。

"海上货物运输"课程通过整合船舶原理、货物学、船舶结构等课程内容，以满足航海技术人才培养目标为目的，以真实的海上货物运输工作项目和任务为载体，通过校、企专家合作开发课程，以提高素质、传授知识、训练能力为目标，在理论知识的学习和实践技能的训练中培养学生一丝不苟的工作态度、精益求精的工匠精神和海员职业需要的安全环保意识，并使学生掌握海上货物运输的知识和技能。

本教材结合国际海事组织《1978年海员培训、发证和值班标准国际公约》马尼拉修正案，国家相关法律、法规，中华人民共和国海事局最新公布的《中华人民共和国海船船员适任考试大纲》中的"船舶结构与货运"科目考试大纲及我国航海类高职高专教学标准要求进行编写，并在教材相应的知识点附近放置了课程学习资源的二维码，供辅助学习。本教材紧跟国际法律、法规和国际先进货物运输技术，强调知识和技术的更新；注重专业技能的训练和船员适岗能力的培养，图文简明易懂，具有高等职业教育教材的特点。本教材可作为航海类院校相关专业学生学习用书和海船船员考证培训用书，也可以作为航运、港口、国际贸易等相关专业的教学和培训用书。

本教材共分五篇十九章，第一篇以满足海上货物运输工作所需的基本知识和技能为原则，按理论知识顺序依次为：船舶货运基础，船舶载货能力，船舶稳性，船舶吃水差，船舶强度，船舶抗沉性，包装危险货物运输，货物单元积载与系固。第二篇为件杂货运输，包括必需的专业知识和技能，按船舶运输种类分为：杂货船运输，集装箱船运输。第三篇为固体散装货物运输，按船舶运输种类分为：固体散装货物船运输，散装谷物船运输。第四篇为液体散装货物运输，按船舶运输种类分为：油船运输，散装液体化学品船运输，液化气体船运输。第五篇为特殊货物运输，按船舶运输种类分为：重大件船运输，冷藏货物船运输，木材船运输，其他特殊货物船运输等。

本教材由浙江海洋大学王捷、江苏海事职业技术学院王锦法、浙江国际海运职业技术学院汪益兵担任主编，浙江交通职业技术学院季永青担任主审。浙江海洋大学王捷编写第八、九、十六、十七、十八、十九章；浙江国际海运职业技术学院汪益兵编写第三、四、五章，陈亚飞编写第一、二、七章；南通航运职业技术学院范育军编写第十一、十二章;山东交通学院航海学院周兆欣编写第六、十三、十四、十五章;江苏海事职业技术学院王锦法编写第十章。同时,本教材的编写得到香港东方海外货柜航运有限公司、舟山海峡轮渡集团有限公司、舟山万邦液货运输培训有限公司等单位及其他同行的支持与帮助,在此表示衷心的感谢。

限于编者的时间和水平,书中难免有不足和不当之处,敬请读者批评指正。

编 者

2019 年 8 月

目　录

第一篇　船舶货运基础

第二篇　件杂货运输

第三篇　固体散装货物运输

第四篇　液体散装货物运输

第五篇　特殊货物运输

第一篇　船舶货运基础

海上货物运输是国际、国内货物运输的主要方式，国际贸易中约90%的货物运输是通过船舶实现的。本篇主要介绍涉及船舶运输的基础知识，如船舶和货物基础知识，船舶装载能力、稳性、吃水差、强度和抗沉性等运输性能，包装危险货物运输、货物单元积载与系固等内容。

第一章

船舶货运基础

船舶和货物基础知识是船舶货物运输课程的基本内容，是学习其他各章内容的基础和前提。本章针对性地介绍了与货物运输有关的船舶基础知识、货物基础知识和有关货物运输的国际公约、规则和国内法规，以使我们了解、掌握与船舶和货物有关的基本知识，保证船舶和货物的运输安全。

第一节　与船舶货运有关的船舶知识

船舶是完成海上货物运输的主要工具。我国《海商法》中船舶的定义为：船舶是指海船和其他海上移动式装置，但是用于军事的、政府公务的船舶和20 t以下的小型船艇除外。

一、船舶尺度及船型系数

（一）船舶尺度

按照不同的用途，船舶尺度主要可分为三种：船型尺度、登记尺度和船舶最大尺度。三种船舶尺度如图1-1所示。

1. *船型尺度*（Moulded Dimension）

船型尺度是我国《钢质海船入级规范》中定义的船舶尺度，即从船体型表面上量取的尺度，也称理论尺度和计算尺度。船舶许多性能的理论计算和一些主要的船舶图纸均使用船型尺度。

（1）船长 L_{BP}（Length Between Perpendiculars）

船长 L_{BP} 也叫型长，是沿设计夏季载重水线，由艏柱前缘（Fore Perpendicular）量至舵柱后缘（Aft Perpendicular）的长度；对于无舵柱的船舶，L_{BP} 为由艏柱前缘量至舵杆中

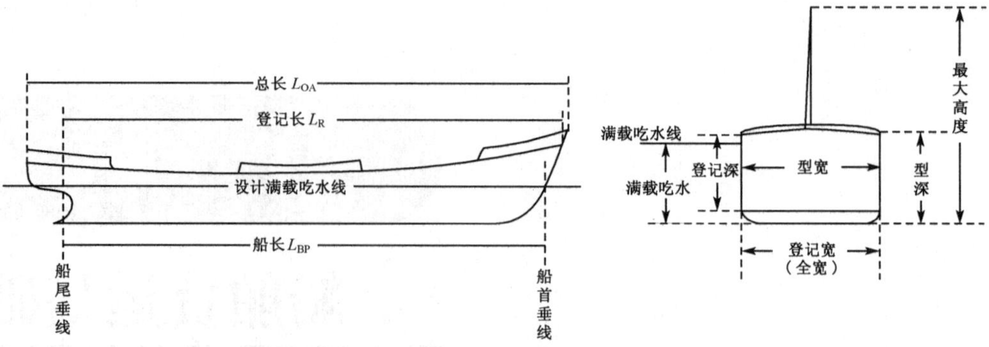

图 1-1　船舶尺度

心线的长度，即艏、艉垂线间的长度，以上长度均不得小于设计夏季载重水线总长的96%，且不必大于97%。

(2) 型宽 B(Moulded Breadth)

型宽 B 是在船体的最宽处，由一舷的肋骨外缘量至另一舷的肋骨外缘的水平距离。

(3) 型深 D(Moulded Depth)

型深 D 是在船长中点处，由平板龙骨上缘量至干舷甲板横梁上缘的垂直距离；对于甲板转角为圆弧形的船舶，则由平板龙骨上缘量至甲板型线与船舷型线的交点。

(4) 型吃水 d(Moulded Draft)

型吃水 d 是在船长中点处，由平板龙骨上缘量至夏季载重水线上缘的垂直距离。船舶在正浮时，其型吃水和实际吃水仅相差平板龙骨厚度。

通常用船长 L_{BP}×型宽 B×型深 D 表示船体外形的大小，这三个尺度称为船舶主尺度。

2. 登记尺度(Register Dimension)

登记尺度是《海船吨位丈量规范》中定义的船舶尺度，主要用于船舶登记、丈量和计算船舶吨位，故称登记尺度。

(1) 登记长 L_R(Register Length)

登记长 L_R 是指量自龙骨板上缘的最小型深85%处水线长度的96%，或沿该水线从船首柱前缘量至上舵杆中心的长度，取两者中较大者。

(2) 登记深 D_R(Register Depth)

登记深 D_R 是指在登记长 L_R 中点船舷处从平板龙骨上表面量至上甲板下表面的垂直距离。有双层底的船舶则由内底板上缘量起，若内底板上有木铺板，则量自木铺板上缘。

(3) 登记宽 B_R(Register Breadth)

登记宽 B_R 是指登记长 L_R 中点处的最大宽度。对于金属外板的船舶，其宽度量至两舷的肋骨型线。

3. 船舶最大尺度(Overall Dimension)

船舶最大尺度是指船舶在停靠码头,进坞,过船闸、桥梁、架空电线、狭窄航道及船舶避碰操纵时所使用的尺度。

(1)总长 L_{OA}(Length Overall)

总长 L_{OA} 是指包括两端上层建筑在内的船体型表面最前端与最后端之间的水平距离。

(2)最大船长 L_{max}(Maximum Length)

最大船长 L_{max} 是指船舶最前端与最后端之间包括外板和两端永久性固定突出物(顶推装置等)在内的水平距离。

(3)最大船宽 B_{ext}(Extreme Breadth)

最大船宽 B_{ext} 是指包括外板和永久性固定突出物(护舷材、水翼等)在内的垂直于中线面的船舶最大水平距离。

(4)最大高度 H_{max}(Maximum Height)

最大高度 H_{max} 是从船舶的龙骨下边垂直量至船舶固定建筑物(固定的桅、烟囱等在内的任何构件)最高点的距离;净空高度(Air Height)等于最大高度减去吃水。

(二)船型系数

船型系数主要用来表示船体的几何特征,它随船舶吃水变化,在一定程度上反映船舶性能的优劣。船舶设计部门将常见的船型系数随吃水变化的曲线绘制在静水力曲线图中,以备查用。船型系数具体包括:

1. 水线面系数(Waterplane Coefficient)

水线面系数 C_w 是水线面面积 A_w 与船长 L_{BP} 和型宽 B 确定的矩形面积之比,如图1-2所示。

$$C_w = \frac{A_w}{L_{BP} \cdot B} \tag{1-1}$$

C_w 值的大小表示水线面形状的肥瘦程度。

2. 中横剖面系数(Midship Section Coefficient)

中横剖面系数 C_m 是在 $L_{BP}/2$ 处水线下横剖面(即中横剖面)面积 A_m 与型宽 B 和型吃水 d 确定的矩形面积之比,如图1-3所示。

$$C_m = \frac{A_m}{B \cdot d} \tag{1-2}$$

C_m 值的大小表示中横剖面形状的肥瘦程度。

3. 方形系数(Block Coefficient)

方形系数 C_b 是船体的型排水体积 ∇_M 与船长 L_{BP}、型宽 B 和型吃水 d 确定的长方形体积之比,如图1-4所示。

$$C_b = \frac{\nabla_M}{L_{BP} \cdot B \cdot d} \tag{1-3}$$

方形系数又称排水量系数，C_b 值的大小表示水线下船体形状的肥瘦程度。

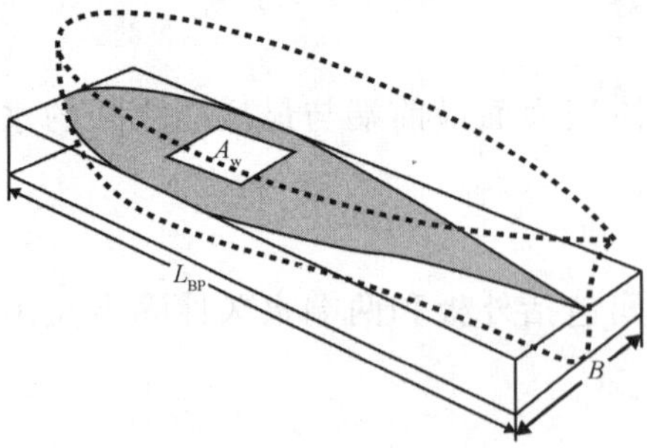

图 1-2　水线面系数 C_w

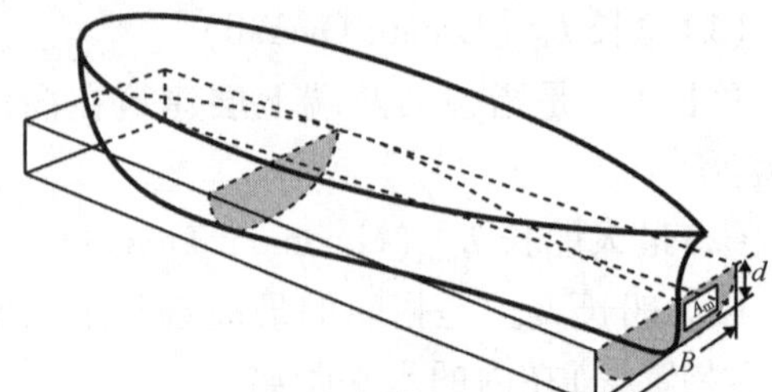

图 1-3　中横剖面系数 C_m

4. 棱形系数(Longitudinal Prismatic Coefficient)

棱形系数 C_p 是船体的型排水体积 ∇_M 与船长 L_{BP} 和中横剖面面积 A_m 之积的比值，如图 1-5 所示。

$$C_p = \frac{\nabla_M}{L_{BP} \cdot A_m} \tag{1-4}$$

棱形系数又称纵向棱形系数，C_p 值的大小表示水线下船体形状沿纵向分布的情况。

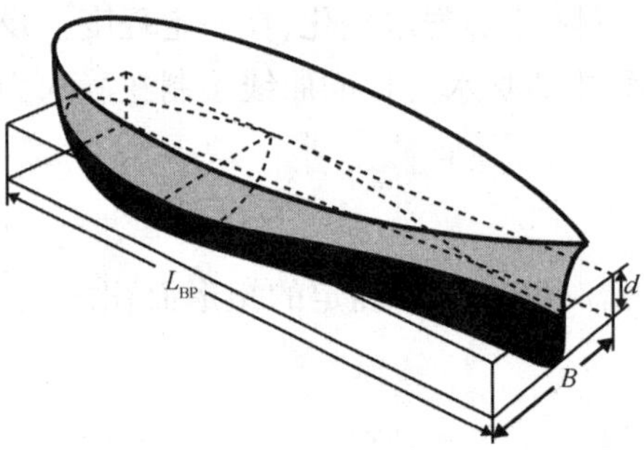

图 1-4　方形系数 C_b

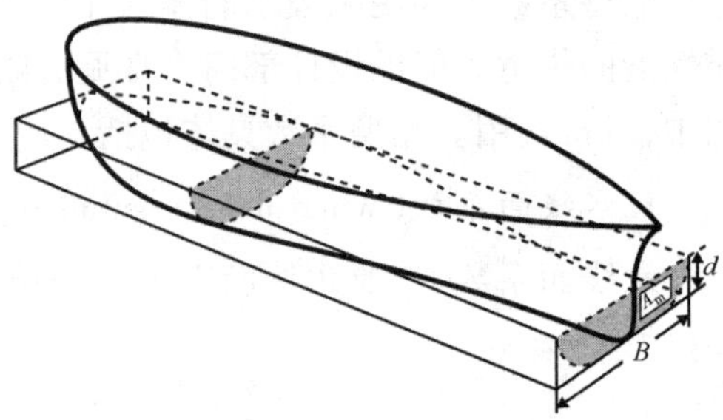

图 1-5　棱形系数 C_p

5. 垂向棱形系数(Vertical Prismatic Coefficient)

垂向棱形系数 C_{vp} 是船体的型排水体积 ∇_M 与型吃水 d 和水线面面积 A_w 之积的比值，如图 1-6 所示。

$$C_{vp} = \frac{\nabla_M}{A_w \cdot d} \tag{1-5}$$

C_{vp} 值的大小表示水线下船体形状沿垂向分布的情况。

二、船舶浮性

船舶在各种装载情况下，保持一定的浮态，漂浮于水面一定位置的能力，称为船舶

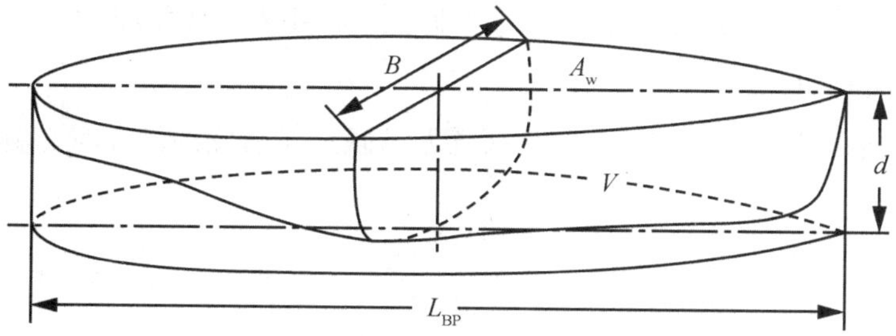

图 1-6　垂向棱形系数 C_{vp}

的浮性；浮性是船舶最基本的性能，任何船舶都具备一定的浮性。

（一）船舶在静水中的平衡条件

任何物体浸入水中时，都将受到两个力的作用：一个是垂直向下的重力（Gravity），重力的作用中心为重心 G（Center of Gravity），重心为物体所有重量的作用点，重力的方向垂直向下，大小等于该物体的重量；另一个是作用于物体周围的水压力，这种水压力的合力称为浮力（Buoyancy，即排水量），浮力的作用中心为浮心 B（Center of Buoyancy），浮心为物体排水体积的几何中心，浮力的方向垂直向上，大小等于该物体所排开同体积水的重量。

船舶的平衡条件：船舶在静水中受到重力和浮力的作用，船舶的重力和浮力相等并作用在同一铅垂线上时，船舶达到平衡并浮于水面。物体在水中是下沉还是上浮，完全取决于物体的重力和浮力的平衡关系。如果重力大于浮力，物体就下沉；相反，如果浮力大于重力，物体就上浮。

（二）船舶浮态

船舶坐标系：本教材采用的坐标系的中心点 O 为船中纵剖面、中横剖面及龙骨基准面的交点。平面坐标系建立在龙骨基准面上，纵向坐标轴 X 轴正方向指向船首，横向坐标轴 Y 轴正方向指向船舶右舷，垂向坐标轴 Z 轴正方向垂直指向船舶上方，如图 1-7 所示。

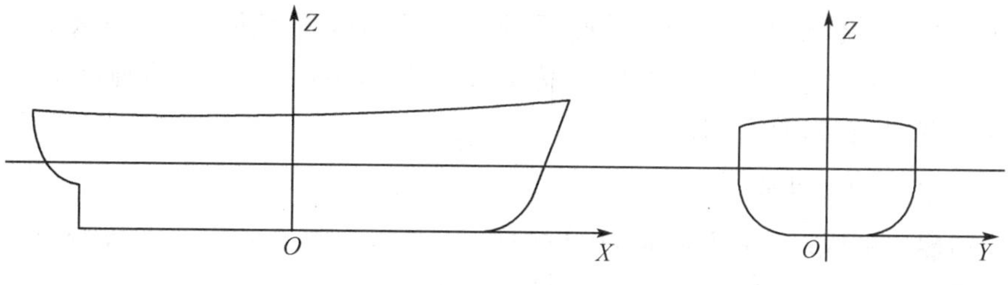

图 1-7　船舶坐标系

浮态即船舶的漂浮状态，是船舶在静水中平衡时与静水平面的相对位置。在给定船舶重量、重心的条件下，船舶浮态的确定，实际上只与排水体积和浮心坐标这两个要素有关。船舶浮态有正浮、横倾、纵倾、任意倾(横倾与纵倾兼有)四种。

1. 正浮(Upright)

船舶的基平面与静水平面平行,而且既无纵倾又无横倾的漂浮状态称为正浮状态,如图 1-8 所示。

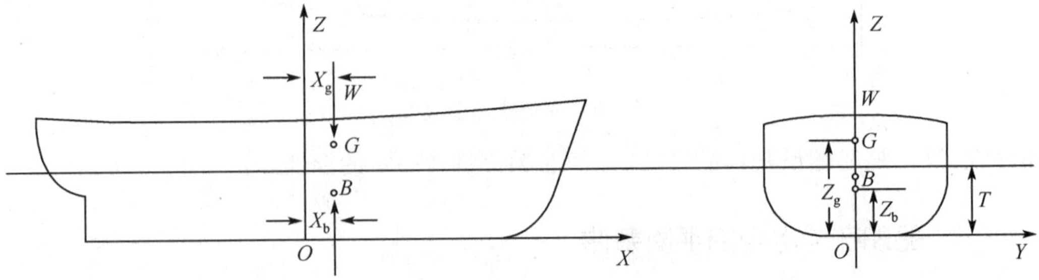

图 1-8　船舶正浮状态

2. 横倾(List)

船体沿船底的纵轴 OX 与静水平面平行,而横轴 OY 是倾斜的,船中纵剖面与铅垂平面成一角度 θ,这种漂浮状态称为横倾状态,角度 θ 称为横倾角(Angle of List)。横倾状态有右倾和左倾两种,右倾状态如图 1-9 所示。

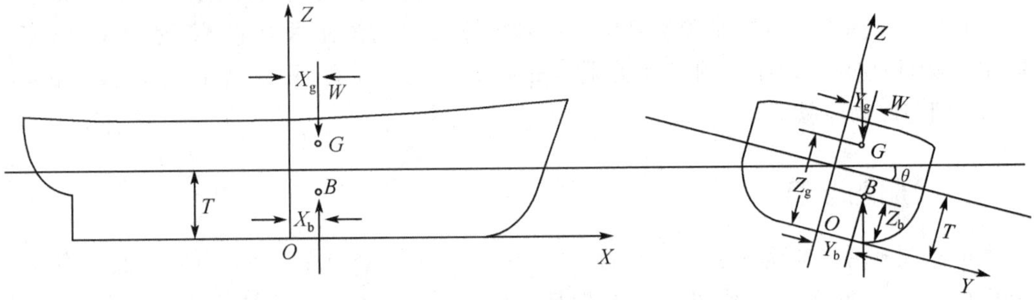

图 1-9　船舶右倾状态

3. 纵倾(Trim)

船体沿船底的横轴 OY 与静水平面平行,而纵轴 OX 是倾斜的,与静水平面成角度 φ,这种漂浮状态称为纵倾状态,角度 φ 称为纵倾角(Trim Angle)。纵倾状态有艉倾和艏倾两种,艏倾状态如图 1-10 所示。

4. 任意倾(List & Trim)

船体沿船底的纵轴 OX 和横轴 OY 同时倾斜,其倾斜的角度分别为纵倾角 φ 和横倾角 θ,这种漂浮状态称为任意倾状态,如图 1-11 所示。

船舶的正浮状态是一种特殊的状态。一般情况下,船舶浮于水面总是存在一定的横倾和纵倾。从船舶安全角度来说,船舶在装卸货物、航行和停泊时,应保持船舶无横倾。另外,为提高航行速度和船舶操纵性能,适当的艉倾是必要的。

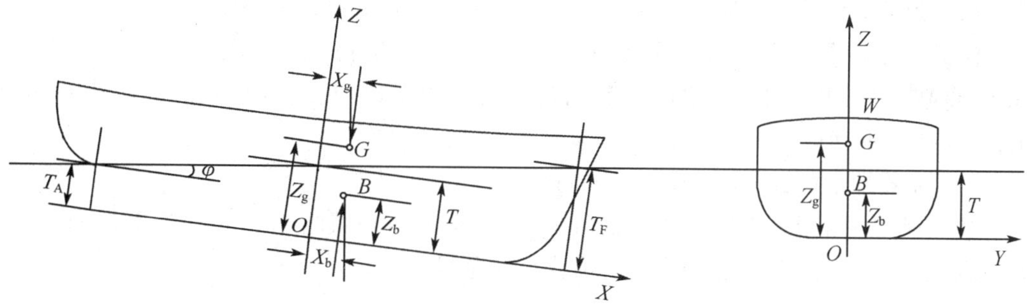

图 1-10　船舶艏倾状态

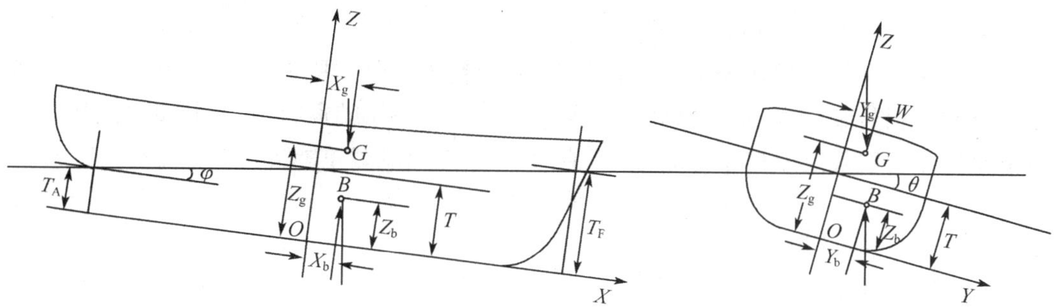

图 1-11　船舶纵向艏倾、横向右倾状态

三、船舶的容重性能

(一)船舶重量性能衡量指标

船舶重量性能衡量指标包括排水量和载重量,其计量单位为吨(t)。

1. 船舶排水量(Displacement)

船舶排水量是指船舶自由漂浮于静水中,保持静态平衡时,船体水线下体积所排开同体积水的重量。按照阿基米德定律,其计算公式为:

$$\Delta = \rho \cdot V \tag{1-6}$$

式中:Δ——船舶排水量,t;

V——船体排开水的体积,m^3;

ρ——水的密度,t/m^3。

船舶排水量可分为:

(1)空船排水量 Δ_0(或 Δ_L)(Light Displacement)

空船排水量是指船舶的空船重量,包括船体、船机、锅炉、各种设备、锅炉中的燃料和水、冷凝器中的淡水等的重量的总和。新船的空船排水量是一个定值,其值可从船舶资料中查得。

(2)满载排水量Δ_S(Deep Displacement or Full Loaded Displacement)

满载排水量是指空船排水量加上全部可变载荷(货物、航次所需的燃料、淡水、压载水、食物、船员和行李、其他供应品和备品及船舶常数)后吃水达到满载水线时的重量,通常指夏季满载排水量。

(3)装载排水量Δ(Load Displacement)

装载排水量是指船舶装载后吃水介于空船吃水与满载吃水之间的排水量,其值为该装载状态下空船、货物、航次储备、压载水等重量之和。

2. 船舶载重量

船舶载重量是指船舶载重能力的大小,具体可分为:

(1)总载重量(Deadweight,DW)

总载重量是指船舶在任意吃水状况下所能装载的最大重量,包括货物、燃物料、淡水、压载水、船员和行李、供应品和备品及船舶常数。在船舶资料中,总载重量是指船舶满载排水量与船舶空船排水量之差,其值为定值,是船舶载重能力的重要指标。

$$DW = \Delta - \Delta_0 \tag{1-7}$$

式中:DW——总载重量,t;

Δ——船舶满载排水量,t;

Δ_0——船舶空船排水量,t。

航次总载重量的大小随船舶排水量的变化而变化,与航行区域、航行季节和港口航道的水深等有关。

(2)净载重量(Net Deadweight,NDW)

净载重量是指船舶在具体航次中所能装载货物的最大重量,总载重量确定后,还与航次总储备量和船舶常数有关。其值等于总载重量与航次总储备量和船舶常数之差:

$$NDW = DW - \sum G - C \tag{1-8}$$

式中:NDW——净载重量,t;

$\sum G$——航次总储备量(Restores for Voyage),t;它由粮食、供应品、船员、行李及船员备品的重量G_1(即固定储备量),加上燃料和淡水的储备重量G_2(即可变储备量)组成;

C——船舶常数(Ship's Constant),t;它是指船舶经过一段时间营运后的实际空船重量与船舶新出厂时的空船重量的差值。

(二)船舶重量性能衡量指标的用途及其相互关系

排水量可以用来计算船舶的载重量;在造船时,依据排水量吨位可知该船的重量;在统计军舰的大小和舰队时,一般以排水量为准;军舰通过巴拿马运河,以实际排水量作为收费的依据。

总载重量表示船舶载重能力的大小,而净载重量表示船舶载货重量能力的大小。它们都是海上货物运输管理中计算航次货运量的依据。

综上所述,船舶重量性能的衡量指标相互关系如下:

- 满载排水量
  - 空船排水量
  - 总载重量
    - 航次总储备量
    - 船舶常数

(三)船舶容量性能衡量指标

船舶的装载能力除受船舶的载重性能限制外,还受船舶容积性能的限制。船舶容量性能表示船舶装载多少体积货物的能力,其计量单位为立方米(m^3)。船舶容量性能衡量指标有舱柜容积、船舶登记吨位、舱容系数及甲板货位等。

1. 舱柜容积(Compartment Capacity)

舱柜容积是指船舶各液、货舱的总容积或其中任一液、货舱的单舱容积。其一般是指货舱散装舱容、货舱包装舱容、液货舱容、液舱舱容。

(1)货舱散装舱容(Grain Capacity)

货舱散装舱容是指船舶货舱能装散货的容积。它包括舱口围在内,量自内底板或舱底板上面、舱壁板表面、甲板和外板之内面,是型容积扣除舱内骨架、支柱、货舱护板、通风筒等所占空间后而得的船舶各货舱的总容积或其中任一货舱的单舱容积。

(2)货舱包装舱容(Bale Capacity)

货舱包装舱容是指船舶货舱能装包装件货的容积。它包括舱口围在内,量自内底板或舱底板上面、横梁或甲板纵骨的下缘、肋骨或舷侧纵内缘、横舱壁骨架的自由翼缘或量自货舱护板的表面,是型容积扣除舱内支柱、通风筒等所占空间后而得的船舶各货舱的总容积或其中任一货舱的单舱容积。一般货舱的包装容积比散装容积少5%~10%。在运输件杂货时,均使用包装舱容。

(3)液货舱容(Liquid Cargo Capacity)

液货舱容是指船舶货舱能装液体货物的容积。

(4)液舱舱容(Tank Capacity)

液舱舱容是指船舶液舱能装船用燃料、淡水、压载水等的容积。

在船舶稳性报告书中有舱容图(Capacity Plan)、货舱容积表和液舱容积表,驾驶人员可利用这些资料直接查取有关舱柜容积的具体数据。

(5)甲板货位

对于某些种类的船舶,如集装箱船、木材运输船及部分杂货船,允许或适合在上甲板装载一定数量的货物,但甲板货位受到船舶稳性、安全瞭望、货物系固及甲板强度等方面的限制。集装箱船甲板可用货位与舱内容积之比为1∶2~1∶1,而木材船甲板可用货位与舱内容积之比约为1∶1。

2. 船舶登记吨位(Registered Tonnage)

船舶登记吨位是指按照《1969年国际船舶吨位丈量公约》(以下简称《吨位公约》)或各国制定的丈量规范的规定,以吨位表示船舶大小的船舶容积。船舶登记吨位分总吨位和净吨位,均由船舶设计部门计算,并列入船舶资料中。我国是按照 1992 年并经 2011 年修正的《海船法定检验技术规则》(以下简称《法定规则》)中"吨位丈量"的规定来确定船舶登记吨位的。

(1)总吨位(Gross Tonnage,GT)

①定义

总吨位是按照《吨位公约》或各国制定的丈量规范丈量确定的船舶总容积。对于船长不小于 24 m 的国际航行海船,总吨位 GT 的计算公式如下:

$$GT = K_1 \cdot V \tag{1-9}$$

式中:K_1——系数,$K_1 = 0.2 + 0.02\lg V$;

V——船舶所有围蔽处所的容积,m^3。

②总吨位的主要用途

i. 表明船舶规模的大小及作为船舶营运能力的统计单位。

ii. 作为计算船舶净吨位之基准。

iii. 作为计算海事赔偿及船舶某些港口使费之基准。

iv. 作为船舶等级划分及计算船舶建造、买卖、租赁费用之基准。

v. 作为船舶登记、检验及丈量等的收费标准。

(2)净吨位(Net Tonnage,NT)

①定义

净吨位是按照《吨位公约》或各国制定的丈量规范丈量确定的船舶实际用作载货、载客的有效容积。对于船长不小于 24 m 的国际航行海船,净吨位 NT 的计算公式如下:

$$NT = K_2 \cdot V_c \left(\frac{4d}{3D}\right)^2 + K_3 \left(N_1 + \frac{N_2}{10}\right) \tag{1-10}$$

式中:V_c——船舶各载货处所的总容积,m^3;

K_2——系数,$K_2 = 0.2 + 0.02\lg V_c$;

K_3——系数,$K_3 = 1.25\,\dfrac{GT + 10\,000}{10\,000}$;

D——船长中点处的型深,m;

d——船长中点处的型吃水,m;

N_1——不超过 8 个铺位的客舱中的乘客数;

N_2——其他乘客数;

$N_1 + N_2$——船舶乘客定额证书中核定的乘客总数,$N_1 + N_2$ 小于 13 时,N_1 及 N_2 均取零。

其中:i. 因素 $\left(\frac{4d}{3D}\right)^2$ 应不大于 1;

ii. $K_2 \cdot V_c \left(\frac{4d}{3D}\right)^2$ 应不小于 $0.25GT$;

iii. NT 应不小于 $0.30GT$。

②净吨位的主要用途

作为计算船舶各种港口使费或税金之基准，如港务费、引航费、灯塔费、码头费、进坞费、吨税等。

“船舶吨位证书”中的总吨位和净吨位的数值应采用整数，不计小数点后的数值，只填写数字，数字后面没有单位“吨”。

（3）运河吨位（Canal Tonnage）

运河吨位是船舶按运河当局制定的船舶吨位丈量规范而量取的吨位。运河当局颁发的运河吨位证书长期有效，运河当局以此为基准征收运河通航费。运河吨位主要有苏伊士运河吨位和巴拿马运河吨位。同一船舶运河总吨位和运河净吨位一般比该船对应的总吨位和净吨位大。各种吨位的数值对比如表 1-1 和表 1-2 所示：

表 1-1　各种登记吨位的数值对比

总吨位 *GT*	净吨位 *NT*	苏伊士运河吨位		巴拿马运河吨位	
		总吨位 *GT*	净吨位 *NT*	总吨位 *GT*	净吨位 *NT*
10 774	6 134	11 127.52	8 957.65	11 480.66	8 464.39

表 1-2　各种吨位的数值对比

吨位	杂货船	集装箱船	散货船	油船
净吨位	5 000	8 000	25 000	73 000
总吨位	7 500	15 600	36 000	85 000
载重吨位	12 500	17 000	54 000	190 000
排水吨位	18 000	23 000	72 000	220 000

3. 舱容系数（Coefficient of Load）

舱容系数是船舶载货性能的重要指标，指船舶货舱的总容积与船舶净载重量之比，即每一个净载重吨所占有的货舱容积。

$$\mu = \frac{\sum V_{ch}}{NDW} \tag{1-11}$$

式中：μ——舱容系数，m^3/t；

$\sum V_{ch}$——船舶货舱的总容积，m^3；取包装容积（杂货船）或散装容积（散货船）；

NDW——船舶净载重量，t。

这里，船舶净载重量是指船舶在设计吃水并按最大续航力配备燃油、淡水、供应品等情况下的数值，它是一个固定值。

舱容系数又称船舶载货容积系数或全船积载因数，是表征船舶适宜装轻货或重货的重要容积性能系数。舱容系数较大的船舶适于装轻货，舱容系数较小的船舶适于装重货。一般杂货船的舱容系数均在 1.5 m^3/t 以上，有的可达 1.8~2.1 m^3/t。

四、船舶吃水

船舶吃水表示船体在水线面以下的深度。船体前、后垂直的深度，分别叫艏吃水和艉吃水；中间的垂直深度，为舯吃水。

（一）船舶吃水标志及识读

船舶吃水标志（Draft Marks）又叫水尺，它由绘在船首（Bow）、船尾（Stern）及船中（Amidships）两侧船壳上的六组数据组成，俗称六面水尺。

水尺采用米制时，用阿拉伯数字标绘，每个数字的高度为 10 cm，上下两数字的间距也是 10 cm，并自数字下缘起算，如图 1-12(a)所示。

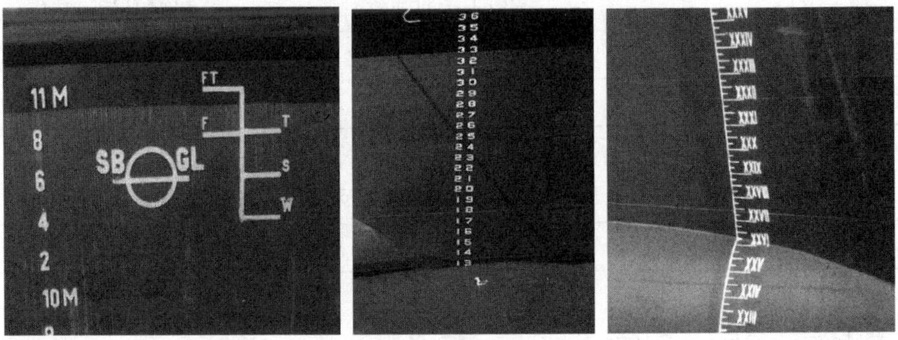

(a)　(b)　(c)

图 1-12　船舶吃水标志

水尺采用英制时，用阿拉伯数字或罗马数字标绘，每个数字高度为 6 in，上下两数字的间距也是 6 in，也自数字下缘起算，如图 1-12(b)和 1-12(c)所示。英制与米制的转换：1 ft = 0.304 8 m。

观测船舶吃水时，应根据实际水线在水尺上的位置，按比例取其读数。当有波浪时，应取其最高和最低时读数的平均值。为方便地读取船舶六面水尺，有些大型船舶设有吃水指示系统（Draft Indicating System），可以在驾驶台或其他位置的指示面板上直接读取艏、舯、艉吃水。

（二）船舶平均吃水及计算

船舶平均吃水（Mean Draft）是指船舶正浮状态时的吃水值，它用于查取船舶有关参数。但当船舶存在纵倾或横倾及纵向变形时，就须将艏、舯、艉各吃水值换算成一个与正浮状态相等的吃水值，即平均吃水（又称等容吃水），才能查取有关参数。船舶各种浮态时的平均吃水的计算方法如下：

1. 正浮

船舶正浮时六面吃水都相同，即可以用任一处吃水替代平均吃水。

$$d_{M} = d_{F} = d_{\otimes} = d_{A} \tag{1-12}$$

式中：d_{M}——船舶平均吃水，m；

d_{F}——艏吃水，m；

$d_{\otimes}$——舯吃水，m；

d_{A}——艉吃水，m。

2. 横倾（无纵倾）

船舶横倾时左右吃水不同，其平均吃水为：

$$d_{M} = \frac{d_{FP} + d_{FS}}{2} = \frac{d_{\otimes P} + d_{\otimes S}}{2} = \frac{d_{AP} + d_{AS}}{2} \tag{1-13}$$

式中：d_{FP}，d_{FS}——船舶左、右艏吃水，m；

$d_{\otimes P}$，$d_{\otimes S}$——船舶左、右船中吃水，m；

d_{AP}，d_{AS}——船舶左、右艉吃水，m。

3. 纵倾（无横倾）

船舶纵倾时艏、艉吃水不同，其平均吃水为：

$$d_{M} = \frac{d_{F} + d_{A}}{2} + \frac{t \cdot X_{f}}{L_{BP}} \tag{1-14}$$

式中：t——船舶吃水差，m，吃水差为艏吃水减去艉吃水，即 $t = d_{F} - d_{A}$；

X_{f}——正浮水线漂心纵坐标，m；

L_{BP}——船舶型长，m；

$\frac{t \cdot X_{f}}{L_{BP}}$——船舶平均吃水的纵倾修正量，m。

当漂心在船中（即 $X_{f} = 0$）时，船舶平均吃水为艏、艉吃水的平均值。

4. 任意倾

当船舶同时存在横倾和纵倾时，其平均吃水为：

$$d_{M} = \frac{d_{FP} + d_{FS} + d_{\otimes P} + d_{\otimes S} + d_{AP} + d_{AS}}{6} + \frac{t \cdot X_{f}}{L_{BP}} \tag{1-15}$$

式中，吃水差 t 为：

$$t = \frac{d_{FP} + d_{FS}}{2} - \frac{d_{AP} + d_{AS}}{2}$$

5. 船体有拱垂变形时平均吃水的计算

上述公式求取船舶平均吃水时均将船体视为刚体，而实际上船体为一弹性体。船舶在某一浮态下会存在纵向弯曲变形，按上述方法求得的平均吃水与实际平均吃水相比存在一定误差，应予以修正。考虑拱垂变形影响后，船舶平均吃水可按下式计算：

$$d_M = \frac{d_F + 6d_{\text{⊗}} + d_A}{8} + \frac{t \cdot X_f}{L_{BP}} \tag{1-16}$$

在实际装载状态时,船舶的实际艏、舯、艉吃水是通过水尺标志读取的,因此,船舶在各种浮态下的平均吃水可以通过上述方法求得。

(三)舷外水密度改变对船舶吃水的影响及修正

水密度不同的水域,同一条船舶在排水量不变的情况下,由于舷外水密度的改变,船舶所排开水的体积不一样,因此船舶的吃水也不一样。其吃水变化值的求取方法主要有以下几种:

1. 载重表尺直接查取

载重表尺图表中列出了不同水密度时排水量与平均吃水的关系,可根据排水量和舷外水密度值查出相应的平均吃水。

2. 用公式计算

公式1:当船舶由水密度 ρ_1 水域进入水密度 ρ_2 水域时,舷外水密度变化引起的平均吃水变化量为:

$$\delta d = \frac{\Delta}{100TPC}\left(\frac{\rho_{海}}{\rho_2} - \frac{\rho_{海}}{\rho_1}\right) \tag{1-17}$$

式中:δd——舷外水密度变化引起的平均吃水变化量,m;

Δ——船舶进新水域前的排水量,t;

TPC——船舶平均型吃水改变1 cm所引起排水量的变化值,t/cm,这里指船舶进新水域前的每厘米吃水吨数;

$\rho_{海}$——标准海水密度,即1.025 t/m^3;

ρ_1——原水域水密度,t/m^3;

ρ_2——新水域水密度,t/m^3。

TPC 被广泛地在货物运输中使用,*TPC* 值可在静水力曲线图、载重表尺及静水力参数表中查取,也可以通过计算方法求得,即

$$TPC = 0.01\rho \cdot A_w \tag{1-18}$$

式中:ρ——舷外水密度,t/m^3;

A_w——水线面面积,m^2。

船员可通过观察平均吃水的变化,使用装卸前后的平均 *TPC* 值来计算货物的装卸量:

$$\delta d = \frac{P}{100TPC} \tag{1-19}$$

式中:δd——平均吃水改变量,m;

P——货物装卸量,t;当卸货时,取负值;载荷变化量小于排水量的10%时,计算较为准确。

公式 2：当船舶由标准海水（$\rho_{海}=1.025\ t/m^3$）进入标准淡水（$\rho_{淡}=1.000\ t/m^3$）水域时，其平均型吃水增加量值称为淡水水尺超额量，用 *FWA*（Fresh Water Allowance）表示：

$$FWA=\frac{\Delta}{4\,000TPC}(m) \tag{1-20}$$

公式 3：当船舶由标准海水进入水密度为 $1.000\ t/m^3<\rho<1.025\ t/m^3$ 的水域时，其平均吃水增加量值称为半淡水水尺超额量 SFWA（Semi Fresh Water Allowance），即

$$\delta d\approx(41-40\rho)FWA \tag{1-21}$$

例 1-1：已知某船排水量 $\Delta=18\,000$ t，到上海港前在海水中的吃水 $d_{海}=8.6$ m，$\rho_{海}=1.025\ t/m^3$，$TPC=25$ t/cm。上海港水密度 $\rho_2=1.010\ t/m^3$，求该船驶入上海港后的吃水。

解：将已知数据代入公式得：

$$\delta d=\frac{\Delta}{100TPC}\left(\frac{\rho_{海}}{\rho_2}-\frac{\rho_{海}}{\rho_{海}}\right)=\frac{18\,000}{100\times25}\left(\frac{1.025}{1.010}-\frac{1.025}{1.025}\right)\approx0.11(m)$$

船驶入上海港后的吃水 $d_2=d_{海}+\delta d=8.6+0.11=8.71(m)$

答：该船驶入上海港后的吃水为 8.71 m。

公式 4：近似计算不同水密度时的平均吃水改变量：

$$d_2\approx\frac{d_1\cdot\rho_1}{\rho_2} \tag{1-22}$$

式中：d_1——原平均吃水，m；

d_2——新平均吃水，m；

ρ_1——原水域水密度，t/m^3；

ρ_2——新水域水密度，t/m^3。

例 1-2：已知某船排水量 $\Delta=18\,000$ t，到上海港前在海水中的吃水 $d_{海}=8.6$ m，$\rho_{海}=1.025\ t/m^3$，$TPC=25$ t/cm。上海港水密度 $\rho_2=1.010\ t/m^3$，求该船驶入上海港后的吃水。

解：将已知数据代入公式：

$$d_2\approx\frac{d_{海}\cdot\rho_{海}}{\rho_2}=\frac{8.6\times1.025}{1.010}\approx8.73(m)$$

答：该船驶入上海港后的吃水为 8.73 m。

比较两种计算公式可知，近似计算公式得出的吃水增大 2 cm。

五、船舶静水力资料及应用

静水力曲线图、载重表尺、静水力参数表作为重要的船舶技术资料被广泛地运用于海上货物运输计算中，具体内容有：

(一)静水力曲线图及应用

静水力曲线图(Hydrostatic Curve)是表示船舶在静水正浮状态下,有关船舶浮性要素、初稳性要素、船型系数等与船舶吃水有关的一组曲线。它是由船舶设计部门绘制,供营运船舶使用的一张重要技术资料图,如图 1-13 所示。

图中的纵坐标表示船舶的平均型吃水(m),横坐标表示各条静水力曲线的计量长度(cm)。

静水力曲线图的查取方法:当求取其中某一静水力曲线数值时,先根据船舶的平均型吃水(m)查出相对应曲线的横坐标数值,再根据静水力曲线上每厘米计量单位代表的不同单位的数值求出该静水力曲线数值。查取时,各曲线厘米数的起算点可分为三种情况:(1)坐标系原点,适用于除漂心纵向坐标(X_f)和浮心纵向坐标(X_b)以外的其他曲线;(2)以符号⊠表示的船中,适用于 X_f 曲线和 X_b 曲线;(3)在不同的厘米数处直接标出小于 1 的系数,适用于船型系数曲线。

1. 浮性参数曲线

浮性参数曲线包括:

(1)排水体积曲线(Volume of Molded Displacement Curve)

排水体积曲线表示船舶的型排水体积(m^3)随平均型吃水增加而增大的规律。型排水体积∇_M未包括水线以下部分船壳及附体(螺旋桨、舵、舭龙骨等)的体积,而实际排水体积∇(Volume of Real Displacement Curve)应为型排水体积与水线下船壳及附体体积之和,一般将型排水体积乘以船壳系数 k(一个大于 1 的系数)得到实际排水体积,即$\nabla = k \cdot \nabla_M$。

(2)排水量曲线(Displacement Curve)

排水量曲线表示船舶的排水量(t)随平均型吃水增加而增大的规律。排水量分淡水排水量(Fresh Water Displacement)和海水排水量(Salt Water Displacement)。

(3)浮心距船中距离曲线(Longitudinal Center of Buoyancy from Midship)

浮心距船中距离曲线简称 X_b 曲线,表示船舶浮心距船中距离随平均型吃水增加而变化的规律。我国规定浮心 B 在船中前为(+),在船中后为(-)。该值由船中向前、后读取。有些国家浮心纵向位置用其距艉垂线的距离 X_b 表示。

(4)漂心距船中距离曲线(Longitudinal Center of Floatation from Midship)

漂心距船中距离曲线简称 X_f 曲线,表示船舶水线面面积中心 F(即漂心)距船中距离随平均型吃水增加而变化的规律。我国规定漂心的位置用其距船中的距离 X_f 表示,漂心 F 在船中前 X_f 为"+"值,在船中后 X_f 为"-"值。该值由船中向前、后读取。同浮心纵向位置 X_b 一样,有些国家漂心纵向位置 X_f 系指其距艉垂线的距离。

(5)水线面面积曲线(Areas of Water Planes)

水线面面积曲线简称 A_w 曲线,表示船舶水线面面积(m^2)随平均型吃水增加而增加的规律。

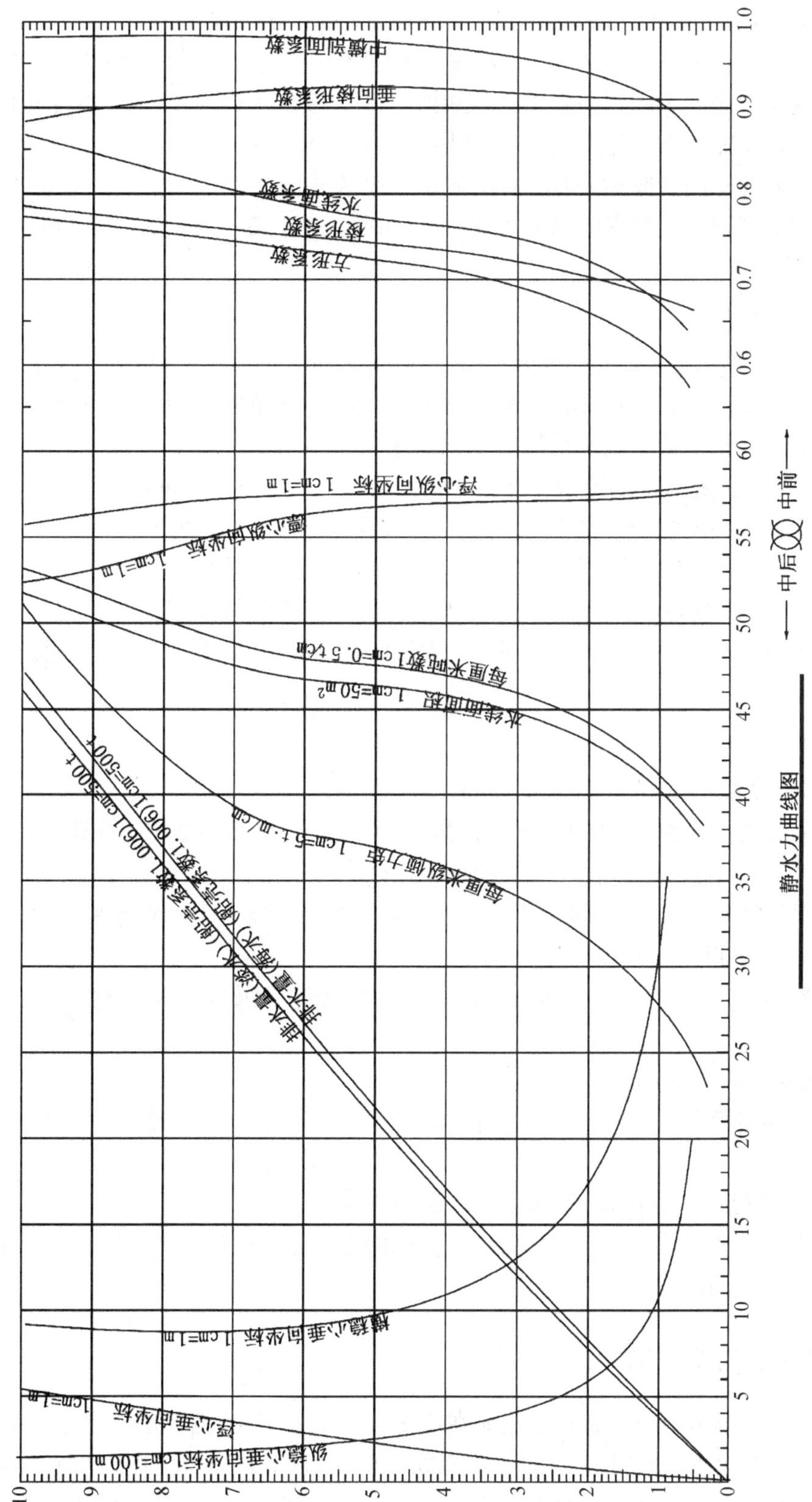
静水力曲线图
中横剖面系数
垂向棱形系数
水线面系数
棱形系数
方形系数
浮心纵向坐标 1cm=1m
漂心纵向坐标 1cm=1m
每厘米吨数1cm=0.5t/cm
水线面面积 1cm=50m²
每厘米纵倾力矩 1cm=5t·m/cm
排水量(海水)(船壳系数1.006)1cm=500t
排水量(淡水)(船壳系数1.006)1cm=500t
横稳心垂向坐标 1cm=1m
浮心垂向坐标 1cm=1m
纵稳心垂向坐标1cm=100m
中后 中前
0 1 2 3 4 5 6 7 8 9 10
5 10 15 20 25 30 35 40 45 50 55 60
0.6 0.7 0.8 0.9 1.0

图 1-13 静水力曲线图

(6)每厘米吃水吨数曲线(Metric Tons Per Centimetre Immersion)

每厘米吃水吨数曲线简称 *TPC* 曲线,表示每厘米吃水吨数(t/cm)随平均型吃水增加而变化的规律。每厘米吃水吨数 *TPC* 是指吃水平行改变 1 cm 时排水量的变化值。

(7)每厘米纵倾力矩曲线(Moment to Change Trim One Centimetre)

每厘米纵倾力矩曲线简称 *MTC* 曲线,表示每厘米纵倾力矩(t·m/cm)随平均型吃水增加而变化的规律。每厘米纵倾力矩 *MTC* 是指吃水差改变 1 cm 所需的力矩。详见"船舶吃水差"一章。

2. 稳性参数曲线

(1)浮心距基线高度曲线(Vertical Center of Buoyancy above Base Line)

浮心距基线高度曲线简称 *KB* 曲线,表示船舶排水体积的几何中心(即浮心 *B*)在龙骨基线上的高度随平均型吃水增加而变化的规律。

(2)横稳心距基线高度曲线(Transverse Metacenter above Base Line)

横稳心距基线高度曲线简称 *KM* 曲线,表示船舶横倾前、后浮力作用线的交点(即横稳心 *M*)在龙骨基线上的高度随平均型吃水增加而变化的规律。

(3)纵稳心距基线高度曲线(Longitudinal Metacenter above Base Line)

纵稳心距基线高度曲线简称 KM_L 曲线,表示船舶纵倾前、后浮力作用线的交点(即纵稳心 M_L)在龙骨基线上的高度随平均型吃水增加而变化的规律。

3. 船型系数曲线

(1)水线面系数(Waterplane Coefficient)

水线面系数曲线简称 C_w 曲线,表示水线面的肥瘦程度随平均型吃水变化的曲线。

(2)中横剖面系数(Midship Section Coefficient)

中横剖面系数曲线简称 C_m 曲线,表示中横剖面的饱满程度随平均型吃水变化的曲线。

(3)方形系数(Block Coefficient)

方形系数曲线简称 C_b 曲线,表示船体水下体积的肥瘦程度随平均型吃水变化的关系曲线。

(4)棱形系数(Longitudinal Prismatic Coefficient)

棱形系数曲线简称 C_p 曲线,表示排水体积沿船长方向的分布情况随平均型吃水变化的曲线。

(5)垂向棱形系数(Vertical Prismatic Coefficient)

垂向棱形系数曲线简称 C_{vp} 曲线,表示排水体积沿吃水方向(即垂向)的分布情况随平均型吃水变化的曲线。

(二)载重表尺及应用

载重表尺(Dead Weight Scale)是船舶在静水正浮状态下,根据船舶排水量、总载重量等船舶特性参数和平均吃水之间的关系而绘制的一种图表。在船舶出厂时,船厂计算出该船不同的平均吃水所对应的排水量、总载重量、横稳心距基线高度、每厘米吃水吨数、每厘米纵倾力距等数值,列成图表,并附上载重线标志,如图 1-14 所示。

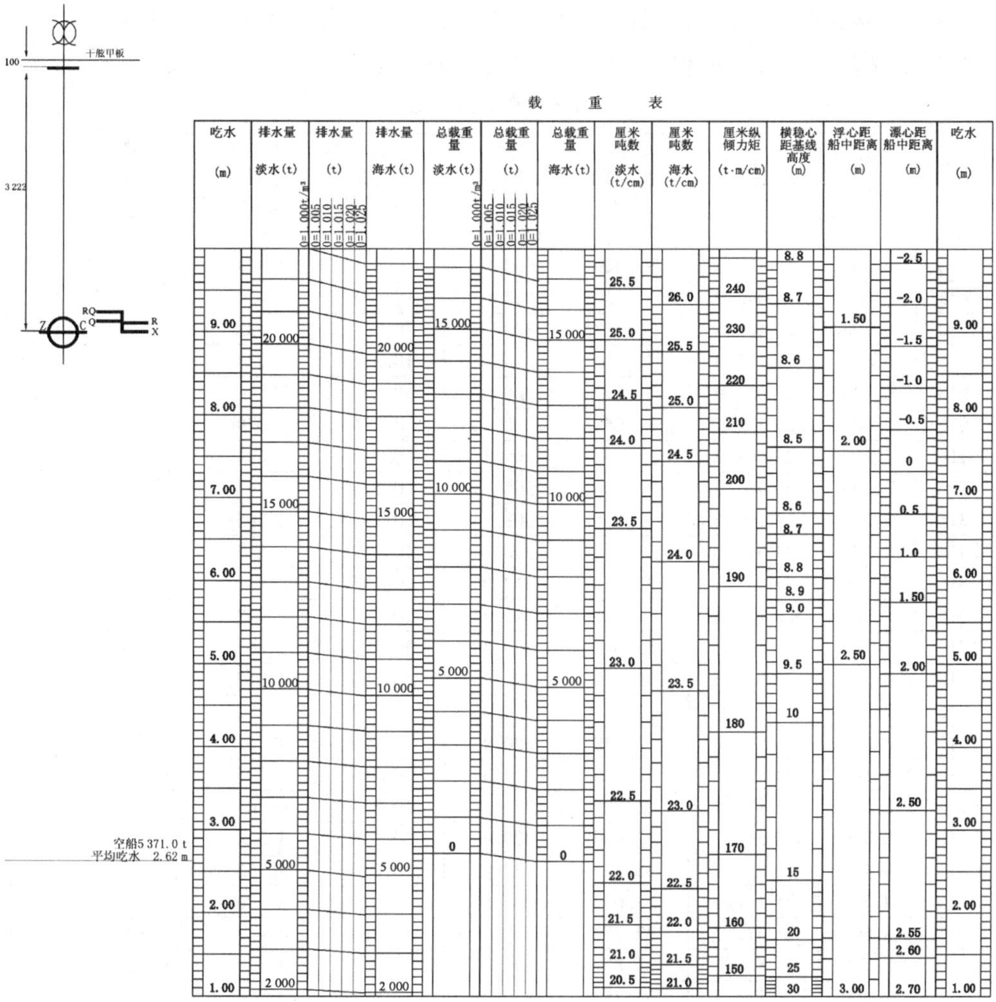

干舷甲板
100
3 222
空船5 371.0 t
平均吃水 2.62 m
载 重 表
吃水 (m)
排水量 淡水(t)
排水量 (t)
排水量 海水(t)
总载重量 淡水(t)
总载重量 (t)
总载重量 海水(t)
厘米吨数 淡水 (t/cm)
厘米吨数 海水 (t/cm)
厘米纵倾力矩 (t·m/cm)
横稳心距基线高度 (m)
浮心距船中距离 (m)
漂心距船中距离 (m)
吃水 (m)

图 1-14 载重表尺

图中的两边是船舶的实际平均吃水(m),在求取其中某一数值时,可用直尺根据船舶的平均吃水(两边)查出相对应数值;也可以由某一数值来求取船舶的平均吃水。

载重表尺的应用:

(1)按船舶的平均吃水求取船舶相应的排水量和/或总载重量,或反之;

(2)按船舶的平均吃水的改变量求取排水量和/或总载重量的改变量,并由此计算船舶装(卸)货的数量,或反之;

(3)按船舶的平均吃水求取相应的横稳心距基线高度、每厘米纵倾力矩等;

(4)船舶进出不同水密度的水域时,计算吃水变化。

(三)静水力参数表及应用

静水力参数表(Hydrostatic Data Table)是静水力曲线图和载重表尺的简化。为使船舶在实际使用中节省时间、避免出错,船舶设计部门将不同平均型吃水时的有关数据用计算机计算后列出静水力参数表供船方使用。静水力参数表的用途基本上与载重表尺相同,必要时采取线性内插。表 1-3 为某船正浮状态下的静水力参数表。

表 1-3　静水力参数表

实际吃水 *d*	平均型吃水 *d*	排水量 *Δ*	厘米吃水吨数 *TPC*	厘米纵倾力矩 *MTC*	横稳心距基线高度 *KM*	浮心距基线高度 *KB*	浮心距船中距离 X_b	漂心距船中距离 X_f
m	m	t	t/cm	t·m/cm	m	m	m	m
6.516	6.500	18 781.8	31.329	300.00	10.498	3.378	4.012	1.854
6.616	6.600	19 095.0	31.390	301.63	10.451	3.430	3.978	1.704
6.716	6.700	19 408.8	31.452	303.28	10.407	3.482	3.943	1.551
6.816	6.800	19 723.0	31.514	304.95	10.366	3.534	3.908	1.393
6.916	6.900	20 037.6	31.577	306.62	10.329	3.586	3.872	1.235
7.016	7.000	20 353.5	31.641	308.32	10.295	3.639	3.833	1.077
7.116	7.100	20 668.5	31.541	304.37	10.255	3.691	3.799	1.248
7.216	7.200	20 983.7	31.606	306.18	10.224	3.743	3.762	1.058
7.316	7.300	21 299.6	31.675	308.14	10.195	3.795	3.724	0.850
7.416	7.400	21 616.1	31.754	310.44	10.169	3.847	3.684	0.645
7.516	7.500	21 933.2	31.841	313.04	10.145	3.900	3.642	0.430
7.616	7.600	22 251.0	31.926	315.55	10.124	3.952	3.599	0.196
7.716	7.700	22 569.6	32.019	318.38	10.106	4.005	3.554	−0.045
7.816	7.800	22 889.0	32.120	321.48	10.089	4.057	3.508	−0.292
7.916	7.900	23 213.0	32.065	318.83	10.072	4.110	3.448	−0.180
8.016	8.000	23 534.2	32.138	320.95	10.059	4.162	3.398	−0.351
8.116	8.100	23 856.1	32.215	323.31	10.046	4.215	3.347	−0.529
8.216	8.200	24 178.8	32.305	326.17	10.034	4.267	3.296	−0.734
8.316	8.300	24 502.2	32.406	329.41	10.024	4.320	3.243	−0.963
8.416	8.400	24 826.5	32.513	332.92	10.016	4.373	3.188	−1.206
8.516	8.500	25 151.6	32.630	336.81	10.010	4.426	3.133	−1.472
8.616	8.600	25 477.7	32.752	340.89	10.006	4.478	3.076	−1.748
8.716	8.700	25 804.7	32.877	345.13	10.003	4.531	3.018	−2.032
8.816	8.800	26 133.7	32.759	339.75	10.001	4.584	2.956	−1.747
8.916	8.900	26 462.2	32.838	342.14	10.001	4.638	2.896	−1.922
9.016	9.000	26 791.6	32.912	344.37	10.003	4.691	2.835	−2.086
9.116	9.100	27 121.7	32.985	346.63	10.004	4.744	2.774	−2.212
9.216	9.200	27 452.6	33.058	348.86	10.007	4.797	2.713	−2.336
9.316	9.300	27 784.2	33.128	351.02	10.011	4.850	2.651	−2.455
9.416	9.400	28 116.6	33.196	353.08	10.016	4.903	2.589	−2.567
9.516	9.500	28 449.6	33.263	355.10	10.023	4.957	2.527	−2.678
9.616	9.600	28 783.3	33.328	357.05	10.030	5.010	2.466	−2.765
9.716	9.700	29 117.7	33.393	359.05	10.038	5.063	2.404	−2.850
9.816	9.800	29 452.8	33.459	361.05	10.048	5.117	2.343	−2.935
9.916	9.900	29 788.6	33.524	363.03	10.059	5.170	2.282	−3.018
10.016	10.000	30 125.0	33.588	364.96	10.070	5.224	2.221	−3.098
10.116	10.100	30 462.1	33.656	367.04	10.083	5.277	2.161	−3.154
10.216	10.200	30 799.9	33.724	369.11	10.097	5.331	2.101	−3.209
10.316	10.300	31 138.4	33.791	371.17	10.112	5.384	2.042	−3.264
10.416	10.400	31 477.5	33.859	373.23	10.128	5.438	1.984	−3.319
10.516	10.500	31 817.4	33.925	375.26	10.145	5.491	1.926	−3.371

值得注意的是，船舶在纵倾状态下的静水力数值与正浮状态下是有所不同的。因此，大多新造的船舶除列出船舶正浮状态条件下的静水力数值外，还列出在不同吃水差（如 t 为 2.0 m、1.0 m、-1.0 m、-2.0 m、-3.0 m、-4.0 m 等）时的静水力数值。在船舶实际工作中，一般均使用静水力参数表来查找有关数据。

六、船舶干舷和载重线标志

（一）船舶储备浮力和干舷

1. 储备浮力（Reserved Buoyancy）

船舶储备浮力是指满载吃水线以上船舶主体的水密容积所具有的浮力。它是保证船舶在甲板上浪、结冰或发生海难事故而破舱进水时，仍能保持一定的漂浮能力或不致立刻沉没的一个重要指标，是船舶抗沉性的重要保证。

储备浮力的大小与船舶吨位、类型、航区、航行季节和货物种类等因素有关，通常以满载排水量的百分比表示，海船的储备浮力约为其满载排水量的 25%～40%，河船约为 10%～15%；一般油船的储备浮力比干货船小，冬季的储备浮力比夏季大；储备浮力的大小可用干舷的尺度来衡量。

2. 干舷（Freeboard）

干舷是指从船中干舷甲板线的上边缘向下量到有关载重线的上边缘的垂直距离，如图 1-15 所示。最小干舷保证船舶在满载后，仍具有一部分储备浮力；它能确保船舶在甲板上浪、结冰和发生海损时，在船舶载重量增加或浮力减小的情况下，仍能安全地浮于水面上。

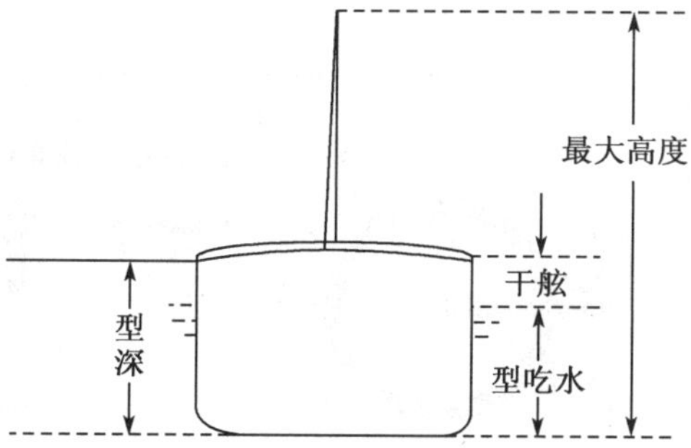

图 1-15　干舷

船舶的最小干舷（亦称安全干舷）等于型深与型吃水之差加上干舷甲板厚度，即

$$F = D - d + \delta \quad (1\text{-}23)$$

$$F \approx D - d（近似公式） \quad (1\text{-}24)$$

式中：F——干舷，m；

D——型深，m；

δ——干舷甲板的厚度,m;

d——型吃水,m。

干舷的大小是衡量船舶储备浮力大小的尺度。船舶载重量越大,吃水越大,干舷越小,储备浮力则越小;反之,船舶载重量小,干舷越大,储备浮力则越大。为保证船舶在不同海区、不同季节情况下安全航行,船舶检验部门根据各船的船体强度和稳性等条件,具体勘绘船舶的最小干舷,并在船舶两舷勘绘载重线标志,以限定船舶的最大吃水。

(二)船舶载重线标志及识读

载重线标志(Load Line Marks)是按核定的最小干舷和《1966 年国际载重线公约》或国内规范所规定的式样勘绘在船中两舷的一组标志。

现根据我国《钢质海船入级规范》,就各类船舶的载重线标志说明如下:

1. 各类型国际航行船舶的载重线标志

(1)不装载木材甲板货船舶的载重线标志

载重线标志包括:甲板线(Deck Line)、载重线圈(Load Line Ring)及各载重线(Load Lines),如图 1-16 所示。

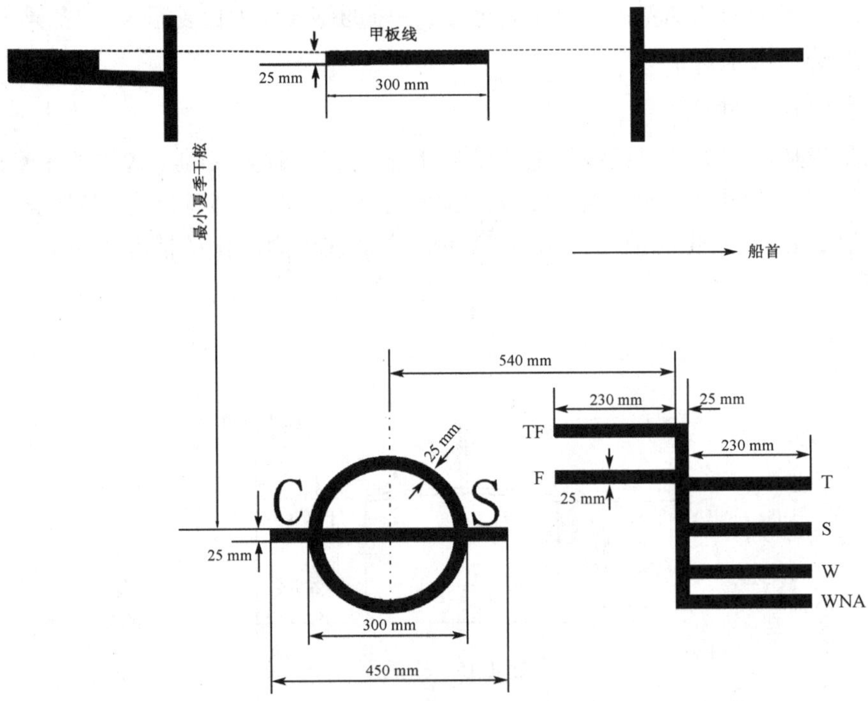

图 1-16 载重线标志(右舷)

①甲板线:勘绘在船中两舷,表示干舷甲板位置的一条长度为 300 mm、宽度为 25 mm 的水平线。甲板线作为量取有关载重线干舷的基准线,其上边缘应与干舷甲板上表面向外延伸与船壳板外表面之交线重合。

②载重线圈:勘绘在船中两舷,包括中心位于船中两舷的外径为 300 mm、线宽为

25 mm 的一条圆盘和与圆盘相交的水平线，水平线长为 450 mm、宽为 25 mm，其上边缘的中点通过圆盘的中心，从甲板线上边缘垂直向下量至圆圈中心的距离等于所核定的夏季干舷，圆盘的两侧加绘的字母 CS 表示勘划载重线标志的主管机关为中国船级社(China Classification Society)。其他船级社有英国劳氏船级社 LR(Lloyd's Register of Shipping)、美国船级社 ABS(American Bureau of Shipping)、日本海事协会 NK(Nippon Kaiji Kyokai)、挪威船级社 DNV(Det Norske Veritas)等。

③各载重线：勘绘在船中两舷，自载重线圈中心向船首方向的 540 mm 处画有垂直线，与此直线成直角的各水平线长 230 mm、宽 25 mm，各线上边缘就是船舶在不同航区和季节中所允许的最大装载吃水的限额。

④各载重线之间相互关系如下：

以下各载重线绘于垂直线的船首方向：

S(Summer)：夏季载重线，夏季载重线上边缘通过载重线圈的中心。

T(Tropical)：热带载重线，热带干舷等于夏季干舷减去夏季吃水的 1/48(此夏季吃水系自龙骨上边量至载重线标志的圆圈中心的距离)。

W(Winter)：冬季载重线，冬季干舷等于夏季干舷加上夏季吃水的 1/48。

WNA(Winter North Atlantic)：北大西洋冬季载重线，北大西洋冬季干舷等于冬季干舷加上 50 mm。对于船长超过 100 m 的船舶，不勘绘冬季北大西洋载重线。

以下各载重线绘于垂直线的船尾方向：

F(Fresh)：夏季淡水载重线，夏季淡水干舷等于夏季(海水)干舷减去 $\frac{\Delta_S}{40TPC}$(cm)或夏季吃水的 1/48(如果在夏季载重线时的排水量不能确定)。

TF(Tropical Fresh)：热带淡水载重线，热带淡水干舷等于热带(海水)干舷减去 $\frac{\Delta_S}{40TPC}$(cm)或夏季吃水的 1/48(如果在夏季载重线时的排水量不能确定)。

如对船舶所核定的干舷比最小干舷为大，则当其载重线勘绘在相当于或低于依据《1966 年国际载重线公约》所核定的最小干舷的最低季节性载重线位置时，仅需勘绘淡水载重线。

(2)装载木材甲板货船的载重线标志

木材甲板货船是指在干舷甲板或上层建筑甲板的露天部分装载木材(不包括纸浆或类似货物)的船舶。当船舶结构及设备能满足规范要求时才能勘绘木材载重线标志。木材载重线标志勘绘在货船载重线标志的后方(向船尾)，其标志是在规定的字母前附加国际“L”(Log)，国内用符号“M”来表示。装运木材的船舶最小干舷比一般同级别的货船小，如图 1-17 所示。

其中：

①LWNA 干舷与 WNA 干舷相同；

②LT 干舷较 LS 干舷小 1/48 夏季木材型吃水；

③LW 干舷较 LS 干舷大 1/36 夏季木材型吃水；

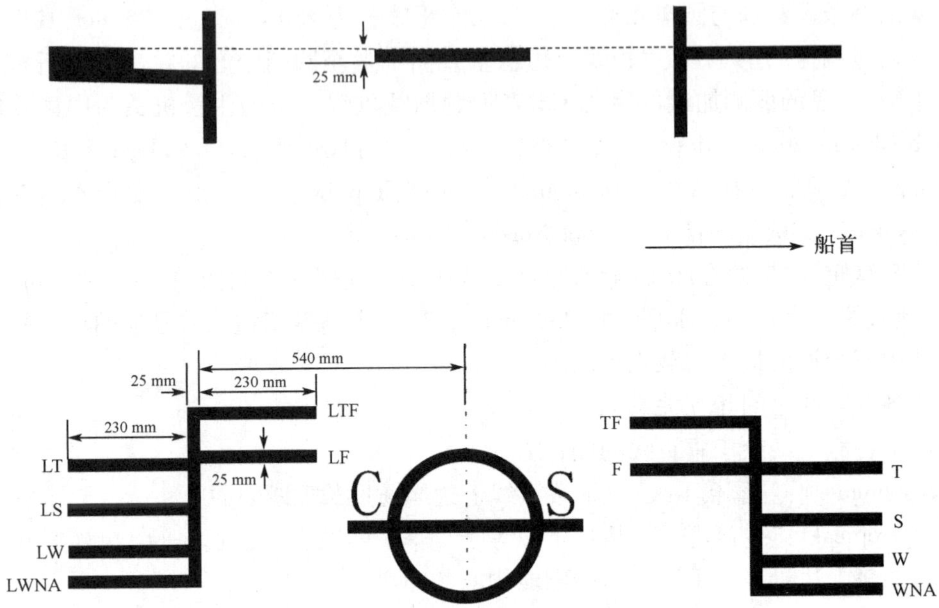

图 1-17 木材船载重线标志(右舷)

④淡水木材干舷的规定同其他货船。

(3)客船载重线标志

客船是指乘客超过 12 人的船舶。国际航行的客船及客货船除勘绘通常货船载重线标志外,还应按照《1966 年国际载重线公约》或国内规范的要求和规定,在船舶两舷勘绘一个或几个分舱载重线(Subdivision Load Line)。分舱载重线,系指用以决定船舶分舱的水线。分舱载重线标志 P1 表示主要载客营运配置,P2 表示交替运载旅客和装运货物营运配置(对于 2009 年 1 月 1 日以前建造的船舶,仍使用适用的分舱标志 C1、C2),如图 1-18(a)所示;国内航行的船舶则对应使用 C1、C2 表示,如图 1-18(b)所示。

任何分舱载重线标志均不得勘绘于按船舶强度或现行《1966 年国际载重线公约》所确定的海水中最深载重线以上。不论分舱载重线标志的位置如何,船舶装载均不得使按现行《1966 年国际载重线公约》所确定的适合所在季节和区域的载重线标志淹没于水中。当船舶在海水中时,其装载在任何情况下均不得使适合该航次及营运配置的分舱载重线标志淹没于水中。

2. 国内航行船舶的载重线标志

国内航行船舶由于沿岸海域的风浪较小,对其稳性、抗沉性、强度等的要求可低于国际航行船舶,储备浮力也可相应减小,最小干舷也减小。我国沿岸海域属于季节热带区域,因此我国国内航行船舶的载重线标志中无冬季载重线。

当由中国船级社勘绘载重线时,载重线圈下半圈涂抹,两侧标以字母 CS;当不由中国船级社勘绘载重线时,则用 ZC(表示中华人民共和国船舶检验局)代替 CS,共有夏季、热带、淡水和热带淡水 4 条载重线,分别以 X、R、Q、RQ 表示,如图 1-19 所示。

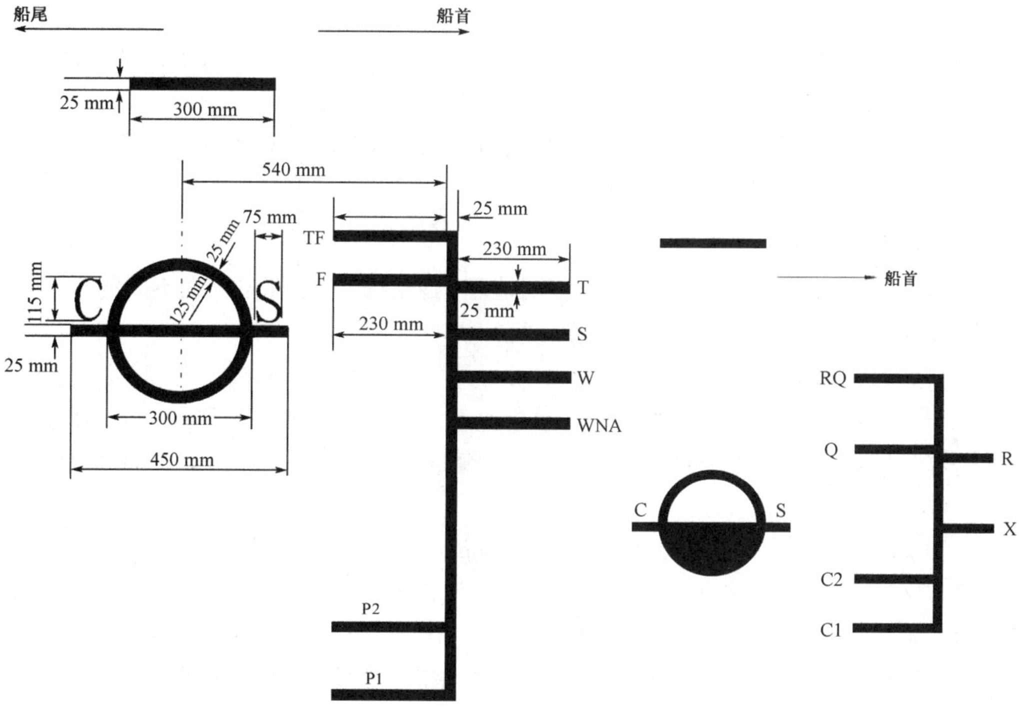

(a) 国际航行　　　(b) 国内航行

图 1-18　客船载重线标志(右舷)

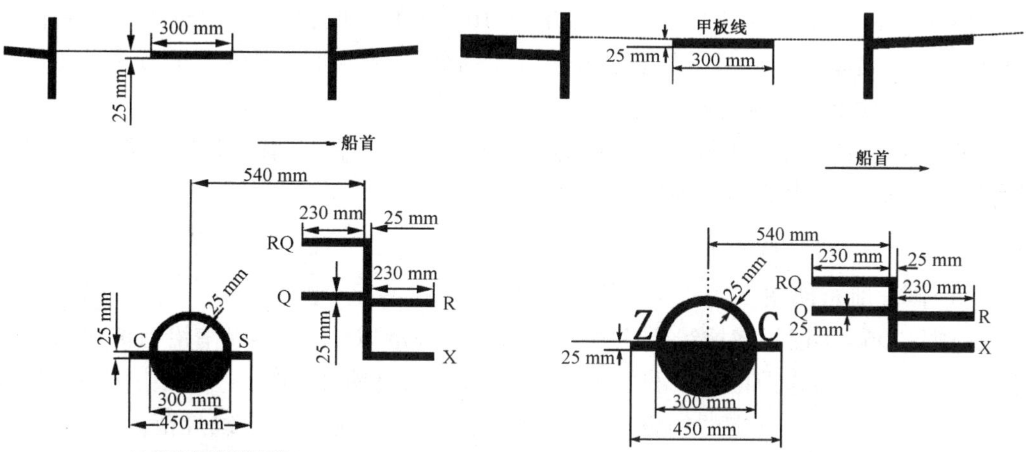

(a) 载重线圈两侧标绘 CS　　　(b) 载重线圈两侧标绘 ZC

图 1-19　国内航行船舶的载重线标志(右舷)

(三)载重线海图

载重线海图(Loading Chart)是一张说明以下规定区带和区域的海图,以便航海人员使用,详见本教材附录Ⅲ“商船用区带、区域和季节期海图”。

1. 世界海区划分的标准

《1966年国际载重线公约》中的区带和区域，一般是以以下标准为依据来划分的：

夏季：蒲福8级（34 kn）或8级以上的风力不超过10%；

热带：蒲福8级（34 kn）或8级以上的风力不超过1%，且10年内任一单独日历月份在5°平方区域内，热带风暴不得多于一次。

2. 世界海区划分的种类

根据长期观测所积累的海洋资料，不同地理位置或相同地理位置在不同的季节期，海洋风浪的大小和频率呈现出不同的变化规律。

（1）区带（Zones）

区带是指该海区内一年各季节中风浪变化不大，因此，终年可采用同一载重线。区带分热带区带（Tropical Zones），如新加坡附近海域；夏季区带（Summer Zones），如日本附近海域。

（2）季节区域（带）（Seasonal Zones or Seasonal Areas）

季节区域（带）是指该海区内一年各季节中风浪变化较大，在不同的季节期应采用不同的载重线。季节区域分热带季节区域（Seasonal Tropical Areas），如中国附近海域；冬季季节区域（Winter Seasonal Areas），如俄罗斯东海岸海域。在热带季节区域，按规定季节期使用热带或夏季载重线；在冬季季节区域，按规定季节期使用冬季或夏季载重线。

（3）北大西洋冬季季节区带（North Atlantic Winter Seasonal Zones）Ⅰ、Ⅱ

在冬季季节期内，对于船长小于或等于100 m的船舶，当航行于西经15°和西经50°两子午线之间的北大西洋冬季季节区带Ⅱ的部分及北大西洋冬季季节区带Ⅰ的全部时，必须使用北大西洋冬季载重线。

国际航行船舶的区带和季节区域的界限划分，以及季节期的起止时间，见附录Ⅲ“商船用区带、区域和季节期海图”。

3. 我国沿海海区的划分

（1）国际航行船舶

根据《1966年国际载重线公约》的规定，我国香港以北、香港以南沿海海区分别属于夏季区带和热带季节区域。我国1973年加入了该公约，但同时声明就中国沿海区域的划分不受公约有关规定的约束。1975年我国制定的《海船载重线规范》把我国香港以北的沿海划为热带季节区域，我国香港以南的沿海仍划为热带季节区域，但使用热带载重线的时间比原国际公约规定的时间多了五个月，具体为：

对于我国国际航行船舶，以我国香港至苏阿尔港的连线为界：

自北纬10°以北至连线：热带载重线：自1月21日至9月30日；

夏季载重线：自10月1日至1月20日。

连线东北部沿海：热带载重线：自4月16日至9月30日；

夏季载重线：自10月1日至4月15日。

国际航行的中国籍船舶可按上述规定执行，而悬挂缔约国国旗的外国籍船舶仍可执行公约的规定，即

自北纬10°以北至连线：热带载重线——自1月21日至4月30日；

夏季载重线——自5月1日至1月20日。

连线东北部沿海：夏季载重线。

（2）国内航行船舶

根据我国《法定规则》的规定，对于我国国内航行船舶，以汕头为界，汕头港应被视为处于船舶驶来或驶往的区域内：

汕头以南的中国沿海：热带载重线——自2月16日至10月31日；

夏季载重线——自11月1日至2月15日。

汕头以北的中国沿海：热带载重线——自4月16日至10月31日；

夏季载重线——自11月1日至4月15日。

（四）船舶载重线证书及应用

1. 载重线标志的勘绘和国际船舶载重线证书

（1）对于依照《1966年国际载重线公约》和我国《法定规则》所核定的船舶最小干舷，由船级社或由其委托指定机关负责勘绘船舶载重线标志，并签发“国际船舶载重线证书（1966）”，其有效期限自颁发之日起不得超过5年。

（2）为保证船体结构、设备、布置、材料和构件尺寸完全符合本公约要求，主管机关应每5年进行一次定期检验。在进行定期检验后，在原证书到期以前，不能对该船颁发新的证书，进行检验的人员或组织可以延长原证书的有效期限，但该期限不得超过5个月。这一期限的延长应在该证书上签注。

（3）证书签发日每周年前后3个月内应进行年度定期检查，以保证船体或上层建筑没有发生可以影响确定载重线位置的计算的变化，并且保证下列各种装置和设备保持有效状态：

①开口防护装置；

②栏杆设备；

③排水舷口；

④船员舱室出入口的设施。

2. 载重线标志的使用

（1）除《1966年国际载重线公约》特别规定外，船舶两舷相应于该船所在的季节及其所在区带或区域的载重线上缘，不论在船舶出海时、航行中或到达时，都不应被淹没。

（2）位于两个区带或区域分界线上的港口，应被视为处于船舶达到或驶离的区带或区域内。

（3）当船舶处于密度为1.000 t/m^3 的淡水中时，应根据水域位置及季节期使用淡水载重线或热带淡水载重线。如淡水密度大于1.000 t/m^3，可以淹没其相应的海水载

重线一个宽限量，此宽限量应以 1. 025 t/m^3 和实际密度的差数按比例决定。

(4)船舶从江河或内陆水域的港口驶出时，准许超载量至多相当于从出发港至海口间所需消耗的油水和其他一切物料的重量。

(5)对于船舶由于气候恶劣或其他不可抗力的原因而发生变更航线或延滞情况，主管机关在应用本公约规定时应给予适当的考虑。

七、船舶其他标志

1. 船舶分舱标志(Subdivision Mark)

在货舱与货舱、压载舱与压载舱，或压载舱与其他舱室之间舱壁所在位置的两舷舷侧外板满载水线以上和/或以下，通常勘绘有表示各舱位置的分舱标志，在该标志位置处大多数船同时标注船舶的肋骨编号或舱名，船舶分舱标志如图 1-20 所示。

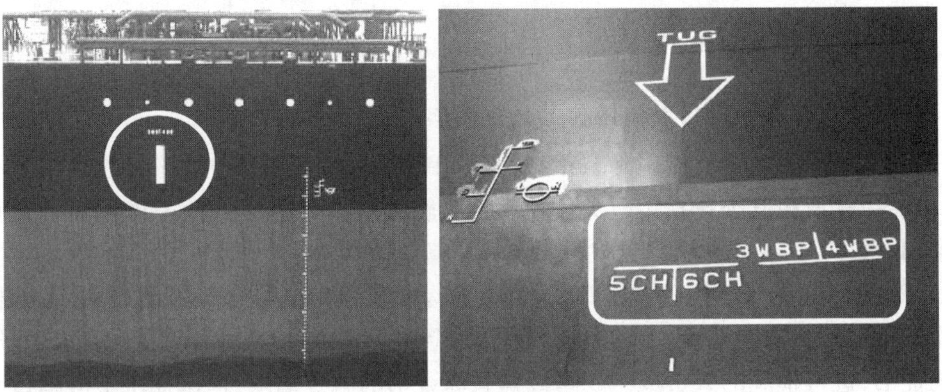

图 1-20　船舶分舱标志

2. 球鼻艏标志(Bulbous Bow Mark)

球鼻艏标志勘绘于船首左右两舷重载水线以上的艏部处，如图 1-21 所示。

图 1-21　球鼻艏标志

3. 艏侧推器标志(Bow Thruster Mark)

艏侧推器标志勘绘于侧推器所在船首位置左右两舷的正上方,并位于球鼻艏标志的后面,如图 1-22 所示。

图 1-22　艏侧推器标志

4. 顶推标志(Push Location Mark)

顶推标志是拖船的顶推位置,勘绘在船舶两舷首、中、尾舷侧外板满载水线以上的适当位置。顶推位置标志主要有两种,一种是正向的“T”形标志,如图 1-23 所示;另一种是将“TUG”置于垂直向下箭头正上方的组合标志。

图 1-23　“T”形顶推标志

5. 可变螺距桨标志(Controllable Pitch Propeller Mark)

对具有可变螺距桨的船舶,在螺旋桨正上方的船尾两侧满载水线以上明显处勘绘该标志,用车叶(螺旋桨)状的标志表示,并加上文字(如 CP),以引起对水下螺旋桨的注意,如图 1-24 所示。

图 1-24　可变螺距桨标志

6. 货舱深度标志(Cargo Hold Sounding Mark)

货舱深度标志一般勘绘在固体散货船及散装谷物船的货舱内,如图 1-25 所示。

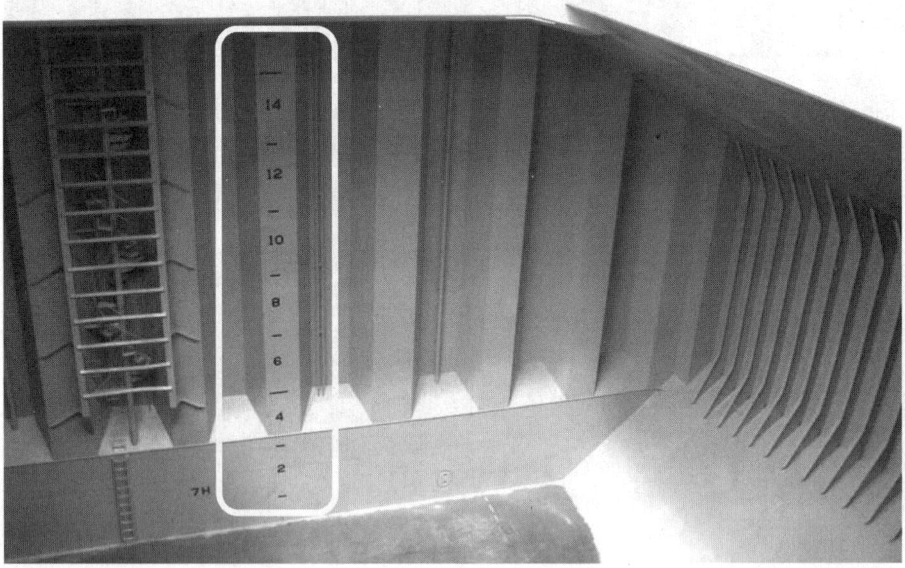

图 1-25　货舱深度标志

7. 船籍港标志(Port of Registry Mark)

船籍港标志是指每艘船舶在船尾明显处自上而下勘绘船名及其汉语拼音,船籍港及其汉语拼音。船籍港字高为尾船名字高的60%~70%,船籍港标志如图1-26所示。

图1-26 船籍港标志

8. 引航员登、离船位置标志(Pilot Transfer Location Mark)

按SOLAS公约规定,大型船舶在船中半船长范围内的两舷舷侧满载水线附近或稍低位置处勘绘引航员登、离船位置标志,该标志为上白下红,如图1-27所示。

图1-27 引航员登、离船位置标志

9. IMO标志(船舶识别号)(IMO Number)

按IMO规定,100总吨及以上的所有客船和300总吨及以上的所有货船均应有IMO船舶编号体系的识别号,用于识别船舶身份。船舶识别号的勘绘位置有:船尾船籍港标志的下方、桥楼正前方的上部、机舱明显处、客船可从空中看见的水平表面、油船货油泵舱明显处及滚装船滚装处所等,但较普遍的勘绘位置是船尾船籍港的下方,各位置上的IMO标志如图1-28所示。

(a) 机舱明显处

(b) 桥楼正前方

(c) 可从空中看见的水平表面

(d) 船尾船籍港的下方

图 1-28　IMO 标志

第二节　与船舶货运有关的货物知识

海上运输的货物(Cargoes)一般是指无生命的物品和动植物。我国《海商法》将其定义为:包括活动物和由托运人提供的用于集装货物的集装箱、货盘或者类似的装运器具。

一、货物概述

(一)分类

海上运输的货物品种繁多,性质及规格各不相同,为了保证货物安全装卸、搬运、堆放、运输和保管,可根据货物形态、装运方式及运输特性对货物进行分类,具体有:

1. 按货物形态分类

货物按形态通常可分为以下 3 类：

(1) 气态货物：根据《危险货物危险特性检验安全规范通则》(GB 19458—2004)，气态货物为在 50 ℃时蒸气压大于 300 kPa 的物质，或在 20 ℃、101.3 kPa 标准压力下完全呈气态的物质；包括压缩气体、液化气体、溶解气体、冷冻液化气体、气体混合物、一种或多种气体与一种或多种其他类别物质蒸气的混合物、充有气体的物品和烟雾剂。气态货物以危险的化学品居多，且附加值较高，一旦发生货物泄漏、箱体破裂等安全事故，后果将不堪设想。

(2) 液态货物：以液态形式进行运输的货物，如石油、成品油、液化燃气、液态化学品、其他液体货物。液态货物也以危险品居多，运输途中应防止货物泄漏和货物污染。

(3) 固态货物：以固态形式进行运输的货物，如件杂货、干散货、集装箱等。

2. 按货物装运方式分类

货物按装运方式通常可分为以下 3 类：

(1) 件杂货(General Cargo)：主要包括钢铁、水泥、木材、机电设备、化工、轻工、医药及其他工业制成品、农牧渔业产品等。这些货物一般以“件”“箱”“捆”等形式托运，包括包装货物(Packed Cargo)、裸装货物(Unpacked Cargo 或 Non-packed Cargo)和成组化货物(Unitized Cargo)。受集装箱化率不断增长的影响，集装箱货已成为一个主要的货物装运方式。

(2) 大宗散货(Bulk Cargo)：主要包括固体散货和液体散货两大类，如矿石、煤炭、粮食、石油、化学品和液化气等货物。

(3) 特殊货物(Special Cargo)：主要包括重大件、冷藏货、木材和其他特殊货物，如滚装货等。

(二) 货物性质

在海上货物运输过程中，由于货物本身的自然特性、化学组成与结构不同，温度、湿度、日光、雨水和微生物等不利环境因素的影响以及装卸作业引起的货物质量变化，往往会造成货物使用价值的下降或丧失。为保证海上人员、船舶安全和货物运输质量，应了解和掌握货物特性。货物性质主要有物理性质、机械性质、化学性质和生物性质。

1. 物理性质

货物的物理性质是指货物受外界的温、湿、热、光、雨等因素的影响而发生物理变化的性质。货物发生物理变化时，虽不改变其本质，却能造成货物的损坏或质量下降。在货物运输中，货物发生物理变化的形式主要有吸湿性和发汗性、吸尘性、冻结性和熔化性、膨胀性和物理爆炸性、放射性等。

(1) 吸湿性和发汗性：货物在运输过程中吸收和散发水分的性质。货物的吸湿性和发汗性会引起化学反应、生物-化学变化，并且为微生物繁殖创造条件，如茶叶受潮变质、水泥的凝固硬化、谷物的霉变等。货物的吸湿性和发汗性主要受以下因素的影响:环境的温度、相对湿度、货物的含水量、货物蒸发水分的蒸汽压、货物的表面积、货物的化学成分和溶解性。

(2)吸尘性:某些货物表面粗糙,具有无数的细孔和空隙;或含有胶状物质,具有黏附能力,易沾染灰尘的性质。如纤维材料、棉布等易沾染灰尘,会使货物质量受到影响。

(3)冻结性和熔化性:冻结性是指表面有较多水分或内部组织中有较多水分的货物在低温下容易冻结的性质。货物的冻结性易影响船舶运输和货物质量,如煤炭含有较多水分后,在低温下易冻结成一个整体而妨碍货物装卸。熔化性是指有些货物(如松香)遇高温会熔化,从而失去形状,影响纯度并污染其他货物。

(4)膨胀性和物理爆炸性:膨胀性是指不少液体货物和气体货物具有热胀冷缩的特性。如满载油船舱内空当高度小,温度上升后会引起体积膨胀而使油溢出舱外,污染海洋。物理爆炸性是指装于容器内的压缩气体遇高温可能引起内部气压急剧上升,当其超过容器耐压值时,会引起物理爆炸。

(5)放射性:放射性物质由于其本身性质放射出有害射线的性质。含有这类物质的货物若没有合格的防护包装,会对人身造成极大的伤害,如钴、铀等。

2. 机械性质

货物的机械性质是指货物及其包装所具有的抵抗外界的压力和机械冲击的能力,可用耐压强度(单位为 kPa)和允许冲击加速度(即重力加速度的倍数)来表示。影响因素有货物本身的材料、结构及包装的材料和形式,主要表现为易碎性或脆弱性。

易碎性和脆弱性是指某些货物承受碰撞或振动等外力影响的能力很差,极易造成破损的性质,如玻璃制品、陶瓷等易破损,精密仪器等的使用精度易受影响。因此,采取给货物选用适当的包装及包装内放置适当的缓冲衬垫材料、避免在搬运和积载时的冲击、限制堆码高度等措施,可以避免货物遭受损失。

3. 化学性质

货物的化学性质是指货物在光、氧、水、酸、碱等作用下,发生改变物质本身的化学性质的变化。在运输中,货物发生了化学变化,意味着货物质量产生变化,轻者使货物遭受损失,重者还会殃及其他货物及发生严重事故。主要性质有锈蚀性、自燃性、自热性、化学爆炸性、腐蚀性和互抵性等。

(1)锈蚀性:指绝大多数金属及制品被氧化而锈蚀。锈蚀的程度直接与金属周围的环境(气态或液态介质)有关。金属在干湿度变化较大或受电解质的影响下腐蚀较快,如甲板上装载的金属大件、车辆、集装箱等受海风作用会发生腐蚀较快现象,进而影响货运质量。

(2)自燃性:某些货物在自热的基础上因温度升高而发生燃烧的性质。当货物温度超过其燃点时,如有足够的氧气便会自己发生燃烧,典型的自燃货物有煤粉、鱼粉和遭受油污的棉花等。影响自燃性的主要因素有货物本身的还原性、货物颗粒的大小及是否有适当的通风等。

(3)自热性:某些货物在一定的条件下易发生缓慢的氧化反应而放出热量导致货物内部温度升高的性质。自热往往会引起燃烧甚至爆炸,还会使货物腐烂变质,如鱼粉由于氧化而自热燃烧,谷物在受潮时产生热量而变质。影响货物自热性的主要因素有外界的温度、湿度和二氧化碳浓度,以及货物的堆码方式。

(4)化学爆炸性:货物在外界的高温、高压或机械冲击等的诱发下发生的剧烈的氧化反应。化学爆炸性是货物内部同时具有氧化剂、还原剂两种化学成分所决定的,化学爆炸的发生则需要外界因素的诱发。

(5)腐蚀性:含腐蚀性的货物,如强酸、强碱等化学物质如果从容器中泄漏,会对船体及其他货物造成腐蚀。影响货物腐蚀性的主要因素有容器是否牢固、密封及是否有合格的外包装。

(6)互抵性:某些货物与其他货物装在一起时会相互作用而造成直接损失的性质,如大蒜与茶叶同装一舱将造成茶叶变味而失去食用价值。

4. 生物性质

货物的生物性质是指有生命的有机体货物及寄附在货物上的生物体,在外界各种条件的影响下,为了维持其生命而发生生物变化的性质。货物发生生物变化的形式主要有酶、呼吸、微生物、虫害的作用等。与海上运输有关的货物化学性质主要有腐败性、霉变性等。

(1)腐败性:某些货物在常温下运输,会引起内部微生物大量繁殖,营养成分分解而腐败变质的性质,如鱼、肉、蛋、奶及其制品内部含有大量的水分、脂肪、蛋白质等营养成分,保管不当易发生货物腐败。影响腐败性的主要因素是温度、酸碱度、氧气浓度及外界的紫外线、射线、溶液的渗透压等。

(2)霉变性:某些货物受霉菌的作用而发生霉变的性质,如谷物、丝绵织品、橡胶等货物因内部含有淀粉、糖分、纤维素及少量的蛋白质等,受霉菌的作用会发生霉变。影响货物霉变的主要因素为水分和温度。

5. 其他性质

如鲜活的动植物在运输过程中仍具有生命力,国家文物、展览品等具有贵重价值的特点。

二、货物包装

(一)定义、作用及分类

1. 定义

根据货物的性质,为便于货物的运输保管和装卸而给货物设置的容器、包皮或外壳统称为货物包装(Package)。货物包装根据不同的货物运输要求和国际贸易合同中对该货物包装的要求而采取多种包装形式。

2. 作用

(1)防止货物内部或外部水湿、污染、损坏,确保货物质量完好;

(2)防止货物散漏、短缺、泄漏,确保货物数量完整;

(3)防止危险货物危害性的扩散,保护人命、财产和环境安全;

(4)便于货物装卸、堆码、运输、理货及加快船、货的周转。

3. 分类

货物的包装有单一型和复合型两种。单一型包装是指仅用一种包装材料构成的包装。复合型包装具有内外包装,外包装(运输包装)是指外包皮,主要防止货物因碰撞、挤压等而受损及防止货物散漏和泄漏及便于装卸;内包装(商品包装)是指防潮、防振、隔绝气体的内衬物、密封罐或袋等。

(二)常见包装形式缩写

按照货物的包装形式,一般有箱装、包捆装、袋装、桶装、裸装及特殊包装等。常见的包装形式(名称及英语缩写)如表 1-4 所示。

表 1-4　常见的包装形式

包装名称	英语缩写		备注
	单数	复数	
1. 箱装			
木箱(Case)	C/	C/S,Cs	箱的总称
木箱(Box)	Bx	Bxs	小箱,适装五金等
木箱(Chest)	Cst	Csts	三夹板小型轻便箱,适装茶叶等
明格箱(Skeleton Case)	C/	C/S,Cs	花格箱,适装土豆等
胶合板箱(Veneer Case)			用胶合板做成,适装日用百杂货等
夹板箱(Plywood Case)			用夹板做成,适装罐头等
席包箱(Matted Box)	M/Bx	M/Bxs	适装杂货等
柳条箱(Willow Case)			用柳条做成,适装玻璃器具等
亮格箱(Crate Case)	Crt	Crts	大花格箱,适装自行车、玻璃等
纸板箱(Cardboard Case)			强度较大纸箱,适装棉织成品等
纸箱(Carton)	Ctn	Ctns	强度较小纸箱,适装易碎品、日用百货等
2. 包捆装			
包、捆(Bale)	B/Bl	B/S,Bls	适装纺织品、棉制品等
机包(Pressed Bale)	Bl	Bls	经压缩用铁皮带打成的捆包,适装棉花等
席包、蒲包(Mat)			用竹、香蒲做成的席子包装货物

续表

包装名称	英语缩写		备注
	单数	复数	
布包(Burlap)	Blp	Blps	用布包装货物
麻布包(Burlap Jute Cloth)	Blp	Blps	如装生丝等
包裹(Parcel)			如装样品、行李等
底架盘(Skid)			如装马口铁等
捆扎(Bundle)	Bdl	Bdls	如装五金、钢材等
3. 袋装			
袋(Bag)	Bg	Bgs	袋的总称
麻布袋(Gunny Bag)	Bg	Bgs	用麻布所制的袋装,适装粮食等
麻袋(Jute Bag)	Bg	Bgs	适装烤烟等
草袋(Straw Bag)	Bg	Bgs	适装耐火砖等
布袋(Cloth Bag)	Bg	Bgs	用布所制的袋装,适装面粉等
布袋(Sack)	Sk,Sx	Sks,Sxs	用布所制的袋装
聚乙烯袋(Polyethylene Bag)	Bg	Bgs	用聚乙烯所制的袋,适装化肥等
小袋(Pouch)			适装邮件等
纸袋、牛皮纸袋(Paper Bag, Kraft Bag)	Bg	Bgs	用牛皮纸所制的袋装,适装水泥等
4. 桶装			
桶(Drum)	Drm	Drms	桶装总称
铁桶(Iron Drum)			适装油类、染料等
纤维桶(Fiber Drum)			适装化学药品等
桶(Cask)	Csk	Csks	装液体的木桶的总称
桶(Tun)			大桶,252 gal
桶(Butt)			大桶,108 gal
桶(Puncheon)			大桶,72 gal
桶(Hogshead)	Hghd	Hghds	大桶,54 gal
桶(Tierce)			大桶,42 gal
鼓形桶、大琵琶桶(Barrel)	Brl	Brls	大桶,36 gal
桶(Keg)	Kg	Kgs	小桶(10 gal 以下)
罐头桶(Can)	Cn	Cns	适装油漆等

续表

包装名称	英语缩写		备注
	单数	复数	
听(Tin)			一般装在箱内(Tins in Cases)
桶(Pail)			适装油漆等
5. 裸装			
盘(Coil)	Cl	Cls	盘圆、铁丝等
卷(Roll)	Rl	Rls	卷筒纸等
卷(Reel)			胶片等
管(Pipe)			钢管等
铸块(Ingot)	Igt	Igts	铸铁块等
棒、条(Bar)			铁棒、铁条等
张、片(Sheet)	Sht	Shts	铁板等
件(Package)	Pkg	Pkgs	件数的总称
件、个(Piece)	Pc	Pcs	铁条等
块(Pig)			生铁块等
对(Pair)	Pr	Prs	适装成对的车轮等
组(Set)			适装成套的轮胎等
头、匹(Head)	Hd	Hds	适装牛、马等
散装(Bulk)			
裸装(Unpacked)			
6. 特殊包装货物			
瓶(Bottle)	Botl	Botls	适装酒类等
坛(Jar)			适装榨菜等
钢瓶(Cylinder)			适装压缩气体等
篓、篮(Basket)	Bkt	Bkts	适装水果、蔬菜等
笼(Cage)	Cg	Cgs	适装鸟类等
网络(Net for Unitized)			适装袋装、捆装及散装货物
托盘(Pallet)	Pa	Pas	适装袋、箱、桶等形式的货物
集装袋(Flexible Freight Container)			用合成纤维或塑料丝编织而成并外加涂层的大袋,适装豆类、水泥等
集装箱(Container)			用一定强度材料组成的大型容器,适装各种货物

三、货物自然减量及自然损耗率

在海上货物运输中,通常对所运货物进行计量,并按货物的重量(毛重)或货物的体积计算并核定运费。

(一)货物计量概念和常用计量方法

通常,货物计量可分为计重货物和容积货物。

1. 计重货物(Weight Cargo)

计重货物是指按货物的毛重计算运费的货物。在海上货物运价表中用"W"标记,计量单位为重量吨,如公吨(Metric Ton)、短吨(Short Ton)、长吨(Long Ton)等。国际上,凡每1公吨重量的货物,若其体积小于1.132 8 m^3(即40 ft^3),则称为计重货物。我国则以体积小于1 m^3 为准。

2. 容积货物(Measurement Cargo)

容积货物是指按货物的尺码或体积计算运费的货物。在海上货物运价表中用"M"标记,计量单位为尺码吨(容积吨 Measurement Ton)。国际上,凡每1公吨重量的货物,若其体积大于1.132 8 m^3(即40 ft^3),则称为容积货物,以1.132 8 m^3 为1尺码吨(容积吨)。我国则以体积大于1 m^3 为准,且1 m^3 为1尺码吨(容积吨)。

容积吨只在计算容积货物运费时使用,而重量吨被普遍用于货物的装运、交接及运费计算等多方面。

3. 运费计量

对计重货物按货物的毛重计算运费;对容积货物按货物的尺码或体积计算运费;另外,还对有些货物分别按货物的毛重和体积计算运费,并选择其中运费较高者收取运费,用W/M表示;对货物按货物FOB(Free on Board,装运港船上交货价)价格的一定百分比计算运费,称为从价运费,用Ad. Val表示。

海上货物计量的工具主要有汽车衡、吊钩秤、皮带秤、定量秤、行李包裹秤,对低值散货用水尺计量或油船量尺法。

(二)货物自然减量及自然损耗率

货物在运输保管过程中,因其本身性质、状态、自然条件及运输技术条件等原因,而产生货物重量上不可避免的减少,其减少的数量在国家规定或国际航运界公认的标准范围内,叫作货物自然减量或自然损耗(Tolerance;Normal Loss of Quantity)。

1. 自然减量

造成货物自然减量的原因主要有:

(1)干耗(蒸发或挥发)

含水分多的货物及轻质馏分的油类,由于温度的变化及长时间暴露在空气中,必然使水分蒸发或轻质馏分挥发,从而造成重量的减少,如水果、汽油、酒等。

(2)撒失(飞扬和撒落)

粉状、颗粒状散装货物在运输途中,由于风、振动等因素或通过包装空隙或装卸设备空隙而撒失,从而造成重量的减少,如面粉、煤炭等。

(3)流失(溢渗与沾染)

液体货物通过包装材料的流失或在容器内壁残留液体而造成的重量损失,如木质桶装液体货物。

2. 自然损耗率

非人为的货物重量的减少量与原货物重量之百分比,称为货物的自然损耗率。自然损耗率的大小与货物的性质、状态、包装、装卸方式、装卸次数、气候条件、运输时间等因素有关。在国际航运习惯上,某些货物的自然损耗标准详见表 1-5:

表 1-5 某些货物的自然损耗标准

货物品种		自然损耗率
谷物(散装及包装)	1. 运程在 540 n mile 以下时	0.10%
	2. 运程在 540~1 080 n mile 以内时	0.15%
	3. 运程在 1 080 n mile 以上时	0.20%
各种煤炭		0.11%~0.15%
各种矿石		0.12%~0.13%
盐(散装)		0.85%~3.00%
盐(袋装)		0.30%
水泥(袋装)		0.70%
蔬菜类		0.34%~3.40%
水果类		0.213%~2.550%
肉类		0.34%~2.55%
鱼类		0.213%~1.700%
蛋类		0.51%
植物油(铁桶)		0.40%
植物油(木桶)		0.12%
酒类		0.085%~0.340%
糖		0.06%~0.85%

对货物自然减量在国家规定或国际公认的标准范围内,或在贸易合同规定的自然损耗范围内,船方均不负赔偿责任。在国际远洋货物运输合同和提单中,往往在无法精

确计算的大宗散装货物总数前面冠以“据称(Said to be)”一词,表示货物重量是据货主自报的,船方一般不承担货物数量减少的责任。

四、货物亏舱及亏舱率

(一)亏舱

装货时,船舶货舱中无法被充分利用的那部分货舱容积叫亏舱(Broken Stowage)。产生亏舱的主要原因是:

(1)货物与货物之间的空隙;

(2)货物与货舱壁及货舱内设备的空隙;

(3)货物间通风孔道的空间;

(4)货物衬垫材料所占的空间。

(二)亏舱率

亏舱的多少一般用亏舱率(Ratio of Broken Stowage)来表示。亏舱率是指某种货物装满舱时的亏舱容积与所装舱舱容的比值,以 C_{bs} 表示,亏舱率公式为:

$$C_{bs} = \frac{V_{bs}}{V_{ch}} \times 100\% \tag{1-25}$$

式中:C_{bs}——亏舱率;

V_{bs}——亏舱容积,m^3;

V_{ch}——货舱舱容,m^3。

亏舱率的大小与货物的种类、包装的形式、堆装方式与质量、货舱装舱的部位等因素有关。

各种包装形式的货物亏舱率详见表 1-6:

表 1-6 各种包装形式的货物亏舱率

货物的包装形式	亏舱率
各种包装杂货(General Cargo)	10%~20%
规格统一的箱装货(Case)	4%~20%
规格统一的袋装货(Case)	0%~20%
规格统一的小袋货(Sack)	0%~12%
规格统一的捆装货(Bale)	5%~20%
规格统一的桶装货(Barrel)	15%~30%
规格统一的鼓形桶货(Drum)	8%~25%
大木桶(Hogshead)	17%~30%

续表

货物的包装形式		亏舱率
散装货	煤炭(Coal)	0%~10%
	谷类(Grain)	2%~10%
	盐(Salt)	0%~10%
	矿砂(Ore)	0%~20%
	木材(Timber)	5%~50%

五、货物积载因数及其应用

(一)货物积载因数

货物积载因数(Stowage Factor, SF)分两种:一种是不包括亏舱的积载因数 SF_1,另一种是包括亏舱的积载因数 SF_2。

1. 不包括亏舱的积载因数 SF_1

不包括亏舱的积载因数 SF_1 是指每吨货物所具有的平均量尺体积,即货物的量尺体积与货物的重量之比:

$$SF_1 = \frac{V_1}{P} \tag{1-26}$$

式中:SF_1——不包括亏舱的积载因数,m^3/t;

V_1——货物的量尺体积,m^3;

P——货物的重量,t。

2. 包括亏舱的积载因数 SF_2

包括亏舱的积载因数 SF_2 是指每吨货物所占有的货舱容积,即货物所占有的货舱容积与货物的重量之比:

$$SF_2 = \frac{V_2}{P} \tag{1-27}$$

式中:SF_2——包括亏舱的积载因数,m^3/t;

V_2——货物所占有的货舱容积,m^3;

P——货物的重量,t。

3. 两种货物积载因数的关系

同一货物包括亏舱的货物积载因数与不包括亏舱的积载因数的关系可用公式表示为:

$$SF_2 = \frac{SF_1}{1 - C_{bs}} \tag{1-28}$$

式中：C_{bs}——亏舱率；

SF_1——不包括亏舱的积载因数，m^3/t；

SF_2——包括亏舱的积载因数，m^3/t。

目前航运界货主提供的积载因数一般是不包括亏舱的积载因数 SF_1。因此，我们在配载货物时还需考虑货物的亏舱率，从而确定实际装货所需的舱容。部分货物不包括亏舱的积载因数 SF_1，详见表 1-7：

表 1-7　部分货物不包括亏舱的积载因数

货物名称	包装	积载因数（m^3/t）		货物名称	包装	积载因数（m^3/t）	
		包装	散装			包装	散装
铁矿砂	散		0.31~0.42	石棉	袋	1.21~1.27	
铸造生铁	散		0.40~0.42	水泥	袋	0.79~0.91	
圆钢	捆	0.57~0.62		耐火砖	捆	1.08~1.13	
方钢	捆	0.51~0.57		无烟煤	散		1.19~1.21
槽钢	捆	0.84~0.91		矾土	包散	1.01~1.08	0.84~0.91
钢板	张	0.45~0.51		新闻纸	卷	2.40~2.69	
钢管	捆	1.13~1.69		胶合板	捆	1.69~2.54	
铝锭	块	0.84~0.91		油毛毡	卷	2.26~2.40	
铜棒	根	0.45~0.51		细布	捆	1.75~1.89	
滑石粉	袋	1.01~1.08		圆木	根		2.89~3.96
板材	捆		2.20~2.54	鲜蛋	纸箱	2.54~2.71	
玻璃	大箱	1.50~1.58		奶粉	纸箱	2.12~2.18	
人造丝	捆	2.32~3.43		鱼粉	麻袋	1.98~2.03	
家具	箱包	3.11~3.96		烧碱	铁桶	1.18~1.30	
大米	麻袋	1.44~1.50		漂白粉	铁桶	1.35~1.42	
小麦	散		1.27~1.33	汽车轮胎	个	6.09~6.22	
玉米	散		1.44~1.50	石蜡	箱	1.20~1.35	
面粉	布袋	1.35~1.42		酒精	铁桶	1.84~2.12	
大豆	散		1.38~1.42	立德粉	袋	1.13~1.24	
花生仁	麻袋	1.81~1.86		炸药	袋	1.55~1.61	
蓖麻子	麻袋	2.02~2.15		瓜子	袋	2.32~2.54	
豆粕	麻袋	2.40~2.49		橡子仁	袋	1.55~1.65	
豆饼	散		1.55~1.61	烤烟	布包	4.10~4.53	
花生油	铁桶	1.55~1.61		茶叶	箱	3.39~3.96	

续表

货物名称	包装	积载因数(m^3/t)		货物名称	包装	积载因数(m^3/t)	
		包装	散装			包装	散装
桐油	铁桶	1.61~1.67		猪鬃	箱	2.03~2.20	
盐	草包	1.08~1.13		香烟	纸箱	4.81~5.09	
啤酒	纸箱	1.27~1.35		硝酸铵	袋	1.24~1.35	
罐头	纸箱	1.55~1.61		石棉纤维	袋	2.26~2.54	
冻鱼类	纸箱	2.12~2.20		沥青	桶	1.27~1.35	
冻肉类	纸箱	2.60~2.77		棉花	捆	2.83~3.11	
橘子	纸箱	1.67~1.81		树胶	箱	1.55~1.65	

(二)货物积载因数的应用

(1)区分重货(Heavy Goods)与轻货(Light Goods):从货物配载角度考虑,可将货物分为重货与轻货。当货物的积载因数小于船舶的舱容系数时,该货称为重货;当货物的积载因数大于船舶的舱容系数时,该货称为轻货;

(2)已知包括亏舱的货物积载因数 SF_2 和货舱容积,确定所能装载的货物吨数;

(3)已知货物吨数和包括亏舱的积载因数 SF_2,确定其所需占的舱容;

(4)已知货物吨数、亏舱率 C_{bs} 和不包括亏舱的积载因数 SF_1,确定其所需占的舱容。

例题 1-3:已知某船装一票 250 t 的货物,该货物的不包括亏舱的积载因数 SF_1 为 1.44 m^3/t,亏舱率 C_{bs} 为 10%,求该票货物所需的舱容。

解:因为 $P=250$ t、$SF_1=1.44$ m^3/t、$C_{bs}=10\%$,先求出包括亏舱的积载因数 SF_2,根据公式可知

$$SF_2=\frac{SF_1}{1-C_{bs}}=\frac{1.44}{1-10\%}=1.6(m^3/t)$$

所需的舱容 $V=P\times SF_2=250\times1.6=400(m^3)$

答:该票货物所需的舱容为 400 m^3。

(三)货物积载因数与舱容系数的关系

货物积载因数与舱容系数的计算单位是相同的,但货物积载因数是对货物而言,而舱容系数是对船舶货舱而言。归纳起来,货物积载因数 SF_2 与舱容系数 μ 的关系共有三种形式:

(1)货物积载因数 SF_2 等于舱容系数 μ,此时船舶满载满舱;

(2)货物积载因数 SF_2 大于舱容系数 μ,此时船舶满舱不满载;
(3)货物积载因数 SF_2 小于舱容系数 μ,此时船舶满载不满舱。
如舱内有多票货物,则货物积载因数取各货物的加权平均积载因数。

第二章

船舶载货能力

船舶营运的经济效益与船舶的载货能力有密切的关系,为了提高船舶的经济效益,必须充分挖掘船舶的载货能力。因此,如何充分利用船舶的载货能力,根据航线和/或港口的限制水深,根据船舶航行时间和区域选用合适的载重线正确确定总载重量,在保证船舶安全的前提下,确定合理的油水补给方案,尽可能减少航次储备量、减少船舶常数,同时做到轻、重货物合理搭配,这些是本章要解决的问题。

第一节　船舶载货能力的定义及内容

一、船舶载货能力的定义

船舶的装载能力是指船舶在具体航次中所能承运货物的重量和体积的最大限额,以及承运特殊货物或忌装货物的可能条件和数量限额。

二、船舶载货能力的内容

船舶的载货能力由船舶载货重量能力、载货容积能力和特殊载货能力三部分组成。船舶载货能力的大小是与船舶载货重量能力、载货容量能力与特殊载货能力密切相关的,而且它们之间是相互牵制的。

1. 船舶载货重量能力

船舶载货重量能力是指船舶在具体航次中所能承运货物重量的最大限额,用净载重量 *NDW* 表示。当货源充足、杂货船或干散货船装载重货、集装箱船全部装载重箱、散装液体货船满载时,船舶的载重能力(即航次净载重量)往往成为船舶装载货物数量的限制因素。在此情况下,合理地计算并确定航次净载重量是充分利用船舶载货重量能力的先决条件。

一般航次净载重量通过本航次总载重量、航次油水储备量、其他储备量和船舶常数进行计算。从“船舶货运基础”一章得知，船舶航次净载重量为：

$$NDW = DW - \sum G - C \tag{2-1}$$

对于全集装箱船，上式变为：

$$NDW = DW - \sum G - C - B \tag{2-2}$$

对于油船，上式变为：

$$NDW = DW - \sum G - C - S \tag{2-3}$$

式中：$\sum G$——航次储备量，t；

C——船舶常数，t；

B——固定压载的重量，t；

S——油脚重量，t。

为最大限度地挖掘船舶载货能力的潜力，应使总载重量尽可能地大，而其他各项重量尽可能地小。

2. 船舶载货容量能力

船舶载货容量能力主要是指航次中船舶所能提供使用的货舱总舱容的能力。对于不同类型的船舶，其载货容量能力有所不同。杂货船在装载件杂货时，其载货容量能力一般是指船舶的包装舱容，而固体散货船的载货容量能力是指船舶的散装舱容，液体散装货船的载货容量能力是指适当扣减膨胀余量后的液货舱容，集装箱船的载货容量能力是指换算箱容量 TEU(Twenty-foot Equivalent Unit)，滚装船的载货容量能力是指换算轿车车位数 CEU(Car Equivalent Unit，又称为标准小汽车)，木材甲板货船的载货容量能力应包括货舱容积和所能装载甲板木材的上甲板空间容积。

在计算时，应在船舶可装货物的总舱容基础上扣除一定的亏舱或膨胀余量，确定航次实际载货容量能力。航次船舱实际可以用于载货的容积为：

$$\sum P_i \times SF_i = \sum V_{ch} - \sum V \tag{2-4}$$

式中：$\sum V_{ch}$——船舶货舱总舱容，m^3；

$\sum V$——已装货物的舱容，m^3；

P_i——将装货物的重量，t；

SF_i——将装货物的积载因数，m^3/t；

$\sum P_i \times SF_i$——将装货物的总容积，m^3。

3. 船舶特殊载货能力

船舶特殊载货能力是指对性质互抵货物间的隔离能力以及对重大件、冷藏货、散装液体货、特殊集装箱等特殊货物的承运能力，主要指在装载特殊货物时船舶的舱内尺寸、结构、舱口尺寸、甲板安全负荷和甲板吊装设备的吊重能力等。在船舶运输中，应根据实际船舶情况和货物情况进行确定。

第二节　船舶载货能力核算

一、船舶载货能力核算的目的和方法

充分利用船舶载货能力是取得良好营运效益的基本要求之一，而在拟订货物装载计划时，首先要对船舶载货能力予以核算。

（一）核算目的

（1）保证充分利用船舶的载货能力，赢得最佳经济效益。
（2）清楚能否完成航次任务，即是否可以承运装货清单中所列出的货物。
（3）保证航行安全。

（二）核算方法

不同种类的船舶，其载货能力的核算方法也不尽相同，一般核算步骤如下：

1. 确定船舶的载货重量能力

根据本航次的具体航行情况，如港口、航道水深情况、船舶航经的海区和所处的季节期、航程长短及所装货物的积载因数等因素，通过计算确定船舶航次净载重量。

2. 确定船舶的载货容量能力

按预计所装货物种类确定船舶允许使用的载货空间容积。对于无甲板货装载情况，则船舶载货容量仅限于货舱容积；对于甲板上装载情况，应考虑货物在甲板上可用位置，以及在该位置上装载时可堆高度和可装位置受到船舶结构和设备、船舶稳性和操纵性等方面约束。

3. 了解船舶特殊载货能力

针对航次装货清单中所列具体特殊装运要求的货物品种，详细查阅船舶资料，了解船舶相关的特殊载货能力。

综上所述，在满足特殊货物装运要求的前提下，具体航次载货能力应满足以下条件：

$$\begin{cases} \sum Q \leqslant NDW \\ \sum V_{c} \leqslant \sum V_{ch} \end{cases} \tag{2-5}$$

式中：$\sum Q$ ——航次货运量，t；

NDW——航次净载重量，t；

$\sum V_{c}$ ——包括亏舱的航次货物体积，m^3；

$\sum V_{ch}$——船舶货舱总舱容(如有,包括甲板可用载货容积),m^3。

二、船舶载货重量能力的计算

船舶载货重量能力就是指航次净载重量 NDW。对于具体航次,由于航线上的条件不同,相应的航次净载重量也不相同。

(一)船舶总载重量的确定

在舷外水密度一定的情况下,总载重量随船舶的最大平均吃水变化而变化,合理地计算并确定航次总载重量是充分利用船舶载货重量能力的先决条件。影响船舶载重能力的因素主要有两方面,其一是船舶自身条件,即船舶在不同季节时的载重线和船舶常数的大小;其二是除考虑船舶自身条件限制外,还受到港口的水深限制、航行海区的装载水线限制等。

1. 水深不受限制下的总载重量 DW 的确定

当货源充足时,如何根据本航次船舶航行所经过的海区及所处的季节期,从《商船用区带、区域和季节期海图》中查取船舶应使用哪一条载重线是非常必要的。因为在使用不同的载重线时,船舶的排水量或总载重量数值是不同的。选用载重线可分以下几种情况:

(1)当船舶整个航次航行在使用同一载重线的海区时,应根据所适用的载重线确定总载重量。

(2)当船舶由使用较低载重线的海区(如冬季)驶往使用较高载重线的海区(如夏季)时,应根据较低载重线确定总载重量。

(3)当船舶由使用较高载重线的海区(如夏季)驶往使用较低载重线的海区(如冬季)时,应根据表 2-1 中原则确定载重线。

表 2-1　确定载重线原则

航次航行情况	航段油水消耗与各载重线的排水量之差比较	载重线的选用及 DW 的计算
热带载重线　夏季载重线 A ——→ B ——→ C	① $\sum G_{AB} > \delta\Delta_{T-S}$(未满足超载条件)	$DW=\Delta_T-\Delta_0$
	② $\sum G_{AB} < \delta\Delta_{T-S}$(满足超载条件)	$DW=(\Delta_S+\sum G_{AB})-\Delta_0$
夏季载重线 冬季载重线 A ——→ B ——→ C	① $\sum G_{AB} > \delta\Delta_{S-W}$(未满足超载条件)	$DW=\Delta_S-\Delta_0$
	② $\sum G_{AB} < \delta\Delta_{S-W}$(满足超载条件)	$DW=(\Delta_W+\sum G_{AB})-\Delta_0$

表中符号说明:Δ_S——夏季满载排水量,t;

Δ_T——热带满载排水量,t;

Δ_W——冬季满载排水量,t;

Δ_0——空船排水量,t;

$\sum G_{AB}$——高载重线段航程内航次储备品的消耗量，t；

$\delta\Delta_{T-S}$——热带满载排水量 Δ_T 与夏季满载排水量 Δ_S 之差，t；

$\delta\Delta_{S-W}$——夏季满载排水量 Δ_S 与冬季满载排水量 Δ_W 之差，t。

（4）船舶由使用较高载重线海区（如热带）航行至使用较低载重线海区（如冬季），并且在航程中两次改变所使用的载重线时，可根据类似的原理，确定所使用的载重线。

当航线上的水深足够时，始发港总载重量的确定，必须保证船舶在该航次任一航段、任何时间，船舶两舷相应于船舶所在的区带、区域和季节期的载重线上缘不被水淹没。为此，必须选用合适的载重线来确定总载重量。

此外，根据《1966 年国际载重线公约》的规定，船舶从江河或内陆水域的港口驶出时，准许超载量至多相当于从出发港至海口间所需消耗的油水和其他一切物料的重量。

2. 水深限制下的总载重量 DW 的确定

方法一：当船舶航行经过的航道及停泊的港口水深较小时，船舶满载离港航经此处时最大吃水将大于该处的水深。此时，船舶的允许最大装载平均吃水可按下式计算：

$$d_{max} = D_d + H_w + \delta d_g \pm \delta d_\rho - D_a - \delta d_t \tag{2-6}$$

式中：D_d——港口或航道最浅处的基准水深，m；

H_w——过航线上最浅处时可利用的潮高，m；

δd_g——始发港到航线最浅处燃油和淡水消耗对船舶吃水的影响值，m；

δd_ρ——始发港到航线最浅处舷外水密度不一致而产生的平均吃水变化量，m；

D_a——过浅区时应留出的富余水深，m；此项数据应根据船舶的大小、船速、浅水区底质及船上所载货种等因素确定，我国港口的富余水深一般可以取 0.5~0.7 m；

δd_t——船舶过浅水区时，最大吃水与平均吃水的差值，m。

根据上式所求得的装货港最大平均吃水 d_{max} 及港口水密度 ρ，就可在载重表尺或船舶其他资料上方便地求出船舶的总载重量 DW。

方法二：水深限制下的总载重量 DW 的计算还可通过以下方法确定：先确定过浅时的限制吃水 $d_{浅}$（即 $d_{浅} = D_d + H_w - D_a$），查取船舶静水力资料，得到相应的海水排水量 $\Delta_{浅0}$。若过浅水域水密度为 ρ，则经水密度修正后过浅时船舶的限制排水量 $\Delta_{浅}$ 为：

$$\Delta_{浅} = \frac{\Delta_{浅0} \cdot \rho}{1.025} \tag{2-7}$$

若始发港至航线最浅水深处的油水消耗量为 δG，则船舶在始发港所允许的最大总载重量 DW 为：

$$DW = (\Delta_{浅} + \delta G) - \Delta_0 \tag{2-8}$$

式中：Δ_0——空船排水量，t。

例 2-1：某船空船排水量 Δ_0 = 6 380 t，过浅滩（ρ = 1.008 t/m³）时最大吃水 $d_{浅}$ = 9.65 m 所对应的标准密度海水下排水量 $\Delta_{浅0}$ = 26 690 t，船由始发港至过浅处油水消耗 545 t，求本航次所允许使用的总载重量。

解：将已知数据代入公式得：

$$\Delta_{浅} = \frac{\Delta_{浅0} \cdot \rho}{1.025} = \frac{26\ 690 \times 1.008}{1.025} \approx 26\ 247(\mathrm{t})$$

船舶本航次在始发港允许使用的总载重量

$$DW = \Delta_{浅} + \delta G - \Delta_0 = 26\ 247 + 545 - 6\ 380 = 20\ 412(\mathrm{t})$$

答:本航次在始发港允许使用的总载重量为 20 412 t。

值得注意的是,在实际确定船舶总载重量时,还应考虑船舶的营运状态,如旧船满载状态下的船舶纵强度、木材船装载后的船舶稳性等,对船舶总载重量也有一定的限制作用。

(二)航次总储备量

航次总储备量(Load of Voyage Stores)是指用于船舶航行和停泊所需要的燃料(Bunker)、淡水(Fresh Water)、粮食和供应品(Provision)、船员及船员行李(Crew and Effects)和备品(Store)等。航次总储备量是总载重量的组成部分。在船舶总载重量确定以后,航次总储备量的大小直接关系到航次净载重量的确定。

航次总储备量是一个变量,航次时间越长、航行条件越复杂,总储备量就越大;反之,就越小。在总储备量中,有的变化很大,如燃料、淡水;有的变化很小,如船员的粮食、供应品等。为计算方便,我们根据这个特点把总储备量分为以下两类:

1. 粮食、供应品、船员及船员行李和备品的重量 G_1(固定储备量)

因为粮食、供应品、船员行李及船用备品的数量变化较小甚至不变,其重量也相对较小,所以对于特定船舶不论航次长短,一般都取为定值。

$$G_1 = G_P + G_{CE} + G_S \tag{2-9}$$

式中:G_P——粮食、供应品,t;

G_{CE}——船员及船员行李和备品,t;

G_S——船用备品,t。

2. 燃料和淡水的储备重量 G_2(可变储备量)

航次储备的燃料、淡水是航次总储备量的主要部分,其储备重量随船舶油水两次补给之间的航程长短和停泊时间的长短而变化,因而与油水补给方案有关。但不管采用哪种油水补给方案,始发港可变储备量都可根据下式计算:

$$G_2 = g_s\left(\frac{s}{24v} + t_{rs}\right) + g_b \cdot t_b \tag{2-10}$$

式中:g_s——每天航行的油、水消耗定额(Bunker and Water Consumption per Day),t/d;

s——装货港到下次补给港前的总航程,n mile;

v——平均航速,kn;

t_{rs}——航行储备时间,一般沿海及近洋航线取 3 天,远洋航线取 5~7 天;

g_b——每天停泊的油、水消耗量,t;

t_b——两次补给之间总的停泊时间,d。

燃油、淡水的补给方案有两种情形：一是在装货港一次加满可变储备；二是在中途港添加可变储备。确定油水补给方案时需要考虑两个因素：一是航行途中是否有燃料和淡水供应，中途添加次数越多，净载重量就越大；二是中途添加燃料和淡水的成本，即船舶挂靠加油港的港口使费和船期的浪费。究竟采取哪种方案，应综合分析各港口的油价和补给油、水所引起的费用支出情况，权衡利弊，择优选用。

3. 航次总储备量

根据上述航次总储备量两部分组成的原则可知航次总储备量 $\sum G$ 为：

$$\sum G = G_1 + G_2 \tag{2-11}$$

（三）船舶常数的定义及产生原因

在确定了船舶总载重量和航次总储备量后，合理而正确地确定船舶常数，对提高船舶的载重能力和保证船舶合理受载，起着较重要的作用。

1. 船舶常数的概念

船舶常数 C 是指船舶经过一段时间营运后的实际空船重量与船舶新出厂时的空船重量的差值，即船舶常数等于测定时的实际空船排水量减去新出厂时的空船排水量。

2. 船舶常数产生的原因

（1）船体和机械的定期修理和局部改装，改变了原来的重量；

（2）货舱内积留的残余货物、多余的垫舱物料及垃圾等杂物；

（3）燃料舱、压载舱及污水井（沟）内抽不出去的剩余污油、积水及污泥沉淀物；

（4）船上库存的破损机件、器材和仓库内堆积的各种废旧物料；

（5）海藻、贝壳等船体附着物的重量。

以上这些原因使船舶重量增加的那部分，就是我们所称的船舶常数。

（四）船舶常数的测定方法及计算

船舶常数是可以测定出来的，而且这个数字不是固定不变的。测定一般选择在年度修理后，并且在船舶货物卸空时的平静海面进行。其步骤如下：

（1）观测船舶的六面吃水并测量舷外水的密度；

（2）计算测定时的船舶平均吃水；

（3）根据平均吃水及舷外水密度求取船舶排水量 Δ；

（4）根据实际装载状况计算确定船上所有载荷的总重量 $\sum P$（一般指油、水、储备品等），其中不应包括空船重量及船舶常数本身；

（5）求出测定时的实际空船排水量 $\Delta_0' = \Delta - \sum P$；

（6）测出的 Δ_0' 与出厂时的空船重量 Δ_0 之差就是船舶常数，即 $C = \Delta_0' - \Delta_0$。

例 2-2：某船停泊在上海港，实测黄浦江水密度为 1.005 g/cm³，当时船舶实际吃水为：$d_{FP}=3.30$ m；$d_{FS}=3.25$ m；$d_{⊗P}=4.78$ m；$d_{⊗S}=4.65$ m；$d_{AP}=5.80$ m；$d_{AS}=5.77$ m。船上存有燃料 693 t，淡水 370 t，压载水 1 624 t，粮食和物料等 28 t，新出厂时的空船重量为 5 565 t，$L_{BP}=148$ m，试求船舶常数。

解：（1）计算船中处的平均吃水 d_M

$$d_M=\frac{d_{FP}+d_{FS}+d_{⊗P}+d_{⊗S}+d_{AP}+d_{AS}}{6}$$
$$=\frac{3.30+3.25+4.78+4.65+5.80+5.77}{6}$$
$$\approx 4.592(\text{m})$$

（2）计算漂心处的平均吃水 d_M'

$$d_M'=\frac{d_{FP}+d_{FS}+d_{⊗P}+d_{⊗S}+d_{AP}+d_{AS}}{6}+\frac{d_{FP}+d_{FS}-d_{AP}-d_{AS}}{2}\cdot\frac{X_f}{L_{BP}}$$
$$=4.592+\frac{3.30+3.25-5.80-5.77}{2}\cdot\frac{0.11}{148}$$
$$\approx 4.59(\text{m})$$

式中：$X_f=0.11$ m 是由船中平均吃水 4.592 m 查得的。

（3）求船舶在测定常数时的排水量 Δ

根据 $\rho=1.005\ \text{g/cm}^3$ 和 $d_M'\approx 4.59$ m 查载重表尺，得 $\Delta=8\ 500$ t。

（4）计算测定常数时船上所有载荷重量 $\sum P$：

$$\sum P=693+370+1\ 624+28=2\ 715\ (\text{t})$$

（5）计算测定常数时的 Δ_0'

$$\Delta_0'=\Delta-\sum P=8\ 500-2\ 715=5\ 785\ (\text{t})$$

（6）计算船舶常数 C'

$$C=\Delta_0'-\Delta_0=5\ 785-5\ 565=220\ (\text{t})$$

答：该船舶的船舶常数为 220 t。

第三节　充分利用船舶载货能力

一、提高并充分利用载货能力的途径及措施

如何充分利用船舶的载货重量能力、载货容量能力与特殊载货能力，是提高船舶营运效益、保障船舶安全的重要措施。

1. 提高船舶载货重量能力的途径

当货源充足且货物以重货为主时，如何在保证船舶安全的同时提高载重能力，尽可

能多装货物，是我们要研究的内容。提高船舶载货重量能力的具体措施有：

(1) 根据航线上的限制水深正确选用航次载重线，确定船舶航次最大装载吃水；

(2) 根据航次航线情况，确定合理的燃料、淡水补给方案，尽可能减少航次储备量；

(3) 及时清除船上垃圾等，尽量减少液舱内的残液，以减小船舶常数；

(4) 合理编制配载图，尽量减少全集装箱船固定压载的重量和油船的油脚重量，尽量减少为调整稳性、强度、吃水差而打入的压载水；

(5) 根据最大装载吃水、航次储备量及船舶常数合理确定航次总载重量。

2. 提高船舶载货容量能力的途径

当货源充足且货物以轻货为主时，如何在保证船舶安全的同时，提高容积能力，尽可能多装货物，是我们要研究的内容。提高船舶载货容量能力的具体措施有：

(1) 根据货种特点合理选择舱位，编制货物积载图。如将重大件货、大的箱货、大的桶货等配装在船舶中部的大舱并配装一些小件货填补空位；体积小的货物、软包装货配装在狭窄的舱位。同样，二层舱因高度较小，一般不宜配装包装尺寸很大的货件，以避免二层舱上部出现无法被利用的舱容。

(2) 舱容不足时，应当创造条件，挖掘船舶潜力，尽可能充分利用船上的特殊舱室。例如，可考虑把一些重量小、易于搬运的小、软包装的货物装于未被利用的深舱或冷藏舱内。

(3) 装货的质量也直接影响到舱容的利用程度，因此，还要和港方搞好协作关系，值班驾驶员和看舱人员需经常下舱察看货物的堆装情况，要求装卸工人紧密堆装，尽量减少亏舱。

(4) 舱面装载货物。把一些在海运惯例上或有关货运单证上确认可以装于舱面的货物装于舱面。

(5) 在固体散装货物的装载过程中及时做好货物平舱工作。

3. 提高船舶特殊载货能力的途径

为保证货物运输质量，提高船舶特殊载货能力的途径主要有：

(1) 合理搭配货物。尽量满足性质互抵货物的隔离和其他特殊货物的装载要求。

(2) 特殊货物在托运人同意的情况下可以考虑装载在甲板或专用舱室，同时保证这些专用舱室结构和设备处于完好状态。

(3) 对重大件、集装箱等特殊货物的承运，还要考虑船舶的舱口尺寸、结构、甲板安全负荷和甲板吊装设备的吊重能力等。

(4) 集装箱船应合理安排特殊箱箱位，如 20 ft 集装箱和 40 ft 集装箱（以下简称“20 ft 箱”和“40 ft 箱”）、超高和超宽集装箱箱位安排等，减少特殊箱箱位附近的箱位浪费。

二、船舶满舱满载计算

提高船舶载货重量能力与载货容量能力的主要途径是轻重货物合理搭配。当货源充足时,如何充分利用船舶载货重量能力与载货容量能力,使船舶达到满舱满载,取决于货物的组成,即取决于船舶舱容系数 μ 与所运货物的加权平均积载因数 SF_2(考虑亏舱)之间的关系(如"船舶货运基础"一章所述):

(1)当 $\mu=SF_2$ 时,表明船舶满舱满载;

(2)当 $\mu>SF_2$ 时,表明船舶装载后可达满载,但不满舱;

(3)当 $\mu<SF_2$ 时,表明船舶装载后可达满舱,但不满载。

因此,船公司在分配货载时,应注意轻、重货的合理搭配,尽量使船舶做到满舱满载。

在实际船舶运输中,往往多种货物的品种与数量已经确定,而待选的货物品种及数量是其中的若干部分。此时,在待选的货物中选择一票重货和一票轻货,就能通过求解以下方程组得出所选的重货重量 P_H 和轻货重量 P_L。

$$\begin{cases} P_H + P_L = NDW - \sum P \\ P_H \cdot SF_H + P_L \cdot SF_L = \sum V_{ch} - \sum V \end{cases} \tag{2-12}$$

式中:SF_L、SF_H——分别为轻、重货物包括亏舱的积载因数,m^3/t;

$\sum V_{ch}$——货舱舱容,m^3;

$\sum P$——已选货物的总重量,t;

$\sum V$——已选货物所需的舱容,m^3。

例 2-3:某船空船排水量为 6 000 t,满载排水量为 20 000 t,油、水储备及船舶常数共 2 000 t,货舱总舱容 20 000 m^3,本航次拟配装 6 000 t 货物,共需舱容 10 000 m^3。为使船舶达到满舱满载,尚需配装 A 货($SF_1=1.0\ m^3/t$)和 B 货($SF_2=3.0\ m^3/t$)各多少吨?(设 A、B 两货物未考虑亏舱,已知它们的亏舱率均为 10%)

解:(1)航次净载重量

$$NDW = \Delta - \Delta_0 - \sum G - C = 20\,000 - 6\,000 - 2\,000 = 12\,000(t)$$

(2)设 A 货装 P_1,B 货装 P_2,则:

$$\begin{cases} P_1 + P_2 = NDW - \sum P \\ P_1 \cdot SF_1 + P_2 \cdot SF_2 = (\sum V_{ch} - \sum V) \cdot (1 - C_{bS}) \end{cases}$$

$$\rightarrow \begin{cases} P_1 + P_2 = 12\,000 - 6\,000 \\ P_1 + 3P_2 = (20\,000 - 10\,000) \cdot (1 - 10\%) \end{cases}$$

即 $$\begin{cases} P_1 + P_2 = 6\,000 \\ P_1 + 3P_2 = 9\,000 \end{cases}$$

解得:$P_1=4\,500(t)$,$P_2=1\,500(t)$。

答:为使船舶达到满舱满载,尚需配装 A 货($SF_1=1.0\ m^3/t$)4 500 t 和 B 货($SF_2=3.0\ m^3/t$)1 500 t。

第三章

船舶稳性

船舶稳性与航行安全有着密切的关系。为防止倾覆,船舶必须具有足够的稳性;同时,稳性过大又会引起船舶在风浪中摇摆剧烈,造成人员不适、船舶机器设备的使用不便、船体结构受损、舱内货物容易移位以致危及船舶安全等。因此,船舶在营运中应保证具有适度的稳性。

第一节　稳性的基本概念

一、稳性的定义与分类

(一)定义

船舶稳性(Stability),是指船舶受外力作用发生倾斜,当外力消失后能够回到原来平衡位置的能力。

(二)分类

1. 按倾斜方向的不同分类

(1)横稳性(Transverse Stability):船舶在横倾(绕纵向轴倾斜)状态下所表现的稳性。

(2)纵稳性(Longitudinal Stability):船舶在纵倾(绕横向轴倾斜)状态下所表现的稳性。

对于普通货船,船舶的纵稳性一般是足够的,本章仅研究船舶的横稳性问题。

2. 按倾斜角度的大小分类

(1)初稳性(Initial Stability):船舶小角度(倾斜角度一般不超过 10°~15°,且上甲板边缘开始入水前）倾斜时所表现的稳性，也称小倾角稳性。

（2）大倾角稳性（Stability at Large Angles of Inclination）：船舶大角度（倾斜角度大于 10°~15°，或上甲板边缘开始入水后）倾斜时所表现的稳性。

3. 按作用力性质的不同分类

（1）静稳性（Statical Stability）：船舶在静态外力作用下所表现的稳性。静态外力，是指缓慢地作用在船上的外力。船舶在此倾斜过程中可忽视角加速度和惯性矩。

（2）动稳性（Dynamical Stability）：船舶在动态外力作用下所表现的稳性。动态外力，是指突然作用在船上的外力。船舶在此倾斜过程中会出现较为明显的角加速度和惯性矩，因此不能忽视动态外力。

4. 按船舱破损与否分类

（1）完整稳性（Intact Stability）：船体外壳完整条件下船舶所表现的稳性。

（2）破舱稳性（Damaged Stability）：船体外壳破损导致船舱进水时船舶所表现的稳性，也称破损稳性。

二、船舶的三种平衡状态

船舶漂浮于水面上，在外力矩作用下发生倾斜，当外力矩消失后，船舶能否恢复到初始平衡位置，取决于它处在何种平衡状态。船舶的平衡状态取决于微倾前后两条浮力作用线的交点 M，M 为横稳心（Initial Metacenter）；它表示横稳心的位置与船舶重心点 G 的位置之间的相互关系。船舶倾斜后重力和浮力构成的力偶矩称为稳性力矩。船舶平衡可分为三种状态，如图 3-1 所示。

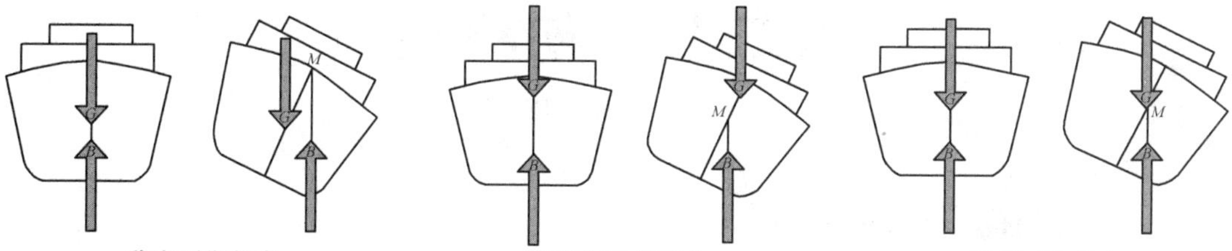

稳定平衡状态　　不稳定平衡状态　　随遇平衡状态

(a)　　(b)　　(c)

图 3-1　船舶的三种平衡状态

1. 稳定平衡状态

如图 3-1（a）所示，船舶横稳心 M 的位置位于重心点 G 的上方。在船舶受倾侧力矩作用离开平衡位置后，浮力作用线在外侧，重力作用线在内侧，稳性力矩 W 为正值，也就是复原力矩，该复原力矩使船舶恢复到原来平衡位置。此时船舶所处的平衡状态称为稳定平衡状态（Stable Equilibrium）。

2. 不稳定平衡状态

如图 3-1(b)所示,船舶横稳心 M 的位置位于重心点 G 的下方。在船舶受倾侧力矩作用离开平衡位置后,浮力作用线在内侧,重力作用线在外侧,稳性力矩 W 为负值,也就是倾覆力矩,该倾覆力矩使船舶继续倾斜。此时船舶所处的平衡状态称为不稳定平衡状态(Unstable Equilibrium)。

3. 随遇平衡状态

如图 3-1(c)所示,当船舶横稳心 M 的位置与船舶重心点 G 的位置重合时,船舶受倾侧力矩作用离开平衡位置后,重力作用线与浮力作用线在同一条垂直线上,重力和浮力构成的力偶矩为零,即稳性力矩为零,船舶不能恢复到初始平衡位置。此时,船舶所处的平衡状态称为随遇平衡状态(Neutral Equilibrium)。

由此可见,处于不稳定平衡状态的船舶,在受到较小倾侧(外)力矩作用下稍离开平衡位置时,即使外力矩立即消失,仍会在负的稳性力矩(即倾覆力矩)作用下,继续倾斜,最终导致船舶发生倾覆;处于随遇平衡状态的船舶受外力矩作用发生倾斜,当外力矩消失后,船舶因稳性力矩为零,不可能回至原平衡位置,且当较长时间受到外力矩作用时,船舶的横倾角将在一定范围内不断增大,最终仍有可能导致船舶倾覆;只有处于稳定平衡状态的船舶,才具有一定的抵抗外力矩的能力,且具有当外力矩消失后,在正的稳性力矩(即复原力矩)作用下,自动回到原来的平衡位置的能力。因此,要保证船舶的安全,使船舶具有一定的抵御风浪的能力,必须使船舶处于稳定平衡状态,也就是船舶在任何情况下(航行和停泊等情况),都应当具有正值稳性力矩(或复原力矩),即保证船舶具有一定的稳性。

第二节　初稳性

一、船舶初稳性的特征

船舶初稳性是船舶稳性在小角度倾斜前提下的一个特例,具有将稳性问题简化的条件。如图 3-2 所示,在假定正浮时水线附近的舷侧垂直于水面的前提下,船舶在小角度横倾时具有以下特点:

(1)倾斜轴通过初始水线面面积中心,即漂心 F。

(2)在排水量一定时,船舶的横稳心 M 的位置可以视作固定不变。浮心 B 沿着以 M 为圆心、以稳心半径 BM(浮心 B 至横稳心 M 的距离)为半径的圆弧轨迹向倾斜一侧移动。

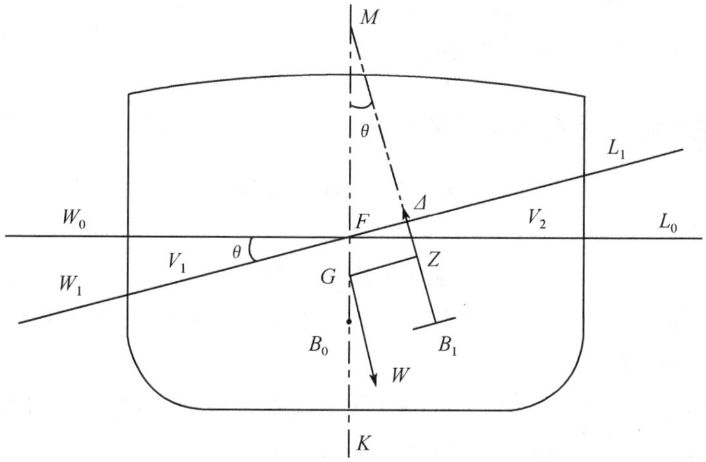

图 3-2　船舶初稳性

二、初稳性的衡量指标

船舶初稳性属于静稳性的一种。船舶静稳性的大小可由稳性力矩 M_R(或复原力矩)的大小来表示。由图 3-2 可知,稳性力矩的大小可表示为:

$$M_R = \Delta \cdot GZ \tag{3-1}$$

式中:M_R——稳性力矩(Righting Moment)或复原力矩,即船舶倾斜后重力和浮力构成的力矩,9.81 kN · m 或 t · m;

Δ——船舶实际排水量,t;

GZ——静稳性力臂(Stability Lever),也称复原力臂,即重力作用线与浮力作用线之间的垂直距离,m。

在船舶小角度倾斜时,其横稳心为固定点,则重心 G、横稳心 M 和过 G 点向倾斜后的浮力作用线所作的垂线的垂足 Z 三点构成一个直角三角形。因此,船舶初稳性下的复原力矩可进一步表示为:

$$M_R = \Delta \cdot GZ = \Delta \cdot GM \cdot \sin\theta \tag{3-2}$$

式中:GM——初稳性高度(Metacentric Height),即重心 G 至横稳心 M 的距离,m;

θ——船舶横倾角度数,°。

由此可知,当船舶在一定排水量下发生小角度横倾时,复原力矩 M_R 的大小与初稳性高度 GM 成正比。初稳性高度的大小决定着船舶在小角度横倾后所受的复原力矩的大小。所以,初稳性高度 GM 是衡量船舶初稳性大小的基本标志。

三、初稳性高度 GM 计算

由图 3-2 可知,初稳性高度 GM 可按以下公式计算:

$$GM = KM - KG \tag{3-3}$$

式中：KM——船舶横稳心距基线高度，m；

KG——船舶重心距基线高度，m。

（一）横稳心距基线高度 KM 的求取

船舶横稳心距基线高度 KM 可根据平均吃水或排水量在静水力资料中查得。当没有资料查取 KM 时，可用下式求得：

$$KM = KB + BM \tag{3-4}$$

式中：KB——船舶的浮心距基线高度，m，其值可以根据平均吃水或排水量在静水力资料中查得；

BM——横稳心半径，m，其值可以根据平均吃水或排水量在静水力资料中查得，或按下式求取：

$$BM = I_x / \nabla_M \tag{3-5}$$

式中：I_x——船舶水线面面积对于其横倾轴的惯性矩，m^4，其值可用 $I_x = K \cdot L_{BP} \cdot B^3$ 求得，对于一般货船，$K = 0.055 \sim 0.066$；

∇_M——型排水体积，m^3；

L_{BP}——两垂线间长，m；

B——船宽，m。

（二）船舶重心距基线高度 KG 的求取

船舶重心距基线高度 KG 与空船重心高度及船上各载荷配置方案有关，可按下式计算：

$$KG = \frac{\sum P_i \cdot Kg_i}{\Delta} \tag{3-6}$$

式中：P_i——构成船舶排水量的各项重量，t，包括空船重量 Δ_L，船舶常数 C，各货舱货物重量 $\sum Q$，各油水舱中的油水重量以及船员、行李、粮食、供应品等重量 $\sum G$；

Kg_i——构成船舶排水量的各项重量的重心距基线高度，m；

$\sum P_i \cdot Kg_i$——构成船舶排水量的各项重量所产生的总的垂向力矩，9.81 kN · m 或 t · m，也可用 M_Z 表示；

Δ—船舶实际排水量，t。

在计算 KG 值时，关键是需要求得构成船舶排水量的各项重量的重心距基线高度 Kg_i，实际工作中，可以把构成船舶排水量的各项重量分两类处理：空船重量和各载荷重量。空船重心距基线高度可以在船舶资料中查得；各载荷重心距基线高度可按以下具体方法确定：

船员、行李、粮食、供应品以及船舶常数等载荷重心距基线高度一般取“船舶稳性报告书”或“船舶装载手册”中的典型装载数据。液体载荷重心距基线高度：满舱时，以该液舱舱容中心距基线高度作为舱内液体载荷重心距基线高度,可从液舱容积表中查得;未满舱时,可根据实际测得并经修正后的空当值查液舱容积曲线资料加以确定,或利用估算方法近似估算确定,方法同货物载荷的近似估算法。

下面着重说明货物载荷重心距基线高度的确定方法。

1. 估算法

将装在同一舱内且积载因数相近、位置相邻的货物合并起来视为一堆货物,并将每堆货物视为均质货物,然后分别估算各大堆货物的重心距基线高度。它与货物体积、舱内货堆高度、货舱结构形式有关,可近似地加以确定。在船舶中部的舱室,货堆的重心可取为 0.5 倍货堆高度;在船首、船尾等部位的舱室,货堆的重心高度可取货堆高度的 0.54~0.58 倍,有时可取 0.6 倍。如中部舱室的货物的重心高度可表示为:

$$Kg_j = \frac{1}{2}\text{货高} + \text{货物底面距基线高度} \tag{3-7}$$

根据下式可计算舱内所有货物的合重心距基线高度 $Kg_i{}'$:

$$Kg_i{}' = \frac{\sum P_j \cdot Kg_j}{\sum P_j} \tag{3-8}$$

式中:P_j——舱内第 j 票货物的重量,t;

Kg_j——舱内第 j 票货物的重心距基线高度,m;

$\sum P_j \cdot Kg_j$——舱内各票货物产生的总垂向重量力矩,9.81 kN · m 或 t · m;

$\sum P_j$——舱内各票货物总重量,t。

例 3-1:某船第二货舱的底舱装棉布 1 300 t($SF_1 = 0.74\ m^3/t$)和纸张 900 t($SF_2 = 2.13\ m^3/t$)两种货物,货物在舱内上下结构配置,如图 3-3 所示。试按估算法求各大类货物的重心高度及该舱货物的合重心高度。(已知该舱舱容为 3 070 m^3,舱高 7.8 m,双层底高 1.5 m)

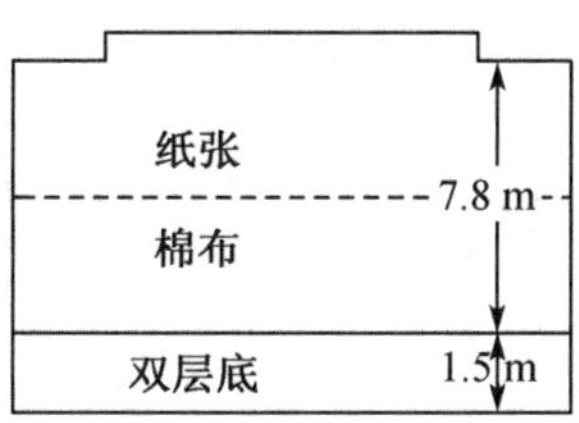

图 3-3 货物在舱内的配置图

解:列表计算各类货物的重心高度,如表 3-1 所示:

表 3-1 各类货物的重心高度

货物	重量（t）	SF（m^3/t）	货物容积（m^3）	占舱容百分比	货堆高度（m）	货物重心高度（m）
棉布	1 300	0. 74	962	31. 3%	0. 313×7. 8≈2. 44	1. 5+2. 44/2≈2. 72
纸张	900	2. 13	1 917	62. 4%	0. 624×7. 8=4. 87	1. 5+2. 44+4. 87/2=6. 38

求得该舱货物的合重心为：

$$Z_i' = \frac{\sum P_j \cdot Kg_j}{\sum P_j} = \frac{1\ 300 \times 2.72 + 900 \times 6.38}{1\ 300 + 900} = 4.22(\text{m})$$

答：棉布重心高度为 2. 72 m，纸张重心高度为 6. 37 m，该舱货物的合重心高度为 4. 22 m。

2. 利用舱容曲线图确定载荷重心高度法

这种方法比较准确，但需要船舶具有舱容曲线资料——舱容曲线图（Curves of Hold's Capacity）。通常，船舶每一货舱对应有一张舱容曲线图。图 3-4 为某船第 2 货舱舱容曲线图。舱容曲线图下面横坐标为货舱容积，纵坐标为货堆表面距基线高度，上面横坐标为容积中心距基线高度。图上有两条曲线，分别是舱容曲线和容积中心距基线高度曲线。

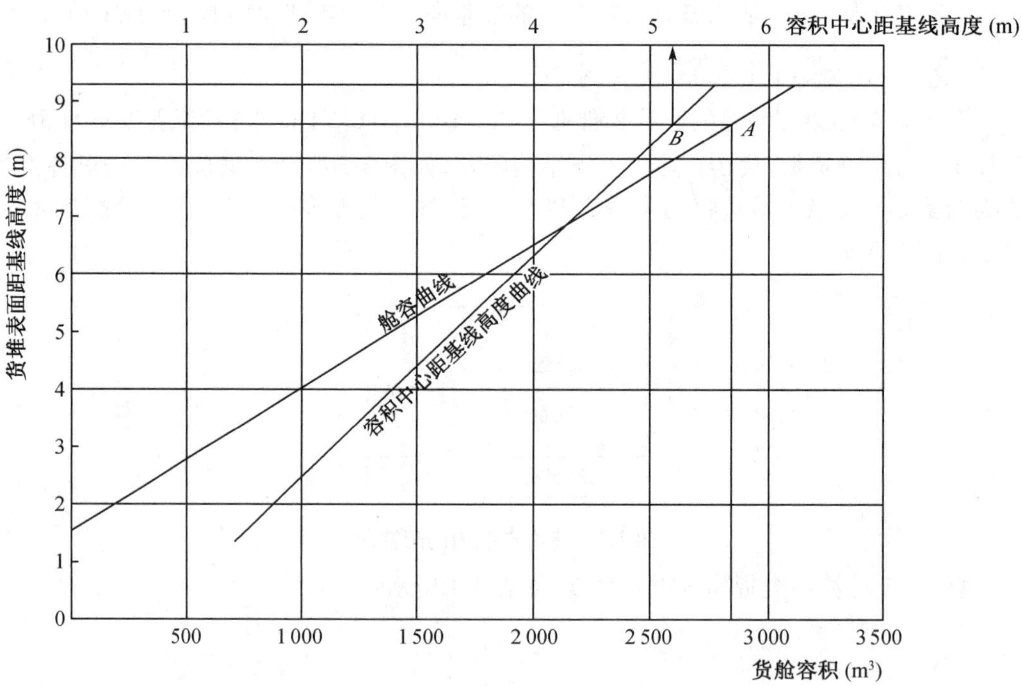

图 3-4 舱容曲线图

使用时，根据装载货物所占的舱容，在下面横坐标上找到相应的位置点，过该点作一垂直于下面横轴的直线，交舱容曲线于一点 A，过 A 点作横轴的平行线，交纵坐标轴，即可读得该货物表面距基线高度。该平行线交容积中心距基线高度曲线于 B 点，过 B 点向上作横轴的垂直线，即可在上面的横坐标轴上读得该货物的容积中心距基线高度。当所装货物为均质货（即同一种货）时，该中心即为货物的重心。

当舱内装载多票货物时，先用上述方法求出最底部第一层货物的重心高度，再求置于第一层货物上面的货物与第一层货物的合计体积中心，然后求出第二层货物的体积中心（即其重心），接着按相同方法可以求出第三层、第四层……货物的重心，最后根据各票货物的重心，即可求得舱内所有货物的合重心。

3. 舱内货物合重心法

在实际工作中，特别是当货物票数较多时，上述两种方法均显麻烦。因此，这两种方法多用于舱内装载均一散装货物或货物票数不多的杂货时。

对于大多数杂货船，在确定舱内货物重心距基线高度时，均以舱内所装货物的合体积中心作为该舱货物的合重心（如果货物已满舱，则取舱容中心为货物合重心），以简化计算。即无论货舱内装载了几票货，也不论它们积载因数是否相差较大，都将这几票货物的体积相加，求出总的体积，并把该总体积中心作为该舱货物的计算中心；如果货物基本满舱，则取舱容中心作为该舱货物计算中心。使用这种方法所得的货物重心显然与实际的重心高度有出入，但因方法简便，而且所求得的 GM 值比实际值小，偏于安全，所以广大驾驶员乐于采用这种方法。

例 3-2：某船某航次由上海开往欧洲，计划各舱柜载荷重量如表 3-2 所列。试求开航时船舶的初稳性高度 GM。

解：(1) 列表计算船舶排水量 Δ、总的垂向重量力矩 $\sum P_i \cdot Kg_i$（见表 3-2）

表 3-2 船舶排水量、垂向重量力矩计算表

货物	舱别	载荷重量(t)	重心距基线高度(m)	垂向重量力矩(×9.81 kN·m)
货物	No. 1 二层舱	900	11.27	10 143
	No. 1 底舱	906	5.90	5 345
	No. 2 二层舱	882	11.05	9 746
	No. 2 底舱	1 612	5.18	8 350
	No. 3 二层舱	942	10.87	10 240
	No. 3 底舱	1 537	5.15	7 916
	No. 4 二层舱	1 387	10.87	15 077
	No. 4 底舱	2 401	5.15	12 365
	No. 5 二层舱	1 060	10.87	11 522
	No. 5 底舱	1 482	5.24	7 766
小计		13 109		98 470

续表

货物	舱别	载荷重量(t)	重心距基线高度(m)	垂向重量力矩(×9.81 kN·m)
油	No. 1 燃油舱(左)	107	0.74	79
	No. 1 燃油舱(右)	102	0.74	75
	No. 2 燃油舱(左)	107	0.74	79
	No. 2 燃油舱(右)	107	0.74	79
	No. 3 燃油舱(左)	148	0.74	110
	No. 3 燃油舱(右)	148	0.74	110
	No. 4 燃油舱(左)	1 078	0.74	79
	No. 4 燃油舱(右)	107	0.74	79
	燃油日用舱	20	10.80	216
	燃油沉淀舱	22	10.80	238
	No. 1 重柴油舱(左)	230	1.44	331
	No. 1 重柴油舱(右)	213	1.51	322
	重柴油日用舱	10	10.78	108
	重柴油沉淀舱	10	10.78	108
	轻柴油舱	22	0.98	22
	轻柴油日用舱	6	10.74	64
	滑油净油舱(左)	12	5.95	71
	滑油贮存舱	15	5.95	89
	滑油循环舱	16	1.15	18
	No. 1 汽缸油贮存舱	4	10.75	43
	No. 2 汽缸油贮存舱	9	10.79	97
小计		1 522		2 417
淡水	饮水舱(左)	49	11.31	554
	饮水舱(右)	49	11.31	554
	艉尖舱(淡水)	153	7.91	1 210
	淡水舱	37	0.94	35
	蒸馏水舱	22	0.89	20
小计		310		2 373
其他	船员及行李	6	18.00	108
	供应品	20	13.50	270
	备品	30	11.50	345
	船舶常数	172	10.62	1 827
小计		228		2 550
空船重量		5 371	8.891	47 754
总计		20 540		153 563

(2)求取船舶重心距基线高度 KG

$$KG = \frac{\sum P_i \cdot Kg_i}{\Delta} = \frac{153\ 563}{20\ 540} \approx 7.48(\text{m})$$

(3)根据 $\Delta = 20\ 540$ t,查该船静水力资料,得 $KM = 8.67$ m。

(4)计算船舶初稳性高度 GM

$$GM = KM - KG = 8.67 - 7.48 = 1.19(\mathrm{m})$$

答:开航时该船舶的初稳性高度为 1.19 m。

四、影响初稳性的因素及相关计算

(一)船内载荷移动对初稳性高度的影响及计算

1. 平行力移动原理

船内载荷移动会引起船舶重心位置的改变,其关系可用平行力移动原理来解释。平行力移动原理,即"在平行力系中,若某一分力 P 向任一方向移动,则其合力 W 的重心也随之同向平行移动;合力 W 的重心移动的距离 GG' 与合力 W 的大小成反比,而与分力 P 及其移距 L 成正比。"

上述原理可用关系式表示为:

$$GG' = \frac{P \cdot L}{W} \tag{3-9}$$

2. 船内载荷移动对初稳性高度的影响

船内载荷水平移动时,船舶排水量以及稳心高度、重心高度均不会发生变化,船舶初稳性高度不变。

船内载荷垂向移动时,引起船舶重心向同一方向移动,尽管船舶的排水量不变,船舶横稳心保持不变,但重心发生改变将引起船舶初稳性高度的变化。

3. 船内载荷移动对初稳性高度的影响计算

船内货物垂向移动,会引起船舶重心发生垂向移动。通过分析可知,船舶初稳性高度 GM 的改变量 δGM 在数值上等于船舶重心高度的改变量 G_1G_2,如图 3-5 所示。

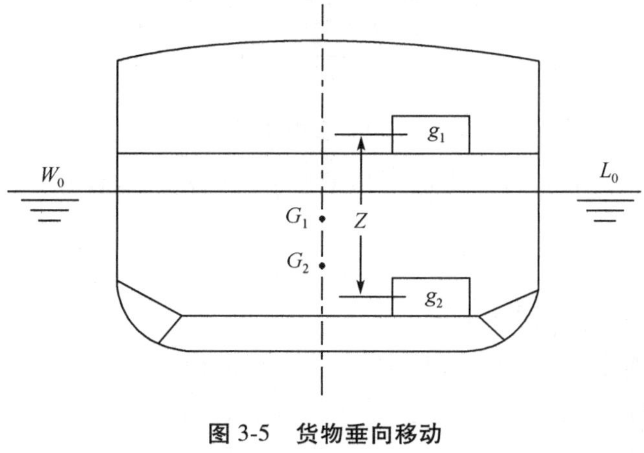

图 3-5　货物垂向移动

根据平行力移动原理,当重量 P 的货物其重心自位置 g_1 移至位置 g_2 时,货物上、

下移动距离为 Z,则船舶的重心将随之由 G_1 移至 G_2 位置,其数值可按下式计算:

$$\delta GM = G_1G_2 = \frac{P \cdot Z}{\Delta} \tag{3-10}$$

例 3-3:某船排水量 Δ=6 500 t,重心高度 KG=5.75 m,初稳性高度 GM=0.50 m,现将 100 t 甲板货移到双层底的舱底板上,该批货物原来的重心高度是 10 m,移货后的重心高度是 1.5 m,求船舶移货后的初稳性高度 GM。

解:(1)初稳性高度变化值 δGM 等于船舶重心高度的改变量 G_1G_2:

$$\delta GM = G_1G_2 = \frac{P \cdot Z}{\Delta} = \frac{100 \times (10 - 1.5)}{6\ 500} \approx 0.13(\mathrm{m})$$

(2)因货物下移,船舶重心下移,故船舶初稳性高度增加。船舶新的初稳性高度 GM 为:

$$GM = GM_0 + \delta GM = 0.50 + 0.13 = 0.63(\mathrm{m})$$

答:船舶新的初稳性高度 GM 是 0.63 m。

(二)自由液面对初稳性高度的影响及修正计算

船上各液体舱柜出现不满舱时,船舶产生横倾,液体就会向船舶倾斜一侧移动,此时液体表面称为自由液面(Free Surface),如图 3-6 所示。当船舶倾斜时,舱柜内的液体随之流动,液体的体积形状发生变化,液体的重心向倾斜一侧移动,产生一横倾力矩,从而减少了原有的稳性力矩,也即降低了初稳性高度,影响船舶安全。

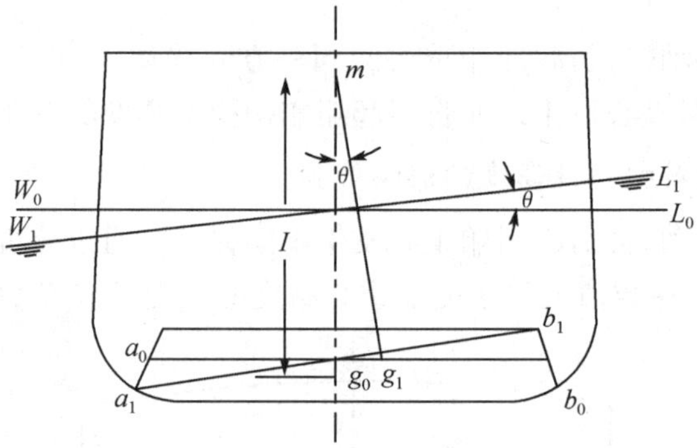

图 3-6 自由液面

在船舶小角度倾斜时,自由液面对初稳性高度的减少值 δGM_f 为:

$$\delta GM_f = \frac{\rho \cdot i_x}{\Delta} \tag{3-11}$$

式中:ρ——液舱内的液体密度,t/m³;

i_x——自由液面对通过其面积中心轴的面积惯性矩,m⁴;

$\rho \cdot i_x$——自由液面修正力矩,9.81 kN·m 或 t·m;

Δ——船舶排水量,t。

当多个液体舱同时存在自由液面时,则初稳性高度减少值 δGM_f 应进行累计。

$$\delta GM_f = \frac{\sum \rho \cdot i_x}{\Delta} \tag{3-12}$$

式中：$\sum \rho \cdot i_x$——各液舱自由液面修正力矩之和，9.81 kN · m 或 t · m。

则经自由液面修正后的船舶初稳性高度 GM_1 为：

$$GM_1 = GM - \delta GM_f \tag{3-13}$$

可以知道，自由液面对船舶初稳性高度的影响值 δGM_f 与船上具体存在的自由液面状况有关。对于单个液舱，该影响值 δGM_f 与液舱内液体的密度 ρ、液面的面积惯性矩 i_x 成正比，与排水量 Δ 成反比。

液舱自由液面惯性矩 i_x 的具体数据，一般可从船舶资料“各液舱自由液面惯性矩 i_x 表”中查取。

液舱自由液面惯性矩 i_x 也可利用公式计算求得。对于沿船舶纵向长度为 a、沿船舶横向宽度为 b 的矩形液舱，其液面面积惯性矩 i_x 为：

$$i_x = \frac{1}{12} a \cdot b^3 \tag{3-14}$$

由上述公式可知，矩形液舱的自由液面面积惯性矩与液舱宽度的三次方成正比。不难证明，如果将矩形液舱横向 n 等分，自由液面面积惯性矩将减少到原来的 $d_m - \frac{1}{2}$。

对于沿船舶纵向长度为 a、沿船舶横向一边的宽度为 b 的等腰三角形液舱，其液面面积惯性矩 i_x 为：

$$i_x = \frac{1}{48} a \cdot b^3 \tag{3-15}$$

对于沿船舶纵向长度为 a、沿船舶横向一边的宽度为 b 的直角三角形液舱，其液面面积惯性矩 i_x 为：

$$i_x = \frac{1}{36} a \cdot b^3 \tag{3-16}$$

对于沿船舶纵向长度为 a、沿船舶横向一边的宽度为 b_1 和横向另一边的宽度为 b_2 的等腰梯形液舱，其液面面积惯性矩 i_x 为：

$$i_x = \frac{1}{48} a (b_1 + b_2)(b_1^2 + b_2^2) \tag{3-17}$$

由式(3-14)(3-15)(3-16)(3-17)可以看出，为了减小自由液面对稳性的影响，比较有效的办法是在舱柜中间设置水密纵向隔板。

通常，在小角度倾斜状态下，对于船舶自由液面对初稳性高度的影响，应查“船舶稳性报告书”或“船舶装载手册”中的各种装载状态下各液舱“小倾角自由液面对初稳性高度的修正值表”。查表引数是船舶排水量和舱别（或称液舱舱别）。在查表求得各液舱自由液面影响值后，再求其和。

例 3-4：某船排水量 $\Delta = 18\ 421$ t，有燃油沉淀舱（左和右），淡水舱（左和右）未装满而有自由液面，燃油比重为 0.88 t/m³，淡水比重为 1.00 t/m³。燃油沉淀舱长 $a=3$ m，宽 $b=4$ m；淡水舱（左）长 $a=10$ m，宽 $b_1=2.5$ m，$b_2=5.5$ m；淡水舱（右）长 $a=10$ m，宽 $b_1=3$ m，$b_2=6$ m。试求受自由液面影响而产生的稳性高度减少值。

解：(1)求各液舱自由液面修正力矩

燃油沉淀舱（左和右）：$2\rho \cdot i_x=2\rho \cdot \dfrac{1}{12}a \cdot b^3=2\times0.88\times\dfrac{1}{12}\times3\times4^3$(×9.81 kN·m 或 t·m)= 28.2(×9.81 kN·m 或 t·m)

淡水舱（左）：$\rho \cdot i_x=\rho \cdot \dfrac{1}{48}a(b_1+b_2)(b_1^2+b_2^2)=1.00\times\dfrac{1}{48}\times10\times(2.5+5.5)\times(2.5^2+5.5^2)$(×9.81 kN·m 或 t·m)= 60.8(×9.81 kN·m 或 t·m)

淡水舱（右）：$\rho \cdot i_x=\rho \cdot \dfrac{1}{48}a(b_1+b_2)(b_1^2+b_2^2)=1.00\times\dfrac{1}{48}\times10\times(3+6)\times(3^2+6^2)$(×9.81 kN·m 或 t·m)= 84.4(×9.81 kN·m 或 t·m)

各液舱自由液面修正力矩总和：$\sum \rho \cdot i_x=28.2+60.8+84.4$(×9.81 kN·m 或 t·m)= 173.4(×9.81 kN·m 或 t·m)

(2)求自由液面影响使稳性高度减少值 δGM_f

$$\delta GM_f=\frac{\sum \rho \cdot i_x}{\Delta}=\frac{173.4}{18\ 421}\approx0.009\ 4(\mathrm{m})$$

答：自由液面影响使稳性高度减少 0.009 4 m。

因为自由液面总是使得船舶初稳性减小，所以在船舶营运中应充分注意自由液面的不利影响，特别在船舶轻载状态下，其影响更加不容忽视。在船舶建造和营运中减小自由液面对船舶稳性的影响的措施包括：

(1)对于油船等液体货船，由于货舱横向尺度较大，通常在液舱内设置一道或两道纵向隔壁，以降低液货舱的宽度，减少自由液面对船舶稳性的影响。

(2)添加油水时，液舱应尽可能装满或留出空舱。

(3)在可能的情况下，应集中逐舱使用油水，尽量将每个液舱的油水用完再换另一舱。

(4)合理安排使用压载水舱。如需利用压载水调整船舶横倾或吃水差，应将计划压载的水舱注满，不要每个舱都注入部分压载水。

(5)保持甲板排水孔畅通。

(三)载荷变动对初稳性高度的影响及计算

船舶在中途港装卸部分货物，燃料、淡水的补给或消耗，压载水的注入或打出，航行途中油水的消耗等都可视为船上载荷的改变。船上载荷改变后会引起船舶排水量变化，船舶重心 G 及稳心 M 位置发生改变，从而引起初稳性高度 GM 变化。

船上载荷改变对船舶初稳性高度的影响可分为两种情况：

(1)如果上述载荷变动的数量较大(一般设为载荷总变动量 $\sum P_i$ 大于夏季满载排

水量的 10%，即 $\sum P_i > 10\%\Delta_S$），仍按 $GM=KM-KG$ 计算。这里的 KM 是根据载荷改变后的船舶新的排水量查静水力参数得到的，KG 按公式(3-7)重新计算求得。

(2)如果载荷变动量较小(一般设为载荷总变动量 $\sum P_i$ 小于夏季满载排水量的 10%，即 $\sum P_i < 10\%\Delta_S$)，那么可以用较为简便的方法求取载荷改变对 GM 的影响值，并求得新的 GM 值，如图 3-7 所示。

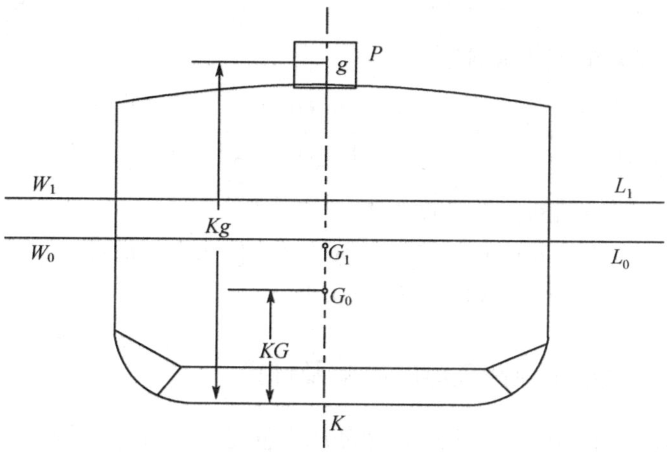

图 3-7　少量载荷改变对船舶稳性的影响

已知船舶原排水量为 Δ，重心在 G_0 处，重心距基线高度为 KG_0，拟装载货物重量为 P，货物重心距基线高度为 Kg，则根据平行力移动原理可得：

$$G_0G_1 \cdot (\Delta + P) = P \cdot (Kg - KG) \tag{3-18}$$

式中：G_0G_1——由于加载重量 P 的载荷而引起的船舶重心垂向移动的距离，m。它在数值上等于船舶重心距基线高度的变化值，用 δKG 表示。

$$\delta KG = \frac{P(Kg - KG)}{\Delta + P} \tag{3-19}$$

如果我们忽略载荷变动对船舶横稳心距基线高度 KM 的影响，即假设 KM 不变，那么船舶初稳性高度的变化值就等于船舶重心高度的变化值，但符号相反，即

$$\delta GM = -\delta KG = \frac{P(KG - Kg)}{\Delta + P} \tag{3-20}$$

当有多项载荷变动，但其总重量符合少量载荷变动范围时，上式可写成：

$$\delta GM = \frac{\sum P_i(KG - Kg_i)}{\Delta + \sum P_i} \tag{3-21}$$

式中：P_i——各项载荷变动量，t，加装为正，卸载为负；

KG——载荷变动前船舶的重心距基线高度，m；

Kg_i——各项载荷的重心距基线高度，m；

Δ——载荷变动前的船舶排水量，t。

式(3-21)在船舶排水量较小时误差很大，不适用；在船舶半载以上少量装卸时，误

差较小,可适用。

载荷变动后的船舶初稳性高度为:

$$GM_1 = GM + \delta GM \tag{3-22}$$

例 3-5:某船排水量 $\Delta = 18\ 111$ t,$GM = 0.56$ m,$KG = 8.31$ m,现在准备在船尾压载深舱打入压载水 $P_1 = 127$ t(重心高度 $Kg_1 = 7.59$ m),在艉尖舱内打入压载水 $P_2 = 183$ t(重心高度 $Kg_2 = 9.58$ m),求压载后的船舶初稳性高度 GM_1。

解:(1)该船舶往两处共打入(127+183)(t)压载水,属于少量载荷改变对初稳性高度的影响问题。其影响值为 δGM:

$$\delta GM = \frac{\sum P_i(KG - Kg_i)}{\Delta + \sum P_i} = \frac{127 \times (8.31 - 7.59) + 183 \times (8.31 - 9.58)}{18\ 111 + 127 + 183} \approx -0.01(\mathrm{m})$$

(2)求压载后的船舶初稳性高度 GM_1

$$GM_1 = GM + \delta GM = 0.56 + (-0.01) = 0.55(\mathrm{m})$$

答:船舶压载后的初稳性高度 GM_1 为 0.55 m。

(四)悬挂载荷对初稳性高度的影响及计算

如图 3-8 所示,当船内悬挂货物重量为 P,其重心位于 q_1 点,悬挂于 m 点时,船舶重心位于 G 点。当船舶横倾 θ 角时,悬挂物在其重力作用下将自 q_1 点移到 q_2 点。这样 P 对船舶就产生一个横倾力矩 $P \cdot q_1q_2$,从而减少了船舶原有的稳性力矩,即悬挂货物在船舶倾斜时使初稳性高度降低,从而对船舶稳性产生不利影响。

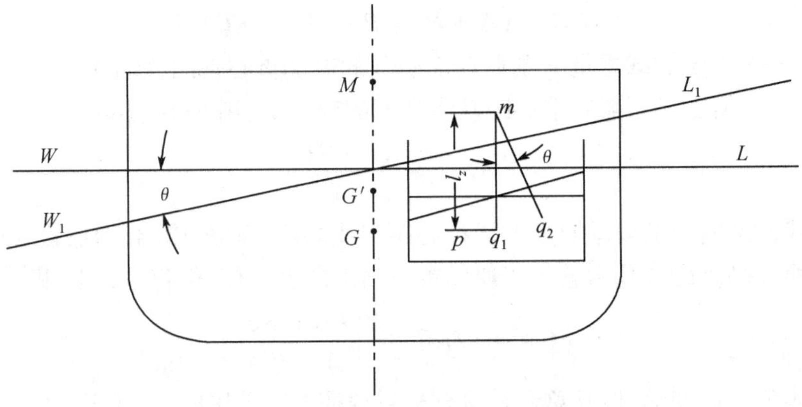

图 3-8　船内悬挂载荷对船舶稳性的影响

设船舶排水量为 Δ,船内悬挂货物重量为 P,悬挂载荷被悬挂前的船舶初稳性高度为 GM,悬挂载荷被悬挂后的船舶初稳性高度为 GM_1,则:

$$GM_1 = GM - \frac{P \cdot l}{\Delta} \tag{3-23}$$

式中:l——悬挂高度,即悬挂载荷被悬挂前的重心距悬挂点的垂直距离,m。

值得注意的是,当货物被悬挂之后,在悬挂点高度不改变的情况下,船舶初稳性高度与悬挂货物位置的高低无关。

为避免由于悬挂载荷使船舶初稳性高度过低而发生事故，船舶有悬挂载荷时应十分谨慎。主要安全措施有：

(1)航行前要放下悬挂货物并牢固绑扎。

(2)装卸重大件货时，要先核算稳性及最大横倾角，如超过规定横倾角，必须提前采取减小横倾角的措施。

第三节 大倾角稳性

船舶在海上航行时，受风、浪作用往往会发生大幅度的横摇，横摇摆幅可能超过10°～15°，或者使干舷甲板边缘浸入水中，此时船舶所具有的稳性称为大倾角稳性。大倾角稳性和初稳性有着一些不同之处。船舶大角度倾斜时，由于其水下部分形状发生明显变化，倾斜轴不再通过初始水线的漂心 F，船舶倾斜前后两个水线面对横倾轴的惯性矩数值发生变化，稳心半径发生变化，横稳心 M 也不再是定点，而是随横倾角 θ 变化而变化。所以，在大倾角状态下不能用初稳性高度 GM 来表征船舶大倾角稳性的大小。

一、大倾角稳性的衡量指标及其求取

(一)大倾角稳性的衡量指标

当船舶大角度横倾时，其稳性的大小仍然取决于稳性力矩 M_R(或稳性力臂 GZ)的大小，如图 3-9 所示。

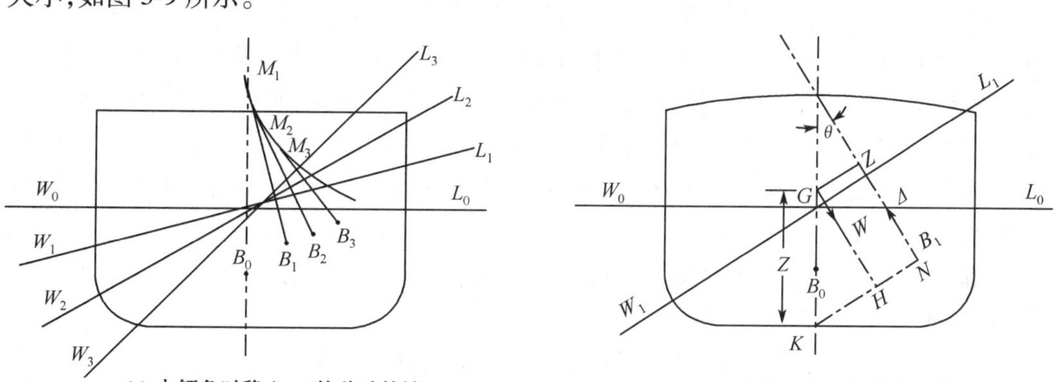

(a) 大倾角时稳心 M 的移动轨迹 (b) 大倾角稳性力臂的计算

图 3-9 大倾角稳性

稳性力矩的大小可用下式计算：

$$M_R = \Delta \cdot GZ \tag{3-24}$$

式中：Δ——船舶排水量，t；

GZ——船舶当时的静稳性力臂，也称复原力臂，m。

当船舶排水量一定时，稳性（复原）力矩与稳性（复原）力臂成正比，所以，通常用稳性（复原）力臂的大小来衡量船舶大倾角稳性。

（二）稳性（复原）力臂的求法

由于不同国家和地区设计的船舶所提供的船舶资料的形式不同，船舶稳性（复原）力臂的求法有基点法、假定重心法和稳心点法。

1. 基点法

如图 3-9（b）所示，若将船舶所受稳性（复原）力矩的重力和浮力的作用线位置的参考点设在基点 K 处，则大倾角稳性的复原力矩可表示为：

$$M_R = \Delta \cdot GZ = \Delta \cdot (KN - KH) \tag{3-25}$$

式中：Δ——船舶排水量，t；

GZ——船舶稳性（复原）力臂，m，其大小为从船舶重心点 G 量到倾斜后的浮力作用线的垂直距离，还应再经过自由液面修正；

KN——形状稳性力臂，m，其大小为从基点 K 量到倾斜后的浮力作用线的垂直距离，其值随船舶排水量及横倾角的不同而变化，可根据排水量或排水体积及横倾角，在稳性横交曲线上查得；

KH——重量稳性力臂，m，其大小为从基点 K 量到倾斜后的重力作用线的垂直距离，其值由船舶重心距基线高度 KG 及横倾角 θ 的大小决定，由图 3-9（b）可知，$KH = KG \cdot \sin\theta$。

稳性横交曲线（Cross Curves of Stability），是船舶设计部门绘制的在一定横倾角下形状稳性力臂 KN 随排水体积变化而变化的关系曲线，如图 3-10 所示，横坐标为排水量或型排水体积，纵坐标为形状稳性力臂 KN。查用时，根据已知的排水量或型排水体积在横坐标上找到相应的一点，过此点作横坐标的垂直线与图中各横倾角的曲线相交。通过各相交点作横坐标的平行线，即可在纵坐标上读得相应横倾角时的形状稳性力臂值。很明显，在同一排水量时，船舶横倾角不同就有不同的形状稳性力臂值。

例 3-6：某船排水量 $\Delta = 20\ 881$ t，重心距基线高度 $KG = 7.4$ m，试求不同横倾角 θ 时的复原力臂 GZ。

解：（1）根据排水量 $\Delta = 20\ 881$ t，查图 3-10，得不同横倾角时的形状稳性力臂 KN 值，列表 3-3。

表 3-3　不同横倾角时的复原力臂计算表

θ	10°	20°	30°	40°	50°	60°
KN(m)	1.520	3.055	4.401	5.518	6.378	6.910
$\sin\theta$	0.173 7	0.342 0	0.500 0	0.642 8	0.766 0	0.866 0
$KG \cdot \sin\theta$(m)	1.285	2.531	3.701	4.758	5.670	6.410
GZ(m)	0.235	0.524	0.700	0.760	0.708	0.500

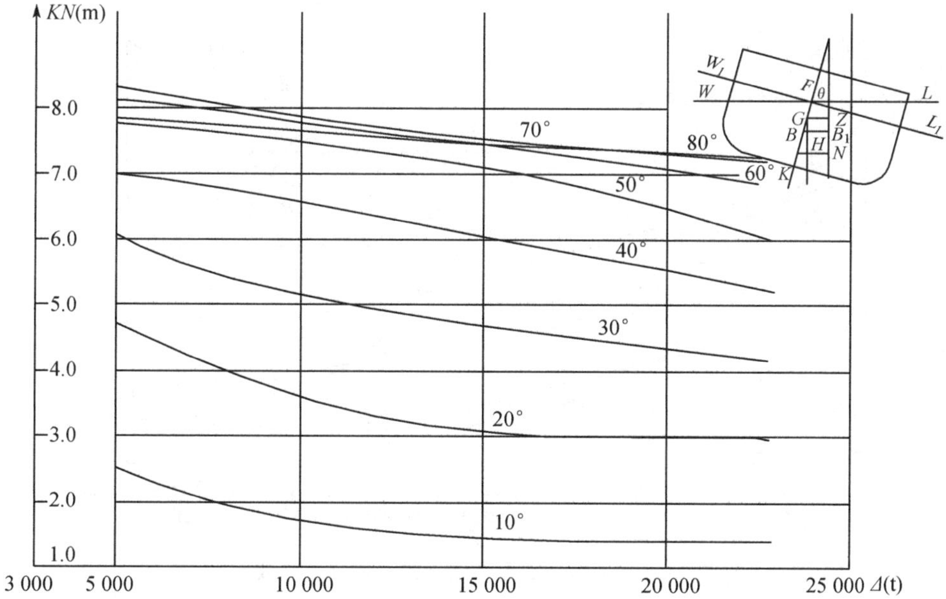

图 3-10　某船的稳性横交曲线

(2)根据已知条件 $KG=7.4$ m,算得不同横倾角时的重量稳性力臂 $KG\cdot \sin\theta$ 值,列于表 3-3。

(3)计算不同横倾角时的复原力臂 $GZ=KN-KG\cdot\sin\theta$,列于表 3-3。

答:不同横倾角时的复原力臂 GZ 见表 3-3。

2. 假定重心法

假定重心法,即先假设船舶在任何排水量下都拥有一个假定重心点 G_A,并据此提供假定重心静稳性力臂 G_AZ_A 曲线,或称为形状稳性力臂 G_AZ_A 曲线,如图 3-11 所示。利用该资料可以查取不同横倾角 θ 下的假定重心静稳性力臂 G_AZ_A,而假定重心高度 KG_A,一般直接标于图上。由于船舶实际重心点 G 不同于假定重心点 G_A,因此,可以用以下公式对假定重心静稳性力臂 G_AZ_A 进行修正,求得不同横倾角下未经自由液面修正的静稳性力臂值 GZ_0。

$$GZ_0 = G_AZ_A - (KG_0 - KG_A)\sin\theta \tag{3-26}$$

式中:G_AZ_A——假定重心高度下的船舶静稳性力臂(或称形状稳性力臂),m;G_AZ_A 可由船舶排水量从假定重心法下的稳性横交曲线上查取不同横倾角所对应的值;

KG_0——未经自由液面修正的船舶重心高度,m;

KG_A——船舶的假定重心高度,m。

3. 稳心点法

稳心点法,即选定初稳心点 M 作为表示浮力作用线和重力作用线位置的参考点以量取稳性力臂,如图 3-12 所示;则从 M 点至倾斜后的浮力作用线的垂直距离即为 MS,

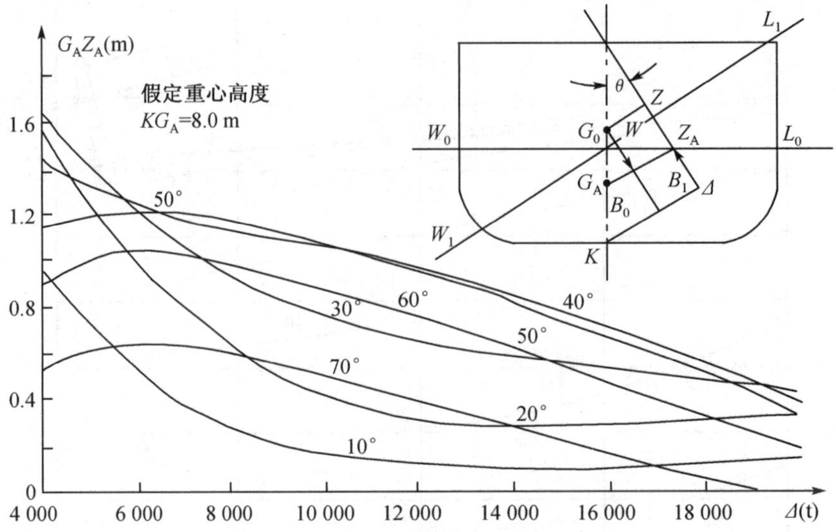

图 3-11 某船假定重心法下的稳性横交曲线

称为剩余静稳性力臂,或称为形状稳性力臂。根据不同平均吃水下的剩余静稳性力臂随横倾角 θ 变化关系曲线,船舶未经自由液面修正的静稳性力臂可按下式计算:

$$GZ_0 = MS + GM_0 \cdot \sin\theta \tag{3-27}$$

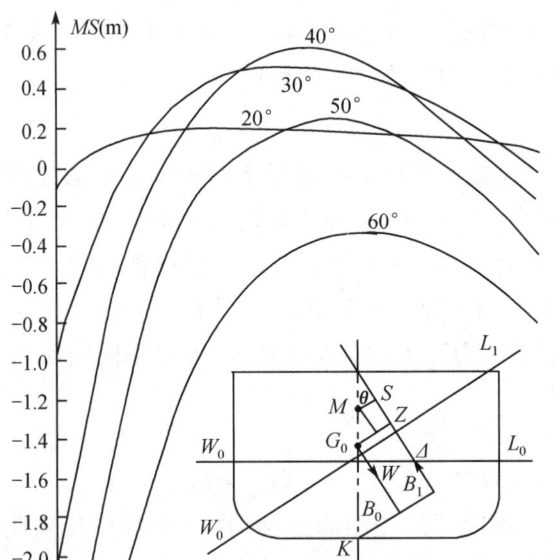

图 3-12 某船稳心点法下的稳性横交曲线

式中:MS——稳心点法下的船舶剩余静稳性力臂,或称为形状稳性力臂,m;可由船舶排水量从稳心点法下的稳性横交曲线上查取不同横倾角所对应的 MS 值;

GM_0——未经自由液面修正的船舶初稳性高度,m;

$GM_0 \cdot \sin\theta$——初稳性稳性力臂,m。

二、自由液面对大倾角稳性的影响及其修正计算

当存在自由液面时，它对大倾角稳性将产生一个减少值，且由于液舱内的液体随船舶横倾角的增大而引起自由液面较大的变化，从而引起自由液面力矩较大的变化。进行自由液面对大倾角稳性影响的修正时，可以把自由液面对初稳性高度的减小值 δGM_f 看作把船舶重心提高了相应的距离，从而使重量稳性力臂值增大、复原力臂值减小，即

$$KH = (KG + \delta GM_f)\sin\theta \tag{3-28}$$

式中：KG——船舶实际重心距基线高度，m；

δGM_f——小角度倾斜时，自由液面对船舶初稳性高度的修正值，m；它可用公式 $\delta GM_f = \dfrac{\rho \cdot i_x}{\Delta}$ 求得，故船舶在大倾角横倾时，经自由液面修正后的复原力臂值 GZ' 可按下式确定：

$$GZ' = KN - (KG + \delta GM)\sin\theta \tag{3-29}$$

式中：KN——在船舶实际装载状态下，横倾角为 θ 时的形状稳性力臂值，m。

另一种更为简便也更为准确的修正方法是，查取“船舶稳性报告书”或“船舶装载手册”中的大倾角自由液面修正力矩 M_{fs} 修正值表。该表为规范要求船上必须配置的，查表引数为舱别和横倾角。

根据查表所得的各舱自由液面修正力矩，求和，则在大倾角横倾的情况下，自由液面对复原力臂的修正值为：

$$\delta GZ = \frac{\sum M_{fs}}{\Delta} \tag{3-30}$$

式中：$\sum M_{fs}$——各液舱自由液面修正力矩之和，9.81 kN·m（即 t·m）。

修正后的复原力臂值为：

$$GZ_1 = GZ - \delta GZ \tag{3-31}$$

三、静稳性曲线

静稳性曲线（Curve of Statical Stability）是表示某一船舶在一定的装载状态下的复原力矩 M_R（或复原力臂 GZ）随船舶横倾角 θ 变化而变化的关系曲线。静稳性曲线图是反映船舶稳性特征的重要资料。对于一艘船舶，当排水量及重心高度不同时，静稳性曲线图也就不同。在静稳性曲线图上，横坐标表示横倾角 θ，纵坐标表示稳性（复原）力矩 M_R（9.81 kN·m 或 t·m）或稳性（复原）力臂 GZ（m），如图 3-13 所示。

（一）静稳性曲线的绘制

（1）以例 3-6 中的表 3-3 为形式，分别计算出不同横倾角 θ 时的复原力矩 M_R（或复

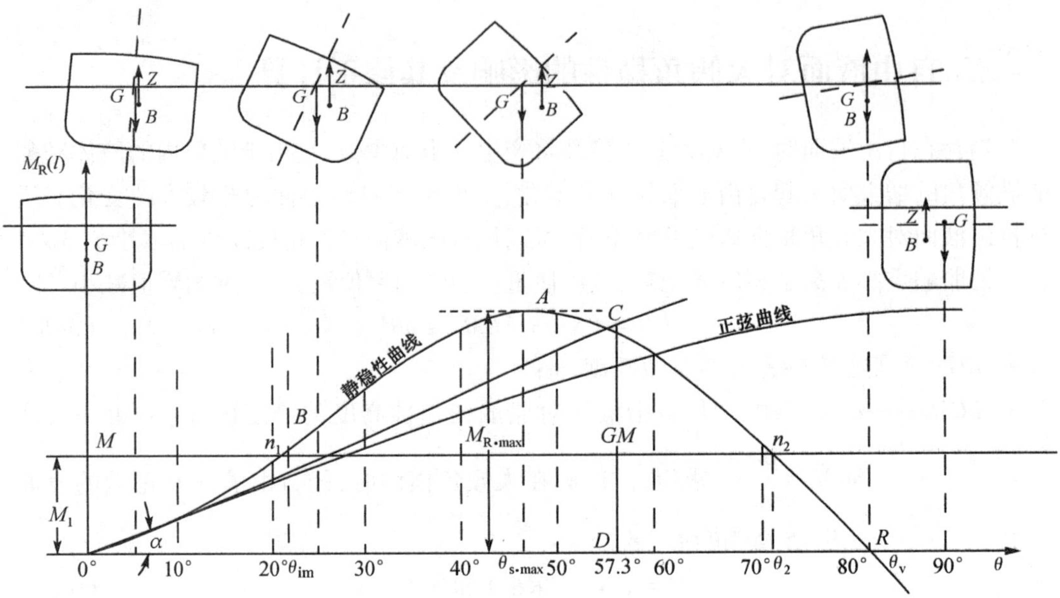

图 3-13 静稳性曲线图

原力臂 GZ）。

（2）在以复原力矩 M_R（或复原力臂 GZ）为纵坐标、横倾角 θ 为横坐标的直角坐标系内标出相应点（θ_i，M_{Ri}）或（θ_i，GZ_i）。

（3）将各点连接成一光滑曲线即为静稳性曲线。

（二）静稳性曲线图的形状

（1）横倾角较小时，GZ 曲线为正弦曲线，在小角度范围内，GZ 曲线与正弦曲线重合，说明此时 GZ 可用 $GM \cdot \sin\theta$ 表示。

（2）当横倾角 θ 逐渐增大后，GZ 曲线逐渐向上弯曲，与正弦曲线的距离渐远，说明大倾角时 GZ 不再与 $GM \cdot \sin\theta$ 一致。

（3）横倾角 θ 继续增大，在 GZ 曲线达到最大值（A 点）后开始下降。

（4）在横倾角达到一定值时，曲线再次与横坐标相交，复原力矩 M_R（或复原力臂 GZ）为 0。之后，复原力矩 M_R（或复原力臂 GZ）将变为负值，船舶将产生倾覆力矩。

（三）静稳性曲线的用途

1. 求取船舶稳性的特征参数值

利用静稳性曲线可以求取一定装载状态下的船舶稳性的特征参数值，如甲板浸水角 θ_{im}、初稳性高度 GM、横倾角为 30°时的静稳性力臂 GZ_{30}、最大静稳性力臂 GZ_{max}、最大静稳性力臂对应的静横倾角 $\theta_{s\cdot max}$ 和稳性消失角 θ_v 等。

2. 确定船舶静平衡位置

设有一外力矩 M_h 缓慢作用于船上使船横倾，当横倾角达到某一角度时船舶不再

继续倾斜,此时船舶处于静平衡状态,其静平衡条件是:

稳性力矩 M_R=外力矩 M_h,且方向相反,则其合力矩为0。

假定某外力矩 M_h 为一常量,它不随横倾角 θ 而变化,而稳性力矩 M_R 是随横倾角 θ 增大而变化的,我们可以在静稳性图上找出大小等于外力矩 M_h 的稳性力矩 M_R 所对应的横倾角 θ,即在静稳性图上可画出纵坐标为 M_h 且平行于横轴的直线,M_R 曲线和 M_h 直线的交点满足静平衡条件,所对应的横倾角 θ 即为静平衡角或称静倾角 θ_s。

3. 计算船舶动稳性的基础

船舶静稳性大小取决于静稳性力矩,船舶动稳性大小则取决于动稳性力矩,即静稳性力矩所做的功,它在数值上等于静稳性力矩曲线下的面积。因此,静稳性是计算船舶动稳性的基础。

四、船舶静稳性曲线特征参数的含义

在静稳性曲线图上表示船舶稳性状态的主要特征参数有:

1. 原点处的斜率

通过坐标原点 $\theta=0$ 处作曲线的切线,并在横坐标轴上取 $\theta=57.3°$处作垂线,与切线相交,从其交点(C 点)到横坐标轴的距离即为初稳性高度 GM 值。

2. 甲板浸水角

当上甲板边缘浸水后,GZ 曲线出现反曲点,该点(B 点)所对应的横倾角约相当于甲板浸水角 θ_{im}(Angle of Deck Immersion)。当船舶横倾超过甲板浸水角后,稳性的增长减缓。

3. 最大复原力臂和最大复原力臂对应角

在静稳性曲线图上,当静稳性曲线达到最高点 A 时,所对应的纵坐标值,即为最大复原力臂 GZ_{max}(Maximum Righting Lever)(也称最大静稳性力臂)或最大复原力矩 $M_{R \cdot max}$(也称最大静稳性力矩),它表示船舶在静力作用下抵抗外力矩的能力,所以 GZ_{max} 越大,稳性也越大。最高点 A 点对应的横坐标为最大复原力臂对应角 $\theta_{s \cdot max}$(Angle for Maximum Righting Lever),又称极限静倾角。

4. 稳性消失角

在静稳性曲线图上,曲线与横坐标轴右侧交点(R 点)所对应的横倾角 θ_v 称为稳性消失角(Angle of Vanishing Stability)。船舶横倾角在 $0°\sim\theta_v$ 时,其复原力臂 GZ(或复原力矩 M_R)处于正值范围,所以 $0°\sim\theta_v$ 称为稳性范围。当 $\theta>\theta_v$ 以后,复原力臂 GZ(或复原力矩 M_R)为负值。

五、影响静稳性曲线的主要因素

1. 船宽

对于其他条件相同的船舶，船宽不同，则静稳性曲线的形状也不同。因为船宽增加，船舶的形状稳性力臂也增大，复原力臂随之增大，但同时甲板浸水角将减小。所以，船宽越大，其静稳性曲线最高点的位置将在较小的横倾角时出现，即船宽越大，最大复原力臂 GZ_{max} 越大，但最大复原力臂对应角 $\theta_{s \cdot max}$ 及稳性消失角 θ_v 越小。对于经常出现大角度倾斜的海船来说，这种稳性状况是不理想的。

2. 干舷

在其他条件相同的情况下，船舶的干舷越小，则甲板浸水角越小，静稳性曲线的最大复原力臂 GZ_{max}、最大复原力臂对应角 $\theta_{s \cdot max}$ 及稳性消失角 θ_v 越小，而对甲板浸水角以前的曲线部分不产生影响。也就是说，船舶干舷的大小对初稳性不产生影响，而对大倾角稳性有影响，如图 3-14 所示。

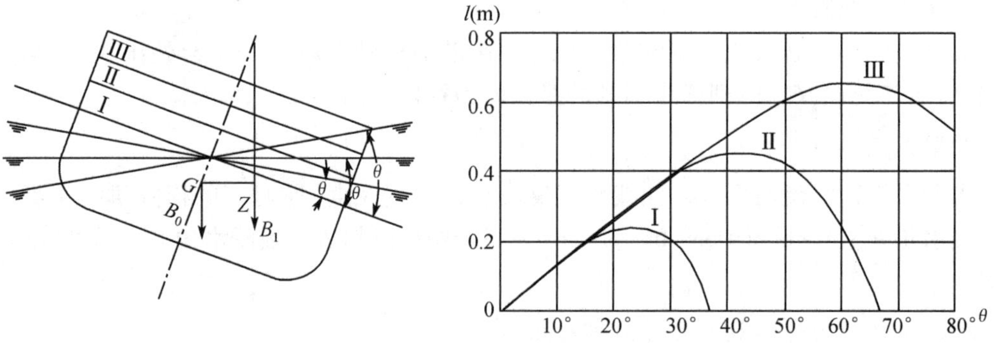

图 3-14　干舷对静稳性曲线的影响

3. 排水量(或吃水)

对于同一艘船舶，若重心高度相同，而排水量(或吃水)不同，其静稳性曲线也不同。因为排水量(或吃水)不同时其形状稳性力臂值不同，所以复原力臂也不同，排水量(或吃水)越大，最大复原力臂对应角 θ_{max} 和稳性消失角 θ_v 越大。

4. 船舶重心高度

同一艘船舶，在同一排水量时，其装载方案不同，即船舶的重心高度不同，则其重量稳性力臂不同，所以复原力臂值也不同；当重心高度增大时，最大复原力臂 GZ_{max} 和稳性消失角 θ_v 减小。

5. 自由液面

自由液面对船舶稳性的影响相当于增大了船舶重心高度，因而，自由液面的存在使静稳性曲线下降，最大复原力臂 GZ_{max} 和稳性消失角 θ_v 减小。

6. 初始横倾

当船舶重心偏离中纵剖面时,船舶会出现初始横倾角。初始横倾角的存在同样会使静稳性曲线下降,最大稳性力臂 GZ_{max} 和稳性消失角 θ_v 减小。

六、船舶纵倾对稳性的影响

当船舶有纵倾时,其水线面面积与正浮时的水线面面积不同,因而计算所得的稳心半径 *BM* 和横稳心距基线高度 *KM* 也发生了变化;同时,由于船舶排水体积的形状发生了变化,所以形状稳性力臂 *KN* 也与正浮时不同。当船舶存在微小纵倾时,可根据船舶的排水量或平均吃水查船舶正浮时的 *KM*、*KN* 等参数进行稳性计算。

但是,当船舶存在较大纵倾时,上述计算会存在一定的误差,因此,应根据船舶纵倾时的静水力参数表和稳性交叉曲线查取船舶的 *KM* 和 *KN*。

第四节 动稳性

一、动稳性及其衡量指标

船舶在海上航行时,经常受到阵风的突然袭击及海浪的猛烈冲击,这种作用称为外力矩的动力作用。除此之外,船上的重物突然发生移动或倒塌、拖船拖缆对大船的急牵或突然断缆、一舷突然大破舱等都属于作用在船上具有动力性质的横倾力矩。船舶在动力作用下发生倾斜(计及角加速度和惯性矩)时所具有的稳性叫作动稳性。

船舶的动稳性可以用动稳性力矩 A_R 或动稳性力臂 l_d 来表示。静稳性力矩(复原力矩)所做的功称为动稳性力矩 A_R;静稳性力臂(复原力臂)所做的功称为动稳性力臂 l_d。由此可知,动稳性力臂即为动稳性力矩与船舶排水量的比值:

$$l_d = \frac{A_R}{\Delta} \tag{3-32}$$

在排水量一定的条件下,动稳性力矩 A_R 与动稳性力臂 l_d 成正比,其大小取决于动稳性力臂 l_d 的大小。因此,动稳性力臂 l_d 是船舶动稳性的衡量指标。

二、动稳性曲线

船舶动稳性的有关参数可用动稳性曲线表示,如图 3-15 所示。动稳性曲线是表示动稳性力矩 A_R 或动稳性力臂 l_d 与横倾角的关系曲线。它是静稳性曲线的积分曲线。该曲线的横坐标为横倾角 θ,纵坐标为动稳性力矩 A_R 或动稳性力臂 l_d。

利用船舶动稳性曲线图可以求船舶在一定的动外力矩下出现的动倾角,也可以求取船舶的最小倾覆力矩和极限动倾角。

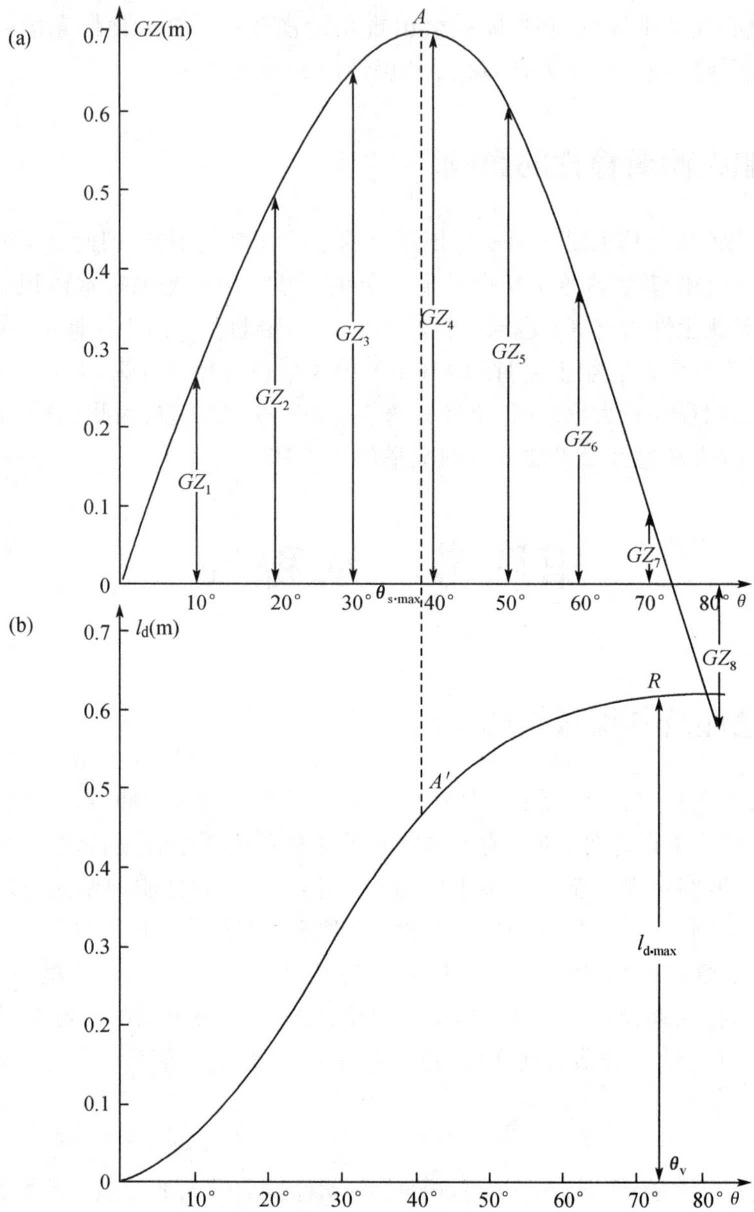

图 3-15　动稳性曲线

三、最小倾覆力矩及其确定

船舶受动横倾力矩作用时，船舶倾斜速度较快，角速度和角加速度较大。因此，当外力矩和复原力矩相等时，惯性力使船舶不能静止而继续倾斜，只有当外力矩所做的功 A_h 与复原力矩所做的功 A_R 完全抵消时，船舶的倾斜角速度才能等于 0 而停止倾斜，这时船舶的倾斜角为动平衡角或称动倾角 θ_d，如图 3-16 所示。由此可知，船舶受动力作用后将在静倾角 θ_s 周围做周期性的运动，在水和空气的阻尼作用下，最后停止在静倾角 θ_s 处，但运动过程中可能出现的最大横倾角将在动倾角 θ_d 处。从图 3-16 中可以看出，动倾角 θ_d 比静倾角 θ_s 大得多。

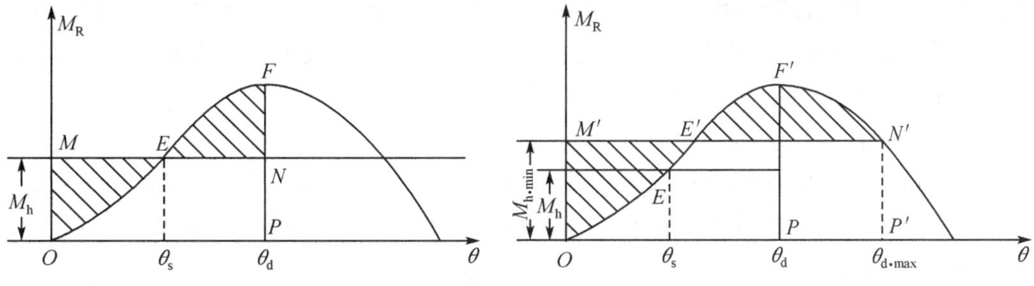

(a) 动倾角　　(b) 最小倾覆力矩

图 3-16　动稳性

船舶在动力横倾力矩作用下达到动平衡的条件是：动外力矩所做的功 A_h 等于稳性力矩（复原力矩）所做的功 A_R。而力矩所做的功等于力矩乘以力矩作用下的横倾角，在稳性图上可以看出，外力矩 M_h 所做功为面积 $OMNP$，稳性力矩所做的功为面积 $OEFP$。在某一角度下，当这两块面积相等时，船舶达到动平衡，如图 3-16（a）所示。

如图 3-16（b）所示，当船舶受到动外力矩作用，逐渐增大横倾力矩，直至当横倾力矩所做的功（动外力矩）等于船舶稳性力矩所做的功（动稳性力矩），即在面积 $OM'N'P'$ 等于面积 $OE'F'N'P'$ 时（等同于面积 $OM'E'$ = 面积 $E'F'N'$）达到动平衡，则此时的横倾力矩值称为极限横倾力矩。它表示船舶在动平衡条件下能够承受的横倾力矩的极限值。显然，当船舶实际受到的外力矩大于横倾力矩的极限值时，船舶动平衡遭到破坏，船舶就会倾覆，故这个横倾力矩的极限值又称为最小倾覆力矩（Minimum Capsizing Moment），即能使船舶倾覆的最小外力矩，以 $M_{h\cdot min}$ 表示。它是衡量船舶动稳性的重要指标。最小倾覆力矩所对应的动倾角称为极限动倾角（Maximum Angle of Dynamical Inclination），以 $\theta_{d\cdot max}$ 表示。从动稳性要求考虑，保证船舶不致倾覆的条件是外力矩必须不大于最小倾覆力矩，即 $M_h \leq M_{h\cdot min}$。最小倾覆力矩所对应的动平衡角称为极限动平衡角 $\theta_{d\cdot max}$（Maximum Angle of Dynamic Inclination），最小倾覆力矩除以船舶排水量即为最小倾覆力臂 $l_{h\cdot min}$（Minimum Capsizing Lever）。

第五节　对船舶稳性的要求

为保证船舶营运安全，国际海事组织和各航运国家都对船舶的稳性提出了基本衡准要求。

一、IMO 稳性规则对普通货船的完整稳性基本衡准要求

国际海事组织(IMO)于 2008 年通过了《2008 年国际完整稳性规则》(2018 年 IS 规则),对 1993 年通过的《IMO 关于适合各种类型船舶的完整稳性规则》[A. 749(18)决议]做了修改,并使规则强制予以实施。《2008 年国际完整稳性规则》对普通货船的完整稳性的衡准指标要求是,经自由液面修正后,船舶完整稳性应同时满足:

(1)初稳性高度应不小于 0. 15 m。

(2)静稳性力臂曲线下的面积在横倾角 0°至 30°之间,应不小于 0. 055 m · rad。

(3)静稳性力臂曲线下的面积在横倾角 0°至 40°与进水角中较小者之间,应不小于 0. 090 m · rad。

(4)静稳性力臂曲线下的面积在横倾角 30°至 40°与进水角中较小者之间,应不小于 0. 030 m · rad。

(5)横倾角 30°处的静稳性力臂应不小于 0. 20 m。

(6)最大静稳性力臂对应横倾角应不小于 25°。

(7)对于船长不小于 24 m 的船舶,应满足天气衡准要求。

上述对船舶稳性的七项衡准要求仅仅是对各类船舶稳性提出的基本衡准要求,对于木材专用船、特殊用途船、船长大于 100 m 的集装箱船等,该规则还提出了稳性的特殊衡准要求。

天气衡准要求主要考虑了突风(Gust Wind)和横摇的情况,其内容如下:

(1)船舶受到稳定的正横风的压力,其方向垂直于船舶的纵中剖面,风压倾侧力臂为 l_{W1}。

(2)在静平衡角 θ_0 处,假定船舶受到波浪的作用而朝着风的方向横倾到 θ_1 角度。

(3)然后,假定船舶受到突风的吹袭,突风的倾侧力臂为 l_{W2}。

(4)在此情况下,在船舶静稳性曲线(GZ 曲线)中,面积 b 应不小于面积 a,如图 3-17 所示(船舶的静稳性曲线应已计及自由液面的影响)。

图 3-17 中:l_{W1}——稳定风压产生的风压倾侧力臂,m;

l_{W2}——突风倾侧力臂,m;

θ_0——稳定风压作用下的船舶静平衡角,°;

θ_1——由于波浪作用,船舶向上风一侧横摇的角度,°;它可根据船舶结构、尺度、横摇周期、平均型吃水及船舶重心距水线面的高度等因素确定;

θ_2——进水角 θ_f 或 50°或 θ_g 三者中取小者,°。进水角 θ_f 为船体、上层建筑或甲板室不能风雨密关闭的开口浸水时对应的横倾角,不至于发生连续进水的小开口无须做开口考虑;θ_g 为突风倾侧力臂的平行直线与静稳性曲线的第二个交点对应的横倾角。

其中:

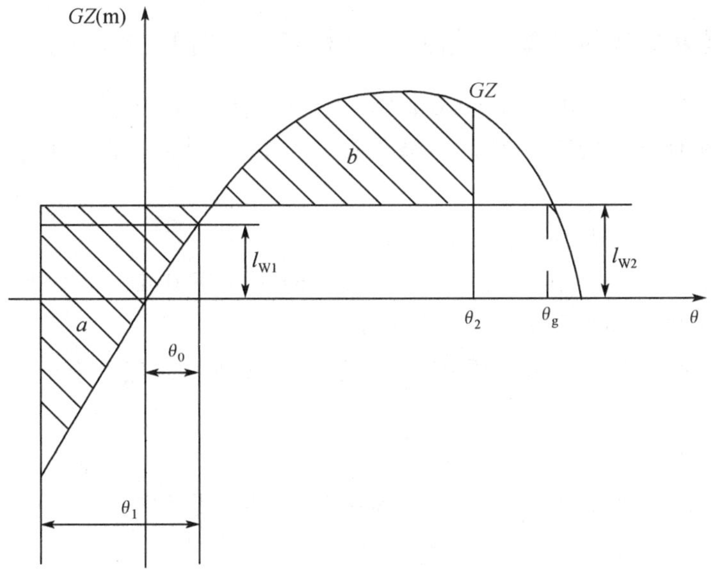

图 3-17 天气衡准

$$l_{W1} = \frac{P_W \cdot A_W \cdot Z_W}{1\ 000 \cdot g \cdot \Delta} \tag{3-33}$$

$$l_{W2} = 1.5 l_{W1} \tag{3-34}$$

式中：P_W——单位计算风压，取 504 Pa，限定航区的船舶经主管机关批准后，P_W 可以适当减小；

A_W——水线以上船体和上层建筑、甲板货件的受风侧面积，m^2；

Z_W——A_W 中心到水线下船体侧面积中心的垂直距离或近似的取为 $\frac{1}{2}$ 吃水的垂直距离，m；

Δ——排水量，t；

g——重力加速度，9.81 m/s^2。

应该特别指出的是，鉴于船舶型式和大小以及航行环境的多样性，防止船舶发生稳性事故的安全问题至今仍未解决。因此，尽管船舶符合稳性的衡准要求，但并不能解除船长因忽视周围环境而导致船舶倾覆的责任。

二、我国法定规则对普通货船的完整稳性基本衡准要求

（一）我国法定规则对无限航区普通货船的完整稳性基本衡准要求

根据我国 2011 年《船舶与海上设施法定检验规则》（简称《法定规则》）的规定，对于从事国际航行的普通货船，其完整稳性要求应满足《2008 年国际完整稳性规则》中的规定。

(二)我国法定规则对国内航行普通货船的完整稳性基本衡准要求

根据《法定规则》,对于船长为 20 m 及以上的航行于远海、近海、沿海航区的非国际航行船舶,各种装载状态下经自由液面修正后的完整稳性的各项指标,必须同时满足:

(1)初稳性高度 GM 应不小于 0.15 m。

(2)横倾角在 30°处的复原力臂值 $GZ_{\theta=30°}$应不小于 0.20 m,如船体进水角小于 30°,则进水角处的复原力臂值应不小于 0.20 m。

(3)最大复原力臂对应的横倾角应不小于 25°,且进水角应不小于最大复原力臂对应的横倾角 $\theta_{s \cdot max}$。

(4)稳性衡准数应不小于 1。

上述对 $\theta_{s \cdot max}$ 的衡准要求,当船舶的宽深比 B/D 大于 2 时,可以减少 $\delta\theta$ 值:

$$\delta\theta = 20 \cdot (B/D - 2)(K - 1) \tag{3-35}$$

式中:B——船舶型宽,m。

D——船舶型深,m;当 $B>2.5D$ 时,取 $B=2.5D$。

K——稳性衡准数,当 $K>1.5$ 时,取 $K=1.5$。

《法定规则》中所指的船舶稳性衡准数,是指船舶的最小倾覆力矩 $M_{h \cdot min}$ 与风压倾侧力矩 M_W 的比值,或最小倾覆力臂 $l_{h \cdot min}$ 与风压倾侧力臂 l_W 的比值,即

$$K = \frac{M_{h \cdot min}}{M_W} = \frac{l_{h \cdot min}}{l_W} \tag{3-36}$$

稳性衡准数 K 是衡量船舶动稳性的重要参数。按《法定规则》的规定,船舶在各种装载状态下的稳性衡准数 K 应不小于 1。

(1)最小倾覆力矩(臂)的求取

《法定规则》规定,最小倾覆力矩(臂)应用计及船舶横摇角及进水角修正后的静稳性曲线或动稳性曲线来确定。

(2)风压倾侧力矩(臂)的求取

根据《法定规则》,风压倾侧力矩用下式计算:

$$M_W = P_W \cdot A_W \cdot Z_W = 9.81\Delta \cdot l_W \tag{3-37}$$

式中:A_W——船舶正浮时水线以上船体及甲板货的侧投影面积,m^2;

Z_W——A_W 的面积中心至水线面的垂直距离,m;

P_W——单位计算风压,Pa;它可根据船舶的限定航区和 Z_W,利用《法定规则》中的"单位计算风压表"通过线性内插求得;

l_W——风压倾侧力臂,m;它为风压倾侧力矩与船舶排水量的比值,可以从船舶资料中查取。

在"船舶稳性报告书"中有"船舶横向受风面积与风压倾侧力臂计算表",可根据船舶实际吃水和甲板装载情况,直接查取 A_W 和 P_W 值。

（三）船舶临界稳性高度和极限重心高度

根据我国海船《法定规则》的要求，船舶在每个航次的所有装载状态，都必须保证稳性衡准指标全部满足要求。如果用手算的方法逐项计算并校核《法定规则》要求的所有指标，将是一件相当烦琐的工作。在实际工作中，如果将这些稳性衡准指标加以简化，那将更为方便。为此，《法定规则》规定，设计部门应为船舶提供最小许用初稳性高度或许用重心高度资料，以简化稳性衡准。

1. 最小许用初稳性高度

最小许用初稳性高度 GM_C，又称临界初稳性高度，是指为保证船舶不倾覆，在满足《法定规则》对船舶稳性的各项要求前提下，允许的船舶初稳性高度的最小值。反映最小许用初稳性高度 GM_C 和排水量 Δ 的关系曲线图称为最小许用初稳性高度曲线图（又称临界初稳性高度曲线图）。其形式如图 3-18 所示，图中各条曲线分别表示稳性满足规则中某一指标时的初稳性高度变化曲线。连接这些曲线的最高曲线段，即构成最小许用初稳性高度曲线。可以看出，最小许用初稳性高度值随排水量的变化而变化。使用时，根据船舶排水量，在横坐标上找到对应点，向上作一垂直线，与最小许用初稳性高度曲线相交，该交点的纵坐标读数值即为该排水量时的最小许用初稳性高度。当船舶实际装载方案的初稳性高度（经自由液面修正后）不小于该装载状态下的最小许用初稳性高度值（即 $GM \geq GM_C$）时，表示船舶的稳性已满足规则规定的衡准指标。

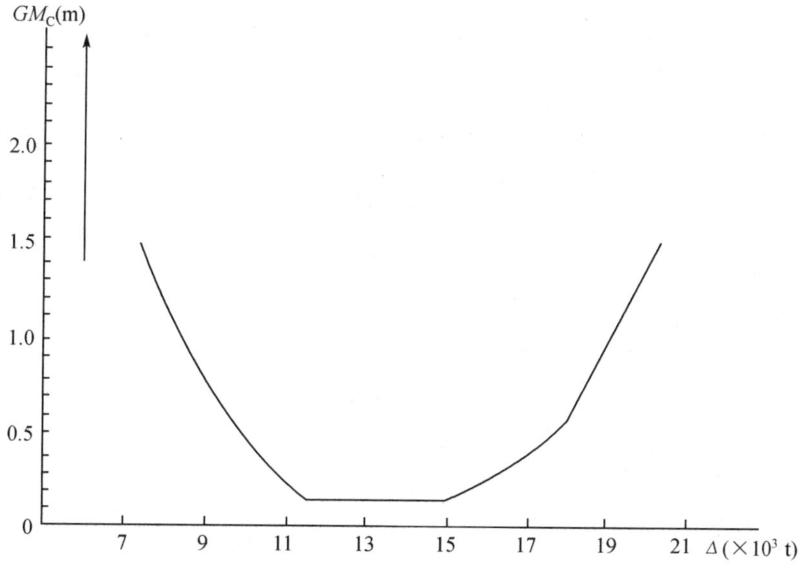

图 3-18 最小许用初稳性高度曲线

2. 最大许用重心高度

最大许用重心高度 KG_C，又称极限重心高度，是指为保证船舶不倾覆，在满足《法定规则》对船舶稳性的各项要求前提下，允许的船舶重心高度的最大值。其值随排水量的变化而变化。如果已知最小许用初稳性高度 GM_C，则根据公式 $KG_C = KM - GM_C$ 可以求出相应的许用重心高度 KG_C。反映许用重心高度和排水量的关系曲线图称为许用重心高度曲线图，又称极限重心高度曲线图，见图 3-19。使用时，根据船舶的排水量，在横坐标轴上找到一点，向上作垂直线，与许用重心高度曲线相交点的纵坐标读数值即为该排水量时的许用重心高度值。实际装载方案的船舶重心高度（经自由液面修正后）如果不超过查得的许用重心高度值（即 $KG \leq KG_C$），则表示船舶的稳性已满足规则规定的衡准指标。

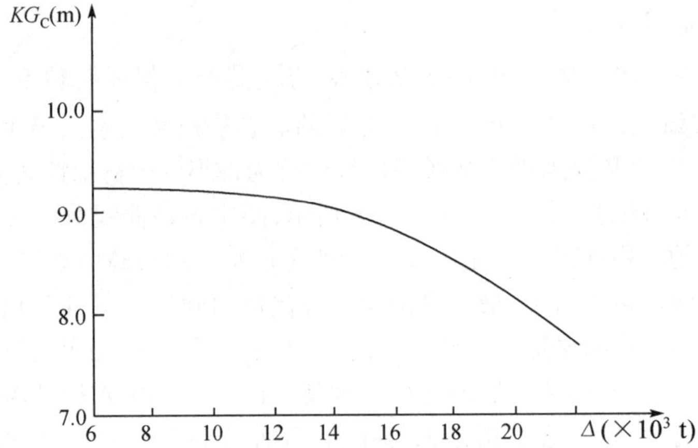

图 3-19 许用重心高度曲线图（极限重心高度曲线图）

船舶在不同排水量时的最小许用初稳性高度值和最大许用重心高度值也可以列成数值表，如表 3-4 所示。

表 3-4 某船最小许用初稳性高度及最大许用重心高度

吃水（m）	排水量（t）	横稳心距基线高度（m）	最小许用初稳性高度（经自由液面修正后）（m）	最大许用重心高度（经自由液面修正后）（m）
3. 38	7 212. 14	11. 465	2. 985	8. 480
4. 50	9 828. 87	9. 893	0. 623	9. 270
5. 50	12 207. 21	9. 046	0. 150	8. 896
6. 50	14 619. 48	8. 689	0. 150	8. 539
7. 50	17 078. 15	8. 563	0. 150	8. 413
8. 50	19 597. 74	8. 604	0. 359	8. 245
9. 00	20 881. 43	8. 680	0. 709	7. 971

三、使用稳性规则的注意事项

在使用稳性规则时，除应注意上述稳性基本要求外，还要注意《法定规则》对客船、木材船、液货船、集装箱船、拖船、高速船等船舶的稳性特别要求。

1. 与具体营运船舶有关的主要内容

(1)船舶除对出港时稳性进行校核外,尚应对到港时的稳性予以核算,以确保在整个航次中稳性满足要求。

(2)船舶到港前如不加压载稳性不符合要求,应对航行中途的稳性加以核算。

(3)船舶稳性不合格必须采用永久性压载时,须征得船舶所有人和船级社的同意,并采用有效措施,以保证压载可靠性。

(4)由于船舶结构和设备、货物装载性质的特殊性,对木材船、液货船、集装箱船及其他专门用途船的稳性特殊要求的有关内容,将在相应章节中加以介绍。

2. 稳性核算时应注意的事项

根据《法定规则》的规定,并考虑对船舶安全的要求,船舶在核算其稳性时应注意以下事项:

(1)对稳性衡准中各项指标的核算,都应计及自由液面修正;对消耗液体舱和航行途中加压载水的压载舱,应假定每一类液体至少有一对边舱或一个中心线上的液体舱存在自由液面,且所取的舱或舱组的自由液面应为最大者。

(2)无限航区船舶在使用冬季载重线或者北大西洋冬季载重线的区域内航行,以及国内船舶在冬季航行于青岛(36°04′N)以北时,应计及结冰对稳性的影响。按规则的要求,对船体甲板或步桥水平投影面积、水线以上两舷侧投影面积及前面正投影面积上结冰重量予以计算,将其视为重量增加。

(3)尽量避免船舶初始横倾。在核算船舶稳性时,我们总是假设船舶初始处于正浮状态,而未考虑在装载后或航行中很可能出现的横倾,此初始横倾可认为是船舶载荷横移所致,因此,它使船舶稳性力矩和船舶静稳性力臂减小。船舶在正浮条件下满足稳性要求,而在某一初始横倾状态下船舶稳性不一定满足要求,对此应引起足够重视,并尽量避免船舶具有初始横倾角。

(4)考虑船舶在运营过程中外部条件的复杂性和变化性以及船舶自身状态的改变等诸多因素的影响,如船舶随浪航行、大风浪突袭、舱内货物移动、货舱进水等,船舶稳性按规则核算后虽已符合各项要求,但驾驶员仍应注意装载和气象、海况等情况,谨慎驾驶和操作。在船舶遇到特殊情况或紧急情况而采取应变措施时,应注意船舶的稳性,防止发生倾覆。

第六节 船舶稳性检验与调整

一、船舶适度稳性范围及其确定方法

《2008 年国际完整稳性规则》及我国《法定规则》中对船舶稳性提出的要求,都是保证船舶营运安全的稳性最低要求。因此,船舶经自由液面修正后的最小初稳性高度应不小于所适用稳性衡准的要求。根据我国海船《法定规则》的要求,船舶经自由液面修正后的初稳性高度应不小于最小许用初稳性高度,即 $GM \geqslant GM_C$。在营运中根据船舶实际航行的状况,可以考虑将船舶初稳性高度的最低值在最小许用初稳性高度的基础上再加上一个安全余量,通常安全余量可取 0.15~0.20 m。一般认为,船舶初稳性高度的最大值应不大于横摇周期 T_θ 等于 9 s 时的对应值,即 $GM \leqslant GM_{T_\theta}=9$ s。

根据经验,一般远洋船舶满载时的初稳性高度以 4%~5%的船宽为好,横摇周期以 14~15 s 为宜,不同类型的船舶在不同装载状态下的比较合适的稳性高度范围也有所不同。

为使船舶处于适度的稳性范围,必须控制船舶重心距基线高度。广大船员根据长期实践的经验,总结出为保证船舶具有适度的稳性,应对各层货舱分配载货重量的合适比例。一般认为:对于具有两层舱的船舶,二层舱的装货量应占全船装货量的 35%,底舱的装货量约占全船装货量的 65%;如果还需装甲板货,则底舱仍约占 65%,二层舱占 25%左右,甲板货不超过 10%,而且其堆积高度不宜超过船宽的 1/5~1/6。

二、船舶稳性的检验方法

在船舶稳性校核中,由于各种误差的影响,稳性校核结果与船舶实际稳性状况往往难以完全吻合。因此,驾驶人员应采取一定方法,进行实船的稳性检验及判断,以便能及时发现问题,正确评价本船稳性状态,并采取必要措施,确保船舶安全营运。

(一)根据实测横摇周期计算初稳性高度 GM,检验船舶稳性

船舶横摇周期 T_θ 是指船舶横摇一个全摆程所需的时间(s)。船舶的横摇周期与初稳性有密切的关系,船舶初稳性高度越大,船舶横摇周期越短。船舶起航后,驾驶员可以用秒表测定船舶的横摇周期来检验计算出的初稳性高度 GM 是否准确;也可以根据计算出的初稳性高度值求算横摇周期,以判明船舶的适航性。建议连续测十次或以上,以减少测量误差。

反映船舶横摇周期 T_θ 与初稳性高度 GM 的关系式有:

1. 我国《法定规则》中采用的公式

$$T_\theta = 0.58f \cdot \sqrt{\frac{B^2 + 4KG^2}{GM_0}} \tag{3-38}$$

式中:f——系数,根据船宽吃水比 B/d 查表 3-5 可得;

B——船舶型宽,m;

d——船舶型吃水,m;

KG——所核算状态下的船舶重心距基线高度,m;

GM_0——所核算状态下的船舶未经自由液面修正的初稳性高度,m。

表 3-5　船宽吃水比 B/d 表

B/d	2.5 及以下	3.0	3.5	4.0	4.5	5.0	5.5	6.0	6.5	7.0 及以上
f	1.00	1.03	1.07	1.10	1.14	1.17	1.21	1.24	1.27	1.30

船舶设计单位常根据公式(3-38)计算并绘出在不同排水量时横摇周期 T_θ 与初稳性高度 GM 的关系曲线图(横摇曲线),以方便船舶驾驶员使用。可根据船舶排水量 Δ 和未经自由液面修正的初稳性高度 GM_0,直接查取对应的船舶横摇周期 T_θ,如图 3-20 所示。

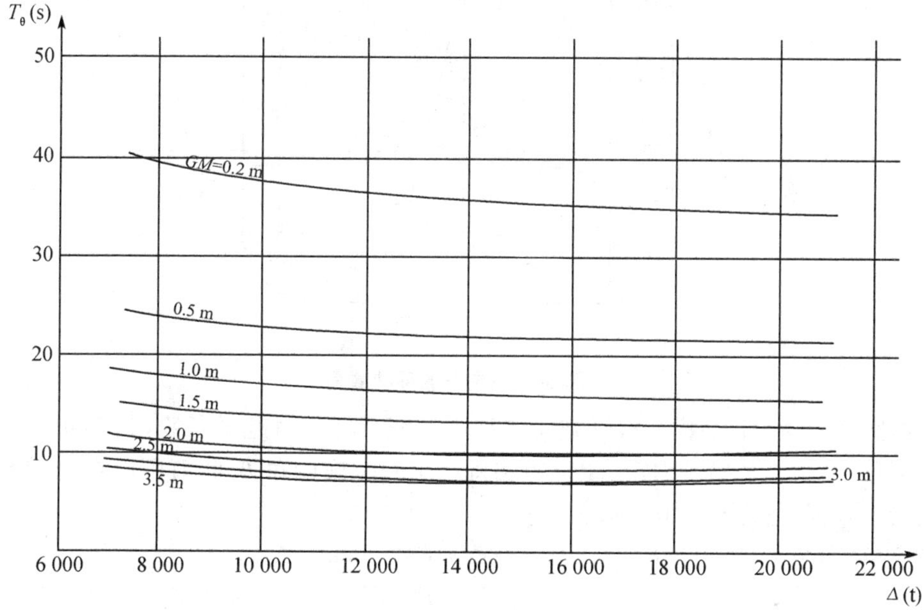

图 3-20　不同排水量时 T_θ 与 GM 关系曲线图

2. 对于船长不超过 70 m 的船舶,《2008 年国际完整稳性规则》中的经验公式

$$T_\theta = \frac{f' \cdot B}{\sqrt{GM_0}} \tag{3-39}$$

式中:f'——船舶横摇周期系数,其值与船舶大小、形状及装载状况、重量分布等因素有关。对于一般货船,f'取 0.73~0.88。

船舶在开航后可以选择风浪较小的时机,连续测定船舶横摇周期总时间,计算船舶横摇周期,可以用以下公式计算船舶所核算状态下的未经自由液面修正的初稳性高度 GM_0(m)。

$$GM_0 = \left(\frac{f' \cdot B}{T_\theta}\right)^2 \tag{3-40}$$

(二)利用船舶横倾角计算初稳性高度 *GM*,检验船舶稳性

在港内开航前如想对船舶初稳性情况有所了解,可以根据观察对在横倾力(矩)作用下产生的船舶横倾角大小进行判断,即检验船舶停泊时的稳性;可以用左右舷移动载荷(如横向移驳压载水)或利用一舷吊杆同时起吊货物等方法使船舶产生一个横倾角,以此检验船舶 *GM* 值,如图 3-21 所示。

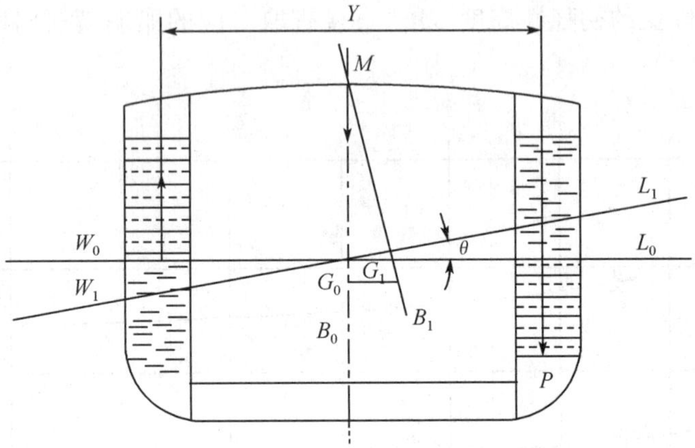

图 3-21　左右舷移动载荷

由图 3-21 可知,当横向移动载荷或利用一舷吊杆同时起吊货物时,船舶的重心将发生横移,产生一个横倾力矩,此时船舶将产生一个横倾角 θ,此值可以在船舶倾斜仪上读得。根据平行力移动原理得:

$$P \cdot Y = G_0G_1 \cdot \Delta = GM \cdot \tan\theta \cdot \Delta \tag{3-41}$$

$$\therefore GM = \frac{P \cdot Y}{\Delta \cdot \tan\theta} \tag{3-42}$$

式中:P——横向移动的载荷重量,t;

Y——载荷重心的横移距离或起吊货物的重心距船舶中线面的横向距离,m;

GM——载荷移动前或起吊货物前的初稳性高度,m。

例 3-7:某船排水量 9 000 t,在港停泊,为修理左舷中部水线下 1 m 处的一个小破口,需将左舷水舱内的水移到右舷水舱多少吨?(设左右水舱舱容中心间水平距离为 18 m,假设移水后其重心高度不变,船宽 28 m,GM=0.7 m,破口进水所引起的吃水变化等不考虑)

解:(1)计算左舷中部水线下 1 m 的破口至水面,需右倾的角度的正弦值 $\tan\theta = \frac{1}{14}$。

(2)计算左舷水舱内的水移到右舷水舱的吨数

$$P = \frac{GM \cdot \Delta \cdot \tan\theta}{Y} = \frac{0.7 \times 9\,000 \times \frac{1}{14}}{18} = 25(\text{t})$$

答:需将左舷水舱内的水移 25 t 到右舷水舱。

(三)观察船舶表现出的某些征状判断船舶稳性大小

1. 船舶稳性不足时的征状

(1)装卸货时,左右重量稍有不均,船立即偏向重的一侧。

(2)使用一舷油、水时,船舶很快向另一舷倾斜。

(3)船舶受到较小的横风时,船明显倾斜。

(4)操船时用舵或使用拖船,船身明显横倾,甚至绞松系缆也会引起横倾且恢复缓慢。

(5)遇有意外情况(如甲板上浪、舱内出现自由液面)时,船舶出现永倾角。

2. 船舶稳性不足时可采取的应急措施

(1)船上有未满的液舱时,将未满的液舱注满。

(2)低位压载舱左右成对地注满压载水,并防止产生自由液面。

(3)将油水从高位舱调拨至低位舱。

(4)将部分双层底淡水舱或油舱注入海水。

(5)暂停上层舱的装货或底舱的卸货。

(6)放下吊杆并放松千斤索。

(7)将上层舱货物移至底舱或卸去上层舱货物(应使用岸吊作业)。

(8)航行中由高速满舵引起的横倾不能用急回舵或反舵来消除。

(9)遇危急时也可将甲板货抛入海中。

3. 船舶稳性过大时的征状

(1)航行中稍有风浪就摇摆剧烈。

(2)横摇周期小,一般小于 9 s。

4. 船舶稳性过大时可采取的应急措施

(1)将油水从低位舱调拨至高位舱。

(2)将部分双层底压载舱或淡水舱水排出。

(3)将底舱货物移至上层舱(如可能的话)。

(4)选择一合适的顶浪角以减少船舶横摇。

为确保船舶安全,当船舶出现稳性不足或过大的征兆时,应根据船舶的具体情况,迅速采取适宜、有效的应急措施。

三、船舶稳性调整

为了保证航行安全,船舶在各种装载状态下,都应具有适度的稳性和摇摆性。如果认为经自由液面修正后的初稳性高度或经计算所得的横摇周期不合适,都应进行调整。调整的方法通常有:船内载荷垂向移动及载荷横向对称增减调整船舶初稳性高度,船内载荷横向移动及载荷横向不对称增减调整船舶初始横倾。

(一)垂向移动载荷调整初稳性高度 *GM* 的原则与计算

垂向移动载荷调整初稳性高度 *GM* 的方法适用于配载图编制阶段。船舶编制在配载图时,当计算所得的初稳性高度 *GM* 经自由液面修正后的数值过大时,可以采取把载荷(包括货物、液体舱内的液体等)由下往上移动的方法来提高船舶重心高度以降低船舶初稳性高度 *GM*;反之,*GM* 过小,可以采取把载荷由上往下移动的方法来降低船舶重心高度以提高船舶初稳性高度 *GM*。

日常工作中,在船舶初稳性高度调整值已知的情况下,货物上下移动距离 *Z* 受到舱深的限制往往可由船舶驾驶员确定,可以求得需要移动货物的重量 *P*:

$$P = \frac{\Delta \cdot \delta GM}{Z} \qquad (3\text{-}43)$$

式中:Δ——船舶排水量,t;

δGM——需要调整的船舶初稳性高度,m,其等于要求调整到的初稳性高度值减去调整前的初稳性高度值。

利用垂向移动载荷来调整船舶初稳性高度,多在配载工作完成后发现船舶稳性不适时进行。如果在编制积载图后,货舱上下已安排满货物,则单向移动货物措施不便实现。此时,可以采用货载对调的方式,即将上下层舱室中的轻、重货物互换货位。当上下层舱室均已满载满舱时,则只能采用上下层轻重货物进行等体积对调,才能实现移货的要求。设重货的重量为 P_H,积载因数为 SF_H;轻货的重量为 P_L,积载因数为 SF_L,则轻重货物等体积互换满足以下关系式:

$$\begin{cases} P_H - P_L = P \\ P_H \cdot SF_H - P_L \cdot SF_L = 0 \end{cases} \qquad (3\text{-}44)$$

变换关系式(3-44)可以求得欲移动的重货的重量 P_H 和轻货的重量 P_L。

例 3-8:某船排水量 $\Delta = 19\ 382$ t,船舶初稳性高度 $GM = 0.89$ m,现要求初稳性高度达到 1 m,由二层舱往底舱移货,移动距离为 5.67 m,求上、下层货物移动量 *P*。

解:(1)计算调整值 $\delta GM = 1 - 0.89 = 0.11$(m)

(2)计算货物移动量 *P*:

$$P = \frac{\Delta \cdot \delta GM}{Z} = \frac{19\ 382 \times 0.11}{5.67} \approx 376(\text{t})$$

答:需由二层舱往底舱移货 376 t 才能达到初稳性高度为 1 m。

(二)增减载荷调整船舶初稳性高度 *GM* 的原则与计算

船舶配载时、装载后或航行中在某些情况下可利用增减载荷的方法调整稳性。增减载荷调整初稳性高度 *GM* 的方法包括:未满载时加压载水、吃水加大或满载时排压载水、加装货物及抛货。如当船舶未满载时,若经自由液面修正后的船舶初稳性高度 *GM* 过小,可以采取往双层底压载舱打入压载水的方法,以提高船舶的 *GM*;如果经自由液面修正后的船舶初稳性高度 GM 过大，可以采取排空某些双层底压载舱中的压载水的方法，降低船舶的 GM。

如果加、减载荷的重量较小，则可忽视因加、减载荷所引起的横稳心高度的变化。在此情况下，当所需要调整的初稳性高度改变值为 δGM 时，加、减载荷的重心距基线高度设为 Kg，则根据少量载荷变动对初稳性高度的公式变换可计算需加、减载荷的重量 P：

$$P = \frac{\Delta \cdot \delta GM}{KG_0 - Kg - \delta GM} \tag{3-45}$$

式中：Δ——船舶加、减载荷前的排水量，t；

KG_0——船舶加、减载荷前的重心距基线高度，m。

若所计算的载荷重量 P 为正值，则说明需要向该位置加载荷；若所计算的载荷重量 P 为负值，则说明需要在该位置减载荷。

（三）船舶初始横倾角及其调整计算

1. 船舶初始横倾角及其产生原因

当船舶重心偏离中纵剖面时，重力和浮力构成的力矩会使船舶产生初始横倾角。船舶初始横倾角的存在将使船舶稳性力矩（复原力矩）减小，导致静稳性曲线高度全面下降，稳性范围变小，各项指标全面下降，对船舶安全营运十分不利。因此，船舶在离、到港状态和航行中，必须消除初始横倾角。在港装卸货期间，也应采取措施限制横倾角，以保证船舶安全、船上工作的开展和货物装卸的顺利进行。

产生初始横倾角的原因有：左右舷货物配置不均衡；货物装卸左右不均衡；左右舷水舱的油水添加与使用不均衡；舱内货物横向位移；使用船上装卸设备吊装吊卸重大件货物等。

避免产生船舶初始横倾角的方法有：在货物配积载和装卸时应保证货载重量左右均衡分布；船上油水舱位的安排和使用应左右均衡；舱内和甲板上装载的货物应做好加固绑扎，如发生货物位移应努力恢复其原位等。由于使用船上装卸设备吊装吊卸重大件货物而产生的横倾角，无法通过其产生的途径加以消除，但可采取在装卸方向相反一侧预先压载的方法予以控制。

2. 船舶初始横倾角的调整计算

船舶出现初始横倾后应予以调整，调整方法有两种：

（1）横向移动载荷

用横向移动载荷调整船舶横倾的方法适用于配载图编制时货物横移或装卸后压载水、淡水的调拨。设船舶排水量为 Δ，调整前、后的船舶的初始横倾角为 θ_0、θ_1（右倾时取+，左倾时取-），横向移动货载重量为 P，横向移动距离为 Y，则需调整的横倾力矩值为调整前船舶所承受的横倾力矩与调整后船舶所承受的横倾力矩之差，即 $P \cdot Y = \Delta \cdot GM \cdot \tan\theta_1 - \Delta \cdot GM \cdot \tan\theta_0$。

若要消除初始横倾角，即 $\theta_1=0$，则 $PY=\Delta\cdot GM\cdot\tan\theta_0$，可得：

$$P=\frac{\Delta\cdot GM\cdot\tan\theta_0}{Y}\tag{3-46}$$

（2）在船舶一舷加、减少量载荷

若船舶未满载，或者一舷有多余的压载水及其他载荷可供排放或卸载，则可通过向一舷加、减少量载荷的方法消除或调整横倾角。设船舶加、减载荷前排水量为 Δ，调整前、后的初稳性高度分别为 GM_0、GM_1，横倾角分别为 θ_0、θ_1（右倾时取+，左倾时取-），现可以利用下式求得需加、减载荷的重量 P（加、减载荷 P 的重心距中线面的距离为 Y，右舷侧取+，左舷侧取-）。

$$P\cdot Y+\Delta\cdot GM_0\cdot\tan\theta_0=(\Delta+P)\cdot GM_1\cdot\tan\theta_1\tag{3-47}$$

上式中：加、减载荷的重量 P，加载时取+，减载时取-。

若完全消除初始横倾角，即 $\theta_1=0$，则加、减载荷的重量 P 为：

$$P=\frac{\Delta\cdot GM_0\cdot\tan\theta_0}{Y}\tag{3-48}$$

应该指出，以上两种调整船舶初始横倾角的方法都基于小角度倾斜的假设。当船舶横倾角较大时，使用以上公式误差较大。此时，可利用船舶静稳性曲线图解决。

例 3-9：已知某船排水量为 10 000 t，初稳性高度为 0.90 m，经计算，用船上重吊吊装重大件时将产生的最大横倾角为 16°，为确保船舶安全，要求用移动两翼水舱中的压载水调整横倾角。应移动多少吨的压载水才能使船舶的横倾角不超过 5°？（已知两翼水舱间的横向距离为 18 m）

解：根据题意，可设移动压载水为 P 时才能使船舶的横倾角不超过 5°，则利用公式 $P\cdot Y=\Delta\cdot GM\cdot\tan\theta_1-\Delta\cdot GM\cdot\tan\theta_0$ 可得：

$$\begin{aligned}P&=\frac{\Delta\cdot GM\cdot\tan\theta_1-\Delta\cdot GM\cdot\tan\theta_0}{Y}\\&=\frac{10\ 000\times0.9\times\tan5^\circ-10\ 000\times0.9\times\tan16^\circ}{-18}\\&\approx99.6(\mathrm{t})\end{aligned}$$

答：应移动 99.6 t 的压载水才能使船舶的横倾角不超过 5°。

第七节　船舶稳性资料应用

《2008 年国际完整稳性规则》要求各种不同类型的船舶均需备有一份由主管机关认可的船舶稳性手册。《法定规则》规定，为便于驾驶人员掌握船舶稳性情况，船上应备有船舶设计或建造部门提供的《稳性报告书》（*Stability Report*）或《船舶装载手册》（*Loading Manual*）。

一、《稳性报告书》/《船舶装载手册》的内容

《稳性报告书》/《船舶装载手册》的主要内容包括:

1. 船舶主要参数

主要参数包括:船舶用途;航行区域;船级;船舶主要尺度[总长、型长(或垂线间长)、型宽、型深、型吃水等];船型系数;载重表(包括船舶各载重性能参数);容积、吨位(总吨、净吨)等。

2. 基本装载情况稳性总结表

根据不同种类船舶,法定规则规定的基本装载情况不完全相同。对于一般货船,基本装载情况包括满载出港、满载到港、空船压载出港、空船压载到港,并且假定:出港时油、水装满至100%,到港时油、水剩余10%;舱内货物重量均匀分布,重心取在容积中心处;压载时提供压载方案。实船上的基本装载情况往往包括更多的装载状态,以便船员对任何实际装载状态都可以找到一个与之相似的基本装载情况做比照。

根据各装载情况的重量和重心计算、纵倾及初稳性计算结果,绘制出静稳性曲线图,从而求出各装载情况下的稳性特征值,形成总结表。总结表的主要内容包括装载状况、排水量、载重量、压载水和压载舱舱名、船首尾吃水、初稳性高度、自由液面修正后的初稳性高度、30°时稳性力臂、最大稳性力臂对应的横倾角、稳性曲线消失角、稳性衡准数、稳性是否符合要求、备注等。

基本装载情况稳性总结表列出了主要装载状况下的初稳性、大倾角静稳性和动稳性各项特征值,因而它全面反映了船舶稳性状态,是船舶稳性资料中的最重要内容之一。

3. 主要使用说明

船舶稳性资料就如何在营运中使用该报告书或手册以及相应的注意事项做了说明和解释,当船舶需要实际核算装载状态稳性时,应对稳性的各项指标进行计算,并判明是否全部满足要求。若稳性不满足或不适当,应采取适当措施予以调整。

应当指出的是,船舶的稳性计算虽已证明符合《法定规则》的要求,但营运中还可能遇到诸多不利情况,要求船长仍应注意船舶装载、气象及海况等情况,谨慎驾驶,确保船舶安全。

4. 各种基本装载情况稳性计算

对每一基本装载情况,列表给出空船、各货舱货物、各液舱油水、船员及行李、备品等各项重量及重心位置、重量垂向和纵向力矩,从而求得船舶在该装载状态下的排水量等各值;绘制静稳性曲线图和动稳性曲线图,从而求得各项稳性曲线的各项特征值。该项计算为稳性总结表提供了数据来源。

5. 液舱自由液面惯性矩表及初稳性高度修正说明

自由液面惯性矩表提供了各液舱自由液面惯性矩值,供船员查用以修正初稳性高

度，有的船除列出各液舱自由液面惯性矩值外，还列有各液舱自由液面力矩值、不同排水量时自由液面对 GM 修正量值，以方便使用。初稳性高度修正说明主要对表中数据确定条件加以说明，如液舱装至50%容积时自由液面对 GM 的影响，自由液面惯性矩小于10 m^4 的，不计入，各种液体的假定密度等。

6. 进水点位置及进水角曲线

船舶某些开口比如货舱口、通风筒等，关闭时不能满足《法定规则》中关于风雨密的要求，因而不能保持开口装置的有效状态。这些开口的端点即为进水点，船舶横倾至进水点时，则认为稳性完全丧失。所以，船体在倾斜过程中，如遇到开口部分（舷窗、驳门、甲板开口等），即进水，此时横倾角称为进水角。

作为驾驶人员，应清楚本船进水点位置及相应进水角，以防范大风浪海况下船内进水，也为大倾角稳性计算提供数据。

7. 最大许用重心高度曲线图或最小许用初稳性高度曲线图

为了使船员便于掌握船舶在营运过程中稳性是否满足法定规则的要求，报告书或手册应提供最大许用重心高度曲线图或最小许用初稳性高度曲线图。

此外，还应包括船舶静水力参数，各类舱舱容及其中心坐标，风压倾侧力臂，加载100 t货物时艏、艉吃水变化标尺或图表，横摇周期与 GM 的关系曲线，稳性横交参数、邦金（戎）参数等资料。对于有稳性衡准特殊要求的船舶，报告书或手册还需提供相关的计算资料。《稳性报告书》/《船舶装载手册》的内容须经船检部门批准和海事主管机关同意，才能使用。

二、《稳性报告书》/《船舶装载手册》的应用

利用《稳性报告书》/《船舶装载手册》可了解和掌握船舶稳性的整体状况、核算船舶实际装载状态下的稳性及校核船舶的摇摆性等。

（一）了解和掌握船舶稳性的整体状况

通过对报告书或手册的认真研读，可了解和掌握船舶稳性的整体状况，如基本装载情况下的稳性各项特征值大小，与稳性最低标准的比较，各舱重量的配装、压载状况下的压载水配置、油水重量及其分布、船舶横摇周期大小等。

（二）核算船舶实际装载状态下的稳性

有必要对实际装载状态稳性予以核算，包括船舶出港前装载状态、航行中稳性最不利装载状态、船舶到港时装载状态、装卸期间因特殊原因致使船舶重心过高而对船舶稳性有任何怀疑时、认为有必要的其他情况等。无论在开航时、航行中，还是在到港前，船舶的稳性都应满足衡准的各项要求。

1. 港内状态稳性核算

港内状态的船舶，由于遮蔽条件较好，可视其停泊期间的气象条件，酌情降低其对稳性的要求，但应至少满足船舶初稳性的最低要求。

2. 在航期间的稳性校核

对船舶在航期间的稳性核算，大体可分为以下两种情况：

(1) 实际装载状况与报告书或手册中某一基本装载情况大致相同

报告书或手册中所列各典型装载情况，是船舶设计时拟订的基本装载工况，经核查其稳性满足衡准各项要求。若船舶营运中的装载状况与报告书或手册中所列某一基本装载情况大致相同且稳性稍好于该基本装载情况，可认为船舶实际营运条件下的稳性与报告书或手册中的核算结果相同，而不再对其予以重复计算。

(2) 实际装载状况与报告书或手册中的基本装载状况不相同

由于船舶营运中的装载状况大多与报告书或手册中的基本装载状况不一致，因此需对其做认真准确的校核。

(三) 校核船舶的摇摆性

校核船舶的摇摆性的目的是使船舶避免在航行中落入谐摇区，从而保证船舶安全。

根据通常的波长范围，对于自摇周期小于 12 s 的船舶，横对波浪时，将有很大机会落入谐摇区，尤其是自摇周期在 9 s 左右时落入谐摇区的概率更大，而当自摇周期大于 14 s 时，谐摇的概率就较小。因此，对于航行中的船舶，在满足对其完整稳性最低要求的前提下，实际装载状态时未经自由液面修正的初稳性高度应同时满足其 GM 值不大于横摇周期等于 9 s 时所对应的 GM 值，后项值可从报告书或稳性手册中查得。当船舶自摇周期接近 9 s 时，与波浪发生谐摇的可能性较大，而横摇周期低于 9 s 时，船舶摇摆剧烈，船体结构受力过大，船员工作、生活环境恶化，货物可能移位，因此应尽量避免船舶横摇周期不大于 9 s，以确保船舶安全航行。

应该指出，不同国家的报告书或手册，对于不同船舶其所包括的内容不完全相同，在使用时必须首先了解其基本内容及所适用的稳性规则。

第四章

船舶吃水差

船舶吃水差是表示船舶浮态的一个重要指标，它的大小主要取决于船舶的装载状况。吃水差对船舶的快速性、适航性和操纵性具有重大的影响。为保证船舶具有良好的航海性能，要求船舶具有适当的吃水差和船舶吃水。

第一节　吃水差及其与船舶航海性能的关系

一、吃水差及其产生原因

吃水差(Trim)是指艏吃水(Fore Draft)与艉吃水(Aft Draft)相差的数值，用符号 t 表示，其计算公式如下：

$$t = d_F - d_A \tag{4-1}$$

式中：d_F——艏吃水，m；

d_A——艉吃水，m。

当艏、艉吃水相等，即吃水差等于零时，称为平吃水(Even Keel)；艉吃水大于艏吃水时，即吃水差为负时，称为艉吃水差(Trim by Stern)，也叫艉倾，俗称艉沉；艏吃水大于艉吃水时，即吃水差为正时，称为艏吃水差(Trim by Head)，也叫艏倾，俗称拱头。有些国家将吃水差规定为船舶艉吃水 d_A 与艏吃水 d_F 相差的数值。

吃水差是船舶纵倾的一种表现。船舶之所以发生纵倾，是因为正浮时船舶受到一个纵倾力矩(Moment to Change Trim)的作用。而纵倾力矩是由于船舶重力纵向分布作用点与正浮时的浮力作用点不在同一条垂线上而产生的，如图 4-1 所示。当船舶的重心 G_1 与正浮状态下浮力作用点 B_0 不在同一条与基线相垂直的垂线上时，船舶的平衡条件就会遭到破坏。此时，重力和浮力构成一个力偶矩(纵倾力矩)，使船舶绕过漂心的纵倾轴转动，从而产生纵倾角。同时，纵倾角的出现将使水下船体形状发生变化，浮

心由 B_0 移至 B_1；当 B_1 与 G_1 在一条与新水线相垂直的垂线上时，船舶达到新的平衡，于是产生了吃水差。

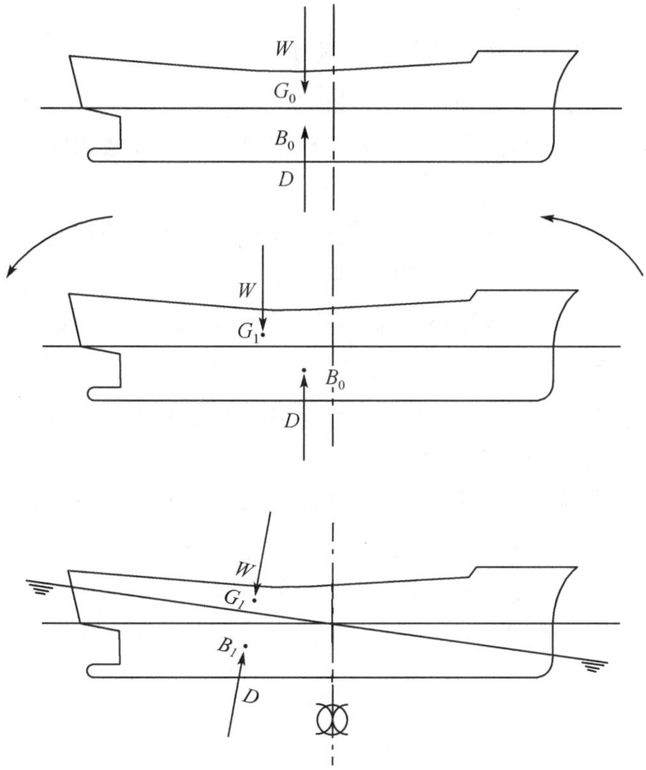

图 4-1　船舶吃水差的产生

二、吃水差及吃水与船舶航海性能的关系

吃水差对船舶的操纵性、快速性、适航性与抗风浪性能都有影响。船舶吃水差的大小直接影响螺旋桨和舵的入水深度，对操纵性和航速有直接的影响。艉倾过大，会使操纵性能变差，船舶易偏离航向，艏部底板易受波浪拍击而导致损坏，同时还不利于驾驶台的瞭望；艏倾时，螺旋桨和舵的入水深度减小，从而导致航速降低，航向稳定性变差，艏部甲板易上浪，而且船舶纵摇时，螺旋桨和舵叶易露出水面，主机负荷不均匀，造成飞车，影响主机的正常运转。

船舶在空载下航行，吃水过小，影响螺旋桨和舵叶的入水深度，使船舶操纵性和快速性降低。另外，受风面积增大，也使船舶稳性变差、航速降低。

船舶在航行中保持足够的吃水和适度艉倾，使螺旋桨和舵叶及船首底部在水面下具有足够深度，从而使船体水下部分流体线性良好，螺旋桨沉深增大，有利于提高推进效率，同时也改善了舵效，减少甲板上浪及波浪对船首底部结构的拍击，并增大了船舶的抗风浪能力。

三、对船舶吃水差和吃水的要求

1. 对万吨级装载状态下船舶吃水差的要求

船舶航行中适当的吃水差值应根据具体船舶的船长、平均吃水状态确定。一般认为，船舶保持一定的艉倾，对提高航速、减少艏部甲板上浪和改善操纵性能都是有利的。实践经验表明，万吨级货船适度吃水差为：满载时艉倾 0. 3～0. 5 m；半载时艉倾 0. 6～0. 8 m；轻载时艉倾 0. 9～1. 9 m。对于速度较高的船舶，出港前静态时允许稍有艏倾，航行时由于舷外水的压强相对降低，可使船舶处于一定艉倾。大吨位船舶满载进出港口或通过浅水区时因水深限制而要求平吃水，以免搁浅，并有利于多装货物。

2. 对空载航行船舶吃水及吃水差的要求

船舶空载时的吃水差要求，一般都以螺旋桨具有足够的浸水深度为前提。因此，空船时船舶须具有较大的艉倾值，以保证螺旋桨的推进效率和舵的反应效率。如图 4-2 所示，螺旋桨盘面直径为 D，桨轴至水面的高度为 I，则在静水中螺旋桨沉深比 I/D 应不小于 0. 5；当螺旋桨沉深比 I/D 值小于 40%～50%时，螺旋桨的推进效率将急剧下降。因此，考虑到风浪的影响，应使 I/D 值达到 65%以上为好。同时，船舶吃水差与船长之比 t/L_{BP} 应小于 2. 5%（即 $|t|<2.5\%L_{BP}$，L_{BP} 为船舶的垂线间长），此时船舶纵倾角小于 1. 5°。

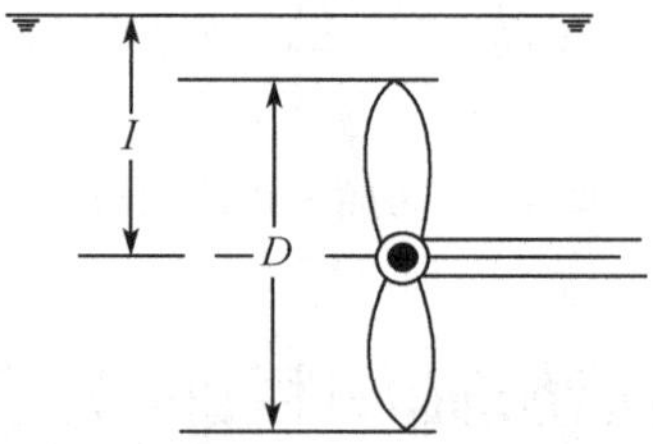

图 4-2　螺旋桨和舵的入水深度

船舶在空载时吃水过小，不利于安全航行，故空载航行的船舶必须进行合理压载。一般认为，空载船舶压载航行时，应达到夏季满载吃水的 50%以上；冬季航行时因风浪较大，应使其达到夏季满载吃水的 55%以上。

近年来，国际上已对营运条件下允许的最小艏吃水及最小平均吃水的要求进行了深入研究。上海船舶运输研究所在分析了 IMO 浮态衡准后，建议我国远洋航行船舶的最小艏吃水 $d_{F\cdot min}$ 及最小平均吃水 $d_{M\cdot min}$ 应满足以下要求：

（1）当 $L_{BP}\leqslant 150$ m 时，

$$d_{F\cdot min}\geqslant 0.025L_{BP}$$
$$d_{M\cdot min}\geqslant 0.02L_{BP}+2$$

（2）当 $L_{BP}>150$ m 时，

$$d_{F\cdot min}\geqslant 0.012L_{BP}+2$$
$$d_{M\cdot min}\geqslant 0.02L_{BP}+2$$

式中：L_{BP}——船舶垂线间长，m。

应该指出，对于专用船舶，如液体散货船、固体散货船、集装箱船等，其压载能力一般都能满足上述最小吃水的要求；对于万吨级货船，因其空船排水量一般占夏季满载排水量的25%~35%，故为保证船舶吃水满足要求，全船压载水及航次储备总和应达到夏季满载排水量的25%左右方可；对于5 000~7 000吨级的远洋艉机型船，因压载舱容量偏小，有时难以达到要求，工作中如果发现船舶状态偏离衡准值过大，则应引起警惕，谨慎驾驶。

需要指出的是，以上只是对普通货船空船压载航行时的吃水及吃水差的一般要求，对于具体船舶，应在航行实践中积累经验，找出合适的在空船压载航行时吃水及吃水差数值。

第二节　吃水差及艏、艉吃水计算

一、吃水差计算原理

如图4-3所示，船舶产生纵倾后，水线由平吃水时的 W_0L_0 变为 W_1L_1，并出现一个纵倾角 φ（Angle of Trim）。由于 φ 一般很小，因此可认为船舶纵倾前后两水线面的交线通过原水线面的漂心 F。

船舶纵倾前后相邻两浮力作用线的交点 M_L 称为纵稳心（Longitudinal Metacenter）。纵稳心距基线高度 KM_L 随排水量的不同而变化，在静水力曲线图上可以查到其值。KM_L 数值较大，一般与船长处于同一数量级。由重心 G 至 M_L 的距离称为纵稳性高度 GM_L（Longitudinal Stability Height）。因为 GM_L 总是正值而且数值较大，所以，船舶一般不会由于纵稳性不足而引起事故。但很小的纵倾能产生较大的吃水差，因此，在船舶纵倾问题上我们的注意点应是吃水差及其值的计算。

同船舶横倾一样，船舶纵倾后产生纵向复原力矩 M_{RL}，其表达式如下：

$$M_{RL} = \Delta \cdot GM_L \cdot \sin\varphi \tag{4-2}$$

式中：Δ——排水量，t；

GM_L——纵稳性高度，m；

φ——纵倾角，单位为度（°），当 φ 很小时，可认为 $\sin\varphi \approx \tan\varphi$。

根据相似三角形原理，由图4-3可知：

$$\tan\varphi = \frac{\delta d_F}{\frac{L_{BP}}{2} - X_f} = \frac{\delta d_A}{\frac{L_{BP}}{2} + X_f} = \frac{t}{L_{BP}} \tag{4-3}$$

式中：δd_F——艏吃水改变量，m；

δd_A——艉吃水改变量，m；

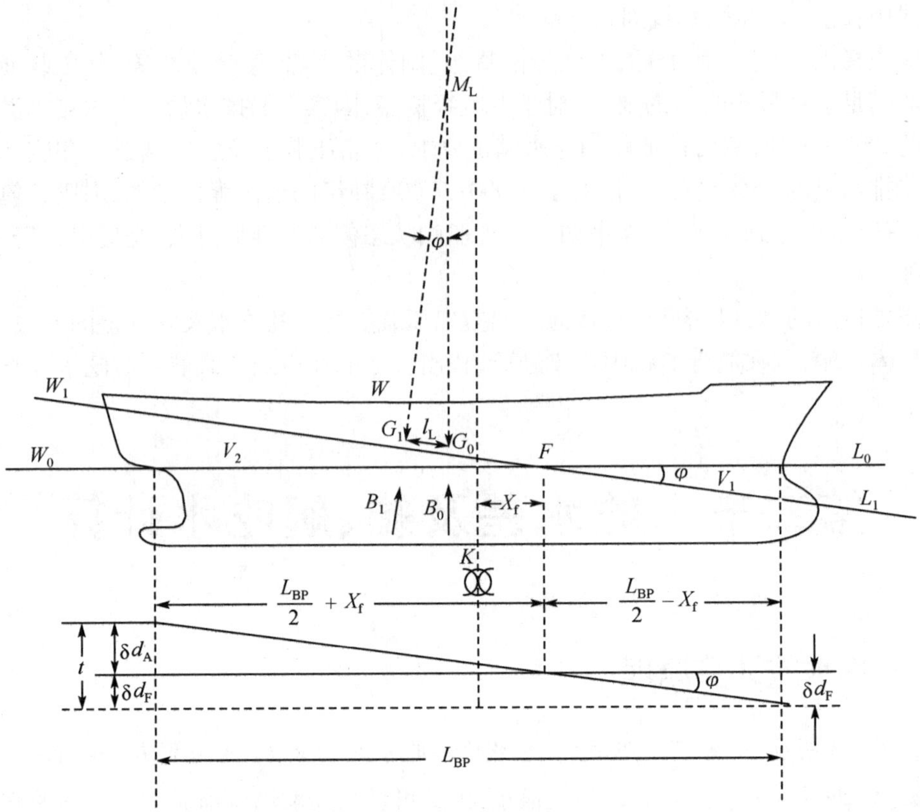

图 4-3　吃水差的产生示意图

X_f——漂心距船中距离，m，X_f 值可从静水力曲线图中查得；

t——吃水差，m；

L_{BP}——船舶垂线间长，m；

将 $\tan\varphi=\dfrac{t}{L_{BP}}$ 代入 M_{RL} 的表达式得：

$$M_{RL}=\Delta\cdot GM_L\cdot\tan\varphi=\Delta\cdot GM_L\cdot\frac{t}{L_{BP}} \tag{4-4}$$

于是：

$$t=\frac{M_{RL}}{\Delta\cdot GM_L}\cdot L_{BP} \tag{4-5}$$

船舶纵向复原力矩 M_{RL} 与船舶纵倾力矩 M 的数值相等（即 $M=M_{RL}$ 时）而方向相反时，船舶达到纵向平衡位置。船舶纵倾力矩 M 可表示为：$M=\Delta\cdot l_L$（×9.81 kN·m），Δ 为船舶排水量（t），l_L 为船舶纵倾力臂（m）。因此，吃水差 t 可表示为：

$$t=\frac{M}{\Delta\cdot GM_L}\cdot L_{BP}=\frac{\Delta\cdot l_L}{\Delta\cdot GM_L}\cdot L_{BP}\quad(\text{m}) \tag{4-6}$$

令吃水差 $t=1\text{ cm}=0.01\text{ m}$，代入式（4-6），即可得到产生 1 cm 吃水差所需的纵倾力矩值——厘米纵倾力矩 MTC（Moment to Change Trim One Centimeter）（吃水差改变 1 cm

所需的力矩，又称为吃水差力矩）。每厘米纵倾力矩值可用公式表示为：

$$MTC = \frac{\Delta \cdot GM_L}{100 \cdot L_{BP}} \tag{4-7}$$

船舶设计部门按不同排水量将 MTC 制成表式或绘成曲线，作为船舶静水力资料的一部分，以方便驾驶员计算吃水差时查用。

将式(4-7)代入式(4-6)，整理后可得计算和调整吃水差的重要公式：

$$t = \frac{\Delta \cdot l_L}{100 \cdot MTC} \tag{4-8}$$

二、船舶吃水差的计算

由图 4-3 吃水差的产生示意图可知，使船舶产生吃水差的纵倾力矩由重心和正浮时船体所受的浮力构成，前者的作用线通过重心 G_1，后者的作用线通过浮心 B_0，则纵倾力臂 $l_L = X_G - X_B$，代入式(4-8)可得：

$$t = \frac{\Delta \cdot (X_G - X_B)}{100 \cdot MTC} \tag{4-9}$$

式中：X_G——船舶重心距中距离，m；船中前为正，船中后为负；

X_B——船舶正浮时浮心距船中距离，m；该值可根据船舶当时的排水量在静水力曲线图上查取，船中前为正，船中后为负；

MTC——厘米纵倾力矩，9.81 kN · m/cm 或 t · m/cm。

由式(4-9)可知，重心在正浮时的浮心之前，船舶产生艏倾；反之，重心在正浮时的浮心之后，则船舶产生艉倾。

船舶重心距中距离 X_G 可按下式计算求得：

$$X_G = \frac{\sum P_i \cdot X_i}{\Delta} \tag{4-10}$$

式中：P_i——构成船舶排水量的各项重量，t；包括空船重量、各油水舱中的油水重量以及船员、行李、粮食、供应品等重量和各货舱货物重量；

X_i——构成船舶排水量的各项重量的重心距船中距离，m；在船中前为正，船中后为负；

$\sum P_i \cdot X_i$——包括空船重量在内的各个重量对船中力矩代数和，9.81 kN · m。

三、艏、艉吃水的计算

根据图 4-3 和式(4-3)，利用相似三角形原理，艏吃水 d_F、艉吃水 d_A 的基本计算公式为：

$$d_F = d_m + \delta d_F = d_m + \frac{\frac{L_{BP}}{2} - X_f}{L_{BP}} \cdot t \tag{4-11}$$

$$d_A = d_m + \delta d_A = d_m - \frac{\frac{L_{BP}}{2} + X_f}{L_{BP}} \cdot t \qquad (4\text{-}12)$$

式中：d_m——船舶平均吃水，m；根据船舶实际排水量查船舶静水力资料获得；

L_{BP}——船舶垂线间长，m；

X_f——漂心距船中距离，m；根据船舶实际排水量或平均吃水查船舶静水力资料可得，一般规定在船中前为正，船中后为负；

t——船舶吃水差，m；根据公式(4-9)求得。

当船舶漂心在船中处即 $X_f=0$ 时，式(4-11)、式(4-12)可简化为：

$$d_F = d_m + \frac{t}{2} \qquad (4\text{-}13)$$

$$d_A = d_m - \frac{t}{2} \qquad (4\text{-}14)$$

在实际工作中，在不要求精确计算艏、艉吃水值时，可以利用上式求取近似值。

例 4-1：某船由上海开往欧洲，计划在各舱柜内装载的各种载荷如表 4-1 所示。试计算吃水差和艏、艉吃水。根据排水量查得：$d_m=9.10$ m，$X_B=-1.43$ m，$MTC=233.5\times 9.81$ kN·m/cm，$X_f=-5.8$ m，$L_{BP}=148$ m。

表 4-1　载荷纵向重量总力矩

项目		载荷重量(t)	重心距船中距离(m)	纵向重量力矩(×9.81 kN·m)
空船		5 560	−8.65	−48 094
货物	No. 1 二层舱	630	52.64	33 163
	底舱	550	52.36	28 798
	No. 2 二层舱	1 100	32.29	35 519
	底舱	2 000	31.47	62 940
	No. 3 二层舱	980	7.95	7 791
	底舱	2 300	7.82	17 986
	No. 4 二层舱	800	−13.85	−11 080
	底舱	1 900	−13.65	−25 935
	No. 5 二层舱	1 000	−56.67	−56 670
	底舱	730	−54.40	−39 712
燃油		925		−16 799
柴油		280		−9 357
滑油		54		−2 178
淡水		325		−14 478
其他及船舶常数		248		−422
总计		19 382		−38 528

解：(1)列表计算排水量 Δ 和纵向重量总力矩，如表 4-1 所示。

(2)计算船舶重心距船中距离：

$$X_G = \frac{\sum P_i \cdot X_i}{\Delta} = \frac{-38\ 528}{19\ 382} \approx -1.99(\text{m})$$

(3)计算吃水差:

$$t=\frac{\Delta\cdot(X_G-X_B)}{100\cdot MTC}=\frac{19\ 382\times[-1.99-(-1.43)]}{100\times233.5}\approx-0.46(\mathrm{m})$$

(4)计算艏、艉吃水:

$$d_F=d_m+\delta d_F=d_m+\frac{\frac{L_{BP}}{2}-X_f}{L_{BP}}\cdot t=9.10+\frac{\frac{148}{2}+5.8}{148}\times(-0.46)\approx8.85(\mathrm{m})$$

$$d_A=d_m+\delta d_A=d_m-\frac{\frac{L_{BP}}{2}+X_f}{L_{BP}}\cdot t=9.10-\frac{\frac{148}{2}-5.8}{148}\times(-0.46)\approx9.31(\mathrm{m})$$

答:船舶吃水差为-0.46 m,艏吃水为8.85 m,艉吃水为9.31 m。

第三节　影响船舶吃水差的因素及相关计算

一、船内载荷纵向移动对船舶吃水差的影响

载荷纵移包括编制配载图时不同货舱货物的调整及压载水、淡水或燃油的调拨等情况。船上载荷纵移后,产生了一纵倾力矩,引起吃水差改变,导致船舶纵向浮态发生变化。

设船舶装载排水量为Δ,艏、艉吃水为d_F、d_A,吃水差为t。船上载荷P纵向移动距离X,从而产生纵倾力矩$P\cdot X$,载荷移动引起的吃水差改变量δt与纵倾力矩$P\cdot X$成正比,与船舶厘米纵倾力矩MTC成反比,如公式(4-15)所示。若载荷P初始重心纵坐标为X_1,纵移后重心纵坐标为X_2,则纵向移动距离$X=X_2-X_1$。通常规定,载荷前移,X取正值;载荷后移,X取负值。

$$\Delta\cdot\delta t=\frac{P\cdot X}{100\cdot MTC}\qquad(4\text{-}15)$$

二、少量载荷变动对船舶吃水差的影响

在船舶生产实践中,经常会发生装卸货物,消耗或补充燃料、淡水,以及打入或排放压载水等载荷变动情况,它们对船舶吃水差均会产生影响。载荷变动(或称载荷增减)按增减量及吃水差计算方法不同,可分为大量增减和少量增减两种。

如果载荷变动的总重量小于夏季排水量的10%,则认为船舶载荷变动前后船舶的静水力性能参数不变。少量载荷变动时船舶吃水差和艏、艉吃水改变量的计算,可以看

成先将载荷 P 装在漂心 F 的位置,使船平行下沉(卸货使船上浮),再由漂心位置沿船长方向移至实际位置,如图 4-4 所示。

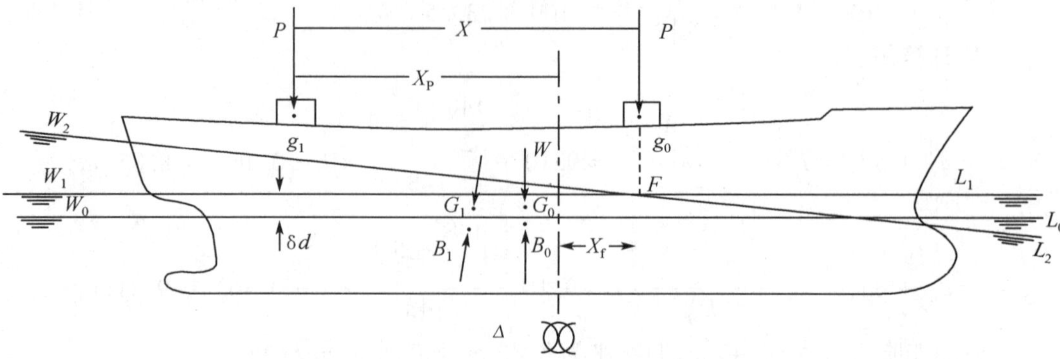

图 4-4　少量装载变动对船舶吃水差的影响

(1)当载荷装于漂心处时,船舶平行下沉(卸载时平行上浮)量 δd 为:

$$\delta d = \frac{P}{100 \cdot TPC} \tag{4-16}$$

式中:P——载荷重量(t),装载时取正值,卸载时取负值;

TPC——厘米吃水吨数(t/cm),根据装卸前的平均吃水在静水力资料中查取。

(2)载荷 P 自位置 g_0 移至实际位置 g_1,船舶将产生新的纵倾,产生吃水差改变量 δt,其值为:

$$\delta t = \frac{P \cdot X}{100 \cdot MTC} = \frac{P \cdot (X_P - X_f)}{100 \cdot MTC} \tag{4-17}$$

式中:P——载荷重量,t;加载时取正值,减载时取负值;

X——载荷 P 的实际重心 g_1 距漂心 f 的距离,m;

X_P——载荷 P 的实际重心 g_1 距船中的距离,m;一般规定重心在船中前为正,中后为负;

X_f——漂心距船中距离,m;根据载荷改变前的平均吃水查静水力曲线图求得,一般规定漂心在船中前为正,中后为负;

MTC——厘米纵倾力矩,9.81 kN · m/cm。根据载荷改变前的平均吃水查静水力资料求得。

少量载荷变动后,艏吃水的改变量 δd_F、艉吃水的改变量 δd_A 可由下式求得:

$$\delta d_F = \delta d + \frac{\frac{L_{BP}}{2} - X_f}{L_{BP}} \cdot \delta t = \frac{P}{100 \cdot TPC} + \frac{(\frac{L_{BP}}{2} - X_f)}{L_{BP}} \cdot \frac{P \cdot (X_P - X_f)}{100 \cdot MTC} \tag{4-18}$$

$$\delta d_A = \delta d - \frac{\frac{L_{BP}}{2} + X_f}{L_{BP}} \cdot \delta t = \frac{P}{100 \cdot TPC} - \frac{(\frac{L_{BP}}{2} + X_f)}{L_{BP}} \cdot \frac{P \cdot (X_P - X_f)}{100 \cdot MTC} \tag{4-19}$$

少量载荷变动后,船舶吃水差 t_1 及艏、艉吃水的新值 d_{F1}、d_{A1} 应为:

$$t_1 = t + \delta t \tag{4-20}$$

$$d_{F1} = d_F + \delta d_F = d_F + \delta d + \frac{\frac{L_{BP}}{2} - X_f}{L_{BP}} \cdot \delta t \tag{4-21}$$

$$d_{A1} = d_A + \delta d_A = d_A + \delta d - \frac{\frac{L_{BP}}{2} + X_f}{L_{BP}} \cdot \delta t \tag{4-22}$$

式中：t——少量载荷变动前的吃水差，m；

d_F——少量载荷变动前的艏吃水，m；

d_A——少量载荷变动前的艉吃水，m。

例 4-2：某船排水量 Δ=12 500 t，抵达某锚地时，艏吃水 d_F=7.3 m，艉吃水 d_A=7.8 m，港口允许最大吃水只有 7.5 m，当时船舶厘米纵倾力矩 MTC=144×9.81 kN · m/cm，厘米吃水吨数 TPC=18.4 t/cm，漂心距船中距离 X_f=0。现欲在离船中后 54.9 m 处的货舱卸一部分货物到驳船，以调整吃水使其艉吃水达到允许的最大吃水，应卸货多少？卸货后的艏吃水为多少？

解：(1)计算卸货后艉吃水变化值

$$\delta d_A = d_{A1} - d_A = 7.5 - 7.8 = -0.3 \text{ m}$$

(2)求为调整吃水使其艉吃水达到允许的最大吃水 7.5 m 时的应卸货量 P：

$$\delta d_A = \delta d - \frac{\frac{L_{BP}}{2} + X_f}{L_{BP}} \cdot \delta t = \frac{P}{100 \cdot TPC} - \frac{\frac{L_{BP}}{2} + X_f}{L_{BP}} \cdot \delta t = -0.3$$

即：$$\frac{P}{100 \times 18.4} - \frac{\frac{L_{BP}}{2} + 0}{L_{BP}} \times \frac{P \cdot (-54.9)}{100 \times 144} = -0.3(\text{m})$$

解得：P=−125(t)，负号表示卸货，即在船中后 54.9 m 处卸货 125 t。

(3)计算卸货后新的艏吃水 d_{F1}：

$$\begin{aligned} d_{F1} &= d_F + \delta d_F = d_F + \delta d + \frac{\frac{L_{BP}}{2} - X_f}{L_{BP}} \cdot \delta t \\ &= d_F + \frac{P}{100 \cdot TPC} + \frac{\frac{L_{BP}}{2} - X_f}{L_{BP}} \cdot \frac{P \cdot (X_P - X_f)}{100 \cdot MTC} \\ &= 7.3 + \frac{-125}{100 \times 18.4} + \frac{1}{2} \times \frac{-125 \times (-54.9 - 0)}{100 \times 144} \\ &\approx 7.47(\text{m}) \end{aligned}$$

答：为调整吃水使其艉吃水达到允许的最大吃水，应在船中后 54.9 m 处货舱卸货 125 t，卸货后的艏吃水为 7.47 m。

如船舶有大量载荷变动，则仍须根据变动后的载荷纵向分布情况，分别按式(4-8)、式(4-11)和式(4-12)算出船舶新的吃水差和艏、艉吃水。

三、舷外水密度改变对船舶吃水差的影响及计算

船舶从海上航行到港内，或者由港内航行至海上，往往进出于不同水密度的水域。船舶舷外水密度改变不仅对船舶吃水产生影响，同时，对船舶吃水差也产生影响。

设船舶排水量为Δ，每厘米吃水吨数为TPC，厘米纵倾力矩为MTC，浮心纵向坐标为X_b，漂心纵向坐标为X_f，船舶从水密度为ρ_0的水域航行到水密度为ρ_1的水域，则产生的吃水差改变量为δt，如下式所示，式中$\rho_{海}$为标准海水密度，$\rho_{海}=1.025\ t/m^3$。

$$\delta t=\frac{\Delta\cdot(X_b-X_f)}{100MTC}\left(\frac{\rho}{\rho_1}-\frac{\rho}{\rho_0}\right)\tag{4-23}$$

例4-3:某船由海上航行至港外锚地准备进港，已知船舶排水量$\Delta=19\ 869$ t，艏吃水$d_F=8.2$ m，艉吃水$d_A=9.0$ m，求船舶进港时(港水密度$\rho_1=1.010\ g/cm^3$)的艏、艉吃水。

解:(1)根据船舶排水量$\Delta=19\ 869$ t在船舶静水力资料中查取以下参数：

$X_b=1.66$ m，$X_f=-1.31$ m，$TPC=25.5$ t/cm，$MTC=223.1$ kN·m/cm

(2)计算船舶吃水改变量

$$\delta d=\frac{\Delta}{100\cdot TPC}\left(\frac{\rho}{\rho_1}-\frac{\rho}{\rho_0}\right)=\frac{19\ 869}{100\times25.5}\times\left(\frac{1.025}{1.010}-\frac{1.025}{1.025}\right)\approx0.12(\mathrm{m})$$

(3)计算船舶吃水差改变量

$$\delta t=\frac{\Delta\cdot(X_b-X_f)}{100\cdot MTC}\left(\frac{\rho}{\rho_1}-\frac{\rho}{\rho_0}\right)=\frac{19\ 869\times[1.66-(-1.31)]}{100\times223.1}\times\left(\frac{1.025}{1.010}-\frac{1.025}{1.025}\right)$$

≈0.04 (m)

(4)计算艏吃水、艉吃水

$$d_{F1}=8.2+0.12+\frac{1}{2}\times0.04=8.34(\mathrm{m})$$

$$d_{A1}=9.0+0.12-\frac{1}{2}\times0.04=9.10(\mathrm{m})$$

答:船舶进港时的艏吃水为8.34 m，艉吃水为9.10 m。

第四节　船舶吃水差图表及其应用

在船舶营运实践中，吃水差和艏、艉吃水的计算是一项经常性的工作，而利用公式计算比较麻烦，船舶驾驶人员更喜欢使用吃水差计算图表来求取船舶吃水差和艏、艉吃水。船舶资料中常配备不同形式的计算图表，以方便驾驶员使用。本节介绍几种船上常见的吃水差计算图表。

一、吃水差曲线图

吃水差曲线图(Trim Diagram)是表示船舶吃水差和艏、艉吃水随排水量及载荷对船中力矩变化的一组关系曲线,可用来计算和调整船舶在具体装载状态下的吃水差和艏、艉吃水。

1. 吃水差曲线图的制图原理

吃水差曲线图是根据船舶吃水差及艏、艉吃水基本计算原理制作的。由式(4-9)、式(4-11)和式(4-12)可知,船舶装载后的吃水差 t、艏吃水 d_F、艉吃水 d_A 均与排水量和构成总载重量 DW 的各载荷对船中力矩的代数和有关。因此,可计算出各排水量时不同载荷纵向重量力矩相对应的吃水差 t、艏吃水 d_F 和艉吃水 d_A,以排水量和载荷纵向重量力矩为坐标,绘出 t、d_F、d_A 等值曲线。

2. 吃水差曲线图的组成

如图 4-5 所示,吃水差曲线图的横坐标为排水量 Δ,纵坐标是载荷纵向重量力矩 M_x,图中有吃水差 t、艏吃水 d_F 和艉吃水 d_A 三组等值线。

3. 吃水差曲线图的使用

(1)计算实际装载后的船舶排水量 Δ 和载荷纵向重量力矩 M_x。

(2)作排水量 Δ 的垂直线和载荷纵向重量力矩 M_x 的水平线。

(3)读出直线交点对应的吃水差 t、艏吃水 d_F 和艉吃水 d_A。

二、少量加载吃水差计算图表

这是在少量载荷变动时核算船舶纵向浮态变化的简易图表。它们可供船员查取在船上任意位置加载 100 t 后引起的船舶艏、艉吃水改变值。

1. 少量加载吃水差计算图表的制作原理

吃水差计算图表形式有多种,但不论哪一种形式的计算图,其制作原理和小量装卸的吃水差计算原理完全相同。假设在船上任意纵向位置上装载 100 t 货物,则根据公式(4-18)、式(4-19)可知,艏、艉吃水的总改变量 δd_F、δd_A 为:

$$\delta d_F = \frac{100}{TPC} + \frac{\left(\dfrac{L_{BP}}{2} - X_f\right)}{L_{BP}} \cdot \frac{100(X_P - X_f)}{MTC} \tag{4-24}$$

$$\delta d_A = \frac{100}{TPC} - \frac{\left(\dfrac{L_{BP}}{2} + X_f\right)}{L_{BP}} \cdot \frac{100(X_P - X_f)}{MTC} \tag{4-25}$$

上面两式中的各数值,当排水量为定值时,除 X_P 外,其余均为定值,δd_F、δd_A 的大小随 X_P 变化而变化,它们之间成线性的关系。

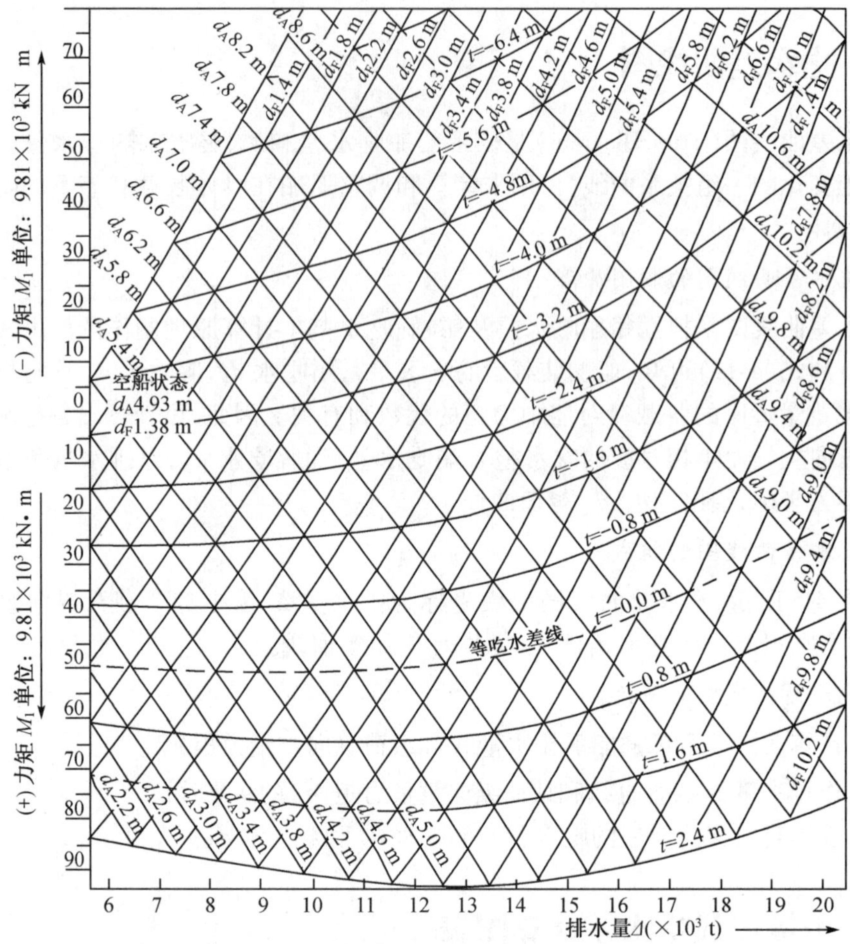

图 4-5　吃水差曲线图

2. 吃水差比尺图

吃水差比尺图（Trimming Table）又称“装载 100 t 载荷引起艏、艉吃水变化标尺图”，是一种供查取在船上任意位置加载 100 t 货后艏、艉吃水改变量的简易计算图。如图 4-6 所示，吃水差比尺图的横坐标为加载 100 t 货物的重心距船中距离 X_P，纵坐标为加载 100 t 货物引起的艏、艉吃水改变量 δd_F、δd_A。

吃水差比尺图仅适用于小量装卸情况下查取艏、艉吃水改变量 δd_F、δd_A，以及据此求出吃水差改变值 δt。使用时，可按以下步骤进行，如图 4-6 所示：

（1）过载荷 P 实际装载位置 X_P 作垂直线与两条实际装载状态下的排水量所对应的平均吃水 $d_M = 8$ m 分别交于 A 和 B 两点。

（2）从 A 和 B 两点作水平线，分别在左、右纵坐标上读出两个交点的值，即艏吃水改变量 δd_F 和艉吃水改变量 δd_A。

（3）利用 $\delta t = \delta d_F - \delta d_A$ 求取吃水差改变值 δt。

（4）若实际装载量是 P，则其艏、艉吃水改变量 $\delta d_F'$ 和 $\delta d_A'$ 和吃水差改变值 $\delta t'$ 为：

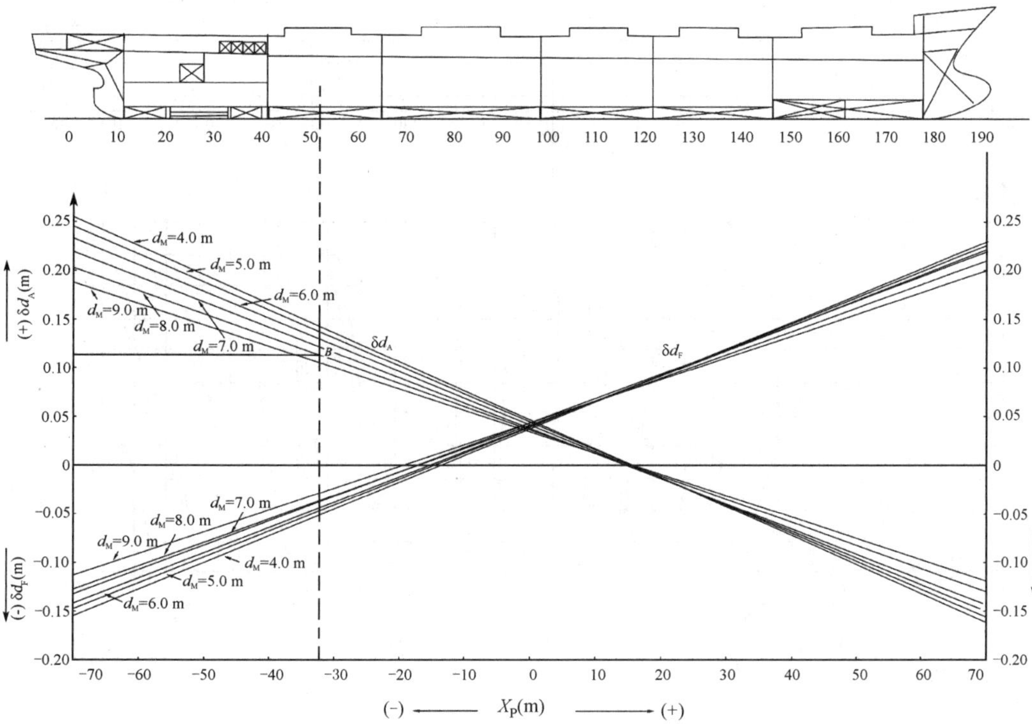

图 4-6　吃水差比尺图

$$\delta d_F' = \frac{P}{100} \cdot \delta d_F \tag{4-26}$$

$$\delta d_A' = \frac{P}{100} \cdot \delta d_A \tag{4-27}$$

$$\delta t' = \delta d_F' - \delta d_A' \tag{4-28}$$

式中:P——载荷变动的重量,t;加载时取正,减载时取负。

如果需在多个舱柜进行少量载荷的装卸,则可以用上述方法分别求得各个舱柜装或卸载后的艏、艉吃水改变量,然后求其代数和,即可求得总的艏、艉吃水改变量。为了清楚起见,可以采用表格法计算。

此外,还有其他形式吃水差比尺图,如图 4-7 是另外一种形式的吃水差比尺图。

例 4-4:某船装载后平均吃水为 8.80 m,吃水差为−0.90 m,现将 No. 4 货舱的 80 t 货移至 No. 2 货舱,No. 5 货舱的 90 t 货移至 No. 1 货舱,试用吃水差比尺图(图 4-6)求移货后船舶的吃水差。

解:(1)查图 4-6,列表 4-2,计算移货后艏、艉吃水变化量 $\sum \delta d_F$、$\sum \delta d_A$

(2)计算移货后吃水差改变量

$$\delta t = \sum \delta d_F - \sum \delta d_A = 0.25 - (-0.24) = 0.49(\text{m})$$

(3)计算移货后船舶吃水差

$$t_1 = t + \delta t = -0.90 + 0.49 = -0.41(\text{m})$$

答:移货后船舶的吃水差为−0.41 m。

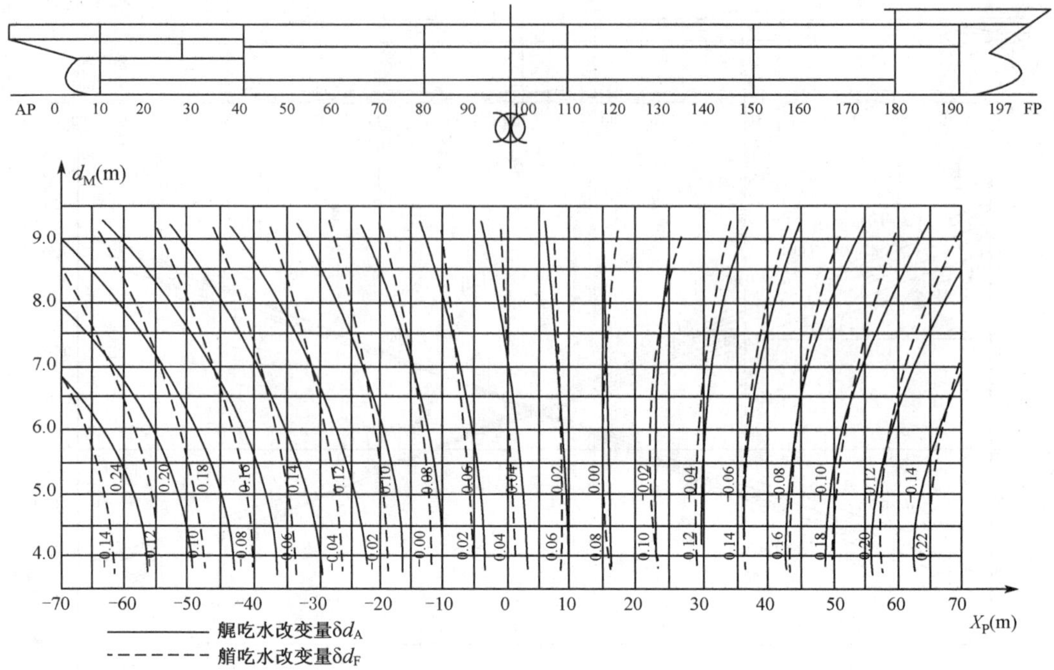

图 4-7 “X”轮吃水差比尺图

表 4-2 列表求艏、艉吃水改变量

舱别	装卸载荷数量(t)	装载 100 t 时的 δd_F 和 δd_A		乘数 $P/100$	实际装载后的 δd_F 和 δd_A	
		δd_F(cm)	δd_A(cm)		δd_F(cm)	δd_A(cm)
1	90	15.84	-7.52	90/100	14.26	-6.77
2	80	11.43	-3.30	80/100	9.14	-2.64
4	-80	1.81	5.90	-80/100	-1.45	-4.72
5	-90	-3.40	10.88	-90/100	3.06	-9.79
合计					$\sum \delta d_F = 25.01$	$\sum \delta d_A = -23.92$

3. 吃水差数值表

吃水差数值表(Trim Tables),这种表与吃水差比尺图绘制原理是一致的,只是将曲线表示的吃水差比尺图用数表形式表示了。表 4-3 为加载 100 t 时艏、艉吃水变化数值表,即吃水差数值表。利用吃水差数值表计算小量装卸引起的艏、艉吃水改变值及吃水差改变值比吃水差比尺图更简便。

表 4-3 加载 100 t 艏、艉吃水变化量数值表

吃水(m)	排水量(t)	No. 1 货舱 $X_P=50.37$ m		No. 2 货舱 $X_P=31.19$ m		No. 3 货舱 $X_P=12.15$ m	
		δd_F(cm)	δd_A(cm)	δd_F(cm)	δd_A(cm)	δd_F(cm)	δd_A(cm)
4.0	8 653	17.34	−9.03	12.12	3.82	6.93	1.36
4.5	9 823						
5.0	11 014	17.35	−9.66	12.15	4.16	6.99	1.31
5.5	12 208						
6.0	13 421	17.12	−9.28	12.05	4.03	7.03	1.18
6.5	14 610	17.08	−9.12	12.07	3.99	7.10	1.10
7.0	15 855	17.02	−8.95	12.07	3.96	7.15	1.00
7.5	17 089	16.73	−8.55	11.92	3.78	7.15	0.96
8.0	18 334	16.41	−8.17	11.75	3.61	7.12	0.91
8.5	19 615	16.05	−7.75	11.55	3.41	7.08	0.90
9.0	20 881	15.70	−7.37	11.35	3.23	7.04	0.87

吃水(m)	排水量(t)	No. 4 货舱 $X_P=-10.67$ m		No. 5 货舱 $X_P=-33.35$ m		No. 1 燃油舱 $X_P=31.3$ m	
		δd_F(cm)	δd_A(cm)	δd_F(cm)	δd_A(cm)	δd_F(cm)	δd_A(cm)
4.0	8 653	0.71	7.57	−5.48	13.74	12.15	−3.85
4.5	9 823						
5.0	11 014	0.80	7.86	−5.35	14.36	12.18	−4.19
5.5	12 208						
6.0	13 421	1.01	7.43	−4.98	13.64	12.08	−4.06
6.5	14 610	1.14	7.20	−4.79	13.26	12.10	−4.02
7.0	15 855	1.26	6.95	−4.60	12.85	12.10	−3.98
7.5	17 089	1.43	6.63	−4.25	12.27	11.95	−3.80
8.0	18 334	1.57	6.34	−3.94	11.74	11.77	−3.64
8.5	19 615	1.73	6.06	−3.59	11.19	11.58	−3.43
9.0	20 881	1.86	5.79	−3.28	10.67	11.38	−3.26

吃水(m)	排水量(t)	No. 2 燃油舱 $X_P=12.10$ m		No. 3 燃油舱 $X_P=-10.70$ m		No. 4 燃油舱 $X_P=-33.48$ m	
		δd_F(cm)	δdA(cm)	δd_F(cm)	δd_A(cm)	δd_F(cm)	δd_A(cm)
4.0	8 653	6.92	1.38	0.70	7.58	−5.51	13.77
4.5	9 823						
5.0	11 014	6.97	1.32	0.79	7.86	−5.39	14.40
5.5	12 208						
6.0	13 421	7.02	1.20	1.00	7.44	−5.01	13.67
6.5	14 610	7.08	1.11	1.13	7.20	−4.82	13.29
7.0	15 855	7.14	1.02	1.25	6.95	−4.63	12.89
7.5	17 089	7.14	0.97	1.43	6.64	−4.28	12.31
8.0	18 334	7.11	0.93	1.57	6.35	−3.97	11.77
8.5	19 615	7.07	0.91	1.72	6.07	−3.62	11.22
9.0	20 881	7.02	0.88	1.85	5.79	−3.31	10.70

续表

吃水（m）	排水量（t）	No. 1 重柴油舱 $X_P=50.61$ m		轻柴油舱 $X_P=-50.77$ m		饮水舱 $X_P=-66.40$	
		δd_F(cm)	δd_A(cm)	δd_F(cm)	δd_A(cm)	δd_F(cm)	δd_A(cm)
4.0	8 653	17.42	−9.10	−10.23	18.48	−14.19	22.73
4.5	9 823						
5.0	11 014	17.42	−9.73	−10.08	19.36	−14.32	23.85
5.5	12 208						
6.0	13 421	17.18	−9.34	−9.57	18.40	−13.70	22.68
6.5	14 610	17.14	−9.18	−9.34	17.91	−13.42	22.09
7.0	15 855	17.08	−9.01	−9.10	17.39	−13.13	21.46
7.5	17 089	16.79	−8.61	−8.61	16.61	−12.53	20.49
8.0	18 334	16.47	−8.23	−8.17	15.88	−11.97	19.60
8.5	19 615	16.11	−7.80	−7.68	15.13	−11.34	18.67
9.0	20 881	15.76	−7.42	−7.24	14.43	−10.78	17.79

第五节　船舶吃水差调整

一、吃水差调整方法及计算

如果在计划装载或实际装载中发现船舶的吃水差不符合要求，就必须进行调整。调整方法有以下两种：

1. 纵向移动载荷

纵向移动载荷包括编制船舶配载图时纵向移动货物和装卸后及航行中液舱载荷调拨两种情况。应当注意的是，纵向移动载荷时同时应考虑对船舶总强度及局部强度、货物相容性、货舱适货性、卸货港顺序以及液舱调拨中自由液面等多方面的影响。

用纵向移动载荷调整吃水差时，通常载荷前后移动的位置受到限制，即载荷纵向移动距离 X 基本固定，计算时主要求取调整的载荷重量 P，计算公式如下：

$$P=\frac{100\delta t\cdot MTC}{X} \tag{4-29}$$

式中：δt——需要调整的吃水差，m；按公式 $\delta t=t_1-t_0$ 计算，调整前的吃水差为 t_0，调整后要求的吃水差为 t_1；

MTC——该装载状态下的厘米纵倾力矩，9.81 kN · m/cm；根据平均吃水查取；

X——需调整载荷的纵向移动距离，m。通常规定，载荷前移，X 取正值；载荷后移，X 取负值。

在实践中，纵向移动载荷的方法适用于在装货前和装货中发现吃水差或艏、艉吃水不符合要求时纵向移动货物，或在装货结束后发现吃水差或艏、艉吃水不符合要求时采用纵向移驳油水等场合。当单向移动货物因舱容限制而不可能时，可采用轻、重货物等体积互换的方法达到调整的目的。

例 4-5：已知某船满载时平均吃水 $d_M=9.0$ m，吃水差 $t=-1.00$ m，现要求将吃水差调整为-0.50 m，计划先从 No. 4 舱往 No. 2 舱移货 80 t（No. 4 舱至 No. 2 舱间移货距离为 45 m）。尚需从 No. 5 舱往 No. 1 舱移多少吨货（No. 5 舱至 No. 1 舱间移货距离为 106 m）？已知 $MTC=223\times9.81$ kN · m/cm。

解：(1)计算需调整的吃水差 δt：

$$\delta t=t_1-t=-0.5-(-1.00)=0.50(\mathrm{m})$$

(2)计算从 No. 5 舱往 No. 1 舱的移货量 P：

因为计划先从 No. 4 舱往 No. 2 舱移货 80 t，所以 $P\cdot X+80\times45=100\delta t\cdot MTC$

$$P=\frac{100\delta t\cdot MTC-80\times45}{X}=\frac{100\times0.5\times223-80\times45}{106}\approx71.2(\mathrm{t})$$

答：尚需从 No. 5 舱往 No. 1 舱移货 71.2 t，才能将吃水差调整为-0.50 m。

2. *增加或减少载荷*

在生产实践中，在船舶的载重能力有富余及吃水不受限制的前提条件下，主要利用打进或排出压载水来调整船舶吃水差。由于打压载水属于小量载荷变动，所以小量装卸时吃水差计算方法完全适用于打压载水的情况。如果只要求吃水差符合要求，而不考虑艏、艉吃水的大小，则可演变公式(4-16)来确定所需要打进或排出压载水的重量 P：

$$P=\frac{100\delta t\cdot MTC}{X_P-X_f}\tag{4-30}$$

式中：δt——需要调整的吃水差值，m；按公式 $\delta t=t_1-t_0$ 计算，调整前的吃水差 t_0，调整后要求的吃水差 t_1；

X_P——压载水重心距船中距离，m。一般规定在船中前为正，在船中后为负；

X_f——船舶在该装载状态下的漂心距船中距离，m；一般规定在船中前为正，在船中后为负，根据平均吃水从船舶静水力资料中查取；

MTC——该装载状态下的厘米纵倾力矩，9.81 kN · m/cm；根据平均吃水从船舶静水力资料中查取。

例 4-6：某船排水量 $\Delta=7\,000$ t，卸货后艏吃水 $d_F=4.6$ m，艉吃水 $d_A=2.6$ m，若使螺旋桨露出水面进行修理，要求艉吃水为 2.4 m，则需向前尖舱打入多少吨压舱水？已知：前尖舱距船中前 67 m，厘米吃水吨数 $TPC=22$ t/cm，漂心距船中距离 $X_f=0$，厘米纵倾力矩 $MTC=148\times9.81$ kN · m/cm。

解：若使螺旋桨露出水面，需向前尖舱打入的压舱水设为 P，则根据小量装卸的艉吃水计算公式：

$$d_{A1}=d_A+\delta d-\frac{\delta t}{2}(\text{因为 }X_f=0)$$

得：$2.4=2.6+\dfrac{P}{100\times22}-\dfrac{67P}{2\times100\times148}$

$\therefore P=110\ \mathrm{t}$

答:若使螺旋桨露出水面,需向前尖舱打入 110 t 压舱水。

3. 吃水差调整时对纵向强度的考虑

无论采用哪种方法来调整吃水差,都要综合考虑船舶吃水差及纵向受力两方面的要求,防止出现顾此失彼的局面。在利用增减载荷来调整船舶吃水差时,其舱位的选择应考虑减轻而不是加剧船舶的拱垂变形。在利用纵向移动载荷调整吃水差时,应遵循表 4-4 所列的原则进行。

表 4-4　载荷调整原则

船舶状况或船舶计算结果		载荷调整原则
纵倾状况	纵向变形情况	
艏倾	中拱	前部→中部
	中垂	中部→后部
	无纵向变形	前部→后部
艉倾	中拱	后部→中部
	中垂	中部→前部
	无纵向变形	后部→前部
平吃水	中拱	前、后部→中部
	中垂	中部→前、后部

二、保证船舶适当吃水差的经验方法

广大船员在实践中积累了不少保证船舶具有适当吃水差的经验配载方法,归纳起来主要有:

(1)按一定比例在各舱合理分配货载重量。各舱装货重量占全船载货量的比例因各船的特点各不相同,而且同一船舶,在不破坏纵强度的前提下有多种方案。可以根据各船通过实践总结出来的使吃水差和总强度均较合适的各货舱装货量的合理方案进行配货。

(2)按各舱舱容比例分配各舱载货重量,同时令对船舶吃水差有显著影响的船首、尾货舱留有一定的余量用于调整吃水差。船首、尾货舱调整量的最大值以保证不致破坏船舶纵向强度及局部强度的要求,同时又能满足调整吃水差的需要为原则来确定。一般地,万吨级货船首、尾舱的调整量为 100~200 t,可视装货临近结束之前的实际艏、艉吃水情况,临时决定将此调整量货物配装在船舶首部货舱或船舶尾部货舱。

例 4-7:某船在某港装货,当装货到艏吃水 $d_F=7.2\ \mathrm{m}$,艉吃水 $d_A=8.2\ \mathrm{m}$ 时,尚有 200 t 货物待装。值班驾驶员早已心中有数,在第一舱和第五舱适当留出空舱位,准备以这两舱为机动舱,最后将吃水差 t_1 调整到 $-0.6\ \mathrm{m}$。此时,船舶平均吃水 $d_M=7.7\ \mathrm{m}$,

厘米纵倾力矩 $MTC=200\ kN\cdot m/cm$。假设船舶漂心距船中距离 $X_f=0$,第一舱距船中前 53 m,第五舱距船中后 55 m,值班驾驶员该如何分配这 200 t 货物?

解:(1)计算需调整的吃水差 δt:

$$\delta t=t_1-t=-0.6-(7.2-8.2)=0.40(m)$$

(2)为使吃水差增加 0.40 m(即艉倾减少 0.40 m),必须首先在第一舱多装货,然后将剩余的货物前、后平均分配。第一舱多装的货物数量为:

$$P=\frac{100\delta t\cdot MTC}{X}=\frac{100\times 0.4\times 200}{53}\approx 150(t)$$

(3)因第一舱与第五舱距船中距离近似相等,所以,剩余的货物可平均分配于两舱:

$$P'=(200-150)\div 2=25(t)$$

(4)得出结论:

第一舱装货为:150+25=175(t)

第五舱装货为:25(t)

答:为达到需要的吃水差,需在船舶第一舱装货 175 t,第五舱装货 25 t。

第五章 船舶强度

船舶主要由船体、动力设备和航行设备组成,船体由板材和骨架构成。在船舶营运过程中,船体承受着船舶重力、浮力、波浪及其他不同外力的作用,船体各层甲板也承受着货物重力和各种惯性力的作用。为了保证船体在各种力的作用下不致产生较大的变形和损坏,船舶结构必须具有足够的强度。

第一节　船舶强度基本概念

一、船舶强度的定义和分类

1. 定义

船舶结构抵抗船体发生极限变形和损坏的能力称为船舶强度(Strength of Ships)。

2. 分类

按照外力的分布和船体结构变形的范围不同,船舶强度可分为总强度(包括纵向强度、横向强度、扭转强度)和局部强度。从船舶积载角度来说,主要考虑船舶的纵向强度和局部强度问题。

船舶强度是否满足要求,取决于对船体结构尺度的正确选择和船上载荷分布的合理性。对于已投入营运的船舶,只能通过合理的载荷分布来改善船舶的受力情况。因此,正确地使用船舶,合理地分布载荷以满足船舶的强度要求,对保证船舶安全运输和延长船舶的使用寿命具有重要的现实意义。

二、船舶纵强度

1. 纵强度定义及船体产生纵向变形的原因

船体结构抵抗总纵弯曲或破坏的能力称为船体纵向强度(Longitudinal Strength),对纵向强度主要研究船体在外力作用下抵抗纵向弯曲、剪切和扭转的能力。

当船舶正浮时,船舶总的重力与总浮力大小相等,方向相反,作用在同一条垂直线上,即重力与浮力相平衡,如图 5-1 所示。

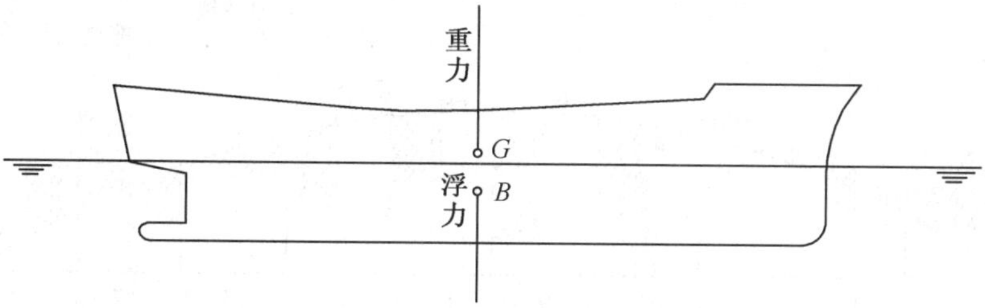

图 5-1 船舶重力与浮力的平衡

但实际上船体纵向各段上的重力与浮力不一定是相平衡的,这是由船舶的重力沿船长分布的情况与浮力沿船长分布的情况不一致所造成的。船舶装载情况如图 5-2(a)所示,若船体的各段之间可以自由上下移动,取得新的平衡时,就会产生如图 5-2(b)的状态。但事实上船体是一个整体,各段之间有结构上的联系,结果便造成如图 5-2(c)所示的变形。

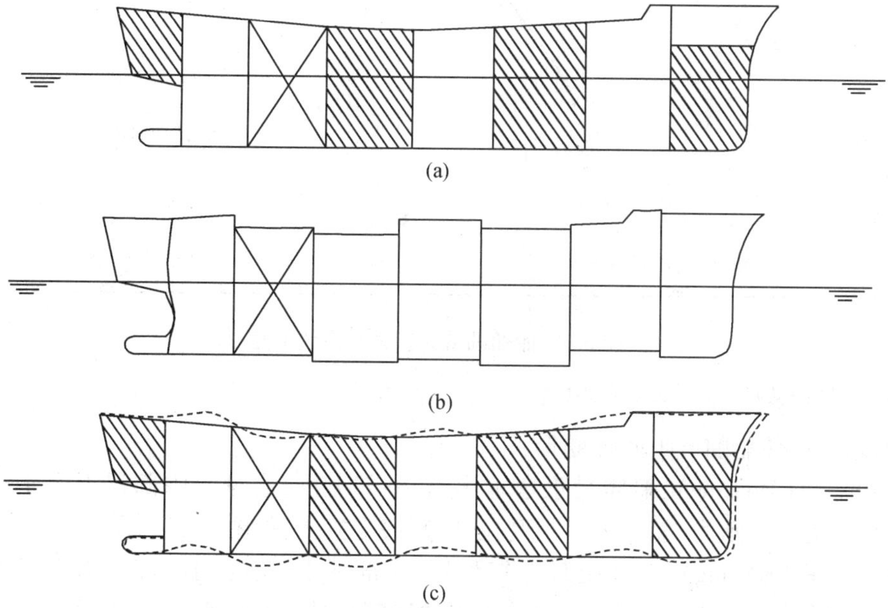

图 5-2 沿船长分布的重力与浮力

2. 船体纵向受力分析及其相互关系

船体上每一段的重力与浮力的差值就是实际作用在船体上的负荷，船体正是由于负荷的作用而产生了剪力 *SF*(Shearing Force)和弯矩 *BM*(Bending Moment)，如图 5-3 所示，最大剪力在距船首和船尾约 1/4 船长附近；最大弯矩则在船中处前后。

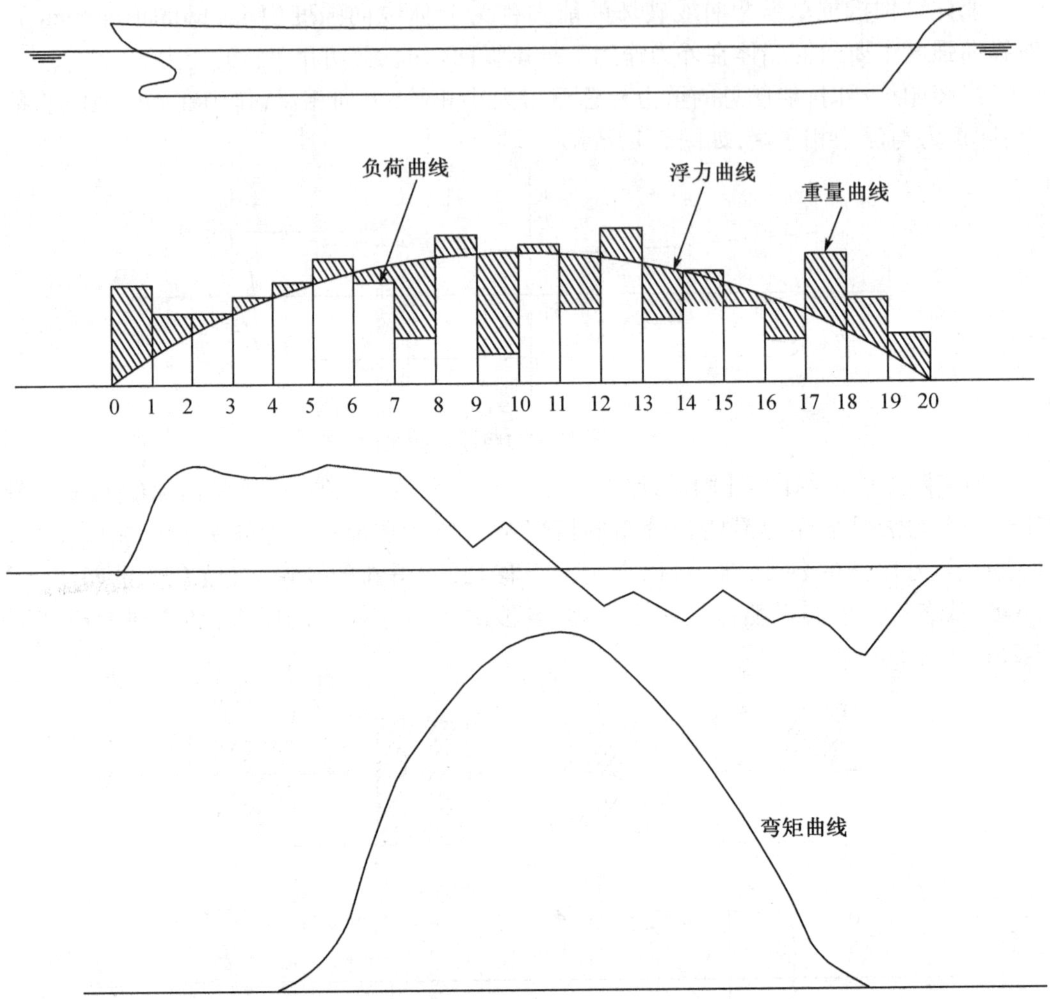

图 5-3　船舶的最大剪力与最大弯矩

3. 船舶拱垂变形及其影响因素

弯矩作用使船舶产生两种变形：

(1) 中拱(Hogging)：船体受正弯矩作用，中部上拱，这时船中部浮力大于重力，船首、尾部浮力小于重力，船舶上甲板受拉伸，船底受挤压，如图 5-4(a)所示。

(2) 中垂(Sagging)：船体受负弯矩作用，中部下垂，这时船中部重力大于浮力，船首、尾部重力小于浮力，船舶上甲板受挤压，船底受拉伸，如图 5-4(b)所示。

船舶由积载引起的弯矩，可称为静水弯矩。船舶在静水中，尽管装载比较均衡，也可能产生中拱或中垂的变形，但其数值较小，为一般船舶强度所允许。但若船舶首、尾

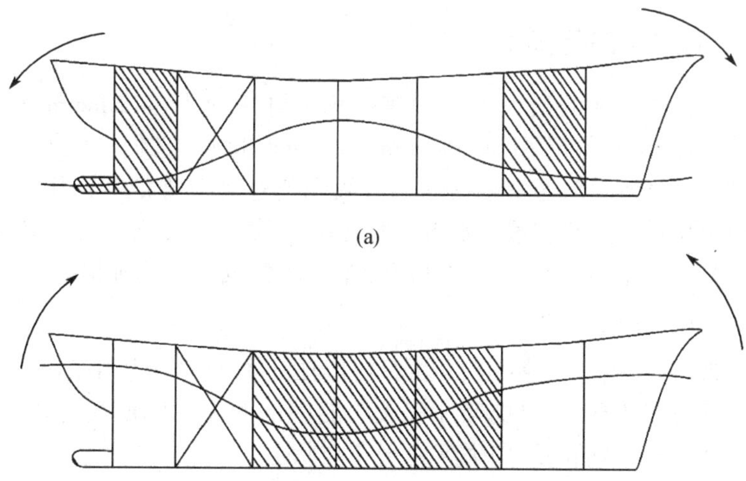

(a) (b)

图 5-4 船舶中拱变形与中垂变形

舱柜载重较多而中部舱柜载重较少,则会产生较大的中拱变形;反之,会产生较大的中垂变形。对一般船舶来说,这种情况是不允许的。因为这种装载对船体结构有影响,轻者会使某些结构部位受到过大应力而降低船舶使用寿命,重者会发生船体变形以致断裂的严重后果。

当船舶处在波浪中时,如波长接近于船长,对船体最为不利。特别当船中位于波峰或波谷,且船舶各货舱中装载不均匀时,如图 5-4 所示,在波浪中航行的船舶产生的中拱或中垂将加剧,弯曲变形现象将更为严重,甚至威胁船舶安全。在船舶营运工作中,应防止其产生较大的中拱或中垂。

第二节 船舶纵强度校核

在船舶营运中,其总纵强度是否符合要求,应通过适当方法予以校核。对于船舶驾驶人员,总纵强度校核应采用既满足近似计算要求,又简便、实用的方法。利用装载仪校核船舶总纵强度,大大提高了校核精度,简化了校核过程。

一、船舶总纵强度校核原则

船舶总纵强度校核的基本思路,通常是将所校核剖面上实际承受的剪力和弯矩与该剖面所允许承受的最大剪力和弯矩相比较,只要前者不大于后者,则认为该装载状态下的船舶满足营运安全要求。

(一)许用剪力和许用弯矩

船舶纵向上所能承受的最大剪力和弯矩称为许用剪力(Maximum Allowable Shear Force)和许用弯矩(Maximum Allowable Bending Moment)。它们的大小与许多因素有关,在生产中难以精确计算,通常根据船舶入级和建造规范规定的许用应力、临界屈曲压应力、剖面上的静水弯矩、波浪弯矩等计算出临界值,并记载于船舶资料中,使用时可从船舶资料中查取。船舶许用剪力和许用弯矩一般分成以下几种情况给出:

1. 给出船中许用静水弯矩

对于较小船舶(长度通常在 90 m 以下),船舶资料只给出船中剖面上的静水中许用弯矩。在进行校核计算时,只要经计算表明船中剖面上实际所受静水弯矩不大于这一许用弯矩,就可认为船舶的纵向强度处于安全状态。

2. 给出港内(静水中)和海上(波浪中)船中弯矩许用值

对于中等大小船舶(长度通常在 150 m 以下),船舶资料给出船中剖面上的静水中和波浪中的许用弯矩。在进行校核计算时,若船中剖面上实际静水弯矩不大于静水中许用弯矩、船中剖面上实际所受波浪弯矩小于波浪中许用弯矩,则可认为船舶的纵向强度处于安全状态。

3. 给出重要剖面上的剪力和弯矩许用值

对于大型船舶(长度通常在 150 m 以上),船舶资料会给出各横舱壁所对应的横剖面处的静水许用剪力和弯矩、波浪许用剪力和弯矩;也可能将船长分成 20 个站,给出各站面处的静水许用剪力和弯矩、波浪许用剪力和弯矩。校核中,应计算各横舱壁所对应的横剖面处的剪力和弯矩,或计算各站面处的剪力和弯矩,并保证不超过相应的许用值。船在港内时按静水中许用剪力和弯矩校核,在航行中则按波浪中许用剪力和弯矩校核。

应当指出,船舶资料给出的许用值是针对新船状态列出的,营运中的船舶可按每年扣除腐蚀量 0.4%~0.6%,使用年限小于 5 年的船舶可取下限值,使用年限在 10 年以上的可取上限值。

目前,营运船舶资料给出的许用剪力和许用弯矩大多数以 t 或 kN 和 t · m 或 kN · m 为单位,即用许用剪力的相当重量和许用弯矩的相当力矩表示。

(二)船舶实际装载状态时的剪力和弯矩

船舶实际所受剪力和弯矩可按下述步骤估算:

1. 重力和重力矩的计算

重力通常由 4 部分构成,即空船、货物、油水和常数,按各项沿船长方向具体分布情况计算相应的重力和重力矩。

2. 浮力和浮力矩的计算

较粗略地估算时,可按排水量和吃水差在船舶资料提供的表格中查取,也可根据具体情况按站段计算。

3. 波浪弯矩的计算

波浪弯矩的计算按船舶入级与建造规范的规定进行，也可按其他公式完成。

（三）船舶总纵强度的校核

船舶总纵强度的校核可按下述步骤进行：

（1）计算有关剖面处实际所受剪力和弯矩。

（2）查取或计算有关剖面处的许用剪力和弯矩。

（3）如果有关剖面处实际所受剪力和弯矩不大于相应的许用剪力和弯矩，则认为船舶纵向强度处于安全状态。

应当注意，在进行校核时，有关剖面处实际剪力和弯矩难免存在计算误差，即使经计算表明船舶纵向强度处于安全状态，也应谨慎操作；或者使有关剖面处实际所受剪力和弯矩远小于相应的许用剪力和弯矩。

二、船舶总纵强度校核的几种常见方法

按舱容比向各舱分配货物，一般只能保证在纵强度方面不致产生超过原设计的应力，严格地说这种方法缺乏定性和定量的分析。常见的船舶总纵强度校核方法有：

（一）船中弯矩估算法

一艘营运中的船舶，其船体甲板中剖面模数及装载情况是已知的。当船舶积载时，可以先根据一定的船体中剖面模数，确定船体允许承受的最大静水弯矩，作为校核船体纵向强度的衡准；然后，根据船舶具体装载状态，求出船舶在该航次实际装载时作用于船体的静水弯矩；将两者进行比较，以确定纵向强度是否满足要求。

1. 船舶允许承受的最大静水弯矩 M_S

船舶允许承受的最大静水弯矩 M_S 的计算公式：

$$M_S = W_d[\sigma_c] \times 10^{-3} - M_W \quad (\text{kN} \cdot \text{m}) \tag{5-1}$$

式中：W_d——由船体中横剖面有效纵向构件的面积及其分布决定的甲板剖面模数，cm^3；在船厂提供的“船舶纵向强度计算书”中有本船甲板的中剖面模数 W_d 的数据资料；对于营运的旧船，甲板因腐蚀变薄，强度有所降低，在使用上述的剖面模数时，需要扣除其一定的腐蚀量；

$[\sigma_c]$——合成许用应力，取$[\sigma_c]=155$ MPa；

M_W——波浪弯矩，可用下式计算：

$$M_W = 9.81FL_{BP}^2 \times B(C_b + 0.7) \times 10^{-2} \quad (\text{kN} \cdot \text{m}) \tag{5-2}$$

式中：F——系数，$F=9.4-0.95[(300-L_{BP})/100]^{3/2}$；

L_{BP}——船舶垂线间长，m；

B——船宽,m;

C_b——船舶在夏季载重线下的方形系数,但不得小于0.6。在静水力曲线图上,根据夏季满载时的平均吃水,可查得船舶的方形系数。

2. 船舶在实际装载状态下的静水弯矩 M_S'

船舶在实际装载状态下的静水弯矩 M_S',可根据下列公式近似计算:

$$M_S' = 9.81 \times \frac{1}{2}[(\Delta_0 \cdot m + \sum P_i \cdot X_i) - \Delta \cdot C \cdot L_{BP}] \quad (kN \cdot m) \qquad (5\text{-}3)$$

式中:Δ_0——空船重量,t;

m——空船重量的相当力臂,m:中机船 $m=0.227\,7L_{BP}$;中后机船 $m=0.235\,3L_{BP}$;艉机船 $m=0.247\,8L_{BP}$;

P_i——载荷(包括货物、压载、燃油、淡水、粮食等)的重量,t;

X_i——载荷重心距船中距离的绝对值,m;

Δ——船舶在计算状态时的排水量,t;

C——船体浮力的相当力臂系数,可根据船舶在计算状态下的方形系数 C_b 从规范中查得,如表5-1所示;

L_{BP}——船舶垂线间长,m。

在式(5-3)中,$9.81(\Delta_0 \cdot m + \sum |P_iX_i|)$ 为船舶的重量力矩;$9.81\Delta \cdot C \cdot L_{BP}$ 为船体的浮力矩,该数值可在船舶资料中查取,如表5-2所示。

表5-1 C 值表

C_b	C	C_b	C	C_b	C
0.59	0.169 6	0.68	0.185 4	0.77	0.201 1
0.60	0.171 4	0.69	0.187 2	0.78	0.202 9
0.61	0.173 1	0.70	0.188 9	0.79	0.204 7
0.62	0.174 8	0.71	0.190 6	0.80	0.206 5
0.63	0.176 6	0.72	0.192 3	0.81	0.208 3
0.64	0.178 3	0.73	0.194 1	0.82	0.210 0
0.65	0.180 0	0.74	0.195 9	0.83	0.211 7
0.66	0.181 8	0.75	0.197 6	0.84	0.213 5
0.67	0.183 6	0.76	0.199 4	0.85	0.215 2

表 5-2 浮力矩表

型吃水 d_M(m)	浮力矩 $9.81\Delta \cdot C \cdot L_{BP}$(kN·m)	型吃水 d_M(m)	浮力矩 $9.81\Delta \cdot C \cdot L_{BP}$(kN·m)
2.62	1 364 659	6.50	3 893 893
3.00	1 623 869	7.00	4 250 526
3.50	1 934 414	7.50	4 604 824
4.00	2 252 288	8.00	4 962 957
4.50	2 570 848	8.50	5 334 511
5.00	2 902 799	9.00	5 698 315
5.50	3 239 017	9.19	5 851 479
6.00	3 570 359		

在进行船舶纵向强度校核时，如船舶实际装载时的静水弯矩 M_S'为正值，说明船舶处于中拱状态；如 M_S'为负值，说明船舶处于中垂状态。若该船允许承受的最大静水弯矩 M_S 不小于该船在实际装载状态时静水弯矩的绝对值$|M_S'|$，即 $M_S \geq |M_S'|$，说明船舶在该装载状态下满足纵向强度不受损伤的要求；相反，若 $M_S < |M_S'|$，说明船舶在该装载状态下不满足纵向强度的要求，需要重新调整船舶各货舱货重及油、水和压载水舱的重量配置。

（二）强度曲线图校核法

强度曲线图又叫“力图”，它是由船中静水弯矩校核法演变而来的。对于船长小于 90 m 或装载均匀的中小型船舶，可以不校核静水剪力并认为最大弯矩位于船中时，利用强度曲线图校核装载状态的总纵强度是一种简单、快速的方法。

1. 强度曲线图的组成

强度曲线图（如图 5-5 所示），它的纵坐标为除空船重量以外船上各种载荷对船中力矩的绝对值之和（$\sum |P_iX_i| = |M_F| + |M_A|$，其中$|M_F|$表示船中前力矩的绝对值；$|M_A|$表示船中后力矩的绝对值），横坐标表示船舶的平均型吃水 d_M。

图中有 5 条线段，分别表示船体不同受力情况。

（1）中间的一条曲线（点划线）表示船体所受的静水弯矩为零，是船体受力的最理想状态，即船舶无拱垂变形。

（2）在中间左右两边的两根曲线（虚线）是船体所受的静水弯矩等于空船状态时的静水弯矩的中拱及中垂边界线。

（3）点划线与虚线之间部位表示船舶在该装载状态时强度满足要求，应力处于有利的中拱及中垂范围。

（4）最外面的两根曲线（实线）表示船舶根据规范的规定所能承受最大的静水弯矩的中拱及中垂的边界线。

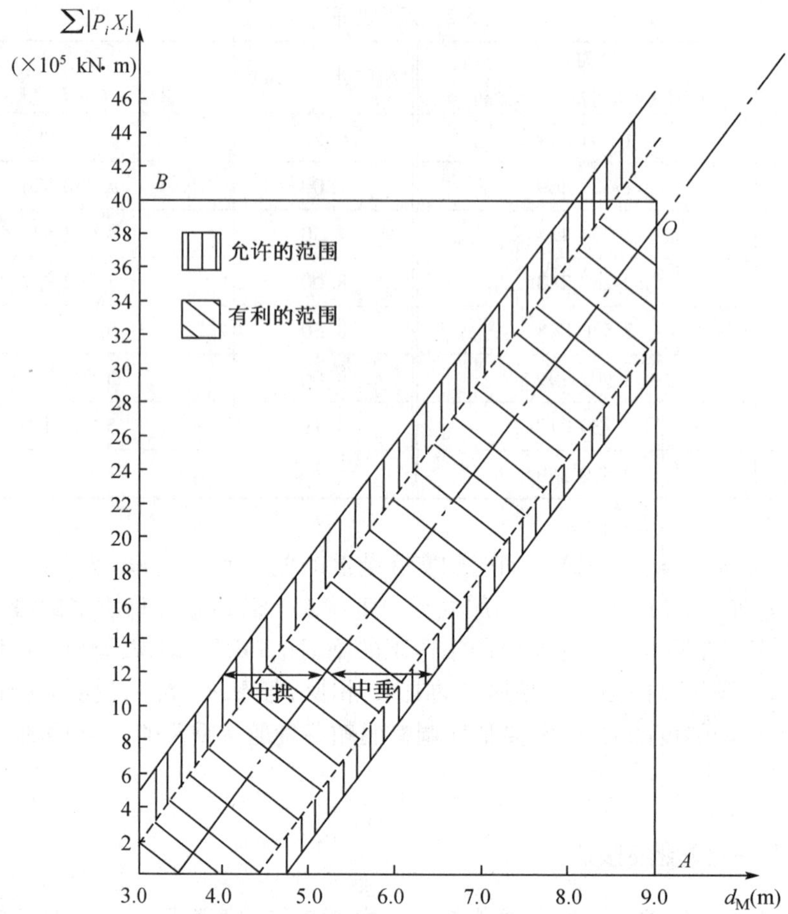

图 5-5　强度曲线图

(5)虚线与实线之间部位表示船舶在该装载状态时，强度尚能满足要求，应力处于允许的范围。

(6)超出实线以外的部位表示船体所受应力超过规范的规定，应力处于危险的状况，应调整船舶的装载。

图中位于点划线左边的部位是船体处于中拱状态的范围，位于点划线右边的部位是船体处于中垂状态的范围。

2. 强度曲线图的使用

强度曲线图的使用步骤如下：

(1)根据船舶在某装载状态时的平均型吃水，在图中横坐标轴上通过标明相应的平均吃水的位置点，作横坐标的垂直线。

(2)根据船舶的货物、油水、供应品、船舶常数等(不包括空船重量)求出载荷对船中力矩的绝对值(可以在计算吃水差列表时同时进行计算)。在纵坐标轴上通过标明相应的载荷对船中力矩的绝对值的位置点，作一条平行于横坐标轴的水平线。

(3)平行于横坐标轴的水平线与垂直线相交于一点，此点所处的位置就表示船体所受应力的状况。

(三)用载荷对船中力矩允许范围数据表进行校核

校核船舶纵向受力情况,也可以使用简便的数据表,见表 5-3。此表是编制上述的强度曲线图的数据表,表中的数值为在不同吃水时该曲线图横坐标的垂直线与图中 5 条曲线的交点所对应的纵坐标值,即该吃水时载荷对船中力矩的绝对值之和的临界值。使用该数据表非常方便。

表 5-3　载荷对船中力矩允许范围数据表

型吃水 d_M(m)	排水量 Δ(t)	载荷对船中力矩值 $\sum\mid P_iX_i\mid$ (kN·m)				
		中拱状态			中垂状态	
		允许范围	有利范围		有利范围	允许范围
2.62	5 371	207 772	0	—	—	—
3.00	6 333	466 982	259 210	—	—	—
3.50	7 484	777 527	569 755	18 903	—	—
4.00	8 654	1 095 401	887 629	336 777	—	—
4.50	9 821	1 413 861	1 206 189	655 337	104 485	—
5.00	11 014	1 745 912	1 538 140	987 288	436 436	228 664
5.50	12 207	2 082 130	1 874 358	1 323 506	772 654	564 882
6.00	13 421	2 413 472	2 205 700	1 654 848	1 103 996	896 224
6.50	14 607	2 737 006	2 529 234	1 978 382	1 427 530	1 219 758
7.00	15 855	3 093 639	2 885 867	2 335 015	1 784 163	1 576 391
7.50	17 089	3 447 937	3 240 165	2 689 313	2 138 461	1 930 689
8.00	18 334	3 806 070	3 598 298	3 047 446	2 496 594	2 288 822
8.50	19 617	4 177 624	3 969 852	3 419 000	2 868 148	2 660 376
9.00	20 881	4 541 428	4 333 656	3 782 804	3 231 952	3 024 180
9.19	21 367	4 694 592	4 486 820	3 935 968	3 385 116	3 177 344

例 5-1:全船货物、油、水等的重量对船中力矩绝对值为 4 003 863 kN·m,根据船舶的平均型吃水为 9.00 m 或排水量为 20 881 t,在该数据表中查得该船载荷对船中力矩的中拱有利范围为 3 782 804~4 333 656 kN·m,说明该航次船舶装载的纵向受力满足要求,船舶处于中拱状态,应力处于有利范围。

(四)总纵弯曲变形的吃水判断法

船舶驾驶员可以利用艏、艉平均吃水与船中两面平均吃水相比较的方法来估算船舶中拱或中垂的程度。中部平均吃水大于艏、艉平均吃水时,说明船舶处于中垂状态;中部平均吃水小于艏、艉平均吃水时,则处于中拱状态。同时,两者差值的绝对值,反映出拱垂变形的程度,称为拱垂值,即船舶拱垂值 $\delta=\mid d_{\boxtimes}-(d_F+d_A)/2\mid$,其中 $d_{\boxtimes}$ 为船中左右舷平均吃水。实践经验认为，船舶正常的拱垂值为 $L_{BP}/1\,200$(m)，极限的拱垂值为 $L_{BP}/800$(m)，危险的拱垂值为 $L_{BP}/600$(m)。实践中，可根据具体装载状态下所测的拱垂值的大小，参照下列经验数据进行对比校验，判断船体的拱垂变形所处范围：

(1)船舶拱垂变形值的正常范围：$\delta \leqslant L_{BP}/1\,200$(m)；

(2)船舶拱垂变形值的极限范围：$L_{BP}/1\,200$(m) $< \delta \leqslant L_{BP}/800$(m)；

(3)船舶拱垂变形值的危险范围：$L_{BP}/800$(m) $< \delta \leqslant L_{BP}/600$(m)。

船舶拱垂变形值在正常范围内可以开航；在极限范围内只允许在预计航线天气较好时开航；当船舶处于危险范围内时不允许开航，但允许船舶在港内装卸货物中短时间存在；在任何情况下均不允许船舶拱垂变形值超过 $L_{BP}/600$(m)。

(五)利用主机气缸曲拐开挡差值检验拱垂变形

船舶产生拱垂变形后，会直接影响主机气缸开挡差的大小。因此，可利用实际装载时测量的开挡值(mm)与气缸活塞冲程(mm)进行对比校验。曲拐的开挡差值不大于气缸活塞冲程的万分之一为有利范围；若曲拐的开挡差值大于气缸活塞冲程的万分之一，而不大于万分之二，为允许范围；若曲拐的开挡差值大于气缸活塞冲程的万分之二，为危险范围。

此外，还有“百分制校核法”“站面强度校核表法”等，这里不一一介绍。

第三节　保证船舶纵强度不受损伤的措施

一、船体总体布置对纵向强度的影响及改善方法

因船舶机舱、油水舱、深舱位置不同，船体各段负荷的分布也各不相同，直接影响着船舶是否会出现中拱或中垂现象及其程度如何。对于各种不同机舱位置的船舶，除了满足按舱容比例分配货物重量外，还必须根据船舶布置的特点，正确使用船舶。

(一)不同机舱位置的船舶弯曲力矩特性曲线

船舶在某一吃水下的静水弯矩是一个定值，当吃水发生变化时，静水弯矩也发生变化。把不同吃水的静水弯矩计算出来后，绘出的静水弯矩随吃水变化的曲线，称为弯矩特性曲线。不同船型的弯矩特性曲线趋势是不同的。图 5-6 所示是三种不同机舱位置的杂货船弯矩特性曲线。

从图中可以看出，无论是中机船、中后机船还是艉机船，在不同吃水时的静水弯矩都处于中拱状态。

1. 中机船

机舱位于中部的中机船，其静水弯矩特性曲线随吃水的增加而向右上方倾斜(即

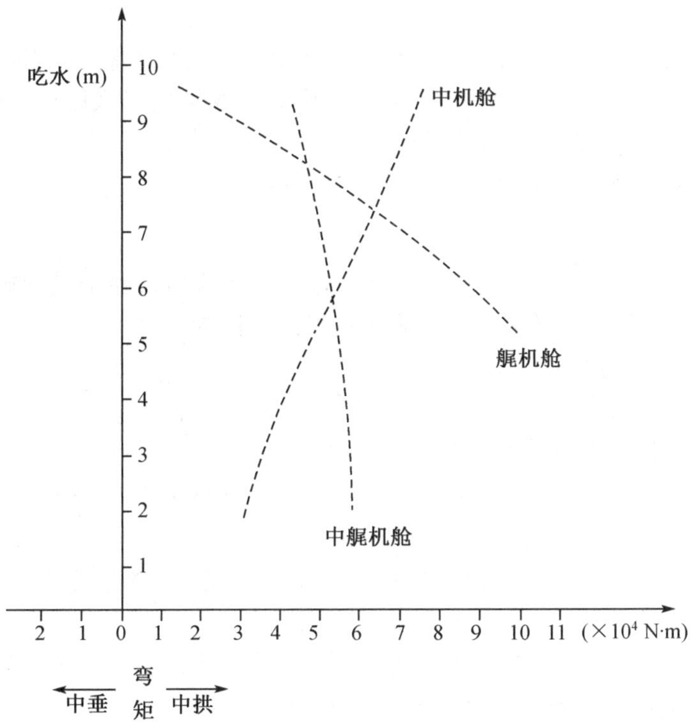

图 5-6 不同机舱位置的船舶弯矩特性曲线

中拱弯矩逐渐增大)。空载时中拱弯矩较小,满载时中拱弯矩较大。所以使用中机船时,应特别注意尽量减缓满载状态的中拱变形。

2. 中艉机船

机舱位于船中偏后,常见的为"前四后一"型。其静水弯矩特性曲线随吃水的增加而向左上方倾斜(即中拱弯矩逐渐减小)。空载时,中拱弯矩较满载时大一点,空载至满载时的中拱弯矩值的变化范围不大。所以使用中后机船时,应注意减少中拱弯矩,尤其应注意减缓空载航行状态下的中拱变形。

3. 艉机船

艉机船的机舱位于艉部,其静水弯矩特性曲线随吃水的增加而向左上方倾斜(即中拱弯矩逐渐减小)。满载时呈轻度中拱,弯矩值较小;空载时,中拱弯矩较满载时要大得多。所以使用艉机船时,应特别注意减缓其空载压载航行状态下的中拱变形。

(二)不同机舱位置的船舶,营运中改善纵向弯矩的方法

1. 中机船

满载航行时,处于中拱变形,应采取的减缓中拱变形的方法为:

(1)按舱容比例分配货重,在舱容和局部强度允许的条件下,中部货舱可多装 5% 的货物;中途港的货物则不要过多地配置在中部货舱。

(2)中部深舱应装货。

(3)油、水应自中部向船首、尾舱装载,而使用时应先使用船首、尾舱中的油、水。

空船压载航行时,处于轻度中拱,但弯矩不大,应采取的降低压载弯矩的方法为:

(1)应自船中部向船首、尾舱压载。

(2)油、水的装载和使用原则与满载航行相同。

2. 中后机船

满载航行时,处于中拱变形,但比中机船小。导致中后机船中拱弯矩降低的主要原因是中部装货后中部重量增加。减缓中拱变形的方法为:

(1)按舱容比例分配货重。

(2)中部深舱要装货。

(3)油、水装载和使用同中机船满载航行。

空船加压载航行时,处于中拱状态,中拱弯矩大于满载状态下的中拱弯矩,减缓中拱变形的方法为:

(1)在航行条件允许的情况下,少用或不用船首、尾舱压载,使用中部压载舱压载。

(2)油、水装载和使用原则同艉机船压载状态。

(3)有的深舱位置不合理,造成压载中拱弯矩大,为此,应在中部货舱装载一定数量的货物,使压载时中拱弯矩降低到允许范围之内。

3. 艉机船

满载航行时,处于轻度中拱,减缓中拱变形的方法为:

(1)按舱容比例分配货重。

(2)油、水的装载与使用原则同中机船的满载状态。

空船加压载航行时,处于中拱变形,应采取的减缓中拱变形的方法为:

(1)在航行条件允许的情况下,尽可能不用船首、尾舱压载,尽量使用中部压载。

(2)油、水的装载和使用原则同中机船满载状态。

(3)最好在中部货舱装载一定数量的货物。

二、保证船舶纵强度不受损伤的措施

为了保证船体纵强度,我们应特别注意货物重量沿船首尾方向的正确配置。因为当货物的纵向配置变化时,虽然排水量保持不变,弯矩仍可能有很大的变化。为了减少弯矩,在船舶配积载和装卸货物时应注意下列各点:

(1)满足纵向强度条件的经验方法

原则:为使船舶纵强度不受损伤,应保证船体每一段的重量与浮力的分布均衡。为维护该原则,各货舱应按舱容比例分配货物重量,以保证船体每段的重量与浮力的分布均衡。具体计算公式如下:

$$P_i = \frac{V_{chi}}{\sum V_{ch}} \times Q \pm \text{调整值} \tag{5-4}$$

式中：P_i——第 i 舱应分配的货物重量，t；

V_{chi}——某舱的舱容，m^3；

$\sum V_{ch}$ ——全船货舱总容积，m^3；

Q——航次货物总重量，t。

船舶各舱装货数量除应满足纵强度的要求外，还应满足吃水差和舱内某些货物因性质互抵不能同舱装载的要求等。因此，按上述方法求得的各舱分配货物的吨数允许做少量的调整，调整值可取夏季满载时该舱装货重量的±10%，也可取本航次全船载货重量按舱容比例在该舱的分配值的±10%。前者调整范围较宽，便于操作；后者调整范围较小，较为安全。在考虑调整值后，各舱容允许装货重量就有一个上限值和一个下限值。若各舱实际的装货数量在各舱允许上、下限值的范围内，一般来说能够满足船舶纵强度的要求。

例 5-2：某船全船货舱总容积 $\sum V_{ch}$ = 20 264 m^3，夏季满载时全船载货量 Q = 12 308 t，根据按舱容比分配货物的原则，各舱分配货物如表 5-4 所列。

表 5-4 各舱货物分配表

舱名	No. 1	No. 2	No. 3	No. 4	No. 5	合计
各舱容积（m^3）	1 938	5 144	5 871	4 368	2943	20 264
各舱百分比	9.8%	25.9%	27.5%	22.0%	14.8%	100%
各舱装货重量（t）	1 206	3 188	3 385	2 708	1 821	12 308
调整值（t）	121	319	339	271	182	—
各舱允许装货重量的上、下限值（t）	1 327 1 085	3 507 2 869	3 724 3 046	2 979 2 437	2 003 1 639	—

（2）应防止装卸货过程中货物重量沿船舶纵向分布不合理。对杂货船而言，应均衡各舱的装卸速度，防止在装卸中出现某货舱中货物重量与其他货舱中的货物重量相差过分悬殊。

（3）应防止在中途港装卸货物以后，货物重量沿船舶纵向分布不合理。中途港货物批量较大时，应按舱容比例分配；批量较小时，可间舱配置，切忌将所有中途港货物集中在某一个舱室内。

（4）应综合考虑油、水载荷的分布及船舶总体布置对船体总纵受力及变形的影响，据此最终确定货物重量沿纵向的分布，如表 5-5 所列。

表 5-5 各种类型船舶纵向强度情况表

船型	装载状态	纵向变形	配置	使用
中机船	满载	中拱	先中间	先首尾
	空载	轻度中拱	先中间	先首尾
艉机船	满载	中垂或中拱	按具体情况定	
	空载	中拱	先中间	先首尾

第四节　船舶局部强度校核及保证措施

船体各部分结构抵抗局部变形或破坏的能力称为船体局部强度(Local Strength)。研究局部强度,就是研究船体在载荷重力作用下,局部构件抵抗弯曲和剪切的能力。与装载有关的局部强度就是指各载货部位(如各层甲板、舱口盖、平台、舱底等)的承载能力。局部强度虽然是局部性的,但是有时局部的破坏也会导致全船的破坏,如因大舱口角隅处的裂缝而导致整个船体断裂的事故时有发生。因此,船舶驾驶员在配积载时应认真校核船舶的局部强度,计算上甲板、中间甲板、底舱的局部强度是否符合要求,防止甲板或内底板变形或坍塌等。

一、船舶局部强度的表示方法及校核

(一)船舶载货部位局部强度的表示方法

船舶载货部位局部强度有多种表示方法,具体有以下几种参数:

1. 均布载荷

均布载荷是指载货部位单位面积承受的重量,单位为 kPa。在均布载荷作用下,载荷部位上货物重力均匀分布在某一较大面积上,如固体散货或液体散货均匀装于舱室内,舱底或甲板所受压力相同。

2. 集中载荷

集中载荷是指某一特定面积上承受的重量,单位为 t。货物重力集中作用在一个较小的特定面积上,如重大件货的底脚、支架等。特定面积是指向该区域下的承重构件(如甲板纵桁)施加集中压力的骨材(如甲板纵骨和横梁)之间的面积。

3. 车辆载荷

车辆载荷是指载车部位上的车辆及其所载货物的重量集中作用在特定数目的车轮上,载货部位承受的以特定车轮数目为前提的车辆及所载货物的总重量,单位为 kN,如铲车及其所铲起的货物、拖车及其上面的集装箱等。

4. 集装箱载荷

集装箱载荷是指作用在箱底四座脚处的集装箱重量,也称堆积载荷,单位为 kN。对于集装箱船,通常将 20 ft 或 40 ft 集装箱底座上允许承受的最大箱重称为集装箱船舶许用载荷量。

(二)船舶载货部位许用载荷量的确定

1. 根据船舶资料查取载货部位许用载荷量

在设计船舶时,已进行了局部强度校核,记载在“局部强度计算书”中。在使用时,上甲板、中间甲板、内底板等结构上承受的载荷量不得超过设计时的许用载荷量。有的船舶的载货部位许用载荷量可以从舱容图上查找。表 5-6 是某船货舱甲板、舱盖及底舱许用均布载荷和集中载荷一览表;表 5-7 是某船甲板许用车辆载荷;表 5-8 是某集装箱船许用堆积载荷(集装箱载荷)。

表 5-6　某船货舱甲板、舱盖及底舱许用均布载荷和集中载荷一览表

甲板	货舱		
	第一货舱	第二、三、四货舱	第五货舱
上甲板	均布载荷 Ⅰ. $P_h=0$ 时 $P_d=9.81\times3.28$ kPa(舱口外) $P_d=9.81\times3.32$ kPa(舱口间) Ⅱ. $P_h=9.81\times1.53$ kPa 时 $P_d=9.81\times3.28$ kPa 集中载荷 $P=9.81\times11.0$ kN(舱口外) $P=9.81\times4.65$ kN(舱口间)	均布载荷 Ⅰ. $P_h=0$ 时 $P_d=9.81\times2.34$ kPa(舱口外) $P_d=9.81\times1.78$ kPa(舱口间) Ⅱ. $P_h=9.81\times1.44$ kPa 时 $P_d=9.81\times2.13$ kPa(舱口外) $P_d=9.81\times1.78$ kPa(舱口间) 集中载荷 $P=9.81\times10.70$ kN(舱口外) $P=9.81\times3.55$ kN(舱口间)	均布载荷 Ⅰ. $P_h=0$ 时 $P_d=9.81\times2.20$ kPa(舱口外) $P_d=9.81\times1.70$ kPa(舱口间) Ⅱ. $P_h=9.81\times1.40$ kPa 时 $P_d=9.81\times2.0$ kPa(舱口外) $P_d=9.81\times1.70$ kPa(舱口间) 集中载荷 $P=9.81\times10.70$ kN(舱口外) $P=9.81\times3.55$ kN(舱口间)
中间甲板	均布载荷 $P_h=P_d=9.81\times2.20$ kPa 集中载荷 $P=9.81\times10.60$ kN(舱盖) $P=9.81\times6.60$ kN(舱口外) $P=9.81\times8.55$ kN(舱口间)	均布载荷 $P_h=P_d=9.81\times2.34$ kPa 集中载荷 $P=9.81\times7.00$ kN(舱盖) $P=9.81\times6.00$ kN(舱口外) $P=9.81\times8.00$ kN(舱口间)	均布载荷 $P_h=P_d=9.81\times2.34$ kPa 集中载荷 $P=9.81\times7.90$ kN(舱盖) $P=9.81\times7.71$ kN(舱口外) $P=9.81\times8.30$ kN(舱口间)
底舱或平台	压载平台载荷 在#173 肋骨前 $P=9.81\times7.64$ kPa 在#173 肋骨后 $P=9.81\times12.00$ kPa	压载平台载荷 均布载荷 $P=9.81\times15.70$ kPa 集中载荷 $P=9.81\times8.75$ kPa	压载平台载荷 在#19 肋骨前 $P=9.81\times10.40$ kPa 在#19 肋骨后 $P=9.81\times3.85$ kPa

备注:(1)货舱甲板、舱盖及底舱的承载载荷根据计算求得,供装载货物时参考。

(2)载荷分集中载荷和均布载荷。集中载荷的支撑长度应大于一个骨材的间距。

(3)P_h 为舱盖载荷,P_d 为甲板载荷。

表 5-7　某船甲板许用车辆载荷

载荷名称	部位				
	上甲板	第二层甲板	内底板	上甲板舱口盖	二层甲板舱口盖
铲车货物和总重	参见表 5-6	9. 81×10 kPa/4 个前轮 9. 81×7 kPa/2 个前轮	9. 81×10 kPa/4 个前轮 9. 81×10 kPa/2 个前轮	参见表 5-6	参见表 5-6

表 5-8　某集装箱船许用堆积载荷(集装箱载荷)

位置	箱类	
	20 ft 箱	40 ft 箱
上甲板	80. 0 t	100. 0 t
舱内	192. 0 t	240. 0 t

2. 用经验公式确定甲板允许均布载荷

对于载货船舶,如果船上缺乏上述有关资料,则可采用以下经验公式或经验数据确定甲板或舱底的均布载荷:

(1)上甲板

对于设计要求不在露天甲板装货的船舶,不允许在上甲板装货。对于可以装载货物的上甲板,甲板横梁间的允许均布载荷 P_d 按下式求得:

$$P_d = \gamma_c \cdot H_c = \frac{H_c}{\mu} \quad (\times 9.81\ \text{kPa}) \tag{5-5}$$

式中:γ_c——设计时所选用的货物装载率,即 1 m^3 舱容所装货物的吨数,t/m^3;相当于货物设计积载因数 SF 的倒数,可查船舶强度计算书;

μ——船舶设计时采用的舱容系数,m^3/t;

H_c——上甲板货物的设计堆高(m),对于重结构船舶 $H_c = 1.5$ m,对于轻结构船舶 $H_c = 1.2$ m。

(2)中间甲板和底舱

中间甲板和底舱允许均布载荷 P_d 分别以甲板间舱平均高度和底舱高度与设计时假定的货物装载率确定:

$$P_d = \gamma_c \cdot H_d \quad (\times 9.81\ \text{kPa}) \tag{5-6}$$

式中:γ_c——设计时所假定的货物装载率,t/m^3;

H_d——甲板间舱平均高度或底舱高度,m。

根据我国船舶建造规范的规定,若无 γ_c 具体资料时,可取 $\gamma_c = 0.72\ t/m^3$。实践表明,取 $\gamma_c = 0.72\ t/m^3$ 时,对中间甲板计算的允许载荷值与设计数据比较接近,但对底舱显得保守,所以对底舱一般取 $\gamma_c = 1.0\ t/m^3$ 较为适宜,最多可取 $\gamma_c = 1.2\ t/m^3$。

对于船龄较大的船舶,因甲板厚度变薄,可酌情降低允许载荷量。

(三)实际载荷量 P_a 的计算

1. 均布载荷

均布载荷条件下的甲板实际载荷量可按下式计算：

$$P_a = \frac{\sum P_i}{A} \quad (\times 9.81\ \text{kPa}) \tag{5-7}$$

或

$$P_a = \sum_{i=1}^{n} \frac{H_{ci}}{SF_i} \quad (\times 9.81\ \text{kPa}) \tag{5-8}$$

式中：P_i——第 i 层货物的重量，t；

A——货堆底面积，m^2；

H_{ci}——第 i 层货堆高度，m；

SF_i——第 i 层货物的积载因数，m^3/t。

2. 集中载荷

货件的底脚、轮、支柱等部位对甲板的压力可看作集中载荷。如果货件的重量分布均匀且支撑点对称，则各支撑点处的压力为货件总重量与支撑点数目的比值。

货件重量非均匀分布或支撑点不对称等原因引起的货件下各支撑点处的压力不相同时，应分别估算。在估算集中载荷条件下实际甲板载荷时，应根据货件装载计划及支撑点尺寸首先确定货件底部支撑面积所横跨的骨材数目 n，则每个骨材上的实际载荷为：

$$P_a = P/n \quad (\times 9.81\ \text{kN}) \tag{5-9}$$

式中：P——重量均匀分布时，P 为货件总重量，t；重量非均匀分布时，P 为某支撑点所分担的货件重量，t。

(四)最小衬垫面积的求取

均布载荷条件下的最小衬垫面积可按下式计算：

$$A_{min} = P/P_d \quad (m^2) \tag{5-10}$$

式中：P——货物的重量，t；

P_d——甲板允许载荷量，即甲板允许单位面积负荷，9.81 kPa。

二、保证船舶局部强度的措施

(1)降低所装货物的单位面积载荷。装重大件货时，应在下面衬垫，使接触面积增大，以降低其单位面积所承受的载荷。重货应选在跨横梁及甲板下有支柱的位置，必要时需临时补加支撑。

(2)配载时，尽量使货物重量均布，对重货尽可能不扎位装载，特别是二层舱。

(3)为了防止船上的自动舱盖变形漏水,舱盖上不装载重货,严格按其能承受的载荷装载。

(4)对于有些船龄较大的船舶,其甲板因锈蚀等原因而变薄,强度降低,使用时应适当减少装载量。

(5)对干散货装舱时应注意平舱,避免载荷不均衡。对重货装载时应限制其落底速度,以减小对舱底或甲板的冲击力等。

第五节　影响船舶安全的其他强度

一、横向强度

船体结构抵抗横向变形或破坏的能力称为船体横向强度(Transverse Strength)。船体在外力的作用下,除了发生总纵弯曲外,还有船宽方向的变形,这是水对船壳的压力以及在甲板、船底的内底板上装货的结果。

一般船舶都具有坚固的横向框架来支持船壳板、甲板等,其横向构件尺寸与纵向构件相比要大得多,因而横向强度一般是足够的,船舶很少因为横向强度不足而发生横向结构断裂的情况。但是,集装箱船舱口宽大,无中间甲板,上甲板边板又很狭窄,给横向强度、扭转强度带来了问题,为此集装箱船均设置强固的横向框架结构甚至采用双层船壳等来保证船舶的横向强度。

二、扭转强度

船体结构抵抗扭转变形或破坏的能力称为船体扭转强度(Torsion Strength)。普通船体一般都具有充分的抵御扭转变形或破坏的能力,故对其可不予考虑,但对甲板大开口的船(如集装箱船、固体散货船),则应在配载时予以足够的重视。如果在装货时,由于某舱配载不好,船向一侧横倾,若简单地在另一侧其他货舱内增加重量,企图以此来校正船舶横倾,这样便会使船舶产生扭转变形。所以,在装货时要注意保持沿船长方向在中纵剖面左、右的重量的对称性。产生船舶扭转变形的主要原因有以下三个方面:

(1)由波浪引起的。

(2)由船舶横摇引起的。

(3)船舶装卸货物时引起的。

在作用于船体的扭转力矩中,波浪引起的扭转力矩最大,最大扭转力矩一般发生在船中附近。

第六章

船舶抗沉性

船舶抗沉性(Ship's Insubmersibility)是船舶在一个舱或几个舱进水的情况下,仍能保持不沉没和倾覆的能力,即仍能浮在水面,保持一定的浮性、稳性和其他航行性能的能力。为了保证抗沉性,船舶除了要具备一定的储备浮力外,在构造上还必须设置一定数量的水密舱壁和双层底。

第一节　船舶破损进水与渗透率

一、船舶破损进水的概念

1. 定义

船舶破损进水,是指船舶因碰撞、触礁、搁浅或船壳腐蚀等原因造成船体破损而导致舱内进水(Flooding)。船舶进水后,其浮态、浮性与稳性等均发生变化。

2. 剩余储备浮力

船舱进水后,船舶将发生下沉,下沉情况根据其进水量及其位置确定。纵向上,除进水位置位于船中的舱室外,其他舱室进水均将改变船舶的纵倾状态。若船舶具有水密纵舱壁,则当一舷进水后,还将改变其横倾状态。船舶进水后的浮态为这两种状态的矢量叠加。船舶进水达到新的平衡状态后,水线以上水密船体容积所具有的浮力称为剩余储备浮力。为了保证船舶进水后不致沉没,必须保证船舶具有一定的剩余储备浮力。

3. 破舱稳性

船舶进水后的稳性称为破舱稳性。为了保证船舶进水后不至于倾覆,必须保证船舶具有一定的破舱稳性。

船舶进水后能否具有一定的剩余储备浮力和破舱稳性,除与进水前储备浮力和完整稳性有关外，还与船体内双层底的设置和水密横舱壁设置的数量及其位置有关；同时，与破口大小及其位置等外在因素也有关联，在同样条件下，当破口位于水密横舱壁时将引起更为严重的后果。

二、船舶破损进水类型

船舶破舱进水可分为下列三类情况，如图 6-1 所示：

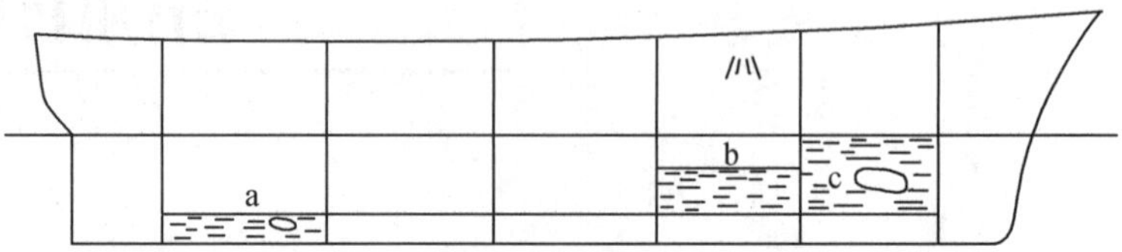

图 6-1　船舶破舱三类进水情况

1. 第一类船舶破舱进水——舱柜上部封闭，破口位于水线以下

舱柜上部封闭，破口位于水线以下的破损情况，如图 6-1 内 a 所示。例如，双层底下部破舱进水，其特点是整个舱柜充满水，之后进水量不变，且没有自由液面。这种情况下，进水对船舶浮性、稳性和吃水的影响计算可作为装载固体重量来处理。双层底的设置有效地提高了船舶的抗沉性。

2. 第二类船舶破舱进水——舱柜上部开敞，但与舷外水不相通

舱柜上部开敞，船侧未受损而与舷外水不相通，水自上部灌入舱内，如图 6-1 内 b 所示。例如，甲板上浪后甲板开口漏水引起的进水，其特点是船壳和舱壁未破损，只是船舱因故进水，其进水量根据具体情况而定，一般存在自由液面。计算时可作为装载液体重量来处理，需进行自由液面修正。

3. 第三类船舶破舱进水——舱柜上部开敞，且与舷外水相通

舱柜上部开敞，且与舷外水相通，如图 6-1 内 c 所示。例如，水线以下船侧破舱进水，其特点是进水量随船舶下沉及倾斜而变化，舱内水面与舷外水面一致。这是海损进水最为常见的一种情况。

对于第一、二类两种进水情况，在计算浮性和稳性时，可将进水作为载重来处理，称为重量增加法(Added Weight Method)。第三类进水情况如果进水量不超过 10%～15%，可以采用浮力损失法(Lost Buoyancy Method)计算船舶浮性与稳性，但也可采用重量增加法(逐步逼近的重增法，进水量随下沉和纵倾而改变)计算。在实践中，船舶设计人员多采用浮力损失法；考虑船员的运算习惯和实际工作的需要，多采用重量增加法作为计算第三类进水情况的基本方法。

三、渗透率

营运中的船舶的船舱内存在着各种结构构件、设备、机械和货物等，它们在舱内占

据了一定的空间。因此,当船舶进水后,船舱内实际进水体积 V 总是小于空舱型体积 V_0。两者之比称为(体积)渗透率(Permeability),用 μ 表示,即

$$\mu = \frac{V}{V_0} \tag{6-1}$$

式中:V——实际进水体积;

V_0——空舱型体积。

实践中,因船体结构占去部分进水体积,空舱的渗透率约为 0.95。渗透率的大小视舱室用途及装载情况而定,我国《法定规则》规定,对于干货船,起居处所渗透率为 0.95,机器处所渗透率为 0.85,储藏处所渗透率为 0.60,干货舱渗透率为 0.70,装载液体的处所为 0~0.95(部分装载舱的渗透率应与该舱所载液体的量相一致。装载液体的舱一旦破损,应假定所载液体从该舱完全流失,并由海水替代至最后平衡时的水线面);若水舱内已装水,且破舱后水没有进出,则渗透率为 0。

为了在稳性方面对进水舱室进行自由液面修正,我国《法定规则》还提到了面积渗透率,它是船舶舱室进水后实际进水面积与空舱时的面积之比,它与体积渗透率并不是一一对应的关系,通常大于体积渗透率,在一般计算中通常设定其与体积渗透率相等。

对处于破损水面附近,未包括大量的起居设备或机器的处所,以及不经常被大量货物或物料占用的处所,均应假定有较高的面积渗透率。

第二节 船舶破损的抗沉性衡准

一、公约对普通货船破损的抗沉性衡准

船舶在海上航行中发生船舱破损事故具有很大的随机性,因此采用概率计算方法研究船舶的抗沉性的衡准更为合理。2009 年 1 月 1 日生效的 2009 年 SOLAS 修正案已对概率计算方法的抗沉性衡准做了较大篇幅的修改,它适用于船长 80 m 及以上的货船和所有客船(不论其船长)。

2009 年 SOLAS 修正案对货船的抗沉性的衡准要求是,船舶能达到的分舱指数 A 应不小于船舶被要求的分舱指数 R。

$$A \geqslant R \tag{6-2}$$

式中:A——船舶能达到的分舱指数;

R——船舶被要求的分舱指数。

(一)船舶被要求的分舱指数 R

船舶被要求的分舱指数是基于大量海损事故统计分析得出的一个最低的分舱标准,货船的计算公式为:

1. 对于船长(L_S)不小于 80 m,但不大于 100 m 的船舶

$$R = 1 - [1/(1 + \frac{L_s}{100} \times \frac{R_0}{1 - R_0})] \tag{6-3}$$

其中

$$R_0 = 1 - \frac{128}{L_s + 152} \tag{6-4}$$

式中,L_s 为船舶分舱长度,系指船舶处于最深分舱吃水载重线时,在一层或数层垂向进水范围内的甲板或其以下部分的最大投影长度。最深分舱吃水系指相应于船舶夏季载重线吃水的水线。

2. 对于船长(L_S)大于 100 m 的船舶

$$R = R_0 \tag{6-5}$$

(二)船舶能达到的分舱指数 A

船舶能达到的分舱指数是基于大量的船舶破损事故统计资料设定船舶出现破洞的位置和大小,并兼顾船舶剩余浮性和破舱稳性要求后得出的。A 值表示船舶破舱进水后所具有的安全性即碰撞后的残存概率,按下式计算:

$$A = \sum p_i s_i \tag{6-6}$$

式中:i ——所考虑的每一个舱或舱组;

p_i ——所考虑的舱或舱组可能浸水的概率,不考虑任何水平分隔,与进水位置、破损舱数、进水情况等因素有关;

s_i ——所考虑的舱或舱组浸水后的生存概率,并包括任何水平分隔的影响,包含船舶浮性、剩余稳性、破损情况等因素。

在计算 A 时,应注意:

(1)对最深分舱吃水和部分分舱吃水应采用水平纵倾。

(2)在确定剩余稳性曲线的正复原力臂(GZ)时,所用排水量应为完整工况的排水量,亦即,应使用固定排水量计算法。

(3)公式所表示的总和应计及整个船长范围内单个舱或两个或更多相邻舱浸水的所有情况。对于非对称布置,A 的计算值应为按两舷所做计算求得的平均值;或者,该值相应于得出最不利结果的一舷计取。

(4)若设有边舱,边舱浸水的所有情况应加入公式所表示的总和中;此外,边舱或舱组和其相邻的内侧舱或舱组之间同时浸水的所有情况也可加入总和,但横向范围大于一半船宽 B 的破损除外。横向范围从舷侧内垂直于最深分舱吃水线处的中线上量取。

(5)在根据《法定规则》进行浸水计算时,只需假定船壳有一个破洞以及只有一个自由液面。破损的垂向范围假定为从基线向上扩展至水线以上或更高的任一水密水平

分隔。然而,如果一个较小范围的破损会产生更为严重的后果,则须假定为该范围。

(6)如在假定浸水舱范围内设有管子、管弄或隧道,其布置必须保证累进浸水不会扩展到那些假定浸水的舱室以外的其他舱室。然而,如果证实累进浸水的影响能被容易地控制并且不损害船舶的安全,则主管机关可允许较小的累进浸水。

二、公约对液体散装货船破损稳性的衡准

油船的破损稳性应达到《1973 年国际防止船舶造成污染公约及 1978 年议定书》(MARPOL 73/78)附则Ⅰ的要求。《国际载运散装危险化学品船舶建造和设备规则》(IBC Code)和《国际载运散装液化气体船舶建造和设备规则》(IGC Code)分别对散装化学品船及液化气体船的破舱稳性做了规定,现简要概括如下:

(1)进水最终阶段的剩余稳性:

①剩余稳性范围 $\theta_{rv}\geqslant 20°$。

②最大剩余静稳性力臂 $GZ_{rm}\geqslant 0.1$ m。

③剩余静稳性面积 $A_r\geqslant 0.0175$ m · rad。

(2)进水过程中剩余稳性应达到主管当局的要求。

(3)破损舱柜自由液面对稳性的修正:

①各破损舱柜的自由液面应在 5°横倾角的状态时计算。

②船舶在最终平衡水线处,其破损舱柜在平衡水线以下空间完全为海水所占有,而其上的空间在计及渗透率修正后仍为原液体所占有。

三、国内法规对破舱稳性的衡准

我国《法定规则》对国际航行单体客船的破舱稳性要求(若为不对称进水,已经采取适当的平衡措施后)如下:

(1)采用浮力损失法,求得的剩余初稳性高度 $GM_b\geqslant 0.05$ m。

(2)在不对称进水情况下,一舱进水引起的横倾角 $\theta\leqslant 7°$,两个或两个以上相邻舱室进水引起的横倾角 $\theta\leqslant 12°$。

(3)任何情况下,船舶进水的终止水线不得淹没限界线,即不超过甲板边线以下 76 mm 处构成的曲线。

(4)正值的剩余复原力臂不应小于 0.1 m,且平衡角以后应有 15°的最小稳性范围。

(5)从平衡角到船舶进水角或稳性消失角(取小者)之间正值范围的复原力比曲线下的面积应不小于 0.015 m · rad。

上述的(1)(4)和(5)三项的要求可以换算成一项要求,即破舱稳性衡准的极限初稳性高度 GM_c',无论客船还是货船,在船舶装载手册等稳性资料中,若有这类资料的话,破舱稳性要求就换算成满足要求:

$$\begin{cases} GM \geqslant GM_c' \\ \theta \leqslant 7°(\text{一舱进水时}) \\ \theta \leqslant 12°(\text{多相邻舱进水时}) \end{cases}$$

第三节 船舶破损进水对浮态和 GM 的影响

一、稳性资料的提供

为了保证船舶破损进水后不致倾覆,必须保证破损后的船舶具有一定的破舱稳性。应将破舱稳性要求的最小营运初稳性高度(GM)对吃水的关系曲线等相关资料完整准确地提交给船长。SOLAS 公约 B-1 部分稳性第 5-1 条"向船长提供的资料"规定:

(1)应将主管机关同意的必要资料提供给船长,以使船长能用迅速和简便的方法获得有关各种营运情况下船舶稳性的正确指导。应将一份稳性资料的副本提供给主管机关。

(2)这些资料应包括:

①符合有关完整及破损稳性要求的最小营运初稳性高度(GM)对吃水的关系曲线或表格,也可选择相应的最大许用重心高度(KG)对吃水的曲线或表格,或与这些曲线等效的其他资料。

②有关横贯浸水装置的操作说明。

③破损后维持要求的完整稳性和稳性所必需的所有其他数据及辅助措施。

(3)稳性资料应表明在营运纵倾范围超过±0.5%L_s 的情况下各种纵倾的影响。

(4)对于必须满足 SOLAS 公约 B-1 部分稳性要求的船舶,上述资料按有关分舱指数的计算确定。

(5)当最小营运初稳性高度(GM)对吃水的曲线图或表格不适用时,船长应确保营运工况不偏离经研究采用的装载工况,或通过计算验证符合该装载工况的稳性衡准。

二、舱室进水后船舶浮态及稳性的计算

舱室进水后,计算船舶浮态及稳性应先假定:

舱室在进水前是空的,即渗透率 $\mu=0.95$;进水量不大(不超过排水量的 10%~15%),所用的计算公式可根据初稳性相关计算公式得到。

(一)第一、二类船舶破舱进水对浮态和 GM 的影响

第一类进水对船舶浮性、稳性和吃水的影响的计算可作为装载固体重量来处理。

用增加重量法进行计算比较方便,可直接应用“船舶稳性”“船舶吃水差”等章节知识计算破损进水后的船舶初稳性高度,吃水差以及艏、艉吃水。

对于第二类船舶破舱进水,舱内的水虽与船外海水不相连通,但因舱室未被灌满,故存在自由液面。在用质量增加法计算时,应考虑到自由液面对稳性的影响。

(二)第三类船舶破舱进水对浮态和 GM 的影响

1. 重量增加法

重量增加法是将破舱进水视为增加船舶载重,因而产生下沉和纵倾。如图 6-2 所示,某船破舱进水前的水线为 WL,已知其相应的浮性和稳性各要素为 d_F、d_A、d_M、Δ、TPC、x_f、z_b(浮心距基线高度)、z_g(重心距基线高度)、z_m(稳心距基线高度)、GM 和 MTC。

(1)第一次近似计算

设船内某一舱水线下破舱进水,P 为 WL 水线下该舱的进水量,其重心坐标为 x_P(重心距船中距离)和 z_P(重心距基线高度)。

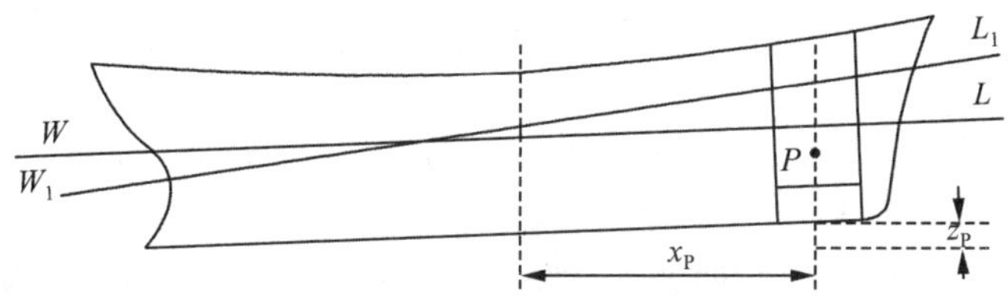

图 6-2 第一次近似水线

根据进水量 P 及其重心坐标 x_p 和 z_p,即可用重量增加法求出船舶下沉($W'L'$水线)和纵倾后新水线 W_1L_1。

(2)第二次近似计算

根据第一次近似计算,在加载 P 重量后船舶下沉和纵倾的水线为 W_1L_1。由 W_1L_1 的平均吃水 d_{M1},查得其相应的浮性和稳性各要素为 TPC_1、x_{f1}、z_{b1}、z_{g1}、z_{m1}、G_1M_1 和 MTC_1。

这时进水量又增加了 P_1,P_1 为 W_1L_1 与 W_2L_2 之间的进水重量,其重心坐标为 x_{P1} 和 z_{P1}。

根据所增加载重 P_1 及其重心坐标 x_{P1} 和 z_{P1},可用重量增加法在 W_1L_1 水线基础上,求出船舶第二次下沉和纵倾后的新水线 W_2L_2,如图 6-3 所示,并同样可求出其相应的各要素。

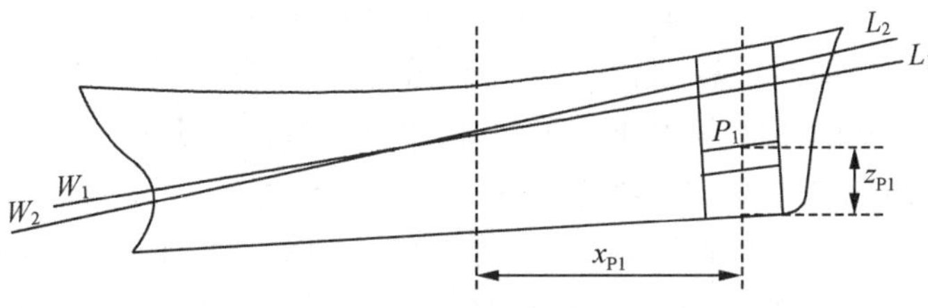

图 6-3 第二次近似水线

(3)第三次近似计算

显然,W_2L_2 与 W_3L_3 之间又增加了进水量 P_2,于是可进行第三次近似计算,如图 6-4 所示。

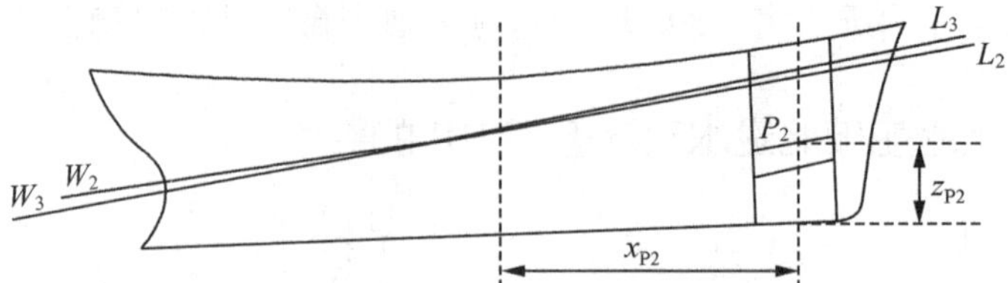

图 6-4 第三次近似水线

凡此等等,可进行第四、五……近似计算。对照 $P,P_1,P_2,\cdots$ 各值,通过实例计算可以发现,存在:

$$P>P_1>P_2>\cdots>P_n=0$$

这就是说,当进行至第 n 次近似计算时,所得的新水线 W_nL_n 即为质量增加法逐步逼近所获得的最终平衡水线。

2. 浮力损失法

浮力损失法,是将破舱进水的舱柜视为舷外海水的一部分,即船舶的重量和重心保持不变,但由于进水舱柜失去浮力,船舶因此下沉以补充所失去的浮力;补偿的浮力与失去的浮力组成纵倾力矩,迫使船舶产生纵倾;在船舶下沉过程中,船舶的重心和浮心位置随着纵倾状态的变化而改变,当下沉和纵倾后的浮力与重心共垂线时,船舶将在破舱进水的条件下处于平衡。

不论采用重量增加法或浮力损失法,其计算结果所得最终平衡水线都是相同的。应该指出,根据船舶重量等于排水量的平衡条件,若 Δ_w 为重量增加法的排水量,则:

$$\Delta_w=\Delta+P+P_1+P_2+\cdots \tag{6-7}$$

而浮力损失法的排水量 Δ_D 由于破舱损失的浮力完全由下沉所补偿,故 $\Delta_D=\Delta$。显然,$\Delta_W>\Delta_D$。此外,对于重量增加法,其船舶重心距基线高度因载重增加而改变为 Z_{gw},且横稳心距基线高度变为 Z_{mw}(它与破舱无关,仍然按平均吃水查静水力曲线图),其相应的初稳心高度为 G_WM_W。对于浮力损失法,其船舶重心距基线高度不变,即 $Z_{gD}=Z_g$,而横稳心距基线高度变为 Z_{mD}(它与破舱有关,因该舱与舷外海相通,既失去浮力又失去稳性),其相应的初稳心高度为 G_DM_D。这里 $Z_{gw}\neq Z_{gD}$,$Z_{mw}\neq Z_{mD}$,$G_WM_W\neq G_DM_D$,但可证明:

$$\Delta_w\times G_WM_W=\Delta_D\times G_DM_D \tag{6-8}$$

即对于破舱进水的横稳性计算而言,不论采用何种方法其横稳性系数(ΔGM)不变,故两者求出的最终平衡的横倾角相同。同理,对于破舱进水的纵倾计算而言,其纵稳性系数(ΔGM_L)不变,故两者求出的最终平衡的纵倾水线相同。

基于互联网和信息产业的发展,国内外船级社建立了“ERS”(Emergency Response Service,船舶应急响应服务),可以全天候 24 h 提供技术支持。对于签订了 ERS 协议的船舶,根据所提供的船舶的总布置图、型线图、结构图、舱容图、静水力资料、强度计算书等图纸、资料和数据，该机构录入相应的专用数据库。一旦船舶处于紧急状态，如发生碰撞、搁浅、触礁、火灾、爆炸、结构损坏、溢油等事故时，应船东的要求或通知，岸基工程师将调用已建立的三维模型和快速计算软件，在短时间内为船舶提供一份 ERS 报告，该报告包括船舶剩余浮性、破舱稳性和破舱强度评估、漏油和船舶沉没时间预测等内容。

第四节 破损控制图及破损控制手册

一、破损控制图的内容及要求

IMO 对破损控制图的要求出现在《1974 年国际海上人命安全公约》(SOLAS 公约) Chapter Ⅱ-1，Part B-4，第 19 条。液货船可将破损控制图作为其 SOPEP 和 SMPEP 的一部分来满足公约要求。

SOLAS 公约 B-4 部分稳性管理第 19 条“破损控制资料”规定：

(1) 驾驶室应设有永久展示的或随时可用的控制图，用于指导船上负责高级船员，图上应清晰显示每层甲板及货舱的水密舱室限界面，上面的开口及其关闭装置和任何控制位置，以及扶正由于进水产生的横倾的装置。此外，还应给船上高级船员提供包含上述资料的小册子。

(2) 客船上允许在航行中保持开启的水密门应清晰记载于船舶的稳性资料内。

(3) 应收入资料的一般预防措施应包括主管机关认为在船舶正常营运时为保持水密完整性所需的设备、条件和操作程序清单。

(4) 应收入资料的特殊预防措施应包括主管机关认为对船舶、乘客和船员的生存至关重要的各种事项(即关闭装置、货物系固和听觉报警等)。

(5) 对于适用 SOLAS 公约 B-1 部分破损稳性要求的船舶，破损稳性资料应为船长提供一种简单易懂的方式评估船舶在涉及一个或一组舱室的所有破损情况下的残存能力。

为清楚地显示控制图所要求的内容，破损控制图应有合适的比例，但不应小于 1∶200。破损控制图应包括船内轮廓，每层甲板俯视图，以及显示船舶的水密分割，所有内部水密装置的位置，船舶外壳上的所有门，开启关闭指示器，所有舱底泵、压载泵以及它们的控制装置和相关的阀的位置等内容。

二、破损控制手册

1. 配备的目的

能够为船上高级船员提供船舶破损的相关资料和抗沉性的基本知识和计算方法；

当船舶发生破损时,帮助船员判断船舶的进水情况,以便做出正确决策和采取应急措施,最大限度地保证生命和财产的安全。

2. 配置要求

国际航行船舶依据 SOLAS 公约要求,自 1992 年 2 月 1 日或以后建造的船舶都应备有与船舶破损控制相关的资料手册——《破损控制手册》(The Instruction Manual of Ship Damage Control)。

3. 中国船级社(CCS)对破损控制手册的要求

(1)控制手册应包括破损控制图的全部内容。

(2)控制手册应包括设备设施损坏后如何控制的总说明,例如:

①迅速关闭所有水密、气密装置。

②确定船上人员的安全处所,测量舱柜及舱室以确定损坏范围,进行重复测量以确定进水速度。

③对下述问题应提出警告及建议:造成船舶倾斜的原因、油水操作将导致横倾及纵倾的加剧以及控制进水的排水泵操作。

(3)所有测量装置的位置、甲板上的舱柜风筒及溢流位置、泵的排量、管路草图、交叉进水的操作说明、破损控制人员进入或逃出舱壁甲板下面的水密舱柜的方法、船上报警以及其他协作组织的提前准备(若需要)。

(4)若适用,应该指出进水发生后不能自动关闭装置的非水密道门的位置,同时也包括对非结构性舱壁、道门和其他阻缓水流的障碍物等,以及能够防止海水进入(至少造成非对称性暂时进水)的可能性的介绍。

(5)若包括每一损失稳性情况下可能导致的后果,则应再提供说明,保证船员清楚明白这种后果,以便有助于他们对船舶的抗沉性做出充分的估计。

(6)应明确所提供说明的分析标准,假设与船舶实际破损无关的分析应明确指出船舶装载后的状态、破损位置及渗透性。

(7)简明扼要的指导,如:破损控制图解、由于破损船舶可能产生后果的评估,可以让船长迅速采取有效措施。

关于破损控制图放在船上的位置,对于货船而言,破损控制图应永久地陈列或放置在驾驶台上;另外,破损控制图也应永久地陈列或放置在货物控制室内。

三、破损控制手册的内容及应用

为了满足 SOLAS 公约的要求,船长及所有高级船员应清楚地了解"船舶破损控制图"上的内容,掌握有关预防进水的信息与破损控制计划以及相关的资料。平时按职责分工做好预防工作,把责任分工到人;一旦船舶发生破损情况,及时判断船舶进水情况的严重性,立即采取切实可行的措施,并尽可能使船舶损失的稳性得到恢复。

《破损控制手册》的主要内容由下面五部分组成:

(一)船舶相关技术资料

1. 船舶主要参数、货舱和机舱尺度

船舶主要参数包括船名、呼号、IMO 编号、船籍港、船型主尺度等。

货舱及机舱尺度包括每个货舱和机舱的最大长度和最大宽度,以便于在遇到船舶舱容资料丢失时估算舱内的进水容量。

2. 排水泵量和最大排水能力

分别列出船上每一通用泵、压载泵、主海水泵和消防泵的排水能力,并标注船舶货舱、机舱和压载舱的综合最大的排放能力。

3. "船舶破损控制图"的张贴位置

"船舶破损控制图"通常张贴在驾驶台、货物控制室、艇甲板走廊等处。

(二)船舶破损控制

船舶破损控制主要包括对"船舶破损控制图"的说明以及要求高级船员熟悉和掌握的要求,本手册的日常监控管理、船舶发生破损后的应急措施等。

船舶发生破损后的应急措施应包括公司的应急指挥中心办公室的电话和传真号码、按照公司 SMS 文件向公司报告的内容(发生破损的时间和地点、破损部位及原因、破损程度、发展趋势、已采取的措施和打算采取的措施)和详细的"船舶破损/进水应急部署表"。

(三)船舶破损控制须知

船舶破损控制须知注意包括与抗沉性相关的一些基本知识、评估船舶破损和处理破损的快速方法等。

1. 船舱进水量和进水速率估算公式

船舱进水量 P(t)计算公式(当船舶舱容资料丢失时)

$$P=\rho\times\mu\times\delta\times L\times B\times D \tag{6-9}$$

式中:ρ——进水的水密度,t/m^3;

μ——渗透率;

δ——液舱方形系数,船首、尾部舱取 0.4~0.5,船中部舱取 0.95~0.98;

L——船舱最大长度,m;

B——船舱最大宽度,m;

D——船舱内进水的深度,m。

2. 船体破损后进水速率 Q(m^3/s)计算公式

$$Q=4.43\times\mu\times F\times\sqrt{H-h} \tag{6-10}$$

式中:μ——流量系数(小洞取 0.6,中洞取 0.7,大洞取 0.75);

F——破洞面积,m^2;

H——破洞中心至舷外水面垂直距离,m;

h——破洞中心至舷内水面垂直距离,m。

(四)船长对船体破损风险的分析

(1)远洋货船一般满足一舱制要求,即满足一舱进水不沉要求。

(2)对船舶破损情况发现得越早、越准确,就越能及时将损害限制在最小范围。可通过测、看、听来及时发现和确定破损的位置和程度。

(3)船舶前部的防撞舱壁的水密完好无损是十分重要的,特别当艏尖舱发生破损进水时。

(4)首先根据破损原因,判断破损进水的类型。不同类型的破损,其危险性不同,处理的方法也不同。

(5)根据多次的测量和记录确定破损的部位、范围,并确定进水的速率。

(6)机舱发生破损进水时,可能会使船舶失去动力,应竭尽全力抢救,并尽早采取应急措施。

(7)根据本手册所提及的本船稳性曲线图和本船完整稳性值,可判断破舱稳性是否符合要求。其中船舶初稳性高度值始终应保持正值。

(8)如破舱位置在水密舱壁上,可能导致两个舱进水,其危险性增大。

(9)立即关闭所有的水密和风雨密装置。

(10)确定船上人员的位置和安全性。

(11)采取尽量减少进水的措施。如发生碰撞,切不可立即退出分开,应操纵船舶将破洞放在下风,酌情调整航速等。

(12)根据危险性的程度,采取尽量减少损失的措施,如抢滩坐浅。

(13)视具体情况采取移载法、排水或对称压载法,尽量保持正浮或减小横倾。同时注意对剩余储备浮力的损失和对安全的影响。要求船舶向一侧横倾不得超过20°,采取扶正措施后不得超过12°。在任何情况下,海损水线的最高位置不得淹过限界线,防止船舶出现过横倾和丧失稳性而导致倾覆。

(14)必要时可不惜消耗储备浮力以换取稳性来赢得时间,以便做好必要的抢救和脱险工作。

(15)酌情准备救生艇、筏等救生设备。

(16)根据进水情况,经抢救无效,如有超过限界线的可能,或由于所在海区的风浪等情况,有沉没或倾覆的危险,为挽救人命,船长有权请求救助,有权做出弃船的决定(按SMS文件执行)。

(五)附录

附录主要包括:

(1)本船堵漏器材的清单及检查和保养要点。

(2)本船货舱、水舱和油舱的通风管、测量管、溢油管在甲板上的位置图。

(3)船舶破损时本船水密装置的操作程序及其须知。

第七章

包装危险货物运输

为确保人命财产安全及保护环境，国际海事组织 1965 年就制定出版了《国际海运危险货物规则》（*International Maritime Dangerous Goods Code*，IMDG Code，简称《国际危规》）。2004 年 1 月 1 日，SOLAS 公约第七章“危险货物运输”使《国际危规》强制化；2018 年 5 月，IMO 海上安全委员会第 99 次会议通过了《国际海运危险货物规则》（IMDG CODE）第 39 套修正案，本套修正案于 2020 年 1 月 1 日强制实施。我国以《国际危规》为蓝本，制定并颁布了《水路危险货物运输规则——第一部分：水路包装危险货物运输规则》（简称《水路危规》），该规则已于 1996 年 12 月 1 日对我国境内危险货物水路运输生效。

《国际危规》《水路危规》仅适用于以包装形式运输的危险货物，即容器、可移动罐柜、集装箱或车辆装载的任何危险货物。本章主要介绍包装危险货物的海上安全运输问题。

第一节　包装危险货物的分类及特性

危险货物（Dangerous Goods Cargo）系指具有燃烧、爆炸、腐蚀、毒害、放射性辐射以及污染环境等特性，在运输、装卸和储存保管过程中，容易造成人身伤亡、财产损毁和/或环境污染而需要特别防护的货物。据统计，目前海运货物的 50% 以上属于危险货物（其中包装危险货物约占 10%～15%）。为方便危险货物运输人员准确把握其主要危险性，《国际危规》根据货物的理化性质及对人身的伤害情况将危险货物分成 9 个大类，对具有多种危险性的货物，除按主导危险性确定其归类外，《国际危规》还给出了这类货物的副危险性。

一、第1类——爆炸品(Explosives)

1. 定义

爆炸品包括爆炸性物质、烟火物质和爆炸性物品。

(1)爆炸性物质(Explosive Substance)系指能通过本身的化学反应产生气体,其温度、压力和速度会对周围环境造成破坏的固体或液体物质(或几种物质的混合物)。

(2)烟火物质(Pyrotechnic Substance)系指设计上通过产生热、光、声、气体或所有这些的结合达到效果(这些效果是通过非爆炸性的、自续的放热化学反应产生的)的一种或几种物质的混合物。

(3)爆炸性物品(Explosive Article)系指含有一种或多种爆炸性物质的物品。

对具有或怀疑其具有爆炸特性的物质或物品须考虑划分到第1类。《国际危规》禁止运输过度敏感或易发生自发反应的爆炸性物质。

2. 分类

(1)第1.1类——具有整体爆炸危险的物质和物品(在瞬间影响到几乎整个装载的爆炸),如爆破雷管、黑火药、导弹等。

(2)第1.2类——具有抛射危险,但无整体爆炸危险的物质或物品,如炮弹、枪弹、火箭发动机等。

(3)第1.3类——具有燃烧危险、较小爆炸或较小抛射危险,或兼有两种危险,但无整体爆炸危险的物质或物品,如导火索、燃烧弹药等。

(4)第1.4类——无重大危险的物质和物品,如演习手榴弹、礼花弹、烟火爆竹等。

(5)第1.5类——有整体爆炸的危险但极不敏感的物质,如E型或B型引爆器、铵油等。

(6)第1.6类——无整体爆炸危险的极不敏感物品,指仅含由极不敏感的物质组成的物品,该物品因意外而起爆或传爆的可能性可以忽略,其危险仅限于单个物品的爆炸,如爆炸性物品,极不敏感,未另列明UN 0486(1.6N)。

根据其危险程度由大到小,依次为1.1、1.5、1.2、1.3、1.6和1.4。

3. 危险性衡量指标

(1)敏感度:在外界作用影响下发生爆炸反应的难易程度。引起爆炸所需的能量越小,其敏感度就越大。

(2)爆轰速度(爆速):爆轰波传播出去的速度。

(3)威力和猛度:这两个参数都用来衡量爆炸品对周围环境的破坏程度。威力具体是指爆炸品爆炸时做功的能力,猛度则是指爆炸品爆炸后对周围介质破坏的猛烈程度。

(4)安定性:爆炸品在一定储存期间内,不改变自身的理化和爆炸性质的能力。

爆炸品一旦发生爆炸,会产生高速气浪和冲击波,破坏周围环境,同时生成大量的窒息性、有毒性气体，另外，爆炸还会带来火灾。

4.《水路危规》爆炸品分类的特殊规定

我国《水路危规》无第 1.6 类。

二、第 2 类——气体(Gases)

1. 定义

气体是一种物质，它在 50 ℃时的蒸气压力大于 300 kPa；或在标准大气压 101.3 kPa 下，在温度为 20 ℃时，完全处于气态。常见的气体贮存形式有：压缩气体(Compressed Gas)、液化气体(Liquefied Gas)、冷冻液化气体(Refrigerated Liquefied Gas)、溶解气体(Dissolved Gas)和吸附性气体(Absorbed Gas)。

2. 分类

《国际危规》将气体按化学性质细分为三小类：

(1)第 2.1 类——易燃气体(Flammable Gases)。该气体在温度 20 ℃、标准压力 101.3 kPa 条件下，当与空气按体积占 13%或更低混合时能够点燃；或不管最低燃烧范围是多少，与空气混合形成的燃烧范围(即燃烧上、下限之间)至少有 12 个百分点，如氢气、甲烷等。

(2)第 2.2 类——非易燃、无毒气体(Non-Flammable, Non-toxic Gases)。该气体是指在 20 ℃时，绝对压力不低于 200 kPa，或以液化气或冷冻液体运输的气体。此类气体具有窒息性或氧化性，如氧气、氮气等。

(3)第 2.3 类——有毒气体(Toxic Gases)。该气体被认为对人类有毒或者有腐蚀性以至于危害健康；或因为气体的半致死浓度 LC_{50}(Median Lethal Concentration)值等于或低于 5 000 mL/m^3(ppm)，被推定对人类有毒或有腐蚀性，如氯气、氨气等。

气体和气体混合物的危险性超过一种时，按以下顺序排列先后：第 2.3 类优先于其他所有分类；第 2.1 类优先于第 2.2 类。

3. 气体的性质

(1)压缩和液化性

气体的压力与体积成反比，与温度成正比。如果在对气体进行压缩的同时降温，压缩了的气体可能会液化而变成液体。温度降低到一定程度再施加压力是气体液化的必要条件，不同气体降温的要求不一样，这个加压使气体液化的最高温度就是该气体的临界温度。

某些气体的临界温度非常低(如氧气为-118.8 ℃)，只能压缩运输，危险性往往更大。

(2)扩散性

两种不同密度的气体共存时，密度大的往密度小的方向扩散是气体的扩散规律。海上运输气体时，应特别注意可能沉滞在舱底部的泄漏气体潜在的危险。

另外，部分气体还具有溶解性（溶解于水等某些溶剂中）、燃烧和爆炸性、毒性和窒息性等，运输中应具体分析其危险性。

三、第3类——易燃液体（Flammable Liquids）

1. 定义

易燃液体包括易燃液体和液态退敏爆炸品两种物质。

（1）易燃液体：闭杯试验（Closed Cup Test）在60 ℃（相当于开杯试验65.6 ℃）或60 ℃以下时放出易燃蒸气的液体或液体混合物，或含有处于溶液中或悬浮状态的固体或者液体（如油漆、清漆等）；还包括温度等于或高于闪点温度的交付运输的液体，以及在加温条件下运输的或交付运输的，在温度等于或低于最高运输温度时会放出易燃蒸气的液体，但不包括闪点高于35 ℃且不能维持燃烧的液体，也不包括由于其危险性已列入其他类别的液体。

（2）液态退敏爆炸品（Liquid Desensitized Explosives）：溶于或悬浮于水或其他液体物质，形成均质的液体混合物以抑制其爆炸性的爆炸性物质。在“危险货物一览表”中，这类物质包括UN1204、UN2059、UN3064、UN3343、UN3357～UN3379等。

2. 闪点（Flash Point，*FP*）

闪点是易燃液体的蒸气和空气形成可燃混合物的最低温度。当从包装中泄漏该液体时，会形成有一定危险的爆炸性或可燃性混合物。通常易燃液体闪点越低，其易燃性就越大，易燃液体只要其温度保持在闪点温度以下就不会被点燃。闪点的测试方法分闭杯（Closed-Cup，简称c. c）和开杯（Open-Cup，简称o. c）两类，《国际危规》提供的闪点数据一般为闭杯闪点。一般同一物质的闭杯试验闪点要低于开杯试验闪点约3～6 ℃。不要将闪点与燃点（指爆炸性蒸气和空气混合物必须加热到该温度才能引起实际爆炸）混淆，两者之间没有关系。

3. 沸点（Boiling Point，*BP*）

沸点是指液体的饱和蒸气压与外界大气压相等时的温度，即液体达到沸腾时的临界点温度。混合液体由于每种液体都有一个沸点，所以其沸腾温度是一个区间。初沸点指其刚开始沸腾时的温度。初沸点越低，其挥发性也越强。

易燃液体根据其闪点、初沸点（Initial Boiling Point）可分为3个等级包装类，见表7-1。

表7-1　易燃液体包装类分类

包装类	闭杯闪点 *FP*（℃c. c）	初沸点（℃）	典型物质
Ⅰ	—	≤35	乙醛、乙醚
Ⅱ	<23	>35	汽油、乙醇
Ⅲ	23≤*FP*≤60	>35	松节油、煤油

4. 易燃液体的性质

(1)挥发性

液体在低于沸点温度下的蒸发现象称为挥发。不同液体的挥发性不同，易燃液体大多易于挥发。因此，当易燃液体的包装不严或破损时，极易挥发出具有麻醉性或毒性的易燃气体，运输中应特别注意。

(2)易燃易爆性

易燃液体本身并不能燃烧，但其挥发出的蒸气与空气的混合物接触火种就容易着火燃烧。因此，易燃液体的燃爆性与可燃气体一样，都是用爆炸极限(Explosion Limit)，或爆炸范围(Explosion Range)来表示的。当易燃液体挥发出的蒸气与空气混合达到一定程度时，遇明火就会发生爆炸，这个用易燃液体的蒸气在空气中的体积百分比所表示的浓度范围，就是该易燃液体的爆炸极限(或爆炸范围)。爆炸下限越小、上限越大，液体的爆炸极限浓度范围就越大，其易爆性也越强，如汽油的爆炸极限为 1.2%~7.2%，氢气为 4%~75%。

(3)高度流动扩散性

大部分易燃液体黏度较小，极易流动。因此，即使容器有细微裂纹，易燃液体也会渗出容器外壁而迅速挥发扩散。

(4)受热膨胀性

由于易燃液体受热膨胀系数大，受热后其体积膨胀增大就格外突出，再加上受热后容器内部的蒸气压也会增加，故无论何种形式的包装容器，都必须预留膨胀余位。

运输中除注意易燃液体的上述特点外，还应注意其具有的麻醉性、毒害性、溶解性及能与强酸、氧化剂剧烈反应等性质。

5.《水路危规》对易燃液体分类的特殊规定

我国《水路危规》将第 3 类划分为 3 个小类：

第 3.1 类——低闪点类液体(闭杯闪点 $FP<-18$ ℃)。

第 3.2 类——中闪点类液体(闭杯闪点 -18 ℃ $\leqslant FP<23$ ℃)。

第 3.3 类——高闪点类液体(闭杯闪点 23 ℃ $\leqslant FP\leqslant 61$ ℃)。

四、第 4 类——易燃固体、易自燃物质和遇水放出易燃气体的物质(Flammable Solids; Substances Liable to Spontaneous Combustion; Substances Which, in Contact with Water, Emit Flammable Gases)

1. 定义

易燃固体、易自燃物质和遇水放出易燃气体的物质是指除划分为爆炸品以外的在运输条件下易燃烧或可能引起或导致起火的物质。

2. 分类

这类物品可细分为 3 个小类：

(1)第 4.1 类——易燃固体(Flammable Solids)。本类包括易燃固体、自反应物质

(Self-Reactive Substances)、固态退敏爆炸品(Solid Desensitized Explosives)和聚合性物质[Polymerizing Substances and Mixtures (Stabilized)],如赤磷、硫黄、萘等。易燃固体是在运输所遇条件下,易于燃烧或经摩擦可能起火的固体;自反应物质是热不稳定物质,即使没有氧气(空气)参与也易发生强烈的放热分解;固态退敏爆炸品是指被水或醇类浸湿或被其他物质稀释后,形成均匀的固体混合物来抑制其爆炸性质的物质。聚合性物质是指在不添加稳定剂的情况下,在正常运输条件下可能发生强烈放热反应,产生较大分子或形成聚合物的物质;具体看来,运输条件下的自加速聚合物温度(SAPT)小于等于 75 ℃,以及反应热大于 300 J/g 的物质可以划归该类物质。

(2)第 4.2 类——易自燃物质(Substances Liable to Spontaneous Combustion)。本类包括引火物质(Prophetic Substances)和自热物质(Self-Heating Substances)。引火物质指即使数量很少,但与空气接触后 5 min 之内即可着火的物质,这些物质是最容易自燃的;自热物质是指除引火物质以外,在不供能量的情况下与空气接触易于自行发热的物质,这些物质只有在数量大(若干千克)、时间长(若干小时或若干天)的情况下才会着火,如黄磷(即白磷)、鱼粉(未经抗氧剂处理)、铁屑、油浸棉麻纸制品等。

自燃点(Spontaneous Ignition Point):可燃性物质在没有接触明火就能引起着火的最低温度,称为自燃点。自燃点越低,着火的危险性越大。

(3)第 4.3 类——遇水放出易燃气体的物质(Substances Which, in Contact with Water, Emit Flammable Gases)。此类物质与水相互作用易于自燃或放出一定数量危险性的易燃气体,如碳化钙(电石)、磷化氢、钾、钠等。

3. 性质

(1)燃烧性。固体物质的燃烧分为两种类型:因升华、分解或与水反应产生可燃气体着火燃烧,如硫黄、碳化钙等;没有火焰情况下表面高温氧化燃烧,如金属的燃烧。

(2)爆炸性。本类除固态退敏爆炸品易发生爆炸危险外,还存在爆炸性混合物爆炸、燃烧产生大量的气体膨胀爆炸或易燃固体的粉尘与空气混合发生粉尘爆炸等。

(3)毒性和腐蚀性。有些物质本身有毒,如黄磷;还有些在燃烧时会放出有毒或腐蚀性气体,如硝基或氨基化合物等。因此大部分本类物质存在海洋污染性。

另外,在运输、装卸过程中应特别注意,易自燃的物质在受潮、受热后更容易被氧化分解。

五、第 5 类——氧化性物质和有机过氧化物(Oxidizing Substances and Organic Peroxides)

1. 定义

氧化性物质和有机过氧化物是指在运输过程中可能会放出氧气并产生大量的热,从而引起其他物质燃烧的物质,包括氧化性物质、感染性物质。

2. 分类

这类物品可细分为 2 个小类:

(1)第5.1类——氧化性物质(Oxidizing Substances)。其本身未必燃烧,但通常放出氧气能引起或促使其他物质燃烧,这些物质可能包含在一个物品里,如高锰酸钾、过氧化氢、次氯酸钙(漂粉精或漂白粉)等。

(2)第5.2类——有机过氧化物(Organic Peroxides)。它系指含有两价的-O-O-结构、可被认为是过氧化氢的衍生物的有机物质,其中一个或两个氢原子被有机原子团取代。有机过氧化物是遇热不稳定的物质,它可发热并自加速分解,如过氧化乙基甲基酮、过氧化苯甲酰等。

3. 性质

(1)氧化物质的危险性主要表现在:在一定环境下直接或间接地放出氧气;与可燃物质的混合物易于点燃,有时因摩擦或碰撞着火,能激烈燃烧并导致爆炸;大多数氧化性物质和液体酸类接触会发生剧烈反应,释放有毒气体。

(2)有机过氧化物的危险性主要表现在:在常温或高温下易于放热分解;受热、接触杂质摩擦或碰撞能引发分解,能放出有害的或易燃的气体或蒸气;有些有机过氧化物可能发生爆炸分解,尤其在封闭情况下;许多过氧化物会猛烈燃烧;有些过氧化物,即使经短暂接触,也会给眼角膜造成严重损害,或者对皮肤有腐蚀性,应避免使有机过氧化物与眼睛接触。

六、第6类——有毒物质和感染性物质(Toxic and Infectious Substances)

1. 定义

有毒物质和感染性物质是指这些物质(固体和液体)在被吞食、吸入或与皮肤接触后可能造成死亡或严重受伤或损害人类健康,包括有毒物质、感染性物质。

2. 分类

(1)第6.1类——有毒物质(Toxic Substances)。本类物质如被吞食、吸入或与皮肤接触易于造成死亡,严重伤害或损害人体健康,如氰化钠、苯胺、四乙基铅、砷及其化合物等。

(2)第6.2类——感染性物质(Infectious Substances)。该类物质是指已知或一般有理由相信其含有病原体的物质。病原体是指会使人或动物感染疾病的微生物(包括细菌、病毒、立克次氏体、寄生生物、真菌)和其他媒介(如病毒蛋白)。我国规定不得水上运输感染性物质,但《水路危规》同时也规定本类不包括疫苗。

感染性物质划分为A类和B类两个类别。A类感染性物质:接触该物质可造成健康的人或动物永久性致残、生命危险货致命或致命疾病。A类感染性物质又可细分为能引起人体或人体和动物疾病的感染性物质(须指定为UN2814,如狂犬病毒、天花病毒、黄热病病毒等)和只能引起动物疾病的感染性物质(须指定为UN2900,如口蹄疫病毒、牛瘟病毒、水疱性口炎病毒等)两种。B类感染性物质:不符合A类标准的感染性物质(须指定为 UN3373,正确运输名称为“生物物质,B 类”)。

对医疗或临床废弃物的划分:含有 A 类感染性物质的医疗或临床废弃物须相应指定为 UN2814 或 UN2900;含有 B 类感染性物质的医疗或临床废弃物须指定为 UN3291[临床废弃物,未另列明,N. O. S. 或(生物)医疗废弃物,N. O. S. 或经管制的医疗废弃物,N. O. S.],有理由相信含有感染性物质的可能性极低的医疗或临床废弃物须指定为 UN3291。

3. 有毒物质毒性衡量标准

(1)急性口服毒性的半数致死量 LD_{50}(LD_{50} for Acute Oral Toxicity):通过口服,能够在 14 天内,使刚成熟的天竺鼠(白鼠)半数死亡所施用的物质剂量。LD_{50} 值用试验物质的质量与试验动物的质量的比值来表示(mg/kg)。

(2)急性皮肤接触毒性的半数致死量 LD_{50}(LD_{50} for Acute Dermal Toxicity):在白兔裸露皮肤上连续接触 24 h,在 14 天内使受试验动物半数死亡所施用的物质剂量,其结果以每千克体重的毫克数(mg/kg)表示。

(3)急性吸入毒性的半数致死浓度 LC_{50}(LC_{50} for Acute Toxicity on Inhalation):刚成熟的雄性和雌性天竺鼠(白鼠)连续吸入 1 h,在 14 天内使受试验动物半数死亡所施用的蒸气、烟雾或粉尘的浓度。对于试验结果,粉尘和烟雾用在每升空气中的毫克数(mg/L)表示,蒸气则用在每立方米空气中的毫克数(mL/m^3)或 ppm 表示。

显然,毒物的 LD_{50} 或 LC_{50} 越小,其毒性越大。根据运输中毒害危险程度,有毒物质的包装被划分为 3 个等级包装:包装类Ⅰ,剧毒危险;包装类Ⅱ,中等毒性危险;包装类Ⅲ,较低毒性危险。经口吞咽、与皮肤接触和被吸入粉尘、烟雾的分类标准见表 7-2。

表 7-2 有毒物质的分类标准

包装类	口吞咽毒性 LD_{50}(mg/kg)	皮肤接触毒性 LD_{50}(mg/kg)	粉尘、烟雾吸入毒性 LC_{50}(mg/L)
Ⅰ	$LD_{50} \leq 5.0$	$LD_{50} \leq 50$	$LC_{50} \leq 0.2$
Ⅱ	$5.0 < LD_{50} \leq 50$	$50 < LD_{50} \leq 200$	$0.2 < LC_{50} \leq 2.0$
Ⅲ*	$50 < LD_{50} \leq 300$	$200 < LD_{50} \leq 1000$	$2.0 < LC_{50} \leq 4.0$

* 催泪气体尽管其毒性数据与包装类Ⅲ的数值相对应,仍应当被分类为包装类Ⅱ。

4. 有毒物质的危险特性

几乎所有有毒物质遇火时或受热分解时都会散发出有毒的气体。除毒性外,大部分有毒物质具有污染性,某些有毒物质还具有易燃、腐蚀等危险性。

另外,有毒物质所固有的毒性危险视其与人体的接触状况而定。

七、第 7 类——放射性物质(Radioactive Material)

1. 定义

(1)放射性物质系指在托运货物中任何含有放射性核素活度和比活度都超过《国际危规》所规定数值的物质,可分为低弥散性放射性物质、低比活度放射性物质、表面污染物体、可裂变物质及特殊形式的放射性物质。

(2)低弥散性放射性物质(Low Dispersible Radioactive Material)系指具有有限的弥散性且不是粉末状的固体放射性物质或装在密封容器内的固体放射性物质。

(3)低比活度(Low Specific Activity, LSA)放射性物质系指其本身的比活度有限的放射性物质,或适用估计平均比活度低于有关限制的放射性物质,分为 LSA-Ⅰ、LSA-Ⅱ、LSA-Ⅲ三类。

(4)表面污染物体(Surface Contaminated Object, SCO)系指本身并无放射性,但其表面分布有放射性物质的固体物,分为 SCO-Ⅰ、SCO-Ⅱ两类。

(5)可裂变物质(Fissile Nuclides)系指含有任何裂变核素的材料。

(6)特殊形式的放射性物质(Special Form Radioactive Material)系指非弥散型固体放射性物质,或含有放射性物质的密封盒(密封盒的制造应做到只有该盒被破坏时才能打开)。

2. 放射性度量标准

(1)放射性活度(Radioactivity Strength):又称放射性强度,是指每秒内某放射性物质发生核衰变的数目或射出的相应粒子的数目,国际计量单位为 Bq(贝可勒尔)。

(2)放射性比活度(Specific Activity):又称放射性比度,是指单位质量(或体积)的放射性物质所具有的放射性活度,国际计量单位为 Bq/kg(贝可/千克)。

(3)剂量当量(Dose Equivalent):表示生物体受射线照射,每千克体重所吸收的相当能量,单位是 mSv(毫希弗特)。国际公认的人体每年最大允许剂量当量为 5 mSv。

(4)辐射水平(Radiation Level):又称剂量当量率,是指单位时间所受的剂量当量,单位是 mSv/h。

3. 射线的种类、性质及其危害性

放射性物质放出的射线可分为 α 射线、β 射线、γ 射线和中子流,它们的性质和对人体造成的辐射危害是不相同的。

(1)α 射线(αRays):带正电的粒子流,有很强的电离作用,但射程很短,穿透能力很弱,主要危害是一旦被人体摄入(内照射),会严重损伤人体器官和组织。

(2)β 射线(βRays):带负电的粒子流,电离作用比 α 射线弱,但穿透能力比 α 射线强,主要通过处于空间辐射场照射(外照射)危害人体。

(3)γ 射线(γRays):一种波长很短的电磁波,即光子流。其不带电,以光速运动,能量大,穿透能力很强,约为 β 射线的 50~100 倍,因此也主要通过外照射危害人体。

(4)中子流(Neutron Current):不带电,穿透能力很强,同样一般通过外照射危害人体,但其造成人体损伤的有效性是 γ 射线的 2.5~10 倍。

4. 运输指数(Transport index, *TI*)

运输指数系指距包件、集合包件(Overpack)、罐柜、集装箱或无包装的低比度放射性物质(LSA-Ⅰ)或表面受放射性污染的物体(SCO-Ⅰ)等放射性货物外表面 1 m 远处的最大辐射水平(单位 mSv/h),所确定的值乘以 100,结果就是运输指数(*TI*)。对于大尺度的罐柜、集装箱或无包装的 LSA-Ⅰ或 SCO-Ⅰ等货件，其 *TI* 值还应乘以与货物横截面尺寸有关的放大系数，具体见表 7-3。

表 7-3　罐柜、集装箱以及无包装的 LSA-Ⅰ和 SCO-Ⅰ的倍增系数

货载尺寸(取货载单元的最大横截面积)	倍增系数
货载尺寸≤1 m^2	1
1 m^2<货载尺寸≤5 m^2	2
5 m^2<货载尺寸≤20 m^2	3
20 m^2<货载尺寸	10

八、第 8 类——腐蚀品(Corrosive Substances)

1. 定义

腐蚀品是指通过化学反应能严重地伤害与之接触的生物组织的物质，或在泄漏时能损害甚至毁坏其他物质或船舶的物质。

2. 危险

腐蚀品是化学性质非常活泼的物质，能与很多金属，非金属及动、植物机体等发生化学反应。腐蚀品不仅具有腐蚀性，很多同时还具有毒性、易燃性或氧化性等性质中的一种或几种。人体接触腐蚀品会被灼伤，其他物质接触腐蚀品会被腐蚀或破坏，甚至燃烧。

按其运输中的危险程度，将腐蚀品分成以下 3 个等级包装类：包装类Ⅰ，严重危险性；包装类Ⅱ，中等危险性；包装类Ⅲ，一般危险性。

腐蚀性物质通常根据表 7-4 的标准确定腐蚀性物质的包装类别。

表 7-4　“能使完好的皮肤出现坏死现象”的暴露时间及观察时间表

包装类	暴露时间	观察周期	影响
Ⅰ	≤3 min	≤60 min	完好皮肤全厚度损毁
Ⅱ	>3 min，≤1 h	≤14 d	完好皮肤全厚度损毁
Ⅲ	>1 h，≤4 h	≤14 d	完好皮肤全厚度损毁
Ⅲ	—	—	在 55 ℃的测试温度下，对钢和铝都进行测试，有一种材料表面年腐蚀率超过 6.25 mm

3.《水路危规》对腐蚀品分类的特殊规定

考虑到腐蚀品的性质差异较大，我国《水路危规》将第 8 类又划分了 3 个小类：第 8.1 类为酸性腐蚀品，第 8.2 类为碱性腐蚀品，第 8.3 类为其他腐蚀品。

九、第 9 类——杂类危险物质或物品和对环境有害的物质 [Miscellaneous Dangerous Substances and Articles (Class 9) and Environmentally Hazardous Substances]

1. 定义

杂类危险物质或物品和对环境有害的物质是指在运输中呈现出未列入其他类别的危险的物质和物品。本类物质和物品包括:

(1)具有 SOLAS 1974 第Ⅶ章 A 部分规定列出的危险性,但未列入其他类别的物质和物品;

(2)SOLAS 1974 第Ⅶ章 A 部分未规定,但 MARPOL 73/78 附则Ⅲ规定的有害物质(海洋污染物)。

《国际危规》第 9 类物质和物品具体包括:以微细粉尘吸入可危害健康的物质、会放出易燃气体的物质、锂电池组、双电层电容器、救生设备、一旦发生火灾可形成二噁英的物质和物品、在高温下运输或提交运输的物质、危害环境的物质、转基因微生物(GMMOs)或转基因生物体(GMOs)及运输过程中存在危险但不满足其他类别定义的其他物质和物品[包括乙醛合氨、固体二氧化碳(干冰)、连二亚硫酸锌(亚硫酸氢锌)、二溴二氟甲烷、苯甲醛、硝酸铵基化肥、稳定的鱼粉(鱼屑)、磁化材料、蓖麻籽或蓖麻粉或蓖麻油渣或蓖麻片、内燃发动机、电池驱动车辆或设备、化学品箱或急救箱、空运受管制的液体及固体、熏蒸过的货物运输装置、机器或仪器中的危险货物、电池(镍金属氢化物)、废弃包装(空的,未清洁的)等]。

对环境有害的物质(Environmentally Hazardous Substances)主要包括对水环境造成污染的液体或固体物质,以及此类物质的溶液和混合物(如制剂和废弃物)。

海洋污染物须按环境有害物质进行分类,《国际危规》对其一般规定为:

(1)海洋污染物须按照经修正的 MARPOL 73/78 附则Ⅲ的规定运输。

(2)索引 MP 栏中以字母 P 标记的物质、材料和物品,或危险货物一览表第 4 栏使用符号“P”的正确运输名称被确定为海洋污染物。

(3)如满足第 1 至 8 类的任一标准,海洋污染物须依据其性质在相应的条目下运输。如果不满足这些类别的标准,除非在第 9 类中列有专门的条目,否则须按下列条目运输:UN3077 对环境有害的物质,固体的,未另列明的;或 UN3082 对环境有害的物质,液体的,未另列明的(选合适者)。

电池和电池组、安装在设备中的电池和电池组,或与设备一起包装的电池和电池组,凡含有任何形式锂的,均须酌情划为 UN3090、UN3091、UN3480 或 UN3481。

2.《水路危规》对杂类危险物质和物品分类的特殊规定

我国《水路危规》将第 9 类又细分为 2 个小类:第 9.1 类为杂类,第 9.2 类为另行规定的物质。

第二节　危险货物的包装和标志

一、危险货物包装

危险货物主要通过包装来抑制和钝化其危险性，由于包装不良而造成重大事故多年来一直屡见不鲜。可以说，危险货物的包装是确保货运安全的基础。包装系指一个或多个容器及为形成盛装功能和其他安全功能所必需的任何其他组件或材料，包件系指包装作业的最终产物，由包装和所装的用于运输的内装物组成。《国际危规》第四部分“包装和罐柜规定”、第六部分“包装、中型散装容器、大宗包装、散装包装、可移动罐柜、公路罐车的构造和试验规定”对包装的使用、构造和试验做了明确说明。

（一）危险货物包装分类

1. 按包装形式分类

危险货物包装按其包装形式，可分为单一包装、复合包装、组合包装、大宗包装、中型散装容器、罐柜等。

（1）单一包装（Single Packaging）：直接将货物盛装在包装容器中，其最大净重不超过 400 kg，最大容积不超过 450 L 的包装。

（2）复合包装（Composite Packaging）：由一个外包装和一个内容器在结构上形成一个整体的包装（一旦组装好后，无论在充罐、贮存、运输和卸空时始终是一个单一的整体），其最大净重不超过 400 kg，最大容积不超过 450 L。

（3）组合包装（Combination Packaging）：由一个或多个内包装按相关要求紧固在一个外包装内组成的包装组合，其最大净重不超过 400 kg。

（4）大宗包装（Large Packaging）：由装有物品或内包装的外包装组成的包装，设计上适合用机械装卸，且净重超过 400 kg 或容积超过 450 L，但容积不大于 3.0 m^3。

（5）中型散装容器（Intermediate Bulk Container，IBC）：刚性或柔性可移动包装，设计上适合用机械装卸，用于包装类Ⅱ和Ⅲ的固体和液体、使用金属 IBC 装运包装类Ⅰ的固体、用于第 7 类的放射性物质，其容积不应大于 3.0 m^3；使用柔性、刚性塑料、复合型、纤维板或木质 IBC 装运包装类Ⅰ的固体，其容积不应大于 1.5 m^3。帘布式散装容器（Sheeted Bulk Containers）系指顶部开敞式容器，具有刚性底板、侧壁、端壁，但箱顶为非刚性的盖板；封闭式散装容器（Closed Bulk Containers）系指具有刚性的箱顶、侧壁、端壁及底板，包括可在运输中关闭的顶开门、侧开门和端开门容器；柔性散装容器（Flexible Bulk Containers）是指容量不超过 15 m^3 的可调式容器，包括衬里和附带的装卸及辅助设备。

（6）罐柜（Tank）：装载固体、液体或液化气体的可移动罐柜（包括罐式集装箱）、公路罐车、铁路罐车或容器，当用于运输第 2 类气体时容量不小于 450 L。

2. 按封口分类

危险货物包装按其封口形式，可分为气密封口（Hermetically Sealed）、有效封口（Effectively Sealed）和牢固封口（Securely Sealed）3 种，依次为不透蒸气、不透液体和所装的干燥物质在正常操作中不致漏出的封口。

3. 按适用范围分类

危险货物包装按其适用范围，可分为通用包装和专用包装两类。通用包装适用于第 3、4、5 及 6.1 类中的大部分货物和第 1、8 类中的部分货物。其余货物由于其各自特殊危险性质，只能采用专用包装。

（二）危险货物的通用包装

1. 通用包装的等级

《国际危规》将危险货物的通用包装分为 3 个等级，其含义是：

（1）Ⅰ类包装——盛装的危险货物具有高度危险性。

（2）Ⅱ类包装——盛装的危险货物具有中度危险性。

（3）Ⅲ类包装——盛装的危险货物具有低度危险性。

2. 包装试验与包装代码

《国际危规》规定，危险货物包装在投入使用前必须通过规定的性能试验。试验应根据拟盛装货物的类型（液体或固体）、包装本身型式（箱或袋等）具体确定项目。这些试验项目包括跌落试验（Drop Test）、渗漏试验（Leakproofness Test）、液压（内压）试验［Internal Pressure（Hydraulic）Test］、堆码试验（Stacking Test）等。针对不同等级的包装，试验要求是不同的，如拟盛装固体危险货物的包装进行跌落试验时，Ⅰ类包装的跌落高度为 1.8 m，Ⅱ类包装的跌落高度为 1.2 m，Ⅲ类包装的跌落高度为 0.8 m；而拟盛装液体危险货物的包装进行渗漏试验时，包装须被置于水下 5 min，同时向内部施加空气压力，Ⅰ类包装不小于 30 kPa（0.3 bar），Ⅱ类包装不小于 20 kPa，Ⅲ类包装不小于 20 kPa；除袋子外，所有包装设计类型都须进行堆码试验并对样品顶部施加负荷力，所施加的负荷力等于运输中可能堆积在它上面相同包件的总重，堆积的最低高度包括样品在内须为 3 m，试验持续时间须为 24 h，受试验样品无渗漏试验合格。

《国际危规》还规定，试验合格的包装都应在明显部位标注清晰持久的包装合格标记，如图 7-1 所示。

(a) 固体危险货物包装标记　　(b) 液体危险货物包装标记

图 7-1　包装标记示例

图中各符号表示：

（1）UN——联合国包装符号（我国包装符号为GB）。

（2）4G（1A1）——第一位阿拉伯数字表示包装型式［1—圆桶；2—（保留）/木琵琶桶（我国）；3—罐；4—箱；5—袋；6—复合包装；7—压力容器］；第二位大写拉丁字母表示包装材料［A—钢；B—铝；C—天然木；D—胶合板；F—再生木；G—纤维板；H—塑料；L—编织材料；M—纸；N—金属（钢、铝除外）；P—玻璃、陶瓷和粗瓷器］；最后一个阿拉伯数字表示特定包装类型的特殊结构或性能（桶、罐，1—不可拆装桶顶，2—可拆装桶顶；天然木板箱，1—普通型，2—防撒漏型；塑料箱，1—膨胀，2—硬；纺织品袋、编织塑料袋，1—无内衬或涂层，2—防撒漏，3—防水，4—薄膜；纸袋，1—多层，2—多层防水），如“1A1”表示不可拆装桶顶（闭口）的钢质圆桶，“1A2”则表示可拆装桶顶（中开口）的钢质圆桶。

对于复合包装，须在代码的第二个位置依次使用两个大写拉丁字母，第一个字母表示内容器的材料，第二个表示外包装的材料；对于组合包装，仅使用其外包装的代码。

（3）Y135（X1.4）——大写拉丁字母是包装等级的代码。包装等级的标记代号：X—符合Ⅰ、Ⅱ、Ⅲ类包装要求；Y—符合Ⅱ、Ⅲ类包装要求；Z—符合Ⅲ类包装要求。数字135是指本包装允许最大总重为135 kg（固体），1.4表示允许盛装液体物质的最大相对密度（如果相对密度不超过1.2，可免除此项）。

（4）S（250）——S表示只适用于盛装固体货物；250则是以精确到最近的10 kPa表示的试验压力，该压力值就是本包装顺利通过的液压试验。

（5）06——表示2006年制造。

（6）NL（CN）——授权使用标记的国家，NL是荷兰的代号，CN是中国的代号。

（7）VL823（3100/61645）——制造厂名称或主管机关规定的其他识别标志。

另外，对于修复的包装，还应加标修复年份和“R”；对于符合《关于危险货物运输的建议书规章范本》（以下简称《规章范本》）要求的救助包装，在包装代码后加字母“T”；对于符合《规章范本》要求的特殊包装，在包装代码后加字母“V”；对于容器类型虽与编码所表示的相同，但其制造的规格与附录A的规格不同，但根据《规章范本》的要求被认为是等效包装，在包装代码后加字母“W”。

救助包装（Salvage Package）：为了回收或处理而运输用于盛装损坏、渗漏或不符合规定的危险货物的特殊包装，该包装应满足通用Ⅱ类包装要求。

含有危险货物残余物或装有未经清洗的空包装、空散装容器及空货物运输组件，须遵守最近一次所装危险货物包件、散装容器或货物运输组件适用的有关规定（仍将其视作装过的危险货物对待）。

（三）危险货物专用包装

危险货物的专用包装主要是指气体和放射性物质的包装。第2类气体货物需采用耐压容器作为专用包装，此类包装的检验、试验及批准应由主管机关授权的机构进行，UN可重复充罐压力容器须具有清晰认证标志、操作标志和生产标志。第7类放射性物质的包装按货物的运输指数(*TI*)及外表面任意位置的最大辐射水平(*MaxRL*)分为3个等级,其中包装类Ⅰ的图案标志呈白色并须注明放射性活度,包装类Ⅱ、Ⅲ包装的图案标志均呈黄色并须注明放射性活度和*TI*数值。这类包装分类方法恰好与危险货物通用包装等级分类方法相反,即包装等级号越大,危险程度越大。具体包装等级见表7-5。

表7-5　第7类包件和集合包件的危险级别

条件		包装级别
运输指数 *TI*	外表面任意位置的最大辐射水平 *MaxRL*(mSv/h)	
$TI \approx 0$[a]	$MaxRL \leqslant 0.005$	Ⅰ-白色
$0 < TI \leqslant 1$[a]	$0.005 < MaxRL \leqslant 0.500$	Ⅱ-黄色
$1 < TI \leqslant 10$	$0.5 < MaxRL \leqslant 2.0$	Ⅲ-黄色
$TI > 10$	$2 < MaxRL \leqslant 10$	Ⅲ-黄色[b]

a——若测得的运输指数不大于0.05,按相关规定,此数值可以为零。

b——必须按独家使用(under Exclusive Use)方式运输。对于第7类物质的运输而言,独家使用系指由一个发货人独自使用一个运输工具或一个大的货物集装箱,有关起始、中途和最终的装卸作业全部按照发货人或收货人的指示进行。

另外,《国际危规》对用于第1类爆炸品、第4.1类自反应物质、第5.2类有机过氧化物及第6.2类A类感染性物质的包装给出了特殊包装规定,其中前面三种包装均须满足包装类Ⅱ的实验要求。

(四)危险货物包装导则

为确定不同危险货物包装的具体要求,《国际危规》以相应包装导则表的形式给出。根据适用的包装类型,包装可分成3种类型:一般包装、中型散装容器和大宗包装,包装导则对应为字母"P"、字母"IBC"及字母"LP",再加数字编码表示。对于部分物质和物品,包装导则给出了特殊包装规定,这些特殊规定对应为字母"PP"、字母"B"及字母"L",再加数字编码表示。对应包装导则的形式及内容如表7-6(a)、表7-6(b)及表7-6(c)所示。

二、危险货物标志

危险货物运输过程中,为帮助各环节涉及人员快速、准确识别货物,保证货运安全,必须在危险货物包件或货物运输组件上粘贴好标记、图案标志和标牌。

1. 标记(Mark)

标记是标注在包装危险货物外表面的简短文字或符号。《国际危规》要求,除另有规定外,每个装有危险货物的包件都应标有危险货物的正确运输名称(Proper Shipping Name, PSN)和冠以"UN"字母的相应联合国编号,联合国编号和字母"UN"的高度至少

12 mm。示例标记如下：

腐蚀性液体,酸性,有机的,为另列明的(辛酰氯),UN3265。

表 7-6(a)　有关包装使用的包装导则(不包括 IBCs 和大宗包装)

△410	包装导则	P410	
若符合 4.1.1 和 4.1.3 的一般规定,认可下列包装:			
组合包装		最大净重	
内包装	外包装	包装类Ⅱ	包装类Ⅲ
玻璃　10 kg	桶		
塑料[1]　30 kg	钢(1A1,1A2)	400 kg	400 kg
金属　40 kg	铝(1B1,1B2)	400 kg	400 kg
纸[1,2]　10 kg	其他金属(1N1,1N2)	400 kg	400 kg
纤维质[1,2]　10 kg	塑料(1H1,1H2)	400 kg	400 kg
	胶合板(1D)	400 kg	400 kg
	纤维(1G)[1]	400 kg	400 kg
	箱		
	钢(4A)	400 kg	400 kg
[1]包装须是能防筛漏的。	铝(4B)	400 kg	400 kg
[2]在运输期间,当被运输的物质可能变成液体时,这些内包装不能使用	其他金属(4N)	400 kg	400 kg
	天然木(4C1)	400 kg	400 kg
	天然木,箱壁防筛漏(4C2)	400 kg	400 kg
	胶合板(4D)		
	再生木(4F)	400 kg	400 kg
	纤维板(4G)[1]	400 kg	400 kg
	泡沫塑料(4H1)	400 kg	400 kg
	硬塑料(4H2)	60 kg	60 kg
		400 kg	400 kg
	罐		
	钢(3A1,3A2)	120 kg	120 kg
	铝(3B1,3B2)	120 kg	120 kg
	塑料(3H1,3H2)	120 kg	120 kg
单一包装			
桶			
钢(1A1 或 1A2)		400 kg	400 kg
铝(1B1 或 1B2)		400 kg	400 kg
除钢或铝以外的其他金属(1N1 或 1N2)		400 kg	400 kg
塑料(1H1 或 1H2)		400 kg	400 kg

续表

罐 钢(3A1 或 3A2) 铝(3B1 或 3B2) 塑料(3H1 或 3H2)	 120 kg 120 kg 120 kg	 120 kg 120 kg 120 kg
箱 钢(4A)[3] 铝(4B)[3] 其他金属(4N)[3] 天然木(4C1)[3] 天然木,箱壁防筛漏的(4C2)[3] 胶合板(4D)[3] 再生木(4F)[3] 纤维板(4G)[3] 硬塑料(4H2)[3]	 400 kg 400 kg 400 kg 400 kg 400 kg 400 kg 400 kg 400 kg 400 kg	 400 kg 400 kg 400 kg 400 kg 400 kg 400 kg 400 kg 400 kg 400 kg
袋 袋(5H3,5H4,5L3,5M2)[3,4]	 50 kg	 50 kg
复合包装		
装于钢、铝、胶合板、纤维质或塑料桶内的塑料容器(6HA1,6HB1,6HG1,6HD1 或 6HH1)	400 kg	400 kg
装于钢或铝板条箱或铝、木质、胶合板、纤维板或硬塑料箱内的塑料容器(6HA2,6HB2,6HC,6HD2,6HG2 或 6HH2)	75 kg	75 kg
装于钢、铝、胶合板或纤维桶内的玻璃容器(6PA1,6PB1,6PD1 或 6PG1)或装于钢、铝、木质、枝条篮或纤维板箱内的玻璃容器(6PA2,6PB2,6PC,6PD2 或 6PG2)或装在硬塑料或泡沫塑料内的玻璃容器(6PH1 或 6PH2) [3]在运输期间,当被运输的物质可能变成液体时,这些包装不能使用。 [4]当在一个封闭的货物运输组件中运输时,这些包装袋只适用于包装类Ⅱ的物质	75 kg	75 kg
压力容器,应符合 4.1.3.6 的一般规定		
特殊包装规定 PP31 对于 UN1326,1339,1340,1341,1343,1352,1358,1373,1374,1378,1379,1382,1384,1385,1390,1393,1394,1400,1401,1405,1417,1431,1437,1871,1923,1929,2004,2008,2318,2545,2546,2624,2805,2813,2830,2835,2844,2881,2940,3078,3088,3170(包装类Ⅱ),3182,3189,3190,3205,3206,3208 和 3209,包装须采用气密包装。 PP39 对于 UN1378,采用金属包装时,应具有排气设备。 PP40 对于下列属于包装类Ⅱ的物质,不允许使用袋装包装:UN1326,1340,1352,1358,1374,1378,1382,1390,1393,1394,1396,1400,1401,1402,1405,1409,1417,1418,1436,1437,1871,2624,2805,2813,2830,2835,3078,3131,3132,3134,3170,3182,3208 和 3209。 PP83 对于 UN2813,可用防水袋来包装,并在防水袋内装不多于 20 g 防止热量积聚的物质。每个防水袋须封装入一个塑料袋中,再放入中间包装中。外包装中所含的物质不得超过 400 g。包装中不能含有水或能与遇水反应物质发生反应的液体		

表 7-6(b) 有关 IBCs 使用的包装导则

IBC07	包装导则	IBC07
若符合 4.1.1,4.1.2 和 4.1.3 的一般规定,认可下列的 IBCs: (1)金属(11A,11B,11N,21A,21B 和 21N); (2)刚性塑料(11H1,11H2,21H1 和 21H2); (3)复合包装(11HZ1,11HZ2,21HZ1 和 21HZ2); (4)木制的(11C,11D 和 11F)		
补充规定: 1. 如果在运输期间,固体可能变为液体,见 4.1.3.4。 2. 木制 IBCs 的内衬须防筛漏		
特殊包装规定: B1 对盛装包装类Ⅰ物质的 IBCs,须装在封闭货物运输组件或货运集装箱/货运车辆内运输;货运车辆须有至少达到 IBCs 高度的刚性侧壁或栅栏。 B2 除了金属或刚性塑料 IBCs,对于盛装包装类Ⅱ固体物质的 IBCs,须将其放入封闭货物运输组件或货运集装箱/货运车辆内运输;货运车辆须有至少达到 IBCs 高度的刚性侧壁或栅栏。 B4 柔性的、纤维板或木制的 IBCs 须防筛漏、防水或须具备防筛漏和防水的里衬		

表 7-6(c) 可移动罐柜导则

T1-T22		可移动罐柜导则		T1-T22
本可移动罐柜导则适用于第 3 类到第 9 类液态和固态物质,并须遵守 6.7.2 的一般规定				
可移动罐柜导则	最低试验压力(bar)	最小罐壳厚度(单位:mm-标准钢)(见 6.7.2.4)	安全降压规定[a](见 6.7.2.8)	底部开口规定(见 6.7.2.6)[b]
T1	1.50	见 6.7.2.4.2	正常	见 6.7.2.6.2
T2	1.50	见 6.7.2.4.2	正常	见 6.7.2.6.3
T3	2.65	见 6.7.2.4.2	正常	见 6.7.2.6.2
T4	2.65	见 6.7.2.4.2	正常	见 6.7.2.6.3
T5	2.65	见 6.7.2.4.2	见 6.7.2.8.3	不允许
…	…	…	…	…
T22	10.00	10 mm	见 6.7.2.8.3	不允许

a——当表中此项为“正常”时,6.7.2.8 中除 6.7.2.8.3 之外的所有规定都适用。

b——当该栏显示“不允许”时,拟运物质为液体时不允许底部开口(见 6.7.2.6.1);当拟运物质在正常运输过程中的任何温度条件下均为固态时,按照 6.7.2.6.2 的规定允许底部开口。

2. 图案标志(Label)

危险货物图案标志是指包件上的图案和相应说明,用来描述所装货物的危险性和危险程度。标志是以危险货物分类为基础的,如果没有特殊规定,《国际危规》"危险货物一览表"具体列出的物质或物品,应具有该表第3栏所示危险性的危险类别标志(主标志),并附加有第4栏中类别或分类号所表示的危险性的副危险标志(副标志),除爆炸品外具有两种以上危险性质的货物,其主标志和副标志要求上没有区别。危险货物标志、海洋污染物标志的尺寸须不小于100 mm×100 mm,呈方形,其边与水平线以菱形放置。危险性优先顺序见表7-7。

表7-7 危险性优先顺序

类别及包装类		4.2	4.3	5.1 Ⅰ	5.1 Ⅱ	5.1 Ⅲ	6.1, Ⅰ皮肤	6.1, Ⅰ口	6.1 Ⅱ	6.1 Ⅲ	8, Ⅰ液体	8, Ⅰ固体	8, Ⅱ液体	8, Ⅱ固体	8, Ⅲ液体	8, Ⅲ固体
3	Ⅰ*		4.3				3	3	3	3	3	—	3	—	3	—
3	Ⅱ*		4.3				3	3	3	3	8	—	3	—	3	—
3	Ⅲ*		4.3				6.1	6.1	6.1	3**	8	—	8	—	3	—
4.1	Ⅱ*	4.2	4.3	5.1	4.1	4.1	6.1	6.1	4.1	4.1	—	8	—	4.1	—	4.1
4.1	Ⅲ*	4.2	4.3	5.1	4.1	4.1	6.1	6.1	6.1	4.1	—	8	—	8	—	4.1
4.2	Ⅱ		4.3	5.1	4.2	4.2	6.1	6.1	4.2	4.2	8	8	4.2	4.2	4.2	4.2
4.2	Ⅲ		4.3	5.1	5.1	4.2	6.1	6.1	6.1	4.2	8	8	8	8	4.2	4.2
4.3	Ⅰ			5.1	4.3	4.3	6.1	4.3	4.3	4.3	4.3	4.3	4.3	4.3	4.3	4.3
4.3	Ⅱ			5.1	4.3	4.3	6.1	4.3	4.3	4.3	8	8	4.3	4.3	4.3	4.3
4.3	Ⅲ			5.1	5.1	4.3	6.1	6.1	6.1	4.3	8	8	8	8	4.3	4.3
5.1	Ⅰ						5.1	5.1	5.1	5.1	5.1	5.1	5.1	5.1	5.1	5.1
5.1	Ⅱ						6.1	5.1	5.1	5.1	8	8	5.1	5.1	5.1	5.1
5.1	Ⅲ						6.1	6.1	6.1	5.1	8	8	8	8	5.1	5.1
6.1	Ⅰ皮肤										8	6.1	6.1	6.1	6.1	6.1
6.1	Ⅰ口										8	6.1	6.1	6.1	6.1	6.1
6.1	Ⅱ吸入										8	6.1	6.1	6.1	6.1	6.1
6.1	Ⅱ皮肤										8	6.1	8	6.1	6.1	6.1
6.1	Ⅱ口										8	8	8	6.1	6.1	6.1
6.1	Ⅲ										8	8	8	8	8	8

备注:(1)*除自反应物质和固态退敏爆炸品以外的第4.1类物质和除液态退敏爆炸品以外的第3类物质。

(2) * *6.1 指农药。

(3)—指不可能的组合。

下列物质、材料和物品的危险性优先顺序没有在危险性优先顺序表中列明,这些主要危险总是优先的:

(1)第 1 类物质和物品;

(2)第 2 类气体;

(3)第 3 类液态退敏爆炸品;

(4)第 4.1 类自反应物质和固态退敏爆炸品;

(5)第 4.2 类引火性物质;

(6)第 5.2 类物质;

(7)第 6.1 类中具有包装类 I 的蒸气吸入有毒的物质;

(8)第 6.2 类物质;

(9)第 7 类物质。

3. 标牌(Placard)

放大的图案标志(不小于 250 mm×250 mm),称为标牌,适用于集装箱、货车、可移动罐柜等相对较大的运输单元。对于货物运输组件内的物质,如果液态物质运输或交付运输时温度等于或超过 100 ℃,或固体物质运输或交付运输时温度等于或超过 240 ℃,那么组件须在其每一端侧粘贴等边三角形(边长不小于 250 mm)的加温标牌。熏蒸警示标志须为矩形,其尺寸不小于 400 mm(长)×300 mm(高)。

《国际危规》规定,危险货物所有标志须清晰可见且易识别,须满足在海水中浸泡 3 个月以上其内容仍清晰可辨的要求。救助包装和救助压力容器还须额外标有“SALVAGE”字样,容量超过 450 L 的中型散装容器和大宗包装须在相对的两侧做标记。《水路危规》规定,危险货物标志应粘贴、印刷牢固,在运输中清晰、不脱落。各类危险货物标志和标牌式样见附录Ⅱ。

第三节　危险货物积载与隔离

积载过程中,正确、合理地选择危险货物的装载舱位、处理不相容危险货物之间的隔离问题,对保证危险货物的运输安全,特别在其发生包装破损后采取有效的防护和应急措施非常重要。

一、危险货物积载原则

（一）相关定义

1. 积载（Stowage）

积载系指为在航行中确保安全和保护环境，将危险货物恰当地布置在船上。舱面积载（Stowage on Deck）系指在露天甲板上积载，舱内积载（Stowage under Deck）系指不在露天甲板的任何积载。

2. 远离生活区（Clear of Living Quarters）

远离生活区系指包件或货物运输组件须距居住舱、进气口、机器处所和其他封闭工作区至少 3 m 进行积载。

3. 装运第 1 类货物的封闭货物运输组件（Closed Cargo Transport Unit for Class 1）

装运第 1 类货物的封闭货物运输组件系指用永久性结构将内容物完全封装并能固定在船舶结构上的组件。

4. 潜在火源（Potential Sources of Ignition）

潜在火源系指但不限于开放火源、机器排气装置、厨房通风口、电插座和包括货物运输组件制冷或加热设备在内的电气设备（经认可的安全型电气设备除外）。

5. 远离热源（Protected from Sources of Heat）

远离热源系指包件或货物运输组件须距离表面温度超过 55 ℃的船舶结构至少 2.4 m 进行积载。受热结构包括蒸汽管、加热盘、加热燃料和货物罐柜的顶部或侧壁和机舱处所的舱壁。

需要注意的是，IMDG 规则文本中不再使用“弹药舱”这个词汇。不作为船舶固定部分的弹药舱须遵守装运第 1 类货物的封闭货物运输组件的规定，作为船舶固定部分的弹药舱（例如舱室、甲板下空间或货舱）须遵守第 1 类货物相关积载与隔离的规定。

（二）一般积载原则

（1）桶装危险货物应直立堆装，除非经主管机关另有批准。

（2）危险货物的积载应确保走道和通向所有船舶安全作业必需设备的通道不受影响。危险货物在舱面积载时，应确保消火栓、测量管及其他类似设备和通道不受影响，并与之远离。

（3）遇水易于损坏的纤维板箱、纸袋和其他包装须在舱内积载。如在舱面积载，应严加防护，任何时候都不能使其受天气或海水的侵蚀。

（4）可移动罐柜上不得积载其他货物，除非罐柜是出于此种目的设计的，或者其保护措施令主管机关满意。

(5)与将要运输的危险货物的危险性有关的货物处所和舱面须干燥和清洁。为了减少危险,货舱中须没有其他货物的粉尘,如谷物或煤粉尘。

(6)在舱面积载的危险货物尽可能为满足下列条件之一的物质:

①需要经常检查的物质。

②需要特殊接近检查的物质。

③能形成爆炸性混合气体,或能产生剧毒蒸气,或对船舶有严重腐蚀作用的物质。

(7)对需要防止压力增大、分解或聚合的物质,积载时须将包件遮蔽,使其不受辐射热,包括免受强烈的阳光照射。

(8)要求积载时予以遮蔽,使其不受辐射热的危险货物,在舱内积载时须“远离”热源。

(9)某些危险货物的积载应避开船员居住生活区,此类危险货物包括:

①易挥发的有毒气体或腐蚀性气体。

②遇潮湿空气产生有毒或腐蚀性蒸气的物质。

③释放强烈麻醉性蒸汽的物质。

④第2类易燃、有毒或腐蚀性气体。

(10)未清洗的空包装(包括中型散装容器和大宗包装)的积载:尽管危险货物一览表给出了积载规定,对于装满货物时仅限舱面积载的未清洗的空包装(包括中心散装容器和大宗包装),可以在舱面或舱内有机械通风的处所积载。带有第2.3类标志未清洗的空压力容器应仅限舱面积载,废喷雾剂须按危险货物一览表第16a栏进行积载。

(11)海洋污染物的积载:如果允许舱面或舱内积载,最好选择舱内积载;如果仅限舱面积载,应在有防护的舱面或有遮蔽的舱面上积载。根据危险货物不同的防护条件,舱面积载分为只限舱面、在有遮蔽的舱面和在有防护的舱面上积载三种方式,具体方式如图7-2所示。

(12)限量和可免除量的积载:限量危险货物和可免除量危险货物按积载类A进行积载,危险货物一览表第16a栏的积载要求对其不适用。

(13)装运危险货物的柔性散装容器(BK3)的积载:禁止在舱面积载,须在货舱中没有空隙的积载。如果其没有充满货舱,须采取充分的措施防止货物移动。堆码高度须不能超过3层。如果柔性散装容器带有通风装置,其积载须不能妨碍通风装置的功能。

(14)聚合性物质运输温度的控制:包装或中性散装容器中物质的自加速聚合温度(*SAPT*)小于等于50 ℃;可移动罐柜中物质的自加速聚合温度(*SAPT*)小于等于45 ℃等运输条件。聚合性物质还应当添加特别的化学抑制剂以抑制聚合反应的发生。

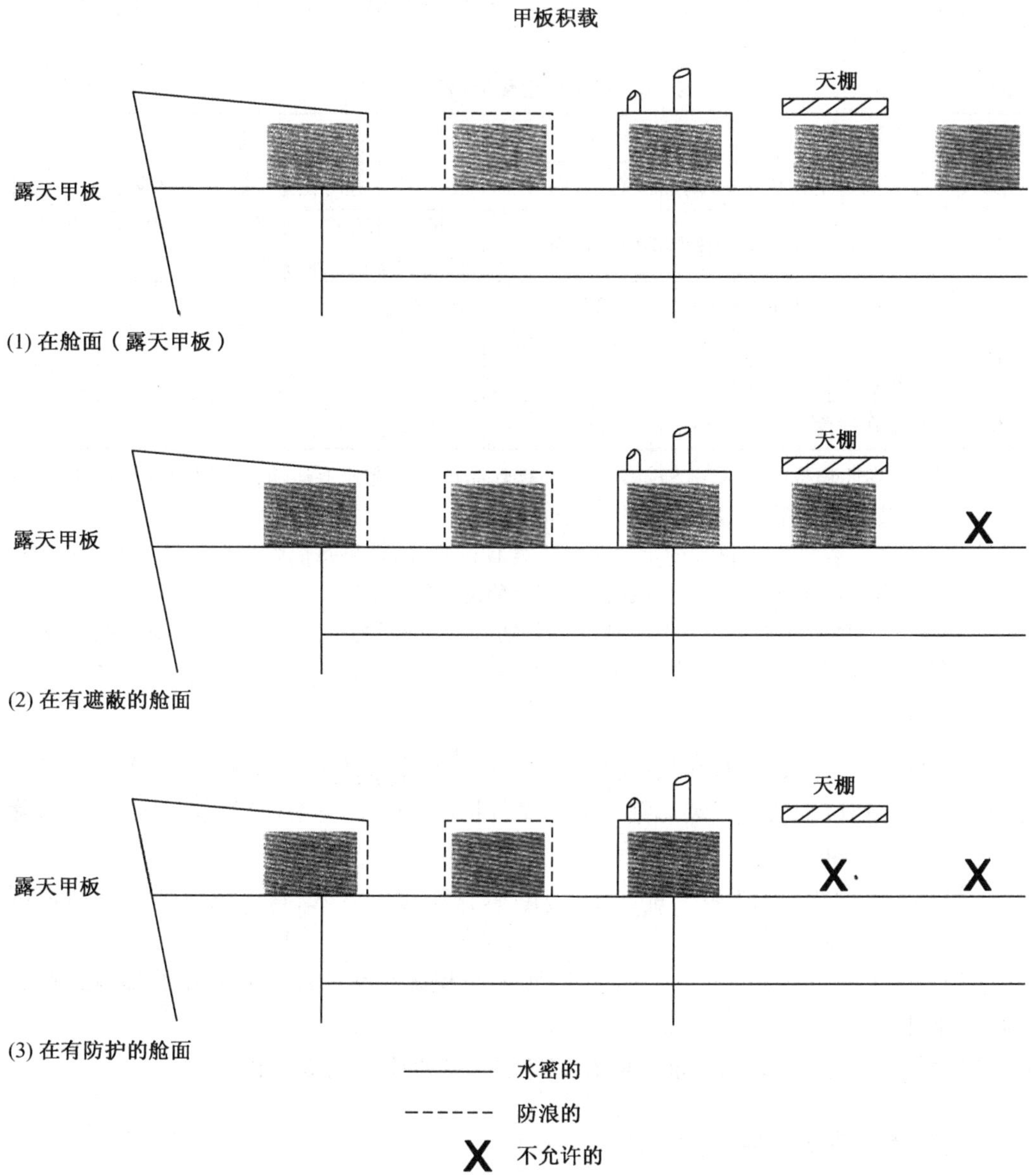

图 7-2　危险货物舱面积载方式示意图

二、危险货物的积载类别与积载要求

(一)第 1 类危险品的积载

1. 积载类的划分

第 1 类危险货物(限量内包装的 1.4S 类除外)须按危险货物一览表第 16a 栏列明

的积载类进行积载，该栏根据船型差异给出了 5 种积载类，即 01～05，具体分类见表 7-8。

表 7-8　第 1 类危险货物积载方式

积载类	货船（不超过 12 名旅客）	客船
01	在舱面封闭式货物运输组件内或舱内	在舱面封闭式货物运输组件内或舱内
02	在舱面封闭式货物运输组件内或舱内	在舱面封闭式货物运输组件内；或在舱内封闭式货物运输组件内*
03	在舱面封闭式货物运输组件内或舱内	禁止装运*
04	在舱面封闭式货物运输组件内；或在舱内封闭式货物运输组件内	禁止装运*
05	只限在舱面封闭式货物运输组件内	禁止装运*

备注：*——客船积载（7.1.4.4.5）：第 1.4S 类爆炸品可以在客船上运输，不受数量限制。除下列情况，其他第 1 类爆炸品不能在客船上运输：

（1）对于配装类 C、D 和 E 的货物和配装类 G 的物品，如果每船爆炸性物质总净重不超过 10 kg，并且以在舱面或舱内积载的封闭式货物运输组件运输。

（2）对于配装类 B 的物品，如果每船爆炸性物质总净重不超过 10 kg，并且以只限在舱面积载的封闭式货物运输组件运输。

2. 积载要求

（1）500 总吨及以上的货船、1984 年 9 月 1 日前建造的客船及 1992 年 2 月 1 日前建造的 500 总吨以下的货船装运第 1 类危险货物（第 1.4S 类除外）须仅限舱面积载，除主管机关另有批准。

（2）第 1 类危险货物（第 1.4 类除外）的积载须与生活区、救生设备和公共通道区域的水平距离不少于 12 m。

（3）第 1 类危险货物（第 1.4 类除外）须不能积载在距船舷 1/8 船宽的等效距离或 2.4 m 内，取较小者。

（4）第 1 类危险货物须不能积载在离潜在火源水平距离 6 m 以内。

（二）第 2 至 9 类危险品的积载

1. 积载类的划分

鉴于涉及危险货物的事故可能会迅速影响全船，对此载客人数不同的船舶若采取诸如安全撤离等措施，其困难程度是不同的。《国际危规》将第 2 至第 9 类和限量包装的 1.4S 类危险货物的积载位置分为“A～E”5 个积载类。需要将船舶类型和积载类这两种因素综合考虑，才能最终确定适当的积载方式，具体见表 7-9。

表 7-9 危险货物积载方式

船舶类型	积载类				
	积载类 A	积载类 B	积载类 C	积载类 D	积载类 E
货船及小客船	舱面或舱内	舱面或舱内	只限舱面	只限舱面	舱面或舱内
其他客船	舱面或舱内	只限舱面	只限舱面	禁止装运	禁止装运

表中:货船及小客船——货船或载客限额不超过 25 人或船舶总长每 3 m 不超过 1 人(取较大者)的客船;其他客船——载客超过上述限制数额的其他客船。

2. 积载要求

(1)第 2 类气体的积载:容器垂向积载时,须成组积载并用坚实的木材制成箱或框将容器围蔽。木箱或框须用楔垫固定,并绑扎牢固,以防止其任意移动。舱面积载的压力容器须远离热源。

(2)第 3 类货物的积载:对于使用塑料罐和塑料桶、塑料桶内的塑料容器和塑料中型散装容器包装的闪点低于 23 ℃c. c 的第 3 类物质,除非将其装于封闭式货物运输组件中,否则须仅限舱面积载。舱面积载的包件须远离热源。

易燃气体和极易燃液体的积载:对于 1984 年 9 月 1 日以前建造的 500 总吨及以上的货船和客船、1992 年 2 月 1 日以前建造的 500 总吨以下的货船,易燃气体和闭杯闪点低于 23 ℃的易燃液体须仅在舱面积载,且须距任何潜在火源至少 3 m,除非主管机关另有批准。

(3)第 4. 1、4. 2 和 4. 3 类货物的积载:舱面积载的包件须远离热源。

(4)第 5. 1 类货物的积载:装载氧化物质前货舱须清扫干净,非必需的所有可燃物须从货舱清除。须尽可能合理可行地使用非易燃的加固和防护材料,并且只能使用最少数量的清洁、干燥的木质垫料。须采取预防措施避免氧化性物质渗入到其他可能贮有可燃物质的货舱、舱底等处所。曾装运过氧化性物质的货舱,卸货后须检查有无污染物。在用于装运其他货物尤其是食品之前,原已被污染的货舱须做适当的清扫和检查。

(5)第 4. 1 类自反应物质和第 5. 2 类货物的积载:包件的积载须远离热源。当制定积载方案时,须记住,可能有必要采取适当的应急行动,例如抛弃货物。第 5. 2 类有机过氧化物仅限于舱面积载。

(6)第 6. 1 类和第 8 类货物的积载:卸货后须检查装运过本类物质的处所是否受到污染。装运其他货物,须对受污染的处所进行适当的清洗和检查。第 8 类物质须尽可能合理有效地保持干燥,因为这类物质受潮时对大多数金属有不同程度的腐蚀性,有的还与水发生剧烈反应。

(7)第 7 类货物的积载:

①除独家使用情况外,对装在同一运输工具上的包件、集合包件和集装箱须予以限制,使该运输工具上的运输指数总和不超过表 7-10 所列值,对 LSA-Ⅰ物质的运输指数总和没有限制。

②在放射性物质运输过程中,任何污染程度超过规定限值或表面辐射水平超过

5 μSv/h 的运输工具或设备,须尽快由适任人员消除污染,且不能再使用。

③放射性物质须与船员和旅客充分地隔离,须用下列剂量值计算隔离距离或辐射水平:

i. 船员经常占用的工作区域,剂量为每年 5 mSv;

ii. 旅客经常进入的区域,极限剂量为每年 1 mSv,并考虑与露于其他所有相关来源和受控应用的预计剂量。

④Ⅱ级-黄色标志或Ⅲ级-黄色标志的包件或集合包件不得在旅客占用的处所内运输,但如那些经特别授权押送此类包件或集合包件的工作人员而预留的处所除外。

⑤装有裂变物质的包件、集合包件和集装箱的存放须与其他组此类的包件、集合包件或集装箱组维持至少 6 m 的间距。

表 7-10　非独家使用条件下集装箱和运输工具的运输指数(*TI*)限值

集装箱或运输工具类型	单个集装箱或同一运输工具运输指数总和限值
小型集装箱	50
大型集装箱	50
车辆	50
内陆水道船舶	50
海船*	
1. 舱、室或特定区域:	
包件、集合包件、小型集装箱	50
大型集装箱(封闭集装箱)	200
2. 整船:	
包件、集合包件、小型集装箱	200
大型集装箱(封闭集装箱)	无限值

备注:*——装在按照 7.1.4.5.6 规定的车辆上运输的包件或集合包件可以用船舶进行运输,条件是在装载于船舶上的任何时候都不得把其从车辆中移出。

三、危险货物隔离等级、隔离表及其应用

隔离(Segregation)是将两个或多个不相容的物质或物品分开的过程(即保持一定的距离,或隔一层甚至是几层钢质甲板,或是这些措施的总和)。这些货物在包装或积载在一起时一旦发生泄漏、溢漏或其他事故会产生不必要的危险。

(一)危险货物的隔离等级

除第 1 类爆炸品之间的隔离要求另有规定外,《国际危规》将危险货物的隔离分为 4 个等级,如图 7-3 所示。

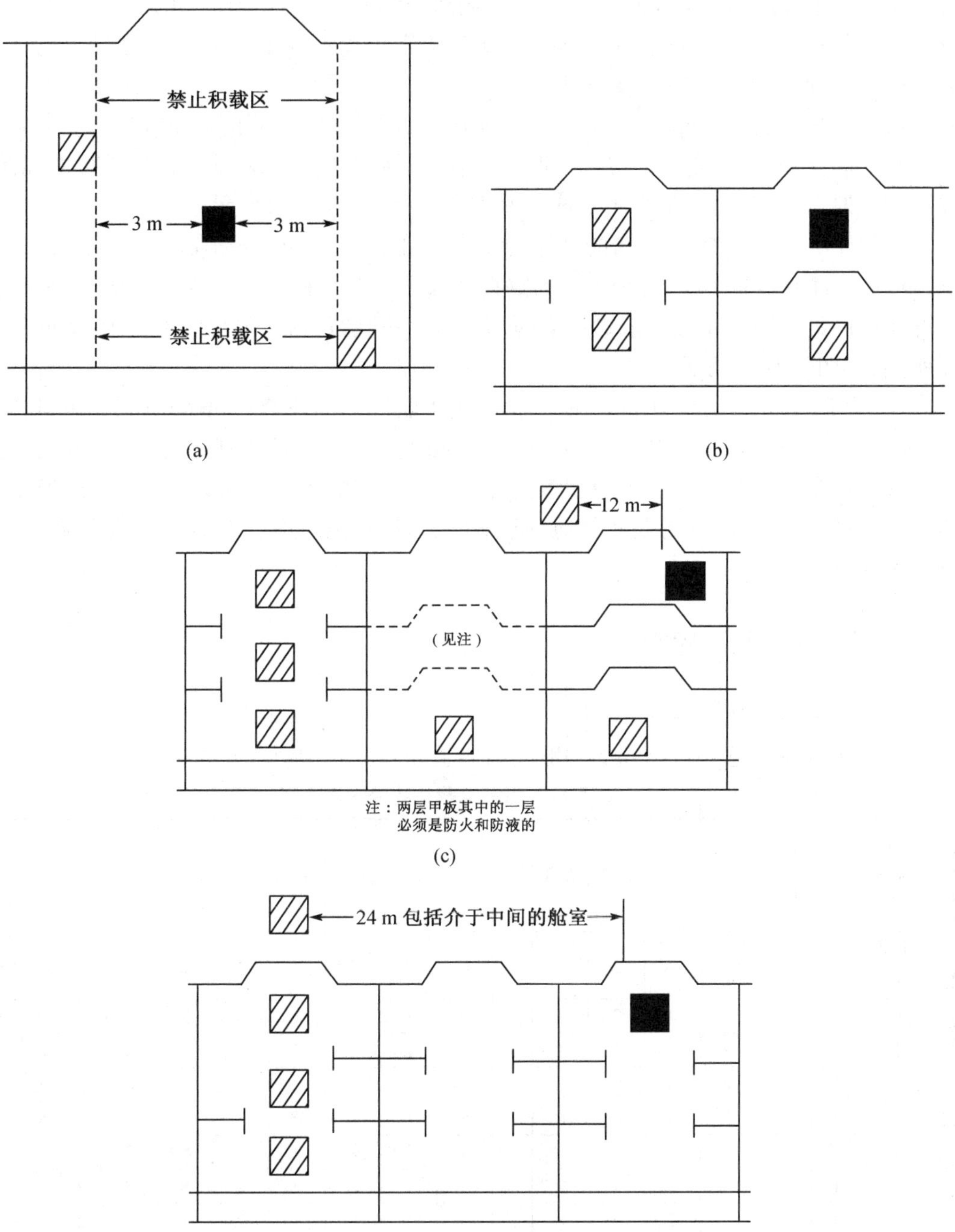

图 7-3　危险货物隔离

图注：——基准包件；

——不相容货物包件；

——防火防液的甲板。

(1)隔离1,远离(Away from):有效地隔离,从而使互不相容的物质在万一发生意外时不致相互起危险性反应,但只要水平垂直投影距离不少于3 m,仍可在同一舱室或货舱内或舱面上积载,如图7-3(a)所示。

(2)隔离2,隔离(Separated from):在舱内积载时,装在不同的舱室或货舱。如果中间甲板是防火防液的,则垂向隔离,即在不同的舱室积载,可以看成是同等效果的隔离。舱面积载时,这种隔离应不少于6 m的水平距离,如图7-3(b)所示。

(3)隔离3,用一介于中间的整个舱室或货舱隔离(Separated by a Complete Compartment or Hold from):垂向或水平的隔离。如果中间甲板不是防火防液的,则只能用一介于中间的整个舱室或货舱做纵向隔离。舱面积载时,这种隔离应不少于12 m的水平距离,如图7-3(c)所示。

(4)隔离4,用一介于中间的整个舱室或货舱做纵向隔离(Separated Longitudinally by an Intervening Complete Compartment or Hold from):单独的垂向隔离不符合这一要求。在舱内积载的包件与在舱面积载的另一包件之间的距离包括纵向的一整个舱室在内必须保持不少于24 m的距离。舱面积载时,这种隔离应不少于24 m的纵向距离,如图7-3(d)所示。

(二)隔离表及其应用

1. 包装危险货物隔离表

不同类别包装危险货物间的一般隔离要求如表7-11所示。

表7-11　包装危险货物隔离表

类别	1.1 1.2 1.5	1.3 1.6	1.4	2.1	2.2	2.3	3	4.1	4.2	4.3	5.1	5.2	6.1	6.2	7	8	9
1.1,1.2, 1.5	*	*	*	4	2	2	4	4	4	4	4	4	2	4	2	4	×
1.3,1.6	*	*	*	4	2	2	4	3	3	4	4	4	2	4	2	2	×
1.4	*	*	*	2	1	1	2	2	2	2	2	2	×	4	2	2	×
2.1	4	4	2	×	×	×	2	1	2	2	2	2	×	4	2	1	×
2.2	2	2	1	×	×	×	1	×	1	×	×	1	×	2	1	×	×
2.3	2	2	1	×	×	×	2	×	2	×	×	2	×	2	1	×	×
3	4	4	2	2	1	2	×	×	2	2	2	2	×	3	2	×	×
4.1	4	3	2	1	×	×	×	×	1	×	1	2	×	3	2	1	×
4.2	4	3	2	2	1	2	2	1	×	1	2	2	1	3	2	1	×
4.3	4	4	2	2	×	×	2	×	1	×	2	2	×	2	2	1	×
5.1	4	4	2	2	×	×	2	1	2	2	×	2	1	3	1	2	×
5.2	4	4	2	2	1	2	2	2	2	2	2	×	1	3	2	2	×

续表

类别	1.1 1.2 1.5	1.3 1.6	1.4	2.1	2.2	2.3	3	4.1	4.2	4.3	5.1	5.2	6.1	6.2	7	8	9
6.1	2	2	×	×	×	×	×	×	1	×	1	1	×	1	×	×	×
6.2	4	4	4	4	2	2	3	3	3	2	3	3	1	×	3	3	×
7	2	2	2	2	1	1	2	2	2	2	1	2	×	3	×	2	×
8	4	2	2	1	×	×	×	1	1	1	2	2	×	3	2	×	×
9	×	×	×	×	×	×	×	×	×	×	×	×	×	×	×	×	×

备注:1——“远离”;2——“隔离”;3——“用一介于中间的整个舱室或货舱隔离”;4——“用一介于中间的整个舱室或货舱做纵向隔离”;×——应查阅“危险货物一览表”第 16b 栏是否有具体隔离规定; * ——按第 1 类爆炸品之间的隔离要求配装。

2. 隔离表应用

(1)确定两种或更多危险货物间的隔离须考虑危险货物一览表第 16b 栏(具体隔离规定)和包装危险货物隔离表(一般规定),当两者规定不一致时,危险货物一览表中的具体隔离规定优先于一般规定。

(2)在使用“隔离表”时,如某些危险货物除具有主危险性外还具有单一副危险性(一个副危险标志),而副危险的隔离要求比主危险的要求更严,则须优先适用副危险的隔离要求。第 1 类副危险货物的隔离规定与第 1.3 类货物的隔离规定一致。

(3)具有两种以上危险特性(两种或两种以上副危险标志)的物质、材料或物品的隔离规定在危险货物一览表第 16b 栏中注明。例如:氯化溴,第 2.3 类,UN2901,副危险为第 5.1 类和第 8 类,在危险货物一览表中特殊隔离要求为“按第 5.1 类隔离,但应与第 7 类物质‘隔离’”。

(4)同类危险货物仍可积载在一起,而不必考虑副危险性(副危险标志)的隔离要求,前提是这些物质不会相互发生危险反应和引起:

①燃烧和/或产生大量的热;

②产生易燃、有毒或令人窒息的气体;

③生成腐蚀性物质;

④生成不稳定物质。

四、第 1 类爆炸品的配装类及隔离要求

1. 配装类的划分

第 1 类货物中,如果在一起能安全地积载或运输而不会明显地增加事故率或在一定量的情况下不会明显提高事故后果等级,可视其为“可配装的”,即配装类(Compatibility Group)。按此标准,《国际危规》将爆炸品分成 13 个配装类,每一类分别用字母 A~L(不包括 I)、N 和 S 表示,通常标于其分类号后,如 1.1B、1:4F。各配装类物质和物品及分类号间的关系见表 7-12。

表 7-12　第 1 类危险货物配装类别表

爆炸品的配装分类说明	配装类	类别符号
起爆物质	A	1.1A
含有起爆物质且不含有两种或两种以上有效保险装置的物品。 有些物质本身虽不具有爆炸性能,但像引爆雷管、用于引爆的导火线、火帽型的雷管组装物也应包括在内	B	1.1B 1.2B 1.4B
推进爆炸性物质或其他速燃爆炸性物质,或含有这些物质的物品	C	1.1C 1.2C 1.3C 1.4C
猛炸药、黑火药或含有猛炸药的物品,每种情况均无引爆装置和发射药,或含有起爆物质并有两种或含有两种以上有效保险装置和物品	D	1.1D 1.2D 1.4D 1.5D
含有猛炸药、无引爆装置、带有发射药(但不含有易燃液体、胶质炸药或双组分火箭液体燃料)的物品	E	1.1E 1.2E 1.4E
含有猛炸药、本身带有引爆装置、带有发射药(但不含有易燃液体、胶质炸药或双组分火箭液体燃料)或不带有发射药的物品	F	1.1F 1.2F 1.3F 1.4F
烟火物质或含有烟火物质的物品以及既含有爆炸性物质又含有照明、燃烧、催泪或发烟物质的物品(水激活的物品或含有白磷、磷化物、自燃物质、易燃液体或胶体或自燃液体的物品除外)	G	1.1G 1.2G 1.3G 1.4G
含有爆炸性物质和白磷的物品	H	1.2H 1.3H
含有爆炸性物质和易燃液体或胶质炸药的物品	J	1.1J 1.2J 1.3J
含有爆炸性物质和毒性化学剂的物品	K	1.2K 1.3K
△爆炸性物质,或含有爆炸性物质并具有特殊危险(例如由于水激活或含有易自燃液体、磷化物或发火物质)且需要彼此隔离的物品	L	1.1L 1.2L 1.3L
△仅含有极不敏感的物品	N	1.6N
其包装或设计可使由于意外作用而引起的任何危险局限在包件内部,除非包件已被火烧坏,在这种情况下,所有爆炸或抛射作用应限制在不会明显妨碍在靠近包件处进行灭火或采取其他应急措施的范围内的物质和物品	S	1.4S

2. 第 1 类危险货物的隔离

根据《国际危规》,第 1 类危险货物各配装类间的隔离要求如表 7-13 所示:

表 7-13 允许混合积载的第 1 类货物(第 1 类货物间的隔离)

配装类	A	B	C	D	E	F	G	H	J	K	L	N	S
A	×												
B		×											×
C			×	×	×		×					×	×
D			×	×	×		×					×	×
E			×	×	×		×					×	×
F						×							×
G			×	×	×		×						×
H								×					×
J									×				×
K										×			×
L											×		
N			×	×	×							×	×
S		×	×	×	×	×	×	×	×	×		×	×

备注:“×”表示可以在同一舱室、货物运输组件或车辆中积载的相应配装类的货物。

表 7-13 所指的是第 1 类货物可以积载在同一舱室、货舱或封闭货物运输组件中,且货物运输组件不需要相互隔离;在其他情况下,须积载在独立的舱室、货舱或封闭货物运输组件内,且货物运输组件须相互“隔离”。当不同配装类货物在舱面装运时,除非按表 7-13 规定允许混合积载,否则应至少隔开 6 m 积载。

如“信号器,发烟的”(UN0197、1. 4G)的爆炸品与“四硝基苯胺”(UN0207、1. 1D)的爆炸品,由“第 1 类货物间的隔离表”确定,配装类 D 与配装类 G 间无须隔离;再如“声测装置,爆炸性的”(UN0204、1. 2F)的爆炸品与“助爆管,带雷管”(UN0225、1. 1B)的爆炸品,由“第 1 类货物间的隔离表”确定,配装类 B 与配装类 F 须积载在独立的容器内,且货物运输组件须相互“隔离”,在舱面装运时,应至少隔开 6 m 积载。

五、危险货物与食品的隔离要求

为保证食品运输质量,当食品与某些类别的危险货物一起装运时,按照《国际危规》的规定应满足以下隔离要求:

(1)按常规方法积载的具有第 2. 3、6. 1、7(UN2908、UN2909、UN2910 和 UN2911 除外)、8 类主、副危险的危险货物和危险货物一览表第 16b 栏的危险货物须与以常规方法积载的食品“隔离”;如果食品或危险货物其中一个是在封闭货物运输组件中运输的,那么危险货物须与食品“远离”;如果食品或危险货物都是在不同的封闭货物运输组件中运输的,则不需进行隔离。

(2)以常规方法积载的第6.2类危险货物须与以常规方法积载的食品“用一个整个舱室或货舱隔离”;如果食品或危险货物其中一个是在封闭货物运输组件中运输的,那么危险货物须与食品“隔离”。

第四节　危险货物安全装运与管理

一、危险货物主要运输单证

危险货物运输单证主要作用是转达有关危险货物的基本信息,以使接收货物的各方人员充分了解货物的危险性;同时也是明确关系、分清责任的凭证。

(一)危险货物运输单证提供的信息

《国际危规》针对单证格式的要求是建议性的,各国可自行确立适用的单证格式,但要求运输单证应按顺序提供下列信息:正确运输名称、危险性类别(含配装类、副危险性等)、联合国编号、包装类别、包装类型和总量等。

(二)有关危险货物运输单证

1. 危险货物安全适运申报单

由托运人提供给海事局、承运人的此证书主要传递的内容包括:正确运输名称、危险性类别(含配装类、副危险性等)、联合国编号、包装类等,见表7-14。

2. 危险货物技术说明书

承运感染性物质、放射性物质及“未另列明(Not Otherwise Specified,N. O. S)”的危险货物时,船方可向托运人索取经主管部门审核批准的此说明书。其内容包括品名、类别、理化性质、主要成分、包装方法、急救措施、撒漏处理、消防方法及其他运输注意事项等,见表7-15。

3. 包装检验证明书和包装适用证明书

前者表明指定类型的包装已经取样进行了所列的包装试验,并获得相应的试验结果;后者表明指定的包装适用于所列特定的危险货物装载。这两种证书都须经主管机关或其委托的权威机构确认才能有效。

表 7-14　危险货物安全适运申报单

Declaration on Safety and Fitness of Dangerous Goods

(包装/固体散装危险货物 Packaged/Solid in Bulk)

进港 Arrival□/出港 Departure ☑

<table>
<tr><td>发货人:＊＊＊
Shipper:＊＊＊</td><td colspan="2">收货人:To Order
Consignee:To Order</td><td colspan="2">承运人:To Order
Carrier:To Order</td></tr>
<tr><td>船名和航次:中通通鸣 1851E
Ship's Name and Voyage No.:MILD SONATA</td><td colspan="2">装货港:青岛
Port of Loading:QING DAO</td><td colspan="2">卸货港:KOBE
Port of Discharging:KOBE</td></tr>
<tr><td>货物标记和编号,如适用,组件的识别符号或登记号
Marks & Nos, of the goods, if applicable, identification or registration number(s) of the unit
提单号:
GQF851KB＊＊＊</td><td>正确运输名称＊、危险类别、危规编号、包装类＊＊、包件的种类和数量、闪点℃(闭杯)＊＊、控制及应急温度＊＊、货物为海洋污染物＊＊、应急措施编号和医疗急救指南表号＊＊＊
Proper shipping name＊, IMO hazard class /division, UN number, packaging group＊＊, number and kind of packages, flash point (℃c.c.), control and emergency temperature＊＊, identification of the goods as MARINE POLLUTANT＊＊, Ems No. and MEAG Table No.＊＊＊
三氯异氰尿酸,干的 TRICHLOROISOCYANURIC ACID, DRY
5.1、2468、Ⅱ、箱、1000、0.0、0.0、是、F-A,S-Q</td><td colspan="2">总重(kg)
净重/净量
Total weight(kg)
Net weight(kg)
16940.000
15000.000</td><td rowspan="2">交付装运货物的形式:
Goods delivered as:
□杂货
Break bulk cargo
☒成组件
Unitized cargo
□散货包装
Bulk Packages
□散装固体
Solid in bulk
组件类型:
Type of unit:
☒集装箱
Container
□车辆
Vehicle
□罐柜
Portable tank
□开敞式
Open
☒封闭式
Close
如适合,在方格内划"×"
Insert "×" in appropriate box</td></tr>
<tr><td colspan="4">＊仅使用专利商标/商品名称是不够的,如适合:(1)应在品名前加"废弃物";(2)"空的未经清洁的"或"含有残余物—上一次盛装物";(3)"限量"＊＊如需要,见《国际危规》第1卷第5.4.1.1款＊＊＊需要时
＊Proprietary/trade names alone are not sufficient. If applicable:(1)the word "WASTE" should proceed the name;(2)"EMPTY/UNCLEANED"or"RESIDUE-LAST CONTAINDE";(3)"LIMITED QUANTITY" should be added. ＊＊When required in item 5.4.1.1, volume I of the IMDG Code;＊＊＊When required</td></tr>
<tr><td colspan="5">附送以下单证、资料:The following document(s) and information are submitted:
其他附带单证;危险货物技术说明书;集装箱装运危险货物装箱证明书;出境危险货物包装使用鉴定结果单;出境危险货物运输性能检验结果单;其他附带单证。
Other incidental documents; technical specifications for dangerous goods; certificates for container loading of dangerous goods; certificates for the identification of the use of outbound dangerous goods packaging; certificates for the inspection of the transport performance of outbound dangerous goods; and other incidental documents.
在某种情况下,需提供特殊资料证书,详见《国际危规》第1卷第5.4.4节。
In certain circumstances special information certificates are required, see paragraph 5.4.4, volume 1 of IMDG Code.</td></tr>
<tr><td colspan="3">兹声明:
上述拟交付船舶装运的危险货物已按规定全部并准确地填写了正确运输名称、危规编号、分类、危险性和应急措施,需附单证齐全。包装危险货物,包装正确、质量完好;标记、标志/标牌正确、耐久。以上申报准确无误。
Declaration:
I hereby declare that the contents of this declaration are fully and accurately described above by the proper shipping name, UN No., Class and Ems No.. The goods are properly packaged, marked, labeled/placarded and are in all respects in good condition for transport by sea.

申报人员姓名:＊＊＊
Declarer(signature):＊＊＊
申报人员培训备案编号:＊＊＊
No.:＊＊＊
申报单位签章
Seal of Declaration Uint
年　月　日
Year　Month　Date</td><td colspan="2">主管机关签注栏:
Remarks by the Administration:

同意出港

本申报单通过网上签发

执法证号:＊＊＊
审核日期:＊＊＊</td></tr>
<tr><td colspan="5">紧急联系人姓名、电话、传真、电子邮箱:
Emergency Contact Person's Name, Tel, Fax and E-mail:</td></tr>
</table>

此申报单一式三份,其中两份申报人留持和分送承运船舶,一份留主管机关存查。This declarations should be made in tripartite, one is kept by the Administration for file, and two for the declarer and the ship respectively.

联系人:　　　　　　　　　　　　　　　联系电话:

表 7-15　包装危险货物技术说明书

Technical description of Dangerous Goods in Packaged Form

<table>
<tr><td rowspan="2">货物正确技术名称
Correct technical of the goods</td><td>制冷剂四氟乙烷</td><td rowspan="2">商业名称
Trade name</td><td rowspan="2">四氟乙烷
R134A</td><td rowspan="3">生产单位签章(包括生产单位主管部门) Manufacturer's seal (including administrative department of manufacturer)
＊＊＊科技有限公司</td></tr>
<tr><td>ETHANE, 1, 1, 1, 2-TETRA FLUORO-HFC-134a</td></tr>
<tr><td>联合国编号/国内危规编号</td><td>UN:3159　Class: 2.2</td><td>主要成分(分子式)
Main components (formula)</td><td>四氟乙烷(CH2FCF3)</td></tr>
<tr><td>理化性质和主要危险性＊
Physical and chemical properties and main hazards</td><td colspan="3">无色无味液化气体,沸点:-26.1 ℃,比重:1.207,饱和蒸气压力(25 ℃):0.665 MPa
不燃。遇火或赤热表面会分解出剧毒的氟化氢。若遇高热,容器内气压增大,有开裂和爆炸的危险</td><td rowspan="3">鉴定单位意见:(可附相关证明代替) Remarks by testing organization</td></tr>
<tr><td>产品用途 Purposes of the product</td><td colspan="3">可作制冷剂替代 CFC-12</td></tr>
<tr><td>包装方法＊＊
Packaging</td><td colspan="3">2 瓶气雾罐,340 g/瓶,30 瓶/纸箱</td></tr>
<tr><td>船舶装运安全措施与注意事项 Safety measures and precautions for carriage by ships</td><td colspan="3">不燃压缩气体。储存于阴凉、通风舱间内。远离火种、热源。防止阳光直射。应与氧气、压缩空气、氧化剂等分开存放。配备相应品种和数量的灭火器</td><td rowspan="2">托运单位:
Shipper</td></tr>
<tr><td>急救措施 Emergency medical treatment</td><td colspan="3">迅速逃离现场至空气新鲜处。注意保暖,保持呼吸道通畅。呼吸困难时给输氧。呼吸停止时,立即进行人工呼吸。就医</td></tr>
<tr><td>灭火方法
Method for fire fighting</td><td colspan="3">雾状水,干粉、二氧化碳</td><td rowspan="2">托运日期:
Date of shipping</td></tr>
<tr><td>撤漏处理方法
Method to deal with leakage.</td><td colspan="3">迅速撤离泄漏污染区人员至上风处,并进行隔离,严格限制出入。应急处理人员戴自给式呼吸器,穿一般作业工作服。尽可能切断泄漏源,合理通风,加速扩散</td></tr>
<tr><td colspan="5">注:＊单一物质注明分子式,混合物注明主要成分。
性质应包括状态、色、味、比重、熔点、闪点、爆炸极限、中毒最大浓度、致死量及危险程度并附技术检验部门的检查报告。
该种货物本身危害特性和与其他货物的相容性,说明在遇到某种货物时易发生的危险。
Formula should be indicated for a single substance and main components for a mixture.
Properties should include state, color, odour, melting point, flash point, explosion limits, poisonous concentration, LD_{50}/LC_{50}.
The testing reports issued by technical inspection organizations should be attached.
Compatibility between the cargo and others; description of the danger of the cargo in contact with others.
＊＊包装方法应说明包装的材质、状态、厚度、封口、内部衬物、外部加固情况及单位重量等。
Packaging should include: material, state, thickness, closure, inner lining, outer securing and unit weight.</td></tr>
</table>

4. 放射性货物剂量检查证明书

托运放射性货物时必须附有经主管机关或其委托的权威机构确认的此类证书。其内容包括货名、物理状态、射线类型、运输指数、货包表面污染情况、包装等级、外包装破损时的最小安全距离等。

二、危险货物安全装运及安全监管

危险货物运输过程中,必须严格遵守有关国际公约和国内外法律、法规,谨慎处理好每一个环节,才能保证危险货物运输安全。

1. 包装危险货物受载前的准备工作

(1)熟悉有关危险品运输的国内外法规和规章,如《国际危规》和《水路危规》等。

(2)船舶持有有效的适航、适装证书和防污染证书文书。

(3)检查船舶的技术条件。船舶载运危险货物,应当符合有关危险货物积载、隔离和运输的安全技术规范,并只能承运船舶检验机构签发的适装证书中所载明的货种,保障危险货物在船上装载期间的安全。

(4)根据托运人提供的危险货物运输单证,检查、补充本船的应急计划并予以公布。船舶载运危险货物进、出港口,或者在港口过境停留,应当在进、出港口之前提前24 h,直接或者通过代理人向海事管理机构办理申报手续,经海事管理机构批准后,方可进、出港口。国际航行船舶,还应当按照国务院颁布的《国际航行船舶进出中华人民共和国口岸检查办法》第六条规定的时间提前预报告。

(5)定船舶、定航线、定货种的船舶定期申报应提交定期申报申请、在固定航线上运输固定危险货物的有关证明资料,定期申报期限不超过一个月。

船舶载运尚未在《危险货物品名表》(国家标准 GB 12268—2012)或者《国际危规》内列明但具有危险物质性质的货物,应当按照载运危险货物的管理规定办理进、出港口申报。

(6)装运危险货物的舱室一般为钢质结构(装运爆炸品需用木板衬垫),电气设备、通风设备、消防与救生设备必须符合要求,并备有有关应急设备。

(7)国际航行船舶应当按照《国际危规》、国内航行船舶应当按照《水路危规》,对承载的危险货物进行正确分类和积载,保障危险货物在船上装载期间的安全,保证包装和积载符合规定。

2. 包装危险货物装卸

(1)按港口规定悬挂或显示号灯、号型,甲板上设立醒目的"严禁烟火"警告牌。

(2)作业期间,严禁无关船舶靠近,且原则上不安排油水、伙食和物料补给;装卸爆炸品(除第 1.4S 外)时,不得检修和使用雷达、无线电电报发射机,船舶烟囱设置防火网罩。

(3)装卸爆炸品、有机过氧化物、一级毒害品和放射性物品时,装卸机具应按额定负荷降低 25%使用。

(4)严格按积载图的要求进行装载,不得随意更改。确需改动,已申请监装的,还须经监装部门认可;未申请监装的,须经船长或大副同意。

(5)遇有雷鸣、闪电、雨雪或附近发生火警时,应立即停止作业并及时关闭有关船舱人孔盖和舱盖。雨、雪天气禁止装卸遇湿易燃物品。

(6)遇危险货物撒漏、火灾或其他事故时,应迅速报警,并按《船舶应急部署表》要求采取应急措施。

(7)装货结束后,应做好系固及全面检查工作,备齐危险货物运输单证。

(8)抵目的港卸货前,船方应向装卸、理货等有关方面详细介绍危险货物的货位、状态、特性、卸货注意事项等,对存在危险气体的货舱进行彻底通风。

(9)卸货过程中,督促装卸工人严格按操作规程作业,严禁撞击、滑跌、坠落、翻滚、挖井或拖关等不安全作业。

(10)卸货完毕后,应及时整理货舱,危险货物的残留物或含有这类残留物的洗舱水必须按国家和港口的规定处理,不得随意排放或倾倒。

3. 包装危险货物途中管理

(1)载有危险货物的船舶,任何时候都要对危险货物进行有效监管。检查项目包括货物是否移位、自热、泄漏等,定时测量货舱温度、湿度,合理通风,防止汗湿货物以及舱内危险气体积聚。

(2)如需进入可能引发中毒或窒息事故的货舱,甲板上必须专人看守,并戴有完备的自给式呼吸设备等。否则进入前应对货舱进行彻底通风,并经检测,确认安全后方可进入。

(3)载有易燃易爆危险货物的船舶,航行中应避开雷区;船舶烟囱口设置防火网罩;人员进入货舱不得携带火种、穿带有铁钉的鞋或化纤工作服;舱内使用的照明、通风和机械设备必须防爆;船上所有易燃易爆气体可及区域不得进行任何可能产生火花的检修或船体保养工作。

4. 产生危险货物运输事故的主要原因

从大量事故分析发现,人为因素是造成危险货物运输事故的重要原因。据统计,运输爆炸品的事故率要远远小于经常运输的棉花、麻、木炭等危险品的事故率。产生危险货物运输事故的主要原因包括:

(1)缺乏危险货物运输的有关知识。

案例:某船大副为降低货舱内汽油味浓度,竟取出自己房内的非防爆电扇,接长电线移至舱内用作通风,结果引起舱内爆炸。

(2)船舶技术条件不满足危险货物的运输要求。

案例:某船公司选派货舱水密性较差的船舶承运碳化钙,结果在装载该货时遇下雨,因舱盖无法迅速关闭,造成货舱进水,出现险情。

(3)危险货物本身的原因。

案例:某船从南美装运经抗氧处理的袋装鱼粉回国,在航行途中,该船几个舱内鱼粉相继发生自燃,造成重大损失。事故的调查结果显示,该船承运的鱼粉中抗氧剂分布严重不均(高浓度处为 3 500ppm,低浓度处为 28ppm),按《国际危规》要求,鱼粉在装运时其抗氧剂剩余浓度应不小于 100ppm,这是引发事故的主要原因。

(4)危险货物的标志不符合要求或包装破损。

案例:某船承运一氯醋酸 50 t,在装货港因操作不当,包装破损,致使货物撒漏,结果在卸货港造成装卸工人皮肤灼伤。

(5)危险货物积载和隔离不当。

案例:某船将易自燃物质硫酸钠与氧化剂铬酸酐装于同室(按《国际危规》应“隔离”)。结果两种货物包装破损,少量残留物混在一起,卸货时因轻微摩擦而引发自燃,酿成火灾。

(6)危险货物运输途中监管不当。

案例:某船在低温港口装运葵花籽饼,当船舶经热带高温海域时,货舱未能始终保持良好通风,引发舱内货物发热自燃。

(7)其他偶然事故。

案例:某船因遭他船碰撞,其装有碳化钙的货舱破损进水,使该舱附近弥漫着高浓度的乙炔气体,极易发生燃烧或爆炸,结果被迫弃船。

第五节　《国际危规》和《水路危规》

一、《国际危规》的内容及其使用方法

《国际危规》是依据并为实施 SOLAS 公约、MARPOL 73/78 公约及《关于危险货物运输的建议书》(橙皮书)制定的。考虑到工业技术的改变、新的化工产品不断出现以及规则自身需不断完善等问题,《国际危规》一直进行定期(每 2 年一次)修正。《国际危规》是从事海上货物运输的船舶、安全监督人员、承运人、托运人及其代理人、船公司管理人员、船舶检验人员、危险品制造商、危险货物包装制造及检验单位、港口作业及管理人员必备的工具。国内有中文翻译版。

2018 年 5 月,IMO 海上安全委员会第 99 次会议通过了《国际危规》第 39 套修正案。根据海上安委会第 442 号决议[MSC. 442(99)],《国际危规》第 39-18 修正案于 2019 年 1 月 1 日自愿实施,于 2020 年 1 月 1 日起强制实施。本次修订的内容主要包括:

(1)第 2 部分新增了含有危险货物(“未另列明”N. O. S.)的物品分类,对第 8 类腐蚀品的分类进行了大幅修改。

(2)第 3 部分新增 18 个隔离组定义;新增 14 个危险货物条目(UN3535 到 UN3548),主要包括:有毒固体,易燃,无机,N. O. S.,安装于货物运输组件的锂电池,以

及含有危险货物的物品;危险货物一览表对第 15 栏 EmS 进行了更新和修改,对第 16a 栏第 1 类危险货物条目的积载类进行了修改,第 16b 栏添加了隔离组代码。

(3)第 4 部分对现有可移动罐柜和多元气体容器(MEGCs)的使用规定进行了部分更新,并新增了部分包装规定;新增了 IMO 9 型罐柜,用于第 2 类压缩气体运输的公路罐车。

(4)第 5 部分危险货物标志图例采用了表格形式呈现;货物运输组件的标牌和标记延伸覆盖至散装容器。

(5)第 7 部分新增了具有与其他有机过氧化物相冲突副危险性的有机过氧化物 UN3101 至 UN3120 的隔离豁免(表);对"温度控制下的货物运输组件"部分进行了重组;对隔离代码 SG1 进行了修改,新增了隔离代码 SG76、SG77、SG78,并根据隔离组代码对隔离代码表进行了更新。

(一)《国际危规》的内容

现行《国际危规》采用大 16 开本,由两册正本加一册补充本共 3 册组成。

第一册:总则、定义和培训;分类;包装和罐柜规定;托运程序;一般包装、中型散装容器、大宗包装、可移动罐柜和公路槽罐车的构造和试验;运输作业有关规定。

第二册:危险货物一览表,特殊规定和限量免除;附录 A——通用和未另列明的条目的正确运输名称清单;附录 B——术语汇编;索引。

补充本,主要内容包括:《船舶载运危险货物应急反应措施》(简称 EmS 指南);《危险货物事故医疗急救指南》(简称 MFAG);《有关危险货物、有害物质和/或海洋污染物的报告程序》;《货物运输组件(CTUs)装载指南》;《船舶安全使用杀虫剂建议书》;《国际船舶安全运输包装辐射核燃料、钚和高度放射性废弃物规则》(INF 规则);附录:有关《国际危规》及其补充本的决议和通函。

(二)《国际危规》的使用方法

"危险货物一览表"列出了在运输中常见的危险货物,联合国编号升至 3548,为从事危险货物运输的人员提供了一系列必须掌握的重要资料。另外,在每一大类品名中,规则设立了若干项"未列明(N. O. S.)"条目,它适用于未另外具体列出名称的危险货物,这些货物包括运输中不常见的或国际贸易中的新产品且其性质属于该类别的定义范围,并给予其相应的联合国编号。未列明项分为特定条目[如醇类,未列明(UN No. 1987)]和通用条目[如易燃液体,有机的,未列明(UN No. 1325)]。这样,《国际危规》实际上将所有的危险货物都已包括在内。

《国际危规》的查阅方法:首先应熟悉第 1 册的所有内容,然后查阅第 2 册的"危险货物一览表"及相关的附录。

1. 按货物品名查"危险货物索引"

"危险货物英文名称索引"内容包括:物质、材料或物品名称;是否为海洋污染物;

分类号和联合国编号(UN No.)四栏,并按品名的英文字母顺序排列。中文翻译版《国际危规》,从 36-12 版起,索引内容与英文版的四栏保持了一致,但按汉语拼音字母顺序排列。

在索引中,物质、材料或物品名称后面的单词“see”(“见”),是指该名称为同义名。在是否为海洋污染物(MP)一栏中,“P”表示该物质为海洋污染物。从 IMDG 35-10 修正案起,相对以前版本,下列标记含义说明如下:■,增加条目;×,删除条目;△,变动条目。

“危险货物英文名称索引”“危险货物中文名称索引”的内容如表 7-16、表 7-17 所示:

表 7-16　危险货物英文名称索引

Substance, material or article	MP	Class	UN No.
AMMONIUM PICRATE dry or wetted with less than 10% water, by mass	—	1.1D	0004
ARTICLES, EXPLOSIVE, N.O.S.	—	1.4S	0349
CALCIUM CARBIDE	—	4.3	1402
■MERCURY CONTAINED IN MANUFACTURED ARTICLES	—	8	3506
Methanthiol, see	P	2.3	1064
METHANOL	—	3	1230
Methyl alcohol, see	—	3	1230
METHYLAMINE, AQUEOUS SOLUTION	—	3	1235

表 7-17　危险货物中文名称索引

物质、材料或物品	海洋污染物	类别	联合国编号
bai			
白磷(黄磷),干的,见	P	4.2	1381
白磷(黄磷),湿的,见	P	4.2	1381
白磷,干的	P	4.2	1381
bao			
爆炸性物品,未另列明的	—	1.4S	0349
chi			
赤磷(红磷),见	—	4.1	1338
ku			
苦味酸铵,干的或湿的,按质量含水低于 10%	—	1.1D	0004
jia			
甲胺,水溶液	—	3	1235
甲醇	—	3	1230
lin			
磷,无定形的	—	4.1	1338
tan			
碳化钙	—	4.3	1402

2. 根据 UN No. 查阅“危险货物一览表”

由拟载运货物的 UN No. 查阅“危险货物一览表”，即可获得危险货物装运的相关规定。“危险货物一览表”形式及内容如表 7-18(a)、表 7-18(b)所示。

表 7-18(a) 危险货物一览表

	UN No.	正确运输名称(PSN)	类别或小类	副危险	包装类	特殊规定	限量/可免除量		包装		中型散装容器(IBC)	
							限量	可免除量	导则	规定	导则	规定
	(1)	(2)	(3)	(4)	(5)	(6)	(7a)	(7b)	(8)	(9)	(10)	(11)
		3.1.2	2.0	2.0	2.0.1.3	3.3	3.4	3.5	4.1.4	4.1.4	4.1.4	4.1.4
	0004	苦味酸铵，干的或湿的	1.1D	—	—	—	0	E0	P112(a),(b),(c)	PP26	—	—
	0349	爆炸性物品，未另列明的	1.4S	—	—	178 274 347	0	E0	P101	—	—	—
	1230	甲醇	3	6.1	Ⅱ	279	1L	E2	P001	—	IBC02	—
	1235	甲胺，水溶液	3	8	Ⅱ	—	1L	E2	P001	—	IBC02	—
	1381	磷，白色的或黄色的，干的或浸在水中或溶液中	4.2	6.1 P	Ⅰ	—	0	E0	P405	PP31	—	—
△	1402	碳化钙	4.3	—	Ⅰ	951	0	E0	P403	PP31	IBC04	B1
	1402	碳化钙	4.3	—	Ⅱ	951	500 g	E2	P410	PP31 PP40	IBC07	B4 B21
■	3506	包含在制品中的汞	8	6.1	Ⅲ	366	5 kg	E0	P003	PP90	—	—

表 7-18(b) 危险货物一览表

可移动罐柜与散装容器			EmS	积载与操作	隔离	特性与注意事项	UN No.	
	罐柜导则	规定						
(12)	(13)	(14)	(15)	(16a)	(16b)	(17)	(18)	
	4.2.5 4.3	4.2.5	5.4.3.2 7.8	7.1 7.3~7.7	7.2~7.7			
—	—	—	F-B,S-Y	积载类 04 SW1	SGG2 SG27 SG31	物质。	0004	△
—	—	—	F-B,S-X	积载类 01 SW1	—	—	0349	△
—	T7	TP2	F-E,S-D	积载类 B SW2	—	无色、挥发性液体。闪点:12 ℃ c.c。爆炸极限:6%~36.5%。与水混溶。吞咽会中毒,可导致失明。避免皮肤与其接触	1230	
—	T7	TP1	F-E,S-C	积载类 E	SGG18 SG35 SG54	易燃气体水溶液,带有类似氨的气味。爆炸极限:5%~20.7%(纯品)。沸点:-7 ℃(纯品)。商业产品为40%的溶液。沸点:48 ℃,闪点:-13 ℃c.c。与水混溶。遇汞会起爆炸性反应。吸入有害,灼伤皮肤、眼睛和黏膜。与酸类剧烈反应	1235	
—	T9	TP3 TP31	F-A,S-J	积载类 E	—	在空气中易于自燃着火。熔点:44 ℃。吞咽、与皮肤接触或吸入会中毒。容器通常灌有液态物质,这种物质随后会凝固。应留足够的膨胀余量	1381	
—	—	—	F-G,S-N	积载类 B H1	SG26 SG35	固体,与水接触迅速放出极易燃气体乙炔,该气体能被反应所产生的热点燃。乙炔可与一些重金属盐组成高度爆炸性化合物。与酸类接触发生剧烈反应	1402	
—	T3	TP33	F-G,S-N	积载类 B H1	SG26 SG35	见上述条目	1402	△
—	—	—	F-A,S-B	积载类 B SW2	SG24	含有汞的物品(UN2809)。禁止使用气垫船和其他铝制船舶运输	3506	■

“危险货物一览表”部分栏目说明：

第2栏“正确运输名称(PSN)”包括已列明的化学物质条目、物品条目、通用条目和未另列明的条目。对已列出具体危险货物名称的物质或物品，须按照该表中适用的规定运输。通用条目和未列明的条目可用于允许运输那些未以具体名称列入危险货物一览表的物质或物品，这种危险货物只有在确定它的危险特性后方可运输，按照分类定义、试验和标准对其分类，使用最恰当的说明解释其名称。IMDG 附录 A“通用和未另列明的条目的正确运输名称清单”中，危险类别或分类中名称被分为3组：特定条目(具有特定化学或技术性质的物质或物品组)、农药条目(系指第3类和6.1类)和通用条目(具有一种或多种普通危险性质的物质或物品组)。

第6栏包含的编号系指在第3.3章中表示的特定物质、材料或物品的特殊规定。只适用于海运方式的规定编号从900开始。如编号951规定，散装包装须气密封口并具有氮气覆盖层。

第7a栏“限量”提供的是按照 IMDG 第3.4章限量规定所涉及运输物质或物品每一内包装认可的最大量。该栏中“0”系指不允许按限量规定运输。

①包装：按照限量规定运输的危险货物只能放入内包装，然后放在合适的外包装里，可以使用中间包装。运输喷雾器或“装气体的小型容器”等物品时，无须使用内容器，包件总重不得超过30 kg。满足相关规定的可伸缩带覆盖的货盘可以作为物品的外包装，但易碎或易破的内容器，如玻璃、陶瓷、粗瓷器或某些塑料等材料制造的内容器，应放在符合相关规定的中间容器中，每一包件的总重不得超过20 kg。

②积载：限量内危险货物的包装按积载类 A 积载，危险货物一览表第16a栏表示的积载规定不适用。

③隔离：不同限量内的危险货物可以装在同一外包装内，第7.2章的隔离要求不适用于限量危险货物的包件。

④标记和标志：不需要标记或张贴“海洋污染物”标志、正确运输名称(PSN)或联合国编号(UN No.)等，但须张贴限量危险货物标志(见附录Ⅱ)。

第7b栏“可免除量”提供了3.5.1.2小节所述的字母数字编码，标明按 IMDG 第3.5章作为可免除量的危险货物每一内包装和外包装认可的最大量。

①数目限制：任何货物运输组件含有的可免除量危险货物包件的数目应不超过1 000件。

②积载：可免除量的危险货物包装按积载类 A 积载，危险货物一览表第16b栏表示的积载规定不适用。

③隔离：第7.2章至7.7章的隔离规定(包括危险货物一览表第16b栏中的隔离规定)，不适用含有可免除量的包件，也不适用在相同的外包装内含有不同可免除量的危险货物，且它们之间不能相互发生反应。

④包件的标记：装有可免除量危险货物的包件应张贴可免除量危险货物标志(见附录Ⅱ)。该栏中的代码含义具体见表7-19：

表 7-19　可免除量代码与对应最大量的划分

代码	单一内包装最大量 （单位：固体—g；液体和气体—mL）	单一外包装最大量 （单位：固体—g；液体和气体—mL；混合包装—g/mL）
E0	不允许按可免除量运输	
E1	30	1 000
E2	30	500
E3	30	300
E4	1	500
E5	1	300

第 8、9 栏为“包装导则及特殊包装规定”。碳化钙（包装类Ⅱ）的包装导则及特殊包装规定参见表 7-6（a）。

第 10、11 栏为“中型散装容器（IBC）包装导则及特殊包装规定”。碳化钙（包装类Ⅱ）的 IBC 包装导则及特殊包装规定参见表 7-6（b）。

第 12 栏为保留栏目（Reserved），IMO 罐柜规定在 2010 年 1 月 1 日 34-08 修正案强制生效时其过渡有效期已失效。

第 13、14 栏为“UN 罐柜和散装容器导则及罐柜特殊规定”。其中散装容器代码：BK1——允许用帘布式散装容器运输，但不得用于海上运输；BK2——允许用封闭式散装容器运输；BK3——允许用柔性散装容器运输，仅允许用在杂货船的货舱内，不可用于集装箱船运输。碳化钙（包装类Ⅱ）的可移动罐柜包装导则参见表 7-6（c），其中特殊包装规定代码 TP33 表示：对此物质适用的可移动罐柜导则适用于装运颗粒状或粉末状固体物质，也适用于充罐及装卸时的温度高于货物熔点而在运输过程中被冷却为固体的物质；对于在运输中的温度高于其熔点的物质，见 4. 2. 1. 19 的规定。

第 15 栏为“船舶载运危险货物应急反应措施（EmS 指南）”。本栏的规定不是强制性的，带有下划线的 EmS 代码（如有）表示其在 EmS 表中给出了附加指示。

第 16a 栏为“积载与操作”。从《国际危规》37-14 修正案开始，危险货物一览表第 16a 栏中新增了积载代码（Stowage Code）“SW”和操作代码（Handling Code）“H”，具体含义见表 7-20、表 7-21。

表 7-20　积载代码

代码	含义
SW1	避开热源
SW2	避开生活居住处所
SW3	须在控制温度下运输
SW4	要求表面通风，以帮助消除任何残存的溶剂蒸气
SW5	在具有机械通风的舱内积载
SW6	当在舱内积载时，机械通风须按照 SOLAS 公约Ⅱ-2/19（Ⅱ-2/54）闪点低于 23 ℃c. c 易燃液体规定

续表

代码	含义
SW7	须经涉及此项运输的各国主管机关批准
SW8	需要通风。发生火灾时,可能需要紧急开启舱盖以提供最大的通风和注水,以及随货物处所充水而引起船舶失去稳性的危险,对这些应在装货前加以考虑
SW9	对袋装货提供良好的全面通风。建议用双行式积载,在7.6.2.7.2.3中表示了此种积载方法。货物应“远离”容易受热的管道和舱壁(如机舱或加热的燃油柜舱壁)。在航行期间,须定时在货舱不同深度测量温度并记录读数。如果货物温度超过环境温度并继续上升,须关闭通风
SW10	除非使用封闭货物运输组件装运,否则应使用毡布或其他类似材料覆盖货物。货物处所须清洁、干燥和无油脂。通往货舱的通风孔须有防火罩。所有其他的通往货舱的开口、进口和通往货舱的舱口须紧密关闭。在临时停止装货而舱盖打开时,须有防火人员值班。在装货或卸货期间,禁止在附近吸烟,消防设备须备妥以便随时使用
SW11	货物运输组件与阳光直射遮蔽。货物运输组件内包件的积载须能够保持货物之间的空气循环流通
SW12	注意在运输文件中所有的具体补充要求
SW13	注意在主管机关批准证书中所有的具体补充要求
SW14	仅当满足特殊积载7.4.1.4和7.6.2.8.4时,适用积载类A
SW15	对于金属桶,适用积载类B
SW16	对于开敞货物运输组件中的组件,适用积载类B
SW17	仅限封闭的货物运输组件和板箱,适用积载类E。需要通风。发生火灾时,紧急情况下可能需要开启舱盖以提供最大的通风和注水,以及随货舱充水而引起船舶失去稳性的危险,对这些应在装货前加以考虑
SW18	当按照P650运输时,适用积载类A
SW19	对于按照SP376或SP377运输的电池,适用积载类C,除非在短程国际航行下运输
SW20	对于六水合硝酸铀酰溶液,适用积载类D
SW21	对于引火的金属铀和引火的金属钍,适用积载类D
SW22	对于容积在1 L或以下的喷雾剂,适用积载类A。对于容积在1 L以上的喷雾剂,适用积载类B。对废弃的喷雾器,适用积载类C,避开生活居住处所
SW23	当在BK3型散装容器中运输时,见7.6.2.12和7.7.3.9
SW24	特殊积载规定,见7.4.1.3和7.6.2.7.2
SW25	特殊积载规定,见7.6.2.7.3
SW26	特殊积载规定,见7.4.1.4和7.6.2.11.1.1
SW27	特殊积载规定,见7.6.2.7.2.1
SW28	经原产国的主管机关批准
SW29	对于含有闪点等于或大于23 ℃燃料的发动机或机械,适用积载类A

表 7-21　操作代码

代码	含义
H1	尽可能合理可行地保持干燥
H2	尽可能合理可行地保持阴凉
H3	运输过程中需要存放在阴凉和通风良好的地方
H4	如果装货处所的清洁工作只能在海上进行,所遵循的安全程序和使用的设备标准至少要像在港口采用的那样行之有效。在这样的清洁工作未进行之前,装石棉的货物处所应关闭并应禁止接近这些处所

第 16b 栏为“隔离”。从《国际危规》37-14 修正案开始,危险货物一览表第 16b 栏中新增了隔离代码(Segregation Code)“SG”,具体含义如表 7-22 所示。

表 7-22　隔离代码

代码	含义	代码	含义
SG1	贴有第 1 类副危险类别标志的包件,按第 1 类 1.3 小类的要求进行隔离。关于第 1 类危险货物,按照主要危险进行隔离	SG40	与铵化合物“隔离”-SGG2,过硫酸铵和/或过硫酸钾和/或过硫酸钠的混合物除外
SG2	按照第 1.2G 类进行隔离	SG41	与动物油或植物油“隔离”
SG3	按照第 1.3G 类进行隔离	SG42	与溴酸盐-SGG3“隔离”
SG4	按照第 2.1 类进行隔离	SG43	与溴“隔离”
SG5	按照第 3 类进行隔离	SG44	与四氯化碳(UN 1846)“隔离”
SG6	按照第 5.1 类进行隔离	SG45	与氯酸盐-SGG4“隔离”
SG7	与第 3 类“远离”	SG46	与氯“隔离”
SG8	与第 4.1 类“远离”	SG47	与亚氯酸盐-SGG5“隔离”
SG9	与第 4.3 类“远离”	SG48	与易燃物(特别是液体)“隔离”,易燃物不包括包装材料或衬垫
SG10	与第 5.1 类“远离”	SG49	与氰化物-SGG6“隔离”
SG11	与第 6.2 类“远离”	SG50	与 7.3.4.2.1,7.6.3.1.2 或 7.7.3.6 的食品“隔离”
SG12	与第 7 类“远离”	SG51	与次氯酸盐-SGG8“隔离”
SG13	与第 8 类“远离”	SG52	与氧化铁“隔离”
SG14	除 1.4S 外,与第 1 类“隔离”	SG53	与液体有机物质“隔离”
SG15	与第 3 类“隔离”	SG54	与汞和汞的化合物-SGG11“隔离”
SG16	与第 4.1 类“隔离”	SG55	与汞盐“隔离”
SG17	与第 5.1 类“隔离”	SG56	与亚硝酸盐-SGG12“隔离”

续表

代码	含义	代码	含义
SG18	与第 6.2 类“隔离”	SG57	与吸收气味的货物“隔离”
SG19	与第 7 类“隔离”	SG58	与高氯酸盐-SGG13“隔离”
SG20	“远离”酸类-SGG1	SG59	与高锰酸盐-SGG14“隔离”
SG21	“远离”碱类-SGG18	SG60	与过氧化物-SGG16“隔离”
SG22	“远离”铵盐	SG61	与金属粉末-SGG15“隔离”
SG23	“远离”动物油或植物油	SG62	与硫“隔离”
SG24	“远离”叠氮化物-SGG17	SG63	与第 1 类“用一个介于中间的整个舱室或货舱做纵向隔离”
SG25	与第 2.1 类和第 3 类“隔离”	SG64	（保留）
SG26	此外：从属于第 2.1 类和第 3 类的危险货物，当在集装箱船舱面积载时，横向隔离至少“两个箱位”；当在滚装船积载时，横向隔离 6 m	SG65	与除第 1.4 类以外的第 1 类“用一个整个舱室或货舱做隔离”
SG27	“远离”含有氯酸盐或高氯酸盐的爆炸性物质	SG66	（保留）
SG28	“远离”铵化合物以及含有铵化合物或其盐类的爆炸物质-SGG2	SG67	与第 1.4 类“隔离”，并与第 1.1、1.2、1.3、1.5 及 1.6 类“用一个介于中间的整个舱室或货舱做纵向隔离”，但配装类 J 的爆炸品除外
SG29	与 7.3.4.2.2，7.6.3.1.2 或 7.7.3.7 的食品隔离	SG68	如闪点为 60 ℃c.c 或以下，按照第 3 类规定隔离，但“远离”第 4.1 类
SG30	“远离”重金属及其盐类-SGG7	SG69	容积在 1 L 或以下的喷雾剂：按第 9 类规定隔离，与除第 1.4 类外的第 1 类物质“隔离”；容积在 1 L 以上的喷雾剂：按第 2 类中小类的相关规定隔离；对废弃的喷雾器：按第 2 类中小类的相关规定隔离
SG31	“远离”铅及其化合物-SGG9	SG70	对于五硫化二砷，与酸类-SGG1“隔离”
SG32	“远离”液态卤代烃-SGG10	SG71	在适用的范围内，作为救生设备必不可少的一部分予以包装的危险货物，则免除第 7.2 章物质隔离规定的要求
SG33	“远离”金属粉末-SGG15	SG72	见 7.2.6.3.2
SG34	如果含有铵化合物，则“远离”氯酸盐-SGG4 或高氯酸盐以及含有氯酸盐或高氯酸盐的爆炸品-SGG13	SG73	（保留）

续表

代码	含义	代码	含义
SG35	与酸类-SGG1“隔离”	SG74	按照第1.4G类进行隔离
SG36	与碱类-SGG18“隔离”	SG75	与强酸-SGG1a“隔离”
SG37	与氨“隔离”	SG76	按照第7类进行隔离
SG38	与铵化合物-SGG2“隔离”	SG77	按照第8类进行隔离。但就第7类而言,无须隔离
SG39	与铵化合物“隔离”-SGG2,过硫酸铵(UN 1444)除外	SG78	与第1.1、1.2、1.5类“用一个介于中间的整个舱室或货舱做纵向隔离”

从《国际危规》39-18修正案开始,危险货物一览表第16b栏中新增了隔离组代码(Segregation Group Code)“SGG”,具体含义见表7-23所示。

表7-23 隔离组代码

隔离组代码	隔离组	含义	隔离组代码	隔离组	含义
SGG1	1	酸类	SGG10	10	液态卤代烃
SGG1a	1,条目标记*	*强酸类	SGG11	11	汞和汞化合物
SGG2	2	氨化合物	SGG12	12	亚硝酸盐及其混合物
SGG3	3	溴酸盐	SGG13	13	高氯酸盐
SGG4	4	氯酸盐	SGG14	14	高锰酸盐
SGG5	5	亚氯酸盐	SGG15	15	金属粉末
SGG6	6	氰化物	SGG16	16	过氧化物
SGG7	7	重金属及其盐(包括其有机金属化合物)	SGG17	17	叠氮化物
SGG8	8	次氯酸盐	SGG18	18	碱类
SGG9	9	铅及其化合物			

二、EmS表和MFAG的内容及其应用

(一)船舶载运危险货物应急反应措施(EmS)

“船舶载运危险货物应急反应措施”旨在为载运《国际危规》规定的包装危险货物发生火灾或溢漏的船舶在没有外援的情况下对船长和船员处理事故给予指导,但不适用于散装货船或不载运包装危险货物的船舶发生的任何火灾或溢漏事故。每一艘船舶的应急计划中都应包括EmS指南,该应急计划在专门针对该船舶的同时还应考虑船上

的设备。

1. EmS 的主要内容

(1)前言。

(2)火灾:内容包括火灾应急措施表简介、消防总体建议及火灾应急措施表。火灾应急措施表以“F”开头,依次为 F-A、F-B、F-C、…、F-J,共 10 个,表格具体形式及内容见表 7-24。

表 7-24　火灾应急措施表——F-G 遇水反应物质

总体建议		在火灾中,暴露的货物可能爆炸或其包装可能破裂 尽可能在远处有防护位置上灭火 建议立即用大量的水冷却火的热辐射和冷却附近已过热的货物。而促成燃烧或增强火势仅仅是水的副作用。不要用少量的水灭火——这会发生强烈反应
舱面货物着火	包件	不要使用水或泡沫;用干的惰性粉末物质窒息灭火或让其燃烧 如不可行,用大量的水冷却附近的货物,尽管在短时间内会加剧货物的燃烧。不要喷少量的水,而要用大量的水喷雾
	货物运输组件	如果火尚未引燃附近的货物,让火继续燃烧 否则,用大量的水冷却燃烧着的货物组件;力求避免将水洒进集装箱
舱内货物着火		停止通风并关闭舱盖 应使用固定的气体灭火系统 如不可行: 不要用水扑救舱内封闭处所里的货物 打开舱盖,用大量的水冷却附近的货物,尽管在短时间内火势会更猛。不要用少量的水喷洒而要用大量的水扑救
货物暴露在火中		如可行,清除或抛弃有可能着火的包件,否则用水冷却
特殊情况: UN1415、UN1418		非引火性的锂和镁粉要求使用干氯化锂或干氯化钠或石墨粉灭火 不得使用水和泡沫灭火

(3)溢漏:内容包括溢漏应急措施表简介、防溢漏总体建议及溢漏应急措施表。溢漏应急措施表以“S”开头,依次为 S-A、S-B、S-C、…、S-Z,共 26 个,表格具体形式及内容如表 7-25 所示。

(4)索引。

2. EmS 可应用的情况

(1)在火灾和溢漏情况发生之前,阅读并结合船上培训计划学习应急措施介绍。

(2)发生包装危险货物事故时,首先参阅指南的总体建议部分。

(3)要获得具体货物的详细资料,可查阅相关货物的应急措施表(EmS)。

表 7-25 溢漏应急措施表——S-N 与水剧烈反应的物质

总体建议		穿着适当的防护服和戴自给式呼吸器。 避免所有点火源(如:明火、无防护灯、电动手工工具、摩擦)。穿着防火花软底鞋。 如实际可行,立即防止溢漏
舱面溢漏	包件(少量溢漏)	如果该物质是干燥的,如可行,收集并装好溢漏物。清除到船外。 除了用大量水将剩余物冲洗下船之外,防止与水接触。清除污水
	货物运输组件(大量溢漏)	
舱内溢漏	包件(少量溢漏)	提供充分的通风。 进入前测试舱内气体(毒性和爆炸危险)。如果无法检查气体就不要进入。未佩戴自给式呼吸器时不得进入该舱内。 保持干燥。用软刷和塑料盘收集溢漏物。 如果该物质是干的,如可行,收集并装好溢漏物。清除到船外。 如果该物质是潮湿的,使用惰性吸附材料。不要用易燃物质。清除到船外
	货物运输组件(大量溢漏)	
特殊情况:无		

(二)危险货物事故医疗急救指南(MFAG)

“危险货物事故医疗急救指南”是由 IMO/WHO/ILO 联合编写的。该指南对《国际危规》和《国际海运固体散装货物规则》(IMSBC 规则)中的货物,利用船上有限的救治设备和手段,对由货物造成的人员中毒提供初步的治疗和诊断建议。本指南应与 IMDG 规则、IMSBC 规则、EmS、IBC 规则以及 IGC 规则中的资料配合使用。

1. MFAG 的主要内容

(1)前言、介绍、使用方法。

(2)20 个表:抢救;CPR(心肺复苏);输氧与控制通风;化学品引起的意识障碍;化学品引起的惊厥(癫痫、痉挛);中毒性精神错乱;眼睛接触化学品;皮肤接触化学品;吸入化学品;摄入化学品;休克;急性肾衰竭;镇痛;化学品引起的出血;化学品引起的黄疸;氢氟酸和氟化氢;有机磷和氨基甲酸酯类农药;氰化物;甲醇和乙二醇;放射性物质。

(3)15 个附录:抢救;CPR(心肺复苏);输氧和控制通风;化学品引起的意识障碍;化学品引起的惊厥(癫痫、痉挛);中毒性精神错乱;眼睛接触化学品;皮肤接触化学品;吸入化学品;摄入化学品;休克;急性肾衰竭;补充液体;药品和设备清单;物质清单。

2. MFAG 的使用

为了方便使用,MFAG 在结构上分成三部分内容,形成一个“三步法”。

第 1 步:紧急抢救和诊断。

第 2 步:通过“表”的简要指导处置急救。

第 3 步:通过“附录”的详细资料、药品清单等进行指导治疗。

三、《水路危规》的内容及其使用方法

我国规定,《水路危规》适用于在中华人民共和国境内从事危险货物的船舶运输、港口装卸、储存等业务,但不适用于国际航线运输(包括港口装卸)、军运和散装危险货物(另有规定)。

1.《水路危规》的内容

我国《水路危规》共有两册,具体内容为:

第一册:总则;包装和标志;托运;承运;装卸;储存和交付;消防和泄漏处理;附则。七个附件:各类危险货物引言和明细表(另册);危险货物标志;包装型号、方法、规格和性能试验;积载和隔离;可移动罐柜;适用于中型散装容器装运的货物及要求;危险性优先顺序表。

第二册:各类危险货物引言和明细表(附件一),包括各类危险货物引言、明细表说明、名词术语注释、危险货物品名笔画索引表及危险货物明细表。

另外,还有配套使用的两个附录:"船舶装运危险货物应急措施"和"危险货物事故医疗急救指南"。

2.《水路危规》使用

《水路危规》的明细表以简单明了的表格形式列出了近 4 000 种危险货物,在危险货物的标志、标记、船舶积载和隔离、可移动罐柜、中型散装容器等方面的规定基本上同《国际危规》一致。明细表中所列的品名除正式学名外,还增加了常用名、英文名和分子式。《水路危规》根据各类危险货物的危险程度划分为一级和二级,品名顺序号 001 至 500 号为一级危险货物,501 至 999 号为二级危险货物。

《水路危规》查阅方法与《国际危规》不同,它是按危险货物品名的第一个汉字笔画数(品名前有外文 P、N、n、o、m、α、β、γ 等字母或阿拉伯数字 1、2、3 等都不作为首字参与排列),从《水路危规》附件一——各类危险货物引言和明细表中"危险货物品名笔画索引表"查取危险货物品名编号,随后由该品名编号从"危险货物明细表"中即能查取特定危险货物的详细资料,见表 7-26。

表 7-26(a) 《水路危规》危险货物明细表

编号	品名		特性及注意事项
	中文	英文	
43025	碳化钙(电石)分子式:CaC_2	Calcium carbide	黄褐色或黑色固体。与水接触迅速放出高度易燃气体乙炔,可被反应热点燃,乙炔与某些重金属盐形成极易爆炸的混合物;与酸反应剧烈。相对密度(水=1):2.22

表 7-26(b) 《水路危规》危险货物明细表

包装					积载	灭火剂	《国际海运危规》			备注
标志	包装类	包装代码	每一容器容量	每一包装毛重或容重			UN No	EmS No. *	MFAG No. *	
主 4.3	Ⅱ	气密封口;见本类引言表 2			B	干粉、苏打粉、石灰、干砂,禁止用水、泡沫	1402	4.3-03	705	禁用袋装;任何散装、充氮集装箱和可移动罐柜运输应符合有关规定

* 由于《国际危规》的更新,栏目目前已失效。

除查阅危险货物明细表外,对于特定危险货物通常还需要根据其类别从《水路危规》附件一中“各类危险货物引言”获取该类危险货物的一些共性说明,如货物特性、包装、积载、隔离、装卸、堆存保管等。

第八章

货物单元积载与系固

在船舶装载重大件或其他非标准、半标准特殊货物时，需要对特殊货物制定正确合理的货物单元积载和系固方案，并对系固方案进行核算，保证船舶和货物的安全运输。本章主要介绍非标准货物单元的积载与系固、海上安全运输相关知识。

第一节　货物单元概述

一、货物单元的定义、分类及特性

1. 定义

货物单元(Cargo Unit)是指车辆(公路车辆装拖车)、铁路车辆、集装箱、板材、托盘、便携式容器、可拆集装箱构件、包装单元、成组货、其他货物运输单元如船运箱盒、件杂货如线材卷、重货如火车头和变压器。不是永久性固定在船上的船舶自带的装载设备或其他部件，也应被视为货物单元。

2. 分类及特性

根据船舶为其货物单元装备的货物系固系统情况，货物单元可分为标准化货物(Standardized Cargo)、半标准化货物(Semi-standardized Cargo)和非标准化货物(Non-standardized Cargo)。

(1)标准化货物是指用船上设有的被批准的专用系固系统进行系固的货物，如集装箱船装载的集装箱等。

(2)半标准化货物是指在船上设置的系固系统仅适应有限变化的货物单元，如滚装船上装载的车辆、拖车等。

(3)非标准化货物是指需要专门的堆装和系固安排的货物，如杂货船上的重大件、钢卷和其他货物等。

货物类型与适用船型、货物之间的关系见表 8-1：

表 8-1　货物类型与适用船型、货物之间的关系表

货物类型	货物实例	适用船型
标准化货物	集装箱(具有经批准的集装箱系固设备)	专用集装箱船、多用途货船(适用时)
半标准化货物	车辆(公路车辆、滚装拖车)、铁路车辆	滚装船
非标准化货物	集装箱(无专用系固设备)、钢卷、重件货、木材(货舱内)等	干货船、多用途货船、滚装船、装载货物单元的散装货船和客船、近海供应船等

3. 国际海事组织对货物单元装载、堆装和系固的要求

(1)应尽可能防止在航行过程中对船舶和人员造成损害或危险，并防止货物落水灭失。

(2)以货物单元装运的货物，其在装载器具中的包装和系固，应能防止在整个航程中对船舶和人员造成损害或危险。

(3)在重货或异常外形尺寸货物的装船和运输过程中，应采取适当预防措施，确保不发生船舶结构性损坏，并在整个航程中保持适当的稳性。

(4)在滚装船上货物单元的装载和运输过程中，应采取适当预防措施，特别应注意船上和装载器具上的系固装置，以及系固点和捆索的强度。

(5)集装箱装载重量应不超过《国际集装箱安全公约》(CSC)规定的安全核准牌上注明的最大总重量。

(6)在整个航程中，包括集装箱在内的货物单元，应按照主管机关认可的《货物系固手册》(Cargo Securing Manual，简称 CSM)进行积载和系固。

二、系固设备

船舶货物系固设备(Cargo Securing Devices)系指所有用于系固(Secure)和支持(Support)货物单元的设备，可分为固定式系固设备和便携式系固设备两种。

(一)固定式系固设备

固定式系固设备(Fixed Securing Device)系指系固点及其支撑结构。这些设备既可以是内部的，如焊接在船体结构内；也可以是暴露在外的，如直接焊接在船体结构外部。它们是船体结构的一部分，如图 8-1 所示，具体有：舱壁、强肋骨、支柱等上的固定式系固设备(眼板、带环螺栓等)，甲板上的固定式系固设备(甲板固定器、集装箱底座、象脚装置等)，其他如地令、天花板上的类似装置等。

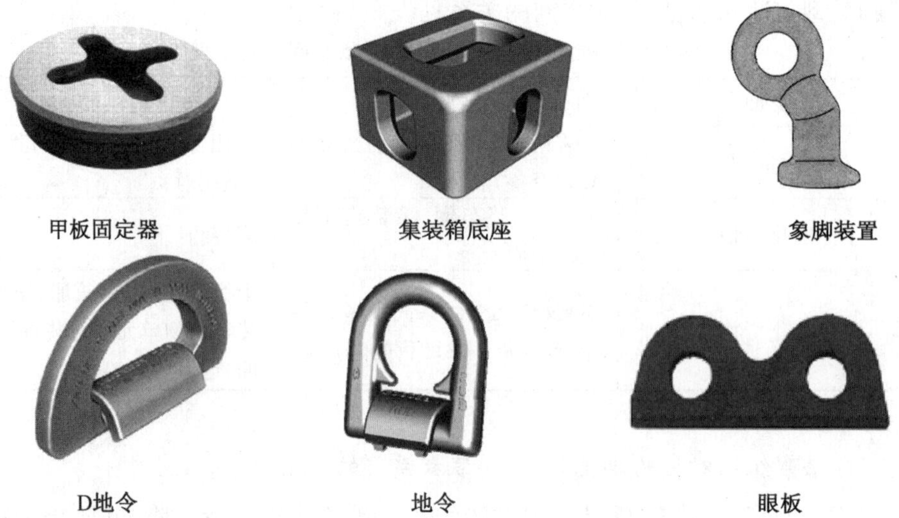

图 8-1　固定式系固设备

(二)便携式系固设备

便携式系固设备(Portable Securing Device)系指用于货物单元绑扎、系固和支撑的移动式设备,包括绑扎链条、绑扎带、松紧器、纤维绳、钢丝绳、钢带、卸扣、紧索夹、车辆绑扎链/带/绳等,集装箱用绑扎杆、花篮螺丝、桥锁、扭锁等,如图 8-2 所示。

(1)车辆绑扎链/带/绳(Car Stopper):绑扎中小型车辆的常用的器材。

(2)纤维绳(Fiber Rope):由于易受到气候变化的影响产生伸缩,在长时间张紧后会变形伸长。因此,不可在甲板上使用,可在舱内使用,但需经常检查。

(3)钢丝绳(Lashing Wire Rope):很好的绑扎材料,强度大、使用方便,大小件货物均可使用。

(4)紧索夹(Clamp):用来连接钢丝绳或将钢丝绳制成眼环结,为绑扎工作提供方便;使用紧索夹做钢丝绳眼环结,应符合下列条件,以防止强度大幅度降低:

①所用的紧索夹的数量和尺寸应与钢丝绳的直径成比例,数量不能少于 4 个,其间距不小于 15 cm。

②夹子的鞍座部分应装在动载段,"U"形螺栓应装在静载或缩短端段。

③紧索夹应先上紧至明显卡进钢丝绳中,待系索受力后再上紧。

(5)卸扣(Shackle)和松紧螺旋扣(俗称花篮螺丝)(Rigging Screw, Turnbuckle):用来连接绑索和甲板上眼环,也可以使两根绑索连接起来;松紧螺旋扣能在绑索松弛时用以收紧,是绑扎中常用的器材,它们的强度应与绑索强度相等。

对于新船,所有便携式系固设备的证书必须包含在《货物系固手册》中,并配备在船上以备检查。对于危险货物,必须用具有符合要求的系固设备进行系固。对于更新的系固设备也应配有认可的证书,制造厂家应提供系固设备的标准破断强度数据。

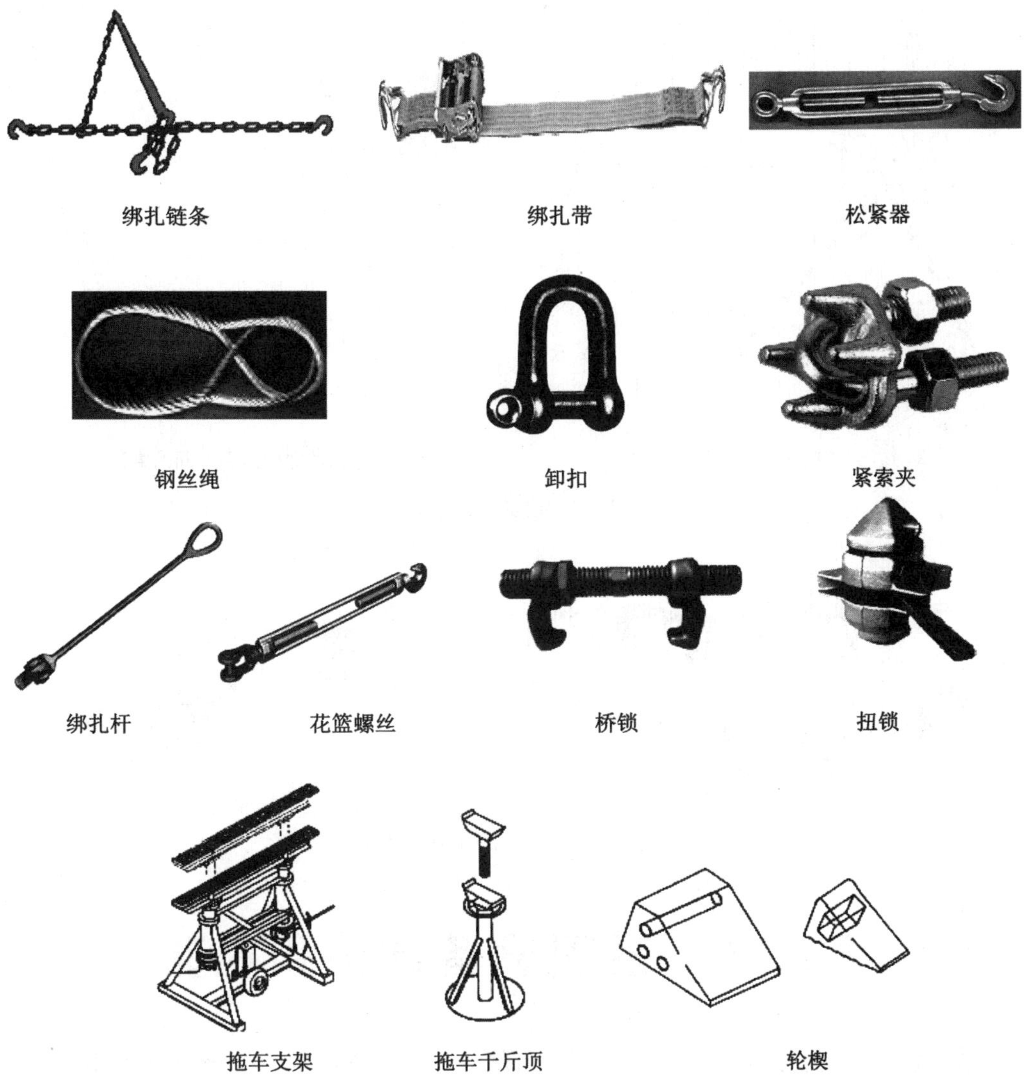

图 8-2　便携式系固设备

(三)系固负荷

系固设备负荷分为安全负荷、试验负荷、破断负荷三个不同的数据。任何设备的安全工作负荷都不是无限的,如超过许用应力负荷,系固设备会出现断裂、失效。最大系固负荷(Maximum Securing Load,*MSL*)系指船上系固设备系固货物时所允许的最大负荷能力,并等同于安全工作负荷(Safe Working Load,*SWL*);而破断负荷(*BS*)是指该设备在拉伸试验中达到破断状态时的拉力(kN)。

规范规定最小试验负荷为 1.5 倍 *SWL*;最小设计破断负荷为 2~3 倍 *SWL*。系固设备要有足够的剩余强度,才可经受使用寿命期间的正常磨损。

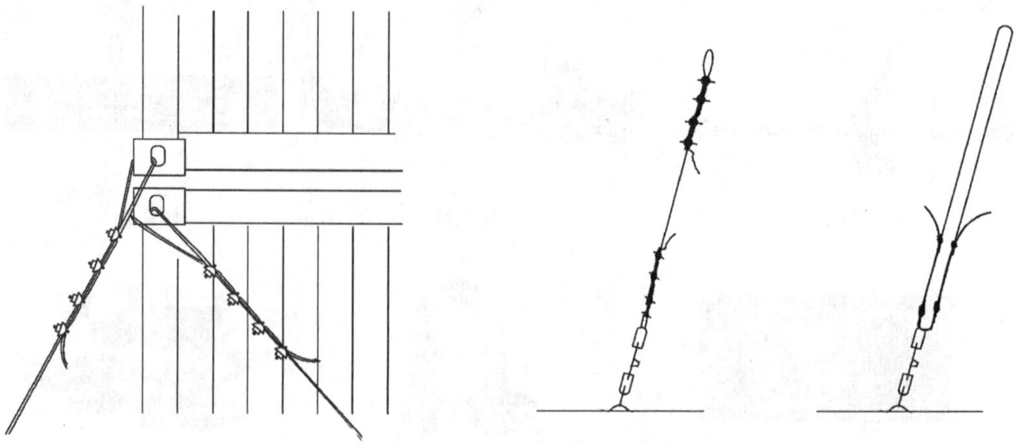

(a) 钢丝绳在角件处的绑扎　　　　(b) 钢丝绳的两种不同的绑法

图 8-3　钢丝绳的使用

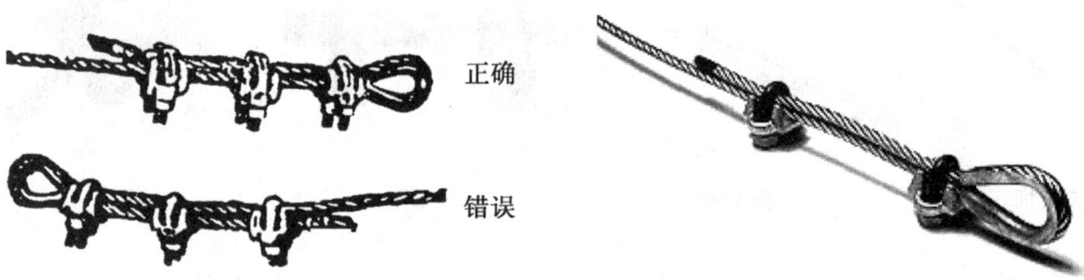

图 8-4　紧索夹的正确使用

第二节　系固设备维护和检验

系固设备应有相应船舶检验机构核发的检验证书,各设备的检查应列入船舶的维修保养计划。

一、系固设备的检验

系固设备一般应每年进行全面检验。全面检验系指用目力检查,必要时辅之以其他方法如锤击试验,并尽条件许可仔细进行,以使对所检查的部件得出安全可靠的结论,为此目的,必要时应将部件或机件拆开。

二、船舶系固设备的检查和维护

1. 系固设备的日常检查和维护

(1)系固设备使用前,应予以外观检查,确保无缺陷;对于活动部件,应保证其润滑充分，活动自如。

(2)系固设备使用后，应予以外观检查，受到损伤而需修理的索具不得入库存放。对受损设备和索具应进行及时修理。

(3)船上应始终备有适当数量的系固设备备件(一般规定为总数的10%)。便携式系固设备在存放前必须由值班人员进行损坏检查，如对绑扎钢丝绳的检查应注意：

①应检查其是否有永久性打结、压扁、腐蚀、纤维芯干枯和外露，一经发现，则应视情况进行更换；

②若发现钢丝绳在等于其直径10倍的任何长度内有超过5%的钢丝断裂、磨损或腐蚀，则应予换新；

③对系固设备上的受损部件，应利用同型号并经认可的部件进行更换。

(4)对可移动系固设备在使用过程中经常用润滑油进行加油活络、受损检查，加润滑油的间隔不得超过3个月。

2. 系固设备的定期检查和维护

在船长负责下，根据主管机关的要求对货物系固设备进行定期检查/再试验。

(1)对固定式系固设备与船体间的焊接部位应进行定期检查，对裂口和裂缝应及时补焊。对底座应检查其磨损程度和变形，如进行修理，必须是等强度更换或修理。

(2)若甲板、舱底板、舱盖板、横舱壁或舱壁板发生变形，以至于会使货物的积载不稳定，则应及时进行修理。

(3)对多次使用的系固设备和索具，应进行定期测试。测试时，应按随机的方式抽选测试的索具，如每50个选测1个。测试时，应使索具的受力达到试验负荷。

(4)发现损坏或怀疑损坏要及时剔除、分类存放，进行修理或报废。特别是对扭锁，其损坏的概率较大。

所有后续补充的系固设备，应有船级社证书，型号与手册一致，如不一致，应向船级社说明。修理和保养系固设备时，应按表8-2的规定决定验收、维护、修理或报废货物系固设备。

3. 航次中系固检查与调整

(1)系索的布置和系固方案应按系固手册进行严格校核，船舶应配备足够的备用系固设备和索具。

(2)航次中，应对货物的系固状态进行定期检查。

(3)必要时应对系固索具进行紧固，紧固作业包括收紧系索和重新布置系索。若需要，还应增加系索，风浪天气尤其应做此项考虑。特别注意，风浪过后也应检查系固状况，对可能出现的松动应进行紧固，系固时应采取有效措施保证船员安全。

(4)航行中，还应注意货物变形所致的系索松动，特别在寒冷地区装货后驶往高温地区时，货物的系索很可能松动。

(5)卸下部分货物时，很可能使货堆产生立面，对这种立面在装货时就应加以系固，以防卸货时对工人造成危险。

表 8-2　系固设备修理和保养

设备或索具	检视	保养	应采取的措施
象脚	变形		修理或更换
	腐蚀		若顶板厚度不足原厚度的 75%，则更换
花篮螺杆	弯曲	* 见下注	矫直
	锁销受损或丢失		更换
	钩头受损		更换
	扭曲		报废
胀紧式系链	环扣变形		若有环扣变形则应更换
绑扎带	永久性折痕 受到拉长 受腐蚀 内芯干出 内芯伸出		若左列的任意情况出现，则更换
卸扣	锁销受损或丢失		更换
	弯曲		报废
	磨损		报废
扭锁	手柄受损或丢失	* 见下注	矫直/更换
	弹簧/球头/锁销和锁扣受损		更换
	出现大量裂缝		报废
桥接件	锁扣受损或丢失	* 见下注	更换
	变曲		矫直
	扭曲		报废

备注：* 花篮螺杆、扭锁和桥接件应定期润滑，间隔不得超过 3 个月。

4. 货物系固设备的更新、检查、保养和维护记录

应对船上货物系固设备的更新进行记录，制定船舶对货物系固设备的检查、保养和维护程序，具体参考表 8-3、表 8-4。

表 8-3　船上货物系固设备的更新记录

名称	数量	制造商	证书号	日期	签名

表 8-4　船上货物系固设备的检查、保养和维护记录

日期	检查项目	检查结果	维修保养情况	签名

第三节　货物积载与系固安全操作规则与货物系固手册

一、目的、适用范围和主要内容

为了货物和船舶运输的安全,国际海事组织于 1991 年第十七届大会通过了《货物积载与系固安全操作规则》(Code of Safe Practice for Cargo Stowage and Securing)(以下简称《系固规则》),并列入《1974 年国际海上人命安全公约》1994 年修正案第Ⅵ/5 和Ⅶ/6,作为强制性的要求。根据公约要求,除移动平台、渔船、仅装载散装液体或固体货物的船舶及符合国际海事组织《国际高速船安全规则》的高速船外,所有国际航行船舶均应在装载货物单元时随船配备经批准的《货物系固手册》(Cargo Securing Manual, CSM)。非国际航行的船舶可参照有关要求,但为非强制性规定。

1. 制定《系固规则》的目的

提请船舶所有人和经营人注意确保船舶应适合其预定的用途;对确保船舶装备合适的货物系固装置提出建议;提供关于适当的货物积载和系固的一般建议以减少船舶和人员的风险;对在积载和系固上会有困难和造成危险的那些货物提出具体建议;对在恶劣海况下可采取的行动及对货物移动可采取的补救行动提出建议。

2. 适用范围

符合 SOLAS 公约适用范围的、装载除散装固体和液体货物以外货物的船舶应随船配备经批准的 CSM,具体船型有:

(1)干货船。

(2)多用途货船。

(3)集装箱船。

(4)滚装船。

(5)装载货物单元的散装货船。

(6)装载货物单元的客船。

(7)近海供应船。

(8)其他专用船舶,如电缆铺设船、管道铺设船等。

3. 货物安全通道布置

《系固规则》对货物安全通道布置(CSAP)的要求适用于在2015年1月1日及以后安放龙骨或处于类似建造阶段的专用的集装箱船以及特殊设计并布置为在甲板上装载集装箱的其他船舶。

4. 主要内容

《系固规则》的内容除前言和一般原则外,有七章和十四个附则。在正文中七章的内容主要有:

(1)总则。包括规则的适用范围;所用名词的定义;系固装置应克服的货物移动力;货物特性对货物系固的影响;估计货物移动风险的标准;对配备《货物系固手册》的要求;对货物系固设备的要求及货物资料的要求等。

(2)货物安全堆装和系固原则。

(3)标准化堆装与系固系统。

(4)半标准化堆装与系固系统。

(5)非标准化堆装与系固系统。

(6)在恶劣气候中可能采取的行动。

(7)货物移位时可采取的行动。

该规则的14个附则中针对积载和系固中容易产生困难的12种包装和形状的货物提供了积载和系固的建议和方法,并给出了系固方案的评估方法,其内容包括:

(1)非为运输集装箱而专门设计和装备用于运输集装箱的船舶甲板上的集装箱(Containers on Deck)的安全堆装和系固。

(2)移动式罐柜(Portable Tanks)的安全堆装和系固。

(3)移动式容器(Portable Receptacles)的安全堆装和系固。

(4)轮载(滚动)货物[Wheel-Based (Rolling) Cargoes]的安全堆装和系固。

(5)机车、变压器等重件货(Heavy Cargo Items)的安全堆装和系固。

(6)成卷钢板(Coiled Sheet Steel)的安全堆装和系固。

(7)重金属制品(Heavy Metal Products)的安全堆装和系固。

(8)锚链(Anchor Chains)的安全堆装和系固。

(9)散装金属废料(Metal Scrap in Bulk)的安全堆装和系固。

(10)挠性中型散装容器(Flexible Intermediate Bulk Containers)的安全堆装和系固。

(11)甲板下原木(Under-deck Stowage of Logs)的安全堆装和系固。

(12)成组货物(Unit Loads)的安全堆装和系固。

(13)对非标准货绑扎装置有效性的评估方法。

(14)甲板集装箱安全系固作业指南。

二、《货物系固手册》

按《系固规则》的要求,所有装载除固体和液体散装货及木材甲板货外的国际航行船舶,自 1998 年 1 月 1 日起必须随船配备经批准的《货物系固手册》,目前均以国际海事组织 MSC. 1/Circ. 1353《货物系固手册编制指南》为依据。《货物系固手册》由船公司根据所属船舶的实际情况,按要求编写,由主管机关批准,用来作为船舶货物系固工作的指南,它也是装载货物单元的国际航行船舶必备的法定文书。中国船级社最新的《货物系固手册编制指南》(2014)于 2015 年 1 月 1 日起生效,该指南包含了 IMO 对货物系固的新要求,对 1998 年版《货物系固手册编制指南》进行了全面修订。

1.《货物系固手册》主要内容

(1)封面、扉页(船舶资料)、说明;

(2)总则:包括编制手册的依据、监督审批的主管机关、适用范围、定义及其他等;

(3)系固设备及其布置;

(4)非标准货与半标准货的堆装与系固;

(5)货物安全通道布置;

(6)附件(记录表式)。

所有配备《货物系固手册》的船舶在装载货物单元时,都应按手册的要求执行。

2. 货物系固装置的检查与维护

《货物系固手册》的内容包括货物系固装置的检查与维护方法,这些检查与维护由船东或船员进行,并应做相应记录;为了修理和更新货物系固装置,船东或船员应了解货物系固装置的损坏和磨损的极限,关于货物系固装置检查与维护的方法可参考供货商的说明和船东的经验。

对于新船,应根据要求,备全其固定式与便携式系固装置的所有文件和数据。对于现有船,将不考虑检查其固定式系固装置及其支承结构的强度,但尽可能提供便携式系固装置的证书。应在《货物系固手册》中说明:现有固定式、便携式系固装置及其支承结构在实际营运中被证明是安全有效的,如果它们被良好地维护并用于预定的用途,将不再提交审批。当在船上增加和更新系固装置时,应具有合适的证书。

《货物系固手册》为船长和船员提供了正确的货物单元的积载和系固的指导,在装载单元货物时,船长和船员有责任对船上所装运的货物单元,按系固手册的要求进行有效的积载和系固,并确保船上有足够数量的系固设备和衬垫物;《货物系固手册》的内容不排除运用船员良好的船艺,也不能替代船员在积载和系固方面的经验做法。

第四节　非标准货安全装运要求和核算

一、货物系固一般原则

(1)所有货物的堆装和系固都不应危及船舶和人员的安全。

(2)安全堆装和系固决定于正确的配载、操作和监督。

(3)负责货物堆装和系固的人员必须是有经验的合格人员。

(4)负责货物配载和监督货物堆装、系固的人员必须具备实践经验并对《货物系固手册》有足够了解。

(5)在决定堆装和系固方式时,应将可能遇到的最恶劣的海况考虑在内。

(6)在恶劣海况下,船长进行操船时应顾及货物堆装位置和系固方式的情况。

二、导致货物损失的原因

对以下易引起货损的通常原因应给予足够的重视:

(1)恶劣的海况。

(2)垫木的数量不够或无效。

(3)系固设备强度不足。

(4)左右或前后系固不均匀。

(5)钢丝的系固眼板严重变形。

(6)系固设备使用不正确。

(7)钢丝、眼板、链条、花篮螺丝、卸扣、绑扎杆和系固点间的强度不均匀。

(8)沿锐利或未经保护的边缘绑扎货物而使设备损坏。

(9)对由于船的运动而引起的力没有加以重视。

(10)在开航前没有安排充足的人员和时间来完成绑扎工作。

三、非标准货物单元积载前的检查

为保证船舶及货物的安全,在非标准货物单元积载时,船长、大副应对船上系固设备状况、货物情况、装载位置等进行了解和检查,并对货物装运中的危险情况做出充分的估计。

在装运任何货物单元前,应明确以下几点:

(1)用来堆装货物的甲板区域应尽可能清洁、干燥并没有油污。

(2)任何货物单元应处于良好状态并可被有效系固。

(3)船上有必需的、足够的系固设备并处于良好工作状态。

(4)货物应尽可能完好地堆放于包装单元或车辆内。

(5)船上的系固设备应数量充足、适用于所需系固的货物、有足够的强度、使用简便和维护良好。

(6)在装船前,船长应向托运人索取所装运货物的适当数据,以确保:所装运的不同货物是彼此兼容的或应得到适当隔离的;货物适合该船,该船适合装运该货物;在所经航程中,货物在任何可以预计到的海况下可以被安全积载、系固和运输。

四、船员或码头工人对货物进行堆装绑扎时的安全须知

(1)船员应在货物绑扎现场进行监督以防产生不正确的堆码和系固。

(2)工作现场应保持有序,在黑暗处应配以足够的照明。

(3)工作现场的甲板和踏步应没有油污。

(4)如果需要,应配以足够数量的梯子。

(5)开始操作前应由船员对工作现场进行检查以确认无障碍物存在,并适合进行装卸作业。

(6)船员和码头工人在进行作业时应思想集中并佩戴必需的劳保用具,如安全带、安全帽等。

五、非标准货安全积载和系固方案

国际海事组织对几种非标准组件货物的安全积载和系固的建议如下:

(一)移动式罐柜

1. 定义

移动式罐柜系指非永久性系固在船上的,容积大于0.45 m^3(450 L)的,其外壳装有外部稳定构件和运输液体、固体或气体所必需的维修工具和结构性设备的罐柜。其中,装运气体的移动式罐柜的容积应不小于1 m^3(1 000 L)。但未装满的移动式罐柜由于罐内货物在运动时会产生不能接受的液压力,不应用于船运。

2. 积载和系固

移动式罐柜应沿船舶首尾方向装于舱内或上甲板,装于上甲板的移动式罐柜不应超出船舷,并应能使从事必要作业的人员走近,如装在舱盖上则必须封舱,以防整个舱盖翻倒,且不破坏装载部位的局部强度。

系固时应能防止货件的横向和纵向的水平移动和倾覆。为防止水平移动的系固角应不小于25°;为防止倾覆的系固角最好不小于60°,至少不小于45°,如图8-5所示。

罐柜上的系固点应有适当的强度并做出明显的标志。当移动式罐柜上没有系固点

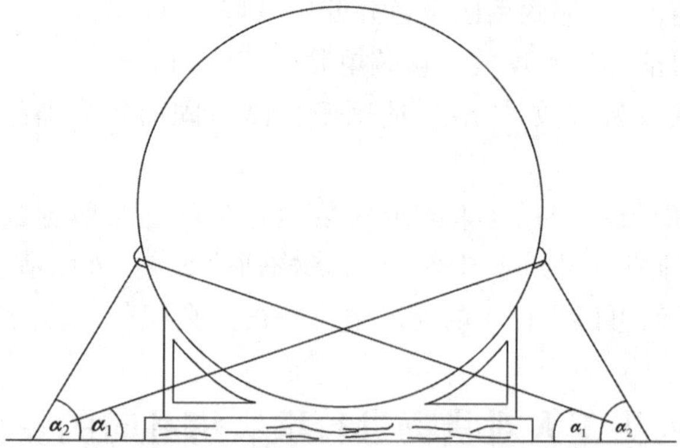

α_1－防滑动的有利角度　　α_2－防翻倒的有利角度

图 8-5　移动式罐柜的系固

时,系索应绕罐柜一周然后将系索两端在货件的同一侧固定,如图 8-6 所示。

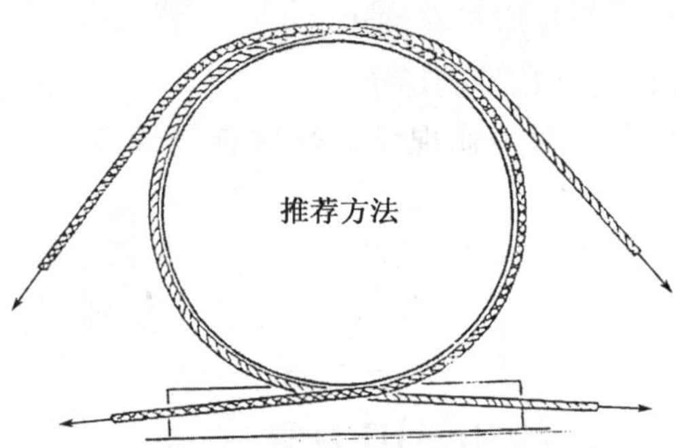

图 8-6　无系固点的移动式罐柜的系固

(二)移动式容器

1. 定义

移动式容器系指非永久地系固于船上的,容量不大于 1 m^3(1 000 L)的,用于运输气体或液体的非移动式罐柜的容器。它们有不同的尺寸和形状,包括:容量不超过 0. 15 m^3 的不同尺寸的圆桶;容量在 0. 1~1 m^3 的各种尺寸的除圆筒外的容器和装于框架内的圆筒组件。

2. 装载与系固

容器可在上甲板和舱内纵向装载,并在装载部位予以衬垫。除装于框架内的容器外,均应用锲子固定。装运液化气的容器应直立装载。

直立装载的容器应以木框或木箱牢固地系住,防止其移动。

卧放的圆筒应在横向垫木上纵向装载,货堆用横向的钢索系固,系索应绕货件一周,在货件的两边固定;当货件上无系固点时,系索应在货件的同一边固定,如图 8-8 所示。在装货期间应使用锲子以防圆筒滚动。

集装箱中的圆筒应直立装载,阀朝上,盖紧防护盖并系固于集装箱上。

(三)轮载(滚动)货物

1. 定义

轮载货物是指所有装有轮子或履带的货物,包括用于装载和运输其他货物的轮子和履带、公共汽车、军用车辆、拖拉机、运土设备和轮式拖车等,但不包括挂车、公路列车。

2. 装载与系固

装载部位应干燥、清洁、无油脂。装载部位下方应衬以能增加摩擦力的材料,如软板、橡胶垫等。

轮载货物应有标以明显标志的系固点或可用于系固的部位。

装载时,货件的滚动方向应朝船舶首尾方向。如货件只能横向装载,应增设足够的系固。为防止货件移动,货件应紧靠船舷并紧密装载,或由其他合适的货物如满载的集装箱等挡住。货件装好后应将车刹住,其轮子应用锲子塞牢。轮载货件上的任何活动的部件应予以锁紧和系牢,如图 8-7 所示。

系固轮载货物的系索的强度应不小于钢链和钢索。

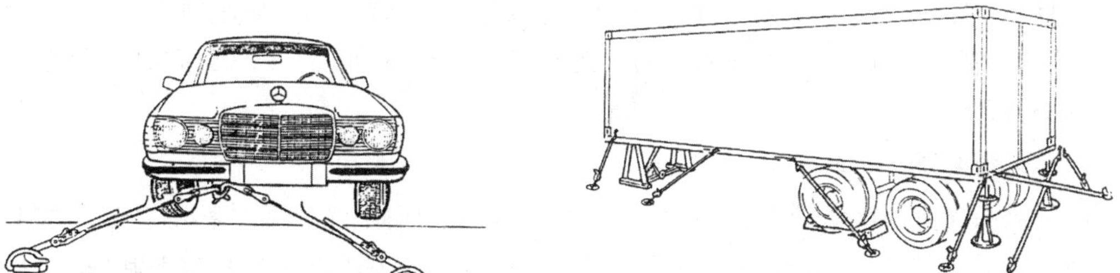

(a) 轿车的系固　　(b) 拖车的系固

图 8-7　轮载(滚动)货物的安全堆装与系固

(四)成卷钢板

卧装的成卷钢板的积载和系固要求,如图 8-8 所示。

成卷钢板应打底堆积,如有可能,应以有规律的层次在船上装满。应使其滚动轴朝着船舶首尾方向,在横向放置的垫木上积载,每卷之间应靠紧。在装卸时为防止滚动,应使用楔子,每排的最后一卷应放在邻近的两卷上面,用以固定该排的其他卷材。当要在第一层的上面装载第二层时,则该层卷材应装在第一层卷材之间。在最上面一层卷材的空隙处应加以固紧。

当卷材未装满整个舱室时,对卷材的最高一层最后一排应按图 8-8 所示的方法进行系固。

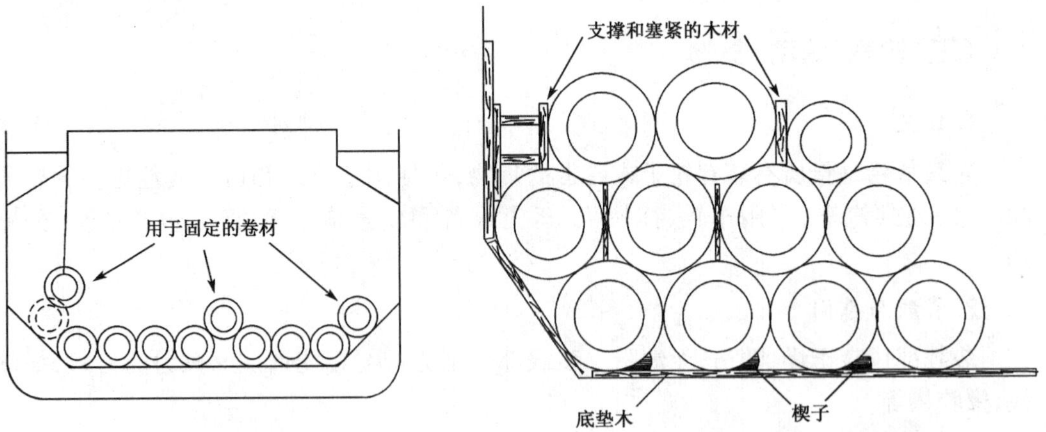

(a) 插入用于固定的卷材　　(b) 卷材间空隙的支撑和塞紧

图 8-8　成卷钢板安全堆装与系固

(五)散装金属废料

1. 适用对象

散装金属废料指因其大小、形状和重量而难以紧密装载的金属废料,但不适用于如金属钻屑、刨屑、车床切屑等金属废料。此种废料的运输在《固体散装货物安全操作规则》中有规定。

2. 运输金属废料的危险

运输金属废料的危险包括:货物移动会造成船舶横倾;个别重件移动会击穿水下船侧外板造成船舶进水;装载部位超负荷和可能造成船舶 *GM* 过大引起横摇剧烈。

3. 装载和系固

装载前应将舱壁护条的下层板条用牢固垫木加以保护,对只有木板保护的空气管、声呐管和污水及压载水管也应做类似的保护。

装货时应防止装载部位超负荷。应确保第一批装入的货物不能从可能损害舱底的高度掉下。在同一部位应先装重废料。金属废料不能装在非金属物品的上面。货物应密实和均匀装载,不能留有空当或松散的无支撑面。为防止重件废料移动,应在其上加以压载或用适当的系索系固。

(六)挠性中型散装容器

1. 定义

挠性中型散装容器是一种半刚性或挠性轻便式容器,其容积不大于 3 m^3(3 000 L),用于运输固体货物的移动式包装,需用机械装卸并经测试能满意地承受装卸和运输应力。

2. 装载要求

这种货物应配置于大舱，其装载处所应呈矩形，周围无障碍物并且清洁、干燥、无油污和钉子。舱内应便于铲车作业。运输这种容器的理想船舶是大舱口船，因为可将这种容器直接放到装载位置上而不需移动。当这种货物配置于舱口时，其周围应以其他货物或支撑物支撑。货物应从舱的两舷向中间尽可能紧密堆装，货件间的空当应留在舱的中央并予以牢固填塞。货物装于舱口位时应尽量将舱口围板作为货物的围壁，所留空当也应在舱的中央并塞牢，以防止其移动，如图 8-9 所示。

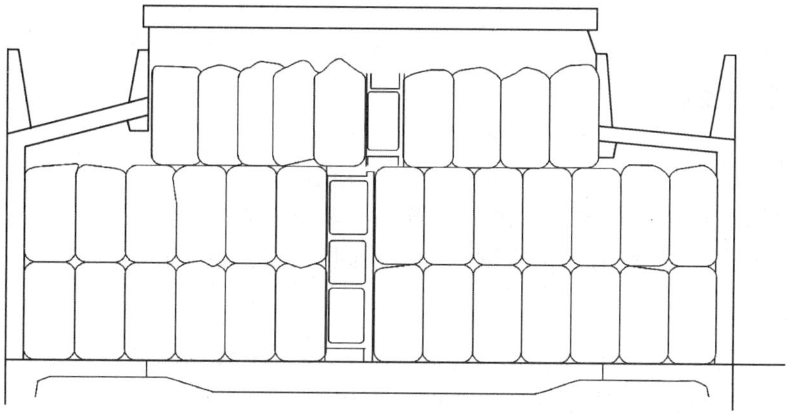

图 8-9　挠性中型散装容器的积载

（七）甲板下原木

甲板下装载原木的安全措施主要有：

1. 装货前

应检查货舱内污水井及污水管系，保证其清洁、无杂物，并要求污水泵具有足够的排污能力，以确保运输的安全。货舱内舷侧护条、管道护板等保护内船体结构的装置应保持完好；并保证对高位压载水排卸阀进行实地检测并将其开关状态记入航海日志，以防压载水意外进入高压压载水柜，引起船舶产生横倾等危险。应确定装载处所的货舱包装容积和拟装木材的尺度和体积以及所用装货设备的安全负荷；并据此制定积载方案，以最大限度地利用装货空间。

2. 装载时

木材应靠近船舶吊起，以最大限度地减缓吊装木材时船舶的摇摆，防止对人员和船舶安全产生危险。木材在舱内堆积应尽量密实。一般应纵向堆放，空隙处应以较短的木材加以填充；货堆应尽量平整，避免将木材堆成金字塔形。舱口围板区也应密实堆积，以使之达到最大的装货量。如整船装运木材而需知舱内所装木材重量，则应使各舱内货物基本同时装完，然后根据吃水算得其重量。在整个装货过程中应保证不损伤船体结构，并保证作业中使用的各种设备和金属具不超过其安全负荷。装货后，可用左右舷移动船上起货设备测定横倾角的方法检验船舶的 *GM* 值，以掌握船舶的稳性状况。

装货后应彻底检查船舶以证明其水密。

3. 航行中

应经常测定船舶的横摇周期，船舶产生横倾时应及时查明原因并采取相应措施。如果需要配备楔子、锤子、移动式泵等，应将其放置于易取用处。为了保证人员能安全地进入围壁的货物处所，船长或值班驾驶员应保证对该处所进行彻底的通风，并用合适的仪器检测其不同高度的气体中的氧气和有害气体，当确认其对人员无危害后才能允许人员进入。如怀疑要进入的处所内通风不足，则要求进入的人员必须佩戴自给式呼吸设备。

（八）成组货物

1. 定义

成组货物系指在货盘等承货板上放置或堆装并用适当方式系固的，或置于货箱等保护性外包装内的，或作为一吊货物永久地系固在一起的一些包装货物。

2. 装载和系固

装载成组货物的处所应清洁、干燥和没有油脂。装载部位最好在水平和垂直方向上都呈矩形，非矩形处所应用木料将其改为矩形。

装载时，成组货物与船舷、成组货物之间都不能留有空当，以防货物倾斜。

当成组货物从舱壁的一侧装到另一侧时，应在货堆边垂直安置格子板或胶合板并用钢索固定，使之紧贴货堆。当成组货物的货堆有可能在两个方向或三个方向上移动时，应在货堆的无系固面垂直安置格子板或胶合板，并用钢索绕过货堆固定在舱壁上，系固时应特别注意货物的角处，防止损坏货物，如图 8-10 所示。

航行中应定期检查系索，如有松动应及时收紧。

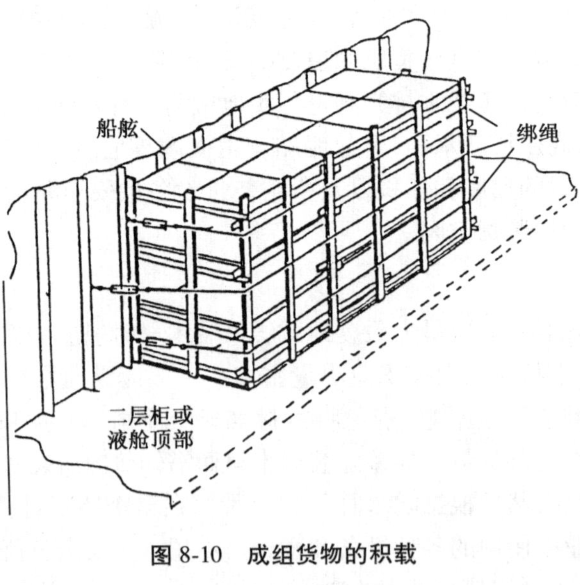

图 8-10　成组货物的积载

六、非标准货系固方案的核算

在货物单元装船前，应制订货物积载与系固计划，提出积载的具体要求和系固的具体方案。在系固方案初拟后，应对其系固效果进行核算，只有经过认真核算并确定系固方案中所设系固设备足以抵御在船舶航行中货件所受的外力及外力矩作用，确保货件不致滑动和倾倒后才能付诸实施。对 IMO 推荐的非标准货物系固有效性评估的介绍如下。

（一）货物单元的受力分析

1. 作用在货物单元上的主动力

$$F = ma + F_w + F_s \tag{8-1}$$

式中：ma——船舶运动引起的惯性力，纵向、横向、垂向；

F_w——甲板货所受的风压力，纵向、横向；

F_s——甲板货所受的波溅力，纵向、横向。

主动力按船舶坐标系可分解为纵向力 F_x、横向力 F_y 和垂直力 F_z。就积载与系固货物而言，纵向与横向的力是主要的，它们是导致货件水平移动和倾覆的主动力。其中由船舶运动产生的加速度引起的惯性力是主要的。加速度的大小与装货位置、船舶摇摆周期有关。惯性力最大的部位是船舶最前部、最后部和船舷的最高堆装位置。对货件系固的目的在于防止货件的水平（主要是横向）移动和倾覆。

2. 作用在货物单元上的约束力

约束力与货件移动方向相反，由系索提供的系固力和货件与甲板间的摩擦力两部分组成。其按船舶坐标系可分解为纵滑约束力 $[F_x]$、横滑约束力 $[F_y]$、垂跃约束力 $[F_z]$。

（二）评估计算方法

1. 计算强度 CS

考虑到各系固装置之间的受力的不均匀以及装配不当引起强度降低等原因，对系固设备计算强度值应在 MSL 的基础上考虑到安全系数来确定，即

$$CS = MSL/SF \quad (\text{kN}) \tag{8-2}$$

式中：MSL——系索的最大系固负荷（系固货物时所允许的最大负荷能力），kN；

SF——安全系数，一般取 1.35。

2. 衡准表达式

当纵滑主动力 $F_x <$ 纵滑约束力 $[F_x]$ 时，货件不会产生纵向移动；

当横滑主动力 $F_y <$ 横滑约束力 $[F_y]$ 时，货件不会产生横向移动；

当垂跃主动力 F_z<垂跃约束力$[F_z]$时,货件不会产生垂跃移动;

当横翻主动力矩 M_y<横翻约束力矩$[M_y]$时,货件不会产生横向倾覆。

同时满足以上条件时,系固方案符合要求。

3. 主动力和主动力矩的确定

由公式(8-1)可知:$F=ma+F_w+F_s$,则纵向力 F_x、横向力 F_y 和垂直力 F_z 为:

$$F_x = ma_x + F_{wx} + F_{sx} \tag{8-3}$$

$$F_y = ma_y + F_{wy} + F_{sy} \tag{8-4}$$

$$F_z = ma_z \tag{8-5}$$

式中:m——货件的品质,t;

a_x、a_y、a_z——分别为货件所在位置的纵向、横向和垂向加速度,m/s^2;

F_{wx}、F_{wy}——分别为上甲板货件纵向、横向所受的风压力,kN;

F_{sx}、F_{sy}——分别为上甲板货件纵向、横向所受的波溅力,kN。

(1)货件所受加速度的确定

$$a_x = a_{ox} \times K_1 \tag{8-6}$$

$$a_y = a_{oy} \times K_1 \cdot K_2 \tag{8-7}$$

$$a_z = a_{oz} \times K_1 \tag{8-8}$$

式中:a_{ox}、a_{oy}、a_{oz}——分别为货件在不同位置时的纵向、横向和垂向基本加速度,见表8-5;

K_1——船长及航速修正系数,见表8-6;对于表8-6中没有直接列出的船长与航速组合,修正系数可使用下式获得:

$$K_1 = \frac{0.345 \times v}{\sqrt{L}} + \frac{58.62 \times L - 1\,034.5}{L^2}$$

式中:v 为航速,kn;L 为垂线间长,m。上述公式不适用于垂线间长小于 50 m 或超过 300 m 的船舶。

K_2——船宽与初稳性高度比修正系数,对于 B/GM_0<13 的情况,应按表8-7对横向加速度值进行修正。

表 8-5 基本加速度(m/s^2)

垂向货位	横向加速度 a_{oy}									纵向加速度 a_{ox}
上甲板高位	7.1	6.9	6.8	6.7	6.7	6.8	6.9	7.4	7.1	3.8
上甲板低位	6.5	6.3	6.1	6.1	6.1	6.1	6.3	6.5	6.7	2.9
二层舱	5.9	5.6	5.5	5.4	5.4	5.5	5.6	5.9	6.2	2.0
底舱	5.5	5.3	5.1	5.0	5.0	5.1	5.3	5.5	5.9	1.5
纵向货位(距船尾/船长 L)	0.1	0.2	0.3	0.4	0.5	0.6	0.7	0.8	0.9	
垂向加速度 a_{oz}(m/s^2)	7.6	6.2	5.0	4.3	4.3	5.0	6.2	7.6	9.2	

备注:横向加速度值包括重力因纵摇和垂荡而引起的平行于甲板的分力。垂向加速度值不包括重

力分力。

X 为货物单元的重心距 AP 的距离(m)。

表 8-6　与船长(L)和航速(v)有关的 K_1 修正系数

v(kn)	L(m)										
	50	60	70	80	90	100	120	140	160	180	200
9	1.20	1.09	1.00	0.92	0.85	0.79	0.70	0.63	0.57	0.53	0.49
12	1.34	1.22	1.12	1.03	0.96	0.90	0.79	0.72	0.65	0.60	0.56
15	1.49	1.36	1.24	1.15	1.07	1.00	0.89	0.80	0.73	0.68	0.63
18	1.64	1.49	1.37	1.27	1.18	1.10	0.98	0.89	0.82	0.76	0.71
21	1.78	1.62	1.49	1.38	1.29	1.21	1.08	0.98	0.90	0.83	0.78
24	1.93	1.76	1.62	1.50	1.40	1.31	1.17	1.07	0.98	0.91	0.85

表 8-5 中基本加速度值仅在满足下列所有条件时有效:无限航区;全年航行;25 天一个航次;船长为 100 m;服务航速为 15 kn;$B/GM_0 \geq 13$。

若在限制航区运营,表列数值可在考虑季节和航次的航行时间后减小。若船长并非 100 m 且服务航速并非 15 kn,应根据表 8-6 修正加速度值。

表 8-7　$B/GM_0<13$ 时的 K_2 修正系数

B/GM_0	7	8	9	10	11	12	13
上甲板高位	1.56	1.40	1.27	1.19	1.11	1.05	1.00
上甲板低位	1.42	1.30	1.21	1.14	1.09	1.04	1.00
二层舱	1.26	1.19	1.14	1.09	1.06	1.03	1.00
底舱	1.15	1.12	1.09	1.06	1.04	1.02	1.00

(2)上甲板货件所受风压力的确定

$$F_{wx} = P_w \times A_{wx} \tag{8-9}$$

$$F_{wy} = P_w \times A_{wy} \tag{8-10}$$

式中:P_w——估计风压强,取 $P_w=1$,kN/m^2;

A_{wx}、A_{wy}——分别为上甲板货件的纵向、横向受风面积,m^2;A_{wx}=货宽×货高;A_{wy}=货长×货高。

(3)上甲板货件所受波溅力的确定

$$F_{sx} = P_s \times A_{sx} \tag{8-11}$$

$$F_{sy} = P_s \times A_{sy} \tag{8-12}$$

式中:P_s——估计波溅力压强,取 $P_s=1$,kN/m^2;

A_{sx}、A_{sy}——分别为上甲板货件纵向、横向受波溅面积,m^2;

A_{sx}=2×货宽,A_{sy}=2×货长(正常取 2 m 高度受波溅)。

实际的波溅力远大于上述计算值,上述值系指采取保护措施后的残余波溅力。

(4)主动力矩

$$M_y = F_y \times l_z \tag{8-13}$$

式中:l_z——货件横向倾覆力臂,m;取货高的一半。

4. 约束力和约束力矩的计算

(1)纵滑约束力

$$[F_x] = \mu m(g-a_z) + cs_1 f_1 + cs_2 f_2 + cs_3 f_3 + \cdots\cdots \tag{8-14}$$

式中:μ——货件底部与衬垫材料或船体结构之间的摩擦系数(钢与木材、钢与橡胶取 μ=0.3,干燥的钢与钢取 μ=0.1,潮湿的钢与钢取 μ=0);

α——纵向系固角,°;

a_z——货件所在位置的垂向加速度,m/s^2;

cs——纵向系固设备计算强度,kN;$cs = MSL/1.35$ (kN);

f——$\mu\sin\alpha+\cos\alpha$,见表 8-8。

(2)横滑约束力

$$F_y = \mu mg + cs_1 f_1 + cs_2 f_2 + cs_3 f_3 + \cdots\cdots \tag{8-15}$$

式中:μ——摩擦系数;

α——横向系固角°;

cs——横向系固设备计算强度,kN;$cs = MSL/1.35$ (kN);

f——$\mu\sin\alpha+\cos\alpha$,见表 8-8。

(3)横翻约束力矩

$$[M_y] = mgb_1 + cs_1 l_1 + cs_2 l_2 + cs_3 l_3 + \cdots\cdots \tag{8-16}$$

式中:b_1——货件重心至倾覆支点间的横向距离,m;

$l = (b + h/\tan\alpha)\sin\alpha$(式中:$b$——货宽,m;$h$——系固点高度,m;$\alpha$——横向系固角,°);

cs——横向系固设备计算强度,kN;$cs = MSL/1.35$ (kN)。

表 8-8 作为 μ 和 α 函数的 f 值($f=\mu\sin\alpha+\cos\alpha$)

μ	α												
	−30	−20	−10	0	10	20	30	40	50	60	70	80	90
0.4	0.67	0.80	0.98	1.00	1.05	1.08	1.07	1.02	0.95	0.85	0.72	0.57	0.40
0.3	0.72	0.84	0.93	1.00	1.04	1.04	1.02	0.96	0.87	0.76	0.62	0.47	0.30
0.1	0.82	0.91	0.97	1.00	1.00	0.97	0.92	0.83	0.72	0.59	0.44	0.27	0.10
0.0	0.87	0.94	0.98	1.00	0.98	0.94	0.87	0.77	0.64	0.50	0.34	0.17	0.00

(三)系固方案核算计算实例

例 8-1：

(1)船舶资料

船长：140.00 m；船宽：22.50 m；船舶航速：15.0 kn；初稳性高度：1.31 m。

(2)货物资料

垂向货位：上甲板低位；纵向货位：距船尾 0.75 倍船长；货物重量：35.00 t；货物长×宽×高：12 m×3.5 m×3.5 m；系固点高度：2.7 m；摩擦系数：0.3。

(3)系索资料

横向加两道系索，纵向加一道系索，其参数为：

两道横向系索的系固角均取：35°；纵向系索系固角取：40°；

每道横向索系的 *MSL* 均取：132 kN；纵向索系 *MSL*：132 kN。

试校核舱面货物单元的系固强度及系固方案是否合格，

解：具体计算见表 8-9、表 8-10、表 8-11、表 8-12、表 8-13、表 8-14：

表 8-9　有关船舶资料表

船长 L(m)	航速 v(kn)	船宽 B(m)	GM(m)	B/GM
140.0	15.0	22.5	1.31	17.2

表 8-10　有关货物资料表

垂向货位	纵向货位(距船尾)	货物重量(t)	货物尺度			横向力臂(m)	系固点高度(m)	货重心距支点横距(m)	摩擦系数 μ
			长(m)	宽(m)	高(m)				
		(1)	(2)	(3)	(4)	(5)=(4)/2	(6)	(7)=(3)/2	(8)
上甲板底位	0.75	35	12	3.5	3.5	1.75	2.7	1.75	0.3

表 8-11　有关系索数据表

系索编号	横向系索								纵向系索					
	左/右	系固角	*MSL*	*cs*	力臂 *l*	*f*	*cs*×*f*	*cs*×*l*	前/后	系固角	*MSL*	*cs*	*f*	*cs*·*f*
		(9)	(10)	(11)=(10)/1.35	(12)*	(13)	(11)×(13)	(11)×(12)		(14)	(15)	(16)=(15)/1.35	(17)	(16)×(17)
1	左	35	132	98	4.22	0.99	97.0	413.6	前	40	132	98	0.96	94.1
2	右	35	132	98	4.22	0.99	97.0	413.6						
							(18)	(19)						(20)
合计						(左)	194.0	827.2	合计				前	94.1
						(右)	194.0	827.2					后	94.1

注：*(12)=[(3)+(6)/tan(9)]·sin(9)。

表 8-12　甲板货物单元的风压力和波溅力计算表

风压力		波溅力	
横向风压力	纵向风压力	横向波溅力	纵向波溅力
(21)=(2)×(4)	(22)=(3)×(4)	(23)=2×(2)	(24)=2×(3)
42	12.2	24	7

表 8-13　货物单元的运动情况核查表

横向移动核查			横向倾覆核查			纵向移动核查		
横向移动力 F_y	横向约束力 $[F_y]$	合格否？ $F_y<[F_y]$？	横向倾覆力矩 M_y	横向约束力矩 $[M_y]$	合格否？ $M_y<[M_y]$？	纵向移动力 F_x	纵向约束力 $[F_x]$	合格否？ $F_x<[F_x]$？
(34)	(35)		(36)	(37)		(38)	(39)	
(1)×(30)+(21)+(23)	9.81×(1)×(8)+(18)	(34)<(35)？	(34)×(5)	9.81×(1)×(7)+(19)	(36)<(37)？	(1)×(31)+(22)+(24)	(33)×(8)+(20)	(38)<(39)？
245.2	287.2	合格	429.1	1 428.1	合格	100.4	139.1	合格

备注：对货件的系固一般要求横向左右对称、纵向前后对称，所以只需核查横向的一侧和纵向的一端即可。但如果横向左右不对称和/或纵向前后不对称，则对横向两侧和/或纵向两端应分别予以核查。

表 8-14　货物单元的加速度计算表

基本加速度			K_1	K_2	修正后的加速度			$m(g-a_z)$
a_{oy}	a_{ox}	a_{oz}			a_y	a_x	a_z	
(25)	(26)	(27)	(28)	(29)	(30)=(25)×(28)×(29)	(31)=(26)×(28)	(32)=(27)×(28)	(33)=(1)×(9.81-32)
6.4	2.9	6.9	0.8	1.0	5.12	2.32	5.52	150.15

答:经过核查,舱面货物单元的系固强度及系固方案合格。

第二篇　件杂货运输

件杂货海上货物运输是指杂货、集装箱运输。在运输杂货、集装箱货物时，需要特别关注货物的装载、搬移、积载、运输、保管、照料和卸载七个运输环节。本篇以杂货船运输、集装箱船运输为分章，结合具体工作和小节进行编写，包括必需的专业知识和技能。

第九章

杂货船运输

杂货(General Cargo)一般由普通杂货船(General Cargo Ship)和杂货班轮运输。由于普通杂货船和杂货班轮装载货票多、挂靠港口多,装卸货物频繁,所装的货物种类、性质、包装差异都较大,因此其对船舶配积载的要求较其他船舶复杂,而且运输途中保管要求较高。

第一节　杂货和杂货船概述

一、杂货

(一)杂货分类

常见的杂货主要有15类,具体分类如下:

1. 危险货物(Dangerous Cargo)

凡具有燃烧、爆炸、腐蚀、毒害、放射性等性质,在运输、装卸和保管过程中,如果处理不当,可能会引起人身伤亡、财产毁损或环境污染的物质或物品,统称为危险货物。其分为包装和散装液体,如爆炸品、易燃液体等。详见“包装危险货物运输”“油船运输”“散装液体化学品船运输”“液化气体船舶运输”章节。

2. 重大长件货物(Awkward & Length Cargo)

重大长件货物是指货物单件尺度超长、超宽、超高以致在货物装卸时受到限制或单件货物重量过重以致不能正常使用一般的装卸设备进行装卸的货物,如成套设备、车辆、起重设备等。详见“重大件船运输”章节。

3. 散装货物(Bulk Cargo)

散装货物是指无包装的块状、粒状、粉状的干散货物,如粮食、矿石、煤炭、水泥、化学品等。详见“固体散装货物船运输”和“散装谷物船运输”章节。

4. 液体货物(Liquid Cargo)

液体货物包括无包装和有包装的液体货物,如石油产品、动植物油、蜂蜜、酒等。详见“油船运输”章节。

5. 气味货物(Smelled Cargo)

气味货物是指能散发香气、臭气、刺激性气味及特殊气味的货物,如烟叶、香料、鱼粉、骨粉、农药等。

6. 食品货物(Food Cargo)

食品货物是指供人们食用的货物,如糖果、奶粉、茶叶、罐头及包装粮食等。

7. 扬尘污染货物(Dusty and Dirty Cargo)

扬尘污染货物是指易飞扬并污染其他货物的货物,如水泥、各种矿石和矿粉等。

8. 清洁货物(Clean Cargo)

清洁货物是指不能混入杂质或被污染的货物,如滑石粉、生丝、镁砂、钨砂等。

9. 冷藏货物(Refrigerated Cargo)

冷藏货物是指常温下易变质,需采取特殊措施,保持一定低温以防止其腐败变质的货物,如鲜鱼、肉类,蛋、乳制品及新鲜水果等。详见“冷藏货物船运输”章节。

10. 易碎货物(Fragile Cargo)

易碎货物是指不能挤压、撞击并易于破损的货物,如玻璃制品、陶瓷制品、瓶装饮料及酒等。

11. 贵重货物(Valuable Cargo)

贵重货物是指价值昂贵或具有特殊使用价值的货物,如文物、金银珠宝、贵重衣物、精密仪器、艺术品等。

12. 活牲畜货物(Livestock Cargo)

活牲畜货物是指活的动物,如猪、牛、马等。

13. 液化货物(Liquefied Cargo)

液化货物是指通过加压或降温方式,将气态货物变为液态而进行运输的货物,如液化石油气、液化天然气等。详见“液化气体船舶运输”章节。

14. 含水货物(Hygroscopic Cargo)

含水货物是指含有一定量水分的货物,如木材、糖等。

15. 普通货物(Breakbulk Cargo)

普通货物是指其性质对运输保管条件无特殊要求的货物,如钢材、石料、普通日用百货等。

(二)货物标志

为保证货物运输的安全和便于货物的识别,由发货人在货物或其包装的表面涂刷或粘贴的文字、符号、图案称为货物标志(Mark)。货物标志按其用途分为:运输标志(Carriage Mark)、包装储运指示标志(Care Mark or Indicative Mark)、危险货物标志(Dangerous Mark)、原产国标志(Original Mark)。

1. 运输标志

运输标志是为在货物运输过程中便于货物识别需要而制作的,包括主标志、副标志。

(1)主标志(Main Mark)

由发货人自选并印制,又称发货标志(Shipping Mark),俗称"唛头"。它是货物运输中识别同批货物的基本标志。主标志通常用简单的图案(如菱形、圆形及三角形等)配以文字来表示,其内容有收货人名称的代号或缩写、贸易合同编号、合约号、订单号或信用证编号等,其图案内容如图 9-1 中 1、2、4 所示。在装货单、提单、舱单等运输单证上都要记录主标志内容,故主标志必须简单明显。

(2)副标志(Counter Mark)

由发货人印制,是主标志的补充,用于表明货物的重量、尺码、目的地以及区分同一批货物中的几个小批或不同的品质、等级、规格等。副标志通常用字形较小的文字来表示,其内容有目的港、编号(批、件号)、货物品名、型号、尺码、数量或重量等,其图案如图 9-1 中 3、5、6、7、10、11、12 所示。

①目的港标志(Destination)

它用来表示货物运送的目的地,必须用文字直接写出到达港的全名,不得使用简称、缩写或代号。目的港有同名港口的,应在后面括号内加上国家名称。中转货物如有必要,可写上中转的换装港或地名。

②编号(批、件号)标志(Package Number)

它用来辅助主标志区分货组和计算包件的数量。件号编制形式通常有如下几种:

i. 按货件编制顺序号。箱号、桶号等可在顺序号前面加以说明。如一批货物共 30 箱,逐件编为 C/No. 1、2、3、…、30。

ii. 按货组编制统号。对品质、规格相同的大批量货物,为了减少麻烦可编制统号。编制统号还可用于区分同批货物内的不同品种、规格。如一批货物共 400 袋,以 200 件为一组,两组货物的货件上可分别标上 Bags No. 1/200, Bags No. 201/400,或表示为 Bags No. 1-200, Bags No. 201-400。

iii. 按货件编制组合号。为了方便运输过程中点数、验收、交接,货件上可将件号、总件号、批号组合编制在一起。如 Case No. 8/10-01,表示该票货物系第 01 批,该批货物共 10 箱,此件是第 8 箱。

iv. 按套编制套号(Set Number)。对于需要拆装成若干件进行运输的成套设备、仪器等货物,为保证其成套的完整性,若多套货物同时装运,件号编制时可增加一个套号。

一箱一号，当发生货物溢短和/或残损时，能及时、正确地判明该箱号。编制方法是在件号前面增加一个套号以表示其成套性。如对其中一套设备拆装成3箱编为第一套，逐件编为Set · Case/No.(1)-1/3,Set · Case/No.(1)-2/3,Set · Case/No.(1)-3/3。

③货物品名标志(Description of Goods)

货物品名标志一般指货物的正确运输名称，以英文和生产国两种文字书写，文字高度不低于5 cm。

④货件尺码和重量标志(Measurement and Weight)

它用来显示货件的尺码和重量，便于计算运费、积载、装卸和堆存。尤其对笨重、长大件货物，须准确标明每件货物的重量和体积。

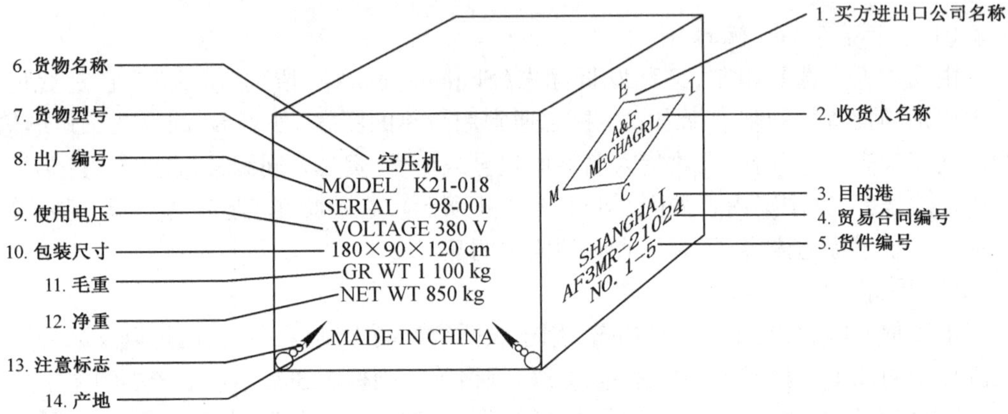

图9-1 主标志和副标志

2. 包装储运指示标志

包装储运指示标志简称指示标志，由发货人印制，标志货物在储运过程中的注意事项，通常用特殊记号、图形、文字表示。指示标志(Instructive mark)或保护标志(Protective Mark)用来指示货物在装卸作业、储存、运输、开启过程中应遵循及注意的事项。指示标志有3类，即装卸作业指示标志、存放保管场所指示标志、开启包件指示标志。为保证国际贸易中货物的正确储运，解决各国间辨认文字标志的困难，各国现普遍通用以图案作为指示标记。我国国家计量局自2008年10月实施了《包装储运图示标志》国家标准(GB191—2008)，其图案如图9-2所示。

3. 危险货物标志

危险货物标志是表示危险货物其所属的类别及危险特性的标志。此标志图案形象，色彩醒目，以期引起人们的足够重视。《国际海上危险货物运输规则》《International Maritime Dangerous Goods Code》和我国交通运输部《水路危险货物运输规则》对各类危险货物标志有详细说明。其图案见本书"附录Ⅲ"。

4. 原产国标志

原产国标志是国际贸易中特殊需要的一种出口标志。它是指标注在货物包装上的制造国国名，必要时还须提供产地证明书(Certificate of Origin，又称原产地证)，以产地

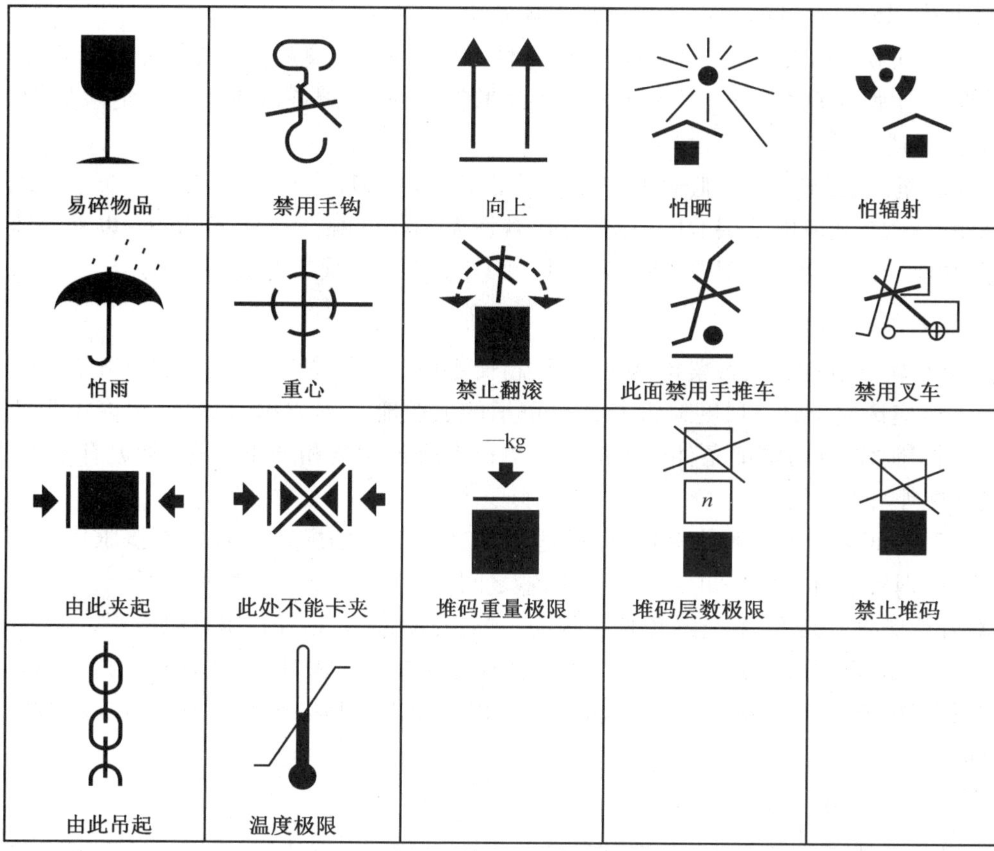

图 9-2　包装储运图示标志

证来确定来源国。许多国家用法律强制规定需要检查这种标志,其目的是查验不同国家涉及进口货物的关税税率、识别货物的制造出口国等。

货物标志在使用中可以根据贸易合同规定,对内容进行适当增减,但主标志、副标志中的件号、目的地、原产国内容必须全部具备。值班驾驶员在货物装载值班时,对货物标志应认真仔细核对,发现货物标志不详或有误应及时处理。

(三)杂货的舱位选择

杂货选择舱位时,既要满足卸货港序的要求,又要使货物本身特性、包装类型等与货舱条件相适应,并要考虑其对周围其他货物的影响。现将各类杂货舱位选择的一般原则概括如下:

1. 危险货物

各类包装危险货物之间、包装危险货物与其他货物之间的配置和隔离,必须严格按照《国际海上危险货物运输规则》(简称 IMDG CODE)的规定谨慎处理。包装危险货物舱位的选择应遵循以下原则:

(1)一切危险货物,应尽量远离热源、火源、电源,包括机舱、烟筒、蒸汽管道等;特别是易燃、易爆的危险货物,更应远离上述处所。

(2)危险货物大多具有不同程度的毒性,则应尽量远离船员生活区、工作场所、厨房、食品仓库、空调间等;尤其是毒害品和易散发易燃、易爆或有毒气体的危险货物,更应远离上述场所。

(3)危险货物应尽可能安排在适于最后装、最先卸,并有利于监管和安全处理舱位,如第一、二货舱的二层舱舱口围附近,若性质不相抵触,还应尽量集中,以缩小监管范围和便于其他货物的配置,特别是爆炸品,其上不得装载其他货物。

2. 重大件货物

为车辆、机械设备、桥梁构件等超重、超长货物选择舱位时,应注意以下几点:

(1)应选配于舱口尺度较大和备有重吊的大舱舱口下方;如果舱口尺度不足或者充分利用舱容,在可能的条件下可配置在甲板上跨越横梁和利于绑扎(附近有地令、眼环、立柱等)的部位。

(2)在底舱配置重大件货物时,可适当在其上下分别配置适宜的怕挤压货物和打底货,如钢板、钢轨等,其四周与舱壁、舷壁之间,再用不怕挤压的货物塞紧。另外,还要计算好货舱剩余高度,既要避免货物移动、碰撞受损,又要充分利用货舱容积。

(3)二层舱高度一般约3~5 m,在二层舱配置重大件货时,要计算好货物的总高度(包括货物附件或突出部分)和衬垫的厚度,以避免出现临装船时才发现货高超过舱高的局面。

3. 散装货物

杂货船还经常整船或非整船装运散装货物,如氟石、重烧镁、矿砂、焦宝石等,这类货物数量较大,宜整票集中配置于容积较大的中部货舱底舱作打底货,以利抓斗抓卸和货物底脚的清理;如限于卸货港序,只得配于二层舱底部,则底舱货物上面要用帆布铺盖,以防货物落入底舱。多票散货,不宜配于同一货舱,以防混票和底脚混杂。

4. 液体货物

流质或半流质货物通常由铁桶、木桶、塑料桶等盛装,配置时要求配装处所底面平整、稳固。凡包装坚固、单件重量在100 kg以上的大桶装货物,如润滑油、桐油、蜂蜜、盐渍肠衣等,可选择形状规整的中部货舱底舱作打底货;包装不太坚固的桶装流质货物,如小木桶装流质货、箱装瓶酒、坛装食品等,宜选配在二层舱舱口四周底部,最好靠后舱壁,避开舱口位置,同时在二层舱底部铺垫帆布,以防货物损坏渗漏污染底舱货物,切不可将流质货物配于怕污染的其他货物上面。

5. 气味货物

在可能的情况下,应尽量集中配于容积较小的船首、尾底舱或其他舱位,以尽可能缩小其影响范围,绝不可与易感染异味的货物(如茶叶、粮谷、滑石粉等食品和化妆品)配置在同一舱内。

6. 食品货物

食品货物如糖果、茶叶、袋装谷物等,应配置于清洁、干燥、无异味、无虫害、远离热源和通风良好的处所，不得与有毒物品、气味货物、散发水分的货物等同配于一舱。

7. 扬尘污染货物

袋装污染货应尽可能地整票集中选配在船首、尾底舱其他货物下面，装后铺盖帆布以便装载其他货物；当数量较少时，可与其他货物扎位配置，以利货舱容积的充分利用和缩小与其他货物的接触范围；如果由于卸货港顺序所限必须配于二层舱，亦应尽可能配于二层舱底部其他货物下面或与之扎位配装，同时二层舱底部和底舱货物上面应用帆布铺盖，以防破包污染底舱货物。

8. 清洁货物

清洁货物如丝、绸缎、纸张等，应选配于清洁、干燥的处所，不得与水泥、炭黑等扬尘污染货同配一舱，以防污染和混入杂质。

9. 冷藏货物

冷藏货物应专门配置于具有冷藏舱的船上。如有冷藏舱的船舶无冷藏货可装，则可在冷藏舱配置一般货物，但应注意选配不需通风、不怕汗湿的货物。

10. 易碎货物

玻璃制品、陶瓷器、热水瓶等易碎货物，应配置在基础平稳、不受挤压、易于装卸的处所，如二层舱或底舱舱口下方、其他货物的上面，尽量后装先卸。

11. 贵重货物

贵重货物如电视机、照相机、高级精密仪器等，一般应配置在专用的贵重物品舱内；如无专用舱室，也可配置于货舱一角，最先装最后卸，四周用其他货物围闭；或者配于舱口，最后装最先卸，便于船员集中监管，以防盗窃。

12. 活牲畜货物

船运活牲畜货物（如牛、马、猪、鸟）、动物园的各种动物等，一般均配置于甲板上和通风良好的场所，场地要宽敞，由于活牲畜有恶臭，要远离客舱和船员住室。

13. 液化货物

液化货物多为危险品，而且多用专用船舶装载，对少量液化货物如煤气等，应按危险品配载要求配置。

14. 含水货物

含水货物多为有机物质，易散发水分到空气中，应及时通风并与怕湿货物分开装载。

15. 普通货物

除上述各类货物之外的一般普通货物，对配积载无特殊要求，对其他货物亦无不良影响，故其舱位的选择较为容易。

二、杂货船分类及特性

1. 杂货船分类

杂货船主要运载成包、成箱、成捆杂件货，有时也运载小量的散装货、重大件等货物。从外形上看，驾驶台在船舶的中部或中后部、机舱也在中部或中后部的船舶称为山岛型或中后机型杂货船，如图 9-3 所示；驾驶台在船尾部、机舱也在船尾部的船舶称为艉机型杂货船，如图 9-4 所示；山岛型易调整船体纵倾，艉机型则有利于载货空间的利用。

(a) 山岛型杂货船（前三后二）

(b) 中后机型杂货船（前四后一）

图 9-3　山岛型与中后机型杂货船

2. 杂货船特性

如图 9-5 所示，杂货船有较强的纵向结构，船体的底多为双层结构，艏和艉设有前、后尖舱，平时用于储存淡水或装载压舱水以调节船舶纵倾，碰撞时可防止海水进入大

图 9-4 艉机型杂货船

舱,起到安全保护作用。

杂货船设置有若干货舱,货舱内一般有 2 层甲板,船首、尾舱可能有 3~4 层甲板,舱口以水密舱盖封盖,以免进水。杂货船一般自带起货设备,在舱口前后设有平台,装有起货机和吊杆等;为装卸重大件,通常在中部还装备有重型吊杆。

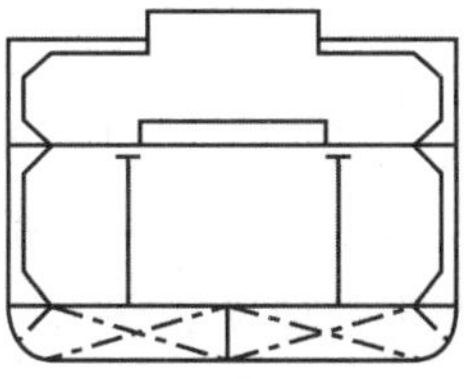

图 9-5 杂货船货舱横剖面

现代杂货船具有对各种货物运输的良好适应性,能载运大件货、集装箱、件杂货以及某些散货,则新建杂货船常设计成多用途船。

第二节 杂货船配载计划的编制

杂货船配载是一项关系到船舶安全及货运质量等的繁重、复杂、细致的工作,在编制时,必须以严谨的科学态度,以船舶安全、优质、快速、经济的基本要求,以认真踏实的工作作风,迅速、圆满地完成航次的积载任务。为保证杂货船货运质量,货物配载时应遵循下列基本原则和要求:

(1)充分利用船舶的载重能力和容积能力。

(2)保证船舶具有合适的稳性和摇摆性。

(3)保证船舶具有适当的吃水和吃水差。

(4)确保船体强度不受损伤。

(5)保证货物运输质量。

(6)满足中途港卸货顺序的要求。

(7)便于装卸货物,缩短船舶在港停泊时间。

(8)正确合理的舱面积载。

由于船舶类型的不同,各航次的货载也不同。因此,船舶配载图的编制程序有繁有简,不尽相同。在做好上述编制准备工作的基础上,可按下列具体步骤编制配载图。

一、编制准备工作

配载计划编制时,必须进行周密的调查研究,做好如下工作。

(一)熟悉船舶、货物情况

1. 有关船舶情况

(1)船舶各货舱装货条件及装卸设备、货舱结构和容量等情况:包括各货舱和舱口的位置、尺度;各二层舱舱口及防堵舱容;内底板、各层甲板及舱盖安全负荷量;各货舱吊杆数及其负荷量和舷外跨度;油、水和压载舱的位置;船舶航行和停泊每天燃料、淡水的消耗定额;货舱内各种设备如支柱、轴隧、污水井的位置,电缆、通风设备的布置情况等。

(2)船舶稳性报告书:包括船舶性能数据、强度曲线图及船中载荷弯矩允许值、百厘米吃水图或表、适度的初稳性高度值和吃水差、各舱货物重量分配比例。

(3)船舶性能数据:一般是指船舶静水力曲线图中的有关曲线,它是船舶积载所必需的资料。其可以从船舶性能数据较全的载重表尺或静水力参数表中查取。

①船中弯矩允许范围数据表或强度曲线图。这是根据船舶不受损伤的要求计算所得的各舱载荷对船中弯矩的容许范围资料。配积载方案的各舱柜载荷对中弯矩绝对值之和应不超出允许范围,才能保证船体纵强度不受损伤。

②装载 100 t 载荷引起艏、艏吃水变化标尺图或数据表。

③适度的初稳性高度值和吃水差值。这些数据的确定方法在前面几章已叙述。对于不同船舶或同一船舶在不同的排水量时,其要求的适度初稳性高度值和吃水差值都不相同。

④满足纵强度、稳性、吃水差要求的各货舱的货物重量分配比例。经过多次实践可以总结出船舶的各舱应分配货重的合理比例数;也可以从《船舶稳性计算书》中找到这些数据;如果缺乏这方面资料,还可以通过计算求得这些数据。

2. 有关货物情况

(1)装货清单(Loading List)及对特殊货物运输保管的要求:船舶每个航次的货载是以装货清单形式通知船方的。通常在装货清单上写明:所运货物的装货单号、目的港、货名、包装形式、毛重、估算的体积和件数。对有特殊运输保管要求的货物及重大件、危险货物等均在备注栏内加以说明。

(2)航次货载情况:由于船舶每个航次的货载均不相同,因此,在编制配积载图之前首先应从装货清单中了解航次货载情况。如有不清楚的地方,应通过港口或代理了解清楚。在有条件时,还应该到堆货现场实地了解并核对观察货物的堆放位置及包装情况(如包装材料、尺码、牢固程度等)。了解的重点应放在不熟悉的、首次装运的货种和对运输保管有特殊要求的货种上。

(二)熟悉港口、航线情况和资料

对于港口和航线,应该了解和熟悉以下情况:

(1)本航次船舶航经的海区及装卸港口泊位的水深,有无浅水区及其限制吃水,以便确定船舶允许的最大吃水。如果对这方面情况不了解清楚,就有可能造成临时转口卸货和港外过驳等影响船舶安全和营运经济效果的不良后果。

(2)各装卸港口装卸条件及有关规定。应了解港口卸货工具、起重设备的能力,以及作业工班数、每天作业班次、港口规定等,以便船舶装卸时做出妥善安排。

(3)船舶本航次航经海区的风浪、气温变化情况,以便采取相应的货物运输保管的措施。

上述有关船、货、港、航方面的情况中,属于船舶方面的情况每个航次都可以通用,每艘船舶的有关资料在一定时间内是不变的。因此,尽可能将它们整理成清晰的文字资料,以便每次编制配载计划时使用。关于货、港、航的情况,则随航次任务的不同而有所变化。因此,应从工作需要出发,注意积累货、港、航方面的资料。

二、航次载货能力核算

1. 计算船舶航次净载重量 *NDW*,查取航次装货重量,并判别能否承运

根据"装货清单"计算航次货运量 Q,计算航次净载重量 *NDW*,比较船舶的净载重量和航次货运量,即净载重量是否大于或等于航次货运量,以确定货物能否全部装上船。

2. 查取货物总体积及船舶货舱总容积,并判别能否承运

根据"装货清单"计算航次货物的总体积,根据船舶资料计算航次可用总舱容(应包括亏舱容积),比较船舶的航次可用总舱容和货物的总体积,即航次可用总舱容是否大于或等于货物的总体积,以确定货物能否全部装上船。

3. 审核船舶其他装载能力是否满足要求

比较航次货物的特点和船舶条件,有时即使船舶的净载重量和可用总舱容都分别大于航次货运量和货物的总体积,但由于航次货载中互抵性货物过多,而船上又没有相应的设备,因此在不能按其装载要求进行装货时,也需要调换或退掉部分货物。对上述情况进行分析后,做出船舶的装载能力是否相适应的结论。

三、航次货舱货物重量分配

航次货物重量在各货舱(包括上、下层舱)的分配控制数,可根据满足纵强度、稳性和吃水差的要求,在实践中总结出各货舱及舱室装货重量的百分比与航次货运量相乘求得,调整幅度为各舱重量的±10%。按照这个分配控制数往各舱及舱室配货,就可以减少盲目性,如表 9-1 所示。

表 9-1　各舱配货重量核算表

离港港别	数量(t)	舱别					
		No. 1	No. 2	No. 3	No. 4	No. 5	合计
各舱容占总值百分比(%)							
各舱装载重量调整值(t)							
离港	各舱装货重量上下限允许范围(t)	/	/	/	/	/	
	各舱实际装货重量(t)						
离港	各舱装货重量上下限允许范围(t)	/	/	/	/	/	
	各舱实际装货重量(t)						
离港	各舱装货重量上下限允许范围(t)	/	/	/	/	/	
	各舱实际装货重量(t)						

舱层及离港港别	二层舱		
	离港	离港	离港
实配重量(t)/所占百分比(%)	/	/	/

四、货物舱内配置及初配方案

(一)杂货船配载图及识别

配载图(Cargo Plan)是用图式来标明航次货物具体配装在各货舱和甲板位置的示意图,在图上应具体标明船名、航次、始发港、各中途港、终点港、离始发港时的船首尾实际吃水和平均吃水,并且还需标明各票货物的货名、装货单号、件数、重量或体积、包装形式、到达港口以及装货中注意事项等。

配载图是指导装卸公司装货的文件,具有法律原始证明文件的意义。配载图一般由船舶大副根据航次货物种类、性质、数量、重量和尺码,以及船舶结构、容积,货物到港顺序绘制而成。配载图应清晰、简单、明确、易懂,无论由谁绘制,均由大副签字认可,由船长批准。在装货过程中,如果由于按配载图装货而产生货损,由船方负责;装卸工人未经大副同意,擅自更改装载计划,不按配载图要求装货,则由装卸公司负责。由于各种原因,实际装载可能与计划有出入,所以装完货后按实际装载所绘制的图称为实际积载图,它是卸货港指导卸货的依据。

1. 配载图的内容

写明船名、航次、始发港、中途港、到达港,以及船首、船中、船尾的吃水和平均吃水,编制年月日,货物在各舱装载的位置,并有该船大副的签字。在正图的左上方有各目的港及其各货舱装货吨数的统计表,右上方有各货舱及其底舱、二层舱(有的还是多层舱)货物吨数和件数的统计表,如本航次没有中途港,则左方统计表内容空白。

2. 配载图的标注

正图内标明货物在各舱装载的位置,注明货物的名称、重量或体积、包装形式、件数、装货单号,如果卸货港口超过 1 个,还要标明卸货港名(有的船用地名编写,有的船用色笔表示)。

3. 备注

对保证装载质量有特殊要求时,在配积载图下方的备注栏内注明装载时注意的问题,如衬垫、隔票、理货、堆码以及其他需特别提醒注意的事项等,以引起装卸公司在组织装货时及船上值班人员看舱时的重视。

4. 配载图的识别

底舱以侧面图(侧视图)表示,如图 9-6 所示,其货位表示为:A 货在下部,B 货在上部的左舷,C 货在上部的右舷。图 9-7 货位表示为:A 货在下部,B 货在上部的中间,C 货在上部的两舷。图 9-8 货位表示为:A 货在下部,B 货在上部的后半舱,C 货在上部的前半舱。图 9-9 货位表示为:A 货在下部,B 货在上部的舱口位,C 货在上部的舱口四周。由此可见,底舱配载图图示为:斜线表示左右部分,水平线和垂直线各表示上下、前后部分。

二层舱一般以平面图(俯视图)表示,如图 9-10 所示,其货位表示为:A 货在货舱后部下面,B 货在货舱后部上面,C 货在货舱前部左舷,D 货在货舱前部右舷,E 货在货舱中部。由此可见,二层舱配载图图示为:斜线表示上下部分,垂直线和水平线表示前后、左右部分。国内沿海船的配载图二层舱也有按侧面图表示的。

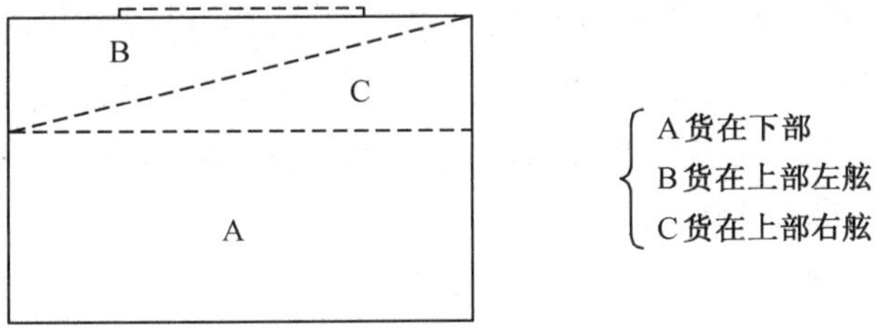

图 9-6　底舱图示方法

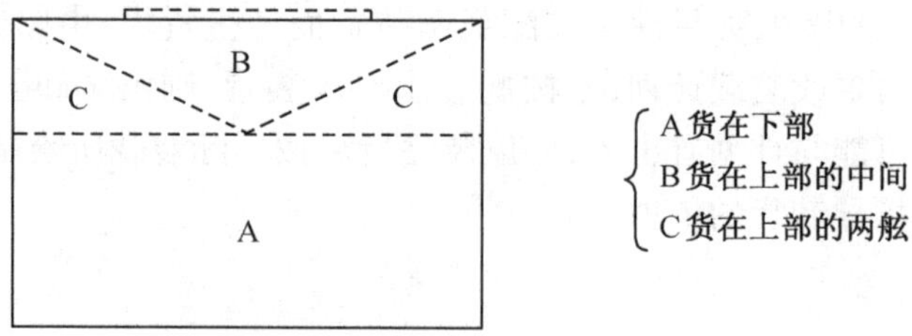

图 9-7 底舱图示方法

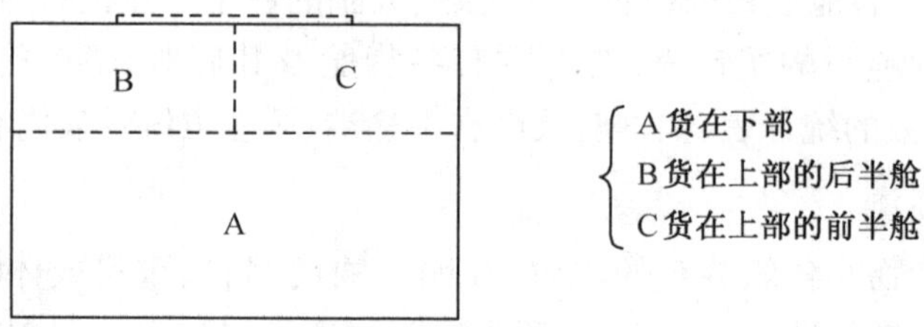

图 9-8 底舱图示方法

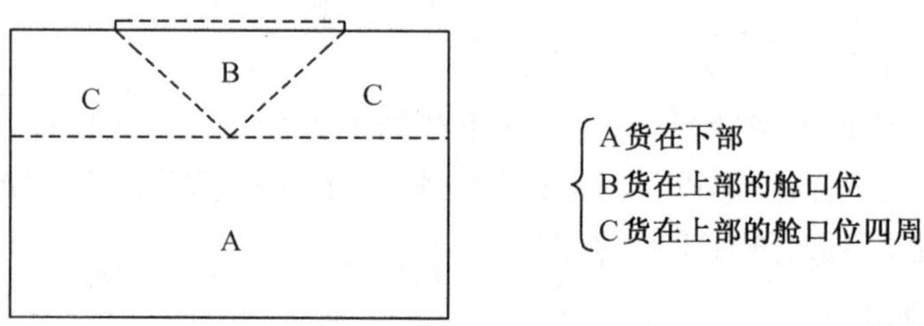

图 9-9 底舱图示方法

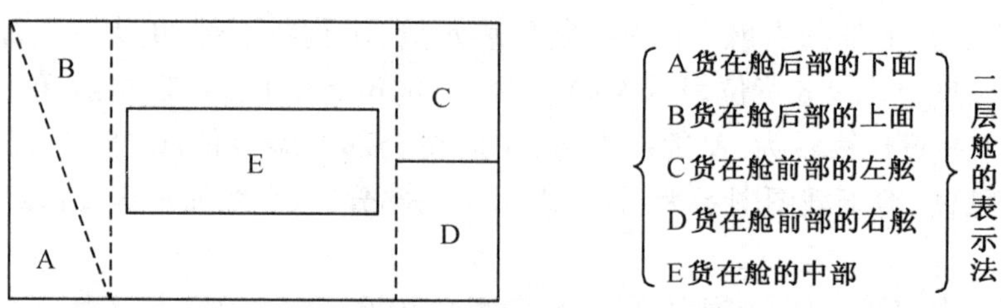

图 9-10 二层舱图示方法

(二)杂货配载要求

在制订船舶配载计划时,应保证货运质量及船舶对装卸货的各项要求。首先,可将装货清单所列货物,按其装、卸港序以及货物性质类别进行归纳;然后,根据货舱条件及各舱应配货物重量,从解决主要矛盾入手,灵活掌握各项配舱原则,并经适当调整,拟定初配方案,绘制货物配载草图。

1. 货物配舱的基本要求

(1)为满足稳性、纵强度和吃水差的要求,各舱实配货物重量应在上、下限范围内,上、下层舱配货重量比应保持在(30%~35%):(65%~70%)。

(2)合理确定不同货物的舱位和货位。

(3)忌装货物之间应进行妥善隔离。

(4)无重货压轻货、易碎品受压的现象。

(5)各舱室实际配货体积至少需小于该舱舱容 20 m^3。

(6)满足装卸顺序要求,先卸港货不应被后卸港货堵住。

(7)各卸港货物的装载左右均衡,船舶无初始横倾角。

2. 普通杂货的配舱顺序

杂货船的装货清单所列货物种类多,包装规格繁杂,批量大小不一,而且往往有好几个卸货港,因此,在向各舱具体配置货物时,必须按一定的顺序。对此,一般原则是:

(1)先末港后初港:对货物卸货港顺序来说,为保证按到达港序卸货,避免翻舱倒载造成货损,要先配最末一个港口的货物,最后配最先到达港的货物。

(2)先底舱后二层舱:对杂货船来说,底舱高度一般可达 9~10 m,则载货数量大,配货层次多,对货物的配置比二层舱困难。因此,应先配底舱,后配二层舱,这同按货物到达港序配货一样,两者的原则是一致的。

(3)先特殊后一般:对特殊货,如危险货、易碎货、气味货、污染货、散装货等,要首先按其特殊要求选定适宜的舱位,并尽可能合理地集中,然后再视具体情况合理安排一般的无特殊要求的货物,否则可能会出现许多矛盾,致使特殊货物找不到合适的舱位。

(4)先大票后零担:杂货船的装货清单中,总有一些数量较大的货物,为便于理货和装卸,避免货物差错,应先将其按票相对集中配在一个或两个舱内。否则,若先把一些批量较小的零担货物分散配于各舱,那么,最后整票的大批量货物会因找不到合适集中的舱位而被分散拆成多票。

(5)上轻、清,下重、污:积载因数较大的或较为清洁的货物,应配置在积载因数较小的或较脏的货物之上,这样可以保证货物包装不致被压损,清洁货不会被污。

(6)上脆弱,下牢固:就货物包装强度而言,包装脆弱的(如纸袋、纸箱、亮格箱装货物)应配于包装牢固的(如木箱、铁桶装货物)之上。

(7)小、软配船首尾,大、硬配船中部:小件货、软包装(如袋装)货宜配于船首尾舱,而体积较大的硬包装(如大木桶、大铁桶)货配于中部货舱较为适宜。

(8)按装卸工艺合理选择舱位:选择货物舱位除适应装港条件外,还要考虑卸货的可能和方便,否则会造成装载计划难以实现或不必要的延误和损失。如有的装货港装载大铁桶时,可使用铲车的抱桶工具在舱内堆垛,放大铁桶舱位可选择在舱内一端;而卸货港无此工属具,只能将桶从垛上推倒,滚至舱口卸出,不仅费工费时,还易造成货物破损。

3. 普通杂货的忌装隔离要求

忌装货物是指那些因理化性质相互抵触,或对运输条件有某些不同的特殊要求,不宜混装在同一货舱(分别装在上、下层舱亦不允许)或同一舱室(可分别装在上、下层舱),或者不能相邻堆积(两种性质互抵的货物之间用非互抵货隔开)的货物。如果忌装货物同舱或同室装载或相邻堆积,轻者会降低或丧失其使用价值,严重者还会引起燃烧、爆炸等重大事故。下面介绍部分常见忌装货物及其忌装情况。

（1）忌异味货与气味货物的忌装：忌异味的货物如谷物、茶叶、食糖、蜂蜜、桂皮、辣椒干等食品、调味品之类的货物，禁忌与有刺激性气味的货物（如烟叶、油漆、化学品等）、散发腥臭气味的货物（如骨粉、鱼粉、毛皮、咸鱼等）、散发异香的货物（如香料、香精油等）以及特殊异味货物（如樟脑、橡胶等）同舱配装。此外，有的货物既有强烈气味又忌与其他异味货物串味，如茶叶、香烟、化妆品、调味品等。这些货物不宜同舱，它们与其他气味货物亦不得配于同一货舱内。

（2）忌潮湿货物与散发水分货物的忌装：玻璃、棉花、工艺品、茶叶、烟叶、糖类、罐头、百杂货等均为忌潮湿货物。例如平板玻璃受潮或水湿后，片与片之间会粘贴在一起不易分开；茶叶、烟叶等受潮后会发霉变质等货损。因此，忌潮湿的货物不能与散发水分的货物（如谷物、水果、各种矿石等）同配一舱室，因某种需要必须同舱室配装时，应注意用其他货物予以隔离，并要严格衬垫。

（3）忌杂质货物与扬尘污染货物的忌装：粮食、纸浆、耐火材料（如镁砂、黏土等）、各种金属矿石和矿粉、滑石粉、焦炭等均忌混入杂质。镁砂、矾土、焦宝石、黏土等均是耐火材料，可作为各种高温设备（如高炉、焦炉、炼钢炉）的炉砖、炉衬等，但不得混入生铁、煤炭、木屑等任何杂质。硫化物、磷、矿石、煤屑、石块等各种矿石之间也不得相互掺混，否则，将会严重影响其产品质量。因此，对于上述及诸如此类的货物，除在装货前必须彻底做好清扫货舱工作外，均不得将其彼此配在同一舱室内。

（4）忌油污货物与油污货物的忌装：棉花及棉制品、橡胶及橡胶制品等均为忌油污货物。一切忌油污的货物与桶装油类货物（如煤油、柴油、润滑油、食用油等）、油脂货物（如亚麻籽、大麻籽等）以及箱装涂有防锈油的机械零件、小五金、机械设备等油污货物不能相邻配置，更不允许将忌油污货物配于油污货物之下。

（5）特殊货物的忌装：特殊忌装货物系指将这类货物混装后，易引起理化反应的货物。现举例如下：

①金属制品、棉花及棉制品、丝及丝制品、文具纸张、工艺品等百杂货，不得与酸、碱、盐类等有腐蚀性和潮解性的货物相邻配置，以防腐蚀；特别是贵重金属制品及干电池等，不宜与其同舱室配装。

②水泥不得与食糖、氧化镁或铵盐等配置于同一舱室。因为水泥中混入少量食糖，即会延缓水泥的凝固作用，质量降低；按盐（如硫酸铵等）受潮后能产生氨气，氨的作用会使水泥速凝，因而降低水泥的使用价值。

③化肥不得与碱性货物（如纯碱、石灰等）配置在同一舱室，酸性货物也不得与茶叶配在同一货舱；磷肥（如过磷酸钙）不得与碱性货物配置在同一舱室，否则，其中所含可溶于水的磷酸二氢钙会变成不溶于水的磷酸三钙，使其失去肥效。

④化纤及其制品不能与樟脑及含有樟脑的货物配置在同一货舱。因樟脑气化后分子进入化纤内部起膨胀作用，从而使化纤的强度及着色牢度降低。

⑤不同危险货物的忌装（即“隔离”，详见“危险货物运输”一章）。

驾驶人员除应借助一定的货物资料（如忌装货物表）外，更应在实践中不断学习和积累经验,才能逐步掌握鉴别忌装货物和提高合理配置忌装货物的能力,正确配积载,保证货运质量。

4. 中途港货物的配载要求

当船舶一个航次要停靠一个或几个中途港进行部分货物的装卸时,必须适当地安排各中途港货物的合理货位和装船顺序,以保证各中途港货物能顺利卸载及船舶的安全和适航性。

(1)为了防止先卸货物被后卸货物堵住,应该使后卸货先装,先卸货后装。如果需要在底舱装载先卸货物,则该舱二层舱舱口处也应配装先卸货物,并且为了利于装卸工人操作,在离二层舱舱口四周 1 m 以内的范围不装后卸货物,底舱的先卸货物应装在能够顺利卸出的舱口下方。离舱口位四周 1 m 以外,可供装后卸货物的二层舱的最大货舱容积称为防堵舱容。

(2)当先卸货物为重货、后卸货为轻货时,按一般方法积载就会使重货压轻货而造成货损,因此采用扎位方法比较妥当。扎位方法又称"前半舱、后半舱方法",即将后卸的轻货配装在舱的后半部分,先卸的重货装在前半部分。在底舱采用扎位装载时,因底舱较高,应注意防止货堆倒塌。先装靠船尾方向的舱位,并使货堆呈梯形,必要时采用木柱支撑。

(3)当船舶在中途港只卸不装或者没有加装去本航次终点港的货载时,应当把本航次运往终点港的货物适当地分散装在各货舱内,并应将其部分货物配装在二层舱,这样既加快装卸速度,又满足全航程内对船舶纵向强度、稳性和吃水差的要求。

(4)避免中途港装卸的货物与其他货物混票。对中途港卸的货物应与目的港的货物严格分开积载,不可混合。特别与货种较多时,应集中将中途港卸的货物用隔票物隔离开来,使装卸工人能在中途港迅速进行卸货作业,避免卸货时货物混票,影响卸货速度,或造成误卸、短卸、溢卸。

5. 保证船舶快速装卸的配载要求

快速装卸的目的是为了加速船舶周转,提高船舶营运经济效果。快速装卸的主要途径是:缩短船舶在港停泊时间。在港停泊时间包括装卸所需的时间、不能与装卸货同时进行的辅助作业时间(如移泊等)及其他非生产性停泊的时间(如由于气象原因、候潮和等待泊位等)。一般正常情况下,装卸货物所需的时间是主要的,因此,快速装卸、缩短船舶装卸作业的时间对提高效率、缩短船舶在港停泊时间有决定性的意义。一般货物要达到快速装卸应注意以下要点:

(1)缩短重点舱的装卸时间

由于船舶各舱大小和形状、各货种装卸难易程度、各种装卸机械的工作效率不同等原因,各货舱装卸货所需的舱时量有长有短,所需舱时量最大的货舱就成为装卸作业的重点舱。因此,缩短重点舱的装卸时间是一个关键问题,为了平衡各舱的舱时量,在配舱时,应尽量将那些容易装卸的货物(即装卸效率高、舱时量最大的货物)配装在重点舱。避免将一个港口货物集中分配在一个舱内,造成该舱室长时间作业。

（2）合理选择货位，正确堆装

①在底舱或货舱高度较大的舱位，对批量较大的货物，应尽可能使之上下平铺，以便扩大操作面，便于工人和机械操作，既能加快装卸进度，又有利于安全操作。当货物由于某些原因不能在舱内平铺而必须扎位装载时，也应考虑尽量扩大操作场地；而对批量较小的货物，应尽可能扎位装载，避免卸货理货和与其他货物混票。

②对重大件和散装货物，应尽量安排在中部有重吊的货舱，以便于专业化作业；同种类型的货物，应尽可能同舱积载；二层舱高度小，一般不宜平铺作业，可以采取舱前后同步扎位装载。

（3）船舶在港的基本作业与辅助作业同时并举

船舶在港的基本作业为装卸货物，但往往由于其他辅助作业的影响，比如加油、上物料或备件等，使得船舶在港时间延长。因此，在装卸作业的过程中做好一切供应准备，缩短辅助作业时间，尽量将辅助作业在装卸工作时间内进行，并不妨碍装卸货物作业，有利于缩短船舶在港停泊时间。

（4）避免不同港口货物混票

不同卸货港货物应分开积载，不可混合。特别当货种较多时，更需将不同卸货港货物用隔票物隔离开来，使装卸工人能迅速进行卸货作业，避免卸货时货物混票，影响卸货速度，或造成误卸、短卸、溢卸。

（5）要求装卸公司改善装卸工艺和劳动组织，提高装卸效率，缩短装卸工作时间。

五、检查初配方案

将装载草图拟就之后，应进行全面检查，如有不当，应当进行调整。检查项目主要包括：

（1）对照装货清单，进行核查，防止漏配、重配和其他错误。

（2）列表检查初配方案中的每一个货舱所配重量是否符合要求，货物所占舱容是否小于货舱舱容，见表9-1、表9-2。

表9-2　各货舱配货容积核查表

项目	舱别										
	No. 1		No. 2		No. 3		No. 4		No. 5			合计 m^3
	二层舱	底舱	二层舱	底舱	二层舱	底舱	二层舱	底舱	贵重舱	二层舱	底舱	
货舱容积（m^3）												
配货体积（m^3）												

（3）检查货物的配置和搭配是否合适。

（4）检查各货舱装卸货有无困难，中途港的货物是否有被堵的情况。

（5）校验各层甲板局部强度，根据船舶资料查出装货处甲板允许负荷量，计算装货处甲板实际负荷量并比较。主要校验二层舱甲板和舱盖,特别在二层舱甲板重货扎位配置的情况下,应尤其注意。

六、校验稳性、吃水差和纵强度

在初配工作完成后,应进行船舶在各种装载情况下(包括离始发港,到、离各中途港,到达终点港)的稳性、吃水差和纵强度的校验,具体通过“船舶载荷力矩计算表”和公式进行计算。稳性需满足我国法定规则对无限航区普通货船的完整稳性基本衡准要求或国际海事组织稳性规则对普通货船的完整稳性基本衡准要求。

吃水差一般应为平吃水或适度艉倾;纵强度和局部强度满足船舶设计要求。如有不当,应予以调整,直至符合要求为止。

七、绘制正式配载图

经过检查、校核、调整,认为已符合要求的装载方案,可以绘制成正式配载图。配载图的图示应清楚,标识符号应全面正确,批注应合理全面。当航次的中途挂港较多时,对不同到港货物配舱位置可以用不同颜色加以区别;有些货物需要专门衬垫或在堆码时需隔出通风道等,也应明显地标记。当船舶装运重大件货时,应附图标明重大件货物的具体装载情况,以便指导装船。杂货船配载图如图 9-11 所示。

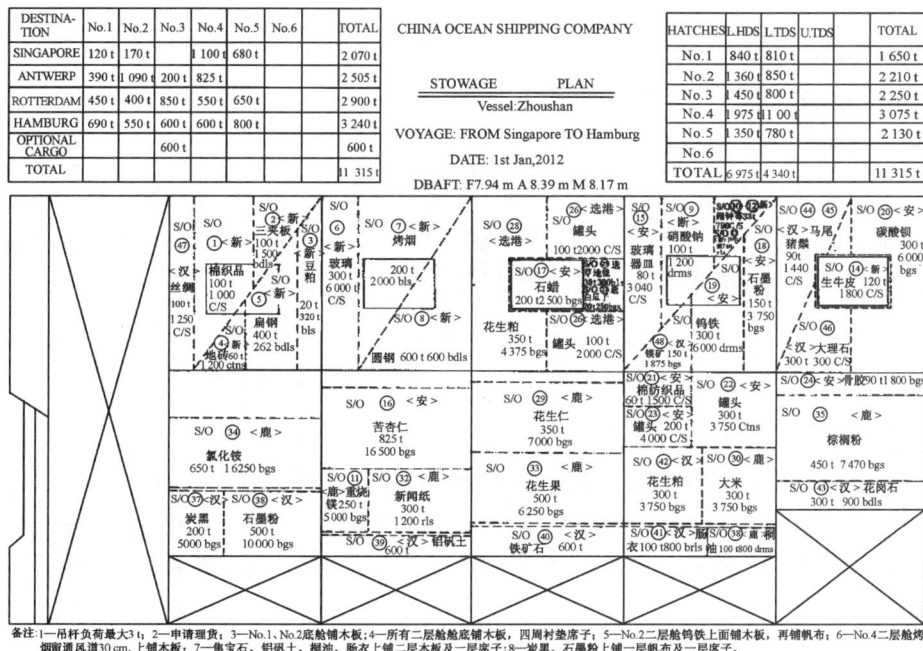

DESTINATION	No.1	No.2	No.3	No.4	No.5	No.6		TOTAL
SINGAPORE	120 t	170 t		1 100 t	680 t			2 070 t
ANTWERP	390 t	1 090 t	200 t	825 t				2 505 t
ROTTERDAM	450 t	400 t	850 t	550 t	650 t			2 900 t
HAMBURG	690 t	550 t	600 t	600 t	800 t			3 240 t
OPTIONAL CARGO			600 t					600 t
TOTAL								11 315 t

CHINA OCEAN SHIPPING COMPANY

STOWAGE　PLAN

Vessel:Zhoushan

VOYAGE: FROM Singapore TO Hamburg

DATE: 1st Jan,2012

DBAFT: F7.94 m A 8.39 m M 8.17 m

HATCHES	L.HDS	L.TDS	U.TDS		TOTAL
No.1	840 t	810 t			1 650 t
No.2	1 360 t	850 t			2 210 t
No.3	1 450 t	800 t			2 250 t
No.4	1 975 t	1 100 t			3 075 t
No.5	1 350 t	780 t			2 130 t
No.6					
TOTAL	6 975 t	4 340 t			11 315 t

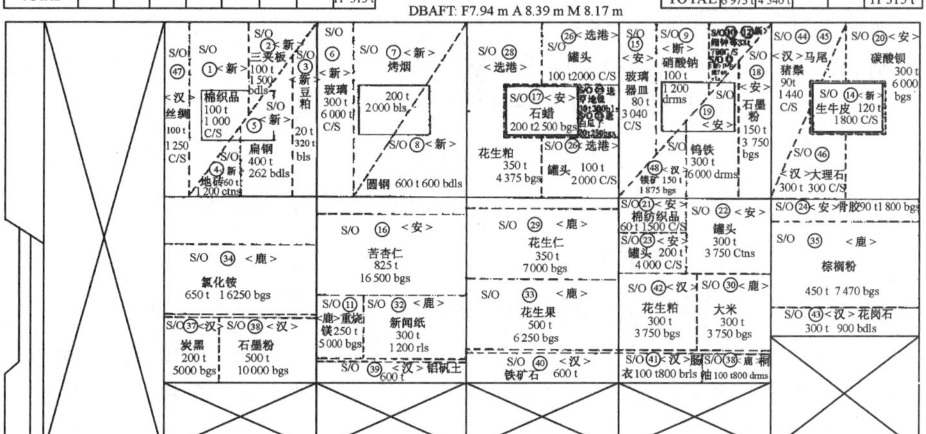

备注:1—吊杆负荷最大3 t;2—申请理货;3—No.1、No.2底舱铺木板;4—所有二层舱舱底铺木板,四周衬垫席子;5—No.2二层舱钨铁上面铺木板,再铺帆布;6—No.4二层舱烤烟留通风道30 cm,上铺木板;7—焦宝石、铝矾土、桐油、肠衣上铺二层木板及一层席子;8—炭黑、石墨粉上铺一层帆布及一层席子。

图 9-11　杂货船配载图

第三节　杂货船安全装卸和运输

一、杂货船装前准备

《中华人民共和国海商法》第四十七条规定：承运人在船舶开航前和开航当时，应使货舱、冷藏舱、冷气舱和其他载货处所适于并能安全收受、载运和保管货物，即船舶在装货前必须做到“货舱适货”；凡由于货舱不适货而引起的货损，船方必须承担全部责任。因此，在杂货船装货准备时，我们必须做好货舱各项准备工作，做好装卸设备的检查，保证安全设备工作正常，以防止货物受损。

（一）货舱适货标准

1. 清洁

舱内各部位应无残留的有害杂质或易沾污包装或货物的污秽物，如糖、煤炭、化工产品、锈铁片等。一般通过扫舱、冲舱清洁，特殊要求时必须用淡水冲洗干净。液体舱内应无尘杂、铁锈、渣滓或其他遗留物。

2. 干燥

舱内各部位应无积水、漏水、汗水、漏油及潮湿现象。一般通过开舱或通风干燥，特殊要求时用人工擦拭、烘烤以加速干燥。

3. 无异味

舱内应无油气味、腥味、臭味等影响货物质量的异味。可根据拟装货的要求进行清扫和洗刷除味，残留的异味可用茶叶等加热熏舱，或用化学方法处理。液体舱一般可用热水洗刷，擦干后通风，特殊情况下可用烧碱水、蒸气蒸舱清除。

4. 无虫害

舱内应无鼠及其他影响货物运输质量的害虫，一般用熏舱消灭虫害。

5. 货舱水密和舱内设备完好

货舱的舷壁和舱口设备应水密，舱内各种护板、人孔盖、污水沟和污水井盖板、管系必须完好。通风设备必须处于良好的技术状态。每次装货前应仔细检查，发现问题及时处理。对于液体货舱（如装动植物油），则要求更为严格，如无铁锈等，否则会引起所装运液油的变质。

(二)装卸货设备和安全设备准备

1. 装卸货设备(Loading and Discharging Equipment)

对吊杆升降机和起货机钢丝、吊杆升降机、起货机、舱口围栏杆、货灯及其他装卸货属具等应提前进行检查和试操作,特别是使用船吊进行作业或起吊重大件更应仔细检查。

2. 安全设备(Safety Equipment)

在装卸货物前,应检查货舱和甲板上的安全设备,使其处于正常工作状态,如货舱的梯子、舱口围栏杆、消防水管、消防栓等。

3. 对船方其他要求

除上述内容外,还有装、卸货时衬垫、隔票物料的选择和准备等。此外,装运冷藏货、粮食及液体货时,货舱还须通过商品检验部门(我国现为海关)的检验,取得验舱合格证书后,方可装货。

二、普通杂货堆装、衬垫及隔票

(一)堆装

堆装(Stowage)是保护货物完好,保证船舶、货物安全,充分利用舱容的重要措施之一。货物在船上的堆装、堆码方法,因货物性质、包装的不同而各有不同的要求。总的来说,都必须遵循堆装整齐、稳固,防止挤压、倒塌,避免混票和便于通风等原则。各种包装类型的普通货物的堆装方法简介如下:

1. 袋装货物的堆装

袋装货物包括袋装谷物、大米、食糖以及袋装矿粉、矿砂、水泥、各种化肥等。它们多采用布袋、麻袋、纸袋、塑料袋、编织袋等包装。袋装货件较为松软,便于有效地利用舱容,故一般多选配在形状不规则的船首尾货舱,以便留出中部货舱供对舱室形状有特殊要求的货物装载。根据袋装货物的性质和对货堆稳固性的要求,其堆装方法一般可分为以下三种:

(1)垂直堆码:袋口朝一个方向直上直下的堆码。其特点是操作方便、利于通风,适合于长途运输和要求通风良好的货物,或较重的货物(可以提高重心)。为保证垛堆的稳固,一般每垛6~7层后掉转一次袋口方向,如图9-12所示。

(2)压缝堆码:上层货件压在下层货件接缝处的堆码。其特点是垛形累密、稳固,节省舱容,但不利于通风,适合于短途运输和通风要求不高的袋装货物,如图9-13所示。

(3)纵横压缝堆码:上层货件横向压在下层货件纵向接缝处。此种垛形最为稳固,但不便操作,通常用于堆码垛顶和垛端,以防倒塌,如图 9-14 所示。

此外,还有集装袋(重量为 1 t 及以上的圆筒袋)的堆码,由于单件重量大,可在舱内直立或压缝堆垛,货垛周围如无其他货靠紧,要做简单绑扎固定,如图 9-15 所示。

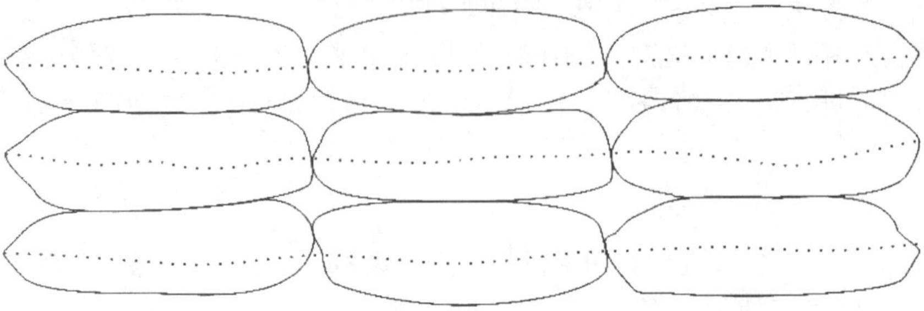

图 9-12 垂直堆码

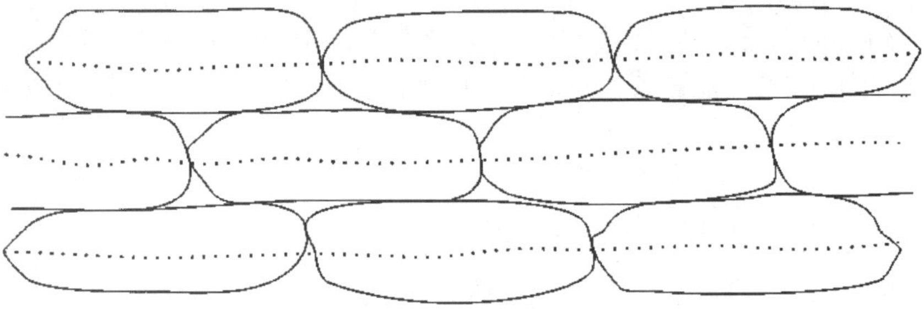

图 9-13 压缝堆码

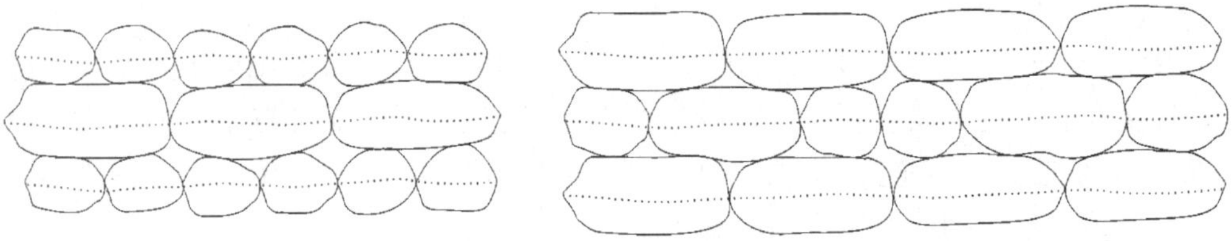

图 9-14 纵横压缝堆码

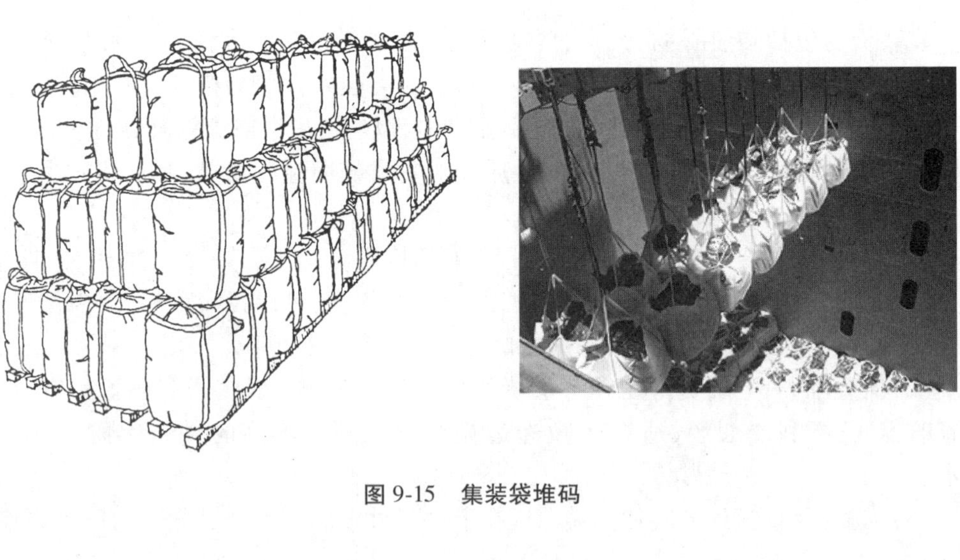

图 9-15 集装袋堆码

对袋装货物扎位装载时须注意垛头稳固,整舱平铺装载时不一定要求整齐规范,只要求充分利用舱容,紧密堆放、铺平;而对要求通风的袋装谷物则要做到堆码整齐,按规定留出通风道。袋装货物堆装时应注意防止货袋破损,严禁装卸工人使用手钩,对破损的货袋应及时修复或更换;整舱装载袋装货时,舱底应铺垫木板和帆布,铺垫方法应先中部,后四周压叠铺垫,并准备一定数量空袋,以便卸货后收集撒落在货舱内的地脚货;对怕潮的货物应注意衬垫,以防汗湿。

2. 箱装货物的堆码

堆码方法应根据货物性质、包件的大小及重量、包装的材料及强度等具体情况而定。一般箱装货,尤其是大型箱装货物最好配于形状规整的中间货舱,底部要求平整稳固。重量大、包装坚固的木箱货件应配于下层,一般可采用垂直码垛,如其上需加载其他货物,应在上层箱货表面铺垫木板;包装弱、重量轻的箱装货,宜采用压缝码垛,以使垛形牢固,且应视其具体情况,当堆码一定高度时,铺垫一层木板,以使下层货箱受力均匀,避免压损。此外,为了充分利用舱容,还应注意大小货件的相互搭配。在货舱底部不规则部位(如污水沟处)堆码箱货要铺垫平整。在货舱顶部应用小箱货件搭配。箱装货物的堆码如图 9-16 所示。

在装卸过程中,应按注意标志正确操作,如切勿倒置、平放等;在包装脆弱的箱货上面进行作业时,应铺垫踏板(Foot Board),避免踏坏货箱;堆装大型木箱时应衬垫方木和撑木并进行必要的绑扎。

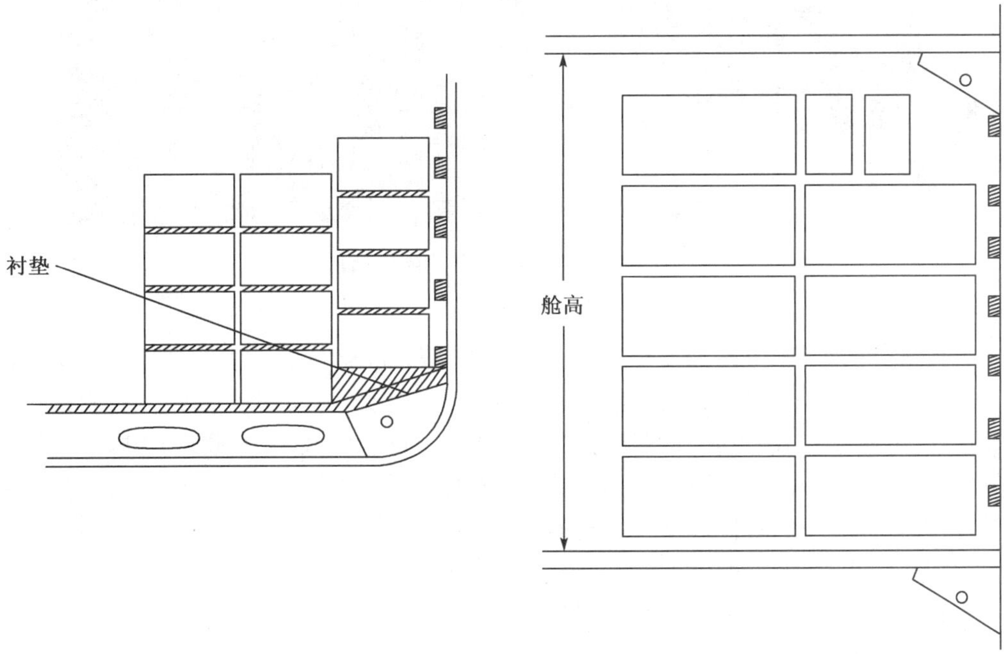

图 9-16　箱装货物的堆码

3. 捆装货物的堆码

捆装货物比较复杂，包括捆包、捆卷、捆筒、捆扎等货物。

(1)捆包货物堆码

捆包货如棉花及棉织品、生丝及丝织品、卷纸张等。此种包装类型的货物不怕挤压，可以在各舱室任意堆码，一般宜堆放在形状不规则的船首、尾舱室。在堆码捆包货时，还应注意衬隔，以防汗湿和污染。

(2)捆卷、捆筒货物的堆码

捆卷货物如盘圆、钢丝、绳索、电缆等；捆筒货物如筒纸、油毡、席子等。金属类的捆卷、捆筒货物除不耐压的矽钢卷外可作打底货；非金属类捆卷、捆筒货物不耐压，不能作打底货。捆卷、捆筒货物易滚动，为防止船舶横摇危及船舶安全，其滚动方向应沿船舶首尾方向堆放，并前后固定塞紧。但当捆卷、捆筒货数量较多时，也可横向铺满舱底直达两舷，铺平并在两舷衬垫木板后上压其他货物，仍属安全。舱内部分装载捆卷、捆筒货物也可采取立放堆垛。总之，捆卷、捆筒货物要在确保船舶安全的前提下，可根据舱内条件、舱内机械的使用、装卸方便等因素决定其堆码方法。捆卷、捆筒货物一般宜配置于舱形规整的中部货舱。捆卷、捆筒货物的堆码如图 9-17 所示。

图 9-17　捆卷、捆筒货物的堆码

(3)捆扎货物的堆码

捆扎货分两类：一类是长度短、体积小的捆扎货，如马口铁、耐火砖、瓷砖、金属铸锭等；另一类是长度长、体积大的捆扎货，如金属线材、管材、木材等。金属类的捆扎货耐压，可作打底货，但要注意装载部位的局部强度。长件金属类的宜配置于舱口大、舱形规则的中部舱室，应沿船舶首尾方向堆放，以免横摇时撞坏船体。如长度适当，正好可堆放在货舱一端或两舷已顺装了部分捆扎货的中间部位，同样也是安全的，但都要合理衬垫、塞紧，防止移动。捆扎货物的堆码如图 9-18 所示。

当整舱装载捆扎货及钢板时，一般使用铲车在舱内堆垛，应注意最初的堆垛高度，使货物全部装舱后正好能铺平、塞满。这要求在装货开始时，按应装货物的总体积估算货物的堆垛高度，避免全部货物下舱后，中间出现空当或铺平后尚余部分货物要装而造成绑扎、固定困难。此外，凡带有突出铁箍的捆扎货，如舱底板为钢质的，应适当垫以木板，防止滑动移位。

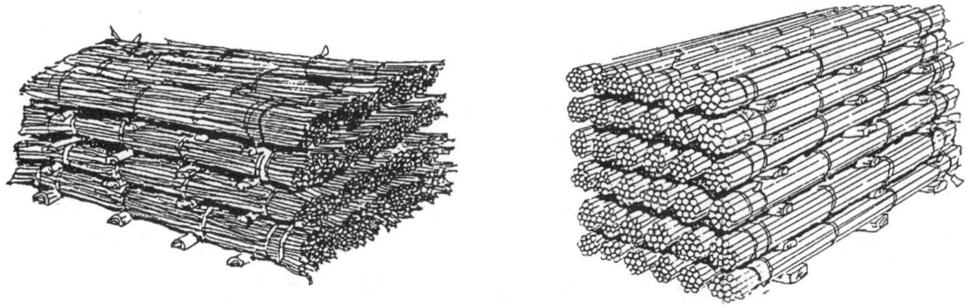

图 9-18 捆扎货物的堆码

4. 桶装货物的堆码

桶装货物一般为流质或半流质货物，包括各种桶装植物油、矿物油、蜂蜜、肠衣、酒类、盐渍类货物以及各种化工产品等。其包装有大、小铁桶，木桶，塑料桶，鼓形桶之分。大型桶装货物适宜选配在中部货舱底舱底部作打底货或配于二层舱底部舱口以外的处所。桶袋货物的堆码，要求底面平稳，直立堆放，桶口向上，紧密交错、整齐排列。一般铁桶货每堆码一层铺垫一层木板，以求受力均匀，堆垛稳固。对大型桶装货堆码高度的限制，视其单件量的大小而异，如单件重 200~300 kg 的桶装货，堆码不得超过 5 层；300~400 kg 者，不得超过 4 层；400~600 kg 者，不得超过 3 层；600 kg 以上者，不得超过 2 层。上面几层应绑扎牢固，以防倒塌，如图 9-19 所示。

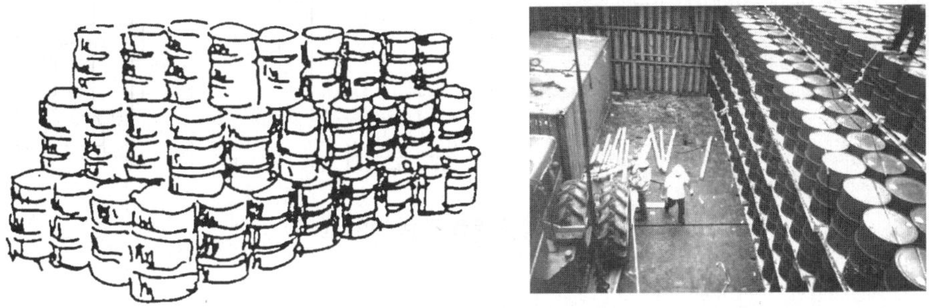

图 9-19 桶装货物的堆码

5. 特殊包装货物的堆码

特殊包装货物包括箩、篓、筐装的水果、蔬菜及各种不耐压的杂品（如瓷砖、草篮）等；各种瓶装的酒、化学品等；各种气钢瓶等；各种坛、瓷装的酒、皮蛋、榨菜、酸类等。箩、篓、筐装货物，视所装的内容，可按冷藏货或易碎货的要求正确处理堆码问题。各种瓶装，钢瓶装，坛、瓷装等包装货物，应视所装货物性质，有些可按危险货物的堆码要求，有些可按桶装货物的堆码要求，有些可按易碎货物的堆码要求来正确处理它们的堆码问题。坛、瓷装货物的堆高限度为 3~4 层，每层间须铺木板衬垫，既可防止被压破，又可使货堆更为稳固。

6. 裸装货物的堆码

裸装货物包括各种类型的无包装的成件货物，如各种散装钢材、大型机械设备、车辆等。

(1)各种钢材的堆码

金属铸锭等块状货物,一般配于底舱作打底货,经平舱并适当铺垫后,再加载其他货物,并应注意使其与舷壁之间不得留有可以滑动的空间。如果其他货载数量有限,不足以充塞其四周和上部压紧,则除注意平舱外,尚应在金属铸锭下面,用木板等进行铺垫,以增加摩擦力,防止货物滑动。

铁轨、槽钢、角钢、圆钢等长型钢材,也适于作打底货,在舱内应顺船首尾方向堆放,要求堆码整齐、紧密、平铺,以利上面加载其他货物。如果为了提高重心而采用纵横交错堆码,应在两舷用方木或木板衬垫,以防船舶横摇时钢材两端撞击船体。

钢管等管类货物的堆码应利于防止货物滚动和保护管头不受损伤。小口径钢管,一般成捆顺船首尾方向堆放,大口径的铸铁管等应注意管头一正一倒交替紧密排列,每层之间应用厚度适当的木条衬垫,以免管头受力集中而损坏,如图 9-20 所示。钢板多用于打底或用于底层钢材上面压载铺垫。

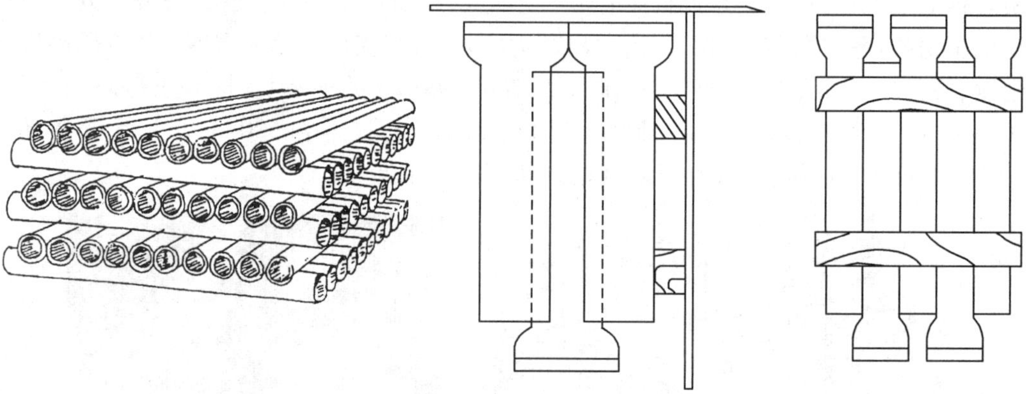

图 9-20　钢管等管类货物的堆码

(2)大型机械和车辆的堆码

大型机械和车辆(包括锅炉、发电机、成套设备、推土机、机车、车厢、汽车等)在舱内或甲板上堆装时,首先要注意货件的最大尺度(包括长、宽、高和突出部分)和总重量。为使货件在舱内或甲板上布置合理,应充分利用甲板面积或舱容,最好预先按尺度比例剪成纸型在甲板平面草图上排列、调整,选出最优方案。此外,堆放处所要求平整稳固,车辆轮胎要用垫木塞紧;凡超过甲板允许负荷者,应在货件下面铺垫方木、木板或钢板。要注意保护货件的突出部分,防止在装卸过程中碰伤损坏,安置就绪后,应进行合理绑扎,以免在航行中移动,如图 9-21 所示。

(二)衬垫

衬垫(Dunnaging)是保护货物完好,保证船舶、货物安全的重要措施之一。它可防止货物受压损、移动;防止甲板的局部强度遭受破坏等。

衬垫物(Dunnage)是指用于保护货物的物品。衬垫物的种类主要有:

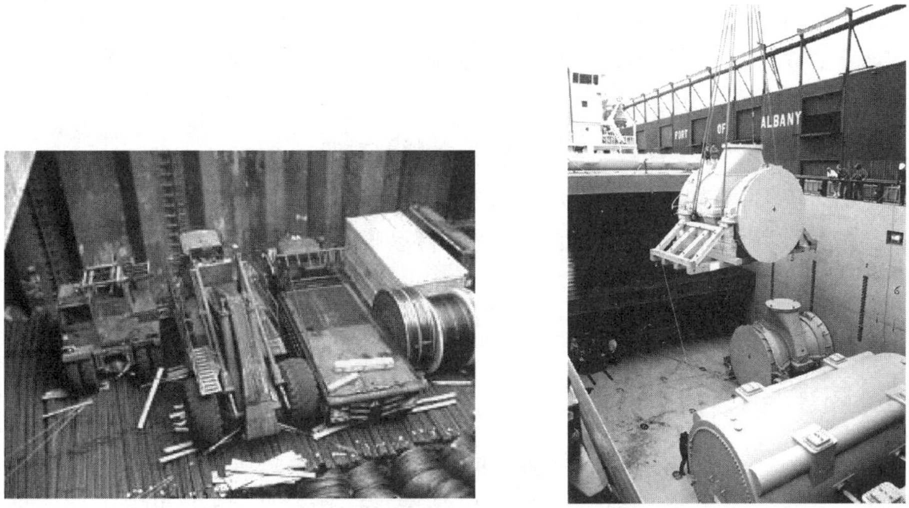

图 9-21　大型机械和车辆的堆码

(1)永久衬垫物:指船舱内的水平护舱板(Horizontal Spar Ceiling)和木底板(Dunnage Floor),可起到空气流淌和防止货物接触舱壁板等作用。

(2)非永久衬垫物:指由软木或其他任何材料组成,起到防止货物移动、摩擦,帮助舱内通风等作用。

货物衬垫的种类主要有:

1. 便于通风,防止货物水湿及震动的衬垫

对于装运粮食及其他怕湿的货物,一般用木板、竹席、油布等衬垫材料在货物的底部、两侧衬垫,以保证货物运输质量的完好。舱底木板面部、前后舱壁、舷壁的木质部分,露天甲板下面的货堆表面,还需以席子、帆布或塑料纸衬垫,以防接触汗水。载重水线以上的舷壁和甲板下面、舱口附近、通风筒下面产生汗水较多,应多铺几层衬垫材料。当舷壁无护肋板时,席子与舷壁之间还应先铺一层木板,木板厚度一般为 2. 5 cm。

(1)袋装大米的通风和防水湿衬垫要求

先在底舱衬垫 1~2 层木板。远洋航线且舱底为铁质时,木板厚度为 5. 0~7. 5 cm;舱底为木质时,木板厚度为 5 cm;近海航线,不论舱底为铁质或木质,木板厚度为 2. 5~5. 0 cm;双层叠铺时叠成十字形,底舱底层的板与板的间距约为 30 cm,底舱上层的板与板的间距约为 15 cm。铺设的方向:底舱先横后纵,甲板间舱先纵后横。在底舱接近污水沟处应留出空当,以便使汗水和污水能畅通地流入污水沟内。

(2)危险货物的防振衬垫要求

对于危险货物,特别是易爆炸的危险货物,为防止其撞击发生火花,在铁质舱底上一定要衬垫锯木粉或木屑、碎泡沫塑料、草席、木板等防振动、防撞击材料。有时,每层之间也要求防振衬垫材料。

2. 防止散货撒漏和清洁货被污染的衬垫

对于装运散装货物及其易被污染的清洁货物,一般用油布、帆布等衬垫材料在货物

的底部、上部、两侧衬垫，以保证货物运输质量的完好。根据货物的不同需要，在散装货物和污染扬尘货物的底部、面部和清洁货物附近的前后舱壁和舱壁的不洁部位，衬垫1~2层油布、帆布等衬垫材料。

3. 防止货物压损、移动及甲板局部强度受损的衬垫

底舱高度较大，当舱内装载包装不太牢固的货物时，每层或隔几层应衬垫木板，以防止压坏货物。当舱内载有大的箱装货物和裸装的重大件时，为防止货物移动影响船舶安全和损坏货物，常用撑木或木楔加固。在重大件的底部，衬垫一层钢板或厚木板、方木或木枕，以增加底部受力面积，防止甲板局部强度受损。

（三）隔票

隔票（Separation）是指用隔票材料将同一货种不同收货人的货物或货物形状类似的不同收货人的货物进行有效的隔离，以提高理货工作效率，减少和防止货差事故，加快卸货速度。货物装船时，应对不同卸货港、不同货主、不同提单号的货物做好隔票工作。

1. 隔票材料

隔票主要材料或用具有：帆布（Tarpaulins）、草席（Mat）、隔票网（Net）、绳索（Length of Rope）、油漆（Special Paint）、标志笔（Mark Pen）、粉笔（Chalk）、塑料薄膜（Sheets of Plastic）等。

2. 隔票方法

（1）自然隔票：用包装材料明显不同的货物隔票，如两票同种箱装货物间用桶装货堆装中间进行隔票；

（2）用专用隔票材料隔票：用帆布、竹席、隔票绳网等专用隔票材料放置于需隔票的货物上，以区别不同卸货港、不同货主、不同提单号的货物；

（3）用专用隔票用具隔票：用油漆、标志笔等用具在需隔票的货物上进行标识，以区别不同卸货港、不同货主、不同提单号的货物。如对于钢材、木材等可用不同颜色的油漆涂写在各票货物上进行隔票，如图9-22所示。

（四）系固和平舱

货物是否被合理、正确地进行系固，固体散货是否被合理平舱不仅影响货运质量，也影响船舶的安全。

1. 系固（Lashing & Securing）

防止货物移动除上述衬垫方法外，还有系固。特别在船舶甲板装载单元货物（集装箱、重大件、木材等）时，尤其需对货物进行系固。系固时应使用松紧螺旋扣、钢索、铁链条、卸扣等，具体内容在“货物单元积载与系固”一章讲述。

2. 平舱（Trimming）

平舱是指将货舱内货堆高度差异较大的进行平整。平舱要求根据货物的性质不同

图 9-22　油漆隔票

而异，对于散落性较大的货物则要求装载后舱内货物表面尽量平整，而对于散落性较小的货物，则要求装舱后舱口围部位货物表面基本平整；舱内货物表面的高度差应不超过 1 m。

船舶装载固体散货时应做好平舱工作，以减少船舶在航行中发生货物移动的危险性。船舶装载重质散货如矿石等货物时，虽然货物移动的危险性较小，但货物的平舱也会影响到货舱结构的受力和船舶的稳性，所以也应认真对待。我国交通部对散装货物专门制定了《海运散装货物的装舱标准》。

三、货物装卸和监督管理

1. 货物装卸作业有关人员

(1) Stevedore：为船公司雇用的从事货物装卸积载的人员，在航运业务上专称为装卸业者，负责安排装卸工人并指挥装卸工人工作。

(2) Longshoreman：为 Stevedore 指挥下之装卸工人，由数人组成一工作组(Gang)，工作组含绞车工人、甲板工人、舱内工人及码头工人等。

(3) Foreman：即工头，为装卸工人的指挥者。Foreman 有 Ship Foreman 及 Hatch Foreman 之区分，Ship Foreman 为全部装卸工人的指挥者，Hatch Foreman 为一个工作组或一个货舱装卸工人的指挥者。

(4) Checker，Tal1y Man：同为理货人员，通常称在各舱理货的为 Tal1y Man，负责各舱理货及直接负责与船方联络协调者为 Checker，或 Head Checker。

(5) Super Cargo：与 Head Checker 所负责任相同，在美国大多为 Super Cargo。

(6) Cargo Surveyor：由货主或收货人聘请，作为货物状况及残损公证的鉴定人。

(7) Stowage Surveyor：由货主或收货人聘请，作为检查装舱是否合格的鉴定人。

(8) Draft Surveyor：装、卸散装货时，由货主或收货人聘请，作为以水尺计算货物重量的鉴定人。

2. 装货时的监督管理

船员看舱理货对保证货物质量有重要的意义，货物在舱内的堆码、衬垫、隔票、系固、平舱直接影响货物在航行中的安全和质量。装货时船员的监督管理职责主要有：

(1) 监督装船货物的质量，主要观察包装外表有无损坏。因货物一上船就意味着船方接受货物并开始对货物的质量负责，如有破损、水湿、污损等，应报告大副或视情况拒装、退换或批注或进行其他处理并做好现场记录。

(2) 随时注意装货进度和情况，督促装卸工人按操作规程和配载图的要求进行作业。装载情况如有变化，应及时请示大副，并记录货物装舱的实际装载位置和隔票情况。遇到装卸工人不按配载图装货或违反操作规程时，应当立即纠正，无法及时纠正时应立即报告值班驾驶员或由值班驾驶员与装卸公司进行交涉并采取必要的措施。

(3) 按要求做好货物的衬垫、隔票、系固及散装货物的平舱工作。督促理货人员正确理货、检残，分清原残、工残，做好现场记录及签认。需船员自己理货计数时（一般是对主要货物采取重点理货），看舱人员在每票货物装完后应和港口理货人员核对装船数字。双方数字如不符或与装货单数字不符，应由大副处理，必要时进行重理。

(4) 装载危险货物、重大件货物及贵重货物时，大副应到场监装或指导，以保证装载质量和防止货物被窃。大副应随时掌握全船的装货进度、质量和货损情况，必要时调整货载，及时签发收货单和做好批注工作。

(5) 注意天气变化。如天气变坏，应及时做好关舱准备，保证货物不受损失。

(6) 在港口装卸工人休息吃饭或暂时停工期间，应及时切断起货机和不用的照明电源，以确保货舱安全。装货结束后，大副应会同有关人员检查货舱，当确认一切正常后及时封舱。

3. 卸货时的监督管理

卸货时船员的监督管理职责有：

(1) 卸货开始前的工作和卸货过程中的监督检查工作与装货方面相同。

(2) 卸货时应特别注意混票和混卸，当货物卸到分票处时，值班驾驶员应亲自到现场掌握情况。

(3) 卸货过程中如发现货物残损时应分清是原残或工残，看舱人员应及时通知值班驾驶员和大副到现场查看，查清货损原因。由于装卸工人操作不当所造成的事故，应与装卸公司和现场理货共同做好现场记录。

(4) 看舱人员应及时清理货舱和整理好衬垫物料，供下一航次使用。

(5) 卸货结束后，大副应会同有关人员检查有无漏卸货物。

四、航行途中普通杂货的安全管理

（一）航行途中安全管理要求

航行途中对货物保管是承运人管理货物的内容之一，其内容主要包括以下三个方面：

（1）经常检查货物在舱内的状况，定期测量舱内温、湿度及污水，察看烟雾报警器及怕热、怕潮等货物的情况。

（2）做好特殊货物的管理工作。

①危险货物的防燃、防爆及防其他重大事故。

②贵重货物的防窃。

③运输冷藏货物时，定时测量温度，保持冷藏货物的温度恒定。

④易流态化货物的水分游离状况等。

⑤装载易受高温、高温危害及自燃性货物，按时进舱检查，及时掌握情况。

⑥对重大件及甲板货，检查其绑扎加固情况，遇有松弛和松动情况，及时紧固。特别在大风浪来袭前要认真检查，大风浪时更不能疏忽。

⑦运输有生命的动、植物时，要配合专门押运人员做好途中管理工作。

（3）注意气象变化，做好恶劣天气的防范工作：如货物的加固、通风设备的紧固、舱盖的密固及做好货舱的通风。对于需要通风的货物，在航行中只要气象条件允许，就要采取相应的通风措施。通风完毕后，应关好所有水密门。

（二）货舱通风

船舶航行途中的货物保管、货舱通风（Ventilation）对保证货运质量十分重要，必须认真对待，下面重点论述货舱通风的内容。

1. 汗水的产生原因

空气中水蒸气的含量，在一定温度下有其最大值。当水蒸气的含量超过最大值时，多余的水蒸气就要凝成水珠。空气中水汽的最大含量与空气的温度有关，温度升高，水汽的最大含量也随之升高；在一定温度下，空气中水汽达到最大值时，称这种空气处于饱和状态。未达到饱和状态的空气，随着温度的下降而达到饱和状态，因此，饱和状态时的空气温度称为露点（Dew Point）温度。当气温下降到露点温度以下时，空气中多余的水汽就会凝结成汗水。当货舱内露点温度上升超过了舷壁、甲板温度时，或者舷壁、甲板温度下降到舱内露点温度以下时就会在舷壁、货舱顶部等处产生汗水。为了防止和减少舱内产生露水，就要控制舱内露点温度，使舱内空气经常保持低温、干燥，不使舱内露点温度高于舱外温度。露点温度的测定，可以利用干湿球温度计测出干湿球温度的差值，然后从露点温度查算表中求得出露点温度，详见表 9-3。

表 9-3　露点温度查算表

湿球温度(℃)	干、湿球温度差值(℃)																						
	0.0	0.5	1.0	1.5	2.0	2.5	3.0	3.5	4.0	4.5	5.0	5.5	6.0	6.5	7.0	7.5	8.0	8.5	9.0	9.5	10.0	10.5	11.0
6	6	6	5	4	4	3	3	2	1	1	0	−1	−2	−3	−4	−5	−6	−7	−8	−10	−11	−13	−15
7	7	7	6	6	5	4	4	3	3	2	1	1	0	−1	−2	−3	−4	−5	−6	−7	−8	−10	−11
8	8	8	7	7	6	6	5	4	4	3	3	2	1	1	0	−1	−2	−3	−4	−5	−6	−7	−8
9	9	9	8	8	7	7	6	6	5	5	4	3	3	2	1	1	0	−1	−2	−3	−4	−5	−6
10	10	10	9	9	8	8	7	7	6	6	5	5	4	4	3	2	2	1	0	−1	−1	−2	−3
11	11	11	10	10	9	9	9	8	8	7	7	6	6	5	4	4	3	3	2	1	0	0	−1
12	12	12	11	11	11	10	10	9	9	8	8	7	7	6	6	5	5	4	4	3	2	2	1
13	13	13	12	12	12	11	11	10	10	10	9	9	8	8	7	7	6	6	5	5	4	4	3
14	14	14	13	13	13	12	12	12	11	11	10	10	10	9	9	8	8	7	7	6	6	5	5
15	15	15	14	14	14	13	13	13	12	12	12	11	11	10	10	10	9	9	8	8	7	7	6
16	16	16	15	15	15	15	14	14	14	13	13	13	12	12	11	11	11	10	10	9	9	8	8
17	17	17	16	16	16	16	15	15	15	14	14	14	13	13	13	12	12	12	11	11	10	10	10
18	18	18	18	17	17	17	16	16	16	16	15	15	15	14	14	14	13	13	13	12	12	11	11
19	19	19	19	18	18	18	17	17	17	17	16	16	16	15	15	15	15	14	14	14	13	13	13
20	20	20	20	19	19	19	19	18	18	18	18	17	17	17	16	16	16	16	15	15	15	14	14
21	21	21	21	20	20	20	20	19	19	19	19	18	18	18	18	17	17	17	17	16	16	16	15
22	22	22	22	21	21	21	21	21	20	20	20	20	19	19	19	19	18	18	18	18	17	17	17
23	23	23	23	22	22	22	22	22	21	21	21	21	20	20	20	20	20	19	19	19	19	18	18
24	24	24	24	23	23	23	23	23	22	22	22	22	22	21	21	21	21	20	20	20	20	20	19
25	25	25	25	24	24	24	24	24	24	23	23	23	23	23	22	22	22	22	21	21	21	21	21
26	26	26	26	26	25	25	25	25	25	24	24	24	24	24	23	23	23	23	23	22	22	22	22
27	27	27	27	27	26	26	26	26	26	26	25	25	25	25	25	24	24	24	24	24	23	23	23
28	28	28	28	28	27	27	27	27	27	27	26	26	26	26	26	26	25	25	25	25	25	24	24
29	29	29	29	29	28	28	28	28	28	28	28	27	27	27	27	27	27	26	26	26	26	26	25
30	30	30	30	30	29	29	29	29	29	29	29	29	28	28	28	28	28	27	27	27	27	27	27
31	31	31	31	31	31	30	30	30	30	30	30	30	29	29	29	29	29	29	28	28	28	28	28
32	32	32	32	32	32	31	31	31	31	31	31	31	30	30	30	30	30	30	30	29	29	29	29
33	33	33	33	33	33	32	32	32	32	32	32	32	32	31	31	31	31	31	31	31	30	30	30
34	34	34	34	34	34	33	33	33	33	33	33	33	33	32	32	32	32	32	32	32	32	31	31
35	35	35	35	35	35	34	34	34	34	34	34	34	34	34	33	33	33	33	33	33	33	33	32

例题 9-1:把干湿温度计放入货舱内,测得货舱干球温度为 25 ℃,湿球温度为 19 ℃,两者的差值则为 7 ℃。从露点温度查算表可查到该货舱内空气的露点温度为 14 ℃。以同样的方法,将干湿温度计置于舱外,可以得知舱外空气的露点温度。

2. 货舱通风的目的

(1)降低货舱内的温度与湿度,防止货物变质或受损。

(2)降低舱内露点温度,防止舱壁或货物表面产生汗水。

(3)防止货物自燃而引起火灾。

(4)供给新鲜空气,防止鲜活货物(如水果、蔬菜等)腐烂变质。

(5)排除货物散发出来的危险性气体或其他有害气体。

3. 货舱通风设备及通风方法

(1)自然通风

利用货舱通风筒和自然风力进行通风,称为自然通风。自然通风有两种形式:

①自然排气通风:将通风筒口全部朝向下风方向,当天气好,甲板不上浪时,还可以把货舱口全部或部分打开,依靠空气的自然上升,使舱内暖湿空气徐徐上升排出舱外,如图 9-23 所示。

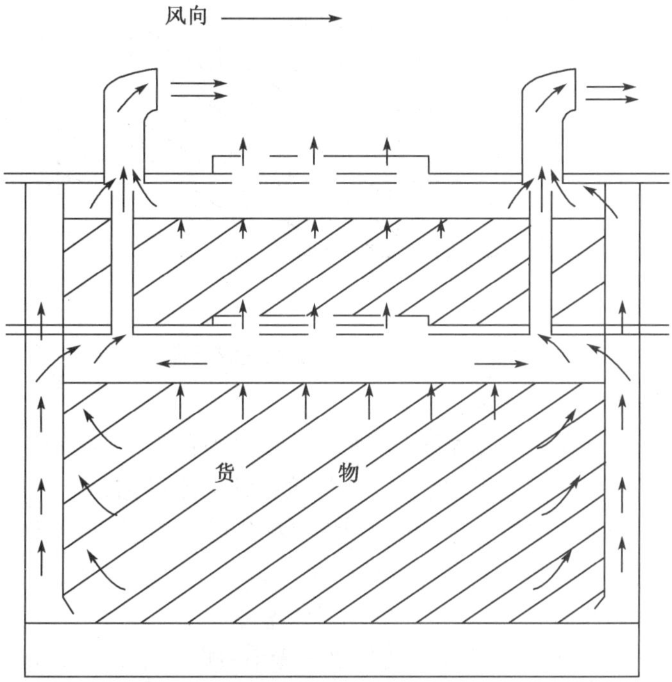

图 9-23 自然排气通风气流示意图

②对流循环通风:将上风一舷的通风筒口朝向下风,而将下风一舷的通风筒口转向上风,依靠风压使舱内空气排出舱外,如图 9-24 所示。对流循环通风方法适于在大量旺盛通风时采用。当外界气温较低,而舱内温、湿度均较高时,不宜采用这种通风方法,否则会使舱内产生雾气。

(2)机械通风

自然通风不仅受风向、风力的影响,也受通风筒截面的限制,通风量往往不能满足要求,而且受自然条件的限制,如在雨天就不能进行通风。因此,船上一般均装设有机械通风装置。机械通风是利用安装在货舱的进气和排气通风管口的鼓风机进行强力通风的一种通风方式。机械通风装置可分为三种:

①进气使用机械通风,排气使用自然通风;

②进气使用自然通风,排气使用机械通风;

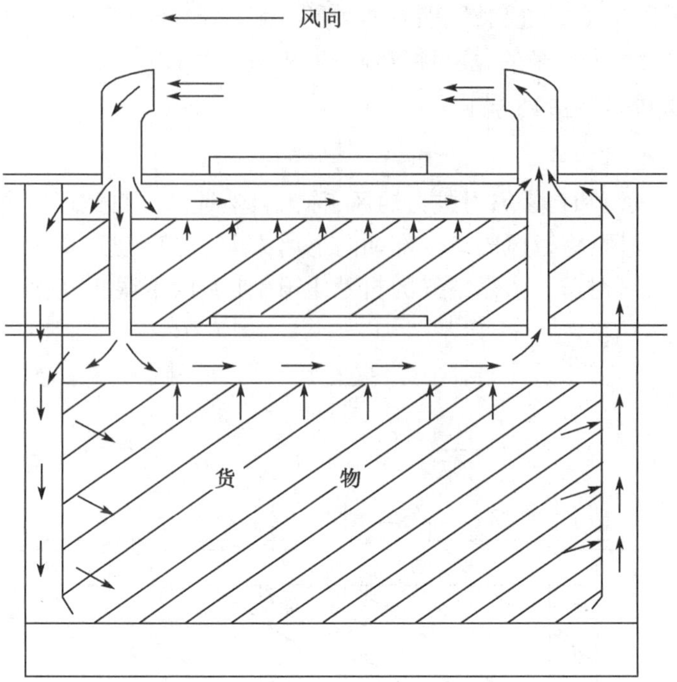

图 9-24　对流循环通风气流示意图

③进、排气均使用机械通风。

采用机械通风,可通过调节阀控制通风量。舱内设有通风管道,并延伸至货舱两侧,管道上隔一定距离开设通风口,可以使货舱各处都能得到充分的通风。机械通风的通风换气量,以每小时货舱换气 5~10 次为宜,对装运果菜类或牲畜的船舱以每小时换气 20 次以上为宜。

(3)货舱干燥通风装置

当外界空气的湿度很高,而货舱又需要干燥空气时,机械通风也满足不了货物运输保管上的要求,这时就需用空气干燥通风系统。空气干燥通风装置,由空气干燥机、货舱通风系统、露点指示记录器三部分组成。

①空气干燥机:它是该装置的主要部分。外界空气通过该装置时,利用硅胶脱去空气中的水分并经过降温冷却后,由货舱通风系统送入货舱。经干燥机干燥后的空气,根据需要由调节器来控制分配给某个或几个货舱使用。

②货舱通风系统:它与机械通风管道系统一样,由进气和排气两组管道组成。当机械开动时,气流可由货舱一端流向另一端。管道口的鼓风机安装在专用的外壳内,在外壳内设有手动调节器,用来控制直接用外界空气通风或控制货舱内空气再循环。当外界空气适宜于通风时,可将调节器放在"通风"的位置上,如图 9-25 所示;当外界空气不适于通风时,可将调节器放在"再循环"的位置上,如图 9-26 所示,并把干燥空气接口打开,使干燥空气与货舱循环的气流相混合,一起送入货舱。但须注意,由于货舱加送了干燥空气,货舱空气的压力必然增加,故应将排气管口的调节器适当打开一些,使货舱增压的气流适当排出。

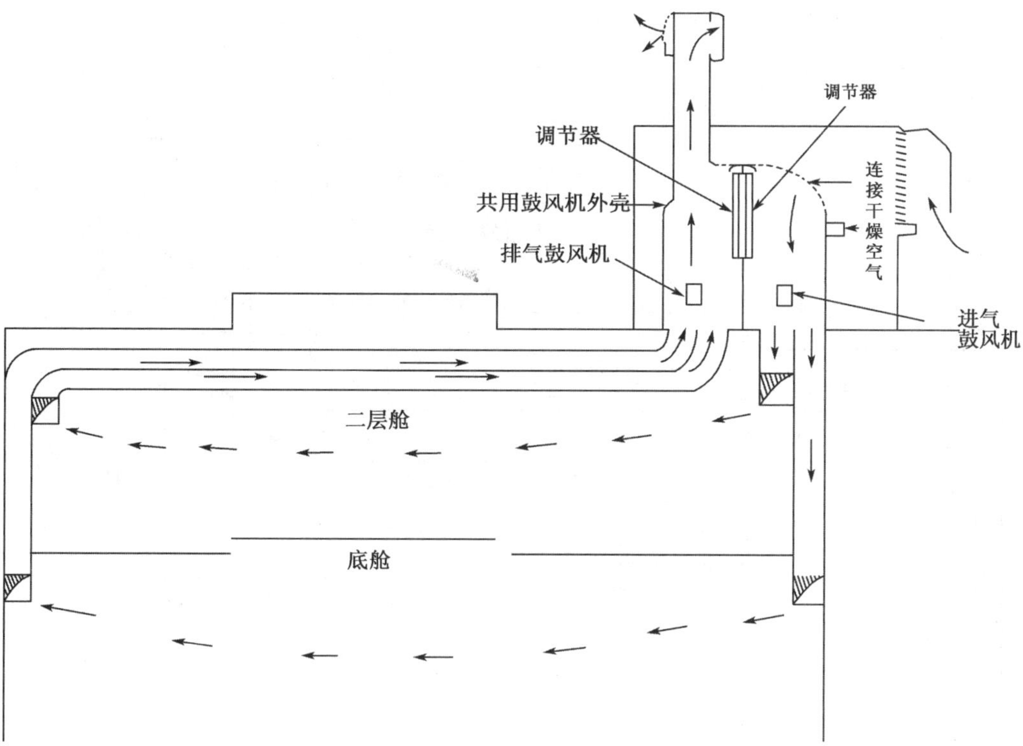

图 9-25 “通风”系统气流示意图

③露点指示记录器:它是该装置的自动记录部件。它由许多对温、湿灵敏的元件及不断旋转的自动记录器、记录纸组成。它可以自动指示各货舱的露点温度及外界空气的露点温度和空气温度。根据记录,可决定采取正确的通风措施。

(三)货舱通风的基本原则

1. 防止货舱产生汗水的通风方法

水汽和汗水是在一定条件下互相转化的水分子物质状态。船舶货舱内空气中的水蒸气在舱壁或货物表面产生汗水的条件是货舱内空气的露点温度高于货舱壁或货物表面的温度。要防止汗水的产生,就必须消除产生汗水的条件,其办法是进行货舱通风,降低货舱内空气露点温度,使其经常低于货舱壁和货物表面的温度。具体的通风方法如下:

(1)自然通风

当外界空气的露点温度低于舱内空气的露点温度,且外界空气的温度高于舱内空气的露点温度时,应进行旺盛的循环通风,以降低舱内空气的露点温度;

当外界空气的露点温度低于舱内空气的露点温度,而且外界空气温度也低于舱内空气的露点温度时,应进行缓慢的排气通风,以免大量冷空气进入舱内产生雾气;

当外界空气露点高于舱内空气露点温度时,不能进行通风,以防止潮湿空气流入舱内。

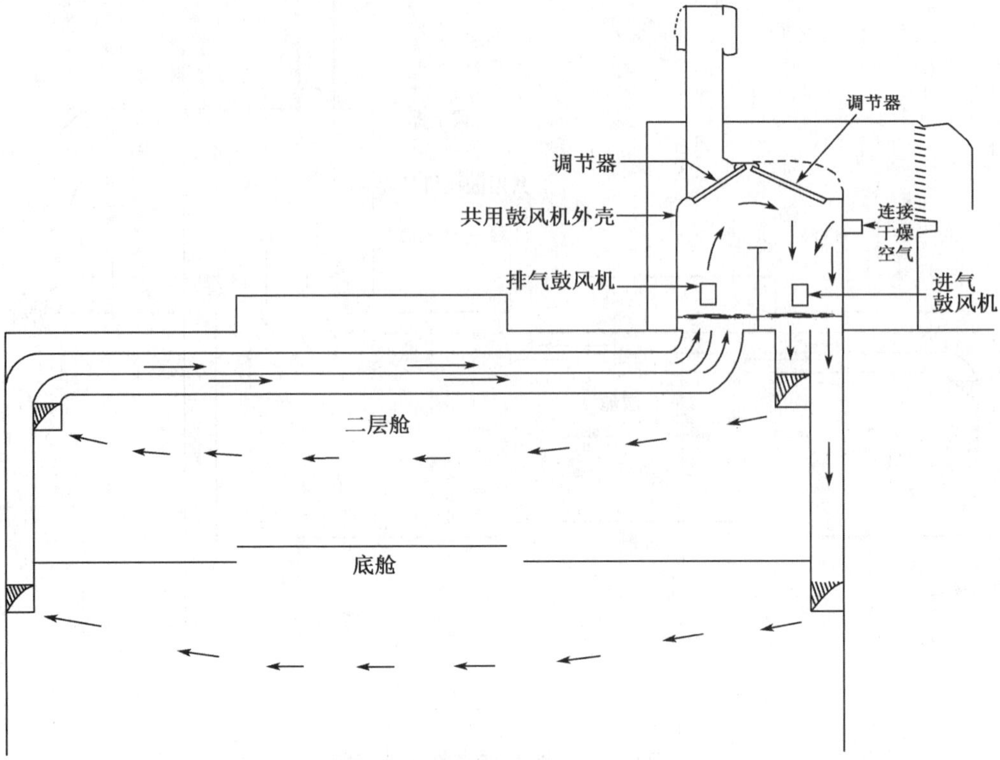

图 9-26 “再循环”系统气流示意图

(2)机械通风

当外界空气的露点温度低于舱内空气的露点温度时,应进行旺盛的循环通风,即将机械通风的调节阀开至最大,使货舱进行大量通风;

当外界空气的露点温度低于舱内空气的露点温度,而外界空气的温度也低于舱内空气的露点温度时,应进行缓慢通风,即将机械通风的进气调节阀关小,靠自然排气,以免使大量冷空气进入舱内产生雾气;

当外界空气的露点温度高于舱内空气的露点温度时,应断绝通风。

(3)货舱干燥通风装置通风

当外界空气的露点温度低于舱内空气的露点温度时,应进行旺盛通风,即将调节器放在“通风”的位置上;

当外界空气的露点温度低于舱内空气的露点温度,而外界空气的温度也低于舱内空气的露点温度时,应进行“通风”,并追加干燥空气。

当外界空气的露点温度高于舱内空气的露点温度时,应进行“再循环”通风,即将调节器放在“再循环”的位置上,并追加干燥空气。

2. 满足特殊要求的通风方法

(1)保证呼吸作用的换气通风

凡是有生命的货物,如谷物、水果、蔬菜、鸡蛋,它们不断地进行呼吸,从空气中吸入氧气，呼出二氧化碳并散发出微量的热和水分，从而使舱内空气中的氧气数量减少，二氧化碳增加，造成呼吸不足，妨碍正常生长而导致腐败变质。

对于温度在冰点以上的冷却食品，需要用通风机对舱室进行循环通风和换气通风，如外界气温较高，则通风后的舱内温、湿度也提高。因此，宜在夜间通风方能起到降温作用。但还要适当掌握通风时间，过短不起作用，过长又会对舱内的温、湿度及货物质量产生不利的影响。通风换气以 24 h 换气次数 n 来表示。一般果菜类 $n=2\sim4$ 次，鱼肉类 $n=1\sim2$ 次。当贮运已经“冷冻”的食品时，因温度很低，微生物活动已受到很大抑制，可以不必换气。

（2）防止货物自燃的降温通风

当运输棉花、黄麻、煤炭、鱼粉、椰子等货物时，由于货物不断氧化放出热量，货物通风不良会使热量积聚，直至引起自燃。对装有这类货物的货舱进行通风，虽然可以驱散热量，但也能促进其氧化作用或助长其自燃，所以对装载这类货物的货舱通风应特别慎重。

例如装棉花时，除做好各项防火措施外，可根据不同情况，采取下述两种通风方法：

①当确认货舱内没有任何自燃起火的异状时，可以进行连续通风，以排除舱内热量和防止汗湿。

②当货舱有异状或途中因天气恶劣，通风筒已长期关闭时，应立即断绝通风或继续关闭通风筒，不宜采取旺盛的通风方法。

实践证明：棉花汗湿的损失比因自燃而引起火灾的损失小得多，所以当舱内出现异常情况时宁愿封闭货舱以防止自燃也不进行通风。在运输煤炭时，一般在开航后先采取表面通风 4~5 天，然后每隔一天进行表面通风 6 h 即可。这样做既可排除煤炭散发出的可燃气体，又可避免供给货舱空气过多而助长其氧化和自燃。

（3）驱散危险气体的排气通风

有些危险气体和微粒粉末性货物，在空气中混合到一定的比例时，遇到火源就会引起爆炸和火灾。因此，必须对可能产生危险性气体的货舱进行旺盛通风，及时排除危险性气体。有些货物会产生有毒气体，或在熏舱消毒后舱内残存有毒气，此时也必须进行旺盛通风，以排除有毒气体。特别是某些有毒气体的比重较大，往往停滞在舱底和污水沟内，如果没有排除干净，可能会造成严重后果。所以，通风后还必须进行检验（用仪器、试纸或动物等检验），待确认无毒害气体后才可进行舱内作业。

第四节　主要货物运输单证

在货物运输中，从办理货物托运手续开始，到货物装船、卸货，直至货物交付的整个过程都需要编制各种单证。这些单证在货方（包括托运人和收货人）与船方之间起着办理货物交接的证明作用，也是货方、港方、船方等有关单位之间从事业务工作的凭证，又是划分货方、港方、船方各自责任的必要依据。

在这些单证中,有的是受国际公约和各国国内法规的约束的,有的是按港口当局的规定和航运习惯而编制使用的,但主要单证的内容是基本一致的,并能在国际航运中通用。现将国际上通用的及我国航行于国际航线船舶所使用的主要单证分别介绍如下:

一、装货港缮制的单证

1. 托运单(Booking Note,B/N)

托运单(国内有时用"委托申请书"代替)是指由托运人根据买卖合同和信用证的有关内容向承运人或他的代理人办理货物运输的书面凭证。经承运人或其代理人签认,即表示已接受这一托运,承运人与托运人之间对货物运输的相互关系即告建立。托运单内容有:托运人、收货人、货名、件数、重量、运费、运费付清方法、装卸费条件、船名、装货港、卸货港、预定装船日期等。

2. 装货单(Shipping Order,S/O)

装货单为船公司给托运人货物受载某船某舱位的凭证,又为接受托运的承诺证明,就船方而言为船公司通知船上准予装船的通知。装货单一般由三联组成,称为"装货联单"。

3. 收货单(Mate's Receipt,M/R)

收货单为"装货联单"中一联,表示货物确已装入货舱,并经大副签字后,作为船上收到托运人货物的凭证。其内容与装货单相同,仅多了批注栏(Remark)项。凡货物包装不良、货物短损、船方无法负责的事项等,均应由大副详细批注于该栏。

4. 装货清单(Loading List,L/L)

装货清单是船公司或其代理人根据装货单留底联,将全船待装货物按卸货港和货物的性质分类,依航次靠港顺序排列编制的装货单的汇总单。

5. 载货清单(Manifest,M/F)

载货清单又称"舱单",是经船长签字确认的,在船舶办理出口(进口)报关手续时,必须递交的一份船上实际载货清单。它是海关对出口(进口)船舶所载货物出(进)国境实施监督管理的单证。如果船舶货舱内所载运货物没有在载货清单上列明,海关可按走私论处。其可分为:出口载货清单(Export M/F)、进口载货清单(Import M/F)及过境载货清单(Through Cargo M/F)。

6. 载货运费清单(Freight Manifest,F/M)

载货运费清单简称运费清单或运费舱单,是由船公司在装货港的代理人按卸货港及提单顺序号逐票列明的所载货物应收运费的明细表。

7. 危险货物清单(Dangerous Cargo list)

危险货物清单是专门列出船舶所载运全部危险货物的明细表。凡船舶载运危险货物都必须另外再单独编制危险货物清单。

8. 货物配积载图(Cargo Stowage Plan or Cargo Plan)

货物配积载图以图示的形式来表示货物在船舱内的装载位置,使每一票货物都能形象地显示其在船舶舱室内的位置。货物配积载图可分为配载图和实际积载图。

9. 剩余舱位报告(Space Report)

剩余舱位报告是为了使船舶舱位得到充分利用,在各挂靠港口装船完毕后,船上看舱人员应实地测量舱位的利用情况及剩余情况。船长计算出各货舱的剩余舱位电告下一挂靠港口,使之能够做好补充货载的揽货及装船准备。

10. 提单(Bill of Lading,B/L)

提单是一张货物收据,货物装船完毕后,托运人凭大副签字的收货单向船公司办好运费手续后,要求船公司发给整套提单,以便办理结汇、保险,并寄给收货人凭以提货等。

11. 积载检验报告(Stowage Survey Report)

当装运易于受损或具有危险性质的货物时,常在装船时采取一些鉴定和检验的措施,包括要求具有公证资格的鉴定人对货物的装载方法、装舱位置、隔垫方法、积载状态等进行监督和鉴定,并要求发给证明积载适当的积载检验报告。积载检验报告除载运危险货物时必需的"危险货物安全装载证书"外,主要的还有以下几种:

(1)装船证书(Certificate of Loading):是由公证鉴定人签发的证明船方按规定进行装船准备,并且整个装船过程都在鉴定人的监督下进行的证明书。

(2)谷物证书(Grain Cargo Certificate):是由公证鉴定人签发的证明谷物在装船前已清扫船舱,并做好衬垫隔舱,适于装运粮谷类货物的证明书。

(3)甲板积载证明书(Deck Cargo Certificate):是公证鉴定人证明将木材和其他货物(如长大件、成套设备等)积载于舱面甲板承运,并在鉴定人的监督下进行装载并系固妥当的证明书。

(4)清洗油舱证明书(Tank Cleaning Certificate):是证明在以深油舱装运散装油类货物时,已进行了油舱的水密试验和油舱的清洗工作,并经鉴定人鉴定适于装载油类货物的证明书。

二、卸货港缮制的单证

1. 装(卸)准备就绪通知书(Notice of Readiness)

装(卸)准备就绪通知书是在航次租船方式中,当船抵达契约约定港口并准备妥当后,由船长签字送给租船人的通知书,租船人依照规定的时间作为收到时间证明并签字,以起算装(卸)时间。

2. 货物交付证明(Delivery and Receiving Certificate or Boat Note)

货物交付证明是卸货完毕后,由交接双方共同签字的交付证明文件。

3. 过驳清单(Boat Note,B/N)

过驳清单是卸货港采用驳船作业时使用的证明货物交接和表明所交货物实际情况,借以划分责任的单证。过驳清单是根据卸货时的理货单证编制的。

4. 货物短损证明(Damage and Shortage Certificate)

货物短损证明是卸货时对短损事故之证明,由理货员根据卸货过程中发现货物的各种残损情况记录编制,由理货员和船方共同签字方可有效。此单是收货人向船公司提出索赔的原始证明材料,应特别注意短损责任,不可随意签字。我国使用货物残损单(Broken & Damaged Cargo List)和货物溢短单(Overlanded & Shortlanded Cargo List)。

5. 担保提货保证书(Guarantee for Delivery of Goods Without Production of Bill of Lading)

担保提货保证书是在货物运抵卸货港后,收货人尚未收到提单正本,向结汇银行要求签具的担保提货文件,船上看不到此文件。

6. 提货单(Delivery Order,D/O)

提货单俗称小提单,是当收货人提交提单后,由船公司或其在卸货港的代理签发的一份提货凭证。收货人可凭提货单到现场(码头仓库或船边)提取货物。提货单只作为提货凭证,不能流通。

三、在装、卸货物时的理货和其他单证

1. 理货计数单(Tally Sheet)

理货计数单是负责各舱口现场理货工作的理货员于每工班结束时填制的一种报表。内容有船名、航次、舱口号、本工班装、卸货数量、理货员签字、日期等项目。

2. 装卸日报表(Loading and Discharging Daily Report or Daily Tally Report)

装卸日报表是理货人员记录每日装/卸货物的报告,以供查核装/卸速度。其内容包括各舱装/卸量、各舱工作起止时间、剩余装/卸量及天气状况。

3. 现场记录(On-the-spot Record)

现场记录是对装卸作业过程中出现货物混装、隔票不清、原残等现象的记录。尤其在卸货时,如发现货物有异常,理货人员应立即通知船方查验并在记录上签字,然后才可开始或继续卸货。

4. 待时记录(Stand-by Time Record)

待时记录是理货组长要求船方签认的由于船方原因所造成的理货人员停工待时的记录,如开/关舱、衬垫、隔票、冷藏舱预冷、船舶吊机故障等所引起的停工待时。

5. 理货证明书(Tally Certificate)

理货证明书是由理货组长根据理货作业情况编制后送交船方签认,作为计收理货费用的凭证。

6. 装(卸)时间记录表(Time Sheet)

装(卸)时间记录表是以航次租船方式装(卸)货物的实际装(卸)时间记录,以此计算滞期日期或速遣日期,由船长及租方签字。

第五节 杂货船货物运输质量

杂货船由于承运的货物种类杂,船舶航行区域经常变换,而且其涉及工作环境复杂,有多工种的连续协调作业,所以影响货运质量事故的各种随机因素也较多。因此,要结合杂货船自身的实际情况,针对货运质量方面存在的问题和隐患,加强风险评估,加强船舶和货物的管理和监督,才能搞好杂货船货运质量管理。例如,在港航交接的运输方式中,船舶加强质量管理的重点是:在始发港严格执行货物运输的有关规定,对货物的数量、质量、包装进行把关;在航行途中做好各项保管工作,对货物的数量和质量负责;到达目的港后,严格各种手续,及时交付。

《海牙规则》及各船公司的提单条款一般都规定:杂货运输过程中,承运人对货物运输承担责任的期间是从货物装船开始到货物卸离船舶时为止的时间。我国《港口货物作业规则》也规定:水路运输货物,港口经营人与船方在船边进行交接。所以,对承运人来说,提高货运质量,防止货损、货差事故发生的关键环节在于加强货物在船舶承运期间的全面质量管理,即对所承运的货物从受载的准备、收货和配积载、途中的保管、卸货交付整个运输生产过程中的全面质量管理。

一、海上货运质量事故

1. 海上货运质量事故的种类

海上货运质量事故是指货物在装卸、运输过程中发生的货物灭失、残损、短缺、落水及票货分离和其他情况的事故。在海上货运质量事故中,最常见的是货损、货差事故,除原始的货损、货差事故可以免除船方责任外,其余船方均需承担经济责任。因此,船舶值班驾驶员和值班水手应对货损、货差事故产生的原因进行了解,并及时采取相应的预防措施,保证货物运输安全。

货运质量事故按其性质可分为:

(1)货物残损事故(Damaged Cargo):是指货物在装卸、运输过程中发生和发现的货物原有理化性质改变的现象,如变形、变质、霉烂、破碎、泄漏等。在我国用“货物残损单”进行统计。

(2)货物溢短事故(Shortlanded and Overlanded):是指货物在装卸、运输过程中发生和发现的货物错装、错卸、漏装、漏卸、理货计数不准等原因所造成的交付货物的数量、重量、标志等与提单记载不符的现象。在我国用“货物溢短单”进行统计。

(3)由于货物爆炸、火灾、泄毒等原因而造成的人身伤亡事故。

(4)货物逾期到达。

2. 海上货运质量管理环节

(1)装卸准备环节的质量管理:船舶受载前,须在配船、配载、使船舶适宜装运货物等方面做好质量管理。

(2)装卸进行环节的质量管理:船舶受载过程中,须在工班安排、装卸、积载、衬垫、隔票、理货等方面做好质量管理。

(3)航行运输保管环节的质量管理:船舶运输过程中,须在航行安全、航区气象、货舱通风、货物绑扎等方面做好质量管理。

(4)交接签证环节的质量管理:船舶货物交付前,须在工班安排、装卸、理货、装卸单证签发等方面做好质量管理。

3. 货运质量事故的统计指标

(1)货运事故案件数:是指航运企业在报告期内实际发生的货运质量事故的实际案件数,具体可按货物损失程度、事故性质等要求分类统计,计算单位:件。

(2)货损率:是航运企业报告期内发生的货损事故件数占全部货运件数的比率,一般用万分数表示,计算公式为:

货损率(‱)=计算期内发生的货损事故件(吨)数÷期内运输货物总件(吨)数×10 000‱。

(3)货差率:是航运企业报告期内发生的货差事故件数占全部货运件数的比率,一般用万分数表示,计算公式为:

货差率(‱)=计算期内发生的货物差错件(次)数÷期内运输货物总件(次)数×10 000‱。

(4)逾期率:是航运企业报告期内发生的逾期运达的货物批数占全部货运批数的比率,一般用百分数表示,计算公式为:

逾期率(%)=计算期内发生的逾期货物批数÷期内运输货物总批数×100%。

(5)赔偿率:是航运企业在报告期内实际赔偿金额与所取得的货运率收入的比率,一般用万分数表示,计算公式为:

赔偿率(‱)=实际赔偿金额÷货运总收入×10 000‱。

实际赔偿金额是指属于本单位责任的货运事故所支付的赔偿款,包括货款、运费、包装费、修理费等费用,以统计期内实际发出的承认赔偿通知书的金额统计为依据。

二、海上货运质量事故产生的主要原因

1. 配载和积载不当

配载和积载不当主要有货物舱位选择不当;货物搭配、隔离不当;货物堆码、绑扎不当;衬垫、隔票不当等原因。这些原因引起的货损一般由船方负责。

案例:1994 年 4 月 29 日,某船在南京装载钢材、氯化铵和磷矿粉到马来西亚的巴

西古丹、巴生和槟城港，钢材装在舱底部，氯化铵和磷矿粉配装在钢材上部；6月，在槟城卸载钢材时发现钢材被严重腐蚀。

2. 货舱及设备不符合装载要求

其主要有货舱不适货、货舱设备不符合要求，引起的货损一般由船方负责。

案例：1996年1月，某集装箱船因舱盖不水密，且舱与舱之间也不水密，在大风浪中船舶严重进水，最后导致沉船货损。

3. 装卸操作不当

其主要有装卸操作不当或违章操作、装卸设备或吊货工具使用不当、装卸中气候变化的影响。在装卸作业中，除由于船舶起货机具不良所发生的货损由船方负责外，其余均由港方负责。

案例：1974年12月9日，5 000 t级某船在上海港第三装卸区卸卷钢时发生滚动，导致船舶向左倾覆在港内。

4. 运输途中货物管理不当

其主要有货舱通风不当，防水或排水、绑扎或加固等措施不及时，冷藏货、危险货等特殊货物的检查和管理疏忽大意。运输途中由于货物保管不当而造成的货损一般均由船方负责。

案例：1991年9月26日，某集装箱船在新加坡西锚地，因货舱内积蓄大量的可爆气体，在关货舱照明灯时因开关打火引发货舱爆炸。

5. 货物到港交接管理不当

其主要有混票卸货、理货管理疏忽大意、货物单证不符或无法交接货物等。

案例：1991年9月，某船装运的韩国产苯乙烯因海关的扣留和托运人未及时对货物进行紧急处理而发生变质。

6. 货物自身原因

其主要由货物包装不当、标志不清、本身自然属性。由货物本身的特性或潜在缺陷所造成的货损，卸货时经鉴定人证明，船方不承担事故责任，如货物包装的潜在缺陷或外部包装完整而与实际货物品名、数量不符引起的货损事故。

案例：1993年4月19日，某滚装船在印度洋航行时，第三货舱装载的铝粉因货物内在化学作用而引发爆炸。

7. 不可抗力原因

海上航行遇到大风浪，外板、甲板、舱口等水密设备遭受破坏，以致舱内进水，货物浸泡、倒塌；或因天气恶劣，不能进行正常通风，造成舱内货物严重汗湿、霉烂等货损事故；或遇到大风浪及其他恶劣天气，船舶逾期到达目的地。

案例：1992年10月7日，4 000 t级某船在大风浪中舱内货物滑石粉移动，在日本沿海航行中倾覆沉没。

三、常运货物运输要求

为更好地掌握常运货物的运输要求,我们把几种常运货物性质及注意事项列表以供参考,详见表 9-4:

表 9-4　常运货物性质及注意事项

序号及分类	货种	货物性质	运输、装卸和保管注意事项
1 普通货	百杂货	怕潮湿 怕暴晒 怕腐蚀 怕热及冷 怕污染 怕异味及散味 怕挤压 易变形 易碎性 易燃性	船舱清洁、干燥,管系、电线、封舱设备应处于良好状态,并备妥衬隔材料; 严格按配载计划装舱,易碎品、精密仪器要谨慎处理;易碎品应减少碰撞、挤压,流质品宜装在船舱后部低处;贵重货应选择安全场所装载; 怕热货物不能配装在机炉舱附近,应防止小五金渗油、蜡制品熔化等污损其他货物; 装卸时应选择适当的工具,按指示标志作业,堆码整齐,箭头朝上,重箱不压轻箱,同票货物集中堆放,严禁“四面开花”; 严格理货交接,做到计数正确;保管时注意防火、防晒、防潮、防盗
	金属及其制品	比重大、积载因数小 锈蚀性 易变形 其他特性(易氧化、易引起燃烧或爆炸、低温时发脆等)	避免船舶重心过低引起急剧摇摆,避免船体变形与局部损伤,加强防移措施; 选用合适的装卸工具; 防止金属制品混票,金属制品受腐蚀,金属制品受油类、硬质残屑等损害
2 食品货	食糖	易溶于水 易潮解 结块性 吸味与散味性 易燃性	船舱清洁、干燥、无异味,舱内隔垫良好,污水沟畅通; 不能装载在机舱、厨房附近的热源部位或潮湿地方;不能与扬尘货、散湿货、气味货、流质货和有害有毒货等货物同舱装运; 装卸时严防各种火源,卸货前先通风散气,严格注意食品卫生要求,雨雪天无防雨设备不得进行装卸; 食糖起火,最好采用封舱以二氧化碳灭火的方法

续表

序号及分类	货种	货物性质	运输、装卸和保管注意事项
3 气味货	烟(包括烟叶、烟制品)	吸湿性 散发异味和吸收异味性 易霉变 怕晒 怕生虫	船舱应清洁、干燥,无异味、无虫害,通风良好,衬垫齐全; 严禁舱面积载,应远离机舱、热源部位装载,不能与有异味货物或易感染异味货物以及含水量高、易腐烂、有虫害的货物同舱装载,上不压货; 装卸时应轻拿轻放,禁止摔包、钩包、脚踩烟包,雨雪天不能作业; 应按不同品质、等级做好分票工作; 应库内保管,注意干燥、通风,要防晒、防潮、防霉
	橡胶主要指天然橡胶(包括生胶)	溶解性 易燃性 老化性 腐败性 吸湿性 热变性 散发异味性	船舱应清洁、干燥,舱内管系、污水沟畅通,舱盖严密; 积载远离机舱、锅炉房,严禁装入深舱,不能与可使其溶解的物质及含水量大、油脂类、酸碱类货物混装; 裸装胶件装载时可撒放滑石粉防止黏结(一般为千分之一),与舱内金属分隔且衬垫,垫舱物料清洁、干燥; 避免日晒、高温、潮湿环境,堆垛不宜过高,注意通风和防热
4 易碎货	玻璃及其制品	易碎性 热稳定性差 耐碱性差	船舱和堆放场所要求清洁、干燥,避免与舱内金属部位接触,舱内温度防止骤冷骤热,以免造成玻璃自行炸裂; 承运平板玻璃及其他玻璃制品,应仔细检查运输包装是否符合要求; 配舱远离振动大的机舱,最宜配在舱口附近,装舱时应直立放,箱的两端应沿船舶首尾方向放置,空隙处用合适货物塞满,勿受重压,堆码高度一般在 2.5 m,纸箱保温瓶堆 6~7 个; 不与容易散湿返潮的货物(果菜、食糖等)、酸、碱、盐类(纯碱、化肥等化学物品)及油类配装; 装卸时应轻搬放正,避免碰撞,机械作业要稳铲、稳吊、稳放
	酒	挥发性 易碎性 易渗漏与外溢	船舱应清洁、干燥、通风良好; 包装容器应严密,无渗漏,无破损,瓶装酒外包装坚固,装运大量白酒应远离热源和隔绝火源; 酒类不应配装在其他货上面,以防渗漏湿损或污损其他货物,忌与水果、吸味货、吸湿货同装; 装卸时应先通风后作业,轻拿轻放,堆装时容器不得倒置,堆码整齐牢固,不宜过高

续表

序号及分类	货种	货物性质	运输、装卸和保管注意事项
5 扬尘货	水泥	水硬性 扬尘性	船舱应干燥,舱内排水设备应完好,舱盖需水密; 不能与铵盐类化肥、糖及有害杂质同舱装运,也不能与液体、潮湿、食品、精密仪器等货物装在一起; 装卸时应把好定量关,按层装卸,严禁拖关、倒关作业,雨雪天不能作业,按垂直堆码方法堆码
6 冷藏货	冻鱼	易腐败	不需进行舱内换气; 凡鱼体柔软、褪色、有臭味等均属不良品; 外包装箱有水滴下或有大片水渍均属不良品
7 滚装货	车辆	怕磨损挤压 加绑不良易移位 脆弱部位易损坏	检查车身、玻璃窗、车灯等外露部分有否锈瘪、脱漆、碰撞破碎,反光镜、刮水器有否缺少; 装船前剩油须放净,电瓶接线应拆掉,冬天装车应将水箱存水全部放掉,以免冻坏; 装船时应根据装载位置按顺序进行,吊装选用专用吊具; 装妥后应将车窗关妥、车门锁上,钥匙随车同行,绑扎须牢固,保持车距,前、后轮胎用木楔塞牢; 轮胎不能接触油类、酸类货物,车辆须用油布盖妥,应注意保护驾驶室、车灯、底盘下部的拉杆和管路不要被挤压和磨坏

第十章 集装箱船运输

集装箱货物运输是指把大小不一、包装多样、换装不便的货物装入标准化的集装箱(Container),并将集装箱作为货物单元实现从一地的门(Door)、货运站(Container Freight Station,CFS)或堆场(Container Yard,CY)到另一地的门、货运站或堆场的一种现代化运输方式。它为实现货物运输和装卸的机械化和自动化创造了条件。集装箱货物运输是较复杂的综合运输系统工程,它集现代化的船队、高效率的专业化码头、快捷迅达的集疏运网络、科学简捷的单证流通、及时准确的电子数据信息传递和港口口岸监管单位的通力协作为一体。集装箱货物运输的最大优点是使件杂货运输和装卸实现快速周转和高效作业。

第一节 集装箱和集装箱船概述

一、集装箱

(一)集装箱定义

(1)国际标准化组织(ISO)在 ISO 830—1981《集装箱名词术语》中,对集装箱定义如下:

集装箱(Container)是一种运输设备:

①具有耐久性,其坚固程度足以能反复使用。

②为便于商品运送而专门设计的,在一种或多种运输方式中运输时,无须中途换装。

③设有便于装卸和搬运的装置,特别是从一种运输方式转移到另一种运输方式。

④设计时注意到便于货物装满或卸空。

⑤具有 1 m^3 或 1 m^3 以上的内容积。

集装箱一词不包括车辆和一般包装。

(2)我国国家标准《集装箱名词术语》GB 1992—1985 对集装箱下了与国际标准化组织相一致的定义。

(二)集装箱标准

集装箱有国际标准、地区标准、国家标准、公司标准等几种。国际标准集装箱(简称标准集装箱)是指按国际标准化组织(ISO/TC104)制定的标准设计和制造的集装箱。其按外部尺寸可分为 13 种。表 10-1 列出的是几种标准集装箱的外部尺寸和总重量。

表 10-1 几种标准集装箱的外部尺寸和总重量

集装箱名称	长度			宽度			高度			总重	
	mm	ft	in	mm	ft	in	mm	ft	in	kg	lb
1AAA							2 896	9	6		
1AA	12 192	40	0				2 591	8	6	30 480	67 200
1A							2 438	8	0		
1BBB							2 896	9	6		
1BB	9 125	29	11.25	2 438	8	0	2 591	8	6	25 400	56 000
1B							2 438	8	0		
1CC	6 058	19	10.50				2 591	8	6	24 000	52 920
1C							2 438	8	0		
1D	2 991	9	9.75				2 438	8	0	10 160	22 400

在这一系列中,国际上通常使用的是 1AA 和 1CC 两种箱型,1AAA 箱型也有较多使用。在集装箱的统计中,我们以 20 ft 型为单位标准箱,即以 20 ft 集装箱作为一个换算单位(Twenty Feet Equivalent Unit,简称 TEU)。

(三)集装箱标记

为了便于集装箱在国际运输中的识别、管理和交接,国际标准化组织制定了《集装箱的代码、识别和标记》国际标准。现行版本是 1995 年 12 月通过并颁布实施的 ISO 6346—1995。集装箱标记位置如图 10-1 所示:

集装箱标记有必备标记和自选标记两类。每一类标记又分为识别标记和作业标记两种。

1. 必备标记

(1)集装箱箱号(Container No.):属于识别标记,共由十一位代码组成,其标记位置如图 10-1 中“1”所注。它的组成按顺序为:

①箱主代码(Owner Code):是集装箱所有人向国际集装箱局(简称 BIC)登记注册

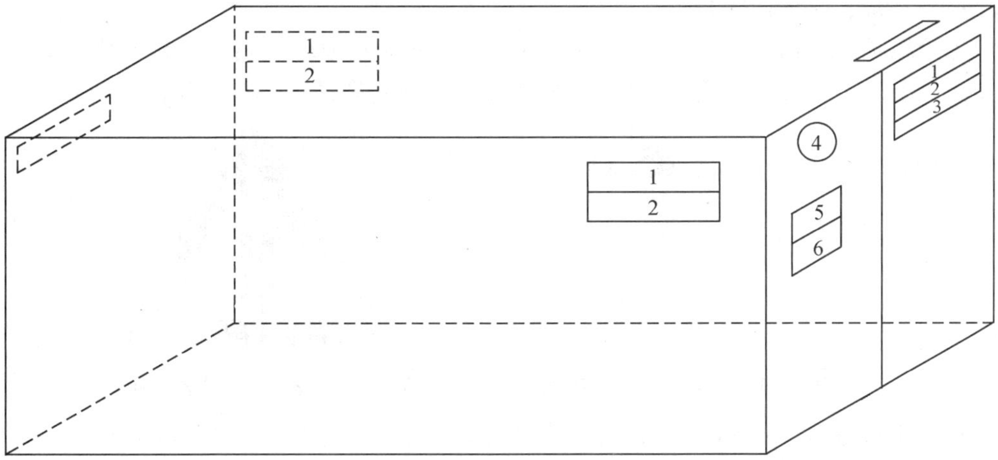

图 10-1　集装箱标记

的代码,又称 BIC Code,由 3 个大写的拉丁字母组成;

②设备识别代码(Equipment Identification Code):用 1 个大写拉丁字母表示;设备识别代码 U 表示所有的集装箱,代码 J 表示集装箱所配置的挂装设备,代码 Z 表示集装箱拖挂车和底盘挂车;

③箱号(Serial Number):由 6 位阿拉伯数字组成,如有效数不足 6 位,则在数字前用“0”补足 6 位;

④校验码(Check Digit):又称核对数字,用于验证箱主代码和箱号传递的准确性。

如“COSU0012342”,即“COS”为中国远洋的箱主代码,“U”为常规集装箱,“001234”为箱号,“2”为校验码,如图 10-2 所示。

COSU	001234	2

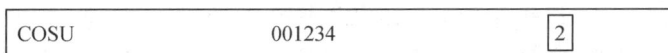

图 10-2　ISO 6346—1995 集装箱必备标记(识别标记)

(2)最大总质量(MAX GROSS)和空箱质量(TARE)标记:最大总质量系指集装箱和所装货物的最大的允许总质量;空箱质量系指包括固定附属装置在内的空集装箱的质量,单位用 kg 和 lb 来表示,如图 10-3 所示。

MAX GROSS	24 000	kg
	52 920	lb
TARE	2 300	kg
	5 070	lb

图 10-3　最大总质量和空箱质量标记

(3)空陆水联运集装箱标记(Symbol to Denote Air/Surface Container):即该集装箱也适用于空运,并可与地面运输方式相互交接联运,因其设计强度较低,陆地堆码时只允许在箱上堆码两层,海上堆码时甲板上不准堆码,舱内堆码时箱上最多允许堆码一层，标记为黑色，如图 10-4 所示。

(4)箱顶防电击警告标记(Warning Sign of Overhead Danger)：一般标于罐式集装箱上，位于登箱顶的扶梯附近，以警告登箱顶者有电击危险，如图 10-5 所示。

图 10-4　空陆水联运集装箱标记

图 10-5　箱顶防电击警告标记

(5)箱高超过 2.6 m(8.5 ft)的集装箱高度标记(Height Marks for Containers)：所有超过 2.6 m(8.5 ft)高的集装箱均应标出此标记；标记是在黄色底上标出黑色数字，周边围以黑色；标记设两个，标在右下角，如图 10-6 所示。

图 10-6　超高标记

(6)尺寸和类型代码(Size Code, Type Code)：标记位置如图 10-1 中"2"所标注。尺寸和类型代码由四位数字和字母组成，前两位表示尺寸，后两位表示类型。尺寸代码中第一位用数字或拉丁字母表示箱长(如"2"表示 20 ft 箱，"4"表示 40 ft 箱，"M"表示 48 ft 箱等)，第二位用数字或拉丁字母表示箱宽和箱高(如"2"表示宽 8 ft、高 8.5 ft 的箱)。类型代码分成总代码(Type Group Code)和细代码(Detailed Type Code)两种。总代码用于在集装箱特性尚不明确或不需要明确的场合，如"GP"是无通风设备的通用箱总代码。细代码用于对集装箱特性要有具体标示的场合。当然，在新出厂集装箱上必须标注细代码。细代码中第 1 位用 1 个拉丁字母表示箱型；第 2 位用 1 个数字表示该箱型的特征，如"G0"是该类中一端或两端开门箱的细代码。ISO 6346—1995 文件提供了集装箱尺寸和集装箱类型代码资料，如图 10-7 所示。

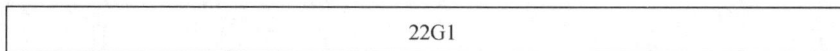

22G1

图 10-7　ISO 6346—1995 集装箱自选标记

2. 自选标记

(1)最大净货载(NET)：根据工业上的需要标出最大净货载数据，单位用 kg 和 lb 来表示。

(2)国际铁路联盟标记(Emblem of UIC)：凡符合《国际铁路联盟条例》规定的技术

条件的集装箱可以获得此标记，标记方框上部的“IC”字样表示国际铁路联盟，方框下部的数字表示各铁路公司的代号，如图 10-8 所示。

图 10-8　国际铁路联盟标记

集装箱除上述标记外，还有：

(1)安全合格牌(CSC Plates)：符合国际集装箱安全公约(CSC)安全合格牌，表示主管部门对该箱已进行人身安全检验。

(2)海关加封运输批准牌照(海关牌照)：满足《1972 年集装箱关务公约》(CCC)要求的集装箱以及国际标准集装箱应附有海关加封运输批准牌照，便于集装箱进出各国国境时，不必开箱检查箱内货物，以加速集装箱的流通。

(3)防虫处理板(免疫牌)：表示集装箱所用裸露木材按照有关规定经过免疫处理。

(4)检验合格徽记：经某船级社试验合格后的检验合格徽记，以确保集装箱对运输工具的安全。

(5)带有熏蒸设施的集装箱标记。

(四)集装箱种类

集装箱种类繁多，可以按材料、尺寸、用途和结构的不同进行分类。这里仅介绍在海上运输中常见的国际货运集装箱类型。

1. 按箱体使用材料构成分类

(1)铝合金集装箱

铝合金集装箱是用铝合金型材和板材(一般为铝镁合金)制成的集装箱。其优点是弹性好，重量轻，耐腐蚀；缺点是造价高，焊接性和耐磨性差。铝合金集装箱约占世界总箱量的 11%。

(2)钢制集装箱

钢制集装箱是用钢材制成的集装箱。其优点是强度大，结构牢，价格低，焊接性和水密性好；缺点是重量大，耐腐蚀性较差。钢制集装箱约占世界总箱量的 85%。

(3)玻璃钢集装箱

玻璃钢集装箱是用玻璃纤维和合成树脂混合在一起制成薄薄的加强塑料，用黏合剂贴在胶合板的表面形成玻璃钢板，并装在钢制的集装箱框架上而制成的集装箱。其优点是强度大，隔热性、耐腐蚀性好，易清扫；缺点是重量几乎同钢制集装箱。玻璃钢制集装箱约占世界总箱量的 3.8%。

(4)不锈钢集装箱

不锈钢集装箱是用不锈钢制成的集装箱。其优点是比钢制集装箱重量轻,强度大,耐腐蚀;缺点是价格高。不锈钢集装箱约占世界总箱量的1%。

2.按用途分类

(1)通用干货集装箱

通用干货集装箱(Dry Cargo Container)用来装载无须控制温度的件杂货,又称杂货集装箱。这类集装箱通常为封闭式,在一端或侧面设有箱门。此类箱约占集装箱总数量的85%,如图10-9所示。

(2)通风集装箱

通风集装箱(Ventilated Container)是用来装载不需要冷藏而需通风的水果、蔬菜、兽皮等货物。此类箱在端壁和侧壁上设有通风孔。

(3)冷藏集装箱

冷藏集装箱(Reefer Container)是具有良好隔热、气密,且能维持一定低温,适用于各类易腐食品的运送、贮存的特殊集装箱。此类箱能保持所定温度(+25~-25 ℃),一种内装有制冷机组,称为内置式机械冷藏箱;一种无制冷机组,但在前端壁设有冷气吸入口和排气口,由船上制冷装置和可拆冷藏设备供应冷气,称为外置式机械冷藏箱。目前船舶运输的冷藏集装箱内置式居多,如图10-10所示。

图10-9　通用干货集装箱

图10-10　冷藏集装箱

(4)敞顶集装箱

敞顶集装箱(Open Top Container)是箱顶采用可折叠式或可拆式顶梁作支撑,由帆布、塑料布或涂塑布组成的可拆卸顶篷。其适合于装载超高货物,或需要从箱顶部吊入箱内的如玻璃板、钢制品、机械类等重大件货物。此类箱的防水性较差,如图 10-11 所示。

(5)台架和平台集装箱

台架和平台集装箱(Flat Rack & Platform Container)是用来运输车辆、机器、设备等特殊、不规则货物的集装箱。台架式集装箱没有箱顶和侧壁,有的甚至连端壁也去掉而只有底板和四个角柱;平台式集装箱是在台架式集装箱上再简化而仅保留底板的特殊结构集装箱,如图 10-12 所示。

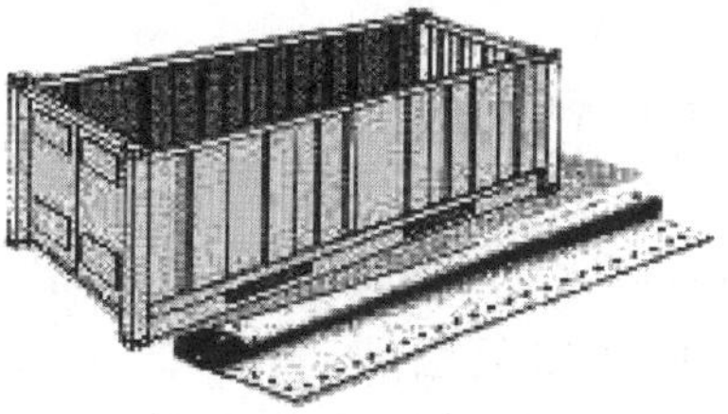

图 10-11 敞顶集装箱

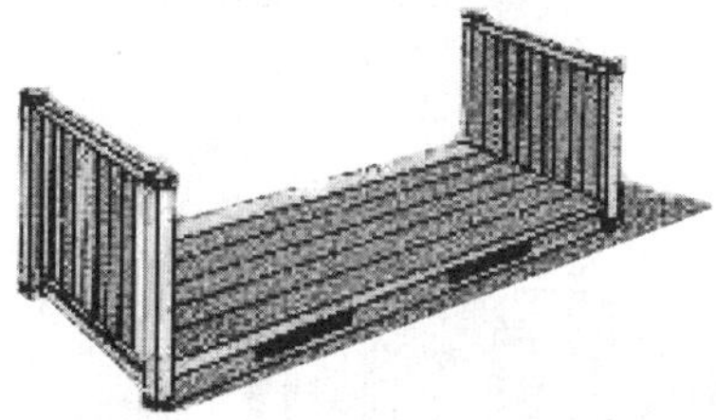

图 10-12 台架和平台集装箱

(6)罐式集装箱

罐式集装箱(Tank Container)是用来运输酒类、油类、液体食油以及化学品类等液体货物而设置的集装箱。此类箱有单罐与多罐数种,主要由罐体和箱体框架两部分构件组成。罐体为圆柱或椭圆体,箱体框架为箱形。罐顶设有带水密盖子的装货口,罐底设有排出阀,如图 10-13 所示。

图 10-13 罐式集装箱

(7)散货集装箱

散货集装箱(Bulk Container)是用来运输粉状或粒状货而设有特殊结构或设备的集装箱。此类箱除了端部设有箱门外,在箱顶上还设有 2~3 个装货口,在箱门的下方还设有长方形的卸货口。

(8)动物集装箱

动物集装箱(Pen Container)是载运家禽等活动物的专用集装箱。其箱壁用金属丝网制造,堆码强度低于国际标准,其上不允许堆装其他箱体,通风良好,并设有喂食装置。

(9)汽车集装箱

汽车集装箱(Auto mobile Container)是载运小型轿车的专用集装箱。其箱的框架内安有简易箱底,无侧壁;其高度与轿车一致,可载运一层或两层小型轿车。

二、集装箱船舶分类及特性

集装箱船(Container Ship)通常是指吊装式集装箱船中的全集装箱船,如图 10-14 所示。1957 年,第一艘改装的全集装箱船"盖脱威城"(Gateway City)投入使用,随着海上集装箱运输的迅速发展,集装箱船型由最初的 500 TEU 发展到 1 000~2 000 TEU,到 20 世纪末已发展到 6 000~8 000 TEU 全集装箱船,现在已开始建造 22 000 TEU 的全集装箱船。

图 10-14 集装箱船

集装箱船的种类繁多,主要有吊装式集装箱船、滚装式集装箱船和浮装式集装箱船。

(一)吊装式集装箱船

吊装式集装箱船(Lift On/Off Container Ship)是指利用船上或岸上的起重设备将集装箱进行垂直装卸的船舶。这是一种专门用于装载集装箱的船舶,目前在集装箱运输中主要由全集装箱船承运。在全集装箱舱内设有永久性的箱格结构,以用于集装箱装卸作业及定位;目前,全集装箱船几乎不设起重设备,船舶中舱内和舱面全部舱位专为装运集装箱而设计,如图 10-14 所示。

全集装箱船结构特点为:

1. 单层平直甲板,无装卸设备

国际标准集装箱的强度设计要求可使其上能承受堆码 8 层满载箱的负荷,因此集装箱船货舱没有必要设置多层甲板来减小上层箱对下层箱的负荷量。其甲板设计成无舷弧无梁拱的平直甲板,便于集装箱堆装。集装箱船几乎不设起重设备,集装箱的装卸由岸上高效的集装箱装卸桥进行吊装来完成。

2. 货舱尺寸大,舱口与货舱同宽

集装箱船舱口一般达船宽的70%~90%,舱口两侧为压载水舱。目前在9 600 TEU集装箱船舱的集装箱内最多横向为18列,甲板上为20列。集装船舱口与货舱同宽的设计能保证舱内装载的每一集装箱无须横移,都能被直接吊进或吊出货舱,这样便于快速装卸集装箱。

由于集装箱船舶货舱尺寸大,舱口与货舱同宽的特点破坏了甲板纵向连续性,并且影响了船舶的纵向强度。另外,集装箱船绝大多数是艉机型或中后机型船型,机舱、油舱、淡水舱等相对地集中在船舶尾部;而在船舶首部,又集中了锚及其锚的设备和首侧推进器等,使集装箱船易产生较大的中拱现象。

3. 舱内设有固定的箱格导轨,舱面设有固定的集装箱系固设备

为方便装卸和防止船舶摇摆时集装箱发生移位,集装箱船在舱内设计了由角钢立柱、水平桁材和导轨组成的箱格导轨(Cell Guide),如图10-15所示。装卸时,集装箱自动吊具可通过导箱轨顶端的喇叭口形的导槽,装入与舱内箱格导轨角钢立柱的间距相同长度的集装箱,集装箱顺着导轨进出货舱,就无须任何系固。

集装箱船甲板通常设有整套系固设备,如扭锁、桥锁、锥板、绑扎装置等。装载于舱面的集装箱目前通常靠人工方法进行系固。也有不少新型集装箱船在舱面设置了一定高度的箱格导轨,以减少舱面集装箱系固的作业量。

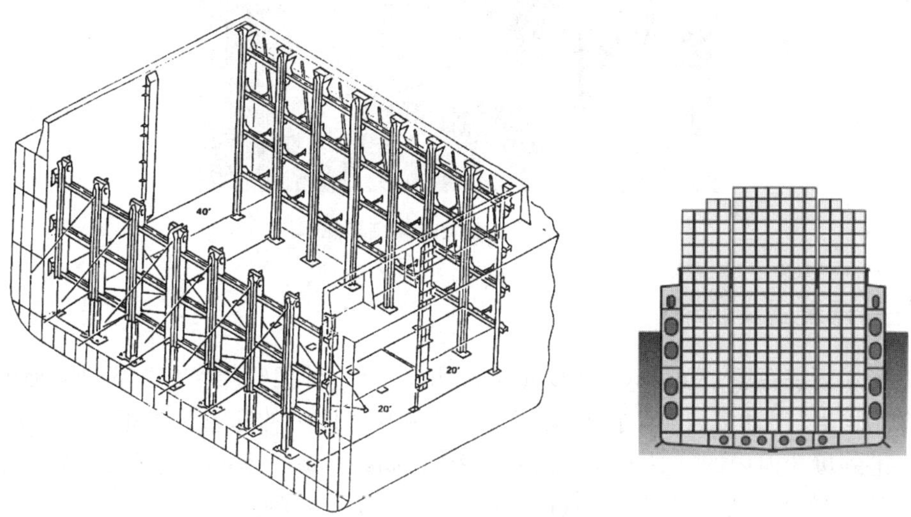

图10-15 箱格导轨

4. 采用双层船体结构,设有大容量压载水舱

为弥补单层甲板和大货舱开口设计对船体结构强度的不利影响,集装箱船体通常采用双层船体结构(Double Hull),以增强船舶的纵强度、横强度和扭转强度。双层船体结构同时为船舶提供了大量液体舱室。这些舱室除用作燃油、淡水舱外,大量用作压载水舱(约占船舶夏季总载重量的30%),以适应船舶空载或舱面装载大量集装箱时调整船舶重心高度的需要。

5. 采用艉机型或中后机型，舱容系数大

这种布置主要是为了充分提高船舶的舱容利用率，即在船体形状变化较大部位布置机舱，在船体中部形状变化较小的部位可安排装载更多的集装箱箱位。一般杂货船的舱容系数不超过 2 t/m^3，而集装箱船的舱容系数为 2.2~2.4 t/m^3。

（二）滚装式集装箱船

滚装式集装箱船（Roll on/off Container Ship）设有多层甲板，各层甲板间设有供车辆上下通行的斜坡道或升降平台，在船尾或船侧设有吊门和连接码头的倾斜跳板。滚装船把装于底盘车上的集装箱、托盘货物等作为一个货物运输单元，用拖车牵引底盘车（完成牵引后两者将相互脱离）经连接船舶与码头的倾斜跳板直接进出货舱完成装卸作业，如图 10-16 所示。

滚装船的适货性较强，除集装箱外，它也适合装运各种车辆和重大件货物。滚装船由于采用水平的装卸方式，装卸可同时进行，对泊位设备投资较低，装卸效率很高。所以，这类船特别合于靠泊潮差变化较小的短途水陆联运港口。其缺点是舱容利用率低，船舶造价高。

图 10-16　滚装式集装箱船

（三）浮装式集装箱船

浮装式集装箱船（Float on/off Container Ship）是一种把驳船作为“浮动集装箱”，利用顶推船顶推“浮动集装箱”浮进浮出母船，或利用母船上的起重设备把“浮动集装箱”由水中吊到母船舱内的一种船舶，统称载驳船（Barge Carrier Ship）。其又可分普通载驳货船、海蜂式载驳货船、双体载驳货船、浮坞式载驳货船 4 种。

普通载驳货船又称拉西型载驳货船（LASH），单层甲板、无双层底，舱内设有许多驳格，每一驳格可堆装 4 层，甲板上堆装 2 层。为便于装载驳船，在甲板上沿两舷设置轨道，并有可沿轨道纵向移动的门式起重机，以便起吊子驳进、出货舱，这种载驳船数量最多，如图 10-17 所示。

海蜂式载驳货船又称西比型载驳货船（SEABEE），双舷、双底、多层甲板，不设舱口。甲板上沿纵向设运送子驳的轨道，船尾部设升降井和升降平台（升降机），子驳通过船尾部升降平台进、出母船，再用小车水平滚动装卸驳船，如图 10-18 所示。

图 10-17　拉西型载驳货船

图 10-18　西比型载驳货船

双体载驳货船又称巴可特型载驳货船(BACAT),单首、双体、双尾,又叫双体载驳船,装卸方式与西比型相同。

浮坞式载驳货船又称巴可型载驳货船(BACO),母船沉入一定水深,用浮船坞方式将驳船浮进浮出,并可多层装卸驳船。

第二节　集装箱船配载计划的编制

同杂货船一样,编制集装箱船配载计划时,首先应熟悉船舶、货物情况,熟悉港口、航线情况,之后进行下列步骤:

一、核算集装箱船的净载重量

当航次承运的集装箱总重量较大或船舶吃水受航线水深限制时,校核航次订舱单所列的集装箱总重量与集装箱船的净载重量是否相适应,是编制集装箱船预配计划第一步中的一项重要内容。

集装箱船的净载重量 NDW 计算式是:

$$NDW = DW - \sum G - C - B \quad (t)$$

式中 B 是为满足船舶稳性要求而必须打入的压载水重量。在进行集装箱船预配时,准确地估计所需打入压载水的重量,需要一定的积载经验。如缺乏经验,可以参考船舶的《装载手册》或借助装载计算机进行估算。集装箱船 NDW 计算式中的船舶常数 C 通常较大,这是因为 C 中包括了船舶所有非固定系固设备的重量。

集装箱船在箱位接近装满时,船舶重心往往很高。此时,为降低船舶重心高度获得适度稳性,就需要在压载舱内打入大量压载水,这样使船舶净载重量大幅减少。因此,努力提高集装箱船配积载计划的编制水平,合理确定不同卸港轻重集装箱在舱内和舱面的配箱比例,减少用于降低船舶重心所需打入的压载水重量,是增加集装箱船净载重量的主要措施。

二、核算集装箱船载箱能力

在集装箱箱源充足的条件下,提高集装箱船的箱位利用率,充分利用集装箱船的净载重量,是提高集装箱船营运经济效益的重要途径。

(一)集装箱船舶的装箱容量指标

与编制杂货船配载计划相类似,当航次箱源较多时,校核集装箱船的装箱容量与航次订舱单所列的集装箱数量是否相适应,是编制集装箱船预配载计划第一步中的一项重要内容。表征集装箱船装箱容量大小的指标包括:

1. 换算箱容量

换算箱容量又称标准箱容量,系指船舶所能承运各类国际标准集装箱的最大换算箱容量(TEU)。标准箱容量是衡量集装箱船舶大小、规模的主要指标,是船舶建造、租赁和营运管理计费的重要依据,作为集装箱及集装箱船舶拥有量的统计单位。

2. 20 ft 箱容量

20 ft 箱容量指集装箱船所能承运 20 ft 箱的最大箱位数(TEU)。它通常不等于船舶的换算(标准)箱容量。这是因为许多集装箱船上都设计有一些仅适合装载 40 ft 集装箱的箱位。

3. 40 ft 箱容量

40 ft 箱容量指集装箱船所能承运 40 ft 箱的最大箱位数(Forty Equivalent Unit, FEU)。它并非是船舶换算(标准)箱容量的一半。这是因为集装箱船每个货舱长度往往难以都被设计成安排 40 ft 箱位所需长度的整数倍。

4. 特殊箱容量

船舶承运如危险货箱、冷藏箱、非标准箱(如 45 ft)、平台箱等特殊箱数量的最大限额(TEU)。集装箱船的危险货箱装载容量有一定限制。同一船舶常常有些货舱的设计决定了不允许装载任何危险货箱，另一些货舱的设计则仅限于装载《国际危规》定义的某几类危险箱。因此，在为集装箱船选配仅限于舱内积载的危险货集装箱时，必须考虑船舶的这一限制条件。冷藏集装箱装船后多数需要船舶电站连续提供电源。受船舶电站容量和电源插座位置的限制，每一集装箱船所能承运的冷藏箱最大数量和装箱位置通常是确定的。

5. 巴拿马运河箱容量

巴拿马运河当局规定，过运河的任何船舶不得因舱面堆装货物而遮挡驾驶室的瞭望视线。这样，多数集装箱船的舱面前部有不少箱位遮挡驾驶室的瞭望视线。因而，过运河前这些箱位将不得使用，从而使船舶的装箱容量减少。

（二）集装箱船载箱能力核算

（1）集装箱船预配时，如某船舶离港状态箱源数量接近船舶换算（标准）箱容量时，应当注意核对订舱单上该离港状态的 20 ft 箱数量和 40 ft 箱数量与船舶 20 ft 箱容量和 40 ft 箱容量相适应，以提高船舶的箱位利用率。

（2）当需由船舶供电制冷的冷藏集装箱的数量超过船舶额定冷藏集装箱容量，其超出船舶供电容量的冷藏箱应改换成能自行发电制冷的冷藏箱；或者船上配备一定数量的定时器，其作用是实现在一定时间间隔内自动交替向其连接的两个冷藏箱之一提供电源；或者根据装箱港条件，对超容量冷藏箱数量、船舶装载状况等资料进行经济论证，以确定能否承租载于舱面的流动电站集装箱，用以向超容量冷藏集装箱提供电源，以提高船舶承载冷藏集装箱的能力。

提高集装箱船载箱能力方法：

（1）为提高在中途港承载该港以后卸港的集装箱承载能力，减少或避免集装箱的倒箱数量，在选配箱位时，应尽量保持不同卸港集装箱垂向选配箱位和卸箱通道各自独立。

（2）在装箱港箱源充足的条件下，选配特殊箱箱位时，应当尽量减少承运这类货箱引起的箱位损失数量。例如，在条件许可时，可以将原安排于舱内占用垂向两个箱位的超高集装箱，选配于舱面的顶层，以减少舱内箱位的损失。

三、集装箱船配载图及识别

（一）集装箱在船上位置表示方法

为准确地表示每一集装箱在船上的装箱位置，以便于计算机管理和有关人员正确辨认，集装箱船上每一装箱位置均按国际统一的代码编号方法表示。目前集装箱船箱位代码编号采用 ISO 9711—1:1990 标准。它以集装箱在船上呈纵向布置为前提，每一箱位坐标以六位数字表示。其中最前两位表示行号（或称为“排号”），中间两位表示列号，最后两位表示层号。行号、列号和层号的每组代码不足10者在前一位加“0”。

1. 行号

行号（Bay No.）作为集装箱箱位的纵向坐标。自船首向船尾，装20 ft箱位上依次以01、03、05、07……奇数表示。当纵向两个连续20 ft箱位上被用于装载40 ft集装箱，则该40ft集装箱的行号以介于所占的两个20 ft箱位奇数行号之间的一个偶数表示。例如，在船舶的03行上装载某一20 ft集装箱时，则该箱的行号即为03；若在03和05两个行上装载某一40 ft集装箱时，则该箱的行号就以介于03和05之间的04这一偶数作为其行号。集装箱船舶的行排列法如图10-19所示。

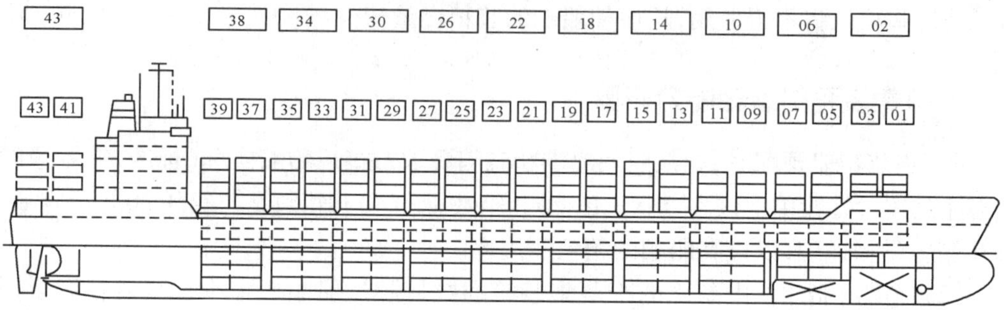

图10-19 集装箱船舶的行排列法

2. 列号

列号（Row No. or Slot No.）作为集装箱箱位的横向坐标。以船舶中纵剖面为基准，自船中向右舷以01、03、05、07……奇数表示，向左舷以02、04、06、08……偶数表示。若船舶纵中剖面上存在一列，则该列列号取为00。列排列法如图10-20所示。

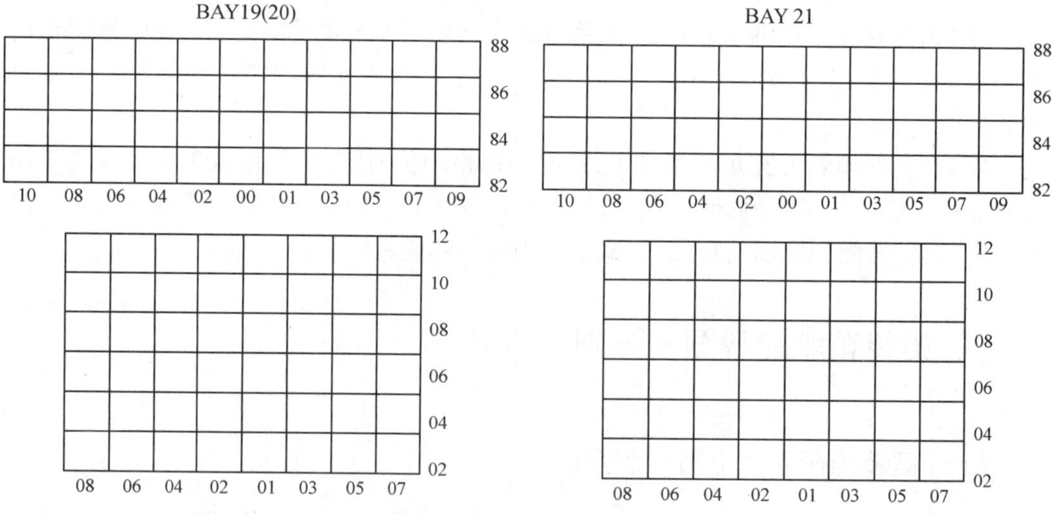

图10-20 集装箱船舶列和层的排列图

3. 层号

层号(Tier No.)作为集装箱箱位的垂向坐标。舱内以全船最低层作为起始层,自下而上以02、04、06、08……偶数表示。舱面也以全船舱面最低层作为起始层,自下而上以82、84、86、88……偶数表示。舱内和舱面非全船最低层的层号大致上以距船舶基线高度相同、层号相同为原则确定。层的排列如图10-20所示。

显然,全船每一装箱位置,都对应于唯一的以六位数字表示的箱位坐标;反之,一定范围内的某一箱位坐标,必定对应于船上一个特定而唯一的装箱位置。例如,某一集装箱的箱位号为"080382",则由此即能判断:该箱必定为40 ft箱,纵向位于自船首起的第4和第5(行号07和09)两个20 ft箱位上,横向位于自船纵中剖面起向右舷的第2列上,垂向位于舱面的最下层。

(二)集装箱船配载图

集装箱船配载图包括:集装箱箱位配载总图、行横剖面图、装载汇总表和稳性、吃水差计算表。集装箱箱位配载总图标示了每只集装箱的确切位置;行横剖面图标示了该行集装箱的具体情况,如箱格顺序号、卸货港、装货港、集装箱编号等;装载汇总表标示了按不同目的港罗列的集装箱类型、尺寸、装载状态;稳性、吃水差计算表标示了全船集装箱装载状态下的稳性、吃水差计算结果。

1. 装载汇总表

装载汇总表标示了按不同目的港罗列的各种不同类型的集装箱数量、装载状态,如图10-21所示。

2. 稳性、吃水差计算

稳性、吃水差计算基本同杂货船,现一般均由计算机程序按输入的每个箱位重量和油、水重量等情况自动计算、打印。

(三)配载图识别

1. 集装箱箱位配载总图

集装箱箱位配载总图(General Plan)标示了每只集装箱的确切位置。在箱位的方格上标明集装箱重量数据,用不同颜色区分卸货港。有时为方便打印或传真机传输,在箱位的方格上用单字母表示卸货港,如上海港以S表示,香港以H表示,该图称为字母图;在另一张集装箱行箱位总图对应的方格上标注重量,该图称为重量图。如箱位的方格内用"X",则表示此箱位已被40 ft集装箱占用,即同一舱内或甲板上两个20 ft集装箱位被40 ft集装箱占用时,前面一个20 ft集装箱位方格内标明卸货港,后面一个20 ft集装箱位方格内标明"X"。对于特殊集装箱箱位,则在其箱位方格上划圈并在适当位置加以标注,如图10-22所示。

当特殊集装箱标注内容较多时,可以单独用一张箱位配载总图特别予以标注,该图

PORT OF LOADING

DISCHARGE PORT	ROTATION	SHK 20′ F	SHK 40′ F	TOTALS	
SYD	ANL	35.0 4	37.0 5	72.0 9	696.863
	NYK	20.0 2	13.0 1	33.0 3	
	OOL	35.0 5	124.0 7	159.0 12	
	PON	145.6 16	55.0 5	200.6 21	
	ZIM	84.8 9	147.4 9	232.2 18	
MEL	ANL	20.0 1	5.0 1	25.0 2	388.837
	NYK	4.0 1	18.0 2	22.0 3	
	OOL	27.0 5	8.0 1	35.0 6	
	PON	24.0 4	104.0 9	128.0 13	
	ZIM	77.7 8	101.11 5	178.8 13	

图 10-21　装载汇总表

被称为特殊集装箱箱位配载总图。在特殊集装箱行箱位总图上，“R”表示冷藏集装箱；“D”表示危险品集装箱；“M”表示邮件箱；超高箱（Jumbo Steel Container）用“∧”标记，超宽箱用“<”或“>”标记。

2. 行横剖面图（行箱位图）

行横剖面图（行箱位图）（Bay Plan）具体标示了该行集装箱情况，该断面中每个集装箱位置应填写的内容有：箱格顺序号、卸货港、装货港、集装箱箱号、集装箱使用人的代号、集装箱状态、集装箱总重量、备注、到港顺序号、箱位号，如图 10-23 所示。

四、合理确定各类集装箱箱位

编制集装箱船配载计划时，首先需要熟悉航次箱源的挂港数量、平均箱重、特殊集装箱对运输的要求等；随后总体上划定各挂港集装箱在船上的装箱区域；最后按特殊箱先配、普通箱后配，后到港箱先配、先到港箱后配的原则，逐一为每一待装集装箱选定合理的具体箱位。

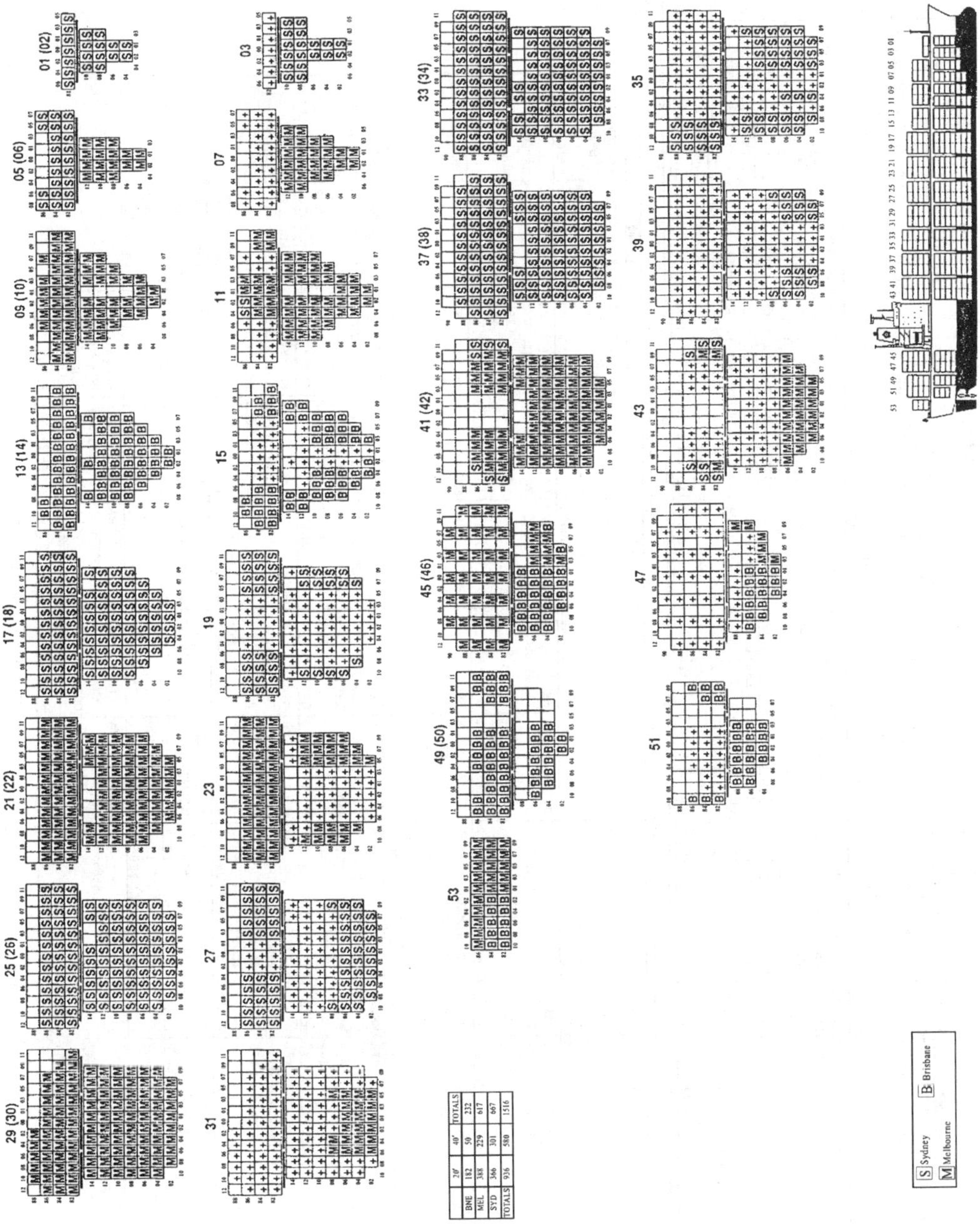

	20'	40'	TOTALS
BNE	182	50	232
MEL	388	229	617
SYD	366	301	667
TOTALS	936	580	1516

图10-22 集装箱箱位配载总图

211288	211088	210888	210688	210488	210288	210088	210188	210388	210588	210788	210988	211188
MEL/ KHH MOLU5545842 MOL 3.0 E 20GP 8'06·211286	MEL/ KHH CLHU2234951 YML 5.0 20GP 8'06·211086	MEL/MEL KHH CAXU6035008 ANL 6.0 20GP 8'06·210886	MEL/MEL KHH OOLU3344310 OOL 6.3 20GP 8'06·210686	MEL/ KHH MLCU2988001 ZIM 7.4 20GP 8'06·210486	MEL/ KHH GSTU2437187 ZIM 5.3 20GP 8'06·210286	MEL/ KHH NYKU2399795 NYK 6.0 20GP 8'06·210086	MEL/ KHH UXXU2359338 ZIM 5.1 20GP 8'06·210186	MEL/ KHH CLHU2088749 ZIM 7.6 20GP 8'06·210386	MEL/ KHH CLHU2252451 ZIM 6.6 20GP 8'06·210586	MEL/ KHH TRLU2664217 ZIM 5.1 20GP 8'06·210786	MEL/ KHH MLCU3851688 ZIM 7.5 20GP 8'06·210986	MEL/ KHH MOLU5541301 MOL 3.0 E 20GP 8'06·211186
MEL/MEL KHH OOLU3319621 OOL 9.8 20GP 8'06·211284	MEL/ KHH GSTU2702043 YML 18.0 20GP 8'06·211084	MEL/MEL KHH FSCU3225756 OOL 14.7 20GP 8'06·210884	MEL/ADL KHH OCLU0908368 PON 9.4 20GP 8'06·210684	MEL/MEL KHH GSTU2581065 ANL 12.5 20GP 8'06·210484	MEL/MEL KHH KNLU3158900 PON 18.5 20GP 8'06·210284	MEL/MEL KHH PONU0802824 PON 18.2 20GP 8'06·210084	MEL/MEL KHH GSTU2625570 ANL 20.0 20GP 8'06·210184	MEL/MEL KHH KNLU3405209 PON 19.0 20GP 8'06·210384	MEL/MEL KHH OOLU3294502 OOL 19.0 20GP 8'06r 210584	MEL/MEL KHH TEXU3552614 OOL 14.6 20GP 8'06·210784	MEL/ KHH TRIU2914543 ZIM 9.3 20GP 8'06·210984	MEL/ KHH ANNU2031420 ANL 10.8 20GP 8'06·211184
MEL/MEL KHH OCLU0921797 PON 22.0 20GP 8'06·211282	MEL/MEL KHH POCU0046765 PON 20.0 20GP 8'06·211082	MEL/ KHH TOLU4243361 ZIM 23.0 20OT 8'06·210882	MEL/ KHH OCLU4193529 PON 23.0 20OT 8'06·210682	MEL/ KHH POCU4001352 PON 22.6 20OT 8'06·210482	MEL/ KHH OCLU4197041 PON 22.5 20OT 8'06·210282	MEL/ KHH FSCU0313730 ZIM 22.6 20OT 8'06·210082	MEL/ KHH ZIMU4620009 ZIM 22.7 20OT 8'06·210182	MEL/ KHH GCEU4313951 ZIM 23.0 20OT 8'06·210382	MEL/ KHH ZIMU4620966 ZIM 23.1 20OT 8'06·210582	MEL/ KHH ZIMU4616020 ZIM 23.4 20OT 8'06·210782	MEL/ADL KHH KNLU3322064 PON 23.0 20GP 8'06·210982	MEL/ADL KHH POCU0470520 PON 22.0 20GP 8'06·211182

		210614	210414	210214	30 cm 114	210314			
MEL/MEL KEL MOLU5008231 MOL 4.0 E 40GP 8'06·221014	MEL/MEL KEL KLFU5022067 KKL 4.0 E 40GP 8'06·220814						MEL/MEL KEL KLFU5021570 KKL 4.0 E 40GP 8'06·220514	MEL/MEL KEL KLFU5022051 KKL 4.0 E 40GP 8'06·220714	MEL/MEL KEL KLFU5022030 KKL 4.0 E 40GP 8'06·220914
MEL/MEL KEL CLOU2533993 OOL 13.0 20GP 8'06·211012	MEL/ADL KEL OOLU5230805 OOL 6.0 40GP 8'06·220812	MEL/ SHA TRIU9198230 MOL 15.1 40HC 9'06·220612	MEL/ SHA OOLU5263809 OOL 11.0 40GP 8'06·220412	MEL/ SHA TRLU5458009 NYK 9.3 40HC 9'06·220212	MEL/ SHA TOLU8950275 ZIM 30.0 OOG 40OT 8'06·220112	MEL/ SHA WFHU4048655 YML 16.8 40GP 8'06·220312	MEL/ADL KEL OOLU3456650 OOL 5.0 20GP 8'06·210512	MEL/ADL KEL OOLU3111330 OOL 22.0 20GP 8'06·210712	MEL/MEL KEL GSTU2214183 OOL 16.0 20GP 8'06·210912
MEL/MEL KEL OOLU3120218 OOL 15.0 20GP 8'06·211010	MEL/MEL KEL OOLU3388258 OOL 9.0 20GP 8'06·210810	MEL/ SHA OOLU5925166 OOL 18.7 40HC 9'06·220610	MEL/ SHA TRLU5555729 NYK 16.5 40HC 9'06·220410	MEL/ SHA OOLU5244922 OOL 9.9 40GP 8'06·220210	MEL/ SHA MLCU5152416 NYK 10.0 40GP 8'06·220110	MEL/ SHA CGMU4223704 ANL 7.9 40GP 8'06·220310	MEL/ADL KEL ICSU4752966 OOL 19.0 20GP 8'06·210510	MEL/MEL KEL OOLU3301155 OOL 9.0 20GP 8'06·210710	MEL/MEL KEL OOLU3839578 OOL 4.0 20GP 8'06·210910
MEL/MEL KEL POCU0614593 PON 5.0 20GP 8'06·211008	MEL/MEL KEL KNLU3000350 PON 5.0 20GP 8'06·210808	MEL/ SHA TRLU5555734 NYK 16.4 40HC 9'06·220608	MEL/ SHA CLHU4277187 ANL 7.2 40GP 8'06·220408	MEL/ SHA ECMU4077754 ANL 8.6 40GP 8'06·220208	MEL/ SHA GSTU8958310 ANL 8.6 40GP 8'06·220108	MEL/ SHA PONU1374818 PON 13.4 40GP 8'06·220308	MEL/MEL KEL YMLU2560271 YML 7.0 20GP 8'06·210508	MEL/ADL KEL KNLU3297779 PON 6.0 20GP 8'06·210708	MEL/ADL KEL OOLU3229549 OOL 7.0 20GP 8'06·210908
MEL/ADL KEL POCU0058621 PON 23.0 20GP 8'06·211006	MEL/ADL KEL OOLU3190508 OOL 16.0 20GP 8'06·210806	MEL/ SHA TRLU5556263 NYK 16.3 40HC 9'06·220606	MEL/ SHA GATU4038087 PON 13.3 40GP 8'06·220406	MEL/ SHA TRLU6093158 PON 18.3 40GP 8'06·220206	MEL/ SHA UXXU4251717 ZIM 13.1 40GP 8'06·220106	MEL/ SHA OOLU6028980 OOL 18.6 40RH 9'06·220306	MEL/MEL KEL CRXU2774489 YML 12.0 20GP 8'06·210506	MEL/ADL KEL PRSU2321483 YML 19.0 20GP 8'06·210706	MEL/MEL KEL CLHU2200479 ZIM 16.0 20GP 8'06·210906
	MEL/MEL KEL GSTU4695386 ZIM 10.0 20GP 8'06·210804	MEL/ SHA TRLU5555673 NYK 20.3 40HC 9'06·220604	MEL/ SHA MOLU7070108 MOL 18.6 40GP 8'06·220404	MEL/ SHA MLCU4755164 OOL 18.4 40GP 8'06·220204	MEL/ SHA MOLU7029887 MOL 18.6 40GP 8'06·220104	MEL/ SHA TRIU4884664 ZIM 23.0 40GP 8'06·220304	MEL/MEL KEL TTNU2476801 NYK 15.0 20GP 8'06·210504	MEL/MEL KEL TEXU2127225 YML 10.0 20GP 8'06·210704	
		MEL/ SHA TRLU5556509 NYK 20.4 40HC 9'06·220602	MEL/ SHA OOLU7006327 OOL 25.2 40GP 8'06·220402	MEL/ SHA OOLU5051501 OOL 26.8 40GP 8'06·220202	MEL/ SHA TRIU5225717 ANL 25.8 40GP 8'06·220102	MEL/ SHA OOLU5354806 OOL 25.0 40GP 8'06·220302	MEL/MEL KEL PONU0682821 PON 12.0 20GP 8'06·210502		

图 10-23 行横剖面图

(一)普通集装箱的箱位选配原则

1. 垂向箱位选配

(1)稳性。确定集装箱垂向箱位时,应当注意控制舱内和舱面所配集装箱重量的合适比例,以保证船舶的稳性处于适度的范围内。

(2)局部强度。垂向箱位选配还应满足集装箱船的局部强度[堆积负荷(Stack Load)]要求。集装箱船的资料均提供有舱面和舱内设计的每一堆装集装箱的4个底座的最大允许负荷量数据。它还分20 ft集装箱堆积负荷和40 ft集装箱堆积负荷。因此,在确定集装箱垂向箱位时,应当满足每叠集装箱总重不得超过集装箱船装箱底座的最大允许负荷量要求。

(3)箱位选配。重箱、强结构箱应配于下层,轻箱、弱结构箱应配于上层。舱面应尽量选配新箱、强结构箱,舱内多配旧箱、弱结构箱。纵向两个高度不同的20 ft箱之上除非增设高度补偿器,否则仅在两个箱的角件处于同一水平面时才能配装40 ft集装箱。

40 ft箱之上纵向不得选配两个20 ft箱,否则会造成被压的40 ft箱顶板和上侧梁等结构受损。某些集装箱船结构较特殊,在甲板上或舱内的某些位置只能装载20 ft集装箱。另外有些货舱内如要装40 ft集装箱,则必须先垫几只20 ft集装箱。也有些集装箱船舱内纵向两个20 ft集装箱上,可堆装40 ft集装箱;甲板上两个纵向20 ft集装箱上,不能堆装40 ft集装箱。因此,需要驾驶员充分了解不同类型的集装箱船、不同底座结构及其具体布置。在配积载时首先考虑满足这些结构上的要求,以利提高箱位的利用率和合理地积载。

箱内装载易出汗水或有温度控制要求货物的集装箱,应选配于温度较稳定的舱内箱位。如不得已配于舱面,则应尽量避免选配于温差变化较大的上甲板顶层箱位。

(4)运河特殊要求。国际上有些运河(如苏伊士运河)当局制定的船舶过运河收费规则规定,集装箱船通过运河将随船舶舱面集装箱堆装最高层数的不同加收一定百分比的额外运河通航费。因此,集装箱船在通过这类运河前,应适当考虑过运河的特殊收费规定,在可能的条件下,采取措施(如适当降低舱面集装箱的最高堆装层数)以减少运河通航费的支出。

2. 纵向箱位选配

(1)纵向强度。集装箱船在空载和满载情况下一般呈中拱状态,为此,宜在船中部位的货舱中部甲板上适当配装一些重量较大的集装箱,以改善船舶的中拱状态。

各停靠港的集装箱装卸量不等,或装箱量虽大而卸箱量少,或装箱量少而卸箱量大,易使停靠港装卸集装箱后各排集装箱数量不均衡;对各排集装箱重量的合理分布,不但在始发港需要考虑,各停靠港也应认真对待。因此,应综合考虑各港集装箱装卸量,使船舶在整个航次中尽量保持箱重沿船长的合理分布。

(2)纵倾。当船舶资料中提供有最佳纵倾数据时,则应尽量调整船舶的纵倾至推荐的最佳状态，以满足船舶纵强度和适当的吃水差要求。此外，还应当兼顾满足集装箱的快速装卸要求（详见本节五部分）。

（3）堆装层数。为保证驾驶员具有良好的瞭望视线，对舱面驾驶室前部集装箱的堆装层数，要求满足 IMO 的 A(17)708 文件规定：从船舶驾驶室指挥位置上自船首前方至任何一舷 10°范围内的船舶盲区长度不得超过 2 倍船长或 500 m 中较小者。

3. 横向箱位选配

（1）扭转强度。应尽量保证各卸箱港集装箱在每一行（排）位上集装箱重量对船舶纵中剖面的力矩代数和接近于零，以满足船体扭转强度不受损伤以及船舶在每一离港状态下无初始横倾角的要求。

（2）舱面集装箱选配。对于舱面无箱格导轨的集装箱船，在舱面无外层堆码或两列箱横向空当较大（特别是超过 5 m），即受风压影响的集装箱箱位，应选配轻箱（特别是上层箱位），并尽可能选配 20 ft 集装箱（所受风压约为 40 ft 箱的一半）。这样，在同样系固条件下，能增加这类箱位所装箱的系固可靠性。

（二）特殊集装箱的箱位选配原则

1. 危险货集装箱的箱位选配

（1）危险货集装箱的舱位选配

由箱内货物的积载类确定集装箱是允许载于舱面还是舱内。当其积载类无载于舱面或舱内限制时，则应充分考虑下列因素：

①舱面承运危险货集装箱的特点是，运输中观察方便；通风条件良好，箱内若有有毒气体，则逸出时易于被驱散；装载腐蚀品的集装箱有渗漏时，危害较小而且处置方便；遇危急时，有可能打开箱门采取抛货措施。

②舱内承运危险货集装箱的特点是，遮蔽条件好，不会受到海浪冲击；环境温度较低而且相对稳定；航行途中遇火灾时，可施放 CO_2 扑灭。

③装有易散发易燃气体箱应优先配于通风条件较好的舱面，且应考虑至少与易产生火星（如冷藏箱）的箱横向不在同一行上，纵向至少间隔一个行箱位。

④装有海洋污染物的集装箱，应尽可能配于舱内；若只限于舱面装载，则应优先选配于舱面防护或遮蔽条件良好的处所。

⑤氧化物质或有机过氧化物应选配于舱面，其原因是对于这类箱，配舱内发生火灾时若施放 CO_2 来灭火则效果极差。

⑥装有“如有可能卷入火灾，应将货物投弃”这类消防建议货物的集装箱，当数量相当多时，应尽可能远离居住处所和驾驶区域；当数量较少时，应尽可能选装于舱面，且其箱门应在易于被打开的位置，以便于遇危险时用人力将包件从集装箱中取出并加以投弃。

（2）危险货集装箱之间的隔离

根据箱内所装危险货物的正确运输名称或联合国编号，查《国际危规》确定其所属危险货类别号,并由类别号查《国际危规》中包装危险货的隔离表确定其隔离等级;然后,按照《国际危规》规定的危险货集装箱的隔离表(见表 10-2)确定不同危险货集装箱之间的具体隔离要求。

表 10-2 危险货集装箱的隔离表

<table>
<tr><td rowspan="3">隔离要求</td><td colspan="3">垂直向</td><td rowspan="3"></td><td colspan="6">水平向</td></tr>
<tr><td rowspan="2">封闭式与封闭式</td><td rowspan="2">封闭式与开敞式</td><td rowspan="2">开敞式与开敞式</td><td colspan="2">封闭式与封闭式</td><td colspan="2">封闭式与开敞式</td><td colspan="2">开敞式与开敞式</td></tr>
<tr><td>舱面</td><td>舱内</td><td>舱面</td><td>舱内</td><td>舱面</td><td>舱内</td></tr>
<tr><td rowspan="2">“远离”1</td><td rowspan="2">允许一个装在另一个的上面</td><td rowspan="2">允许开敞式的装在封闭式的上面,否则按开敞式与开敞式要求处理</td><td rowspan="6">除非以一层甲板隔离,否则禁止装在同一垂直线上</td><td>船首尾向</td><td>无限制</td><td>无限制</td><td>无限制</td><td>无限制</td><td>一个箱位</td><td>一个箱位或一个舱壁</td></tr>
<tr><td>横向</td><td>无限制</td><td>无限制</td><td>无限制</td><td>无限制</td><td>一个箱位</td><td>一个箱位</td></tr>
<tr><td rowspan="2">“隔离”2</td><td rowspan="4">除非以一层甲板隔离,否则不允许装在同一垂线</td><td rowspan="4">按开敞式与开敞式的要求办理</td><td>船首尾向</td><td>一个箱位</td><td>一个箱位或一个舱壁</td><td>一个箱位</td><td>一个箱位或一个舱壁</td><td>一个箱位</td><td>一个舱壁</td></tr>
<tr><td>横向</td><td>一个箱位</td><td>一个箱位</td><td>一个箱位</td><td>两个箱位</td><td>两个箱位</td><td>一个舱壁</td></tr>
<tr><td rowspan="2">“用一整个舱室或货舱隔离”3</td><td>首尾向</td><td>一个箱位</td><td>一个舱壁</td><td>一个箱位</td><td>一个舱壁</td><td>两个箱位</td><td>两个舱壁</td></tr>
<tr><td>横向</td><td>两个箱位</td><td>一个舱壁</td><td>两个箱位</td><td>一个舱壁</td><td>三个箱位</td><td>两个舱壁</td></tr>
<tr><td rowspan="2">“用一介于中间的整个舱室或货舱作纵向隔离”4</td><td colspan="3" rowspan="2">禁止</td><td>船首尾向</td><td>最小水平距离 24 m</td><td>一个舱壁且最小水平距离不小于 24 m</td><td>最小水平距离 24 m</td><td>两个舱壁</td><td>最小水平距离 24 m</td><td>两个舱壁</td></tr>
<tr><td>横向</td><td>禁止</td><td>禁止</td><td>禁止</td><td>禁止</td><td>禁止</td><td>禁止</td></tr>
<tr><td colspan="11">注:所有舱壁和甲板均应是防火和防液的:
①对于无舱盖集装箱货船,《国际危规》定义为:“不允许在同一垂线上”;
②对于无舱盖集装箱货船,《国际危规》定义为:“一个箱位且不在同一货舱上”;
③集装箱距离中间舱壁不少于 6.0 m</td></tr>
</table>

表 10-2 中“封闭式”是指封闭式集装箱,意为采用永久性的结构将内装货物全部封装在内的集装箱,它不包括具有纤维质周边或顶部的集装箱;“开敞式”是指开敞式集

装箱,意为非封闭式集装箱;"一个箱位"是指前后不小于 6 m、左右不小于 2.4 m 的空间。

在《国际危规》第 1 册第 7 部分列有各类集装箱船上针对封闭与封闭箱、封闭与开敞箱和开敞与开敞箱的上述 4 种隔离要求的详细图示。

《国际危规》规定:包装危险货物与开敞式危险货集装箱之间的隔离,应遵照包装危险货物之间的隔离表要求执行;包装危险货物与封闭式危险货集装箱之间的隔离除下列情况外,应遵照包装危险货物之间的隔离表要求执行:

①要求"远离"时,包装危险货物与封闭式危险货集装箱之间无隔离要求;

②要求"隔离"时,包装危险货物与封闭式危险货集装箱之间按包装危险货物隔离表中的"远离"要求执行。

2. 冷藏集装箱的箱位选配

此类箱多数由于在其箱位附近需要设置外接电源插座和监控插座,因此,船舶所能提供此类箱位和数量是确定的,通常位于舱面船中和船后部,且避开船舶左右舷最外一列箱位的底部 1~2 层,具体箱位可以查阅船舶资料确定。在此类箱位的船舷外侧应当选配几层通用集装箱作遮挡,以防止冲上甲板的海浪对冷藏箱制冷设备的冲击。

3. 超高集装箱的箱位选配

集装箱船货舱的有效高度多按 8.5 ft(趋向于按 9.5 ft)箱高的整数倍再加些余量设计。因此,舱内选配超高集装箱时,应当校核该叠箱体总高度是否小于货舱的有效高度。若超过,则应相应减少其装箱层数。软顶超高箱因防水性较差而应尽量选配于舱内,这类箱如果箱内货物堆装高度超过集装箱角件的高度,那么无论选配于舱内或舱面,其箱顶部都不宜堆装任何其他集装箱而必须选配于最上一层。

4. 超长集装箱的箱位选配

对于舱内设置固定箱格导轨的集装箱船,因舱内每一箱格通常设有横向构件,无法装载超过箱格长度的超长箱。因此,20 ft 的超长箱可以选配于舱内 40 ft 箱位,但 40 ft 的超长箱通常只能配于舱面。

5. 超宽集装箱的箱位选配

可以选配于舱面。能否装于舱内,取决于货舱的箱格结构和入口导槽的形状和尺寸。一般,对于中部超宽、两端 50 cm 范围内不超宽的集装箱,可以选配于舱内;对于货舱箱格结构之间设有纵向构件的集装箱船,则舱内不能装载此类箱。无论舱内或舱面,当超宽箱的超宽尺度小于该行与相邻列位之间的空隙时,则该超宽箱不占相邻箱位;反之,箱内超宽货物将伸至相邻箱格中,相邻箱位必须留出空位。

6. 通风集装箱的箱位选配

为便于箱内货物的自然通风和监控,通常应选配于舱面,而且应当选择能避开冲上甲板的海浪并经通风口灌入箱内的箱位。对于装载兽皮的通风集装箱,为避免箱内温度过高货物腐败变质,应避免选配于受阳光直射的甲板最上一层。

7. 动物集装箱的箱位选配

此类箱因耐压强度较弱，其上通常不得堆装其他货箱；应选配于通风良好的舱面，但为减少风浪的袭击，周围须以其他货箱作遮蔽，也可以将饲料箱选配于动物箱的两侧。此外所选的箱位还应满足供水方便，周围留有便于在航行中清扫和喂料的通道，而且能最后装最先卸和不妨碍其他集装箱作业的要求。

五、满足集装箱装卸顺序和快速装卸要求

集装箱船多以班轮形式投入营运，中途常有一个以上挂港，港口常常多线作业，装卸同时进行，港口作业机械效率很高，船舶在港停泊时间短。因此，合理选配箱位以满足集装箱装卸顺序和快速装卸要求，对确保船舶安全准班、减少不必要的港口费用支出具有重要意义。

(一)避免或尽量减少中途港发生倒箱现象

1. 预配载计划编制

编制集装箱船预配载计划时，应当避免后卸港集装箱压住先卸港箱或堵住先卸港箱卸港通道的现象出现，否则将产生倒箱现象。有些港口有多个卸箱泊位或采用不同的卸箱方式(如一部分特定箱采用码头卸箱，而另一部分箱采用锚地驳卸)，如不留意也会出现倒箱现象，应当注意一些港口的特殊规定对不同卸港集装箱箱位选配的影响。

2. 集装箱船舱盖形式

集装箱船有多种舱盖形式，有的相互独立，有的相互牵连，甚至同一艘集装箱船的不同货舱，也采用不同的舱盖形式。应当根据不同舱盖形式正确确定舱内和舱面不同卸港集装箱的合理箱位，以避免发生倒箱现象。

目前，无舱盖集装箱船已投入使用，这类船舶中部多个舱设计成无舱盖形式，并将舱内箱格导轨延伸到舱面。它不但可以省去舱面集装箱的系固作业，而且为彻底避免出现倒箱现象提供了有利的条件。

3. 危险货集装箱

国际上有些港口制定的港内危险货装卸和过境管理特殊规则，对不同到港危险货集装箱的箱位选配也有影响。例如，新加坡当局规定，凡装载当局规定的一级危险货货物(包括集装箱)的船舶，必须先在规定锚地将这类危险货过驳后，才准许靠码头作业。若这类危险货属于过境性质，则需要等船舶靠泊作业完毕后，再驶回锚地重新将暂存的危险货装船，这就要求驶往新加坡装有当局规定的一级危险货箱且必须靠泊作业的船舶，对这类无论卸港是新加坡还是过境的危险货箱，都必须选配于抵港后能一次卸载的箱位上，以免引起倒箱。

(二)尽力满足快速装卸要求

1. 装卸桥

大型集装箱船有时采用多达 5 台以上装卸桥同时并排作业。但由于装卸桥的结构原因,两台装卸桥不允许紧靠在一起作业,必须至少纵向间隔一个 40 ft 行箱位。因此,在集装箱箱位选配时,应当考虑这一因素,以满足其快速装卸要求。

当船舶在港作业量较大时,应当根据集装箱泊位的装卸桥作业台数,均衡分配船上各台装卸桥作业区域的集装箱作业量(主要以自然箱数计算),以缩短船舶装卸作业时间。当船舶在港作业量很少时,若条件许可,其箱位应尽量选配于舱面,以减少开关舱作业量。

2. 20 ft 箱和 40 ft 箱配载置

20 ft 箱和 40 ft 箱在每一行位的舱内和舱面上应当尽量保持各自对船舶中纵剖面的力矩接近于零,以免装卸中为减少船舶横倾角而需多次调整装卸桥自动吊具尺度和装卸桥大车沿岸移动及其对位时间。

3. 同时装卸作业

当船舶停靠的泊位装卸作业可同时进行时,船上同一泊位卸载箱和装载箱的箱位应选配于相近位置,以减少装卸桥吊具空返次数和装卸桥大车沿岸移动及对位时间。对于靠泊具备一次起吊一层 2 个或两层 4 个 20 ft 箱吊具的某些港口的集装箱船,20 ft 集装箱的箱位应当成对选配,以发挥这类装卸机械的作业效率。对于一些需要特殊吊具操作的特殊集装箱(如超高箱或平台箱),其箱位应选配于相近位置,以减少在集装箱自动吊具上安装附属吊具的次数。

六、集装箱船预配

1. 航次订舱单

航次订舱单(Booking List)是船公司航(箱)运部门或其代理根据货主的托运申请为待定船舶的具体航次分配待运集装箱的清单。该清单通常按不同卸港、重量和不同箱类型列出,对特殊箱有必要的备注。在编制订舱单时往往由于许多货物还未完成装箱,因此清单上还无法提供集装箱箱号和其他一些细节内容。

2. 航次预配

航次预配工作由船公司配积载部门、船舶代理或集装箱船大副承担。其任务是将“航次订舱单”上所列的每一集装箱,按照集装箱箱位选配的基本原则,满足装卸顺序和快速装卸等要求,在集装箱船的行箱位总图上做一大致安排,并绘制船舶预配载图。该图所确定的航次装载方案通常需在计算机上经集装箱船装载计算系统的粗略核算,以保证船舶各项性能指标符合要求。

在编制预配载计划时，按航次计划装船的集装箱货物，有些已装箱正在中转运输途中、有些堆存在指定泊位、有些在远离指定泊位的集装箱堆场上，还有些仍未完成装箱作业。因此，“航次订舱单”无法提供集装箱的一些细节资料。集装箱船舶预配载图有时仅仅在行箱位总图上确定每一卸港集装箱在船上的装载区域，预配载图绘制后需及时送交给集装箱装卸公司。

七、稳性和强度要求

集装箱船由于要求舱形方整，使船舶容积的利用率降低。为提高装箱能力，集装箱船通常将约占总量1/3~1/2的箱位安排于舱面。这将引起装载后船舶重心上升，水线以上受风面积增大，对船舶稳性不利。因此，营运中的集装箱船必须具有足够的稳性。但如果初稳性高度过大，船舶将产生剧烈横摇，使集装箱所受惯性力过大而对系固设备产生不利的影响。集装箱船的稳性应保持在适当合理的范围内。

1. IMO对集装箱船稳性要求

我国《法定规则》对国际航行船舶全面采用IMO《2008年国际完整稳性规则》（即《2008年IS规则》）。《2008年IS规则》对船长大于100 m的集装箱船和其他在此范围内具有可观外漂或大水线面的货船提出了完整稳性要求：

（1）复原力臂曲线在横倾角0°~30°之间所围面积不应小于0.009/C（m·rad）（C为船体形状因数）。

（2）复原力臂曲线在横倾角0°~40°与进水角θ_f中较小者之间所围面积应不小于0.016/C（m·rad）。

（3）复原力臂曲线在横倾角30°~40°与进水角θ_f中较小者之间所围面积应不小于0.006/C（m·rad）。

（4）在横倾角30°处的复原力臂应大于或等于0.033/C（m）。

（5）最大复原力臂应大于或等于0.042/C（m）。

（6）复原力臂曲线在横倾角0°至进水角θ_f之间所围面积不应小于0.029/C（m·rad）；

上述的船体形状因数C的计算应按照《2008年IS规则》的规定。

2. 我国《法定规则》对非国际航行集装箱运输船的特殊稳性衡准要求

我国《法定规则》对装载集装箱的专用和非专用船舶，除要求其满足对普通船舶稳性的各项基本衡准指标要求外，还提出了两项稳性的特殊衡准指标要求：

（1）经自由液面修正后初稳性高度GM应不小于0.30 m。

（2）船舶在横风作用下从复原力臂曲线上求得的静倾角应不大于1/2上层连续甲板边缘入水角，且不超过12°。

《法定规则》对这类船舶在稳性计算时提出了三项规定：

（1）计算船舶稳性时，每一集装箱重心垂向位置应取在集装箱高度的一半处。

（2）计算稳性特殊衡准指标时所使用的横风风压倾侧力臂，取在计算稳性衡准数K

时所确定值的1/2,且假定其不随船舶横倾而变化。

(3)计算复原力臂曲线时,不计入舱面集装箱浮力的影响。

为保证集装箱船达到合适的稳性,不论满载或空载均需进行压载,集装箱船的压载能力一般为总载重量的30%。其中,满载状态可用于调整稳性的可变载量约占其压载能力的15%。另外,保证集装箱船适度稳性的方法是控制舱内和舱面所装集装箱的重量处于合适的比例范围内。对于不同船舶和同一船舶在不同排水量条件下,合适比例是不同的,可以通过计算或长期配积载实践的资料积累获得。例如,全集装箱船在满载状态下,舱内装箱的总重量通常取全船装箱总重量的60%或以上。经验证明,适度稳性范围约为0.6~1.2 m,国内外有关文献推荐集装箱船满载时的初稳性高度与船宽之比值取0.04~0.05为好。

3. *船舶强度要求*

同普通货船相比,集装箱船的货舱比较方正,且舱口大、型深大,一般为单甲板型式。有些集装箱船的货舱舱口宽度甚至已超过船宽的80%,舱口长度已达到船长的90%,大舱口结构破坏了主甲板的连续性,所以总纵强度和扭转强度往往不易满足安全需要。因此,集装箱船舶强度主要考虑的内容有:总纵强度、扭转强度和局部强度。

在集装箱船舶出厂时,厂方均提供一个最大允许的静水弯矩或在不同肋位上所允许的最大静水弯矩。对船舶纵向强度的校核,实际上是用计算的方法,算出船舶实际的最大静水弯矩,或不同肋位上的静水弯矩,以此和船舶设计允许的最大静水弯矩或不同肋位上的最大静水弯矩相比较。校核纵向强度时,如超出允许范围,则在条件许可时,可通过压载水舱的压载水来调节船舶的纵向强度,一般是设法排出一些船首、尾压载水,并在近船中附近的压载水舱注入压载水,以减少船舶中拱状态的静水弯矩。

八、集装箱船初配

为保证航次装船集装箱在码头堆场上的堆码顺序与“集装箱预配载计划”确定的集装箱装船顺序相吻合,保证集装箱装船过程有序而快速,集装箱装卸公司在收到“集装箱预配载计划”后,根据掌握的航次装船集装箱的动态,负责将这些货箱聚集并安排于码头特定的堆场上,并着手编制集装箱船的初配载计划和集装箱装船顺序表。该项工作通常由装卸公司集装箱配载部门承担。

装卸公司的集装箱配载员根据装船集装箱的在堆场上的堆码状况,在既能满足“集装箱预配积载计划”的总体要求,又能减少码头堆场集装箱作业量的条件下,借助集装箱船计算机装载计算系统,在集装箱船的行箱位总图和行箱位图上按上述规定格式填入详细的集装箱数据。在集装箱初配积载计划中的行箱位图上,除标注有集装箱的卸港、箱重、箱号、备注以外,通常还标注有集装箱在码头堆场上的箱位编号,以方便集装箱的装船作业。

九、配载计划审核

集装箱装卸公司编制的集装箱船初配载计划必须在集装箱装船作业开始前送交由集装箱船船长和大副做全面审核。船长和大副对集装箱船初配载计划按照集装箱箱位选配的基本原则以及满足装卸顺序及快速装卸要求，在船舶计算机上利用集装箱装载计算系统进行船舶各项性能指标的全面核算。若对初配载计划有任何修改意见，船方应通过代理或直接与装卸公司协商解决。

在装箱前供审核初配载计划的时间通常较短，装卸公司往往以初配载计划为依据已编制了集装箱装船顺序表并下发至装卸公司有关的各部门；同时，集装箱堆场上该船待装箱的堆码顺序通常已经保持与所制定的集装箱装船顺序表相吻合。因此，在确保船舶、集装箱及其货物安全的前提下，船长和大副应尽量减少对集装箱初配载计划的修改量，或者选择对集装箱堆场作业影响较小的修改方案，以免造成集装箱堆场作业顺序混乱，影响作业效率。

只有当经船长和大副核准并签字后，该初配载计划才能作为指导船舶装箱作业的正式配载计划。它与初配载计划的形式和内容基本上相同。同时，船长和大副常常根据航线条件和船上《货物系固手册》推荐的集装箱系固方案，在箱位配载总图和行横剖面图上使用特定符号绘制集装箱系固方案图，供装卸公司在装箱的同时按要求进行系固操作。

第三节 集装箱船安全装卸和运输

集装箱船在运输过程中，要靠泊许多港口和装卸集装箱，在装卸过程中如果配载不当，或使用不恰当的装卸工具，或违反操作规程，都会对集装箱船、集装箱、工作人员的安全造成危害。

一、装卸前准备

装箱前船方应按照已制定的集装箱系固方案，整理和安排好数量充足且技术状态良好的系固索具。检查货舱污水阱及其排水系统、货舱通风系统、货舱箱格导轨、货舱舱盖、甲板上系固用地令、全船压载水系统等是否处于适用状态，如有问题，应尽力在装箱前予以修复。

卸箱前船方应向卸箱方（工头）详细介绍船上待卸集装箱的系固情况，以方便装卸工人按卸箱顺序迅速解除集装箱系固索具。

二、集装箱装船

严格集装箱的装船过程是维护船方利益、确保集装箱船货运质量的重要一环。现场值班人员应注意选择适宜的观察位置，并随身携带对讲机和计划配载图。装箱中如遇各类问题应随时随地与大副保持联系并及时予以处理。应当特别重视做好在夜间、风雨中等视线不良时的监装工作。

1. 严格执行“计划配载图”确定的集装箱装载箱位

计划配载图中确定的每一集装箱装载箱位都有一定考虑，未经船舶大副和装卸公司同意，不得随意修改。否则，可能会造成船舶某行位所配集装箱重量对船舶纵中剖面力矩左右不等、先卸港箱被后卸港箱堵住等后果。应当督促理货员对每一装船集装箱的箱号进行严格核对并做正确记录，以防止发生错装漏装的现象。

监装中，应当要求装船的每一非冷藏箱端门保持向船尾方向堆码，以避免上浪海水对集装箱水密性较差的一端的直接冲击。

2. 检查集装箱箱门铅封的封志是否完好

除空箱和非封闭结构的集装箱外，卸箱时若发现箱门的铅封封志缺少、因疏忽未被完全锁住、受撞击遭受破坏或已被人为剪断等情况，除非船方能举证说明，否则将对箱内货物短缺或与提单记载不符负有难以推卸的责任。因此，现场值班船员应当对装船的每一集装箱箱门的铅封封志进行严格检查。

3. 检查集装箱箱体外表状况是否良好

认真观察箱体外表，若发现箱体破损、严重锈蚀，局部或整体严重变形等现象，在区分原残（装船以前已存在的残损）还是工残（装船过程中造成残损）的基础上，应在现场记录单（Container Inspection Record）上用准确的文字记载或图形标注（必要时配以现场照片），并及时送给交工头或理货员签认，以免除船方对该箱破损或变形的任何责任。否则，在卸箱中若港方发现集装箱破损（此时被认作“原残”），往往要求船方在卸箱港提供的箱体破损记录上签字，从而可能最终承担对收货人或保险人的赔偿责任。

4. 检查箱体外是否有液体渗漏或气体外泄

装箱前，箱内货物可能因堆码或系固不当，受到猛烈冲击和振动，遇温度、湿度剧烈变化等原因而造成货物包装破损，引起液体货物渗漏或气体货外泄现象。此时，应当从该箱舱单上了解所装货物的名称、性质等。如确认箱内所装货物属危险货，则应坚决拒装，并严格按《国际危规》和当地有关法规采取正确的应急措施，妥善处理泄漏物。

5. 严格把关冷藏、危险货等特殊箱的装船

冷藏集装箱装载时，为防止航行中上浪海水侵入冷藏箱的机械和电气部分，应要求将冷藏箱制冷机组一端朝船尾方向；而且该端应留有人员能接近的通道，并尽量避免冷藏箱堆装超过两层，以方便有关人员的检查和修理。冷藏箱装船后，应由大管轮和电机员负责尽快按冷藏箱舱单（Reefer Cargo Manifest）上的标注检查其设定的冷藏温度并对

制冷机械试机运行;若存在故障,则应采取及时修理、临时换箱或退关的方法解决。若对冷藏箱有任何疑问,大副应在冷藏箱设备交接单上签名的同时加以批注。

危险货集装箱装载时,除检查其箱体外表状况是否良好外,还应特别核查其箱外两端和两侧是否均粘贴了符合《国际危规》要求的危险货主、副标牌或海洋污染物标记。若缺少,应及时补上。无关的各种标记、标志或标牌均应去除。此外,承运危险货集装箱必须附有表明符合《国际集装箱安全公约》要求的"CSC 安全合格"金属铭牌。船上应备有托运人提供的"集装箱装运危险货物装箱证明书"(Container Packing Certification),以表明箱内所装货物符合《国际危规》各项要求。对装运过危险货物的集装箱在未彻底清洗或消除危害之前,应仍按原所装危险货物的要求运输。

6. 做好集装箱的系固工作

对于舱面不设或部分设置箱格导轨的集装箱船舶,做好舱面集装箱的系固工作对确保集装箱的运输安全尤其重要。船舶值班人员应严格按计划配载图上所列集装箱系固方案实施集装箱系固。如因系固过失而造成集装箱灭失,则属于船方管货过失,船方应承担责任。

7. 保证船舶和设备安全

集装箱装卸中如装卸工人操作不当造成如货舱、箱格导轨、舱盖等船体或设备的任何损坏,船方应及时出具现场事故报告并要求港方(工头)签认。

三、集装箱船装卸时注意事项

(1)装卸时应检查装卸吊具及集装箱角配件有无损伤,保证其经常处于正常的技术状态。

(2)装卸时,应按规定进行操作,禁止拖拉作业。

(3)集装箱顶板面平滑、强度有限,不宜穿钉鞋工作及禁止两人在一处作业。

(4)集装箱在起吊后应检查箱子受力是否平衡,待稳定后平稳起吊。大风浪恶劣天气作业时,应使用防振索,以防止集装箱摇动。

(5)在装卸操作时,严禁野蛮装卸和震动冲击箱内货物,特别要保证装有危险品和易碎品等特殊货物集装箱的安全。

(6)在装卸过程中,应当均衡各作业线的作业进度,保证满足船体的强度条件和最低限度的稳性要求。同时注意调整平衡水舱的压载水,防止船舶装卸中出现较大的横倾(通常应小于3°)和纵倾,以免集装箱被箱格导轨卡住而无法装卸。

(7)正确使用集装箱连接件,包括箱和甲板之间、箱与箱横向之间、箱与箱上下之间。必要时用钢丝绳、松紧螺丝扣等索具进行绑扎,并在无倾斜状态时进行。

四、运输途中的注意事项

集装箱船航线设计,应尽量避开大风浪出现频率较高的海域。航行途中,应当对船上载的集装箱进行有效监管。遇到大风浪警报时，应当注意检查和增设集装箱的系固设备。

舱面集装箱系固索具发生松动或断裂现象时，应当及时采取当时条件下力所能及的补救措施，以避免集装箱被甩入海中。对装载有温度控制要求的集装箱，航行中须定时检查其温度。对集装箱箱内货物产生的任何异常现象，应当尽快查明原因，采取尽量不殃及其他集装箱的处置措施，并注意记录事故发生的时间、环境、气象、温度及观测到的其他各种现象和变化过程，以及船方的处理措施。

当认为必须进入集装箱内部才能查明事故原因或采取确保船、货安全的措施时，经船公司同意后可以打开集装箱箱门。但应考虑其所装货物的性质以及渗漏可能产生毒性或易燃蒸汽，或箱内可能产生富氧气体或缺乏氧气的可能性。如这种可能性存在，进入集装箱内部时应格外小心。

五、集装箱货损货差原因

与普通货船运输相比，集装箱船运输中的货损货差事故率已有了明显下降。这主要是因为：集装箱运输能够实现“门到门”的直达运输，运输途中货物操作次数减少；集装箱本身坚固耐压，箱体高度远低于货舱舱高，箱内货物多采用货板装载方式，使箱内底层货物承受的压力大大减小；集装箱货物多数都被箱体严密封闭，箱门被妥善铅封，其防盗性大大增强。但尽管如此，国内外集装箱运输的货运事故还是时有发生。据统计，船运集装箱货损事故 90%以上发生在舱面。集装箱运输各环节中发生货运事故的主要原因可归纳为：

（1）货物装箱不严格，如互抵性货物混装或不加衬垫，货物装载方法和固定方法不当等。

（2）船方积载不当（Rough Handling），如甲板上装箱过多、过高，结构弱的箱子装在舱底或甲板的最下层，20 ft 箱子装在 40 ft 箱子上面及重箱压轻箱等。

案例：1998 年 11 月，一艘 4 800 TEU 的集装箱船在美国西海岸遭受突变的风暴袭击，360 个集装箱落海，400 个集装箱不同程度损坏，经济损失约 10 亿美元。

（3）装卸操作不当，如因装卸工人技术不熟练、操作不当而发生货箱撞坏、落下等。

（4）集装箱在运输途中箱内产生汗水造成货损：受外界温、湿度变化的影响，导致箱内货物受湿造成货损（Condensation Damage）。

（5）货箱固定绑扎不当，如绑扎不牢或漏绑扎而使货物移位或掉入海中等。

（6）恶劣天气造成的货损，如大风浪中船舶剧烈摇晃、海水上甲板等使货箱掉入海中或进水。

（7）货物短少或盗损（Shortage or Pilferage），如集装箱锁封（Seal）损坏或不符，箱内物品被盗等。

（8）箱内货物本身或其包装存在缺陷：如货物含水量过高；货物包装强度不足等。

（9）集装箱不适货或货箱本身存在缺陷：如怕潮货选用敞顶（软顶）式集装箱装运，

结果造成货物受潮变质;冷藏集装箱装运冷藏货物时,未打开箱底排水口,致使冷藏货物因箱内污水积存而造成货损等;箱顶有孔,箱体连接处变形、裂缝等。

(10)其他偶然事故。如将箱顶带积雪的集装箱装入舱内,船舶航行途中积雪融化但又未及时排出舱外,造成该舱下层集装箱因融化的雪水进入箱体而使货物水湿受损等。

第四节　集装箱系固

集装箱在海上运输时,如集装箱装载在全集装箱船的舱内,由于舱内设有箱格导轨,能阻止集装箱移动,可不用固定件固定。如装在甲板上时,则必须对集装箱进行固定。其固定方法及采用固定件的种类和形式根据其不同的堆装位置有所不同,具体介绍如下:

一、集装箱系固设备分类及作用

集装箱系固方法主要有:杆系统(Rod or Bar System)、钢缆系统(Wire System)、链系统(Chain System)和转锁系统(Twist Lock System)。

具体索具有:绑扎杆、绑扎链、花篮螺丝、扭锁、扭锁连接板、桥接件、定位堆锥、锥板、扳手和手轮等,如图 10-24 所示。

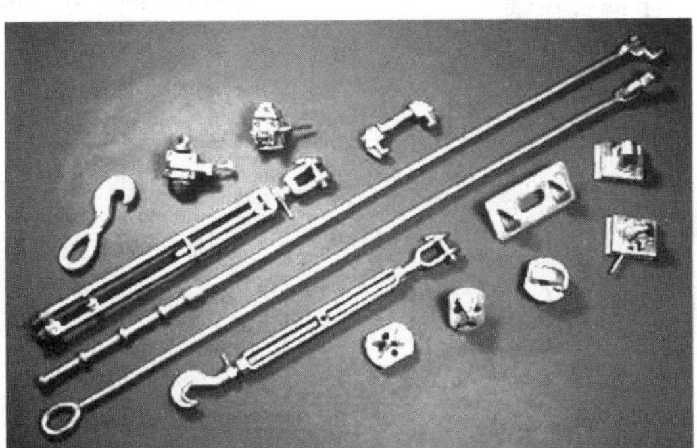

图 10-24　集装箱系固索具

(一)扭锁

扭锁(Twist-locks)用于甲板上固定集装箱,按结构特点和功能,分为手柄式扭锁、底座扭锁及半自动扭锁三种。

1. 手柄式扭锁

手柄式扭锁又可称为普通扭锁,是船舶最早使用的一种锁紧装置,如图 10-25 所示。主要用于甲板上上下层集装箱之间的连接锁紧或底层集装箱与突出式底座之间的连接锁紧，以防集装箱发生倾覆与滑移。按锁紧方向，手柄式扭锁分为左旋锁紧式和右旋锁紧式两种。同一船上，禁止使用不同锁紧方向的扭锁。

使用步骤：

（1）将扭锁放置于突出式底座或下部集装箱的角件孔内，并确认其处于非锁紧状态。

（2）当上部集装箱完全置于扭锁上后，用手或操纵杆扳动扭锁柄（Operating Rod）使其处于锁紧状态。

（3）卸货时，请将扭锁柄扳回原位，扭锁即处于松开状态。

（4）吊离上层集装箱后，将扭锁取下，即可吊离下层集装箱。

2. 底座扭锁

底座扭锁（Bottom Twistlock）如图 10-26 所示，仅与甲板或舱盖上的燕尾底座配套使用。其作用与操作使用方法同手柄式扭锁。

图 10-25　手柄式扭锁

图 10-26　底座扭锁

3. 半自动扭锁

半自动扭锁（Semi Automatic Twistlock）如图 10-27 所示，其作用同手柄式扭锁。半自动扭锁除具有无须装卸工人爬到集装箱上将其安装和取下的过程，最大限度地实现减少工人上高作业的风险，保证安全这一优点外，尚具有自动锁紧的功能，因而，既省去了装货后由人工锁紧的环节，又大大缩短了船舶在港的停港时间。因此，这种扭锁不仅

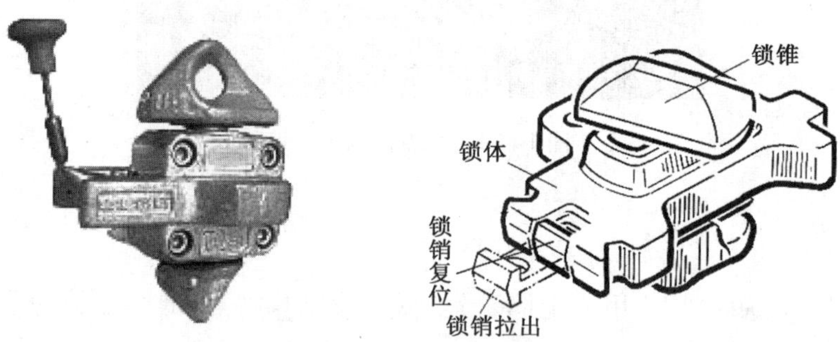

图 10-27　半自动扭锁

得到了大力推广应用，同时也是某些国家港口当局强制要求使用的。使用步骤：

（1）装货时，在码头上当集装箱起重机将集装箱吊起至人手臂举起的高度时，由装

卸工人在码头上将处于非锁紧状态的扭锁从下而上插入集装箱角件孔内。

(2)吊上船并对准突出式底座或另一集装箱角件孔时放下，该锁的自动装置即起作用并转动锁锥将箱与底座或箱与箱连接锁紧。

(3)卸箱时，由装卸工人借助扭锁操作杆(Operating Rod)将锁销(Locking Pin)拉出或将钢索拉柄拉出并卡在卡口上解锁，从而打开扭锁或突出式底座或另一集装箱顶部角件孔的连接，再由集装箱起重机将其吊至码头上，由人工将其卸下。

(二)桥接件

桥接件(桥锁)(Bridge Fitting)用于对相邻两列最上层集装箱的顶部进行横向锁紧连接，以分散主系固系统的负荷，如图 10-28 所示。

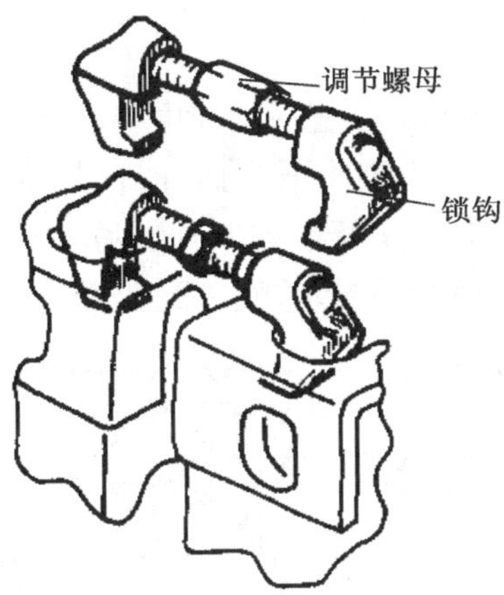

图 10-28　桥接件

使用步骤：

(1)将上部相邻的两个集装箱放置到位；

(2)调解桥接件钩头到适当距离；

(3)插入集装箱角件孔内；

(4)扳紧调节螺母使其具有一定的预紧力；

(5)卸货时，用扳手将其松动，调整钩头距离到适当位置将其取出。

(三)堆锥

堆锥(Stacking Cone)是用于货舱内的上下集装箱间或集装箱与内底板间的固定装置，起到固定集装箱和防止其水平移动的作用。

堆锥按使用位置及功能的不同，可分为以下四种：

1. 中间堆锥

中间堆锥(Inter Bridge Stacking Cone)上下锥头固定，垂向方向无锁紧功能，仅用于舱内箱与箱之间的连接，有单头与双头堆锥两种，如图 10-29 所示。

使用步骤：

图 10-29　中间堆锥

(1)将中间堆锥放置于下部集装箱的角件孔内。

(2)当上部集装箱完全置于堆锥上后,集装箱就被其和导轨一起固定住了。

(3)卸货时,当上层集装箱吊离后,直接将堆锥取下,即可吊离下层集装箱。

中间堆锥通常在舱内 40 ft 箱位上装载 20 ft 集装箱时用于固定 20 ft 集装箱。显然,不同卸港集装箱之间不得采用双头堆锥,否则,将造成中途港的卸箱困难。

2. 底座堆锥

底座堆锥(Bottom Stacking Cone)之一又称可移动锥板(Removable Cone Plate),如图 10-30 所示。其结构特点是上为锥头下为插杆,仅与舱底的固定式系固设备插座配套使用,有单头、横向双头、纵向双头及四连四种。另一种底座堆锥为单头,如图 10-31 所示,但其上下均为锥头,这种堆锥与板式底座配套使用。

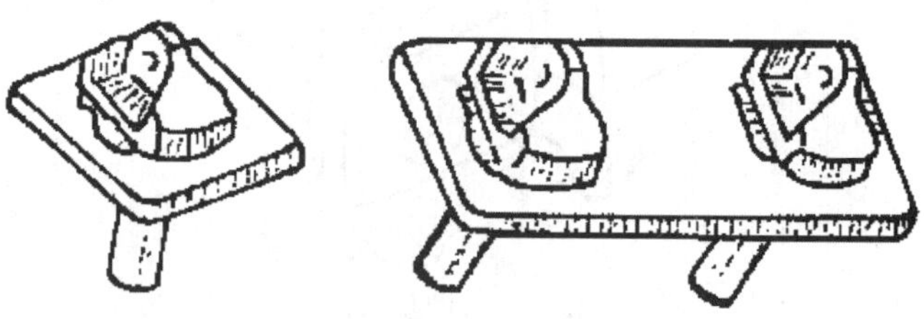

图 10-30　底座堆锥

(a) 单头锥板

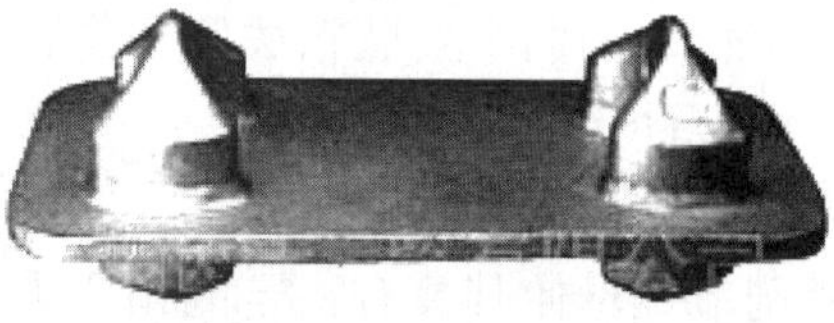

(b) 双头锥板

图 10-31　底座堆锥

3. 自动定位锥

图 10-32 所示为自动定位锥(Automatic Fixing Cone),为全自动型,且也有由装卸工人在码头上完成将自动定位锥插入和取出集装箱角件孔这一过程。它用于固定甲板上 40 ft 箱位处在装 20 ft 集装箱时处于中间的集装箱角件孔,并与半自动扭锁配合使用,即如在 40 ft 箱位处改装 20 ft 集装箱,则在 40 ft 箱位的前后两段用半自动扭锁,在中间 20 ft 处用自动定位锥,这样不仅可起到半自动扭锁的作用,同时也克服了 40 ft 中间狭窄空间处无法操作的缺陷。自动定位锥已得到广泛应用,且也是发达国家港口当局强制要求配备的一种设备。

自动定位锥的使用方法与半自动扭锁相似，所不同的是它不存在在卸箱时必须先由人工将锁销拉出这一过程，而是靠锁紧装置(Locking Device)自动将定位锥转换成非锁紧状态；即首先将20 ft集装箱一端的半自动扭锁由人工将锁销拉出，使之转为非锁紧状态，然后用集装箱起重机缓慢起吊，此时自动定位锥将会在起重机的拉力作用下，锁紧装置动作并解锁，从而完成卸箱工作。

4. 调整堆锥

调整堆锥(Levelling Stacking Cone)又称高度补偿锥，用于因箱高不同引起的集装箱顶角件的高度补偿，有效补偿高度通常在0.152～0.305 m范围内，以便于使用系固设备或在纵向相邻两行20 ft箱顶部堆装40 ft箱。调整堆锥如图10-33所示。

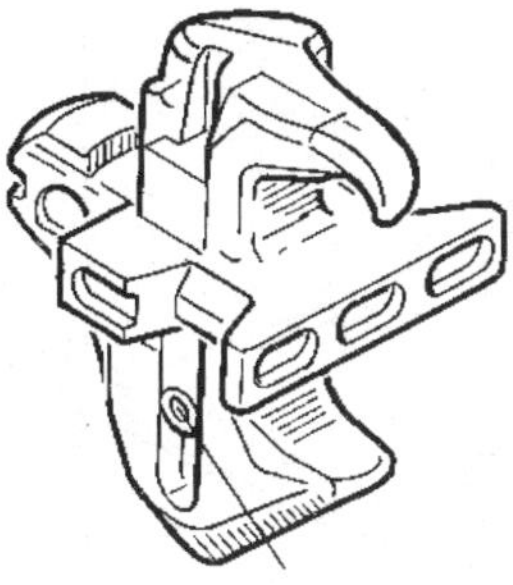

图10-32 自动定位锥

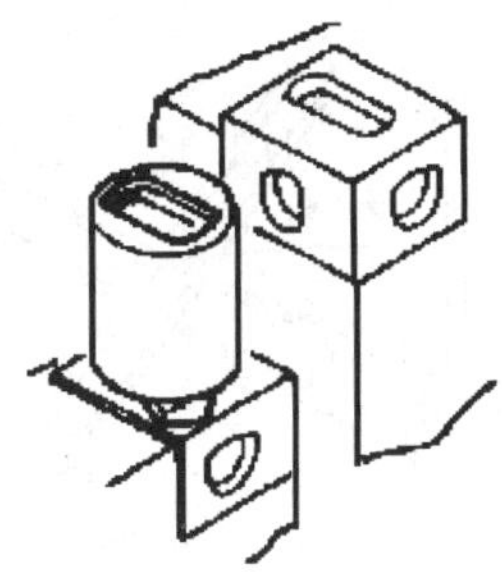

图10-33 调整堆锥

(四)绑扎杆、花篮螺丝、地令、扳手和手轮

绑扎杆、花篮螺丝、地令、扳手和手轮(Lashing Bar or Rod, Turn Buckle, "D" Lashing Rings, Span, Hand Wheel)用于绑扎装在甲板和舱盖上的集装箱。绑扎杆用于交叉拉紧作业，起着抗桥压和防倾覆的作用，通常用于箱与箱间的堆码时与花篮螺丝配合使用，能栓固箱体和防止滑动。由于拉杆的延伸率低，需注意适当调节其拉力，要防止因拉力超限而造成箱体或固箱装置损坏。具体如图10-34所示。

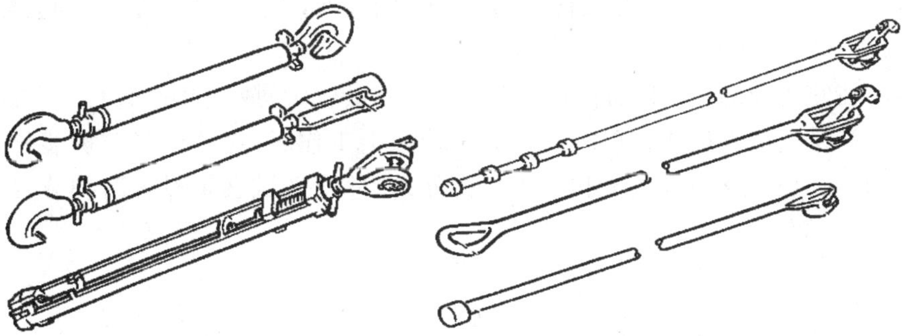

图10-34 绑扎杆、花篮螺丝

使用步骤：

(1)用固定销将花篮丝套与舱盖上的绑扎地令连接起来。

(2)将绑扎杆的钩头插入集装箱的角件孔内。

(3)将花篮螺丝调整到适当长度使绑扎杆被花篮螺丝扣紧。

(4)用扳手或手轮收紧花篮螺丝直到适当的预紧力。

(5)卸货时,用手轮或扳手松开花篮螺套,取下绑扎杆,将绑扎杆放在存放位置,不必将花篮螺套从地令上卸下,只需将其放置于安全位置。

集装箱系固示意图如图 10-35 所示。

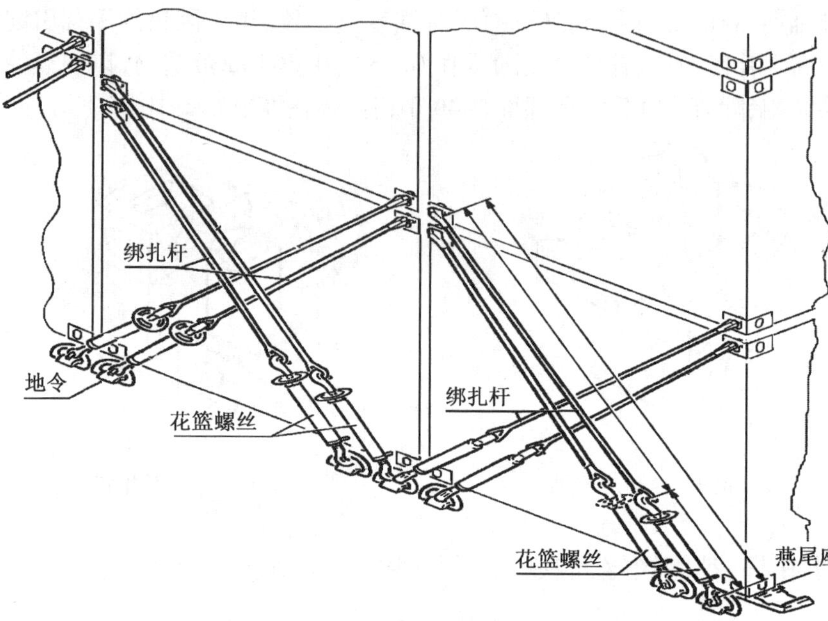

图 10-35 集装箱绑扎杆、花篮螺套的系固示意图

集装箱系固安全的关键是扭锁。目前,船上使用的扭锁有两种类型:一种是左锁,一种是右锁。如一艘船上同时有两种扭锁的话,那有可能造成部分集装箱扭锁没锁上,航行中发生集装箱移位。开航前确认每一个扭锁都在锁的位置,并且要加强对自动和半自动扭锁的维护保养。因为,如有几个自动和半自动扭锁工作不正常,则会导致集装箱移位或装卸时损坏。

另外,在使用长绑扎杆时,应注意长绑扎杆重量较大,放置和移送时方向性难以控制,使用不当易造成人员伤亡事故。在集装箱顶上工作时,必须佩戴防护装置;在解除绑扎锁具时,必须注意周围人员和环境。另外,在危险区域必须设置防护装置,以防止装卸工人落入货舱。

二、集装箱系固手册

集装箱船船上的绑扎系统均是按其认可船级社的规范,结合船舶的结构性能来设计的。在集装箱船营运时,船舶应根据绑扎系统的具体要求编制《集装箱系固手册》,并经认可的船级社或主管机关批准。集装箱船驾驶人员,必须认真了解《集装箱系固手册》具体要求,并按照手册绑扎要求来进行集装箱的绑扎工作。

(一)《集装箱系固手册》的内容

船舶在运动中所受力的计算是根据集装箱积载的负荷、层次、位置、设定的初稳性高度和所使用的绑扎设备的安全负荷等来进行的,通过计算得出应该使用的绑扎设备的数量,最后才确定该船舶的绑扎系统。《集装箱系固手册》内容有:

1. 集装箱绑扎图

该图提供了集装箱在各箱位上具体的绑扎方法及各种不同类型属具使用的位置。船舶在绑扎集装箱时,必须严格按照绑扎图要求进行,值班驾驶员在开航前应仔细检查。图 10-36 是某船 20 ft 集装箱和 40 ft 集装箱的具体绑扎图之一。

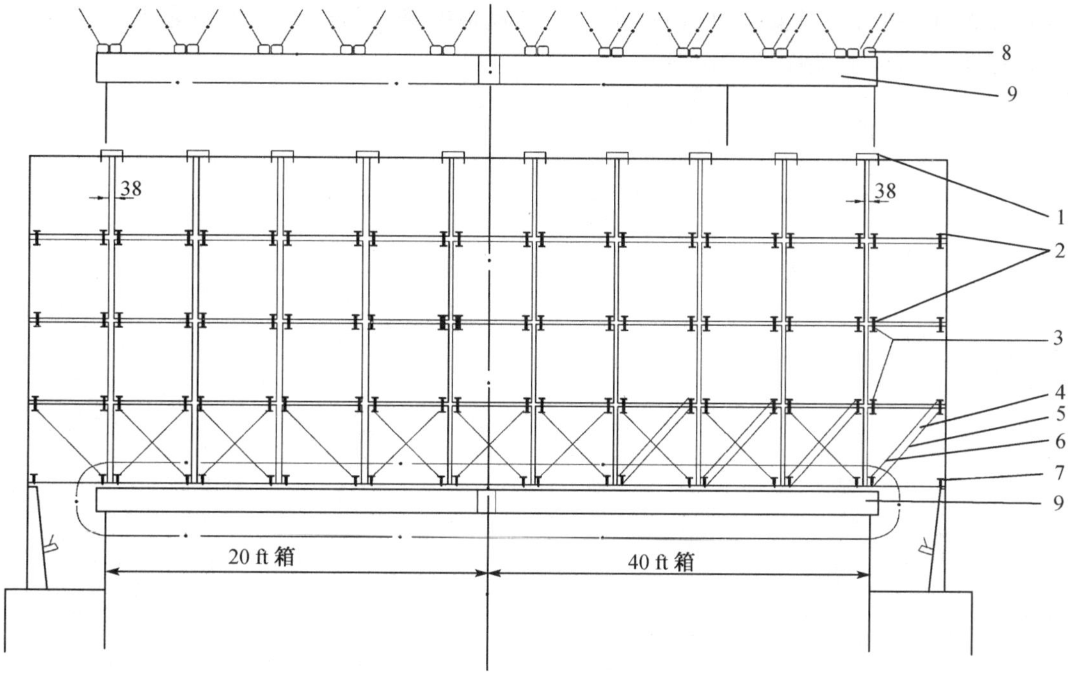

图 10-36 集装箱绑扎图

1—桥锁;2—扭锁;3—扭锁压紧楔;4,5—绑扎杆;6—绑扎花篮螺丝;7—底座扭锁;8—绑扎地令;9—舱盖

2. 集装箱的堆装要求

根据船舶集装箱绑扎系统的设计,《集装箱系固手册》提出了对甲板上集装箱的堆装要求,其内容如下:

(1)不同位置的堆装要求。

(2)20 ft 受风集装箱每层的重量。

(3)20 ft 不受风集装箱每层的重量。

(4)40 ft 受风集装箱每层的重量。

(5)40 ft 不受风集装箱每层的重量。

3. 绑扎设备的规格和数量

集装箱绑扎资料还提供了所使用的每种绑扎设备的尺寸和安全负荷，以及每种绑扎设备按船舶箱位计算所需要的总数量。

(二)初稳性高度设定值

集装箱绑扎系统初稳性高度的设定值是一个很重要的技术数据，船厂是根据这一设定数据来计算集装箱上所受的力，从而确定绑扎的方式、绑扎设备的数量和设备的安全负荷要求值。而这一设定数据，在各船厂是不同的，各船的差别也很大，如某船的初稳性高度设定数为 2.59 m，而另一船的设定数据只有 1.11 m。对设定数据小的船舶，更应加以特别注意。因为一旦船舶实际初稳性高度值大于设定值，集装箱的受力将增加，可能超过绑扎设备安全负荷的允许值。遇此情况时，可通过计算来确定是否需要增加绑扎设备或调整船舶的初稳性高度。

第三篇　固体散装货物运输

固体散装货物运输是指矿石、煤炭、粮食等大宗散货运输,在运输这些货物时,需要特别关注货物的装载、平舱、运输、位移、卸载和计量等运输环节。本篇以固体散装船运输、散装谷物船运输为项目,结合矿石、精选矿粉、煤炭、籽饼和散装谷物等具体工作项目和任务进行编写,包括必需的专业知识和技能。

第十一章

固体散装货物船运输

为保证船运固体散装货物的安全，国际海事组织制定了《国际海运固体散装货物规则》(The International Maritime Solid Bulk Cargoes Code，简称 IMSBC 规则)。本章着重介绍除散装谷物外的其他固体散装货物运输。

第一节　固体散装货物和固体散装货物船概述

一、固体散货分类

根据货物的运输特性，国际海事组织 IMSBC 规则将固体散装货物分成三类，即易流态化货物、具有化学危险的货物、既不易流态化又无化学危险的货物。

1. 易流态化货物(Cargoes Which May Liquefy)，即 A 类散货

易流态化货物是指由较细颗粒且含有一定水分的混合物构成，若水分含量超过一定比例时，在海上运输过程中，由于船舶在航行中的颠簸、震动等外部因素的影响，其失去内部抗剪切强度，水分逐渐渗出而在货物表面上形成可流动状态的物质。IMSBC 规则在附录 1“各固体散装货物明细表”中列出了 50 多种该类货物，主要包括积载因数为 0.33~0.57 m^3/t 的各种精矿，如闪锌矿物(硫化锌)、铜精矿、铁精矿、铅精矿、锰精矿等，以及具有与精矿性质类似的其他物质，如煤泥、鱼(散装)、萤石(又称氟石)等。

2. 具有化学危险的货物(Materials Possessing Chemical Hazards)，即 B 类散货

一般指由于本身的化学性质而在运输中产生危险的货物，IMSBC 规则在附录 1“固体散货细目表”中列出了 60 多种该类货物。这类货物又分为两小类：

(1)已列入《国际危规》的固体货物，如干椰子肉、蓖麻子、硝酸铝、鱼粉、种子饼等。它们在包装条件下的安全运输可查阅《国际危规》，而在散装运输时的安全要求则应查

阅 IMSBC 规则。在《国际危规》中被列为危险货物且允许散装的物质包括在《国际危规》定义的第 4 类、第 5.1 类、第 6.1 类、第 7 类、第 8 类和第 9 类。

(2)仅在散装运输时会产生危险的货物(Materials Hazardous only in Bulk, MHB)。此类物质主要包括能减少舱内含氧量的物质、易自热物质、潮湿时会产生危险的物质等,如焙烧黄铁矿、煤炭、氟石、生石灰等。这类货物由于未列入《国际危规》,在散装运输中易产生的危险往往被人们忽略,因而使一些本来可避免的危险酿成灾难。

3. 既不易流态化又无化学危险的散装物质(Bulk Materials Which Are Neither Liable to Liquefy Nor to Possess Chemical Hazards),即 C 类散货

此类货物即为普通固体散货,IMSBC 规则在附录 1“各固体散装货物明细表”中列出了 90 多种该类货物,如滑石、水泥、种子饼、带壳花生等。须注意这类货物中有些与 A 类货物同名,但其块状较大或含水量较小;有些与 B 类货物同名,但已经过抗氧处理或某些物质含量较小。运输 C 类货物时,应注意测定其静止角。静止角小的散货潜在移动性一般要超过同名的 A 类散货。

除上述 3 类外,还有既具有易流态化又具有化学危险的散货(Bulk Materials Which Are both Liable to Liquefy and to Possess Chemical Hazards)(A/B 类散货)。这类散货可从 IMSBC 规则附录 1“各固体散装货物明细表”中查到,如煅烧黄铁矿(Calcined Pyrites)、煤、萤石(Fluorspar, 又称氟石)、金属硫化精矿(Metal Sulphide Concentrates)、泥煤苔(Peat Moss)等。运输这类货物时,必须兼顾其易流态化特性和化学危险性对运输安全的影响。

二、固体散货特性

(一)运输危险性

固体散装货物在运输中有以下三方面的危险:

(1)由于货物重量分配的不合理而造成船舶结构上的损坏。

(2)船舶在航行中由于稳性的减少或丧失而造成危险,其原因有:

①由于平舱不当或货物重量分配不合理而使货物在恶劣天气中发生位移。

②由于船舶在航行中的振动与摇摆,货物流态化而滑向或流向一侧。

(3)由于固体散货的化学反应,如释放有毒或可燃、可爆气体,而造成中毒、腐蚀、窒息、起火或爆炸危险。

(二)易流态性

易流态化货物的易流态性以流动水分点 *FMP*(Flow Moisture Point)来表征,它是指货样在规定的试验条件下达到流态时的最小含水量。易流态化货物安全运输公认的最大含水量称为适运水分限 *TML*(Transportable Moisture Limit)。当采用流盘试验法时,适运水分限通常被确定为其流动水分点的 90%(泥煤在干燥条件下且 $SF<11.11\ m^3/t$,取

85%)；我国规定易流态化货物的适运水分限不超过8%。

1. IMSBC规则推荐的实验室测试方法

目前，有三种通用的适运水分限试验方法。

(1)流盘试验法(Flow Table Test)

该方法是利用流盘来测定易流态化货物的流动水分点，然后取其90%作为该货物的适运水分限。流盘试验一般适用于最大粒度为1 mm的精矿或其他颗粒物质，也可适用于最大粒度达到7 mm的物质；不适合颗粒大于此限的物质，并且测试结果对于某些黏土含量高的物质可能也不理想。

试验方法是将充分搅拌试样装填模具后按要求置于流盘上，取出模具后立即将流盘从12.5 mm高度以25次/分钟的速率升落50次。如货样含水量低于FMP，则其通常随流盘的连续下落而碎裂和颠成碎块。在此阶段停住流盘，在其表面喷洒5~10 mL或更多的水，经充分搅拌后再次装模，重复上述过程；若试样的含水量和密实状况所产生的饱和度使塑性变形出现，则视为已达到流动状态。此时，试样的模制边可能变形，造成中凸或中凹外形，如图11-1所示。

图11-1　流盘试验

(2)沉降(渗透)试验法(Penetration Test)

该方法是利用沉降式或渗透式测量仪来测定易流态化货物的流动水分点，然后取其90%作为该货物的适运水分限。沉降试验一般适合于精矿、类似物质以及最大粒度为25 mm的煤。

试验方法是将试样按要求填装于测量仪的筒形容器内捣实，以频率为50 Hz或60 Hz以加速度为2g (rms)±10%，振动测量仪6 min后读取沉降深度，若放在试样表面的沉降杆的沉降高度大于50 mm，则判定认为试样已达到流态化，如图11-2所示。

(3)葡氏/樊氏试验法(Proctor/Fagerberg Test)

该方法是利用葡氏/樊氏测量仪来测定易流态化货物的饱和含水量，然后取其70%作为该货物的适运水分限。葡氏/樊氏试验一般适用于细粒和相对粗粒精矿或最大粒径为5 mm的类似物质，但不宜用于煤或其他多孔物质。

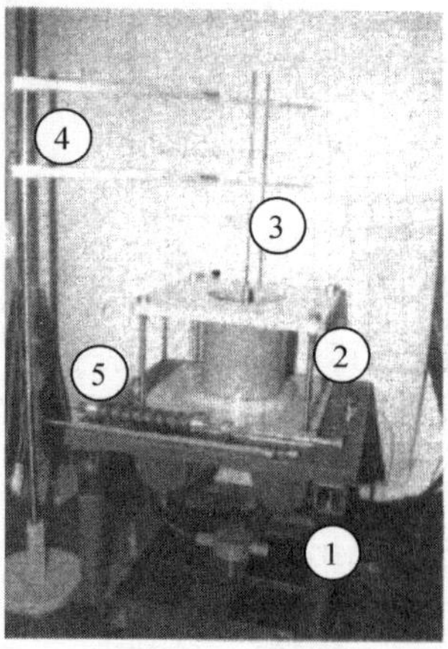

① 振动台
② 圆筒形容器（直径 150 mm）
③ 压入棒 (10 kPa)
④ 压入棒托架
⑤ 夯具

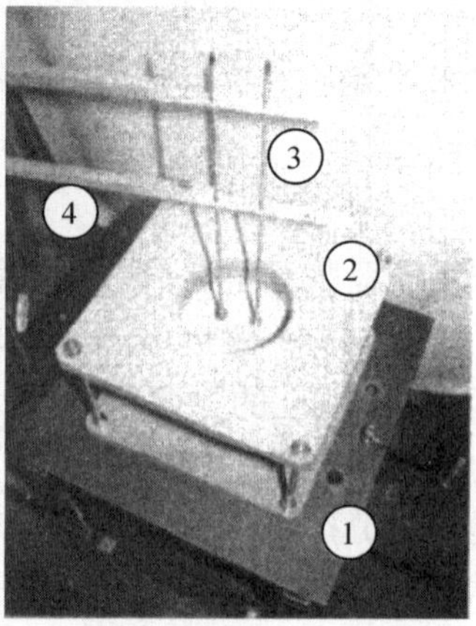

① 振动台
② 圆筒形容器（直径 150 mm）
③ 压入棒 (5 kPa)
④ 压入棒托架

图 11-2　沉降试验

试验方法是取一定量的货样均分 5 份，每份装入模具并整平，然后将加装的试样表面夯实。夯实方式是通过导管反复落锤 25 次，每次落下高度均为 0. 2 m。对全部五层试样均照此操作，当最后一层试样夯实后，测算模具内的空当比（空当体积与固体体积的比值）。按上述方法进行 5～10 次冲压试验，绘制出一条冲压曲线，冲压曲线与饱和度为 70%的曲线交点即为适运水分限，如图 11-3 所示。

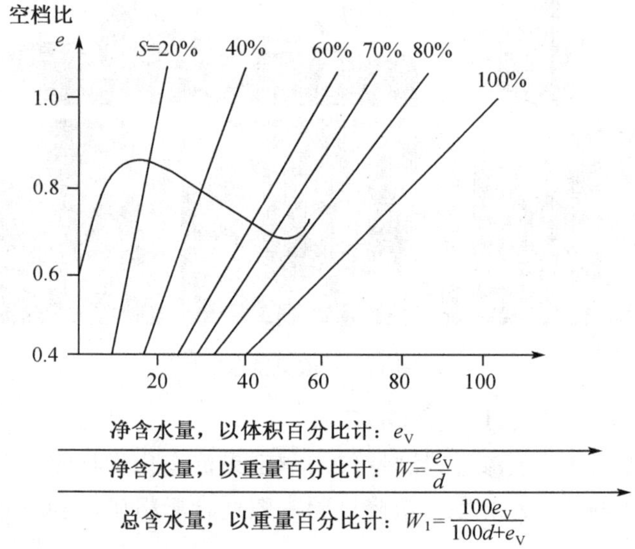

图 11-3　压实曲线

2. 易流态化货物含水量的简易检验法

船长可在船上或码头边进行核对试验，一般可采用下述方法对易流态化货物进行简易鉴定：

（1）用一份物质样品将一圆罐或类似容器（0. 5～1 L）装至一半。一手持罐，将其从约 0. 2 m 高度猛力摔在牢固的桌面之类坚硬表面上。以 1 s 或 2 s 为间隔，如此重复 25 次。检查货样表面是否出现游离水分或流动状况。如果出现游离水分或某种流动状况,则在接受该物质装载前应对其安排另做试验。

(2)用手抓一把矿粉,从 1.5 m 高处自由落到地面或甲板上,如着地崩散,则说明其含水量不超过 8%,可以承运。如仍为一团,则说明其含水量超过要求。

(3)手抓矿粉成团后,如用手能捏散,则说明其含水量在 8%以下,否则超过要求。

(4)货样放入平底玻璃杯或其他类似容器内,来回摇动 5 min,如明显有液体浮在货物表面,说明其含水量太高,应进行含水量的正规检验。

(5)货样放在一平盘上堆成锥体,用平盘抨击桌面,如锥体呈碎片或块状裂开而不流塌则表示适运,如坍塌呈煎饼状,则说明其含水量过高。

(6)人踩在矿粉上,如出现松软现象,呈流沙状流动,表明货物的含水量过高。

三、固体散装货物船分类及特性

由于运输固体散装货物船舶的航区、载重吨位、结构和用途、装运货种及装卸方式不同,固体散装货物船有多种类型。

(一)固体散装货物船分类

1. 按载重吨位划分

(1)灵便型散货船

小灵便型散货船(Handysize Bulk Carrier)载重量在 2 万~4 万吨之间,大灵便型散货船(Handymax bulk carrier)载重量在 4 万~5 万吨之间。此类船吃水浅,能进出世界众多港口,具有灵便、通用的特点。

(2)大湖型散货船(Lake Bulk Carrier)

该船型是指经由圣劳伦斯水道航行于美国、加拿大交界处五大湖区的散货船,以承运煤炭、铁矿石和粮食为主。该型船尺度上要满足圣劳伦斯水道通航要求,船舶总长不超过 222.5 m,型宽不超过 23.16 m,且桥楼任何部分不得伸出船体外,吃水不得超过各大水域最大允许吃水,桅杆顶端距水面高度不得超过 35.66 m。载重量一般在 3 万吨左右,大多配有装卸设备。

(3)巴拿马型散货船(Panamax Bulk Carrier)

该船型是指在满载情况下可以通过巴拿马运河的最大型散货船,船舶总长不超过 274.32 m,型宽不超过 32.30 m,最大允许吃水 12.04 m。其载重量一般在 6 万~7.5 万吨之间,以运输散粮、煤炭为主。

(4)超巴拿马型散货船(Super Panamax Bulk Carrier)

超巴拿马型散货船又称大巴拿马型散货船或 T-max 型,该船型是按照巴拿马运河扩建工程设计的船型,载重量约 9.3 万吨,船宽 38 m。

(5)好望角型散货船(Capesize Bulk Carrier)

该船型是指载重量在 15 万吨以上的散货船,该船型以运输铁矿石为主。它由于尺度限制不可能通过巴拿马运河和苏伊士运河,需绕行好望角和合恩角,所以称作好望角型。现在苏伊士运河当局放宽通过运河船舶的吃水限制，该型船多可满载通过该运河。

(6)大型散货船 VLOC(Very Large Ore Carrier)

该船型是指载重量在20万吨以上的散货船。该船型仅用于煤炭和铁矿石的远距离运输，煤炭主要为北美、澳大利亚、远东航线运输；铁矿石主要为南美、澳大利亚至日本、中国及远东、地中海和欧洲地区运输。由于油船双壳化，很多 VLCC(Very Large Crude Oil Carrier)改造成 VLOC，运输铁矿石。

(7)超大型矿砂船 ULOC(Ultra-Large Ore Carrier)

该船型是指在 VLOC 基础上发展出来的超大型散货船，代表船型为巴西淡水河谷矿业有限公司设计的"Valemax"型40万吨级矿砂船，目前该船型主要用于巴西至中国间铁矿石的运输。

2. 按货舱舷侧结构划分

(1)单舷侧散货船(Single Skin Bulk Carrier)

单舷侧散货船是指货舱任何部分以舷侧壳板为边界，或一个/多个货舱以双舷侧为边界，其他为舷侧壳板的散货船。此类散货船包括货舱任何部分以舷侧壳板为边界的兼装船。

(2)双舷侧散货船(Double Skin Bulk Carrier)

双舷侧散货船是指所有货舱均以双舷侧为边界的散货船。

3. 按所载货物的密度划分

国际船级社协会(IACS)将散货船按所载货物的密度划分为三类：

(1)BC-A 类：是为运输密度在1 t/m^3 以上的干散货(如铁矿石)而设计的能隔舱装运的散货船。

(2)BC-B 类：是为运输密度在1 t/m^3 以上的干散货(如煤炭)且能在所有货舱积载而设计的散货船。

(3)BC-C 类：是为运输密度在1 t/m^3 以下的干散货(如谷物)而设计的散货船。

IACS 将要求新造散货船都标注符号，全世界七成左右的散货船属于 BC-A 类。

4. 按所载货物的特性及船舶结构特点划分

(1)普通固体散装货物船

普通固体散装货物船是指用于装载普通固体散装货物的船舶，谷物、矿石、化肥、煤炭等是最常运的货物。这种船舶的总载重量在数千吨到15万吨之间。

(2)专用固体散装货物船

专用固体散货船是指专门运载某单一货种的船舶，如矿石专用船、水泥专用船、石灰专用船、木片专用船等。

(3)具有特殊设备的固体散装货物船及特殊结构的固体散装货物船

当易流态化货物的含水量超过安全运输标准时，可用装有特殊设备或具有特殊结构的船舶来运输。特殊设备是指为把货物的移动限制在允许的限度内而特别设计的简便隔离设备，同谷物货舱中设置的纵舱壁类似。特殊设备的设计和安装，不仅应能抵抗高密度散货强大的流动冲击力，而且还应能将货物移动所产生的倾侧力矩减小到允许范围。特殊结构是指船舶所具有的永久性隔离设备，其目的与特殊设备的设置相同。它们均需经主管机关认可并出具证明。

(4)自卸式固体散装货物船

自卸式固体散装货物船是指利用舱内设置的传送带自动将固体散货卸至码头，可实现封闭卸货，避免粉尘污染船舶和环境，提高了卸货速率，缩短船舶在港停泊时间。其货舱呈“W”形，适用于含水量较小的细颗粒状非黏性固体散货，如粮食、煤粉、化肥等。

(5)其他装运固体散装货物的船舶

除上述专门用于装运固体散装货的船舶外，还有少量的杂货船、多用途船、O. B. O、O. O 在散货航线上营运。

(二)固体散装货物船特性

1. 艉机型

固体散装货物船的机舱和上层建筑一般均设在船尾，中区宽阔船体设计成货舱，有利于货物装卸和提高船舶载货能力。

2. 单甲板、双层底、单舷侧或双舷侧

固体散装货物一般都具有较强的承受挤压的能力，从便于装卸和减小舱内货物移动倾侧力矩考虑，固体散装货物船采用单甲板结构，设置双层底舱，具有增加压载、提高抗沉性、增强纵强度等作用。为了增加船体强度和耐腐蚀程度，很多固体散装货物船采用双舷侧结构。

3. 舱口较大，舱口围较高

船舶舱口较大，为货物装卸提供了便利条件。装卸时通过向不同方向移动装船机械，使货物能够流向货舱边缘，减小货舱四周空当；卸货时，又使装卸机械可卸出任意位置处的货物而减少残留货物清扫工作量。装载散装谷物等积载因数较大的固体散装货物且初始货舱呈满载状态时，当舱内货物下沉后，较高舱口围的设置可保持自由货面仍处于较小舱口围之内，起到减小货物移动倾侧力矩的作用。

4. 舱壁呈斜面形

固体散装货物船货舱均设置顶边水舱和底边水舱，使货舱呈多边形。这样的设计便于满载时平舱，减少平舱工作量，如图 11-4 所示；装载散落性大的固体散装货物时还可以减小货物移动倾侧力矩；便于卸载时清舱，提高卸货速度；空载回航时可以作为压载舱使用。

5. 船中部货舱可作兼用压载舱

由于在许多固定航线上营运的船舶大多单向运输，则船舶设计必须满足压载航行的需要，而一般船舶仅凭边舱及双层底舱压载无法满足适航性要求，因此，船中部货舱

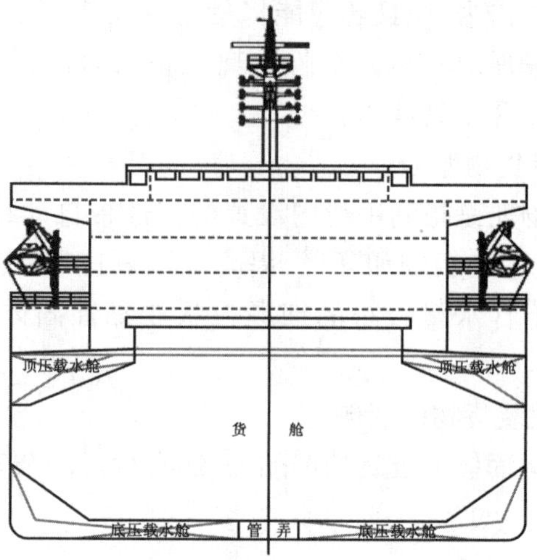

图 11-4　固体散装货物船货舱结构

作兼用压载舱,在结构及强度上符合压载需求。由于海水对货舱腐蚀作用较大,应注意采取适当方法对其维修保养。

6. 货舱内设置进水报警装置

安装货舱进水探测报警装置的目的是为了及时了解船舶货舱意外进水的情况,以便及时采取相应的措施。IMO 规定无论何时建造的固体散装货物船应于 2004 年 7 月 1 日前安装水位探测器。具体安装标准为:在每一货舱内,当水位达到高出任何货舱底部 0.5 m 时应发出一个声光警报信号,并在水位高度达到不小于货舱深度 15%但不超过 2 m 时也应发出另一个声光报警信号。视觉报警应能将每一货舱的两种不同的水位探测明显区分开。

7. 船体结构满足不同装载方式

固体散装货物船装载方式在设计时通常分为均匀装载和隔舱装载两种。对所有散装货种都允许均匀装载,尤其是低密度散货;对密度较大的矿石等重货经常采用隔舱装载方式,以提高船舶重心,减小船舶横摇。为承受舱内货载,设计时必须对局部结构予以加强,并经船级社批准。

(三)矿石专用船的特性

矿石专用船在结构上具有如下特点:

1. 舱容系数小

由于矿石密度大,所需舱容较小,矿石船的舱容系数较其他船舶小,其货舱容积仅占全船容积的 40%左右,其他容积作为压载舱使用。

2. 双层底高

提高双层底的目的是提高船舶重心,以减小过大稳性。

3. 货舱双舷设置较大边压载舱，舱壁呈斜面形

这类舱室的设置，减小了货舱容积，增大了船舶的压载能力，有利于货物的平舱和清舱。

4. 货舱横舱壁小

由于矿石专用船具有两道纵向边舱壁，其强度较大，因此可少设横舱壁，但舱口仍按需要设置。

5. 船上无装卸设备

由于货物装卸都是在专用码头利用码头装卸机械完成的，因而船上一般不设置装卸设备。

6. 货舱内设置进水报警装置

为及时了解船舶货舱意外进水情况、及时采取相应的措施，安装货舱进水探测报警装置。

第二节　固体散装货物船配载计划的编制

各类固体散装货物（除散装谷物外）由于具有不同的特性及危险性，因而在配载时应考虑的因素也存在一定的差异。同杂货配装相比，其基本原则和程序仍适用，但应根据所载运固体散货的具体特性，认真做好货物配装工作。

一、航次载货能力核算

设按航次载重线或船舶限制吃水确定的航次货运量为 $\sum Q_1$，按全船散装总舱容 $\sum V_{ch}$ 和货物积载因数 SF（或货物装载密度 ρ）所确定的航次装运量为 $\sum Q_2$，它们分别由下式求得：

$$\sum Q_1 = NDW = \Delta - \Delta_0 - \sum G - C$$

$$\sum Q_2 = \sum V_{ch}/SF = \sum V_{ch} \cdot \rho$$

船舶航次最大载运量可根据下式计算：

$$\sum Q = \min\{\sum Q_1, \sum Q_2\} \tag{11-1}$$

二、各舱货重的分配

为了保证船舶纵向强度不受损伤，须对固体散装货物在船舶纵向进行合理分配；对舱底板等的局部结构强度要求，可通过限制散物的装载高度来实现。当船舶装载积载

因数为 0.56 m^3/t 或以下的高密度固体散货时，应特别注意货物重量的分配，避免船体产生过大的应力。货物重量的分配可根据船舶资料中的建议值分配。若船舶无此类资料，可按旧版 BC 规则推荐方法确定。需要注意的是，新版 IMSBC 规则已无此推荐。

（1）货物重量的纵向分配应与正常合理的杂货分配方案相差不大。

（2）各舱室的货物最大装载重量 P_{max} 应满足：

$$P_{max} \leqslant 0.9l \cdot b \cdot d_s(\mathrm{t}) \tag{11-2}$$

式中：P_{max}——各舱室的货物最大装载重量，t；

l——舱长，m；

b——舱宽，m；

d_s——夏季满载吃水，m。

（3）未平舱或仅做部分平舱时，各底舱内货物堆积高度 H_c 应不超过下式数值：

$$H_c \leqslant 1.1SF \cdot d_s(\mathrm{m}) \tag{11-3}$$

式中：H_c——各底舱内货物堆积高度，m；

SF——货物的积载因数，m^3/t；

d_s——夏季满载吃水，m。

（4）经充分平舱，各底舱可根据具体情况多装按式（11-2）所得重量的 20%，但必须严格遵守第 1 项的原则。

（5）机舱后部各底舱由于轴隧的加强作用，可多装按式（11-2）所得重量的 32%，H_c 可比式（11-3）的值增加 10%，但仍须与第 1 项的要求一致。

三、货物的配装

在装货前，船方应要求货方提供所托运货物的详细资料，如货物的含水量、流动水分点（FMP）、自然倾斜角（又称静止角、休止角、摩擦角）（Angle of Repose）、积载因数、毒性、腐蚀性、易燃性等。同时，货方应向船长提交拟装货物特性的证书和证明文件，并在证书中申明：所提供的 A 类散货的含水量或 B 类散货的化学性质资料与装货当时的实际货物相一致。

（一）固体散装货物船配载图及识别

固体散装货物船配载图与杂货船类同，只是货物是单种的。在编制配载图时需要同时制订装货计划，即装货顺序和压载水排放计划，以保证船舶强度和提高装卸效率。

（二）固体散装货物配载要求

不同种类固体散装货物的适运性有不同的要求，如粮食的含水量不应超过安全水分点，易流态化货物含水量应低于适运水分限 TML，某些具有化学危险的货物装运前温度、水分、露天或遮盖堆放时间等应符合要求。船长应在取得货物资料的基础上，认真查阅有关规则和规定，结合船舶技术条件，做出是否承运的合理决策；同时，应在 IMSBC

规则中查到有关货运事故处理、应急措施（EmS）、医疗急救方法（MFAG）等资料。

1. 易流态化货物的配装

配载易流态化货物时主要应注意如下事宜：

（1）配装 A 类散货的舱室应能防止任何液体流入，即保持货舱水密性。

（2）除罐装或类似包装的液体货外，应避免将其他液体货配于 A 类散装的上面或附近。

（3）易流态化货物因含有水分，一般不能与怕湿的包装货物同舱。

（4）尽可能将易流态化货物集中配载，一旦货物形成流态化，可将对船舶稳性的影响减至最小。

（5）注意易流态化货物对某些危险品的影响。有些危险品遇水会发生有害化学反应，如产生易燃气体、有毒气体等，应将此类危险品与易流态化货物予以有效的隔离。

（6）装有特殊设备和特殊结构的船舶装运含水量较高的易流态化货物时，应注意核算货物流态化时船舶稳性是否符合安全要求。

2. 具有化学危险货物的配装

在配载具有化学危险货物时，应充分考虑到由于货物自身及外部因素影响而发生化学反应，可能发生危及船舶、货物和人员的事故。配装 B 类货物的舱室应阴凉、干燥，应与热源、火源隔离，舱盖和舱壁应水密、火密，而且舱内电气设备应符合防爆要求。

为保证货物安全运输，不同类别的 B 类散货与包装危险货物、B 类散货之间都应适当隔离。若无特别规定，B 类散装与包装危险货物应按表 11-1 进行隔离，B 类散货之间应按表 11-2 进行隔离。

表 11-1　散装危险货物与包装危险货物的隔离要求

散装货物（属危险货物类）	包装形式的危险货物																
	类别	1.1 1.2 1.5	1.3 1.6	1.4	2.1	2.2 2.3	3	4.1	4.2	4.3	5.1	5.2	6.1	6.2	7	8	9
易燃固体	4.1	4	3	2	2	2	2	×	1	×	1	2	×	3	2	1	×
易于自燃物质	4.2	4	3	2	2	2	2	1	×	1	2	2	1	3	2	1	×
遇水后易放出易燃气体的物质	4.3	4	4	2	1	×	2	×	1	×	2	2	×	2	2	1	×
氧化物（剂）	5.1	4	4	2	2	×	2	1	2	2	×	2	1	3	1	2	×
有毒性物质	6.1	2	2	×	×	×	×	×	1	×	1	1	×	1	×	×	×
放射性物质	7	2	2	2	2	2	2	2	2	2	1	2	×	3	×	2	×
腐蚀性物质	8	4	2	2	1	×	1	1	1	1	2	2	×	3	2	×	×
其他危险物质和物品	9	×	×	×	×	×	×	×	×	×	×	×	×	×	×	×	×
仅在散装时才具有危险性的物质（MHB）		×	×	×	×	×	×	×	×	×	×	×	×	×	×	×	

备注：表 11-1 中的数字对应的隔离术语如下：

1——“远离”：可以在同一舱室内装载，但最小分隔距离至少 3 m［如图 11-5（a）所示］。

2——“隔离”:若中间隔舱甲板防火防液,可以不同室装载,否则应不同舱装载[如图 11-5(b)所示]。

3——“用一整个舱室或货舱隔离”:指垂向或纵向隔一整个舱室。如果中间隔舱甲板不是防火防液的,则应纵向隔一整个货舱[如图 11-5(c)所示]。

4——表示“用一个介于中间的整个舱室或货舱纵向隔离”:仅垂向隔离不符合要求[如图 11-5(d)所示]。

×——无一般性隔离要求,应查阅 IMSBC 规则和《国际危规》有关该危险货物的条款。

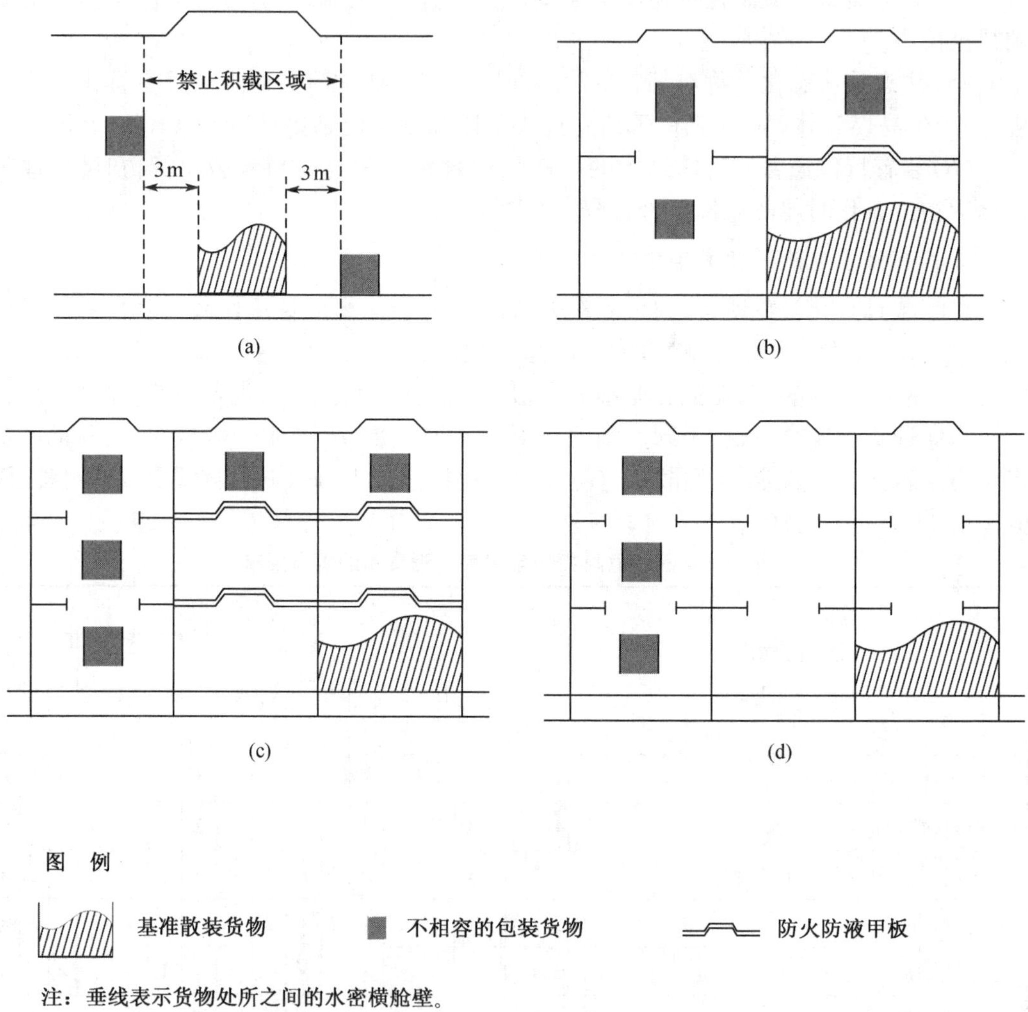

图 11-5　B 类散货与包装危险货物之间的隔离示意图

表 11-2　B 类散装危险货物之间的隔离

固体散装物质		4.1	4.2	4.3	5.1	6.1	7	8	9	MHB
易燃固体	4.1	×								
易自燃物质	4.2	2	×							
遇水产生可燃气体的物质	4.3	3	3	×						
具有氧化性物质(氧化剂)	5.1	3	3	3	×					
有毒物质	6.1	×	×	×	2	×				
放射性物质	7	2	2	2	2	2	×			
腐蚀性物质	8	2	2	2	2	×	2	×		
杂类危险物	9	×	×	×	×	×	2	×	×	
仅在散装时产生危险的物质	MHB	×	×	×	×	×	2	×	×	×

备注:表中的数字含义同表 11-1。

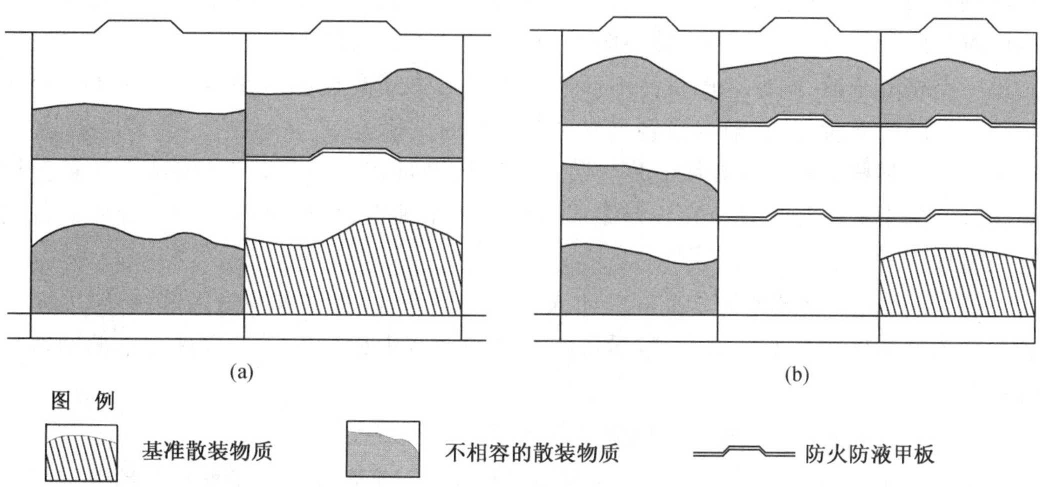

注：垂线表示货物处所之间的水密横舱壁

图 11-6　B 类散货之间的隔离示意图

第三节　固体散装货物船安全装卸和运输

由于固体散装货物本身的特性及运输保管要求不同,在装运过程中,应严格遵守有关国际规则及其他有关规定和要求,确保货物质量及船舶安全。

一、装货准备

货舱准备。装货前,应检查和准备货舱,使其适货。检查和准备货舱包括检查并保证舱内污水沟管系、测深管以及其他舱内管线处于良好状态,污水井和黄蜂窝应畅通无阻并能防止散货流入污水排水系统。当装载B类散货时,要求在货舱及其附近设置醒目的警告标志。

二、货物装卸

(1)装卸时应严格按装卸计划表进行,应督促装船机司机或工头及时调整装船机的喷口位置,使船舶横倾不超过3°,装载时不可装成一个金字塔形。当船舶纵倾较大时,应注意船舶首、尾缆绳的松紧状态,并及时调整。

(2)当运输高密度散货时,一般应装底舱,但须保证船舶稳性不宜过大而在风浪中造成剧烈横摇。可通过往顶边水舱打入压载水、从底层(边)水舱排出压载水、设法提高底舱货的装舱重心等方法来减小船舶的初稳性高度。如需在二层舱装载,要对底舱货进行严格的平舱,确保船舶稳性不低于稳性报告书所允许的最小数值。对于具有潜在移动危险的散货,应在舱内设置具有足够强度的止移板。

考虑到某些高密度固体散装货物装载的速度及冲击力,可能有必要特别注意保护货物处所的设备不受损坏。在装货完成后对舱底水测深,可能是查出货物处所设备损坏的有效方式。

(3)尽可能在装载或卸货期间关闭或遮盖通风系统,将空调调为内部循环,以减少粉尘进入生活区和其他舱室,并应尽可能减少粉尘与甲板机械活动部件及外部助航仪器接触。

(4)装货后应根据货物自然倾斜角的大小进行平舱

平舱是指在货舱内对部分货物或全部货物进行的平整作业。平舱可利用装货喷管或滑槽、可移动机械或设备,也可人工进行。对于平舱要求而言,固体散装货物可分为黏性和非黏性两类。所有潮湿的散货和某些干散货为黏性散货,在IMSBC规则附录1的“各固体散装货物明细表”中未列出其静止角的货物均为黏性散货。静止角系指非黏性(即自由流动)颗粒状物质的最大斜坡角,是表征非黏性散货稳定性的参数。静止角的测定方法见IMSBC规则第6节。

①黏性散货的平舱要求

为减少货物移动的危险,货物应合理地平整到货物处所的边界。在底舱或二层舱不超载的前提下,应尽可能装满。平舱的程度应由货物特性和以往的运输记录来确定。包括平舱作业在内的所有有关资料,应由货主在装货前以书面形式提交给船长。

②非黏性散货的平舱要求

i. 对于船长为100 m及以下的船舶,平舱作为减小舱内货物发生移位的有效措施,对船舶的安全具有极其重要的作用。

ii. 当在甲板间内载运固体散货时，如装载资料表明这些甲板间的舱口敞开会使船底结构的应力达到不能接受的水平，则应关闭舱口。货物应合理整平并应从一舷散布至另一舷，或用具有足够强度的纵向隔板使其稳固。

iii. 对于静止角小于或等于30°的非黏性散货因其具有和散装谷物一样的散落性，因此应按谷物的平舱要求执行。

iv. 对于静止角在30°~35°的非黏性散货，在船体强度允许的前提下，应尽量装满，并予以合理平舱，至少应使其货堆表面最高与最低的水平面间的垂直距离 δh 不超过船宽的1/10，而且最大不能超过1.5 m（我国交通运输部规定生铁、煤炭的 δh 不能超过1.0 m）。

v. 当装载静止角大于35°的非黏性散货时，应使其货堆表面最高和最低水平面间的垂直距离 δh 不超过船宽1/10，且最大不能超过2 m。

（5）装货时应做好货物的取样和样品封存，掌握装货时货物的状况，以便在发生有关货运事故时，用此样品作为有效的法律凭证。

（6）卸货开始时，若船舶富余水深较小，不宜立即用水泵加注压载水，可先利用海水压力自然注入，以防大量海底泥沙被吸入压载舱。

（7）卸货后的压载数量，应根据具体航线条件确定，及早估算出卸货结束的时间，以便安排开航前的准备工作。

三、航行中货物管理

在固体散货的运输中，应做好以下几方面的管理工作，以确保货物质量和船舶安全：

（1）定期测定舱内的温度和湿度，进行适当的通风，防止舱内产生汗水而影响货物质量，或汗水使货物发生化学反应而对船舶构成威胁，或因货温过高危及货物正常运输和船舶安全。

（2）按时测定污水深度，及时排出舱内污水，防止水湿舱内货物。

（3）对某些易产生有害气体的货物，航行中应注意适时通风换气。

（4）检查货物在舱内的状况，是否存在某些异常现象，如需要应采取相应措施。

（5）注意下舱安全，防止人员伤亡。

四、人员和船舶的安全

无论何种固体散货，在整个运输过程中，如操作不当，都可能危及人身和船舶安全，为此应注意以下事项：

1. *一般要求*

（1）在装载、运输和卸载固体散货之前和期间，应遵守所有必要的安全预防措施。

(2)每艘船舶均应备有涉及固体散装危险货物事故的应急反应和医疗急救须知的副本。

2. 中毒、腐蚀和窒息危害

(1)某些固体散货易于氧化,可能导致缺氧、散发有毒气体或烟气及自热。特别在潮湿时,某些货物不易氧化,但可能散发有毒烟气。也有的货物在受潮后对皮肤、眼睛和黏膜或对船舶结构有腐蚀作用。在载运这些货物时,应特别注意人员保护以及需要在装货前和卸货后采取特别预防措施。

(2)很多固体散货易使货物处所或液舱缺氧。这些货物包括,但不限于大多数蔬菜制品和林产品、黑色金属、金属硫化物精矿和货煤。

(3)进入船上封闭处所之前,应遵守相应的程序,并考虑到国际海事组织制定的建议。要注意,在经测试后总体上查明可安全进入的货物处所或液舱中仍可能有小块区域氧气不足或存在有毒烟气。

(4)当载运易散发有毒或易燃气体并/或易使货物处所缺氧的固体散货时,应配备货物处所内气体或氧气浓度的相应测量仪器。

(5)紧急情况下进入货物处所时,应由穿戴自给式呼吸器和防护服的经培训的人员进入,并始终在一名高级船员的监督下完成工作。

3. 粉尘对健康的危害

为尽量减少因暴露于某些固体散货的粉尘而造成的慢性和急性危险,应采取必要的预防措施,包括使用相应的呼吸保护设备、防护服、护肤膏,充分冲洗人体和洗涤外衣。

4. 易燃气体环境

(1)在装卸货物和清扫时,某些固体散货产生的粉尘可能构成爆炸危害。用通风来防止形成含尘气体环境以及用软管冲洗而不用扫把清扫,能最大限度减少爆炸的风险。

(2)某些货物散发的易燃气体量足以构成火灾或爆炸危害,如货物细目或托运人提供的货物资料对此有说明,则货物处所必要时应进行有效通风。应充分考虑到与货物处所相邻的封闭处所的通风和空气监测,对货物处所内的空气应使用适宜的气体探测器进行监测。

5. 通风

(1)当载运可能散发有毒气体的货物时,货物处所应有机械或自然通风装置;当载运可能散发易燃气体的货物时,货物处所应有机械通风装置。

(2)如果保持通风会危及船舶或货物,则可中断通风,除非这会招致爆炸风险。

(3)当货物会自热时,不得采用表面通风以外的通风,绝对不得将空气送入货物内部。

五、几种常见固体散货的装运

(一)矿石运输

矿石(Ores)包括金属矿石和非金属矿石两种,如铁矿(Iron Ore)、锰矿(Manganese Ore)、铜矿(Copper Ore)及锌矿(Blende)等。

(1)与海运有关的主要特性:

①密度大,积载因数小:一般散货船在装载时,易造成重心较低,*GM* 较大,船舶受风浪时横摇周期较快,减少船舶适航性,配载时应特别考虑对船舶强度和稳性的影响。

②易散发水分:矿石当非整船运输时,不与怕潮湿货物同舱装载。

③易扬尘:矿石中含有一定的泥土杂质,在装卸过程中极易扬尘,故矿石不应与怕尘货物同舱装载。同时,怕杂质的矿石也不能与扬尘货同配一舱。

④易流态化:对易流态化矿石(粉),其含水量必须控制在其适运水分限量以下,否则,必须由特殊船舶或配备特殊设备的船舶装运。

⑤易冻结:矿石由于含有水分,在低温时易冻结,造成装卸困难。

⑥易散发有毒、易燃、易爆气体:这类气体在舱内积聚,会造成极大的危险。

⑦自热与自燃性:某些矿石含有相当数量的易氧化成分,开采后氧化条件更为充分,所以易于自热,如果积热不散,易引起自燃。

(2)散装矿石装卸前准备:

①装货前应了解装卸港口的有关资料,包括进出港口的泊位及航道的限制水深、基准水深,潮汐资料,船底富余水深要求,装船机的类型、效率及限制高度等。

②装卸前,应确定船舶的最大吃水和最小吃水,尤其是大型矿石船,一般可根据泊位水深、码头装船机高度,确定船舶装载前后的最大吃水和最小吃水,见图 11-7。

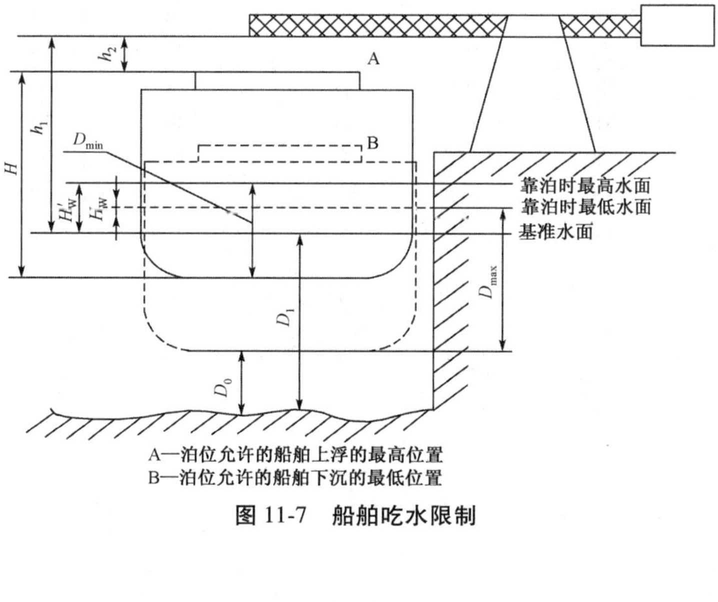

A—泊位允许的船舶上浮的最高位置
B—泊位允许的船舶下沉的最低位置

图 11-7　船舶吃水限制

最大吃水 D_{max} 可用下式计算：

$$D_{max} = D_1 + H_w - D_o \tag{11-4}$$

式中：D_1——泊位基准水深，m；

H_w——靠泊期间泊位最低水位至基准水位的距离，m；

D_o——泊位要求的富余水深，m。

最小吃水 D_{min} 可用下式计算：

$$D_{min} = H - h_1 + h_2 + H_w' \tag{11-5}$$

式中：H——船底至上甲板可能与装卸机碰撞部位顶部的垂直距离，m；

h_1——泊位基准水深至装船机可能碰撞位置下端的垂直距离，m；

h_2——防止装船机与船舶发生触碰的安全距离，m；

H_w'——靠泊期间泊位最高水位至基准水位的距离，m。

为了使船舶实际吃水控制在最大吃水与最小吃水之间，通常须依靠边装卸边排注压载水的方法来实现。

(3)合理确定货物装卸顺序和压载水排放方案(如表 11-3、表 11-4 所列)。为了保证船舶在装卸期间的安全，提高装卸率，缩短船舶在港作业时间，需合理确定货物装卸顺序和压载水排放方案，并编制具体的“货物装卸和压载水排放计划表”。

装船顺序和排放水顺序确定后，还应计算装货过程中船舶吃水和校核纵向强度。每装载一个货舱(包括同时排放压载水)后，计算船舶吃水和各强度校核点的剪力与弯矩，要求其值在允许范围内。如果不符合要求，可调整装船顺序或排放压载水计划。表 11-3、表 11-4 是两种不同散货船装舱/排水顺序表，其中：表 11-3 常见于国内航行的散货船，表 11-4 常见于国际航行的散货船。

表 11-3　散货船装舱/排水顺序表(1)

装舱顺序	装舱舱号	预定装货量(t)	时间累计(h-min)	压载水排放舱号	最大剪力/弯矩(%)	吃水(m)		
						艏	艉	吃水差
1	No. 5	14 000	2-20	No. 4,5	26	14. 50	15. 00	-0. 50
2	No. 7	14 000	4-40	No. 6	31	14. 30	15. 30	-1. 00
3	No. 2	15 000	7-10	No. 2	38	15. 00	15. 40	-0. 40
4	No. 3	14 000	9-31	No. 2,8	40	15. 10	15. 00	0. 10
5	No. 9	14 000	11-50	No. 8,1	56	14. 00	15. 50	-1. 50
6	No. 1	13 000	14-00	No. 1,7	61	15. 50	14. 50	1. 00
7	No. 8	14 000	16-20	No. 7,3	52	14. 60	15. 00	-0. 40
8	No. 4	14 000	18-40	No. 3,5	44	14. 30	15. 00	-0. 70
9	No. 6	13 000	20-50	残留压载水	41	15. 40	15. 70	-0. 30
10	调整舱	2 500	21-20	残留压载水		15. 75	15. 75	0
总计		127 500	21-20					

表 11-4 散货船装舱/排水顺序表(2)

装舱顺序	装舱舱号	货物重量(t)	吃水(m)		吃水差(m)	剪力(%)	弯矩(%)	压载水排放舱号
			艏	艉				
1	No. 3	7 900	6. 14	7. 30	−1. 16	54	42	No. 3
2	No. 5	4 000	5. 94	7. 96	−2. 02	51	66	No. 5
3	No. 1	4 000	7. 03	7. 31	−0. 28	42	56	FPT, No. 1
4	No. 4	4 500	7. 05	8. 58	−1. 53	37	51	No. 4
5	No. 2	4 500	8. 85	8. 45	0. 40	28	43	No. 2
6	No. 5	3 000	8. 06	10. 38	−2. 32	39	62	
7	No. 1	1 300	9. 21	9. 83	−0. 62	48	65	
8	No. 4	2 100	8. 82	11. 23	−2. 41	41	60	
9	No. 2	3 200	10. 26	11. 07	−0. 81	37	58	
10	Trim. W	718						
Total:		36 218	10. 43	11. 23	−0. 80	36	55	

备注:Trim. W—等同于表 11-3 中的“调整舱”;FPT—艏尖舱。

(4)装货时应按“货物装卸和压载水排放计划表”进行,并密切注意船舶的吃水变化。当实际装载效率和压载水排放量与计划值有较大出入时,应及时调整。必须严格控制船舶的最大吃水与最小吃水,以防止船舶发生事故。

(5)大型矿石船满载时,一般产生中垂变形,应特别注意防止船舶产生过大的中垂变形。在船舶装载结束前,可用观察吃水的方法检验船舶的拱垂变形是否在允许的范围内。

(6)装货结束前,应利用所预留的机动货物调整船舶吃水差使其符合要求,并消除横倾。在装货最后阶段,大副应对排出残余压载水和多余淡水后的货物加载量,以及装货完毕后皮带运输机上的货量,做到心中有数。

(二)精选矿粉运输

精选矿粉是指利用物理或化学的选矿方法从原矿中选取得到的品质和纯度较高的物质。由于选矿方法不同,所得矿粉的含水量有差异,因而有干精矿和湿精矿两大类,以水选法选矿所得的含水量在 8%以上者为湿精矿粉;而以机械碾压所得含水量较低的为干精矿粉。船舶精选矿粉运输如图 11-8 所示。

1. 与海运有关的主要特性

(1)易流态化:湿精矿粉的易流态化特性是船舶运输中潜在的最大危险,必须引起高度重视。

(2)散落性:静止角较小的散货在船舶摇摆时易发生移动而使船舶倾斜,特别是静止角在 35°以下的矿粉,其危险性更大。

图 11-8 精选矿粉运输

(3)易自燃及散发有毒气体:若热量积聚不散,易引起自燃;有些干精矿粉在自热过程中散发有毒气体或使舱内缺氧。

(4)爆炸危险性:积聚在舱内的易燃、易爆气体,在空气中含量达到一定比例时可能产生爆炸。

(5)有腐蚀性:硫化金属矿粉遇到海水会使硫化物水解,呈强酸性,对船舶和设备有腐蚀危险。

2. 装卸前准备

(1)托运人应向船方提供由产品质量监督检验部门签发的有关货物的含水量、自然倾斜角、理化性质(吸湿、氧化、自燃、挥发有害气体等)和积载因数等的证明文件。

(2)装船前,船方应做好货物取样工作,并用简易方法检验货物的含水量。如发现有问题或有怀疑,应及时通知货方重新申请检验。普通货船装运精选矿粉时,其含水量不得超过货物的适运水分限量(我国交通运输部规定不超过 8%)。含水量超过适运水分限的货物,只能由特殊结构的船舶进行装运。这种船舶具有符合要求的永久性分隔设备,可以将货物的移动限制在允许的范围内,并携带有主管机关认可的证明。

(3)装船前,船方应做好货舱的清洁工作,清除舱内任何化学物质和可燃物质,并保持货舱的水密;还应做好舱内污水井、管系的清洁养护工作,防止其堵塞或受损。

(4)精选矿粉在选矿后 15 天内氧化温度最高,所以,装船前货物应在堆场累计堆放 15 天以上。

3. 散装精选矿粉装卸

(1)自然倾斜角小于 35°的货物,在航行中很容易流动,对其装载时应特别采取相应的防范措施。为防止货物移动,可将部分矿粉袋装或设置纵向隔壁。同时,应防止粉尘污染,尽量降低其对人身与船体设备的危害。

(2)装载时,舱内货堆面积应尽量大,货堆高度宜在 1.2~1.5 m 之间,以利散热。

(3)雨雪天不能进行装卸。装货过程中应防止混入杂质,特别是可燃性物质。

(4)装运干精选矿粉时,为限制其氧化,装妥后应平舱并压紧货物或在货物表面加以铺盖。航行途中每天至少测温两次,如发现货温升高,可开舱翻动发热部分货物或通风散热。

(5)如遇船舶在航行中发生异常横倾，船长应立即电告船公司，并根据现场情况采取相应措施或驶往附近港口进行处理，以保安全。

(6)精矿粉燃烧起火时用 CO_2 灭火效果不明显，可用水雾灭火降温；单处冒火时，可用掩埋法灭火。

(三)煤炭运输

煤炭(Coal)是目前主要的能源之一，在海运量中占有相当的比重。在 IMSBC 规则中，煤炭被列为"仅在散装运输时会产生危险"(MHB)货物，同时又是具有"易流态化"性质的货物。

1. 与海运有关的主要特性

(1)煤炭自然倾斜角大，一般为 36°~38°，流动性不大，但煤炭(粉)仍具有易流态化的特性。

(2)易产生易燃易爆气体：煤炭会产生甲烷气体，当在空气中含量达到 5%~15% 时，遇明火即可爆炸。煤炭的粉尘在空气中含量达到 10~30 g/m^3 时，遇明火也会爆炸。

(3)具有自热和自燃性：煤炭在空气中会氧化而释放热量，当热量聚集到自燃点时便会自燃。挥发物含量越高的煤炭越易自燃。

(4)易损失重量：水湿煤炭经运输中的水分蒸发，其重量可能减少 3%。

2. 装卸前准备

(1)装运前，应弄清拟装煤炭所属种类、特性、岸上堆放时间、煤炭湿度、温度、开采季节等，煤中应不含杂质、粪便、废油渣等有机物质。若煤温达 35 ℃以上或含水量过大，应拒装。

(2)煤炭装船前，应使货舱清洁、干燥，清除舱内残留的垃圾杂物；污水沟、污水井必须畅通并注意适当的铺盖，以防被煤粉堵塞；货舱及其毗邻舱室内的电缆、电气设备的技术状况必须良好，符合安全规定并能在含有甲烷或粉尘的空间中安全使用；备妥安全灯，货舱内的电气设备均应为防爆型；船上 CO_2 灭火系统(包括烟雾探测器)、货舱管系、CO_2 钢瓶、CO_2 站的照明灯和门销等均应处于良好的备用状态。

3. 煤炭装卸

(1)货物应避免装于热源附近。在靠近机舱舱壁处，应采用斜坡式装载，以减少机舱对煤的传热增温。煤舱下的双层底中所装的燃油黏度不宜太大，尽量做到不加温或少加温。

(2)装货期间及装货后的一段时间内，应对易进入易爆气体的舱室(如起货机室、配电间、物料间等)进行通风并禁止吸烟和明火作业。

(3)货舱及其毗邻舱室应禁止一切明火作业。人员进入装有煤炭的舱室时，不能穿易产生静电的服装；装有煤炭的货舱上的甲板区域内，所有非防爆型电气设备均应切断电源。

(4)货煤装毕后必须进行合理平舱。

(5)运输途中必须经常测温并做好记录。对于运输 C 类煤且长航程的船舶,其每个货舱应有三个在货物表面下 3 m 处的均布测温点,每天至少监测货温三次。对其他类煤如货温较低且稳定,应进行间断性的持续通风,以排除有害气体。煤炭装船后一般应进行 4~5 天的表面通风,然后每隔一天进行表面通风 6 h,以达到排除有害气体的目的,并根据不同季节、海区、外界气温,采取向甲板喷水的降温措施。

(6)当舱内货温接近 45 ℃时,应立刻停止通风,封闭货舱及通风筒,防止空气进入货舱。如货温继续升高并有烟雾,则应在严格封舱的前提下有步骤地施放足够的 CO_2 气体进行灭火。不能用海水冷却煤炭或灭火。

(7)在开舱卸货前,应对货舱进行通风,以排除有害气体,确保人员安全。人员不得随意进入可能积存有甲烷气体或缺氧的舱室,必须进入时,应先对舱室进行检测并确保其安全或佩戴自给式呼吸器。

(四)籽饼运输

籽饼是含油植物种子经机械压榨或通过溶剂萃取法提取油料后剩余的残渣,它主要用作饲料和肥料。最常见的籽饼有:椰籽饼、棉籽饼、花生饼、亚麻仁饼、玉米饼、尼日尔草籽饼、棕榈仁饼、稻糠饼、大豆饼和葵花籽饼等。籽饼常以饼、片、球等形状交付运输。

1. 与海运有关的主要特性

由于籽饼内含有油和水,所以会自行缓慢地发热分解,并在遇潮或遇含有一定比例未经氧化的油类时自燃,在长时间贮运过程中也易发热自燃,并能引起舱内缺氧,产生二氧化碳气体。因此包装运输的籽饼在《国际危规》中被列为 4.1 类危险货物。散装的籽饼在 IMSBC 规则中则属于 B 类货物。和其他货物一样,不饱和的有机物质较其饱和状态更易产生化学反应,放出热量。表示有机物质不饱和程度的一个指标是碘值。碘值越大,不饱和程度越高,越易氧化发热自燃。籽饼的自燃原因,主要由其理化性质决定,但外界因素如温度、湿度、货物内易氧化的杂质等也是导致其发热自燃的重要条件。

籽饼是有机物质,因种类不同,其碘值也不同。葵花籽饼的碘值达 125~140 单位,棉籽饼为 102~113 单位,菜籽饼为 97~107 单位等。

在《国际危规》中,根据籽饼的含油、含水量的不同,其联合国编号分别为 UN No. 1386(a)、UN No. 1386(b)和 UN No. 2217。前者危险性更大些,装载时应予以注意。

2. 装卸前的准备

(1)托运的籽饼其含油量和含水量必须符合船运要求。应取得发货人的保证,其货物在出厂后至装船前有两个月的氧化期;溶剂萃取的籽饼应基本无易燃的溶剂;并提供符合要求的货物品质检验证书(其中应注明出厂日期,榨油方法,油、水及杂质的含量)。应严格检查发货人送交的分析样品是否取样均匀。对结块、发霉及严重变色或有虫害以及含油、含水量超过标准及其他不符合要求的籽饼应予拒装。

(2)装运籽饼的船舶应按《国际危规》和 IMSBC 规则的要求,配备相应设备和监测仪器,具有良好的通风设备,具有 CO_2 灭火系统,货舱内管系、电缆状况良好,通风筒应装防火网罩。

(3)装货的舱室应保持污水井(沟)畅通,货舱清洁干燥。

3. 籽饼的装卸

(1)籽饼不应装于机舱附近。整船装运散装籽饼时,应从远离机舱壁的另一端开始装载并装成斜坡形。靠近机舱壁货堆高度不能超过 5 m。底舱装载籽饼时,应避开需加温的油舱,如无法避开则应采取有效的隔热措施,同时控制燃油的加温时间和温度(一般宜在 50 ℃以下)。

(2)籽饼本身含有油分,且有气味及具有吸味性,故不能与怕气味的和有气味的货物装在一起。同时应按"散装危险货物与包装危险货物间隔离表""散装危险货物之间隔离表"的要求做好相应的隔离。

(3)装卸期间,应显示规定信号。装卸作业区严禁吸烟和使用明火。

(4)雨雪天和空气湿度较大时应停止装卸。装货过程中如货温超过当地最高气温 5 ℃,应停止装货,并采取降温措施。

(5)当舱内货温升高时,不能采用向甲板洒水的降温措施,以免舱内产生过多汗水,引起货物表层温度升高,反而增加籽饼发热的可能性,且会影响货物质量。

(6)航行途中应定时测温并做好记录,当舱温和货温较高时,应根据外界温、湿度,适时进行通风或开舱晾晒。如籽饼局部发热,可将焦化冒烟和温度过高的货物清除抛海。当货温达到 55 ℃时应封闭货舱并停止通风,对机械压榨的籽饼可施放 CO_2,而对溶剂萃取的籽饼则在未见明火前绝不能使用 CO_2,以防产生静电将溶剂蒸气点燃。当舱内货物自燃起火时,可注入海水灭火,但须注意船舶的浮态、排水量的增加和货物体积的膨胀。

第四节　水尺计重

水尺计重又称水尺检量(Draught Survey),是利用装卸货物前后船舶水尺变化来计算装货重量的一种方法。水尺计重在计重精度上较为粗略,但方法简便,适用于价值较低的大宗散货计重,如煤炭、废钢、矿石、化肥等。水尺计重工作在国内一般由商品检验局承担,在国外由公证鉴定机构承担,计重结束后出具货物计量证明。该证明在国际贸易中可作为货物重量交接凭证,出口时作为结汇凭据,进口时可作为到岸计价或短重索赔的依据。

一、水尺计重的基本原理

水尺计重的原理是利用船舶吃水与排水量的关系,通过测量船舶载货时的吃水和无货时的吃水求得船舶载货时的排水量（毛重）和无货时的排水量（皮重），这两者之差，扣除装卸前后船上非货物重量的变化，就可以得到装载货物的重量。水尺计量，需要在装货前后和卸货前后按相同的步骤和方法进行四次原始数据的测定及修正计算（即两次水尺计量过程），才能得到所运货物的装载重量及其变化。

二、水尺计重的步骤

1. 测定有关原始数据

为减少水尺计重的误差，应尽可能提高每一项原始数据的测定精度。

（1）测定船舶的六面吃水。六面吃水为艏左、右舷吃水：d_{Fp} 和 d_{Fs}；船中左、右舷吃水：$d_{\text{¤p}}$ 和 $d_{\text{¤s}}$；艉左、右舷吃水：d_{Ap} 和 d_{As}。测定时，船上不得进行一切可能影响水尺检量精度的操作，如排放压载水；有波浪时，应读取水面最高和最低时的多组吃水，并取其平均值，以使读取尽量准确。

（2）测定舷外海水密度 ρ：一般应与测定吃水同时进行，取样海水应尽量避开船舶排水管口和码头下水道口，通常在外舷船中部吃水深度一半处选取水样进行测定。

（3）测定液舱内油水等储备品的重量 δG：包括各油舱、淡水舱、压载水舱内的油水存量，船上污水沟和隔离舱内积水的重量及其他储备品和垫舱物等的重量。在测定油水舱内的油水存量时，如果船舶有纵倾或横倾且测量口不在液舱的中心，应进行纵、横倾的修正，修正方法和油舱空当的纵、横倾修正相同。

2. 计算并修正船舶吃水

（1）吃水横倾修正：计算船首平均吃水 d_F、船中平均吃水 $d_{\otimes}$、船尾平均吃水 d_A 及吃水差 t：

$$d_F = (d_{Fp} + d_{Fs})/2(\mathrm{m}) \tag{11-6}$$

$$d_{\otimes} = (d_{\otimes p} + d_{\otimes s})/2(\mathrm{m}) \tag{11-7}$$

$$d_A = (d_{Ap} + d_{As})/2(\mathrm{m}) \tag{11-8}$$

$$t = d_F - d_A(\mathrm{m}) \tag{11-9}$$

（2）吃水纵倾修正（艏、中、艉垂线修正）（图 11-9）：由于船舶的艏、中、艉吃水应以艏、中、艉垂线交点处的读数为准，而船舶的实际水尺标志往往不在艏、中、艉垂线上。因此，当船舶有吃水差时，就需要对上述船首尾吃水进行艏、中、艉垂线修正。

艏垂线修正值：$$C_F = t \times l_F/(L_{BP} - l_F - l_A)(\mathrm{m}) \tag{11-10}$$

中垂线修正值：$$C_{\otimes} = t \times l_{\otimes}/(L_{BP} - l_F - l_A)(\mathrm{m}) \tag{11-11}$$

艉垂线修正值：$$C_A = -t \times l_A/(L_{BP} - l_F - l_A)(\mathrm{m}) \tag{11-12}$$

当船舶的吃水差绝对值小于 0.3 m 时，可以不做此项修正。

式中：t——艏、艉垂线修正前的船舶吃水差，m，艏倾取（+），艉倾取（-）；

L_{BP}——船舶垂线间长，m；

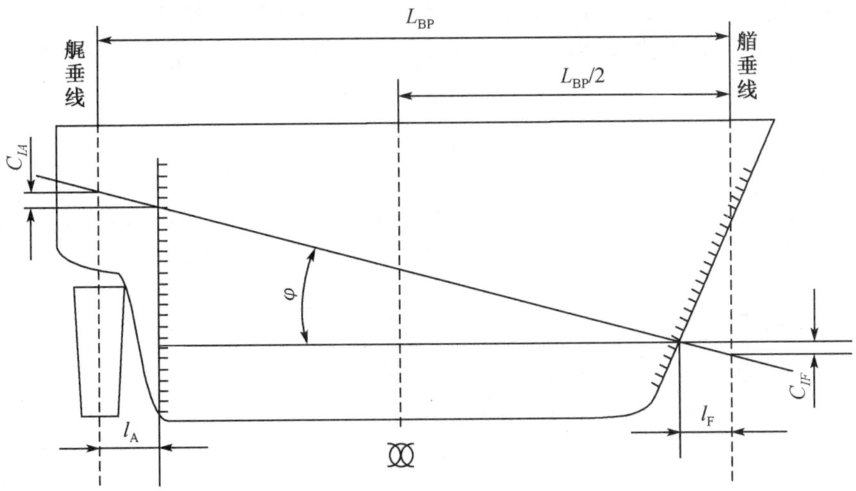

图 11-9　艏、中、艉垂线修正

l_F——艏吃水水尺与艏垂线间的水平距离，m，其值可从船舶总布置图或艏、艉垂线图上量取；

$l_{\otimes}$——中吃水水尺与中垂线间的水平距离，m；

l_A——艉吃水水尺与艉垂线间的水平距离，m。

由此，经艏、中、艉垂线修正后的艏、中、艉平均吃水分别为：

$$d_{F1} = d_F + C_F \tag{11-13}$$

$$d_{\otimes 1} = d_{\otimes} + C_{\otimes} \tag{11-14}$$

$$d_{A1} = d_A + C_A \tag{11-15}$$

(3)计算船舶的艏、艉平均吃水为：

$$d_{M1} = (d_{F1} + d_{A1})/2 \tag{11-16}$$

(4)计算艏、艉平均吃水与船中平均吃水的平均值：

$$d_{M2} = (d_{M1} + d_{\otimes 1})/2 \tag{11-17}$$

(5)吃水拱垂修正：船舶在各种装载状态下都有可能出现中拱或中垂变形，因此对船舶吃水应做拱垂修正：

$$d_{M3} = (d_{M2} + d_{\otimes 1})/2 = (d_{F1} + 6d_{\otimes} + d_{A1})/8 \tag{11-18}$$

3. 求取船舶排水量

(1)根据经拱垂修正后的船舶平均吃水 d_{M3}，从载重表尺中或静水力性能数据表中查取船舶排水量。查表时，先查出与 d_{M3} 邻近的吃水整数值对应的排水量基数，再将差额吃水乘以相应的每厘米吃水吨数（TPC），得出差额吨数，以排水量基数加、减差额吨数，即得 d_{M3} 对应的排水量 Δ_0。

(2)排水量纵倾修正（又称排水量漂心修正，如图 11-10 所示）：作为载重表等的查表引数，船舶平均吃水是指漂心处的吃水值，而上述计算中的 d_{M3} 是船中处的吃水，当船舶正浮时，船中吃水与漂心吃水相等。当存在吃水差时，Δ_0 并不是船舶实际的排水量，故应对其进行纵倾修正，修正的排水量值由下式求得：

当船舶吃水差小于 0.3 m 时,可不进行纵倾修正;当吃水差大于 0.3 m 而小于 1.0 m 时,仅需进行上式第一项修正;当吃水差大于 1.0 m 时,应进行上式第一项修正和第二项修正。

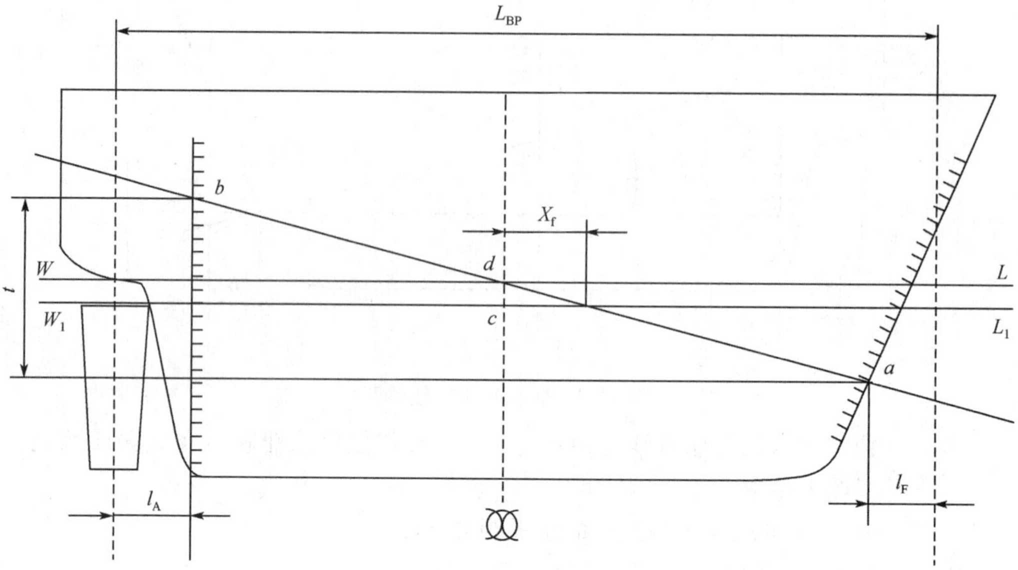

图 11-10　纵倾修正

$$\delta\Delta = \frac{t \cdot X_f \times 100TPC}{L_{BP} - l_F - l_A} + \frac{50t^2}{L_{BP} - l_F - l_A} \cdot \frac{d_M}{d_z} \tag{11-19}$$

式中:d_M/d_z——平均吃水 d_{M3} 处厘米纵倾力矩(MTC)随吃水的变化率,即在吃水为 d_{M3} 时,当吃水各增、减 0.5 m 时的每厘米纵倾力矩的变化值。

纵倾修正后的排水量为:

$$\Delta_1 = \Delta_0 + \delta\Delta \tag{11-20}$$

4. 排水量港水密度修正

由于上述 d_{M3} 是船舶在实测水域中的吃水,而船舶资料中的吃水是船舶在标准海水中的吃水值,若测量时的水域不是标准海水,则还须进行海水密度修正,修正公式为:

$$\Delta = \Delta_1 \times \rho / 1.025 \tag{11-21}$$

式中:Δ——测定时的船舶排水量,t;

Δ_1——纵倾修正后的排水量,t。

5. 计算货物装载量 Q

$$Q = (\Delta' - \delta G_2) - (\Delta - \delta G_1) \tag{11-22}$$

式中:Δ'——船舶装货后或卸货前的排水量,t;

Δ——船舶装货前或卸货后的排水量,t;

δG_1——装货前或卸货后船上存有的油水储备量,t;

δG_2——装货后或卸货前船上存有的油水储备量,t。

第五节　IMSBC 规则的内容及应用

为了促进除散装谷物外的散装货物的海上运输安全，国际海事组织制定了《国际海运固体散装货物规则》(The International Maritime Solid Bulk Cargoes Code，简称 IMSBC 规则)。IMSBC 规则规定了固体散装货物海上运输的安全要求，包括评定货物的安全适运性，装载、载运和卸载的一般性预防措施，平舱程序等方面，并针对不同组别的固体散装货物，对托运人、船公司、船舶、港口作业单位、代理提出了申请审批或者申请备案的要求。该规则适用于装运固体散装货物的所有船舶。IMSBC 规则每两年修订一次，第 04-17 修正案已于 2019 年 1 月 1 日起强制实施(双数年份自愿实施，单数年份强制实施)。我国交通运输部也以 2019 年第 1 号文发布了《海运固体散装货物安全监督管理规定》。

一、规则的主要内容

IMO 出版 IMSBC 规则和补充本，以为从事散装货物运输的托运人、船东、船长和其他人员提供一系列相关主题的宝贵咨询。现行的 IMSBC 规则由前言、13 节正文及 4 个附录组成，国内有中文版，共 2 册。

IMSBC 规则正文的主要内容包括：一般规定；装载、运输和卸载一般预防措施；人员和船舶的安全；评定货物的安全适运性；平舱程序；静止角的确定方法；易流态化货物；易流态化货物的测定程序；具有化学危险性的物质；固体散装废弃物的运输；保安规定；积载因数换算表；参考相关信息和建议。

IMSBC 规则附录的内容包括：各固体散装货物明细表；试验室试验程序、使用的仪器和标准；固体散装货物的特性；索引。

二、规则的使用

在船舶装载固体散货过程中，船方必须保证人员、货物及船舶的安全。为此，在装货前，应认真查阅和理解 IMSBC 规则的有关规定或建议，以此指导货物配载、装卸及运输各环节的工作。

使用方法：首先，应阅读了解 IMSBC 规则第 1 至第 13 节的相关内容；然后，根据拟装货物所属类别，查阅 IMSBC 规则中有关的节和附录，如果不能预先确定其类别，可先从附录 4“索引”表中查取该货物的类别；再根据散装货物船运名(BCSN)查阅附录 1“各固体散装货物明细表”以获取其货物说明(描述)、特性、危害、积载与隔离、货舱清洁度、天气预防措施、装载、预防措施、通风、运输、卸货、清扫及应急程序等要求。其中，货物特性包括货物静止角、密度、积载因数、颗粒大小、类别及组别等信息；应急程序包括应携带的专用应急设备、应急程序、火灾应急措施、医疗急救等信息。

第十二章

散装谷物船运输

谷物的海上运输，除了部分采用袋装和少量采用散装集装箱运输形式外，大量采用的是专用船舶的散装运输形式。散装谷物运输具有节约包装费用、增加装货重量、便于实现机械装卸、缩短装卸作业时间等优点。散装谷物的海上运输多年来一直被列为世界主要大宗干、散货运输之一。

第一节　散装谷物及散装谷物船概述

一、散装谷物

（一）散装谷物分类

海上货物运输中，谷物（Grain）是指包括小麦（Wheat）、玉米（Maize）、燕麦（Oats）、稞麦（Rye）、大麦（Barley）、大米（Rice）、豆类（Pulses）、种子（Seeds）及由其加工的与谷物在自然状态下具有相同特征的制成品。

（二）散装谷物与海运有关的特性

散装谷物除了具有与袋装谷物相同的吸附性、呼吸性、吸湿与散湿性、自热性和易受虫害性外，还特别具有与船舶稳性密切相关的两个特性。

1. *散落性*

散落性是指装于船舱内包括散装谷物在内的各种颗粒状、块状和粉末状的散货，受船舶摇摆、震动等外力的作用，能自动松散流动的性质。谷物的散落性与其颗粒形状、表面光滑程度、水分与杂质含量等因素有关。散装货物的松散流动程度可以用静止角 α（Angle of Repose，即自然倾斜角，也称休止角、摩擦角）表示。它系指谷物由空中缓缓倒下，在地面上自然形成圆锥体的棱与水平面的夹角 α，如图 12-1 所示。显然，散装货物的休止角越小，其散落性越大。

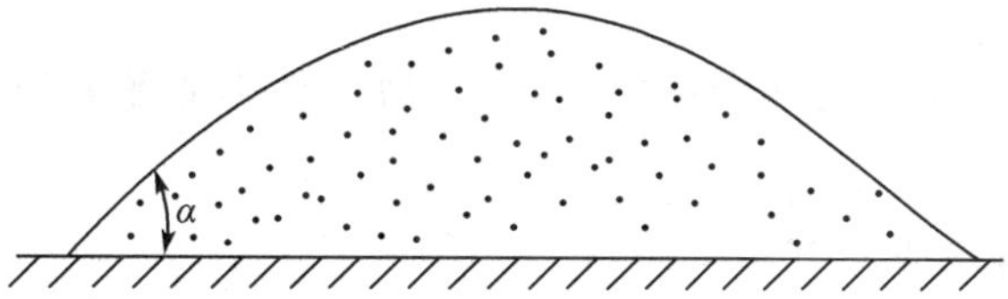

图 12-1　谷物散落示意图

谷物的休止角一般为 35°～37°，当其很干燥时为 20°～30°。谷物的散落性有利于其装卸，但是，船舱内散装谷物随船舶的摇摆、振动而出现自由谷面向一侧倾斜的现象，与自由液面相似，对船舶稳性产生不利的影响。

2. 下沉性

下沉性是指装于船舶货舱内的散装谷物，受船舶的摇摆、振动作用，谷物颗粒间的空隙逐渐缩小引起谷物表面下沉的特性。散装谷物的下沉性与谷物颗粒大小、形状、积载因数、含水量、散落性等因素有关。船舱内谷物的下沉，一方面导致舱内谷物重心下降，另一方面引起舱内谷面下沉，使初始呈满载状态的谷物出现自由谷面，这为其散落性提供了条件。这些都影响到船舶的稳性。

二、散装谷物船分类及特性

（一）散装谷物船分类

散装谷物运输船主要有两种，即散装谷物专用船和一些多用途船舶。

（二）散装谷物船特性

为改善散装谷物船舶稳性，散装谷物专用船和一些多用途船舶的货舱结构特点为：

1. 单甲板、双层底

散装谷物具有较强的承受挤压能力，从装卸和减小舱内谷物移动倾侧力矩考虑，货舱都采用单层甲板结构。双层底的设置起到增加压载量，提高船舶抗沉性等作用。

2. 舱口围较高

对于初始呈满载或接近满载的散装谷物装载舱，当舱内谷面下沉后，较高的舱口围设置能保持谷面仍处于较小的舱口围之内，以起到减小谷物移动倾侧力矩的作用。

3. 设置顶边水舱和底边水舱

顶边和底边水舱的倾斜面与水平面的夹角一般大于常运谷物的静止角（至少为 30°）。顶边水舱的作用为减少谷物移动的倾侧力矩和平舱工作量，在空载时通常作为压载水舱使用。底边水舱除兼作压载水舱外，还可减少清舱工作量及提高卸货速度。

三、散装谷物运输对船舶稳性的影响

散装谷物散落性、下沉性两个特性，影响了散装谷物船舶的稳性，容易使船舶处于不安全状况。

1. 货舱内散装谷物重心下移

图 12-2 是散装谷物船货舱内散装谷物移动分析图。开航时，货舱呈满载状态，当船舶经过一段时间航行后，舱内谷物因受船舶摇摆、震动的影响，谷面自舱顶下沉至 ab 位置，出现空当 af。这一方面引起该舱谷物重心点 G_0（通常取舱容中心）下降至 G_0' 位置。

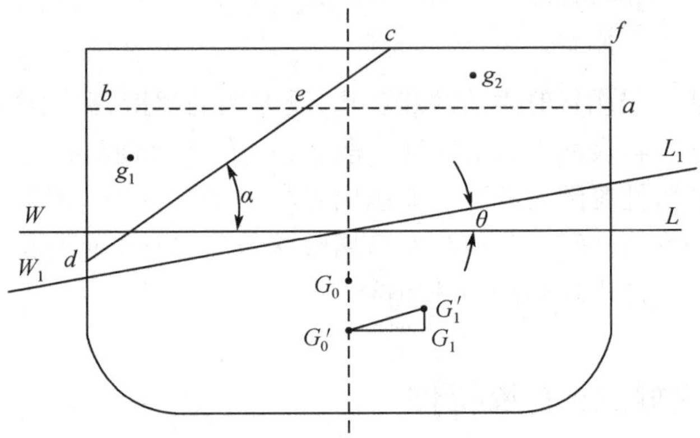

图 12-2　谷物移动分析

2. 货舱内散装谷物横移且重心再次变化

由于货舱内散装谷物下沉，则当船舶在风浪中产生某一横倾角 θ 时，舱内谷物表面 ab 将移至 cd（cd 与水平线间的夹角 α 一般不等于船舶横倾角 θ）。此时，相当于舱内上层 bed 三角形舱位的谷物移至 $ecfa$ 四边形舱位，相应的 bed 舱位谷物重心 g_1 移至 $ecfa$ 谷物舱位重心 g_2 处。根据重量移动原理，该舱谷物重心的移动方向与 g_1g_2 连线平行，移动距离可用重量移动原理求得，谷物重心由 G_0'移至 G_1'位置，从而产生对船舶的横向移动倾侧力矩（重心由 G_0'横移至 G_1 所引起）和垂向移动倾侧力矩（重心由 G_1 上移至 G_1'所引起）。对于初始呈满载的货舱而言，若初始舱内谷物重心取在舱容中心位置，则谷物下沉导致的重心下移量 G_0G_0'要大于重心上移量 G_1G_1'。对船舶稳性而言，偏于安全。因此，此条件下可以忽略谷物垂向移动对稳心的影响。

对于装载散装谷物的整船而言，当船舶航行中各个货舱内的谷面如均出现上述的下沉和向一侧倾斜，船舶的合重心将发生相应的横向和垂向移动，则直接对船舶稳性产生不利影响。由此可见，对于散装谷物运输船舶，如果仅局限于满足对普通干货船的基本稳性衡准指标的最低要求，那么在恶劣海况下，当船舶各舱内谷物移动产生的倾侧力矩超过一定限度时，就会有导致船舶发生倾覆的危险。

第二节　散装谷物船配载计划的编制

根据船舶配载的一般原则,结合散装谷物的运输特点,散装谷物船配载的基本原则可简化为:尽可能多装谷物;保证船舶稳性满足要求;保证船舶具有合适的吃水和吃水差;保证船舶总纵强度。船舶配载的基本程序大体如下:

一、船舶净载重量计算

船舶具体航次最大装运量可根据下式计算:

$$\sum Q = \min\{NDW, \sum V_{ch}/SF\} \quad (12\text{-}1)$$

二、各舱装货量分配

在向各货舱分配装货量时,应根据舱容及谷物积载因数尽量将货舱装满(即满载舱)。若舱容富余,则留出1~2个货舱作为部分装载舱。

(一)部分装载舱选择原则

有利于改善船舶纵强度;调整吃水差使船舶处于适当艉倾;尽量避免使装舱深度处于货舱最宽处,以利于改善船舶稳性。

(二)装载方案选择

在散装谷物货舱内采用何种装载方案,将直接影响舱内谷物移动对船舶稳性的影响程度。我国法定规则和一些国际散装谷物运输规则对此都有具体的要求。

1. 经平舱的满载舱(Filled compartment after trimming)

经平舱的满载舱是指经充分平舱后,甲板和舱口盖下方的所有空间装满至最大限度的货舱。此情况下,谷物移动对稳性影响最小。

2. 未经平舱的满载舱(Filled compartment without trimming)

未经平舱的满载舱是指使舱口范围内装满至可能的最大限度,但在舱口以外,专用舱在舱的两端可免于平舱,非专用舱除考虑甲板上经添注孔谷物可自由流入舱内形成自然流入状货堆的影响外,甲板下其他空当处可免于平舱的货舱。此情况下,谷物移动对稳性的不利影响要明显大于上述经平舱的满载舱。采用此种装载方案,可以为船方节约平舱费用。

3. 部分装载舱(Partly filled compartment)

部分装载舱是指经合理平舱,将谷物自由表面整平,但未达到上述两种满载舱状态的货舱，又称松动舱（Slack Hold）。此情况下，谷物移动对稳性的不利影响随货舱结构形状及谷物装舱深度而变化，多数情况下要远远超过上述两种满载舱。

4. 共同（通）装载舱（Compartment loaded in combination）

共同（通）装载舱是指多用途船或一般干货船装载散装谷物时，在底层货舱舱盖不关闭的情况下，将底层货舱及其上面的甲板间舱作为一个舱进行装载的货舱。当货舱内谷物装载超过底层货舱舱盖高度时，采用此方案与将底层货舱舱盖关闭（即在底层货舱及其上面的甲板间舱内存在两个自由谷面）的方案比较，前者谷物移动对稳性的不利影响较后者要减小许多。

三、配载图

配载图由侧视图表示，如图 12-3 所示。散装谷物船与杂货船比较在积载图上不同的是，装货位置除需标明货物的名称（或其等级）、重量、积载因素外，满载舱需要标注其平舱形式，如“F-T”表示经平舱的满载舱，“F-UT”表示未经平舱的满载舱；部分装载舱需要标注“PF”（或“S”）及谷物装舱深度或空当高度；多层甲板船需要标注是否采用共同（通）装载方式；设置防移装置的货舱则需要详细标注所设置的防移装置形式、设置部位和装置的具体尺度等内容。

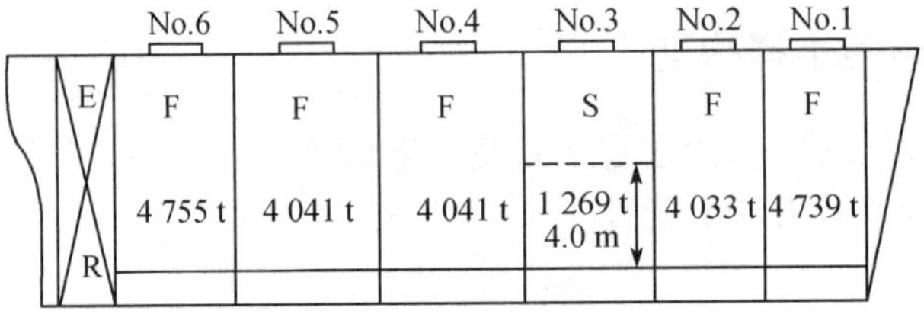

图 12-3　散装谷物船配载图

四、稳性计算

1. 专用稳性计算表

为了遵守 SOLAS 公约的有关规定，各国港口指定有关当局负责在装货前（有些港口在船离港前）对船方填写的散装谷物稳性计算表进行核准，只有当确认计算表中船舶稳性衡准符合 SOLAS 公约的规定后，才准许船舶开始装货。因此，船方应根据航次货运量及船舶情况编制配载图，填写装货港所规定的稳性计算表格。加拿大、美国、澳大利亚等散粮出口国都颁布了专门的散装谷物船稳性计算表，尽管表格形式差别较大，但其计算原理和填写内容都大致相同。经批准后的稳性计算表是表明船舶适航的一份重要文件，应注意认真填写和保存。

2. 稳性核算

根据配载图及散装谷物船稳性计算资料进行稳性计算，应校核船舶在整个航次

(一般分有离港、中途港及抵港 3 种状态)对稳性最不利状态下的装载状态,采用船舶适用的散装谷物装载规则,进行船舶完整稳性衡准指标的核算,具体见本章“散装谷物船的稳性核算”。

五、吃水差计算和总纵强度校核

吃水差计算和总纵强度校核方法同一般货船。各舱谷物重心可取舱容中心,无论是谷物下沉还是谷物未装满整个货舱,其重心纵向位置误差对吃水差影响不大。经计算若吃水差不合适或剪力、弯矩过大,可通过改变部分装载舱的位置和谷物重量或打排压载水等措施予以调整。

第三节 散装谷物船的稳性核算

为了有效地防止散装谷物运输船舶发生倾覆沉船事故,从 1860 年起就陆续有一些国家或地区制定了要求强制执行的散装谷物船舶运输规则,从 1948 年起这类规则就逐步发展成为国际性的规则。现行的规则主要是《1974 年国际海上人命安全公约》(简称 SOLAS 1974)、《国际散装谷物安全装运规则》和《海船法定检验技术规则》(简称《法定规则》)。

一、IMO 对散装谷物船稳性要求及校核

IMO(国际海事组织)对散装谷物船舶的运输规则包括:

(一)《1960 年国际海上人命安全公约》

公约第六章对散装谷物运输船舶提出了特殊要求,分两部分:

第一部分提出对一般干货船承运散装谷物时的要求。其要点是把设置合格的防移装置和采用适当的止移措施作为一般干货船能否装运散装谷物的必要条件,并提供了各种防移装置和止移措施的具体规定。规则对单层和双层甲板非专用谷物船在装运散装谷物时,要求其经自由液面和添注漏斗内的谷物移动修正后的初稳性高度不少于 0.304 8 m(1.0 ft)。

第二部分对散装谷物专用船舶提出了一项特殊稳性衡准要求,即谷物假定移动所引起的船舶横倾角应不大 5°。公约对谷物假定下沉和移动倾侧模型的规定为:当谷物表面下沉 2%舱容后,所有与水平线倾角小于 30°的边界下谷物表面移动 12°(谷物表面无袋装压包)或 8°(谷物表面有袋装压包)。

SOLAS 1960 于 1965 年 5 月 26 日生效,并被我国承认。按 SOLAS 1960 设计和建造并提供有相应资料的船舶,应按该公约要求核算船舶稳性。

（二）1969 年政府间海事协商组织对 SOLAS 1960 第六章谷物装载规则的等效条例（《1969 等效条例》）

因 SOLAS 1960 建立的谷物假定下沉和移动倾侧模型在恶劣海况下，与舱内谷物的实际情况差距较大，故提出《1969 等效条例》。

1. 谷面假定下沉和移动倾侧模型：

（1）谷面下沉。部分装载舱谷物下沉忽略不计。满载舱则按舱口内和舱口外两部分计算：对于舱口内，设定存在一个自舱口盖下缘至谷面平均深度为 75 mm 的空隙；对于舱口前、后、左、右端的甲板下面，设定所有与水平线倾角小于 30°的边界下面存在一个不小于 100 mm 的平均空隙。

（2）谷面倾侧。部分装载舱按谷面倾侧 25°，满载舱按谷面倾侧 15°。

2. 稳性衡准

《1969 等效条例》基于上述模型提出了无论对一般干货船还是专用散装谷物船都完全相同的具体稳性衡准指标，即任何散装谷物运输船舶在整个航程中的完全稳性，至少应满足以下要求：

（1）由谷物假定移动所引起的船舶横倾角 θ_h 应不大于 12°。

（2）在静稳性曲线图上，由静稳性力臂曲线、谷物倾侧力臂曲线和右边界线所围面积，即船舶剩余动稳性，在一切装载情况下应不小于 0.075 m · rad。

（3）经修正各液舱自由液面影响后的初稳性高度应不小于 0.30 m。

《1969 等效条例》已生效，并已由我国政府宣布承认。对于 1980 年 5 月 25 日以前安放龙骨的船舶，当其稳性资料未做更新时，使用本规则进行稳性核算。

（三）《1974 年国际海上人命安全公约》和《国际散装谷物安全装运规则》

因《1969 等效条例》所建立的谷物倾侧模型与实际仍存在一定差距，而且稳性计算过程较为烦琐，不便于简化，对未经平舱的满载舱也未提出具体的谷面下沉和倾侧模型。SOLAS 1974 提出了新的谷面下沉和倾侧模型。公约于 1980 年 5 月 25 日生效，我国政府已宣布承认。

1991 年国际海事组织海上安全委员会第 59 次会议决定对 SOLAS 1974 第六章重新改组，将适用范围由谷物扩大到对船舶及船上人员有特别危害而需采取专门预防措施的货物，并将原散装谷物装运的强制性规定转换成一新的规则，即《国际散装谷物安全装运规则》，该规则于 1994 年 1 月 1 日生效。

1. SOLAS 1974 及其修正案所采纳的谷面下沉和倾侧模型

（1）谷面下沉。部分装载舱谷面下沉忽略不计。满载舱按舱口内与舱口外两部分计算：对于舱口内，设定自舱口盖下缘与舱口围板顶端二者之较低者起至谷物平均深度之间存在一个 150 mm 的空隙；在舱口前、后、左、右端的甲板下面，设定所有与水平线倾角小于 30°的边界下面存在一个不小于 100 mm 的平均空当 V_d。

(2)谷面倾侧。部分装载舱按谷面与水平面成25°倾侧;经平舱的满载舱按谷面与水平面成15°倾侧;对于未经平舱的满载舱,在舱口范围内仍按谷面与水平面成15°倾侧;在舱口范围内之外,对在货舱两端未经平舱的散装谷物专用舱,在舱口两端按谷面与水平面成25°倾侧;在舱口两侧按谷面与水平面成15°倾侧;对于未经平舱的非散装谷物专用舱,在舱口两端或两侧均需由其具体空当面积的计算结果来确定谷面的倾侧角度。

目前,多数散装谷物船舶资料都提供有"符合《谷物装运规则》(或SOLAS 1974)要求的各货舱谷物横向移动倾侧体积矩图表"。

2. 对有批准文件的散装谷物船舶的稳性要求

《谷物装运规则》适用于从事散装谷物运输的任何尺度的船舶。该规则对这类船舶在整个航程中经自由液面修正后的稳性指标提出了下列要求:

(1)初稳性高度 GM 应不小于0.30 m;

(2)由谷物假定移动所引起的船舶横倾角 θ_h 应不大于12°,但对1994年月1月1日后建造的船舶还应考虑该横倾角 θ_h 应不大于12°和甲板边缘浸水角 θ_{im} 中较小者;

(3)船舶剩余动稳性(剩余静稳性面积)应不小于0.075 m·rad。

3. 对无批准文件的散装谷物船舶的稳性要求

《谷物装运规则》提出:对于无主管当局批准文件而部分装载散装谷物的船舶,只有在符合下列条件后才允许装运散装谷物:

(1)散装谷物总重量不超过该船总载重量的1/3;

(2)对经平舱的满载舱,应设置符合规则要求的中纵隔壁,舱口应关闭并将舱口盖固定;

(3)对部分装载舱内的散装谷物,平舱后还应采取符合规则要求的压包,或者使用钢带、钢索、链条或钢丝网进行谷面固定的措施;

(4)整个航程中经自由液面修正后的初稳性高度 GM 应满足:

$$GM \geqslant \max\{0.30, GM_R\} \tag{12-2}$$

其中,GM_R 的计算公式为:

$$GM_R = \frac{LBV_d(0.25B - 0.645\sqrt{V_d B})}{0.0875SF \cdot \Delta} \tag{12-3}$$

式中:L——所有满载舱的长度之和,m;

B——船舶型宽,m;

SF——积载因数,m^3/t;

Δ——船舶排水量,t;

V_d——按规则计算的舱内谷物平均空当高度,m。

二、法定规则

1. 适合国际海域航行的散装谷物船舶

《法定规则》第九篇第三章“谷物运输”，分别对在国际和国内沿海航段航行的散装谷物船舶的稳性衡准提出了具体要求。其中对在国际航段航行的散装谷物船舶完全采用了 1994 年 1 月 1 日生效的 IMO《谷物装运规则》之规定。

2. 适合国内沿海航行的散装谷物船舶

我国《法定规则》对仅在国内沿海各港口之间航行的（包括国际航行船舶在港外部分卸载后进港或驶往国内其他港口的）各类散装谷物船舶（以下通称国内航行船舶），提出了放宽对其稳性特殊要求的具体规定。《法定规则》对因水深限制等原因部分卸载后存在多个部分装载舱的船舶，提出下列要求：

（1）部分卸载后船舶的装载状况，应避免对船体产生过大的应力。

（2）船长应注意天气情况，遇有不良气象时，应及时采取措施或暂缓航行。

（3）应尽可能减少部分装载舱，以减少谷物移动倾侧力矩。

（4）对部分装载舱进行平舱，并保证船舶正浮。

《法定规则》对散装谷物的稳性衡准指标的最低要求，国内航行船舶与国际航行船舶完全相同，也是前述的 $GM \geqslant 0.30$ m、$\theta_h \leqslant 12°$（在 1994 年 1 月 1 日后建造的所有船舶 $\theta_h \leqslant \min\{12°, \theta_{im}\}$）和 $S \geqslant 0.075$ m · rad 三项。

《法定规则》建立的国内航行船舶的谷物假定移动倾侧模型设定为：满载舱和部分装载均假定谷物移动后的谷面与水平面成 12°倾角。

（1）当船舶具备按《谷物装运规则》要求的谷物假定谷物倾侧体积矩 M_v 资料时，《法定规则》规定，国内航行船舶的倾侧体积矩 M_v' 取为：

①经平舱的满载舱和部分装载舱

$$M_v' = 0.46 \times M_v$$

②经平舱的满载舱

$$M_v' = 0.80 \times M_v$$

（2）当船舶缺乏谷物假定倾侧体积矩资料时，国内航行船舶的倾侧体积矩 M_v' 取为：

①对于部分装载舱

$$M_v' = \sum 0.0177 \times l_i \cdot b_i^3 (m^4) \tag{12-4}$$

式中：l_i——各部分装载舱的长度，m；

b_i——各部分装载舱谷物表面的最大宽度，m。

②对于经平舱的满载舱

$$M_v' = 0$$

由国内航行船舶的谷物假定移动倾侧模型（见图 12-4）可知，国内航行船舶的稳性衡准要求低于公约规定的要求。

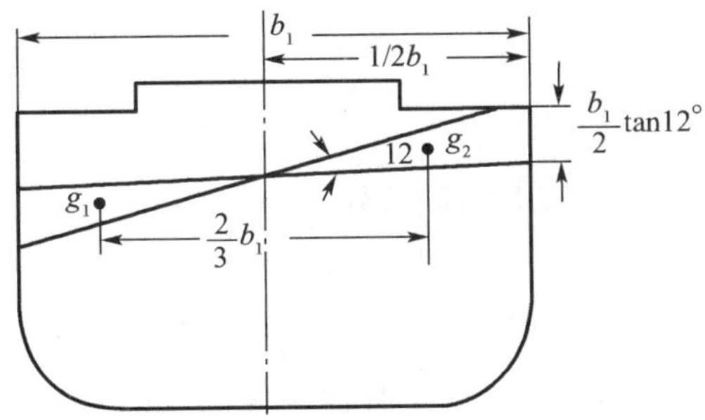

图 12-4　部分装载舱谷物移动倾侧模型

三、散装谷物船舶稳性核算

鉴于国内航行的散装谷物船舶稳性衡准指标的具体核算方法和步骤与 SOLAS 1974 的核算方法完全相同，因此，仅介绍 SOLAS 1974 或《国际散装谷物安全装运规则》所规定的有关完整稳性要求的计算方法。

（一）经自由液面修正后的初稳性高度 *GM* 的核算

GM 的具体计算方法在"船舶稳性"一章已做详细介绍，此处不再重复。关于货舱内散装谷物重心高度的确定方法，SOLAS 1974 或《国际散装谷物安全装运规则》规定：

1. 满载舱

（1）谷物重心位置取在货舱的舱容中心处，其重心距基线的高度可以从货舱容积表中查取。因为这种确定方法简单，对均质谷物而言，按这种方法确定的谷物重心高度要大于其实际重心高度，偏于安全，所以有关人员乐于采用。

（2）谷物重心位置在考虑舱内谷面按规则假定的下沉量后，取在舱内谷物实际体积中心处。

2. 部分装载舱

谷物重心位置取在舱内谷物初始装载体积的几何中心处，其重心距基线高度可根据货舱内谷物的初始装舱深度或所占舱容，从相应的舱容曲线图或数据表中查取。

按 SOLAS 1974 或《国际散装谷物安全装运规则》所规定的要求，散装谷物船必须满足：$GM \geq 0.30$ m。

（二）由谷物假定移动引起的船舶静倾角 θ_h 的核算

θ_h 可以按公式法和作图法求取。

（1）公式法计算 θ_h

按 SOLAS 1974 或《国际散装谷物安全装运规则》建立的舱内谷面下沉和倾侧模

型，若假定在谷物移动倾侧力矩 M_u' 作用下引起船舶静倾角 θ_h，则经推导得：

$$\theta_h = \arctan \frac{M_u'}{\Delta \cdot GM} \quad (12\text{-}5)$$

式中：θ_h——船舶静倾角，°；

GM——经自由液面修正后的初稳性高度，m。

M_u' 可按下式计算：

$$M_u' = \sum C_{vi} \cdot M_{vi}/SF \quad (12\text{-}6)$$

式中：C_{vi}——第 i 舱舱内谷物重心垂向上移修正系数，按 SOLAS 1974 规定：

①经平舱或未经平舱的满载舱，当谷物重心取在舱容中心处时，取 $C_{vi}=1.00$。

②经平舱或未经平舱的满载舱，当谷物重心取在谷物假定下沉后的体积中心处时，取 $C_{vi}=1.06$。

③部分装载舱取 $C_{vi}=1.12$。

M_{vi}——第 i 舱谷物横向移动倾侧体积矩，m^4。通常由船舶设计或建造部门根据规则规定的谷物移动倾侧模型计算求取，并在船舶散装谷物稳性报告书中提供，如图 12-5 所示；对于满载舱，可以以舱别及其平舱状况作为查表引数，从“满载舱谷物移动力矩”表中查取 M_{v_i}；对于部分装载舱，可以在纵坐标上过舱内谷物装舱深度点作一水平线，并使之与特定舱别所对应谷物移动体积矩曲线相交于一点，再过该点作一垂直线，在该垂线与“谷物移动体积矩”横坐标交点上即可读取该部分装载舱的值 M_{v_i}。

SF_i——第 i 舱舱内谷物的积载因数，当同一舱内装载积载因数不同的几种谷物时，应选取表层谷物的积载因数，m^3/t。

舱内谷物重心的移动可分为横向和垂向两部分。船舶资料所提供的仅为谷物横向移动的倾侧体积矩。式(12-6)中谷物重心垂向上移修正系数 C_{vi} 是谷物重心移动的总倾斜体积矩与某移动倾侧体积矩之比。

满载舱内谷物重心取在舱容中心处时取 $C_{vi}=1.00$，这是因为舱容中心是满载舱内均质谷物重心的最高位置，这样确定的满载舱内谷物重心位置，实质上已包含了对谷物重心垂向上移有害的修正，而且偏于安全。满载舱内谷物重心取在谷物假定下沉后的体积中心处时取 $C_{vi}=1.06$，这实际上是将谷物横向移动倾侧力倾侧体积矩的 6% 用来修正舱内谷物重心垂向上移的有害影响。

同样，部分装载舱取 $C_{vi}=1.12$，是将谷物横向移动倾侧力倾侧力矩的 12% 用来修正舱内谷物重心垂向上移的有害影响。

(2)作图法确定 θ_h

使用作图方法确定 θ_h 的步骤是：

①绘制核算装载状态下船舶的静稳性力臂曲线 $GZ=f(\theta)$。

绘制方法和步骤参阅第三章中所述。注意对曲线应进行自由液面的修正。

②绘制谷物倾侧力臂曲线 $\lambda=f(\theta)$。

$$\lambda_0 = \frac{M_u'}{\Delta}(\text{m}) \quad (12\text{-}7)$$

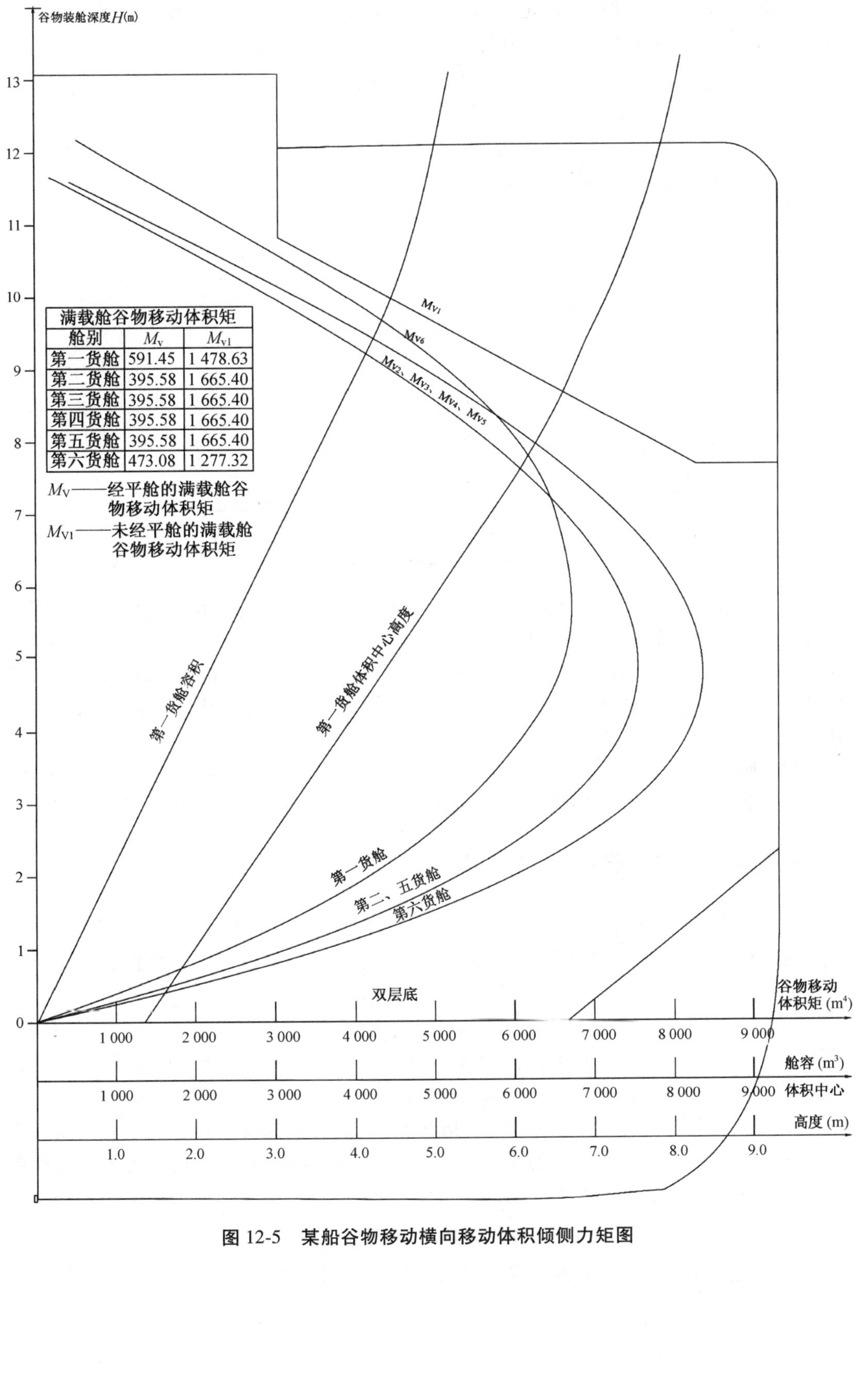

舱别	M_V	M_{V1}
第一货舱	591.45	1 478.63
第二货舱	395.58	1 665.40
第三货舱	395.58	1 665.40
第四货舱	395.58	1 665.40
第五货舱	395.58	1 665.40
第六货舱	473.08	1 277.32

图 12-5 某船谷物移动横向移动体积倾侧力矩图

根据《1969 等效条例》的规定：谷物倾侧力臂曲线是一条下降直线。横倾角 0°时倾侧力臂 λ_0 和横倾 40°时谷物倾侧力臂 λ_{40} 的值，其计算公式是：

$$\lambda_{40} = 0.8\lambda_0(\mathrm{m}) \tag{12-8}$$

式中：M_u'——谷物移动倾侧力矩，按(12-6)公式计算。

随后，在已绘制静稳性力臂曲线的坐标平面上寻找(0°，λ_0)和(40°，λ_{40})两点，过两点作连线即为谷物倾侧力臂曲线(见图 12-6)。

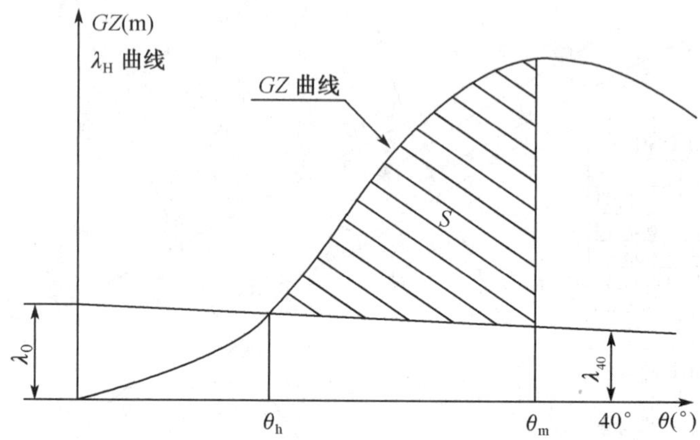

图 12-6　谷物倾侧力臂曲线

(3)在 $GZ=f(\theta)$ 和 $\lambda=f(\theta)$ 两条曲线相交处，其横坐标值即为由作图法求得的谷物移动倾侧力矩 M_u' 作用下引起的船舶静倾角 θ_h。

公式法计算简单，但其计算结果常常偏大。作图法求取过程较烦琐，但计算结果精度较高。当由公式法求出的结果不满足要求，而作图法求出的结果满足要求时，该装载情况下的 θ_h 指标仍被认为满足规则要求。

按规则的要求，散装谷物船必须满足 $\theta_h \leqslant 12°$。对于 1994 年 1 月 1 日后建造的船舶，若假设船舶在核算装载状况下甲板边缘浸入角为 θ_{im}，则必须满足：$\theta_h \leqslant \min\{12°, \theta_{im}\}$。

(三)船舶剩余动稳性值 S 的核算

1. 确定右边边界线

《国际散装谷物安全装运规则》规定：右边边界是一条垂直于横坐标值 θ_m 的直线，按下列公式确定：

$$\theta_m = \min\{\theta_{GZ'max}, \theta_f 40°\} \tag{12-9}$$

式中：$\theta_{GZ'max}$——船舶复原力臂和谷物倾侧力臂之间纵坐标差值(即船舶剩余复力臂 GZ')最大处所对应的横倾角；

θ_f——规则定义的船舶进水角，系指在船体、上层建筑或甲板室上不能关闭成水密的开口被浸没时的横倾角，可以从散装谷物船舶的稳性报告书或其他稳性计算资料中根据船舶的排水量查取。

2. 计算剩余动稳性值(剩余静稳性面积)

在横坐标 $\theta_h \sim \theta_m$ 范围内将曲线横向六等分，并分别量取各等分处船舶剩余复原力

臂值(即 $GZ_\theta-\lambda_\theta$),随后按辛浦生第一法则公式计算,即

$$S=\frac{x}{3}(y_0+4y_1+2y_2+4y_3+2y_4+4y_5+y_6)\times\frac{\pi}{180} \tag{12-10}$$

式中:x——在横坐标 $\theta_h\sim\theta_m$ 范围内将曲线横向六等分的等分间距;

$y_0,y_1,y_2,\cdots y_6$——依次表示在横坐标 $\theta_h\sim\theta_m$ 范围内将曲线横向六等分的每一垂线处量取的船舶剩余复原力臂值。

按规则的要求,散装谷物船必须满足:$S\geqslant0.075$ m·rad。

四、SOLAS 1974 稳性衡准指标的简化核算方法

对于 SOLAS 1974 稳性衡准指标,若按上述计算方法,则过于烦琐。根据船舶资料、稳性状况等条件可以选择下述简化的核算方法。

1. 谷物许用倾侧力矩法

使用此方法的前提是:散装谷物船舶稳性报告书或稳性计算资料必须提供"散装谷物最大许用倾侧力矩表"。由查表引数为船舶排水量 Δ 和经自由液面修正后的重心高度 KG,就可以从表中直接或使用内插法求得船舶的最大许用倾侧力矩 M_a,最大许用倾侧力矩 M_a 如表 12-1 所示。

表 12-1 最大许用倾侧力矩 M_a 表(9.81 kN·m)

Δ	KG										
	7.5	7.6	7.7	7.8	7.9	8.0	8.1	8.2	8.3	8.4	8.5
28 000	12 535	11 916	11 297	10 678	10 059	9 440	8 821	8 202	7 583	6 964	6 345
29 000	12 981	12 340	11 699	11 058	10 417	9 776	9 135	8 494	7 853	7 212	6 571
30 000	13 428	12 765	12 102	11 439	10 776	10 113	9 450	8 787	8 124	7 461	6 798
31 000	14 204	13 519	12 834	12 149	11 464	10 779	10 094	9 409	8 724	8 039	7 354
32 000	14 661	13 954	13 247	12 540	11 833	11 126	10 419	9 712	9 005	8 298	7 591
33 000	15 470	14 741	14 012	13 283	12 554	11 825	11 096	10 367	9 634	8 909	8 180
34 000	16 299	15 548	14 797	14 046	13 295	12 544	11 793	11 042	10 291	9 540	8 789

该表的基本原理是:从最大许用倾侧力矩表中查出的 M_a 值,即表示恰能使船舶同时满足 SOLAS 1974 的三项稳性特殊衡准指标要求的谷物最大许用倾侧力矩值。

根据"散装谷物最大许用倾侧力矩表",其简化核算步骤为:

(1)选择航程中对稳性最不利的装载情况计算船舶各排水量 Δ 和经自由液面修正后的重心高度 KG。

(2)按 SOLAS 1974 提供的计算公式(12-6),计算各舱内谷物假定移动总倾侧力矩 M_u'。

(3)以Δ和KG为查表引数,从“散装谷物最大许用倾侧力矩表”中直接查取或由内插法求取核算该装载情况下最大许用倾侧力矩M_a。

(4)比较M_a和M_u:当$M_a \geqslant M_u$时,就表明船舶在该装载状况下,SOLAS 1974 三项稳性衡准指标同时得到满足。

2. 剩余静稳性力臂法

剩余静稳性力臂法是以横倾40°时剩余复原力臂GZ_{40}'的计算替代三项稳性指标中求取过程烦琐的剩余动稳性值S的计算。

采用本方法的核算过程如下:

(1)判断下列三项简化核算条件是否同时满足:

①谷物假定移动所引起的船舶静倾角$\theta_h \leqslant 12°$。

②经自由液面修正后船舶静稳性力臂GZ曲线在12°~40°范围内形状正常,无凹陷。

③右边边界线对应的横倾角$\theta_m = 40°$。

若其中一项未满足,则应采用其他方法进行核算。上述条件①可以使用谷物假定移动引起的横倾角的计算公式(12-5)予以求证。条件②和③可以选择船舶散装谷物稳性报告中与核算装载状况相近的某一典型装载情况下已绘制的静稳性曲线作为参考并查阅船舶进水角曲线图来求证。

(2)计算横倾40°时剩余复原力臂值GZ'_{40}

$$\begin{aligned} GZ'_{40} &= GZ_{40} - \lambda_{40} \\ &= (KN_{40} - KG \cdot \sin 40°) - 0.8 \cdot \lambda_0 \\ &= KN_{40} - KG \cdot \sin 40° - 0.8 \cdot \frac{M_u'}{\Delta} \quad (\text{m}) \end{aligned} \tag{12-11}$$

式中:$GZ'40$——船舶横倾40°时剩余复原力臂,m;

λ_0、λ_{40}——分别表示船舶横倾0°和40°时谷物倾侧力臂,m;

KN_{40}——船舶横倾40°时形状稳性力臂,可从“稳性横交曲线图”中查取,m;

KG——经自由液面修正后船舶重心距基线,m;

M_u'——谷物总倾侧力矩,可按公式(12-6)求取,9.81 kN·m。

(3)稳性指标核算:当满足$GZ'_{40} \geqslant 0.307$ m时,就等同于满足船舶剩余动稳性值$S \geqslant 0.075$ m·rad的要求。

如图12-7所示,以横坐标从12°~40°为底边l,以最小允许值$GZ'_{40\min}$为高作直角三角形,并设其面积S'恰好为0.075 m·rad。显然,当同时满足上述三项简化核算条件时,船舶静稳性曲线下的面积S必定大于被包围其中的直角三角形面积S'。若$S' \geqslant 0.075$ m·rad,

$$S = \frac{1}{2} l \times GZ'_{40\min} = \frac{1}{2} \times (40 - 12) \times \frac{\pi}{180°} \times GZ'_{40\min} = 0.075\text{m} \times \text{rad}$$

则必定满足$S > 0.075$ m·rad的要求。设$S' = 0.075$ m·rad,则

求解上式可得:$GZ'_{40\min} \approx 0.307$(m)

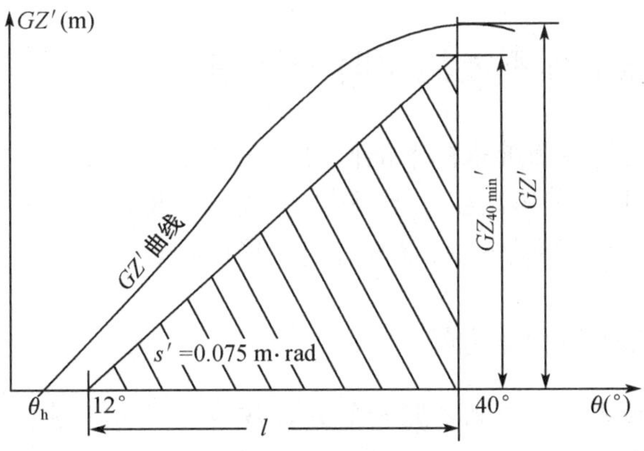

图 12-7　40°时剩余复原力臂值 GZ'_{40}

3. 等值三角形面积法

若船舶不具备“散装谷物最大许用倾侧力矩表”，又不同时满足上述简化 S 核算的三项条件时，可用本方法简化剩余静稳性面积 S 的计算。

按前述步骤和方法绘制船舶静稳性力臂曲线、谷物倾侧力臂直线和右边边界线，量取不同横倾角处的船舶剩余复原力臂 GZ' 值并绘制剩余复原力臂曲线 $GZ'=f(\theta)$，如图 12-8 所示。

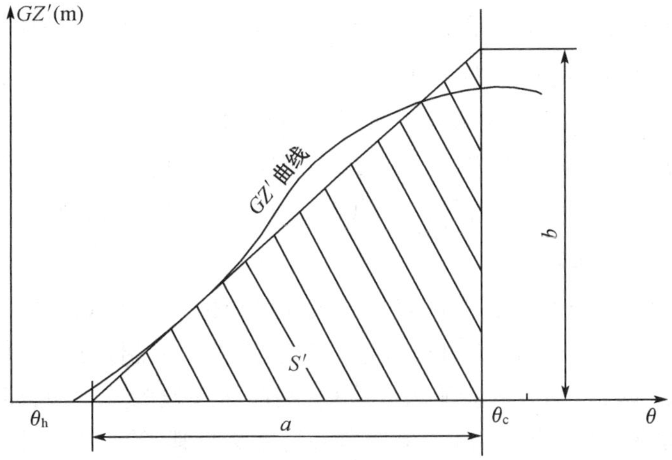

图 12-8　直角三角形代替 S' 的计算

作直角三角形，使其面积 S' 略小于剩余复原力臂曲线 GZ' 下的面积 S。若 $S'=a\cdot b/2\geqslant 0.075\ \text{m}\cdot\text{rad}$，则必定满足 $S\geqslant 0.075\ \text{m}\cdot\text{rad}$。

五、稳性衡准指标不能满足时的措施

当散装谷物船的稳性衡准指标不能同时满足要求时，可以采用减少谷物移动倾侧力矩、选择合适舱位打入或排出压载水、舱内设置防移装置或采取止移措施（必须在稳性计算表中详细标注）等补救方法，以改善船舶稳性。

（一）减少谷物移动倾侧力矩

散装谷物移动倾侧力矩由满载舱和部分装载舱的移动倾侧力矩所组成。对于满载舱，不论经平舱与否，其谷物假定移动倾侧力矩是固定的。对于部分装载舱，其谷物移动倾侧力矩常常占了很大比例。因此，减少谷物移动倾侧力矩，首先应考虑部分装载舱的谷物移动倾侧力矩。常用的方法有：

1. 将部分装载舱安排于舱宽较窄、内有纵隔壁的或舱长较短的货舱内

由于谷物移动倾侧力矩与谷面宽度的三次方成正比，因此，如将部分装载舱安排于舱宽较窄（如首部货舱）或有纵隔壁的货舱，就能大大减少部分装载舱的谷物移动倾侧力矩。在舱宽相同或相近时，部分装载舱则应选择舱长较短的货舱。但同时还需兼顾满足船舶强度条件和吃水差的要求。

2. 部分装载舱内谷物装舱深度应避开该舱谷物移动倾侧力矩的峰值附近

如果在确定散装谷物装载方案时，发现某个部分装载的谷物移动倾侧力矩正处于其峰值附近，则应考虑在某个满载舱内少装一些谷物，并将这部分谷物装入倾侧力矩正处于其峰值附近的部分装载舱内。这样，虽满载舱内谷物移动倾侧力矩有所增大，但部分装载内的谷物移动倾侧力矩将减少得更多，从而使谷物移动总倾侧力矩减少。

3. 采用共同（通）装载方案

对于多层甲板干货船，当其舱内谷物装载高度超过中间甲板舱口时，可以采用共同（通）装载方案，以减少谷物移动倾侧力矩。若舱内谷物未超过该层舱舱口，但当舱内谷面假定倾侧 25°时，谷物有可能流入上层舱，则应将该舱舱盖关闭，而且，若该舱舱盖上不装散装谷物或其他货物，还必须采用可靠的方法将其紧固，以防止下层舱谷物移动使该舱盖移位。

4. 将未经平舱的满载舱改为经平舱的满载舱

对满载舱进行完整的平舱，可以大大地减少谷物的移动倾侧力矩。

（二）改善装载方案，提高船舶初稳性高度

使用各种方法，提高船舶初稳性高度：降低所装谷物的重心高度；在顶边水舱排出压载水，在双层底和底边水舱打入压载水；尽量减少自由液面对稳性的影响；合理配置和使用燃油等。

(三)设置防移装置和采取止移措施

这是船舶稳性不足时采用的一种不得已的补救手段。规则提供了几种具有较强实用价值的防移装置和止移措施,主要包括:

1. 适用于满载舱和部分装载舱——设置纵隔壁

若在矩形自由谷面货舱中设置一道纵隔壁,即可使谷物假定移动的倾侧力矩减少到原来的1/4,如图12-9所示。

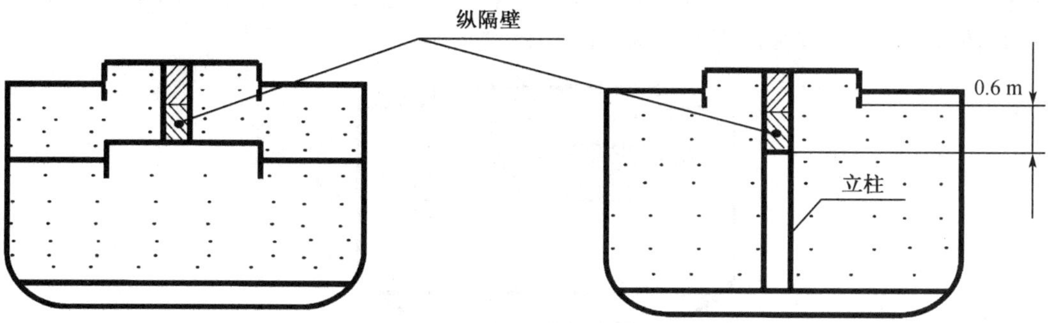

图12-9 设置纵隔壁

规则对所设置的纵隔壁的要求是:隔壁必须为谷密。若在甲板间舱内,则隔壁垂向必须贯穿整个间舱。若在非甲板间舱内,则满载舱纵隔壁的设置要求在顶部甲板(舱盖)向下延伸大于0.6 m;部分装载舱的设置,除非受到舱顶和舱底的限制,纵隔壁的高度要求其位于谷面以上高度和谷面以下深度为该舱最大宽度的1/8。

2. 仅适用于满载舱

(1)添注漏斗或设置托盘

添注漏斗,如图12-10所示。托盘可以替代纵隔壁。托盘,如图12-11所示。底部放置隔垫帆布或其等效物,其上装满袋装谷物或其他适宜货物。对托盘深度 d 的要求是:当型宽 $B\leqslant 9.1$ m时,要求 $d\geqslant 1.2$ m;当 $B\geqslant 18.3$ m,要求 $d\geqslant 1.8$ m;当 $9.1\text{ m}<B<18.3$ m时,用内插法确定要求的 d 值。托盘顶部应由舱口边桁材或围板及舱口端梁组成。

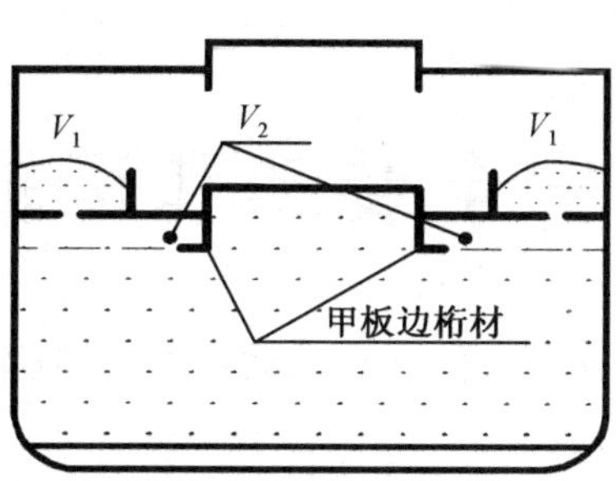

图12-10 添注漏斗

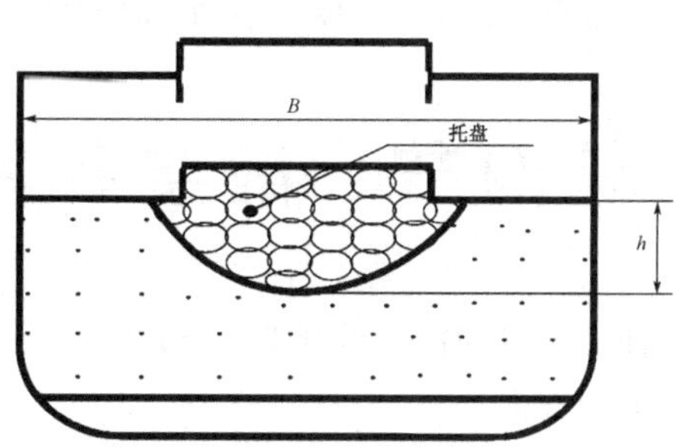

图12-11 托盘

(2)设置散装谷物捆包

作为设置托盘的一种替代方法,设置散装谷物捆包的形式和要求与设置托盘的相同,只是将托盘内的袋装谷物或其他适宜货物,改用散装谷物来填充,并要求在其顶部使用合适的方法加以固定。

3. 仅适用于部分装载舱

(1)谷面上堆装货物

谷面上堆装货物俗称压包。要求将自由谷面整平,谷面上使用隔垫帆布或其他等效物,或设置一垫木平台,其上要求堆满高度不小于谷面最大宽度的 1/16 和 1.2 m 中较大者的袋装谷物或其他等效货物,如图 12-12 所示。

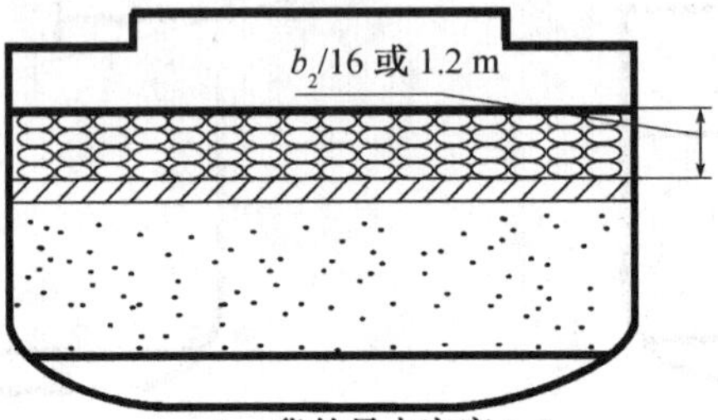

图 12-12　谷面上堆装货物

(2)用绑索或钢丝网固定谷面

用钢带、钢索或链条等系索固定谷面时,应在完成装载前先将系索用卸扣经一定间距(以不大于2.4 m 为宜)连接在谷物最终谷面以下 0.45 m 的舱内两侧的船体结构上。当谷物装毕后将谷面平整至顶部略成拱形,用粗帆布、舱盖布或等效物覆盖,垫隔布应至少搭接 1.8 m。在其上放置木制层。木制层是在谷面上铺设的二层满铺的木板地板,要求每块厚 25 mm,宽 150~300 mm。上层地板纵向铺设,钉于底层横向铺设的地板上。亦采用另一种方式,即上层用厚 50 mm 的木板纵向满铺,钉于厚 50 mm、宽不小于 150 mm 的横向底垫木上,底垫木应延伸至舱的全宽,其间距不超过 2.4 m。随后将预埋在左右谷面两侧以下的对应绑索用松紧螺旋扣紧固。其中在上层纵向垫木和每道绑索之间用贯穿该舱全宽的横垫木支撑,以分散绑索产生的向下压力。在船舶航行途中应经常检查绑索,且必要时应予以收紧。

第四节　散装谷物船安全装卸和运输

散装谷物在海上运输的全过程中,除需要按杂货的一般要求运输外,还应特别注意下列几个方面:

一、装货前的准备

(1)全面检查货舱设备并使之处于适用状态,疏通舱内污水沟(井),以保持其畅通,保证货舱污水泵和通风设备运行情况良好。

(2)彻底清洁货舱,保证货舱处于清洁、干燥、无异味、无虫害、无鼠害、无有害物质(如美国港口当局规定,如舱内有未能识别的物质,则以有毒物质论处)、无渗漏的状态。

(3)若舱内存在虫害、鼠害,则需对空舱进行熏蒸。

(4)当全船货舱均满足上述条件时,可向装货港有关部门申请验舱。当验舱合格和/或通过散装谷物稳性计算表审核,取得装载准备完成证明(Certificate of Readiness)后,才允许开始装货。装货前,还应备妥各类垫舱物料和止移装置。

二、装货过程

(1)严格按积载计划装货,合理安排各舱装载顺序(Rotation)使吃水差始终保持艉倾,以便顺利卸压载水。

(2)各舱装货次数以三次为易,以免船体受力不匀。

(3)监装中,应特别注意装船谷物的质量(主要指含水量),保持舱内易产生汗水部位与污水沟(井)的通道畅通;鉴于散装谷物的特性,对每批需船运的散粮,货主均应提供附有品质化验单或表明货物质量状态的质量保证书。在质量保证书内应特别标明谷物的温度和含水量。当运输潮湿的谷物时,还需标明其湿度。当发现待运谷物有下列情形时,船方应予拒装:

①谷物处于自热状态中。

②谷物湿度在16%以上。湿度可用专门的湿度计测定。表12-2列出了常运谷物安全水分要求。

表12-2 常运谷物安全水分要求

谷物种类	含水量	谷物种类	含水量
大米	15%以下	赤豆	16%以下
小麦	14%以下	蚕豆	15%以下
玉米	16%以下	花生	8.5%以下
大豆	15%以下	花生米	10%以下

③被仓库害虫感染的。感染壁飞目程度在一等以上的;感染象鼻虫等无论其感染度如何。均以1 kg谷物中含害虫(壁飞目和象鼻虫)的个数来划分,见表12-3。

表 12-3　1 kg 谷物中含害虫的个数

感染度	1 kg 谷物中含害虫的个数	
	壁飞目	象鼻虫
第一等	1~20	1~5
第二等	20 以上	6~10
第三等	壁飞目形感呈毡状态	10 以上

④进行过驱虫的毒气未解消的。

⑤作种子用的谷物,经检疫发现有杂草的。

(4)各舱临装货结束时,应按要求进行平舱和采取止移措施(如必要时),并做好货物顶部的铺垫,以防止或减少舱顶汗水对谷物的影响。全船临装货结束时,应注意调整船舶吃水差,消除船舶横倾角。装货完毕后,可以利用水尺计重方法核准实装的全船谷物重量,以供参考。

(5)实测各部分装载舱内谷面以上空当并对积载计划(包括稳性计算表)进行修改,绘制实际积载图。开航前,按贸易合同的规定进行货舱熏蒸。

三、途中保管

(1)航行途中应当定时测定舱内污水沟(井)内水位,及时排除舱内污水。

(2)应注意经常检查舱内防移装置(如设置时)的状况是否良好。

(3)货舱通风可以根据杂货船运输中防止舱内产生汗水的原则进行,但应当认识到,对于导热性很差的散装谷物的通风仅仅是表面上的,企图将货堆内部谷物呼吸产生的水分和热量全部排出舱外是不可能的。

(4)对货舱底的燃油柜加热不可过高,以免谷物受热损坏。

四、卸装过程

(1)卸货前,货主通常委托有关机构人员上船检查各舱内谷物状况,只有在确认未发现待卸谷物存在水湿、霉变、虫害、污染等情况后,才准许开始卸货。因此,在船舶航行途中及抵港前,应注意检查舱内上层谷物的状况,以便及时发现问题采取应急补救措施。

(2)卸货前告知工头污水沟(井)位置,要其注意使用抓斗(Crab)或推土机(Bulldozer)时勿损坏或推走污水沟(井)盖及其他设备。

(3)卸货时舱内高处横梁等突出处常留有谷物,最好在卸货过程中及时清除,否则货物卸完后,将成为一项困难而危险的工作。

第四篇　液体散装货物运输

液体散装货物运输是指石油及其产品、液体化学品、液化气体（包括液化石油气、液化天然气和液化化学气）运输，在运输这些货物时，需要特别关注货物的装载、运输、防爆、防毒、防污等运输环节。本篇以油船运输、液体化学品船运输、液化气体船运输为项目，结合具体工作项目和任务进行编写，包括必需的专业知识和技能。

第十三章

油船运输

油船运输作为保障国民生活的重要资源——石油及其产品供应的运输方式,在国际贸易运输中占有非常重要的地位,油船船队约占世界商船总吨位的40%,由于其运输原油及其产品的危险性,国际公约对油船运输有严格的规定和要求。

第一节 石油及其产品和油船概述

一、石油及其产品

(一)石油及其产品分类

1. 原油(Crude Oil)

原油是指直接从油井中开采出来未经炼制加工的具有特殊气味、有色黏稠的可燃性矿物油,主要由多种碳氢化合物构成,其平均含碳量为83%~87%,氢含量为11%~15%。由碳氢化合物形成的烃类构成石油的主要成分,占95%~99%,此外还含有硫、氧、氮等十几种元素。原油密度一般在0.75~0.95 g/cm^{3}之间,密度在0.9~1.0 g/cm^{3}之间的称为重质原油,小于0.9 g/cm^{3}的称为轻质原油,不同产地的原油其成分的含量各不相同。

2. 成品油(石油产品,Oil Products)

成品油系指脱盐、脱水的原油在炼油厂经分馏、裂解、重整等方法炼制加工获得的各种产品,可分白油(又称清油)(Clean Oil)、黑油(Dirty Oil)和润滑油(Lubricating Oil)。在分馏塔内,轻质组分的蒸气上升较高,在塔的上部冷凝成液体,而重质组分的蒸气在较低的高度冷凝,因此可从分馏塔不同的高度得到不同的馏分,一般白油是直馏轻质组分,黑油是重质组分。成品油主要产品有:

(1)汽油(Petrol or Gas Oil)

汽油是石油产品中密度最小、最易挥发的油品,主要包括航空汽油、车用汽油和溶剂汽油等多种。车用汽油的牌号是按含辛烷值高低来区分的。辛烷值是衡量汽油在气缸内抗爆震燃烧能力的一种数字指标,其值越高表示抗爆性越好。汽油挥发后与空气混合形成爆炸性的混合气体,爆炸极限为1.1%~5.9%。

(2)煤油(Kerosene)

煤油是无色透明液体,含有杂质时呈淡黄色,密度0.78~0.80 g/cm^3。其易挥发,挥发后与空气混合形成爆炸性的混合气体,爆炸极限为2%~3%。煤油按用途可分为灯用煤油、航空用煤油和重质煤油。除了作为燃料外,煤油还可作为机器洗涤剂及医药工业和油漆工业的溶剂。

(3)柴油(Diesel Oil)

柴油分为轻柴油和重柴油。轻柴油供各种柴油汽车、拖拉机、高速柴油机(1 000 r/min以上)等作燃料用;重柴油供中低速柴油机(1 000 r/min以下)作燃料用。柴油的牌号按照凝点的高低区分,凝点是指在规定的冷却条件下油品停滞流动的最高温度。轻柴油牌号分为+10、0、-10、-20、-35、-50六个牌号;重柴油分为10、20、30三个牌号。

(4)燃料油(Fuel Oil)

燃料油又叫重油或锅炉油,其密度为0.940~0.995 g/cm^3,其牌号按黏度大小分为20、60、100、200四个牌号,牌号越高,黏度越大。燃料油主要用于船舶、工业和工厂锅炉作燃料。

(5)润滑油(Lubricating Oil)

润滑油是提取了汽油、煤油、柴油后剩下的重质油,是采取减压蒸馏法制成的液体油品。它主要用于机械设备的摩擦部位,起到润滑作用。润滑油的清洁要求较高,运输中要严防掺入水分和杂质,以防乳化失去润滑作用或造成杂质磨损机械。

(二)石油及其产品特性

1. 易燃性

易燃性是指石油类货物极易燃烧的性质,可用闪点(Flash Point)、燃点(Fire Point)和自燃点(Spontaneous Combustion Point)来衡量。石油及其产品挥发出的蒸气与空气组成混合气体,遇到明火能够燃烧的浓度范围称为易燃液体的可燃极限;可燃上下限之间的数值范围称为可燃范围,表13-1为各种石油气的理论可燃范围表。

我国交通运输部颁布实施的《油船安全生产管理规则》根据其闪点的高低来划分石油及其产品的危险性等级,当油温达到其闪点时,便有可能产生闪燃,闪点越低,等级越小,危险性越大。等级划分如下:

一级易燃液体:闪点在28 ℃以下的石油,如苯、汽油、石脑油和某些原油等。

二级易燃液体:闪点在28 ℃及以上至未满60 ℃的石油,如煤油、某些原油等。

三级易燃液体:闪点在60 ℃及以上的石油,如柴油、燃料油、润滑油等。

任何油品当油温达到其闪点时，便有可能形成可燃气体。因此，当三级石油加温至该油品的闪点温度或三级油品装载于有可燃气体的油舱时，应按一、二级石油看待，并采取同样的防范措施。

表 13-1　各种石油气的理论可燃范围表

名称	可燃极限(v/v)		名称	可燃极限(v/v)	
	上限	下限		上限	下限
甲烷	14.5	5.3	苯	8.0	1.5
乙烷	12.5	3.1	甲苯	9.5	1.27
丙烷	9.5	2.2	二甲苯	6.0	1.0
丁烷	8.5	1.9	原油	10.0	1.0
戊烷	8.8	1.4	汽油	7.6	1.4
己烷	7.5	1.2	煤油	6.0	1.2
乙炔	80.0	2.6	轻质油	4.5	1.5

2. 挥发性

挥发性是指石油类货物在其温度达到沸点前由液体变为气体的特性。储运中，挥发性不但会使货物的数量减少，而且油中轻质馏分的挥发使油品质量降低，并为其燃烧、爆炸提供了油气。石油类货物挥发的速度主要取决于油温，温度越高，挥发越快。除此以外，压力的大小、油品表面积的大小、油品自身的密度等因素也会影响挥发速度。

3. 爆炸性

爆炸性是指石油类货物挥发出的蒸气在空气中所形成的混合气体达到其可燃极限浓度范围时，遇明火就会燃烧，以致压力升高引起爆炸的性质。为防止石油类货物的蒸气混合气体发生爆炸，应在油船危险油气可及区域内杜绝一切火源并须配备油气驱除系统和惰性气体系统。

油气驱除系统是利用抽风机将油舱内高浓度的油气驱除出货油舱，而惰性气体系统是将惰性气体注入货油舱，这两套系统配合使用，能使舱内混合气体的含氧量低于5%。实验证明，随着惰性气体的充入，含氧量逐渐下降，油品的爆炸下限提高，爆炸上限降低，从而使油舱和管系内的油气爆炸范围减小，燃烧、爆炸的可能性随之降低，如图13-1所示。

4. 毒害性

石油类货物含有大量的碳氢化合物、少量的硫化氢等，会对人体产生不同程度的毒害作用。石油中毒大部分是因吸入石油挥发出的气体所致，因此石油的毒害性与其挥发性有密切的关系。石油类货物的毒害性一般采用有害气体最大容许浓度 MAC(Maximum Acceptable Concentration)或浓度临界值 TLV (Threshold Limit Values)表示。MAC 或 TLV 以有害气体在空气中的容积百分比的百万分率 PPM 为计量单位，其值越小，其

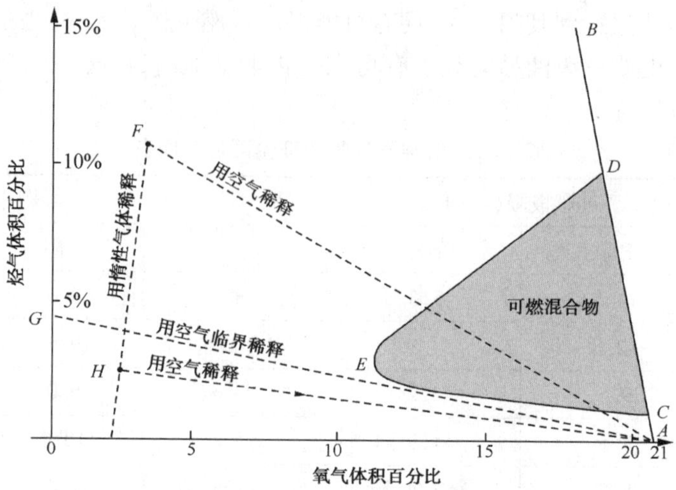

图 13-1　混合气体燃爆范围示意图

毒害性越大。

5. 黏结性

原油和重油等一些不透明的油品在低温时凝结成糊状或块状的性质称为黏结性。黏结性可用凝点(Solidifying Point)和黏度(Viscosity)表示。凝点是指油品受冷后停止流动的初始温度;黏度则是表示油品流动时内部摩擦力的大小或流动性大小的指标。黏度越大则流动性越小,一般其密度也越大。黏结性直接影响油船装卸速率,工作中常采取加温措施降低其黏结性。

6. 静电性

石油类货物在管道内流动与管壁摩擦,油液中渗入水分,从舱口灌注石油冲击舱壁,用压缩空气扫线,洗舱作业时用水或水蒸气高速喷射舱壁等,都会因摩擦产生电荷。当静电荷集聚到一定电位时,会放电产生火花,引燃(爆)油气。为了防止静电放电发生危险,应从防止静电集聚和防止尖端放电两方面采取措施。

7. 胀缩性

石油类货物体积随温度的变化产生膨胀或收缩的性质称为胀缩性。为了防止满舱装载遇升温产生船舶货舱溢油现象,在装货港装油时,必须留出适当的空当,通常每个油舱都预留出舱容的2%左右。在实际运营中,应根据货物种类、航行区域的气温和海水温度变化等具体计算并留出适当的空当高度。

8. 腐蚀性

腐蚀性是指部分石油类货物(如汽油)含有水溶性酸碱、有机酸、硫及硫化物等,可能引起对船体材料的腐蚀。因此,船舶在装运这些油品后,应清洗油舱并进行有效的通风以减少腐蚀。

二、油船分类及特性

(一)油船分类

根据石油及其产品的分类,可以将油船分为原油油船和成品油油船。

根据吨位大小的不同,油船可以分为:超大型油船(ULCC),载重量30万吨以上;大型油船(VLCC),载重量在20万~30万吨之间;苏伊士型(Suezmax),载重量在12万~20万吨之间;阿芙拉型(Aframax),载重量在8万~12万吨之间;巴拿马型(Panamax),载重量在6万~8万吨之间;灵便型(Handymax),载重量在1万~5万吨之间。

(二)油船特性

1. 油船结构特性

(1)艉机型:从安全角度考虑,这种布置方式可以保证油舱内和主甲板上管路系统的连续性,使船体中部没有隔离,有利于船舶的纵向强度,同时可防止烟囱的火星进入货物区域引发危险;油船的机舱一般设在艉部。

(2)单甲板、双壳体,如图13-2所示。

图13-2 油船双壳体典型结构

(3)设有隔离空舱:为防止油气进入其他舱室和防火防爆的需要,油船货舱区的前后两端与机舱、船员居住处所及载运闪点在65 ℃以下的石油产品的货舱与燃油舱之间应设置隔离空舱。隔离空舱舱壁间应有足够的距离,至少不小于760 mm,且应遮隔全部货油舱端部的舱壁面积。有的油船将泵舱、压载舱兼作隔离空舱。

(4)设置货油泵舱:在机舱之前设置的货油泵舱用来布置货油泵、扫舱泵、压载泵等设备,该舱同时将机舱与货油舱隔离,兼有隔离空舱作用。

(5)货油舱尺度较小:货舱设置多道横、纵舱壁(如图13-3所示),主要目的是减小自由液面对船舶稳性的影响以及货油对舱壁的冲撞力,由此造成货油舱尺度较小。

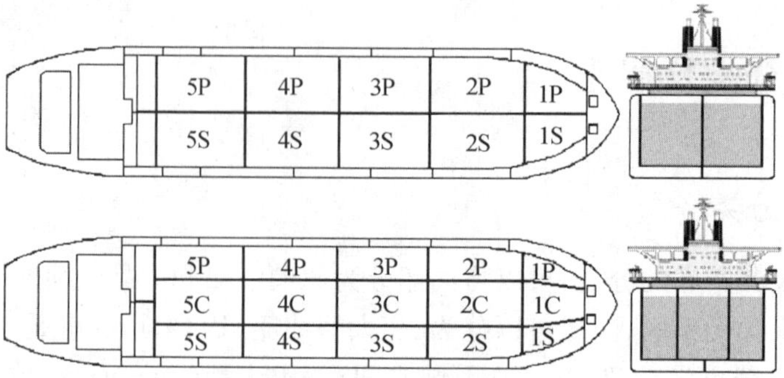

图 13-3 油船横、纵舱壁示意图

(6)船体结构以纵骨架式为主：油船长深比较大，船体所承受弯矩也大，故结构多采用纵骨架式。尤其是超大型油船，采用纵骨架式结构的部位（如舷侧、纵舱壁等）更多。

(7)设有专用压载舱：为满足防污染要求，油船多采用双层船壳，设有专用压载舱。

(8)货油舱上部设置膨胀舱口：舱口采用油密的圆形或椭圆形开口，尺度小，舱口盖上设有测量孔和观察孔。

(9)核定的最小干舷较其他船舶小。因为油船舱口较小，密闭性好，纵向强度较大且抗沉性好，所以储备浮力较普通干散货船小些。

(10)甲板设置步行天桥：为了便于船上人员安全行走，甲板上多设有步行天桥。

(11)甲板上设有货油装卸、加热、透气、消防等各种管系；油船中部左右两舷对称设有数个干管接口，用于装卸货油时连接输油臂或输油软管。

(12)设置货油控制室：在控制室内可监控和操作各类货油作业，操作惰性气体系统、货油泵、排油监控装置、监视货舱空当高度等。控制室内主要布置有货油控制台、货油泵控制台、惰性气体控制台和排油监控控制台。

2. 油船设备系统

为便于货油装卸及保证船舶运输安全的需要，油船均设置多种设备系统：

(1)货油装卸系统：主要由货油泵、货油管系、扫舱、货油监控等系统及其附属设备组成，用于装卸货油及部分货油舱打排压载水。

(2)货舱液位报警系统：为了防止液舱内的货油从透气系统上升至超过设计压头的高度，每个液货舱均应设置高位报警系统和溢出报警系统，当有报警产生时，能发出相应的声光报警信号。

高位报警系统应满足：每个液货舱的高位报警设置为该舱容的95%；系统应能在货控室发出视觉和听觉报警信号；报警信号的标志应以字高不小于 50 mm、白底黑字的"HIGH LEVEL ALARM"字样标识；该系统应独立于溢出报警系统，并且能在中断电源时发出故障报警。

溢出报警系统应满足：溢出报警液位设定值应不超过 98.5%，通常设置为 98%；从报警设定到溢出之间的时间不小于 1.5 min，报警应能使操作人员在货油溢出之前关闭货油的传输，同时尽量减少溢流切断阀关闭时压力骤升的危险。

(3)货油加热系统:对高黏度货油进行加热,用于降低此类货物的黏度。货油加温是用锅炉的蒸汽经固定的管系送至货油舱舱底设置的加热盘管来进行的。加热盘管内蒸汽凝结放出大量汽化潜热,经盘管壁传递给货油,从而达到货油加热的目的。

(4)甲板洒水系统:利用消防管系的水泵把水打到压力水柜,再由压力水柜连通至喷洒管路,打开阀门即可将水洒到甲板上,以降低油品温度,减少油品挥发。

(5)油舱透气系统:主要作用是保证油舱内气体的吸入或排出。装油时,透气系统随着舱内液位的升高,舱内气体通过透气系统被排出,防止舱内压力过大而使油舱变形;卸油时,随着舱内液位的下降而吸入气体,防止油舱内压力降低形成真空而造成油舱舱壁凹陷;航行中,各油舱通过透气系统与外界大气相通,避免因外界温度变化而引起舱内气压升高或降低现象的发生,达到舱内外压力的平衡。由于透气管路的布置在各船上不同,船舶油舱的透气方式被分为独立式、分组式和共管式三种方式。

(6)消防系统:油船的消防系统包括固定式和便携式两种。固定式消防系统包括水灭火系统、二氧化碳灭火系统、泡沫灭火系统等;便携式包括二氧化碳灭火器、泡沫灭火器、干粉灭火器等消防器材。SOLAS 公约规定,总载重量 20 000 t 及以上的液货船应根据《国际消防安全系统规则》(FSS Code),安装固定式甲板泡沫灭火系统。

(7)洗舱系统:洗舱是指使用泵将一定压力的洗舱介质经由洗舱机喷射到油舱内壁,将舱壁及船体构件表面的脏污物质冲洗掉。洗舱方式包括水洗舱、清洗液洗舱及原油洗舱。

(8)惰性气体系统:该系统的主要作用是在油船装卸、除气、原油洗舱等作业时提供惰性气体,防止油气燃烧、爆炸。SOLAS 公约规定,总载重量 20 000 t 及以上的油船应配备固定式惰性气体系统(Inert Gas System,IGS),并要求惰性气体在任何规定的气体速率条件下应能提供含氧量不超过 5%的惰性气体,在任何时候油舱内都应保持正压状态且舱内含氧量不得超过 8%。

(9)应急拖带程序:SOLAS 公约规定,总载重量 20 000 t 及以上的液货船,应在其船首、尾两端配备应急拖带装置,其布置图应张贴在船舶驾驶台内的明显位置。应急拖带装置的设计应考虑到船舶失去动力时易于操作,并能快速地与拖船相连接。应急拖带装置应经船级社认可。

第二节 油船配载计划的编制

油船配载的基本要求、方法与普通货船大致相同,但考虑到所运输货物的特点和油船结构与普通货船的差异,对油船配载问题考虑的侧重点也有其特殊性。

一、航次货运量的确定

若油船装运石油的密度小于船舶设计时选用的货物密度,则会出现满舱不满载的

状态;反之,则会出现满载不满舱的状态。考虑到石油及其产品随环境变化的伸缩性,在货源充足时,航次货运量可按下式计算,即:

$$Q = \min\left\{NDW, \rho \times \sum V \times \left(1 - \frac{f \times \delta t}{1 + f \times \delta t}\right)\right\} \tag{13-1}$$

式中:ρ ——航次预计最高油温时对应的货油密度,g/cm^3;

$\sum V$——油船总容积,m^3;

f——货油的体积温度系数,1/℃;

δt ——始发港油温与航程中预计可能达到的最高油温之间的差值,℃。

确定上式中各因素时,应考虑下列问题:

(1)当航道或码头水深限制船舶吃水时,按航道或码头的最大允许吃水确定船舶的总载重量 DW。

(2)在计算航次总储备量 $\sum G$ 时,还必须考虑为完成油船的特殊技术作业所需的燃料和淡水的数量,如加温石油货物及清洗油舱等作业所需燃料、淡水的消耗。

(3)确定航次货运量时应扣除油舱内残存的上航次油脚、残水或污油舱中污油水 S。该项重量包含在船舶常数 C 中。

(4)确定航次货运量时,还应考虑船舶压载舱内压载水的残存数量。需要注意的是,如果装货速度过快,船舶很难有足够的时间排净压载水,船舶最后残存压载水数量将直接影响船舶的最大载货量。

个别情况下,油船装运密度小的轻质石油产品,可能会舱容不足,此时应按船舶实际舱容扣除膨胀余量后确定航次货运量 Q。当然,如出现货源不足的情况,还应根据货源确定航次货运量。

二、货油在船上的配置

航次货运量确定后,就要确定货油在船上的配置。该过程应考虑的主要因素是稳性、吃水差、纵向受力和均衡装载等。

1. 稳性

根据 IMO 2008 年《国际完整稳性规则》的要求,2002 年 2 月 1 日及以后交付使用的 5 000 DWT 及以上的油船的完整稳性应符合 MARPOL 73/78 附则 I 的要求。油船完整稳性与普通干散货船的主要区别是:油船在港内时,仅限于对船舶初稳性的要求;在航行中,除对天气衡准不做要求外,其他各项指标基本与普通干散货船相同。

此外,1979 年 12 月 31 日后交付的 150 GT 及以上油船的破损稳性也应符合 MARPOL 73/78 附则 I 对破损稳性的要求。

油船装载时,仍应注意自由液面对稳性的影响。通常凡是装油的油舱均应装满(留出膨胀余量)。如果舱容有剩余,在满足强度条件的前提下,应留出空舱,这样既能减少自由液面对稳性的影响,又可以减轻货油对舱壁的冲击,对船体安全也有利。

2. 吃水差

油船一般吨位较大，满载时其吃水可能受码头或航道水深的限制，为充分利用船舶的装载能力，油船满载出港时，一般要求平吃水。航行中，应通过合理地使用油水，使船舶具有一定艉倾。装载单一油品时，在舱容富余的情况下，可在船首、尾各留出一个油舱不装满，用于调整吃水差。装载多种油品时，既可采用上述方法，也可通过安排不同油品的舱位来满足吃水差的要求。

3. 船体强度

油船多为艉机型船舶，满载时常处于中垂状态，空载时处于较大的中拱状态。因此，装载时应尽量减少中垂弯矩。当需留空舱时，空舱位置应选在近船中部。需留两个以上空舱时，位置应适当隔开。现代油船多在船舶中部设置大型专用边压载舱来解决船舶的纵向受力问题。而且一般油船上，均有在各种装载状态下的货油舱和留空舱推荐方案。

4. 横倾

对大型油船，配装及装载时要注意防止船体横倾，应避免单边配载或装载。大型油船因船宽较大，即使产生极小的横倾角，也会使船体一舷的吃水增加很多，既可能使人员行走不便，也可能影响船舶的净载重量。

三、合理确定膨胀余量

当货油的装舱位置确定后，应根据实际情况来合理确定各油舱的膨胀余量，这样可保证货油不致因体积膨胀而溢出；也应避免空当过大，损失舱容，影响稳性。当油船由气温低的港口装油驶往气温高的港口时，应留较大的空当高度；由气温较高的港口驶向气温较低的港口时，考虑到气候的反常性或运输高黏度黑油时需要加温，也要留出空当，但可以适当小一些。根据经验，通常情况下油船留出的膨胀余量应不小于油舱总容积的 2%，而运输需要加热的黑油（原油、重油、重柴油等）时的膨胀余量不小于总舱容的 3%。具体可由下式求得：

$$\sum \delta V = \sum V_{o.t} \times \frac{f \times \delta t}{(1 + f \times \delta t)} \tag{13-2}$$

式中：δV——油船膨胀余量，m^3；

$V_{o.t}$——单舱的货油舱容积，m^3；

δt——航次中货油可能的油温最大温升，即温度差，℃；

f——货油的体积温度系数，即膨胀系数，1/℃。

全船所装货油的最大体积为：

$$\sum V_t = \sum V_{o.t} - \sum \delta V \tag{13-3}$$

实际工作中每个油舱的膨胀余量均用空当高度（油面到测量孔上缘或主甲板下边缘的垂直距离）来表示。每舱的空当高度可根据装油体积 V_t 在各舱的油舱容量表中查得。具体操作步骤为：

（1）大副接到航次货运任务确定货油在船上的配置后，计算各舱的膨胀余量。

（2）由式（13-3）得到该航次各舱可装货油的最大体积。

（3）利用货油体积查取该油舱容量表，确定该舱对应的空当高度，填写在配载图中。

四、绘制配载图

油船的配载图用俯视图表示，每一装货的液舱内应填写装货体积所占的舱容百分比、装货体积和预留的空当高度等。在备注中还应说明装舱顺序与压载水排放顺序、管线选择与阀门开闭、平舱的步骤与顺序、应急处理措施等内容。

第三节　油船安全装卸和运输

当油船配载计划编制后，确定了各舱装油量及空当高度，就可进行装油作业。

一、石油装卸方式

1. 船岸装卸方式

在国内外油港，石油装卸方式可分为：

（1）靠泊码头直接卸货

目前我国大部分油码头均采用这种方式，码头规模一般由泊位水深所限定。

（2）通过海上泊地装卸

对于大型油船，一般油船码头的水深和规模已经满足不了船舶吃水和长度的需要，因此出现了海上泊地装卸方式。海上泊地可理解为在离开陆域较大水深地点设置的靠船设施。目前多采用单点系泊方式，如图 13-4 所示。

2. 船/船装卸方式

在某些情况下，油船需要通过另一海上运载工具进行货油的交换，包括船/船直接装卸和船/油驳装卸。

二、装油前的准备

做好装油前的准备工作，是顺利、安全进行装卸作业的基本保障。

1. 船岸双方进行资料信息交换

（1）岸方应向船方提供的资料：货油规格和预定装载顺序、拟装货油指定数量、岸

图 13-4　单点系泊

方最大装载速率和提议装载速率、油舱排气要求、正常停泵时间、控制装载的通信方法和紧急停止信号、软管或输油臂的位移极限以及所装货油的温度、闪点、有毒成分等。

（2）船方应向岸方提供的资料：本船货油舱的分布及管路状况、船舶可接收的最大装载速率和填舱速率、从码头指定数量中可接受的货油数量、提出指定货油的配载方案和预定装载顺序、可接受的最高温度和提议的排气方法等。

（3）船岸双方对所交换信息的确认：落实本航次的油种和数量，各油舱装载顺序，装载初始速率、最高速率及平舱作业时的速率、变速和停止装油的联系方式；确定通信使用的信号，以受油方为主；避免或减少油气在甲板扩散的方法、应急停止作业程序等。

2. 编排装载计划

（1）大副应根据航次任务编制油船装载计划，并标明装油步骤及注意事项，经船长审批后执行。装载计划除配载图备注的事项外，还包括接管数量及规格，初始装货速率、正常装货速率和平舱装货速率，强度校核的数据，防静电和货油渗漏措施等事宜。

（2）防止油品掺混，确保货油品质。同一航次中装载数种油品时，装货计划应关注货油管系和相关阀门的检查和操作。分隔各舱的闸阀转轮应铅封或挂牌子以注明油种，并应注意各货油舱透气系统的正确开闭；当装载单一油品、不同航次换装不同油品前，应进行充分洗舱，严防不同油品的掺混。

（3）当油船同时承运多种油品时，船上可利用自身设有的多条货油管进行装运。如果船上只有单一货油管，则装油管的使用顺序一般是先装白油，后装黑油；卸货时按相反的顺序排列。下列油品装油时的管系使用顺序为：优质汽油→常规汽油→透平燃料油→煤油→柴油；卸油时的顺序则为：柴油→煤油→透平燃料油→常规汽油→优质汽油。

3. 压载水排放及油舱、管系清洁

油船在满载条件下，按排放顺序尽量排净压载水有利于增加货油的载货量，以减少自由液面对稳性的影响。

由重油改装清油时,应通过冲洗和通风使油舱及管系达到清洁状态,以保持新装货油的纯洁度。

4. 连接输油管臂,放好盛油盘和盛油桶

使用前应仔细检查输油软管,查看软管是否有膨胀、磨损、压扁、泄漏或其他缺陷,船方有权拒绝使用有任何缺陷的输油软管。

使用输油软管时应注意,软管不应过紧或过于松弛,过紧容易产生过大应力损坏软管,过于松弛容易在船岸相对运动中产生挤压损坏软管;对软管与其他物体接触容易产生磨损的部位应加以防护;软管需要吊起时既要避免钢索直接与软管外表面接触,又应避免使用软管端部下垂的单点起吊方式。

我国要求,输油管臂连接前,应先在船岸之间连接一条带有封闭式绝缘开关的地线;但在国际上认为这会造成船岸间的静电电流,一般不提倡。国外普遍要求,在岸上的输油管臂上安装一个带有由绝缘垫片、衬套和垫圈构成的绝缘法兰。

5. 防止溢油,备妥消防器材

在装货之前,应把船上所有的甲板排水孔用木塞或水泥堵紧,防止溢油时流出舷外。同时关闭海通阀,并始终监视,杜绝货油从海通阀漏出。

装油前,应将消防器材(包括灭火器、锯末等)放置在接管处,并在附近接妥两根消防皮龙。

6. 接好应急拖缆(防火拖缆)

应急拖缆一般在油船外舷的首、尾各带一根,一端系固在拖缆桩上,带有连接眼环的另一端通过导缆器伸至舷外,在其眼环上系一根引缆回甲板上进行操作。其总长约100 m,盘在甲板上的长度依各港口规定,通常为36.6 m,以备火灾应急情况时使用。在货物作业期间,应及时调整眼环至水面的距离,保持水面以上1~2 m。

7. 悬挂规定的号灯及号型

由于石油及其产品属于危险货物,油船在港期间,应按规定悬挂相应的号灯和号型,通常在白天悬挂“B”旗,在夜间开启红色环照灯。

8. 会同商检人员进行验舱

大副应陪同商检人员进行验舱工作,验舱合格后由商检人员签发给船上干舱证书(Dry Certificate),如表13-2所示。如发现舱内残存货油或水分,要签发OBQ(On Board Quantity)和货舱适货证书。

OBQ是指装油前留在船舱内及管路系统中可测量的残油物质,包括水、油、油水、油水混合物等。

表 13-2 干舱证书

DRY CERTIFICATE

M/T____________	Voyage Number______________
船名___________	航次______________
Port___________	Date______________
港口___________	日期______________
DRY CERTIFICATE (BEFORE LOADING) 干舱证书 (装货前)	
The undersigned certificates that the vessels tanks have been inspected and found clean, dry and in good order to receive the designated cargo. 下面签名确认船舶货油舱已检验并发现清洁、干舱、适于接受所承载货物。 Tank No. ______________ 检验舱别:____	
The Terminal Representative: ______________ 码头代表______________ C/O______________ 船舶大副______________	Surveyor: ______________ 商检员______________

9. 进行船/岸安全检查

船方应派人陪同港方主管人员按照“船/岸安全检查表”的内容对船舶进行检查、确认,并由双方主管人员签字,如表 13-3 所示。

表 13-3 船/岸安全检查表

A 组 普通散装液货	船舶	装卸区	代号	备注
A1. 船舶系泊是否安全?	□	□		
A2. 应急拖缆是否放置正确?	□	□		
A3. 船岸之间有否安全通道?	□	□		
A4. 船能否靠自己动力移泊?	□		P	
A5. 船上是否派有甲板值岗人员? 船岸双方是否做出适当的监督?	□	□		
A6. 船岸之间通信联系是否已协商好?	□	□	A	
A7. 货物、燃料油和压载水的装卸程序是否协商妥当?	□	□	A	

续表

A 组 普通散装液货	船舶	装卸区	代号	备注
A8. 应急关闭程序是否已商定?	□	□	A	
A9. 船岸救火管和灭火设备是否备好并能立即使用?	□	□		
A10. 装卸货物、燃料油的软管是否完好,装配是否妥当? 检查装卸索具证书。	□	□		
A11. 船岸双方是否有效地堵住甲板排水孔,滴漏盘是否已放好?	□	□		
A12. 不使用的货物和燃油管系接头包括船尾排出管系是否安装妥当?	□	□		
A13. 不使用的海水阀和舷外排出阀是否关闭或用绳子捆扎好?	□	□		
A14. 所有的货舱和燃油舱是否都盖好?	□	□		
A15. 舱柜通风系统的使用是否已协商好?	□	□	A	
A16. 允许使用的喷灯是否已保管好?	□	□		
A17. VHF/UHF 接收仪是否是便携式的?	□	□		
A18. 船上的主发讯机天线是否接地,雷达是否关闭?	□			
A19. 便携式电气设备的用缆是否与主电源分离?	□	□		
A20. 船中舱室的外部门的出入口是否关好?	□	□		
A21. 船尾舱室通向货舱甲板的外部门和出入口是否关闭?	□	□		
A22. 有可能吸入货物蒸气的空调系统入口是否已关闭?	□	□		
A23. 窗式空调装置是否已撤离?	□	□		
A24. 是否遵守吸烟规定?	□	□		
A25. 是否按规定使用厨房和其他佐餐设备?	□	□		
A26. 是否遵守明火作业规定?	□	□		
A27. 是否有应急逃脱的可能性?	□	□		
A28. 船岸双方是否有足够的急救人员?	□	□		
A29. 在船岸之间的连接处是否有合适的隔离?	□	□		
A30. 是否采取措施保证泵间的足够通风?	□			

船名____

泊位________________________停泊港____________________

到港日期______________________到港时间__________________

填写说明:

有关安全操作的所有问题必须做肯定的回答,填入空格□内;如果不能做肯定回答的,必须说明理由,并且船岸双方应采取适当的预防办法达成协议。在实际操作中,有些必须注意的事项在上表中未列出,可填入“备注”一栏。

“船舶”和“装卸区”一栏内的空格□,由有关当事人进行检查填写。

在“代号”一栏内字母“A”和“P”的含义：

A——表示记载程序和协议需要双方当事人签署。

P——表示对操作持否定回答时，如没有港口当局的允许，就不能进行。

三、货油装卸

（一）装卸顺序

由于受油船货油管数量的限制和货油品种不同的影响，各舱不可能同时装卸，这就需要制定合理的装卸顺序。

1. 确定装卸顺序时应考虑的主要因素

（1）保证油船的纵向强度不受损伤。

（2）保证适当的吃水及吃水差。

（3）防止不同油种的掺混，保证货油质量。

（4）尽可能同时使用所有主要的货油干管，加速装卸。

2. 合理的装卸顺序

（1）装货顺序

油船装货前，因空载时常处于较大的中拱和较大的艉倾状态，应优先考虑纵向变形和吃水差。装货的大致顺序应是先装船中部货舱，以减轻中拱变形；然后再装船首部货舱，以减小艉倾；最后各舱均衡装载。在装载单一油品时，通常先由船中部货舱开始，一切正常后，进行普装作业。当各个油舱尚有 1.0 m 左右空当时，停止普装作业，逐舱按要求装足。

（2）卸货顺序

油船卸货前，因满舱时通常处于中垂状态，进港时一般为平吃水，故卸货顺序与装货顺序相同，即首先卸船中部货舱，以减轻中垂变形；然后再卸船首部货舱，以形成较大的艉吃水差，便于卸货和清舱；最后各舱均衡卸货。

（二）装油注意事项

（1）掌握装油速度：货油装舱全过程以“慢—快—慢”方式为妥，即开始送油要慢，当检查输油管、接头、闸阀等确无差错和损漏，且货油已正常流入指定油舱后，再通知岸方逐渐提高装油速度；装油结束前要放慢速度，通知岸方，做好准备，及时停泵以避免溢油。

（2）注意装油速度，正确换舱操作：装油过程中作业现场保持不间断值守，值班人员要严密监视各舱液位变化，经常观察装油进度，每 2 h 实测货舱液位，并和船舶配备的固定液位测量系统相对比。船方应按规定的装油顺序进行换舱操作，当进油的一舱接近满舱（距离空当高度约 1.0 m）时，应及时打开另一待装舱室的阀门，再关闭该舱阀门，避免造成油管爆破事故。

(3)注意船舶吃水以及潮水变化情况，随时调整缆绳，避免船舶外移拉断或拉裂输油管臂，造成油污事故。

(4)遇雷雨、烟囱冒火、附近发生火灾、装油软管折断等意外情况，应立即按照约定的通信方式或信号，通知供方停止装油作业，并将全部阀门关闭，以防发生意外。

(5)扫线：当货油装载结束后，应进行拆管工作。在拆管之前，将进行吹扫输油管线内残油的作业，一般情况下借助岸方的高压气体将输油臂内货油吹向船舶货舱。

(6)装油结束后，首先应切断地线的气密开关，然后拆除管臂，最后拆除地线。拆管前应先排除管内的残油，以防止残油泄漏到甲板上或滴流入海造成环境污染。

(7)货油装载完毕后，港方计量人员会同船方工作人员一起测量油舱空当高度，货油的温度、密度，以及底舱垫水，以便计算油量。计算完毕后，与岸方核对交货数量，办好交接手续。

(三)卸油注意事项

卸油作业过程基本与装油时相同，只是在某些方面还存在着差异，主要体现在：

(1)计量货油及分析油样：在卸货前，应首先对货舱内进行油品取样分析以判明货物质量，并进行油量计算。

(2)卸油准备：先接好地线，连接输油软管，并确认管路阀门、遥测装置正常，惰性气体装置运转正常，检查输油软管接头处及各油舱阀门是否正常，海底阀是否关紧。

(3)扫舱作业：通常先普卸至卸油量的1/2左右时开始进入扫舱作业，一般扫舱与卸油同时进行。为加快卸油速度及便于卸净货油，清舱时油船应有一定的艉倾和横倾。

(4)进行扫线作业及检查舱底油脚：在扫舱卸油完毕后，利用扫舱泵将主管线、扫舱管线、与喷射泵相连管线中的货油一起扫至岸罐中；扫线完毕后，利用顶水法或扫气法将输油管臂内的残油顶到岸上的油罐中去。

(5)大副应会同岸方人员检查油舱是否卸空，签发干舱证书。卸货结束后，若货舱内有残余物(Remaining on Board，ROB)，应按照MARPOL 73/78的要求将其记录在货物记录簿上。

(四)油样选取及封存

1. 油样选取

油样作为油品质量交接的依据，具有法律效力，所以油样选取应有代表性，且须在船方和货方共同参与的情况下，由质量检验机关负责完成。

在装油港选取油样有两种方法：

(1)装油过程中，从油码头装油管道末端的小开关处取样。装油开始取一次，然后每隔1~2 h取一次；

(2)从油舱中选取油样。一般油船至少要从25%的油舱内选取，其中船首部舱和船尾部舱各占 5%，中部舱占 15%。

在卸货港只能采用第二种方法选取油样。

2. 油样封存

已选取的油样经充分搅拌均匀后装入两只容器内，其中一份用船上的火漆密封后交给收货人，作为发货质量凭证；另一份用发货人的火漆密封后交由船方保存，作为船方收货的凭证。

四、航行途中保管

（1）注意防火：应尽量避开雷区航行，采取措施防止烟囱冒火星，油泵间应及时排除积油并通风。

（2）冷却甲板：装载闪点低、挥发性强的油种，当甲板温度达到 27 ℃时，应开启甲板洒水系统洒水降温。

（3）运输黏度较高的油品，到港前应视油种、季节及气温等因素掌握好加温温度和时间。

（4）做好值班检查工作：夜间每班值班水手应在全船巡回检查一次，并由值班驾驶员将检查情况记入航海日志。

五、原油洗舱

原油洗舱（Crude Oil Washing，COW）是利用原油的可溶性，将船上所载货油中的一部分作为洗舱介质，在卸货的同时通过洗舱机以较高压力喷射到货油舱内表面，将附着在舱壁、舱底及构件上的油渣清洗掉，并同货油一起卸到岸上。

根据 MARPOL 73/78 的规定，总载重吨 20 000 t 及以上的新建原油船和 40 000 t 及以上的现有油船应装有原油洗舱系统和备有《原油洗舱系统操作与设备手册》。原油洗舱应由主管操作人员根据本船经船级社批准的《原油洗舱系统操作与设备手册》，并结合本航次的货载情况、预定洗舱数目及洗舱目的等编制一份“原油洗舱与卸货计划”，由船长审核签字后实施。

1. 原油洗舱方式

原油洗舱方式主要有两种：一段式和多段式。选择哪种方式应以卸油时间延迟最短为前提，同时考虑卸货港的受货能力、卸货港的数目、卸货港的顺序及原油洗舱机的类型等。

（1）一段式：在油舱卸空后，由舱顶洗到舱底，即上部和底部一起连续清洗的方式。

（2）多段式：在卸油作业的同时，随着油舱内液位的下降，从上部向下部进行清洗的方式。

不管选用哪种清洗方式，洗舱的顺序都是从最前舱开始往后清洗。

2. 原油洗舱特点

减少残油量;消除油脚,增加载货量;防止污染海洋环境;减少进坞前海水冲洗时间和费用;卸油时间延长;船员劳动量增加等。

3. 原油洗舱注意事项

(1)通常情况下,每个货油舱 4 个月进行一次原油洗舱或每航次洗舱的数量为货油舱总数的 1/4。

(2)根据 IMO 的要求,采用原油洗舱的油舱必须装设惰性气体系统(IGS),目的是防止油船因原油洗舱而发生爆炸事故。

(3)进行原油洗舱的油舱必须装备固定的洗舱机和附属管路,并与货油管系和机器处所隔离。

(4)原油洗舱不应在压载航行的航次进行。

(5)当决定在卸货港实施原油洗舱后,船长应及早向港方提交申请。抵港后船方应向港方提交一份“原油洗舱与卸货计划”。

(6)原油洗舱主管人员一般由持有主管机关签发的“原油洗舱监督员资格证书”的大副或船长担任。其他参与洗舱的作业人员,至少应有 6 个月的油船工作经历,而且在船期间,应从事过原油洗舱作业或经过原油洗舱作业的训练,并熟悉船上《原油洗舱操作和设备手册》的相关内容。

(7)洗舱作业的时间一般为日出到日落。

(8)原油洗舱过程中,舱内氧气浓度应始终保持在 8%以下,充入的惰性气体中氧气含量不超过 5%。

(9)在进港前、原油洗舱开始前、原油洗舱过程中以及原油洗舱结束后这四个阶段,应按照 MARPOL 73/78 及 IMO 的要求进行安全检查、确认。

六、确定合理的压载方案

油船返航时多为空载,艉吃水很大,且处于较大的中拱状态。为了减少过大的中拱弯矩和船体的振动,并有利于在同等情况下获得最大航速,油船空载航行时必须进行压载。

油船压载时多选船中部附近(漂心前)的舱室,不应单独在首部水舱装载压载水,否则将使船舶纵向受力处于不利的情况。同时,应考虑防污染的要求,MARPOL 73/78 规定,1982 年 6 月 1 日交付的总载重量不小于 20 000 t 新的原油船和不小于 30 000 t 新的成品油船应设置专用压载舱;1982 年 6 月 1 日或以前交付的载重量不小于 40 000 t 的原油船和载重量不小于 40 000 t 的成品油船应设置专用压载舱,且专用压载舱的容量应使船舶的吃水和吃水差在全航程内符合以下要求:

(1)船中型吃水 $d_m > 2.0 + 0.02L_{BP}$ (m);

(2)艉吃水差 $t \leqslant 0.015L_{BP}$ (m);

(3)艉垂线处的吃水必须使螺旋桨全部浸入水中。

第四节 油量计算

在石油对外贸易中，船货双方为了分清货物交接的责任，船方需申请计量部门对装船的货油进行计量，船上人员应协助做好计量工作，掌握油量的计算方法，以便核对数量及划清责任归属。

一、货油量的计算式

货油量的质量计算式为：

$$M = \rho V \tag{13-4}$$

式中：ρ——货油的密度，kg/m^3；

V——货油的体积，m^3。

由于装卸油的地区温度不同，其 ρ 和 V 都是随温度而变的一个变量。在油船运输中，世界各国采用油量计算换算表。我国采用的是《原油和液体石油产品密度实验室测定法（密度计法）》（GB/T 1884—2000）和《石油计量表》（GB/T 1885—1998）。

二、货油计量中的相关术语

1. 石油密度

石油密度是指在温度 t（℃）时，石油单位体积的重量。我国用符号 ρ_t 表示，其单位为 g/cm^3、g/mL 或 kg/L。

2. 标准密度 ρ_{20}

将不同温度下观察到的密度 ρ_t（称为该温度下的视密度）换算成标准温度 20 ℃时的密度 ρ_{20}。ρ_{20} 可查我国视密度换算表或用下式求出：

$$\rho_{20} = \rho_t + \gamma(t - 20) \tag{13-5}$$

式中：γ——石油密度温度系数，指石油温度变化 1 ℃时其密度的变化值。它可由“石油密度温度系数表”查出。

3. 石油体积温度系数 f

石油体积温度系数 f 亦称膨胀系数，指在标准油温下，石油温度变化 1 ℃时其体积变化的比值，单位为 1/℃，我国用符号 f_{20} 表示。f_{20} 可用标准密度 f_{20} 作为引数查表得到。

4. 标准温度时的体积 V_{20}

将不同温度下的货油体积 V_t 换算成标准温度 20 ℃下的标准体积：

$$V_{20} = K_{20} V_t \tag{13-6}$$

式中：$K_{20} = 1 - f_{20} \times (t - 20)$ ——石油体积系数，指石油在标准温度时的体积 V_{20} 与在温度 t ℃时的体积 V_t 之比值，可查体积换算表。

5. 真空质量 m

由标准密度和标准体积求出在真空中的质量 m：

$$m = F\rho_{20}V_{20} \tag{13-7}$$

式中：F ——空气浮力修正系数，可由质量修正系数表查出。

由此可知，货油的视密度 ρ_t 可用密度计测出，其方法简单。因此要准确计算船上的货油量，只要准确计算 V_t 即可。

三、我国油量计算步骤

(1)根据所测得的各舱货油视密度和货油温度平均值，查取标准密度表得到标准密度 ρ_{20}。

(2)测量各货舱的空当高度并进行修正，利用修正后的空当高度查油舱容积表得到实际装油体积 V_t，累加后得到实际装油总体积 $\sum V_t$。

(3)利用标准密度 ρ_{20} 和各货舱平均温度查石油体积换算系数表得到 K_{20} 或利用标准密度 ρ_{20} 查表得到石油体积温度系数，带入公式 $K_{20} = 1 - f_{20} \times (t - 20)$ 求得。

(4)利用公式 $\sum V_{20} = K_{20} \times \sum V_t$ 计算标准体积。

(5)利用公式计算货油质量 m：

$$m = (\rho_{20} - 0.0011) \times \sum V_{20} \tag{13-8}$$

$$m = F \times \rho_{20} \times \sum V_{20} \tag{13-9}$$

如果在计量时发生争议，应以前式的计算结果为准。需要说明的是，如果舱内有垫水，应予以扣除。

四、日本的油量计算步骤

(1)将货油测定比重换算成标准比重 $SG_{15/4}$。

(2)将油舱内的货油体积换算成 15 ℃时的体积 V_{15}。

(3)根据公式 $m = (SG_{15/4} - 0.0011) \cdot K_{15} \cdot \sum V_t$ 可得货油在空气中的质量。

第五节 油船防爆和防污

一、油船防火、防爆、防毒要求

(1)管制烟火:禁止携带火种及易燃物品上船;禁止使用明火;在规定的安全处所吸烟等。

(2)防止电火:必须使用防爆型灯具及电器设备;船舶靠港和作业时关闭雷达和无线电发报机天线,不得进行电瓶充电等。

(3)防止静电火灾:主要是减少静电积聚,同时还应避免尖端放电。

(4)防止自燃和铝金属火:易燃物品应存放于安全处所并由专人保管;禁止在电气设备、蒸气管和机炉舱内烘烤衣物及放置易燃物品;在聚集可燃气体的处所,禁止使用铝质的工具等。

(5)预防摩擦和撞击火花:船舶靠离码头及用锚时应防止擦碰产生火花;使用工具应轻放;登船人员不能穿带钉子的鞋靴等。

(6)防止意外火灾:遇雷雨、闪电、烟囱冒烟或附近发生火灾,应立即停止装卸,必要时移离码头。

(7)防止液体散货挥发出的气体进入居住处所:装卸作业时关好附近船员住房的门窗。

(8)注意个人防护:人员进入货舱前要进行彻底通风,确认对健康无妨碍后才能下舱;下舱人员应戴好防护手套、口罩,穿好长靴及工作服;进入未经排气的舱内工作,还须戴好专用呼吸器、保险带和救生索具。

二、油船防止水域污染

(一)造成海上油污的原因

1. 操作性排油

操作性排油包括向海上排放含油的压载水、含有大量污油的洗舱水和机舱含油污水。

2. 事故性溢油

事故性溢油包括船体的损坏和装卸设施失效及作业操作失误。

(二)防止船舶污染水域的设置及措施

(1)严格执行 MARPOL 73/78 及各国对有关油类和油性混合物的排放规定。

(2)设置船舶、港口接收与处理含油污水的设施和装置。

油船应具备的防污染设施及装置包括：

①专用压载舱 SBT(Segregated Ballast Tank)：该舱与货油系统完全隔离并固定用于装载压载水。

②污油水舱(SLOP)：专用于收集舱柜排出物、洗舱水和其他油性混合物的舱柜。油船应设置足够的污油水舱，其容积一般不小于液货舱容积的3%。

③滤油设备及排放监控装置(ODME)：400 总吨以上但小于 10 000 总吨的船舶应装有经主管机关认可的、保证排出含油量不超过 15ppm 的滤油设备；10 000 总吨及以上的船舶除滤油设备外，还应装设当排出物的含油量超过 15ppm 时能报警并自动停止排放的设备。

④原油洗舱 COW 系统。

(3)防止操作性排油及事故性溢油。

①防止操作性排油的措施：使用专用压载舱和清洁压载舱；采用“装于上部法”；采用“原油洗舱法”；在装油港把污油水排到岸上的污油处理中心，在卸油港洗舱后打入清洁压载水。

②防止事故性溢油的措施：油船设置双层底和双层侧壁，在船体外板或船底板或船底损坏后，避免货油溢出；设置专用压载舱保护位置；正确进行装卸油、加油及驳油作业，防止货油的“跑、冒、滴、漏”；谨慎驾驶，避免碰撞或触礁等事故的发生。

(三)污染事故的处理

1. 污染事故的报告

(1)发生或可能发生排油船的船长或其他人员，应及时将该事件报告给沿岸国主管机关。

(2)船长或船上其他人员发现其他船舶或海上平台排油，或发现海面上出现油渍，应及时报告最近的沿岸国主管机关。

(3)按照我国《防止船舶污染海洋环境管理条例》，船舶在我国管辖海域发生污染事故，或者在我国管辖海域外发生污染事故造成或者可能造成我国管辖海域污染的，应当立即启动相应的应急预案，尽快向就近海事管理机构报告；在船舶进入第一港口后，应立即向海事管理机构提交报告书，并接受调查。

(4)船长向主管部门报告的同时，也应尽快向会员公司和中国船东互保协会报告。报告的内容包括：发生污染事故的时间、地点及事故发生前后附近海域的气象、潮流等；货油/燃油的名称、特性；跑油或误排油的数量及污染情况；污染的范围、程度及采取的措施。

2. 污染控制

(1)船舶发生污染事故后，应迅速有效地向主管部门报告，并立即采取控制和消除污染的有效措施，将污染损害减小到最低程度。

（2）本船造成污染事故后，船长应立即指示相关船员，按"溢油应变部署表"规定的职责采取行动，防止污染扩散，清除和回收污染物。

（3）消除污染的方法主要有围栏法、燃烧处理法、化学处理法和生物处理法。

①围栏法：用围栏设备将海面浮油阻隔起来，防止油面蔓延，然后用吸油设备把浮油收回，适用于少量油污染事故。

②燃烧处理法：通过燃烧来减少存于水面的溢油，适用于大量的溢油事故。

③化学处理法：即用消油剂来处理溢油。因为某些消油剂含有毒性，使用后会造成二次污染，所以不得擅自使用化学剂；如必须使用，应事先向主管部门申请，经批准后方可使用。

④生物处理法：利用一些具有较大的氧化和分解石油能力的微生物来消除浮油，适用于被污染的海岸和水域的净化和复原。

第十四章

散装液体化学品船运输

随着世界各国经济的发展和对各类化工产品需求的增加，海上液体化学品散装运输量在逐年增加。散装液体化学品船作为世界商船队中重要的组成部分，在国际贸易运输中起着重要的作用，但散化船也是对海上安全和海洋环境威胁最大的船舶类型之一。因此，安全运输散装液体化学品是航运业必须关注的问题。

第一节　散装液体化学品及散装液体化学品船概述

一、散装液体化学品

（一）定义

散装液体化学品是指除石油和类似易燃品外的散装液体危险品，是 MARPOL 73/78 公约附则Ⅱ中的物质。

《国际散装运输危险化学品船舶结构和设备规则》（简称 IBC 规则）给出的散装液体化学品定义是：温度在 37.8 ℃时，其蒸气绝对压力不超过 0.28 MPa 的液体危险化学品。它主要包括石油化工产品、煤焦油产品、碳水化合物的衍生物、强化学剂等，其具体货名列在 IBC 规则第 17 章。

（二）散装液体化学品的分类

1. MARPOL 73/78 公约对散装液体化学品的分类

经修正的 MARPOL 73/78 公约附则Ⅱ“控制散装有毒液体物质污染规则”采用了有毒液体物质的四类分类系统，即：

X 类:此类有毒液体物质如排入海中,将会对海洋资源或人类健康造成严重危害。因此,有必要严禁将此类物质排入海洋环境。

Y 类:此类有毒液体物质如排入海中,将会对海洋资源或人类健康造成危害,或对舒适性或其他合法利用海洋造成损害。因此,有必要对排入海洋环境的此类物质的质量加以限制。

Z 类:此类有毒液体物质如排入海中,似乎对海洋资源或人类健康造成较小的危害。因此,有必要对排入海洋环境的此类物质的质量加以限制。

OS 类:IBC 规则第 18 章污染类栏中所示的物质 OS 经评估后发现并不属于 X 类、Y 类或 Z 类,将其排入海中,不会对海洋资源或人类健康造成危害,或不会对舒适性或其他合法利用海洋造成损害。因此,排放含有其他物质的舱底污水、压载水其他残余物或混合物不受本附则要求的约束。

对于 2007 年 1 月 1 日或以后建造的船舶,经排放压载以后的舱内或有关管系内的残留物的最大允许残留量,对 X、Y 和 Z 类物质均为 75 L,而原来最大值分别为 100 L 或 300 L。

2. 美国海岸警卫队对散装液体化学品的分类

美国海岸警卫队(USCG)根据散装液体化学品的反应性不同,将其分为 5 类:

0 类——指几乎不发生反应的物质,但在某种条件下能与 4 类物质反应,如饱和烃等;

1 类——仅与 4 类物质反应的液体化学品,如芳香烃、烯烃、醚和酯等;

2 类——不能与 0 类和 1 类物质反应,或本类物质不能互相反应的液体化学品,但能与 3 类和 4 类物质反应,如醇、酮、聚合物等;

3 类——能与 2 类和 4 类物质反应,且本类化学品能相互反应,如有机酸、液氨、环氧衍生物等;

4 类——可以相互反应,并能与所有其他类的化学品反应,如无机酸、强碱、磷、硫等。

这样粗略的分类难以满足安全运输中积载和隔离的要求,所以美国海岸警卫队又进一步制定了货物相容性表,将液体化学品分为 36 类,1~22 为反应类,30~43 为相容类,用于化学品反应活性的评价,具体见表 14-1。

表 14-1 货物相容性表

	1	2	3	4	5	6	7	8	9	10	11	12	13	14	15	16	17	18	19	20	21	22
1. 非氧化性无机酸		×			×	×	×	×	×	×	×	×	×			×	×		A	E		
2. 硫酸	×		×	×	×	×	×	×	×	×	×	×	×	×	×	×	×	×	×	×	×	×
3. 硝酸		×			×	×	×	×	×	×	×	×	×	×	×	×	×	×	×	×	×	
4. 有机酸		×			×	×	×	×	C			×				×	×			F		
5. 苛性碱	×	×	×	×							×	×				×	×		×	×	×	×
6. 氨	×	×	×	×						×	×	×	×			×	×		×			

续表

	1	2	3	4	5	6	7	8	9	10	11	12	13	14	15	16	17	18	19	20	21	22
7. 脂肪胺	×	×	×	×							×	×	×	×	×	×	×	×	×	×	×	×
8. 醇胺	×	×	×	×							×	×	×	×	×	×	×	B	×			
9. 芳香胺	×	×	×	C							×	×							×			
10. 酰胺	×	×	×			×						×									×	
11. 有机酸酐	×	×	×		×	×	×	×	×													
12. 异氰酸盐	×	×	×	×	×	×	×	×	×	×					D					×		×
13. 醋酸乙烯酯	×	×	×			×	×	×														
14. 丙烯酸盐		×	×				×	×														
15. 烯丙基类取代物		×	×			×	×				D											
16. 烷烃氧化物	×	×	×	×	×	×	×	×														
17. 表氯醇	×	×	×	×	×	×	×	×														
18. 酮		×	×			×	B															
19. 醛	A	×	×		×	×	×	×	×													
20. 醇，乙二醇	E	×	×	F	×		×					×										
21. 酚，甲酚		×	×		×		×			×												
22. 己内酰胺溶液		×			×		×					×										
30. 烯烃		×	×																			
31. 链烯烃																						
32. 芳香烃			×																			
33. 其他烃类混合物			×																			
34. 酯		×	×																			
35. 卤代乙烯			×	×																		
36. 卤代烃		G	×		H		I															
37. 腈		×																				
38. 二硫化碳							×	×														
39. 硫醚，二硫化物																						
40. 乙二醇醚		×							×													
41. 醚		×	×																			
42. 硝基化合物					×	×	×	×	×													
43. 其他水溶液		×																				

注：“×”为两者不相容。

空格为两者可以装载。

以下为反应性有偏差的注解：

A——丙烯醛(19)、丁烯醛(19)和2-乙基-3-丙基丙烯醛(19)与第1类非氧化性无机酸不相容。

B——异佛尔酮(18)和甲基异丁烯基酮(18)与第8类醇胺不相容。

C——丙烯酸(4)与第9类芳香胺不相容。

D——烯丙基醇(15)与第12类异氰酸酯不相容。

E——呋喃甲醇(20)与第1类非氧化性无机酸不相容。

F——呋喃甲醇(20)与第4类有机酸不相容。

G——二氯乙醚(36)与第2类硫酸不相容。

H——三氯乙烯(36)与第5类苛性碱不相容。

I——乙二胺(7)与二氯乙烯不相容。

3. 以货品来源对散装液体化学品的分类

(1)有机类化学品:石油产品和煤焦油产品,包括轻化工产品(乙醚、醇类)、精细化工产品(洗涤剂、化妆品等),约占40%;其中甲醇占35%,占整个散装化学品的14%。

(2)糖蜜与酒精制品:如甘蔗、糖蜜、果酒。

(3)动植物油脂类:如大豆油、牛脂、羊脂,约占25%。

(4)无机类化学品(强化学品):如硫酸、磷酸、氨水溶液、尿素、烧碱等,约占20%。

4. 按液体化学品装运形态对散装液体化学品的分类

(1)一般液状化学品,如乙醇等。

(2)溶解状化学品,如烧碱等。

(3)熔化状化学品,如熔化硫黄等。

(三)散装液体化学品特性

1. 易燃性

多数化学品具有易燃性,有些化学品的可燃性要比油船装运的原油及产品危险性更大。液体化学品的易燃性可从其闪点、燃点、自燃点及可燃范围做出判断,火灾危险性大小可以从爆炸极限宽度、爆炸下限的数值、沸点、最小点燃能量等协同判断,如二硫化碳、乙醚、丙酮等。

2. 毒害性

多数液体化学品具有这种特性,通过直接接触或各种污染介质间接对人命及健康带来威胁。直接毒害性可用半数致死量 LD_{50} 及半致死浓度 LC_{50} 来衡量其直接接触的毒害性,间接毒害性可用紧急暴露限值 EEL、货品的水溶性、挥发性等来衡量其接触的毒害性,如有机物中,含有磷、氯、汞、氰基、铅、氨基、硝基的化合物多属于毒害品。

3. 腐蚀性

部分散装液体化学品具有很强的腐蚀性,不仅与人身体皮肤接触会造成伤害,而且对货舱结构材料也有严重的腐蚀作用,如硫酸、烧碱、强氧化剂过氧化氢等,多数货舱结构采用不锈钢材料制成。

4. 污染性

多数液体化学品会对海洋环境造成污染,MARPOL 73/78 公约附则Ⅱ(1992年修正案上)附录Ⅱ《有毒液体物质名单》中,刊出了494种有毒液体物质,如脂肪醇、丁苯等。

5. 反应性

货物自身(货品本身的分解、聚合、氧化腐蚀反应并产生毒气和大量热量)、货物之间(强酸与强碱)、货物与材料(烧碱能腐蚀钢板)、货物与水(二苯甲烷、氯磺酸等)、货物与空气(乙醇、二硫化碳等)的反应性等。

6. 热敏感性

有的化学品会因受热会发生氧化、老化等反应而变质,如鱼油、糖浆、豆油等。

7. 密度范围大

轻质石脑油为 0.625 g/cm^3,硫酸为 1.834 g/cm^3,四氯化碳为 1.595 g/cm^3,二硫化碳为 1.274 g/cm^3,氯仿为 1.489 g/cm^3,配载时应予以考虑。

8. 蒸气压力高

部分液体化学品是低沸点、挥发性强的高蒸气压液货,海上运输必须采取冷却、降温等措施,如乙醚、二硫化碳、二乙醚等。

二、散装液体化学品船

IBC 规则把建造或者改建成从事运输液体危险化学品的船舶称为散装化学品船(简称散化船)。

(一)散化船分类

根据所运输货品的危险程度,散化船分为以下 3 种类型:

1. Ⅰ型船舶

Ⅰ型船舶适用于运输危险性最大的化学品。该型船的结构要求能够经受最严重的破损,并需要用最有效的预防措施来防止货物的泄漏,因此这种船舶的液货舱舱壁与船舶外板的间隔最大,左右间距一般不小于 $B/5$ 或 11.5 m,取小者;另外,舱底与船底的间距不小于 $B/15$ 或 6 m,取小者;离船体外壳的任何位置处的距离都不得小于 760 mm,如图 14-1(a)所示。

2. Ⅱ型船舶

Ⅱ型船舶适用于运输危险性次于Ⅰ型船舶适运对象的化学品。该型船液货舱舱壁与外板之间要求的间距小于Ⅰ型船舶,但不小于 760 mm,舱底距船底不小于 B/15 或 6 m,取小者;离船体外壳的任何位置处的距离都不得小于 760 mm,如图 14-1(b)所示。

3. Ⅲ型船舶

Ⅲ型船舶适用于运输危险性最小的化学品。船上液货舱的位置基本与单船壳油船相同,如图 14-1(c)所示。

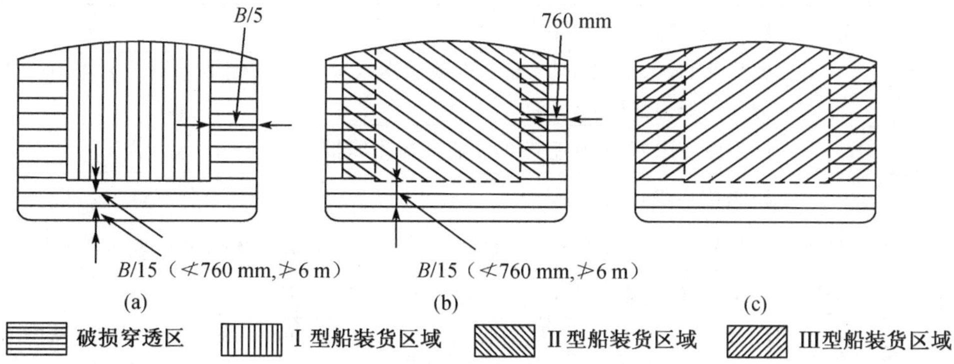

图 14-1　Ⅰ、Ⅱ、Ⅲ型散化船

(二)液货舱的分类及特点

根据船舶结构和舱顶设计压力,散化船的液货舱可分为两组四类。

1. 按船舶结构分

(1)独立液舱:其结构不与船体构成一整体的液舱。这种液舱可以消除或尽量减少其相邻的船体结构的受力对液舱的影响,从而减少货舱结构的应力。

(2)整体液舱:在结构上构成船体不可缺少的一部分,所受的应力与其相邻的船体结构相同。

2. 按液舱舱顶设计压力的大小分

(1)重力液舱:指舱顶设计压力不大于 0.07 MPa 的液货舱。这种液舱既可以是独立液舱,也可以设计成整体液舱。

(2)压力液舱:指舱顶设计压力大于 0.07 MPa 的液货舱。它只能是独立液舱,对其结构的设计应按照经认可的对压力容器的设计标准。

对 IBC 规则适用的船舶,应能承受某种外力作用下船体遭受假定破损后浸水的影响。此外,为了保护船舶和周围环境,船舶的液舱应加以保护,以防船舶与码头或拖船等接触后产生较小破损而引起渗漏,并且应采取保护措施以防止船舶碰撞或触礁而引起破损。假定的破损以及液货舱与船体之间的距离,均取决于所装货物的危险程度。假定的最大破损范围见表 14-2。

表 14-2　散化船假定破损范围表

<table>
<tr><td rowspan="3">船侧破损</td><td>纵向范围</td><td colspan="2">$L^{2/3}/3$ 或 14.5 m，取小者</td></tr>
<tr><td>横向范围</td><td colspan="2">$B/5$ 或 11.5 m，取小者（在夏季载重水线面上从舷侧沿垂直于船体中心线的方向向船内量取）</td></tr>
<tr><td>垂向范围</td><td colspan="2">向上没有限制（从中心线的船底外板型线量起）</td></tr>
<tr><td rowspan="4">船底破损</td><td></td><td>距船首垂线 $0.3L$ 范围内</td><td>船舶的其他部位</td></tr>
<tr><td>纵向范围</td><td>$L^{2/3}/3$ 或 14.5 m，取小者</td><td>$L^{2/3}/3$ 或 5 m，取小者</td></tr>
<tr><td>横向范围</td><td>$B/6$ 或 10 m，取小者</td><td>$B/6$ 或 5 m，取小者</td></tr>
<tr><td>垂向范围</td><td>$B/15$ 或 6 m，取小者（从中心线的船底外板型线量起）</td><td>$B/15$ 或 6 m，取小者（从中心线的船底外板型线量起）</td></tr>
</table>

第二节　散装液体化学品船配积载

散装液体化学品船配积载需要考虑的要素相对其他船舶更多，配载时首先要对货物的各个要素进行评估，确定大概的舱室分配；其次确定装货数量，充分发挥船舶的最大运能。

一、要素评估

货物要素评估需要考虑船舶适装证书的要求、货物相容性和隔离要求、货舱以前装货种类等内容。

1. 船舶适装证书（Certificate of Fitness）的要求

船舶适装证书是根据 IBC 规则的要求制定，并经过船级社批准颁发的法定证书，船员从中可以得到以下信息：

（1）承载货物的正确技术名称。

（2）可承载该货物的舱室位置。

（3）承载该货物的基本要求。

（4）货物污染等级等方面的信息。

2. 相邻积载货物的相容性和相互反应的货物的隔离

当承运货物的化学和物理特性不相容时，必须将货物分离隔舱装载。可以以货物相容性表（表 14-1）和 IBC 规则为依据，评估两种不同的货物是否会发生化学反应。

3. 货物温度的相容性

需要加热的货物与受热自反应的货物、低闪点的货物也应分离装载。需加热货物的最高温度与邻舱低沸点货物的沸点要有一个安全数据界限。一般认为，这两者之间温差应达到 10 ℃以上,即加热货物最高温度比邻舱低沸点的货物沸点低 10 ℃以上。

4. 货物与水的相容性

部分化学品会与水发生反应,如果这类货物被装载于与淡水舱或压载水舱相邻的货舱,一旦淡水或海水泄漏至货舱,货物会与水产生危险反应从而破坏货物质量和货舱结构。所以该类货物的积载必须与装有洗舱淡水和压载海水的舱室彻底隔离。这些货物包括乙腈、四氯化碳、二氯乙烯、乙醛丙酸等。

5. 货舱以前装货的种类

在承运某类货物时,托运人一般要求船舶提供货舱以前装运 3 票货物的资料。货舱以前的装货种类是船舶能否承运该货物的重要参考数据。

二、确定装货数量

散装化学品船舶确定装货数量需要考虑热膨胀、货舱设计比重、货舱强度、吃水差、船舶稳性和强度等因素的影响。

1. 根据热膨胀确定单舱最大装货数量

考虑到最高货物温度(例如货物加温、最大的环境温度等)产生的热膨胀等因素,装货一般可至货舱总体积的 98%,但在计算装货状况时,要考虑吃水差等因素的影响。

2. 根据货舱的设计比重来确定最大装货数量

一般全船的设计比重是一样的,可以参考油船航次货运量计算方法,根据货舱的设计比重和待装货物的比重确定散装化学品船舶最大装货量。当然,也有的船舶各货舱的设计比重是不同的,在这种情况下,各货舱的最大数量需要分别计算。当所要装载的货物比重大于船舶的设计比重时,为了保证船舶的强度,货舱装货的数量不能达到满舱。

3. 根据液体晃动对货舱强度的影响来确定装货数量

液体在舱内晃动会破坏货舱结构与设备(如固定洗舱机、量舱设备、高位警报设备等),装载货物数量在舱容的 20%~80%时尤为严重。而且比重越大的货物晃动时对船舶强度影响就越大,所装载的货物比重大于 1.3 g/cm 时需要特别注意。

4. 根据船舶吃水来确定装货数量

对于航行中有水深限制的航段,应以平吃水或较小艉倾时的船舶吃水考虑对最大装货数量进行适当调整。

5. 船舶的稳性与强度

编制配载计划时,尽量减少部分装载舱(包括货舱、压载舱、油舱等),其数量不超过装载手册的要求,以减少自由液面对稳性的影响。假如指定装载的货物数量与票数超过了装载手册的要求,船长应立即联系公司航运部门更改装载计划。

散装化学品船舶运输的货物种类繁多,船舶的设计与舱室布置也各不相同,而且货舱内的结构与设备差别很大,因此在制订配载计划时,要根据具体情况做相应的调整与准备。

三、确定装货舱位

当全船装运两种及以上散装化学品时,则应注意不同货物之间的相容性,并对互相反应的货物进行合理隔离。在确定装货舱位时应考虑以下因素:

1. 货物相容性

详细了解预装货物的理化性质,结合货主提供的货物资料,参考 IBC 规则中"最低要求一览表"相关内容,以及常用的货物相容性表,对不同货物的相容性进行评估,合理确定装货舱位,如表 14-3 所示。

表 14-3　最低要求一览表

a	c	d	e	f	g	h	i′	i″	i‴	j	k	l	n	o
胆碱盐酸盐溶液	Z	P	3	2G	Open	No			Yes	O	No	A	No	
柠檬酸(70%以下)	Z	P	3	2G	Open	No			Yes	O	No	A	No	
椰子油(含量少于5%游离脂肪酸)	Y	P	2(K)	2G	Open	No	—	—	Yes	O	No	ABCD	No	15.19.6, 16.2.6, 16.2.9
玉米油(含量少于10%游离脂肪酸)	Y	P	2(K)	2G	Open	No	—	—	Yes	O	No	ABCD	No	15.19.6, 16.2.6
棉籽油(含量少于12%游离脂肪酸)	Y	P	2(K)	2G	Open	No	—	—	Yes	O	No	ABCD	No	15.19.6, 16.2.6, 16.2.9
甲酚(所有异构物)	Y	S/P	2	2G	Open	No	T1	ⅡA	Yes	O	No	AB	No	15.19.6, 16.2.9
甲酚基酸,脱酚	Y	S/P	2	2G	Open	No			Yes	O	No	AB	No	15.19.6
巴豆醛	Y	S/P	2	2G	Cont	No	T3	ⅡB	No	R	F-T	A	Yes	15.12, 15.17, 15.19.6

注释：

货品名称(a栏)	对任何托运的散货，在运输单证中应使用货品名称。任何其他名称可以放在货品名称后的括号内。某些货品名称可能与本规则以前版本中所列的名称不一致
联合国编号(b栏)	已删除
污染类别(c栏)	字母X、Y、Z系指按MARPOL公约附则Ⅱ所确定的每一货品的污染类别
危害性(d栏)	"S"系指由于其安全危害而被收录到本规则的货品； "P"系指由于其污染危害而被收录到本规则的货品； "S/P"系指既由其安全危害又由其污染危害而被收录到本规则的货品
船型(e栏)	1:1型船舶； 2:2型船舶； 3:3型船舶
舱型(f栏)	1:独立液货舱； 2:整体液货舱； G:重力液货舱； P:压力液货舱
液货舱透气(g栏)	Cont:控制式透气 Open:开放式透气
液货舱环境控制(h栏)	Inert:惰化； Pad:液体垫或气体垫； Dry:干燥； Vent:自然或强制通风； No:根据本规则无特殊要求
电气设备(i栏)	温度等级(i′)T1至T6:无要求； 空白:无资料
	设备分类(i″)ⅡA、ⅡB或ⅡC:无要求； 空白:无资料
	闪点(i‴)Yes:闪点超过60 ℃； No:闪点不超过60 ℃； NF:非易燃货品
测量(j栏)	O:开放式测量； R:限制式测量； C:封闭式测量
蒸气探测(k栏)	F:易燃蒸气； T:有毒蒸气； No:本规则无特殊要求

续表

防火(l栏)	A:抗乙醇泡沫或多用途泡沫; B:普通泡沫,包括所有非抗乙醇型的泡沫,其中包括氟化蛋白质和水膜泡沫(AFFF); C:水雾; D:化学干粉; No:本规则无特殊要求
构造材料(m栏)	已删除
紧急逃生(n栏)	Yes:为船上配备足够每个人逃生使用的呼吸装置和眼保护装置,且需要满足 (1)不能使用过滤式呼吸装置; (2)自给式呼吸器的持续工作时间不能少于15 min; (3)应急逃生呼吸装置不得用于消防或装卸货物的目的,并应对其做出专门标志。 No:本规则无特殊要求
特殊和操作性要求(o栏)	如果第十五章和(或)第十六章中特别提及,这些要求应为其他各栏之外的附加要求

2. 货物与水的相容性

化学品与水的相容性主要分为两类,即与水产生反应和货物本身具有水溶性。对此类货物应予以特别关注,采取合理的措施避免与水的接触,以免造成货损或品质下降。

3. 货物温度的控制

对于有温度要求的货物,应注意与对温度敏感货物的合理隔离。

四、对装载方案予以审核确认

一般来说,配载计划由大副编制,经船长审批后,和相应的配载资料报送给公司相关部门和港方;公司根据货物性质对装载方案的船舶适运和适航情况进行审核,港方根据码头作业对装载方案进行审核;大副根据来自岸基的审核结果对装载方案进行调整、确认,落实装载方案。

散装化学品船舶自由液面对稳性的影响非常突出。在制订积载计划时,应尽量减少部分装载舱(包括货舱、压载舱、油舱等),其数量不得超过装载手册的要求。假如指定装载的货物数量与票数超过了装载手册的要求,船长应立即联系公司航运部门更改装载计划。

散装化学品船舶运输的货物种类繁多,船舶的设计与舱室布置也各不相同,而且货舱内的结构与设备差别很大,因此在制订配积载计划时,要根据具体情况做相应的调整与准备。

五、散化船装货量的计算

(1)根据实测液舱空当高度查液舱容量表得实际装货体积。

(2)实测货物温度和密度。

(3)将实测温度时的货物体积和货物密度换算成标准温度下的数值。

(4)考虑空气浮力的修正,求得货物装载量。

第三节　散装液体化学品船安全装卸和运输

一、散化船装卸前准备

(1)散化船应具备规定的适装条件,持有有效满足 IBC 规则要求的国际散装运输危险化学品适装证书(COF)、货物记录簿(CRB)等有关文书,并按要求如实记录有毒货物的装卸作业、转驳,液货舱的洗舱、压载,压载水及残余物的排放等作业情况。

(2)货主必须提供所托运货物的完整资料。资料包括货物名称、理化性能说明书。如为混合物,应说明构成其危险特性的主要因素、泄漏时应采取的措施、防止人体意外接触的措施、消防程序及应使用的灭火材料;有特殊要求的货物,需说明其所需的专门设备及规定的证书等。如得不到安全运输货物所需的足够资料,则应对该货物拒运。

(3)应对液货舱进行环境控制,方法有:

①惰化法

用既不助燃也不与货物反应的气体或蒸气充入液货舱及其管系、液货舱周围空间,并维持这种状态。

②隔绝法

将液体、气体或蒸气充入货物系统,使货物与空气隔绝。

③干燥法

将无水气体或在大气压下露点为-40 ℃或更低的蒸气充入液货舱及其管系。

④通风法

进行强制通风或自然通风。

(4)各舱装载量应不超过其最大允许载货量。按要求,Ⅰ型船舶的任一液舱所装的货物数量不得超过 1 250 m^3,Ⅱ型船舶的任一液舱所装的货物数量不得超过 3 000 m^3,同时应考虑因货温变化引起货物体积的胀缩,留出合理的空当舱容。

(5)船岸双方应逐项检查并填写“船/岸安全检查项目表”中的 A 部分和 B 部分(表 14-3),船/岸安全检查项目表中的 A 部分对于油船、散化船、液化气船均需填写,B

部分为散化船增加项目。

(6)应正确设定各种阀的开关位置。装卸中应经常检查,以确保阀的开关正确无误,并注意泵和管路上有无泄漏现象,以确保安全。在装货作业前、卸货作业后,地线的连接和断开应先接地线后接管,后拆地线先拆管。

(7)船岸双方应商定装卸流速、流量及停止作业的信号等。

(8)应在甲板上至少配置能正常工作的灭火器2只,准备好应急缆,置放危险标志,与其他船舶保持30 m以上的安全距离。

二、散化船安全装卸

(1)一般装卸开始时以低速(1.0 m/s以下)进行,待检查确认作业正常后才按正常流速进行装卸。为防止静电,装卸的正常流速一般应限制在3.0 m/s以下。

(2)装卸期间禁止一切明火和进行装卸货以外的其他作业。靠泊装卸期间一律禁止除锈油漆和补装燃油,当风速超过15 m/s、浪高超过1.5 m时,不得进行靠泊和装卸作业。

(3)作业时应注意人员安全。进入货物作业区的人员必须穿戴合适的保护安全设备,包括大围裙、有长袖的特别手套、适用的鞋袜、用抗化学材料制成的连衣裤工作服和贴肉护目镜或面罩、自给式空气呼吸器、防爆灯具等。

(4)防止聚合反应的发生。聚合反应可能由于光照、受热、杂质或催化剂的影响而发生,也可能在没有外界影响的情况下自动发生。

①为防止在运输中发生聚合反应,应采取以下防范措施:

i. 密闭舱盖,避免日光照射。

ii. 保持冷却状态,避免与能发热的货物或机舱相邻装载。

iii. 控制温度,实现计划当温度超过标准时应采取的措施。

iv. 加入阻聚剂以抑制聚合反应的发生,但其作用是有一定期限的。托运人应在证书上写明阻聚剂的名称、加入量(浓度)、加入时间、有效期以及温度限制等内容。

②聚合反应是指某些含有不饱和双键的乙烯类化合物和容易发生开链的环氧类化合物,它们可能发生自身结合在一起的反应,形成至少成双分子的化合物,通常可连接成千上万个分子,即聚合物。聚合反应形成单体,单体一般是可以自由流动的液体化学品。发生聚合反应之后,黏度明显增大,甚至变成固体,完全失去流动性,这些固体物质黏附在舱壁上阻塞管路,导致液货舱结构和设备的损坏,是非常危险的。

(5)在装卸闪点低于600 ℃或标有“T”字母的毒品时,必须在机房、生活区等处所进行气体例行检测。装货期间,如果发生码头上阀不能关闭的意外,应立刻关掉船上阀门以防止货物溢出阀门;进入最后1/4阶段时应减慢关阀速度,关阀时间不能小于30 s。

(6)装货后取样应在完货后30~60 min进行。卸完货后对货物残液的处理应根据MARPOL公约附则Ⅱ的规定实施。

表 14-4　船/岸安全检查项目表

船名______________________________

泊位______________________停泊港______________________

到港日期____________________到港时间____________________

A 组 普通散装液货	船舶	装卸区	代号	备注
A1. 船舶系泊是否安全?	□	□		
A2. 应急拖缆是否放置正确?	□	□		
A3. 船岸之间是否有安全通道?	□	□		
A4. 船能否靠自己动力移泊?	□		P	
A5. 船上是否派有甲板值岗人员? 船岸双方是否做出适当的监督?	□	□		
A6. 船岸之间通信联系是否已协商好?	□	□	A	
A7. 货物、燃料油和压载水的装卸程序是否协商妥当?	□	□	A	
A8. 应急关闭程序是否已商定?	□	□	A	
A9. 船岸救火管和灭火设备是否备好并能立即使用?	□	□		
A10. 装卸货物、燃料油的软管是否完好,装配是否妥当? 检查装卸索具证书。	□	□		
A11. 船岸双方是否有效地堵住甲板排水孔,滴漏盘是否已放好?	□	□		
A12. 不使用的货物和燃油管系接头包括船尾排出管系是否安装妥当?	□	□		
A13. 不使用的海水阀和舷外排出阀是否关闭或用绳子捆扎好?	□	□		
A14. 所有的货舱和燃油舱是否都已盖好?	□	□		
A15. 舱柜通风系统的使用是否已协商好?	□	□	A	
A16. 允许使用的喷灯是否已保管好?	□	□		
A17. VHF/UHF 接收仪是否是便携式的?	□	□		
A18. 船上的主发讯机天线是否接地,雷达是否关闭?	□			
A19. 便携式电气设备的用缆是否与主电源分离?	□	□		
A20. 船中舱室的外部门的出入口是否关好?	□	□		
A21. 船尾舱室通向货舱甲板的外部门和出入口是否关闭?	□	□		
A22. 有可能吸入货物蒸气的空调系统入口是否已关闭?	□	□		
A23. 窗式空调装置是否已撤离?	□	□		
A24. 是否遵守吸烟规定?	□	□		
A25. 是否按规定使用厨房和其他佐餐设备?	□	□		
A26. 是否遵守明火作业规定?	□	□		

续表

A组 普通散装液货	船舶	装卸区	代号	备注
A27. 是否有应急逃脱的可能性?	□	□		
A28. 船岸双方是否有足够的急救人员?	□	□		
A29. 在船岸之间的连接处是否有合适的隔离?	□	□		
A30. 是否采取措施保证泵间的足够通风?	□			

B组 散装液体化学品——增加检查项目	船舶	装卸区	代号	备注
B1. 现有的货物资料是否提供了安全装卸的必要数据,其中包括工厂的阻化剂证书?	□	□		
B2. 是否已准备好足够的合适的防护装置(包括独立的呼吸设备)以及马上能穿的防护服?	□	□		
B3. 防止人体与货物接触的意外事故的措施是否协商好?	□	□		
B4. 带有自动切断系统的装卸速度是否适当?	□	□	A	
B5. 货物系统的测量和报警装置安装是否正确并处于完好状态?	□	□		
B6. 手提式蒸气探测器能否方便地使用?	□	□		
B7. 是否交换了灭火介质和灭火装置的资料?	□	□		
B8. 软管的材料能否抵制货物的作用?	□	□		
B9. 货物装卸是否由固定的管道进行?	□	□	P	

填写说明:

有关安全操作的所有问题必须做肯定的回答,填入空格□内;如果不能做肯定回答的必须说明理由,并且船岸双方应采取适当的预防办法达成协议。在实际操作中,有些必须注意的事项在上表中未列出,可填入备注一栏。

"船舶"和"装卸区"一栏内的空格□,由有关当事人进行检查填写。

在"代号"一栏内字母"A"和"P"的含义:

A——表示记载程序和协议需要双方当事人签署。

P——表示对操作持否定回答时,如没有港口当局的允许,就不能进行。

第十五章

液化气体船运输

受全球油价持续攀升及煤炭、石油带来的环境污染问题影响,各国对液化气尤其是液化天然气能源需求不断增加,海运液化气市场发展迅速。本章主要介绍散装液化气水上运输技术。

第一节　液化气体及液化气体船概述

一、液化气

(一)定义

液化气是指在常温常压下为气体,经降温至沸点或在临界温度下加压变成液态的物质。IMO《国际散装运输液化气体船舶构造和设备规则》(简称 IGC 规则)给出的液化气体定义是:船运液化气是指温度为 37.8 ℃时,其蒸气绝对压力超过 0.28 MPa 的液体。IGC 规则第 19 章列出了规定的货物。

(二)按主要成分分类

1. *液化石油气(Liquefied Petroleum Gas,简称 LPG)*

液化石油气是石油炼制加工过程中产生的气体副产品,主要成分为丙烷、丁烷、丙烯和丁烯,以及少量的氮和其他杂质气体。

2. *液化天然气(Liquefied Nature Gas,简称 LNG)*

液化天然气是自然界存在的可燃气体,主要成分为甲烷。液化天然气按来源不同又分为煤田气、气田气和油田气。

3. 液化化学气(Liquefied Chemical Gas,简称 LCG)

液化化学气是化工厂生产出的气体。其主要成分除了碳氢化合物外,还有其他成分,如氧化丙烯和聚氯乙烯单体等。

(三)按沸点临界温度分类

1. 高沸点液化气体

高沸点液化气体是沸点不低于-10 ℃的物质,如丁二烯、丁烷、二氧化硫等。

2. 中沸点液化气体

中沸点液化气体是沸点在-10~-55 ℃之间,且临界温度在 45 ℃以上的物质,如氨、丙烷等。

3. 低沸点液化气体

低沸点液化气体是沸点低于-55 ℃或临界温度低于 45 ℃的物质,如甲烷、乙烯、氮等。该类物质必须采用低温或低温加压方式储运。

(四)主要特性

1. 易燃易爆性

液化气体几乎都具有可燃性,由于其沸点低,挥发性大,一旦泄漏,危险比石油类物质更大。

2. 毒害性

液化气体蒸气与人员皮肤、眼睛接触或由口腔吸入都可能会引起中毒。

3. 腐蚀性

某些液化气本身或其蒸气具有的腐蚀性不仅对人体有害,而且会损坏船体材料。

4. 化学反应性

该类货物存在自身分解、聚合反应、货物与水的反应、货物与空气的反应、货物与货物之间的反应、货物与冷却介质的反应、货物与材料之间的反应等,这些反应都具有危险性。

5. 低温和压力危险性

低温运输液化气或加压的液化气泄漏时产生的低温会对船体、设备造成脆性破坏等危害,甚至会对人员造成冻伤。

二、液化气船分类

IGC 规则规定,从事运输温度为 37.8 ℃时,其蒸气绝对压力超过 0.28 MPa 的液体和 IGC 规则第 19 章所列的其他散装货物的船舶为液化气体船舶(简称液化气船)。

(一)按船舶结构、稳性以及所运货物的危险程度等要求分类

1. ⅠG型船舶

ⅠG型船舶适用于运输要求危险性最大的液化气,如液氨、环氧乙烷、溴甲烷等。该船舶的结构要求能够经受最严重的破损,船舶的液货舱舱壁与船舶的外板之间要求的距离最大,具体要求及数据基本上同Ⅰ型散化船。

2. ⅡG/ⅡPG型船舶

ⅡG/ⅡPG型船舶适用于运输危险性次于ⅠG型船舶运输对象的液化气,如乙烷、乙烯和甲烷等。该船舶的液货舱舱壁与船舶外板之间要求的距离小于ⅠG型船舶,结构要求基本上同Ⅱ型散化船。ⅡG型和ⅡPG型的区别主要是船舶长度,ⅡPG型船舶是指船长不超过150 m的具有C型独立液舱的船舶。

3. ⅢG型船舶

ⅢG型船舶适用于运输危险性最小的液化气。其货舱在船上的位置与ⅡG型船舶基本相同,但其船体结构经受破损的能力略低于ⅡG型船舶。

(二)按其运输时液化气的温度和压力分类

1. 压力式液化气体船

压力式液化气体船主要适用于近海短途运输少量的液化气体。它在常温下,将气体加压至临界压力,把液化气贮藏在高压容器中进行运输,也称全加压式液化气船。这种运输方式,船体结构及操作技术都比较简单,但容器重量大,船舶的容量利用率低,不适用于建造大型高压容器。

2. 低温压力式液化气体船

低温压力式液化气体船是压力式和低温式两种液化方式的折中方案,也称半冷冻式液化气船。采用这种方式运输,对液化气体的温度和压力都需要进行控制,一般设计压力为0.3~0.7 MPa,而冷却温度则随运输对象不同而异,较多的是在-10 ℃。由于设计压力减小,液舱舱壁厚度可以相应减小,对材料的耐高压和耐低温要求也降低,从而可以降低建造成本。

3. 低温式液化气体船

低温式液化气体船数量较多,适用于运输大量的液化气体。它在常压下,将气体冷却至液态的温度以下进行运输,也称冷冻式液化气船。目前海上运营的低温式液化气船主要有液化石油气船,其冷却温度为-55 ℃;液化乙烯船,其冷却温度为-104 ℃;液化天然气船,其冷却温度为-162 ℃(-260 ℉)。

(三)货舱的分类及特点

由于液化气船液货舱的结构和设计压力不同,则液货舱有5种类型:

1. 独立液舱

舱室结构跟船体结构分开的液货舱。根据设计蒸气压力不同,其又分为以下 3 种类型:

(1) A 型独立液舱

该型舱设计蒸气压力不超过 0.07 MPa,是自身支持的棱柱型,属于重力液舱。货物在常压下,以全冷冻方式运输。

(2) B 型独立液舱

该型舱设计蒸气压力可以不大于 0.07 MPa 或大于 0.07 MPa,即可以是重力液舱或压力液舱。前者用于运输液化石油气,后者用于运输液化天然气。

(3) C 型独立液舱

该型舱设计蒸气压力高于 0.2 MPa,为球形或圆柱形,主要用于半冷冻式或全加压式液化气船。用于全加压式船上时,其设计的最大工作压力应不小于 1.7 MPa;而用于半冷冻式或冷冻式船上时,其设计压力为 0.5~0.7 MPa 及 50%真空。

2. 整体液舱

液舱结构构成船体结构的一部分。其设计蒸气压力不超过 0.07 MPa,一般适用载运其沸点不低于-10 ℃的货品。

3. 薄膜液舱

它是非自持液舱,由邻接的船体结构通过绝热层支持的一层薄膜组成,薄膜厚度一般不超过 10 mm。其设计蒸气压力不超过 0.07 MPa。

4. 半薄膜液舱

它是在非装载状态下自持、在装载状态下非自持的液舱。其设计蒸气压力同薄膜液舱。

5. 内层绝热液舱

它是非自持液舱,由适合于货物围护的绝热材料组成,受相邻的内层船体结构支持(设计蒸气压力小于 0.07 MPa)或受独立液舱支持(设计蒸气压力可以大于 0.07 MPa)。

第二节　液化气船安全装卸和运输

一、液化气船装前准备

(1)液化气船应具备规定的适装条件,持有有效满足 IGC 规则要求的"国际散装运输液化气体适装证书"。

(2)为了保护从事装卸作业的船员,在考虑了货品的特性后,应对船员提供包括眼睛在内的合适的保护设备。

(3)船舶承运液化气货物，货主必须提供所托运货物的完整资料。资料包括货物名称、理化性能说明书、危险特性、发生泄漏或火灾时的应急措施等。

(4)做好货舱的准备。船舶受载前，必须对货舱进行以下特殊作业：

①惰化(Inerting)

用惰性气体置换货物系统中的空气或货物蒸气，降低含氧量。惰化后，一般要求货物系统中的含氧量浓度不超过5%。

②除气(Gas Freeing)

除气即装货前用待装货物的蒸气置换货物系统中的惰性气体。

③预冷(Cooldown)

冷冻式液化气船上，货物装载前应先以缓慢的速度将低温的液货输入货物系统，使其在正式装货前达到并保持足够的低温。

(5)装卸前，船岸双方应逐项检查并填写“船/岸安全检查表”中的A组和C组，见表15-1。

表15-1 船/岸安全检查表

船名______________________________

泊位________________ 停泊港________________

到港日期________________ 到港时间________________

A组 普通散装液货	船舶	装卸区	代号	备注
A1. 船舶系泊是否安全?	□	□		
A2. 应急拖缆是否放置正确?	□	□		
A3. 船岸之间是否有安全通道?	□	□		
A4. 船能否靠自己的动力移泊?	□		P	
A5. 船上是否派有甲板值岗人员? 船岸双方是否做出适当的监督?	□	□		
A6. 船岸之间通信联系是否已协商好?	□	□	A	
A7. 货物、燃料油和压载水的装卸程序是否协商妥当?	□	□	A	
A8. 应急关闭程序是否已商定?	□	□	A	
A9. 船岸救火管和灭火设备是否备好并能立即使用?	□	□		
A10. 装卸货物、燃料油的软管是否完好，装配是否妥当? 检查装卸索具证书。	□	□		

续表

A组 普通散装液货	船舶	装卸区	代号	备注
A11. 船岸双方是否有效地堵住甲板排水孔，滴漏盘是否已放好？	□	□		
A12. 不使用的货物和燃油管系接头包括船尾排出管系是否安装妥当？	□	□		
A13. 不使用的海水阀和舷外排出阀是否关闭或用绳子捆扎好？	□	□		
A14. 所有的货舱和燃油舱是否都已盖好？	□	□		
A15. 舱柜通风系统的使用是否已协商好？	□	□	A	
A16. 允许使用的喷灯是否已保管好？	□	□		
A17. VHF/UHF 接收仪是否是便携式的？	□	□		
A18. 船上的主发讯机天线是否接地，雷达是否关闭？	□			
A19. 便携式电气设备的用缆是否与主电源分离？	□	□		
A20. 船中舱室的外部门的出入口是否关好？	□	□		
A21. 船尾舱室通向货舱甲板的外部门和出入口是否关闭？	□	□		
A22. 有可能吸入货物蒸气的空调系统入口是否已关闭？	□	□		
A23. 窗式空调装置是否已撤离？	□	□		
A24. 是否遵守吸烟规定？	□	□		
A25. 是否按规定使用厨房和其他佐餐设备？	□	□		
A26. 是否遵守明火作业规定？	□	□		
A27. 是否有应急逃脱的可能性？	□	□		
A28. 船岸双方是否有足够的急救人员？	□	□		
A29. 在船岸之间的连接处是否有合适的隔离？	□	□		
A30. 是否采取措施保证泵间的足够通风？	□			

续表

C 组 散装液化气——增加检查项目	船舶	装卸区	代号	备注
C1. 现有的货物资料是否提供了安全装卸的必要数据,其中包括工厂的阻化剂证书?	□	□		
C2. 是否接通了喷水系统?	□	□		
C3. 是否已备好足够的合适的防护装置(包括独立的呼吸装置)以及马上能穿的防护服?	□	□		
C4. 货舱空间是否要求充惰?	□			
C5. 所有的遥控阀是否能正常工作?	□	□		
C6. 货舱安全泄放阀是否和船上的通风系统排列在一起,并关闭旁通阀?	□			
C7. 货泵和压缩机是否处于完好状态? 船岸之间是否已协商好最大工作压力?	□	□	A	
C8. 再液化或气化控制设备是否完好?	□			
C9. 货物气体探测设备是否已校准并处于完好状态?	□	□		
C10. 货物测量和警报系统安装是否正确并处于完好状态?	□	□		
C11. 应急切断系统能否正常工作?	□	□		
C12. 港方是否知道船上自动阀的关闭速度? 船方是否了解陆上系统的详情?	□	□	A	
C13. 船岸之间是否就货物系统的最低工作温度交换资料?	□	□	A	

填写说明:

有关安全操作的所有问题必须做肯定的回答,填入空格□内;如果不能做肯定回答的必须说明理由,并且船岸双方应采取适当的预防办法达成协议。在实际操作中,有些必须注意的事项在上表中未列出,可填入备注一栏。

“船舶”和“装卸区”一栏内的空格□,由有关当事人进行检查填写。

在“代号”一栏内字母“A”和“P”的含义:

A——表示记载程序和协议需要双方当事人签署。

P——表示对操作持否定回答时,如没有港口当局的允许,就不能进行。

二、液化气船安全装卸

(1)装卸开始应以低速(1 m/s 以下)进行,确认输送系统工作正常后,才能逐步加快直至达到允许的最大速度。为防止静电,正常流速限制在 3 m/s 以下。

(2)装货时相邻货舱的温差不能太大,否则应停止装货。

(3)装卸过程中,各种阀不能快速操作和闭锁,换舱时应先开空舱阀后关满舱阀,以防货管中产生过大的压力差和严重的水击现象。

(4)满舱时各舱允许装载极限不能超过舱容的 98%。

(5)卸货时应防止液舱产生负压和超压,并且卸货作业应在白天进行。

(6)装卸期间禁止一切明火和进行其他作业并注意附近水域的安全,与其他船舶保持 30 m 以上。

(7)当风速超过 15 m/s、浪高超过 0.7 m 时,有雷电或附近有火灾时,应停止装卸。

(8)船舶在白天应悬挂"B"旗,夜间显示红色环照灯,装卸作业时显示国际信号"RY"旗,甲板两侧醒目处放置告示牌。

三、液化气船的装货量计算

液化气船的装货量计算与油船装货量的计算原理相同,区别在于液化气在运输过程中,液舱内的液体和蒸气始终是一起存在的,计量时不仅要计算舱内液体的重量,还要计算舱内货物蒸气的重量,因为蒸气也是货物的组成部分。

第五篇　特殊货物运输

特殊货物运输指重大件、冷藏货、木材、滚装货和钢材等的运输，在运输这些货物时，需要采取特殊措施、给予特殊照料。本篇以重大件船运输、冷藏货物船运输、木材船运输、滚装货物船运输和钢材货物船运输为项目，结合具体工作项目和任务进行编写，包括必需的专业知识和技能。

第十六章

重大件船运输

重大件船(Heavy-cargo Carrier)以装运公路车辆和铁路车辆、小型船舶、各种成套设备和构件、近岸工程设备等重大件为主要对象。一般来说,重大件货物均由拥有超重型吊杆设备、超厚甲板和特种稳性系统,以及能够处理超宽超长重大件能力的专用运输船——重吊船运输,但有些小型设备也由驳船、杂货船或多用途船运输。本章仅对杂货船和专用重大件船装载重大件货物的知识进行介绍。

第一节　重大件货物及重大件船概述

随着世界经济的发展和经济的全球化,许多制造业基地从发达国家向发展中国家转移,大量成套设备大件和重型设备的海上运输量在逐年增加,重大件运输船也由一般杂货船或多用途船向专业运输船发展。

一、重大件货物

重大件货物一般是指单件重量较大,单件尺度过长、过高或过宽,以致在运输装载方面受到一定限制的货物。船运重大件货物主要包括:钢轨、机车、船艇、大型成套设备、高压容器等。

1. 分类

在一般件杂货运输中,国际和国内有关重大件货物的标准为:

(1)国际标准规定

单件重量超过 40 t 的货物为超重件,单件长度超过 12 m 的货物为超长件,高度或宽度超过 3 m 的货物为超高或超宽件。

(2)我国标准规定

国际航运中凡单件重量超过 5 t 或单件长度超过 9 m 的货物,沿海运输中凡单件重量超过 5 t 或单件长度超过 12 m 的货物,长江和黑龙江干线港口凡单件重量超过 3 t 或单件长度超过 10 m 的货物均属于重大件货物。

但随着国际件杂货逐步向机械化工设备、大型工业结构件转变，重大件货物按重量的分类也在变化。目前，对特重大件分类为：600 t 以下、600～1 000 t、1 000 t 以上等三种。

2. 特性

(1) 超长

此类货物多半是钢材、竹、木或其他制品，例如，钢梁、钢管、圆钢、工字钢、钢板、轻轨、行车架、打桩机、原木、毛竹、水泥电杆、铝材长料等，宜采用加长、大型货车或半挂货车等车辆运输。

(2) 超高、超宽

此类货物多半是钢铁制品，如立式车床、锻压机、变压器、大型锅炉、化工合成塔以及桥梁、工程设备构件等，通常采用大型平板汽车、列车运输。

(3) 笨重

等于或超过 4 t 以上的笨重货物，常见的有建筑和施工机械，如推土机、挖掘机、压路机等，以及大型金属铸件和机器设备等，可用半挂货车或大型平板汽车、列车运输。

(4) 形状不规则

成套设备、重型车辆和其他重大件货物均为形状各异、规格不一的货物。

二、重大件运输船

重大件运输船（重吊船）是从多用途船中发展出来的一种特殊船型，是专为运输大型设备、平台模块、钢结构等货物而设计的。该类型船一般都配有 1 万匹马力以上的自航主机，可以保证 12 kn 以上的满载航速；由于其结构上的特殊性——甲板大开口，整船的扭转刚度严重削弱，远低于常规型船舶。目前，一般重大件由杂货船或多用途船运输，特重大件均由驳船、重吊船或自航半潜船承运。

1. 船舶布置与结构

重吊船货舱布置有两种方式：一种为艉机型，货舱 3～4 个，甲板部分还可以装载集装箱，具体如图 16-1(a) 所示；另一种为驾驶台在船首部位，机舱在船尾部，货舱 3～4 个，具体如图 16-1(b) 所示。

重吊船货舱均超长、超宽、超高，主甲板上可装载超长重大件，最长可达百米左右；另外，重吊船拥有吊装设备，甲板上配置 150～1 100 t 的起重设备，无须借助浮吊就可自行起重、就位大件货物。

自航半潜船的专门从事无法分割的超大型整体设备及特重、特长大件运输的船舶。它的特点是经过调整载荷可以将船舶甲板沉入水面以下，大件货物可以采用沉放的方式移至船舶的甲板上，具体如图 16-2 所示。对于一些超大型的石油平台、船体分段等重大件货，这种运输方式比吊装安全性更高，而且可以减少船舶对货物体积外形等因素的限制。

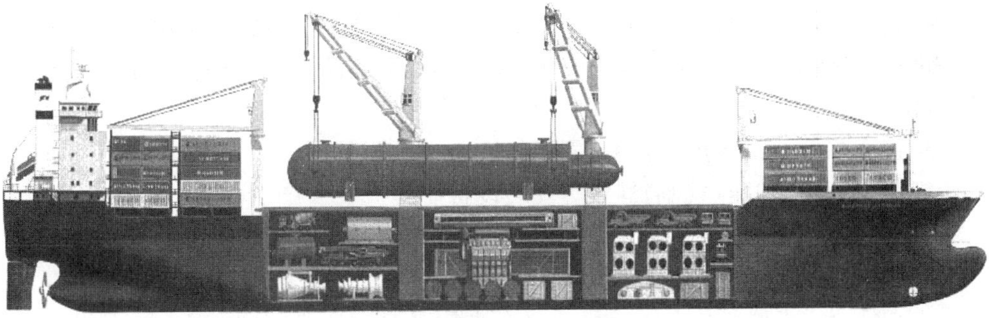

(a)

(b)

图 16-1 重吊船

图 16-2 自航半潜船

2. 特性

(1) 自有大吨位装卸吊装设备。重型超大件设备运输船必须具备自有自用重型超大件吊杆，以便在比较偏僻遥远和港口设备落后的地方，在没有港口机械设备情况下，由船舶自行装卸重型超大件货物。

(2)配有专用配载计算设备。重型超大件装载工作环境复杂、情况复杂,在装载、运输和卸载过程中不允许有丝毫差错,配载等各环节均需要事先精细规划,并通过计算机核算和安全监控。

(3)设有多个压载水舱和浮箱,用于稳性和吃水调节。

(4)装备起重、顶压、气割、焊接等安装设备。

(5)船舶吃水较浅,便于出入中小港口,可直接将成套设备运往目的地。

(6)有大容量的压载、平衡水舱。

第二节　重吊船安全装卸和运输

重大件货配载、装卸比较复杂,应根据其特点,在配载、装卸等方面周密考虑,正确处理,才能兼顾船、货、机械和人身的安全,具体内容主要有:

一、装运前的准备工作

(1)仔细了解和掌握本船承运重大件货物的能力和检查重型起货设备的所有部件和属具,使其处于良好的技术状态。

(2)深入货场详细了解所承运重大件货物的有关资料,如货物的特征、形状、单件重量、尺度、装卸标志、包装情况等;了解货主提出的装卸注意事项。

(3)仔细了解和掌握装货港、中途港和目的港的装卸作业条件,如码头装卸设备、起重能力等情况。

二、正确选择舱位和货位

重大件货物的装载位置,应从保证货物和船舶的安全及便于作业使用船舶重型起货设备等方面考虑。

1. 重大件货物配置位置

根据货件的具体情况,重大件货物可以配置于舱内或上甲板。

(1)当配置于舱内时,应选择舱口尺度较大且有重型起货设备的船中部货舱。

(2)当配置于二层舱,要注意货件高度不能大于二层甲板至舱口纵材下缘的高度。

(3)当配置于上甲板时,应选择起货设备够得着的部位,其堆装位置应不妨碍甲板部的正常工作,不影响驾驶台的瞭望,且不能堆装在舱盖上。怕水的重大件货物应配置在不易上浪的部位。

(4)从稳性的角度考虑,应选择接近全船重心处,并注意左右均衡。

(5)确定重大件货物的装载位置时,还应考虑有利于货件的系固。很高大的重大件货物不宜配置于紧贴船壳和舱壁的部位，以便于货件的系固，但应避免系固角过大。

2. 校核拟装部位的局部受力，确定合理的衬垫和系固方案

在普通杂货船上装载重大件货物，装载部位一般不能承受直接堆装重大件货物的负荷，为保证其局部强度条件得到满足，必须预先核查拟装部位的局部受力，必要时应在重大件货下面加以衬垫，扩大其承压面积或临时衬加支柱，使船体局部强度不受损伤。

在实际工作中，常根据拟装部位的单位面积允许负荷量，计算出必需的最小衬垫面积 A_{min}，从而确定衬垫方案，则

$$A_{min} = \frac{P}{P_d} \tag{16-1}$$

式中：A_{min}——最小衬垫面积，m^2；

P——货件的重量，t；

P_d——允许负荷量，kPa。

在确定实际的衬垫面积时，还应考虑如下情况：

(1)上式求得的 A_{min} 并未计及衬垫物和系固属具本身的重量。

(2)在海上航行时，货件将受到多种力的作用，从而使其对甲板的正压力大于其自重。

(3)当货件装于上甲板时，由于甲板有梁拱和舷弧，衬垫物与甲板的实际接触面积变小，因此，实际的衬垫面积必须大于上述算得的 A_{min}。

当装运单件重量大而体积较小的重大件时，应该使货物装于至少跨两个加强肋骨的部位。此外，在装卸重大件货物时，应尽量使船舶保持平吃水，使货件能同时着落或起离甲板，避免甲板某部位瞬时超负荷。

所用衬垫材料也应确保有足够的强度，在木质衬料上加垫工字钢可使受力更均匀。衬垫物的走向应与甲板下的骨材垂直，尽量跨过多道骨材。所横跨的骨材数目 n_m 应根据下式计算。

$$n_m = \frac{P}{P'} \tag{16-2}$$

式中：P'——集中载荷，t。

三、重大件货物的系固

重大件货物装载后的系固是确保运输安全的重要措施，必须按《货物系固手册》的要求认真制定货物系固方案并严格执行。

1. 重大件货物的系固方式

系固方式分刚性加固和柔性加固，通常有垫、堵、支撑、系扎和焊接等，如图 16-3、图 16-4 所示。

刚性加固即用各种形态的钢材焊接加固，柔性加固是利用钢丝绳和松紧器等加固，

图 16-3 刚性加固

图 16-4 柔性加固

目前主要使用刚性加固。刚性系固时应注意如下几点：

(1)绑扎应多利用船体结构中的强横梁、横舱壁、纵骨架等强结构,焊接在强结构位置甲板上的绑扎件强度较好。

(2)如绑扎件只能焊接在甲板上,应在甲板上附板或增大结构以增加与甲板焊接的面积。

(3)绑扎件和货物之间接触的位置应在货物的强结构上。

(4)如绑扎件和货物的接触位置不在货物的强结构上,应适当增加绑扎件与货物间的接触面积,避免因受力集中而损坏货物。

2. 根据货物的不同要求,选取系固索具

重大件货物的系固索具有钢丝绳、链条等,并配合花篮螺丝、卸扣等,链条系固比较方便,系固速度快,但不易收紧;而钢丝绳则较易收紧,但系固没有链条方便且强度也较低。应视货物具体情况选取系固索具。

3. 确定系固道数

在重大件货物装船前,应制订系固计划,提出系固的具体方案。在系固方案初拟后,应对其系固效果进行核算,只有经过认真核算并确认系固方案中所设系固设备足以抵御船舶在航行中货物所受外力及外力矩作用,确保货物不致滑动和倾倒后才能付诸实施。

国际海事组织推荐的经验方法是:货件的重量 P 不大于每一舷货物横向系索总的系固负荷,即

$$P \leqslant \sum MSL \tag{16-3}$$

式中:P——货物的重量,t;

MSL——每一舷系索总的最大系固负荷,t。

该方法既不考虑系固角和系固设备中系固力的非均匀分布的不利影响,也未考虑摩擦力的有利影响。系固角大于 60°的系索有利于防止货物倾倒,但在经验法评判系固效果时不应计入。

利用式(16-3)可极易对系固效果做出评判,只要将货物一舷各道系索的最大系固负荷值相加并将结果与货物重量比较,即可得出系固方案是否可靠的结论。经验评判标准偏于严格,即偏于安全。另外,若各道系索具有相同的 MSL 值,则式(16-3)可写成:

$$P \leqslant N \times MSL \tag{16-4}$$

即

$$N \geqslant P/MSL$$

式中:N——最少横向系索的根数;

P——货物的重量,t;

MSL——每一舷系索总的最大系固负荷,t。

4. 系索最大系固负荷 MSL 的确定

最大系固负荷(MSL)是用以确定系固设备系固货物时所允许的最大负荷能力,它等于设备的破断强度与相应系数 δ 的乘积,即

$$MSL = \delta \times 破断强度 \tag{16-5}$$

各种系固设备的最大系固负荷(MSL)由其破断强度确定,常用系固设备的 MSL 见表 16-1。

表 16-1 常用系固设备的 *MSL* 一览表

系固设备	*MSL*	系固设备	*MSL*
卸扣、环、甲板孔、低碳钢花篮螺丝	50%破断强度	钢丝绳(可重复使用)	30%破断强度
纤维绳	33%破断强度	钢带(一次性使用)	70%破断强度
纤维网状绑扎件	50%破断强度	链	50%破断强度
钢丝绳(一次性使用)	80%破断强度	—	—

对于垂直于木纹方向的木材,*MSL* 取 0.3 kN/cm^2。

对于专用系固构件(如集装箱专用系固件),可用其许用工作负荷作为 *MSL*。

当多个不同 *MSL* 的系固属具串接使用时,则计算时的 *MSL* 应取其中的最小值。

具体的重大件货物系固方案核算见“货物单元积载与系固”章节。

5. 重大件货物的系固要求

(1)重大件运输专用船舶都按国际海事组织的要求配备《货物系固手册》,具体系固要求按《货物系固手册》实施。

(2)系固松紧要适宜。对货物的系固既要求做到紧固,不使其松动或折断,同时又要易于解开,以防万一发生危险能立即松绑。一般在 6 级风左右时应对货件的系固进行一次检查和调整(此时易发现系索松紧是否适宜安全运输)。

(3)提高系固效果,节省系索。系固时,系固角(系索与甲板的夹角)应尽量小,一般应在 25°~30°或以下,并应使各道系索受力均衡。

(4)系固工艺要正确,对货件的系固应左右、前后对称。当货件上无系索固定点时,每道系索应先绕货件一周后再在同一侧固定,不能一索系多道。每个地令不能超过 3 根系索,且方向不能相同。对于车辆等带轮的货物,如为充气轮胎,则应将胎内气体放出一些,以利系固和防止货件滚动。如为铁轮(如火车车厢),一般应先用枕木铺垫,上铺铁轨,轮子与铁轨之间要用三角铁固定,并应将三角铁焊在铁轨上,如有条件,最好先将铁轮用铁板封住,再用角钢将其焊于船上。对装在舱内的货物单元,除用系索固定外,一般还在垂向和水平方向用方木支撑,货件之间用木料钉住,以防航行途中移位。

(5)保证货件不受损伤,为避免系索直接接触货物表面,压损或磨损货件,应在规定的部位进行系固,必要时应在系固部位先加铺垫;对于怕水湿的货物,除合理选择货位外,在系固前应先铺盖油布,易腐蚀部位应涂以防护油脂。

(6)系索与甲板间的横向夹角应不大于 60°,并且使用适当的材料以产生足够的摩擦。夹角大于 60°的系索只能用于防止货物翻转。

四、充分做好装卸前的准备工作

1. 保证船舶正浮

装卸前应调整左右油、水舱的油水,使船舶处于正浮状态。

2. 检查装卸设备

对重吊及其属具(钢丝、滑轮等),必须进行严格检查;对起货机和电源系统也进行严格检查。

3. 准备装卸工具

准备起吊重大件所需的重吊及其属具、衬垫、绑扎等材料;根据重大件的重量、重心位置、起吊部位和外形特征选用相适应的吊具。一般吊索的长度应符合下列要求:

(1)吊索与吊钩垂直线的夹角一般不大于30°;特殊情况下,在确保吊索有足够强度和货运质量的条件下可适当加大夹角。

(2)吊运箱装重大件,吊索与箱顶面的夹角不小于45°。当箱体结构单薄易损时,应按有关方面提供的资料确定吊索的长度。

4. 货物检查

吊运前应查明重大件的重量、重心、起吊标记,对有特殊要求的重大件,应在具备吊运技术资料和拟订专项装卸工艺方案后方可作业。其他检查项目还有:

(1)捆扎重大件的索具须全部拆除,吊具系扣连接正确。

(2)与周围货物无接触、挤压或碰撞的可能。

(3)箱装重大件箱体和箱底道木受力状态必须良好,角铁、橡皮等衬垫应垫塞牢固。

5. 清理装卸现场

清除装卸现场甲板上妨碍装卸工作的杂物,划出安全作业区,禁止无关人员进出。

6. 准备衬垫物

根据确定的衬垫方案,准备数量充足、质量优良的衬垫物以保证甲板局部强度不受损伤。

五、谨慎进行装卸作业

1. 正确系挂

严格按货件装卸指示标志系挂吊索,并在货件受压处适当衬垫,以防货物压损。

2. 谨慎试吊

起升离地面约0.3 m时暂停片刻,以便仔细检查重吊各部位在受力后有无异常情况,重大件前后左右能否保持平衡,绑扎索具是否全部拆除,确认无疑后方可继续吊运。

3. 稳步操作

操作员应由熟练工人担任,在操作过程中应平稳缓慢,当发现异常情况时应立即停止操作,应予检查或采取措施,以确保安全。在装卸时,大副和值班驾驶员应在现场监装,以便及时处理意外事故。

(1)起吊落码要轻,严禁急甩、急落、急停。

(2)吊运时,初速要缓,运行要稳。途经区域内应无障碍物,重大件必经的船舷、船舱口围板等处其底部高度不得小于0.5 m;吊运载于车辆上的重大件,不得从车辆驾驶室的上方通过。

(3)对略大于舱口长度和小于舱口对角线长的重大件,可把其移动至与舱口对角线的位置后,再吊运进出舱口;对略大于舱口对角线长度的重大件,在确保重大件安全的基础上可倾斜吊运进出舱口。

4. 松缆解钩

重大件吊运至车辆、舱口、货垛等处的上方时,缓速下降离着落处约1~1.5 m处暂停,作业人员使用推拉钩或稳索使重大件停稳,然后慢慢降落,当货物妥善放置在预定位置垫稳放平后,经检查确无危险后,才能下令松缆解钩。

5. 船上装载

装载时一般由舱四周向舱口围、舱内至甲板按顺序进行;卸载时由甲板至舱内、舱口围向舱四周按顺序进行。重大件与件杂货混合积载时,应卸清周围的件杂货后再卸重大件。箱装重大件应重箱放在下面,轻箱放在上面。当下面箱子强度较弱时,其上应垫方木或木板,所垫位置应在下面箱子的立柱等结构牢靠处,其长度应等于或稍长于下面箱子的宽度。

6. 浮态调整

在整个装卸过程中,随时注意船舶的浮态,保持船体平衡,其横倾角不得大于3°。当发现横倾过大,超过标准时,应及时用压载水或其他方法予以调整。

六、装卸重大件其他注意事项

(1)在装卸重大件作业的各区域内,夜间其照明度应符合我国《港口装卸区域照明照度及其测量方法》(JT/T 577—2004)的要求。

(2)风速大于15 m/s(7级)时,应停止重大件吊运作业;在风速大于12 m/s(6级)时,应停止使用浮式起重机吊运重大件作业;雨雪天,应停止标有防潮标记的重大件的露天作业。

(3)在装卸重大件的作业线上,所使用各种机械的起重能力和重大件的重量(起吊总质量)必须匹配。

(4)装卸重大件货物时,应尽量减少船舶的吃水差。

(5)装卸过程中应注意调节缆绳,以防船舶移动影响安全作业。

(6)起吊离地前,吊钩垂直线必须对准货物的重心。

第三节　装卸重大件货物对船舶稳性的影响和计算

一、装卸重大件货物对船舶稳性的影响

当用船上重型装卸设备装卸重大件货物时，货物重心在垂向的移动将使船舶的 *GM* 发生变化。货物重心在横向的移动将使船舶产生横倾。过小 *GM* 和过大的横倾角均将危及船舶和货物的安全。

如果船舶稳性过小，则过大的横倾可能使船舶倾覆，或使吊杆支索受力过大而发生断裂，也可使货舱内的货物倒塌或移动造成事故甚至船舶倾覆；同时，船舶过大的横倾也不利于机舱工作，特别是检修工作。因此，在装卸重大件货物时，应预先计算船舶的稳性和可能产生的横倾角。

二、装卸重大件货物对船舶稳性的影响计算

（一）吊卸重大件货物时

1. 初稳性高度 GM_1 的计算

当船上重型装卸设备将货物提起使其成为悬挂货物时船舶的初稳性高度为最小，如图 16-5 所示。其值 GM_1 可由下式求得：

$$GM_1 = GM - \frac{P \times Z}{\Delta} \tag{16-6}$$

式中：*GM*——吊卸重大件货物前船舶的初稳性高度，m；

Z——起吊前重大件货物的重心至吊杆顶点的垂直距离，即悬挂高度，m。

在重大件货物吊卸过程中船舶初稳性高度的减小量仅与吊杆仰角有关，而与货件水平移动后所在位置无关。当吊杆仰角处在最大位置时，船舶稳性最小。

2. 船舶横倾角 θ_h 的计算

$$\tan\theta_h = \frac{PY + P_b Y_b}{\Delta GM_1} \tag{16-7}$$

式中：*P*——重大件货物的重量，t；

Y——吊卸时重大件货物的重心横移的距离，m；

Δ——吊卸时的排水量，t；

P_b——重吊的自重，t；

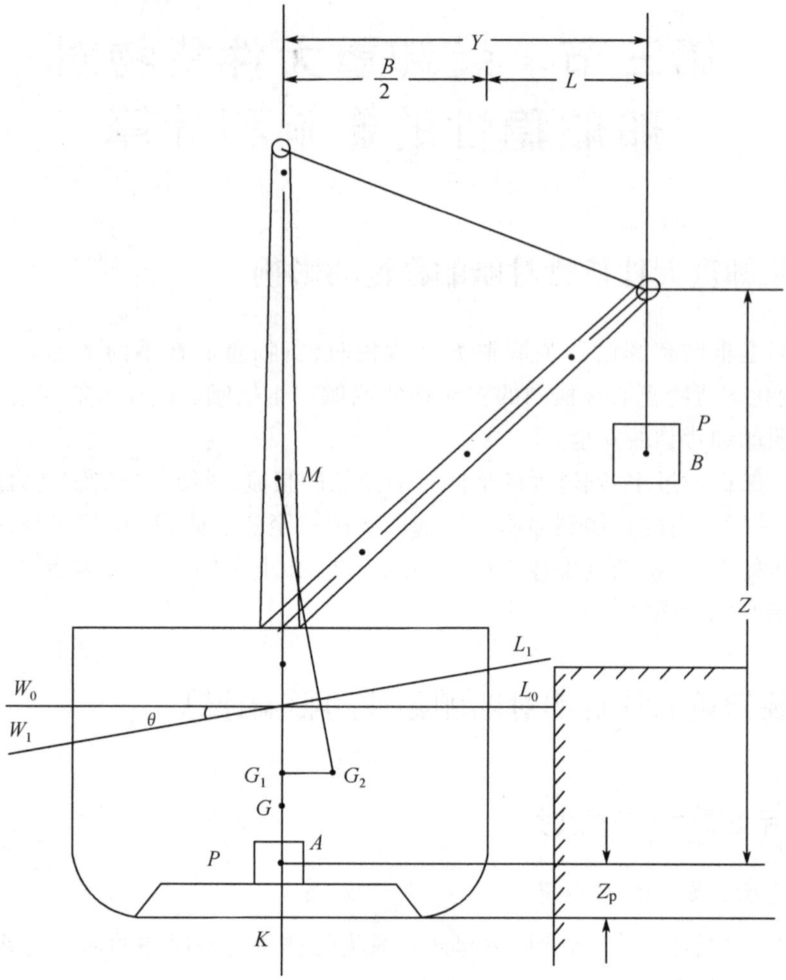

图 16-5　吊卸重大件货物

Y_b——重吊的重心横移的距离,m;若设重吊的重心在吊杆的中点,并已知船宽为 B,吊杆的舷外跨度为 L,则

$$Y_b = \frac{\frac{B}{2} + L}{2} \tag{16-8}$$

GM_1——起卸重大件货物时船舶的初稳性高度,m。

显然,船舶吊卸重大件货物时产生的横倾角大小,与吊卸过程中吊卸吊杆仰角、水平旋回角及货件重心横移的距离 Y_b 有关。船舶最大横倾角发生在吊杆仰角与水平旋回角较大时,横倾角的消除一般采用打压载水的方式。

(二)吊装重大件货物时

与吊卸时不同,吊装重大件货物时,货件的重量由船外加到了船上,因此,吊装前后船舶的排水量是不同的。吊装时船舶最不利的初稳性高度值仍然是货物处于悬挂状态时,产生的最大横倾角发生在货物刚被提起时,如图 16-6 所示。

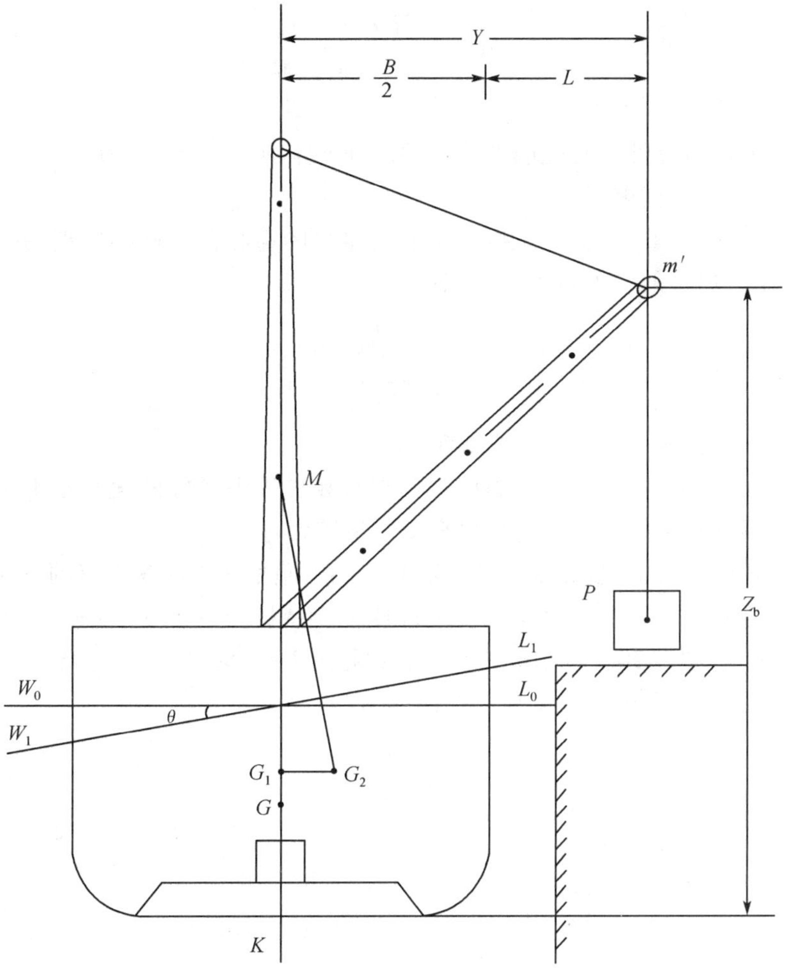

图 16-6　吊装重大件货物

1. 初稳性高度 GM_1 的计算

$$GM_1 = GM + \frac{P(KG - Z_b)}{\Delta + P} \tag{16-9}$$

式中:GM——起吊前船舶的初稳性高度,m;

KG——起吊前船舶的重心高度,m;

Δ——吊装前的排水量,t;

Z_b——重吊的顶点距基线高度,m。

在重件吊装作业过程中船舶初稳性高度减小量同样仅与吊杆仰角有关,当吊杆仰角处在最大位置时,船舶初稳性最小。一般情况下,重吊旋至拟装舱位上方时仰角较大,对船舶初稳性影响较大;而在吊离码头时吊杆仰角较小,则对船舶初稳性影响也较小。

2. 船舶横倾角 θ_h 的计算

$$\tan\theta_h = \frac{PY + P_b Y_b}{(\Delta + P) GM_1} \tag{16-10}$$

式中：P——重大件货物的重量，t；

Y——起吊时货件重心距船舶中线面的横向距离，即 $Y=B/2+L$，m；

P_b——重吊的自重，t；

Y_b——重吊的重心横移的距离，m；若设重吊的重心在吊杆的中点，并已知船宽为 B，吊杆的舷外跨度为 L，则

$$Y_b = \frac{\frac{B}{2} + L}{2} \tag{16-11}$$

GM_1——起吊时船舶的初稳性高度，m。

吊装重大件使船舶产生的横倾角大小与吊装过程中吊杆仰角及水平旋回角有关，船舶最大横倾角发生在吊杆仰角与水平旋回角较大时。

为确保船舶的安全，装卸重大件货物时船舶横倾角允许的安全范围，根据货物的重量可控制。当船吊的起重能力在 60 t 左右时，θ_h 不超过 6°~8°；当船吊的起重能力不大于 100 t 时，θ_h 不超过 10°；当船吊的起重能力超过 100 t 时，θ_h 不超过 12°。若船舶横倾角超过上述允许值，必须采取调整和控制措施。

第十七章
冷藏货物船运输

冷藏货物船运输是指通过冷藏货物运输船舶[Refrigerated (reefer) Ship]将易腐食品在低温下从一个港口完好地输送到另一个港口的专门技术,是食品冷链中必不可少的一个环节。本章主要介绍专业冷藏运输船运输。

第一节　冷藏货物及冷藏货物船概述

冷藏货物[Refrigerated (reefer) Cargo]:是指在低于常温的条件下运输、保管的货物,属于易腐货物。易腐货物是指在常温下经过较长时间的保管和运输,由于生物作用、氧化作用、呼吸作用和酶的作用等会使其成分发生分解、变化而腐败,以致失去使用价值。

一、冷藏货物分类

冷藏货物根据贮藏温度的差别大致分为以下三类:

1. 冻结货物(Frozen Cargo)

冻结货物运输温度为-18~-20 ℃,如肉类、鱼类、黄油等,在长途运输中,以完全冻结的状态贮藏,不需进行舱内换气。

2. 冷温货物(Chilling Cargo)

冷温货物运输温度为-1~2 ℃。冷温是指不充分的冷冻状态,就肉类讲,是指表面结成一层薄冻的程度,如生鲜肉、鱼类的短途运输。另外其还包括鲜蛋、生果实等。

3. 凉温货物(Cooler Cargo)

凉温货物运输温度为4~10 ℃,如水果、蔬菜的短途运输,干肉、熏肉、咸肉、鱼干、熏鱼、咸鱼等,需进行舱内换气。

另外,冷藏货物船运输的主要货物为冷冻食品,可按原料及消费形式分为果蔬、水产、肉禽蛋、调理方便食品四大类。

二、冷藏工艺

1. 冷却

冷却是把易腐货物保管温度降到接近冻结点，尚不至于使细胞膜结冰的程度，即在0~15 ℃之间，如鲜蛋、乳品、水果、蔬菜等采用这种方法运输。冷却不影响食品组织，能保持食品的营养、风味和新鲜度，但微生物仍有一定的繁殖能力，所以冷却货物保管时间有限期，不能久藏。冷却的货物应按冷却温度的要求进行运输，即冷却运输。

另外，还有一种气调冷藏运输的新技术，其主要用于保存水果和蔬菜类货物，采用这种技术能达到以前采用冷却处理法时所达不到的鲜度，保证食品高质量的运输。

2. 冻结

冻结是将易腐货物所含绝大部分水分和液汁结冰，整体形成冻结。冻结要在低温-18 ℃以下速冻，而且冻结的速度越快越好。根据冻结速度的快慢，冻结可以分为冷冻和速冻两类。区分冷冻和速冻的方法有时间和距离两种。若按时间划分，易腐货物中心温度从0 ℃降至-5 ℃所需时间，在20 min之内的为速冻，超过即为冷冻；若按距离划分，易腐货物冻结面的进展速度达到5~20 cm/h的为速冻，较慢的为冷冻。

(1)冷冻

冷冻是把货物保管温度降到0 ℃以下使之冻结，一般要求-18 ℃以下，如冻肉、冻鸡、冻鱼等采用这种方法运输。由于冻结速度较慢，细胞膜的内层会形成较大的冰晶，使细胞膜破裂，细胞汁遭受损失，食品类货物因此减少或失去原有的鲜味和营养价值。冷冻的货物应按冷冻温度的要求进行运输，即冷冻运输。

(2)速冻

速冻是在很短的时间内使货物冻结。速冻过程中所形成的冰晶颗粒比较均匀、细小，不致造成细胞膜的破裂，因而能保持食品类货物原有的鲜味和营养价值。速冻的货物应按速冻温度的要求进行运输，即速冻运输。

在低温条件下，微生物、氧化作用和呼吸作用对易腐货物的质量影响是极其微小的；但是，低温不能完全阻止酶的作用，某些酶在低温下仍具有一些活性。所以，无论是冷冻食品还是速冻食品，经过长期的贮存后，其质量总是有所下降。

三、冷藏货物特性

冷藏货物保管条件与温度、湿度、通风和环境卫生有关，具体为：

1. 温度

由于冷却、冻结两大低温状态是维持食品味美、新鲜、安全等基本特质的最佳选择，温度的降低可以延缓、减弱微生物、氧化作用、呼吸作用和酶的作用，而一旦任何环节对温度的掌握与控制失当，都会对货物造成不可补救的伤害，甚至完全失去商品价值。因此，做好温度控制是冷藏货物运输管理中的关键。

2. 湿度

空气湿度对食品质量也有很大的影响，湿度过低会增大食品的干耗，破坏水果、蔬菜的正常呼吸作用；湿度过大，会使微生物迅速繁殖。因此，冷藏货物舱内要有一定的湿度。在冷藏技术上常采用的是相对湿度，即指每立方米湿空气中水蒸气的重量与同温同压下湿空气在饱和状态下水蒸气的重量之比。各类冷藏食品适宜的冷藏温度、相对湿度见表 17-1。

表 17-1　各类冷藏食品适宜的冷藏温度、相对湿度表

食品名称	冷藏温度(℃)	相对湿度	昼夜换气次数 n	大概贮藏时间	冰冻点(℃)
冻牛肉	-23~18	90%~95%		6~12 月	
冷却牛肉	-1.0~0	86%~90%	2~4	3 周	-0.6~-1.2
冻猪肉	-24~-18	85%~95%		2~8 月	
冷却猪肉	0~+1.2	85%~90%	2~4	3~10 天	-2.2~-1.7
冻羊肉	-12~-18	80%~85%		3~8 月	
冻家禽	-30~-18	80%		3~12 月	
家禽	0	80%		1 周	-1.7
冻兔肉	-30~-18	80%~90%		6 月	
鲜蛋	-1.0~-0.5	80%~85%	2~4	8 月	-2.2
冻蛋	-18			12 月	
冻鱼	-20~-12	90%~95%		8~10 月	
鲜鱼	-0.5~+4.0	90%~95%	2~4	1~2 周	-1.0~-2.0
对虾	-7.0	80%		1 月	
苹果	-1.0~+1.0	85%~90%	2~4	2~7 月	-2.0
梨子	-0.5~+1.5	85%~90%	2~4	1~6 月	-2.0
香蕉	+11.7	85%	2~4	2 周	-1.7
橘子	0~+1.2	85%~90%	2~4	8~10 周	-2.2
桃子	-0.5~+1.0	80%~85%	2~4	2~4 周	-1.5
葡萄	-1.0~+3.0	85%~90%	2~4	1~4 月	-4.0
柚子	0~+10	85%~90%		3~12 月	-2.0
柠檬	+5~+10	80%~90%		2 月	-2.2
熟菠萝	+4.4~+7.2	85%~90%	2~4	2~4 周	-1.2
韭菜	0	85%~90%		1~3 月	-1.4
土豆	+3.0~+6.0	85%~90%		6 月	-1.8
洋葱	+1.5	80%		3 月	-1.0
芹菜	-0.6~0	90%~95%		2~4 月	-1.2
花菜	0~+2.0	85%~90%		2~3 周	-1.1
青椒	+7~+10	85%~90%		1~3 周	-1.0
白菜	+1.0~0	80%~95%	2~4	1 周	
萝卜	+3.0~0	90%~95%	2~4	1 周	
胡萝卜	0~+1.0	80%~95%		2~5 月	-1.7
黄瓜	+2.0~+7.0	75%~85%	2~4	10~14 天	-0.8

3. 通风

对于冷却运输的货物，如水果、蔬菜，因在储运过程中会呼出水分和 CO_2 气体，为了保持舱内适宜的相对湿度和 CO_2 含量，需要用通风装置对冷藏舱进行循环通风和换气通风。通风时一要注意外界空气的温、湿度高低，二须掌握通风的时间。通风换气量以 24 h 内通风换气次数 n 表示。

4. 环境卫生

外界环境卫生条件不好，微生物就多，微生物中细菌会分泌出一种水解酶，它能水解食品中的有机成分，使之失去食用价值。因此，冷藏舱、装卸工具、装卸工人的劳动服装等都应严格保持清洁卫生。

四、冷藏货物船及其特性

冷藏货物船是将易腐货物处于冻结状态或某种低温条件下进行载运的专用运输船舶。因受货运批量限制，冷藏船吨位不大，通常为数百吨到数千吨，如图 17-1 所示。

图 17-1　冷藏货物船

1. 冷藏舱

冷藏货物船的货舱即为冷藏舱，常隔成若干个舱室，每个舱室是一个独立封闭的装货空间。舱壁、舱门均为气密，并覆盖有泡沫塑料、铝板聚合物等隔热材料，以使相邻舱室互不导热，以满足不同冷藏货物对温度的不同要求。冷藏舱的上、下层甲板之间或甲板和舱底之间的高度较其他货船的小，以防货物堆积过高而压坏下层货物。冷藏货物船的内底板和两舷护板一般均为木板，则货舱护板内均有通风道，货舱如图 17-2 所示。

2. 冷藏设备

冷藏货物船上有制冷装置，包括制冷机组和各种管路，制冷机组一般由制冷压缩机、驱动电动机和冷凝器组成。目前，按《关于臭氧层消耗物质的蒙特利尔议定书》（简称《蒙特利尔议定书》）的规定，氟利昂（HCFC-22）在 2010 年全部被淘汰。目前，制冷剂一般使用 HFC-134a 和 R-404a 等 HFCs 制冷剂。

目前，冷藏货物运输市场主要有两种运输模式：一种是传统的冷藏货物船运输，另

图 17-2　冷藏货物船货舱

一种是冷藏集装箱船运输。由于冷藏货物船技术标准高，适于运送大批、定期、定航线的货物，缺少灵活性，而集装箱船具有航线多、运输速度快、适合小批量运输等优势。并且，在同样情况下利用集装箱运输的冷藏货物的单位平均营运成本比冷藏货物船的单位成本要低，导致冷藏货物船队比重不断降低，冷藏货物逐渐从冷藏货物船运输为主向冷藏集装箱运输为主的方向发展。

第二节　冷藏货物船安全装卸和运输

冷藏货物的装载工作由大副负责，但许多工作需要与船上主管冷藏机械的冷藏员共同研究，决定适合装载不同冷藏货物的舱室、货舱预冷、装卸作业等事项。

一、冷藏货物装舱前的准备

（一）对船舶的要求

船方应确认本船具备托运人所托运的冷藏货物的承运条件，并具有船舶检验部门签发的冷藏设备入级证书，方可承运冷藏货物。

（二）做好装舱准备工作

1. 冷藏货物的配载

根据装货清单确定航次净载重量，并根据港序和货物体积及舱容向各舱合理分配货物。

2. 冷藏舱的检查、修理

装货前应对舱内设备，如花格板、舱盖板、隔热门、隔热结构、通风筒、污水井、管道等进行严格检查，发现损坏应及时修复。

3. 货舱清洁

彻底清扫干净舱内的碎木渣、残留的货物等，用高压水冲洗护舱板、木格栅、舱底板、管道槽沟等所有舱内表面，污水井须彻底打扫干净并晾干。清洗后的货舱须充分通风并完全干燥。

4. 冷藏舱除臭、消毒

若舱内有异味，可采用臭氧、粗茶熏舱，或洒醋酸水等脱臭剂进行脱臭；若发现有霉菌等微生物，可用消毒药物熏舱或喷洒消毒药水进行消毒。

5. 预验

在进行了以上工作后，要经港口商检部门登船检查是否达到清洁、干燥、除臭的要求，如检验符合要求，在商检部门的允许下，再进行下面的工作。

6. 预冷

冷藏舱在装货前应进行预冷，其冷却温度应比装载货物所需的冷藏温度低2~3 ℃，同时应对冷藏设备、冷藏舱进行检查。预冷前，应把隔票、衬垫用的物料放入舱内同时预冷。预冷一般在装货前48 h开始，在装货前24 h舱温达到指定的温度。

7. 冷藏舱的检验

在冷藏舱预冷后，经商检师检验合格，应取得检验证书，证明冷藏舱已适货。

二、冷藏货物装卸和运输

（一）冷藏货的装载

1. 装舱时间

应选择气温较低的清晨和晚间，避免在烈日或雨天作业，以减少热量与蒸汽的侵入。装舱时，货物从冷藏车上卸下后应立即入舱，快卸快装，以缩短装货时间。注意舱内温度，防止装货过程中温度回升，但应尽量避免在装货过程中往舱内打冷气，以防大量结霜。

2. 验收货物

冷藏货的货损往往是由于装舱时新鲜度不足而造成的。因此，在装舱时应谨慎检查货物的质量。商品检验部门提供的货物品质证书是货物质量的主要凭证，但如果发现不符合质量要求或有缺陷的货物，应按其缺陷程度予以拒装或加以批注，以分清责任。冷藏货物的鉴别方法如下：

（1）现场测量

可在现场直接测量冷藏货物的内部温度是否达到要求，冷冻货一般应在-10 ℃以下。

(2)感官鉴别

①肉类

冻肉应肉体坚硬,色泽鲜艳,割开部位呈玫瑰色,油脂呈白色或淡黄色。凡冻肉肉体柔软,冷却肉有黄、黑色霉斑,包装布上有血液渗透出或污损、破裂的,应予拒装。

②鱼类

冻鱼应鱼体完全坚硬,鱼鳞明亮或稍微暗淡,眼睛应凸出或稍微凹陷,鳃应鲜红。凡鱼体柔软、变色、尾鳍折断、包装有血液渗出、穿孔有臭味的,应予拒装。

③水果

水果应色泽鲜艳,无过熟现象。凡干皱、腐烂、压坏、过熟、泥污的水果都应拒装。

④蔬菜

凡干皱、腐烂、压坏、泥污、出芽及有霉斑的蔬菜都应拒装。

⑤鲜蛋

鲜蛋必须新鲜、清洁、完好,无腐臭味和无沾污现象。凡在灯光下照视不透明的,或有散黄、臭水、贴壳等现象的,应予拒装。

⑥箱装冻结货

用木格箱、纸箱包装的冻结货,如包装破损、发霉或水渍的,应予拒装。

3. 冷藏货理货

为了防止货物的短缺,可安排船员与理货公司的理货员一起理货。船方应准备理货记录簿,一名船员负责一个舱口进行理货,负责理货的船员在每装上一冷藏车的货或每一票货卸完以及中途因故停装时,都要与理货公司的理货员核对数字,如有不符应报告大副,视情况决定是否翻舱检查。如果在中途港卸部分冷藏货,最好安排一名船员在舱内检查,以防工人错卸。

4. 舱内装载

各种冷藏货在舱内的堆装方法因货种、包装及舱内通风方式的不同而稍有差异。基本原则是舱内冷空气能冷却全部货物,尽量使各处温度和相对湿度均匀。防止忌装冷藏货的混装,如鱼易散发气味,应与肉类分舱;蛋类易吸收气味,需单独装舱;信仰伊斯兰教的国家的港口不允许牛羊肉与猪肉混装。冷藏货的分票多用不同颜色标志笔标示隔票,在包装外面标示分隔即可。

5. 堆装货物的通风

冷货在舱内应排列整齐,在空气流动的方向应留有风道。货物与出、回风口间应保持适当的距离,不得将风口挡住;与舱顶间应有空当,留有 25~30 cm 的回风道,便于冷气环流。箱装货因包装规整,在堆装时货物之间没有空隙,则在货垛间放置衬垫物或垂直撑条;这些衬垫物和撑条,除了构成风道外,还可以防止货堆在船舶摇摆时移动;由于衬垫物和舱顶预留空当等原因,故亏舱率可高达 10%~25%,在配舱时应予注意。

6. 监装

为保证装舱货物质量符合要求,应向商检部门申请监装,并取得监装证书。

7. 封舱

装货后盖好舱盖封舱，之后应立刻往舱内打冷气，直至达到货物运输所需的温度。

（二）冷藏货物途中保管

货物的冷藏温度控制和通风都由冷藏员负责，但大副应对其温度、湿度进行监督，以确保货物运输安全。

1. 舱温控制

冷藏货物运输途中最重要的问题是严格保持舱内规定的冷藏温度，并使其温度波动不超过允许范围。装载水果等怕冻货物的船舶进入冬季季节区域时，停止制冷后舱温仍可能继续下降；此时，应开启加热器，加热舱内循环空气，以防货物冻坏。

为了保持冷藏舱内各处的温度均匀，必须加强舱内空气的循环流动。通风次数不仅与舱温有关，而且还会影响货物水分的散失。在降温期间货物会散失大量水分，为减少水分散失，在货温高于舱内气温时，应增大空气循环量，尽量缩短降温时间；而当货温接近舱温时，则应减少空气循环量。

2. 二氧化碳含量控制

在封闭的冷藏舱内，由于水果、蔬菜的呼吸作用，空气中的含氧量逐渐减少，二氧化碳含量自行增大。实践证明，空气中含有较多的二氧化碳和较少的氧气能抑制水果、蔬菜的呼吸作用而使其成熟期延长，故对保存货物有利。但二氧化碳含量过大，则会引起果、菜中毒，还会使苹果和梨等水果的果核变色，以致腐烂变质。

在装有二氧化碳测示仪的冷藏舱内，可根据测出的二氧化碳在空气中的容积百分比来进行通风换气，以保持舱内空气的二氧化碳含量适中。表 17-2 列出了部分果、菜适宜的二氧化碳含量。在没有二氧化碳检测显示仪的冷藏舱内，应根据实践经验进行换气。通常将换风量等于一个舱容称为换风一次。采用水平通风时的换风次数应多于垂直通风。

表 17-2　部分果、菜适宜的二氧化碳含量

品名	梨	青香蕉	柑橘	苹果	柿子	西红柿
二氧化碳容积百分比	0.2%~2%	1.6%	2%~3%	8%~10%	5%~10%	5%~10%

3. 湿度的控制

空气相对湿度过高时，货物容易滋生细菌，过低时又会使货物中的水分损失过多。在运输中，相对湿度的保持与冷藏温度有关，冷冻货物因温度较低，主要应防止风干，相对湿度可高一些，而冷却货物因温度在 0 ℃以上，相对湿度就要适当低些。

4. 防止冷气循环短路

由于货物可相互冷却，即“货冷货”，则舱内装满货物比部分装载货物更容易保持舱内货物温度。如果中途港卸下了部分货物，余下的货物只占了部分舱位，则从冷却器中吹出的冷气并不流经货物，而是从货舱空位流动，再被吸回到冷却器中，易造成冷气循环短路。为保持该部分货物温度稳定，应向舱内空位均匀放置一些钢铁或折叠的帆布等，以消除短路现象。但这些物品应预冷后放入舱内，使其温度与舱温相近。

5. 做好货物工作记录

应认真填写冷藏日志、冷冻机日志，这些记录是监督冷藏舱工作的依据，是以后发生货损时判明责任和今后运输冷藏货时的主要参考资料。

(三)冷藏货物的卸载

(1)船舶到港前，应事先与商检部门联系，申请检疫；要根据入港时间，决定开启冷藏舱及交货时间。

(2)开舱卸货前应根据货物情况，调节货舱温度。

(3)卸货时要求连续、迅速，尽量缩短货物在空气中暴露的时间。

(4)交货时，一般应同时提交货物品质、重量证明，对肉类还须提交兽医证明，有时还须提交货物温度证明。

(四)发生冷藏货货运事故的主要原因

(1)装运冷藏货前，对冷藏货的分类和性质不明确，尤其对货物冷冻时间对货物品质的影响考虑不周。

(2)对冷藏船设备、气调原理知识掌握不足。

(3)装货前后制冷装置工作状况不佳。

(4)为了控制舱室的温度，而没有考虑到对货物干耗等因素的影响。

第十八章

木材船运输

木材为复杂的有机体,主要成分中碳约占44%,氢约占6%,氧约占42.5%,另含0.5%以下的氮和1%以下的矿物质灰分等。本节所指的木材船系指:装载木材甲板货并且其甲板货的装载符合木材装载要求的船舶。

第一节 木材货物及木材货物船概述

海运木材货物品种较多,积载因数 $SF=1.3\sim2.3\ m^3/t$,其中,原木运输占了很大的比例。木材甲板货(Timber Deck Cargoes)系指装于船舶露天甲板上的木材货物。

一、木材分类

1. 木材(Timber)

木材是所有各种木质材料的统称,包括圆木和锯木,但不包括木浆和类似货物。

2. 圆木(Round Timber)

圆木是指未经锯割的长边多于一处的树干,包括散装或包装原木、木杆、纸浆原材等。圆木一般较长,直径大,装卸困难,如图18-1所示。

3. 锯木(Lumber or Sawn timber)

锯木是指经锯割而至少有两侧为平行长形平面的树干,包括散装或包装木材和四角木材等,如图18-2所示。

目前,木材运输船运输的主要是散装原木和锯木。

图 18-1　圆木

图 18-2　锯木

二、木材运输特性

(1)形体长大。一般木材长度为 6~8 m,无论在舱内积载还是甲板积载,均会影响货位选择。并且,由于木材积载因数较大,造成亏舱也较大,约在 40%以内。

(2)湿涨干缩性。木材的重量和体积均受含水率影响,木材吸收水分后,体积膨胀,重量增加,忌潮湿的货物应与其分舱装载;木材蒸发丧失水分后,体积收缩,高温下易干裂、翘曲等。

(3)易燃烧性。木材耐火性差,遇明火易燃烧。

(4)易腐朽、霉烂和虫蛀性。木材一般在露天储存,内部及表面常有许多衍生物,如养护不当,遇水后或储存在潮湿空气中等易发生变质、腐朽、霉烂等现象,并呈脆性。另外,原木受真菌侵害导致腐烂,会产生有毒气体氰化氢(HCN)和易燃的甲烷气体(CH_4),对船舶安全和人员健康都可能产生不利影响。

(5)天然性。木材是天然材料,具有无毒害、无污染等特点,但原木具有旺盛的呼吸作用,易使封闭的货舱内缺氧。

(6)木材多在甲板上积载,造成船舶受风面积增加,重心升高,稳性降低,而且如果绑扎系固不当,又易移动,对船舶造成重大危害。

三、木材计量单位

(1)印度尼西亚、马来西亚及越南多采用计根制,木材装载重量大都由船员根据水尺计算方法自行计算,并最终决定木材装运数量。

(2)澳大利亚及新西兰采用 JASCBM 为基本单位,所提供的 *SF*(体积积载因素,Stowage Factor)、*WF*(重量积载因素,Weight Factor)大致为:*SF*:1 JASCBM = 1. 8 ~ 2. 2 CBM;*WF*:1 JASCBM = 0. 8 ~ 1. 2 MTS。装载前可根据所提供的 *SF* 及 *WF* 换算成 *SF*,单位为 CBM/MT。如 *SF*:1 JASCBM = 1. 9 CBM,*WF*:1 JASCBM = 1. 0 MT,*SF* = 1. 9÷1. 0 = 1. 9 CBM/MT。实际装载中需多次计算 *WF*,最终得到较为正确的 *SF* 及 *WF*。同时,澳大利亚和新西兰习惯以 CBM/JASCBM 为单位标于装载图中,但此只为表证各货

舱的塞舱质量,请注意不要与上面所提及的 *SF* 相混淆。

(3)美洲的美国、加拿大采用 1 000 SCR 为基本单位,1 000 SCR 大致为 2.8~4.0 MTS,体积视木材性质而定,如浮木或沉木,装货前问清 1 000 SCR 为多少 CBM 及 MTS。1 ft^3(立方英尺)= 12 SCR。

装货时港方提供已装船的木材体积 *B. M. SCR*(*B. M. SCR* 是指长、宽、厚均为 1 ft 的木材体积),船上通过 6 面吃水计算已装船的原木重量(MT),则 *WF* =1 000 *MT*/*B. M. SCR*,指 1 000 SCR 木材所具有的重量;*SF*=1 000 已装船原木所占舱容(ft^3)/*B. M. SCR*,指 1 000 SCR 木材所占有的舱容体积。

船舱舱容(包括甲板上的空间容积)是定数(已知的),如能知道 *SF*,就可计算出可装载木材的 SCR=(*C. FT*×1 000)/*SF*,然后计算出可装木材的重量 *MT*=(*B. M. SCR*/1 000)×*WF*。

(4)俄罗斯及阿根廷出口的原木,成品木材或木屑均以 CBM/MT 为单位,计算较容易。

四、木材船

1. 船舶特点

单甲板、双船壳、货舱容积大、起吊能力大,舱口开口长而大,舱内无梁柱、中层甲板和其他妨碍装卸的设备;除在货舱内装载木材外,甲板上也堆装木材,为防止甲板木材滚落舷外,船上设有固定木材货物的专门设备,如较高的舷墙或支柱;舱底板及甲板强度安全负荷大;甲板和货舱设备易受货物损毁,如图 18-3 所示。

图 18-3 木材货物船

2. 木材载重线(Timber loading line)

木材载重线系指在建造方面符合《1966 年国际载重线公约》中的某些条件而勘定

的当货物符合《木材甲板货运输船安全实用规则》积载和系固条件时使用的特殊载重线。船舶甲板装运木材时,可以采用木材载重线。因船舶甲板装载木材后,可增加船舶储备浮力以抗御海浪的淹浸,所以木材载重线的干舷比一般货船的相应载重线的干舷略小一些,如图 18-4 所示。

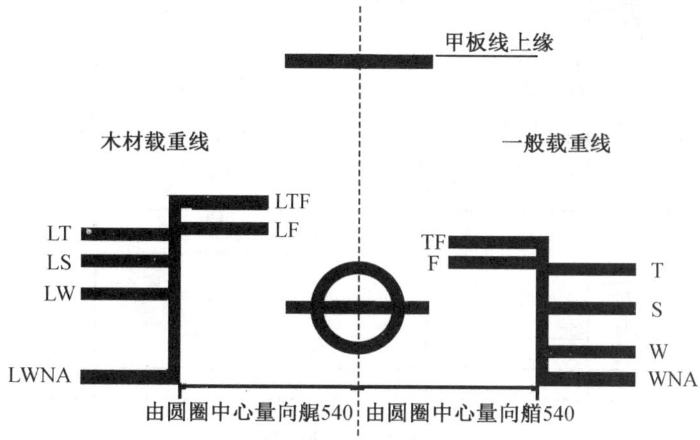

图 18-4　木材载重线

第二节　木材货物船配载计划的编制

一、航次载货量

由于木材积载因数较大,一般情况下满舱不满载。如港口吃水不受限制,为保证合适的船舶稳性,可以适当考虑在船底部增加重量,如多储备燃油和淡水,或在低位舱室增加压载水,从而可以使甲板多装货,提高船舶木材载运量。但也有船东或租船人为追求最大经济利益,通常在甲板上尽量多装货,由于忽略了甲板货结冰和甲板货吸水所增加的重量,导致船舶在航行过程中超载,危害船舶的航行安全。

木材船配载时,船方往往仅凭经验来判断甲板货的最大装货量,则甲板货堆到一个固定高度就停止装载,从而导致船舶最大装载量得不到满足,或者船方为调整船舶稳性,会直接选择减少甲板货,从而造成最大装载量得不到满足。

二、船舶配载图及配载原则

1. 配载图

配载图编制方法同杂货船,需要标注的是木材的数量(根,PCS)和所需体积(立方米,CBM),如图 18-5 所示。

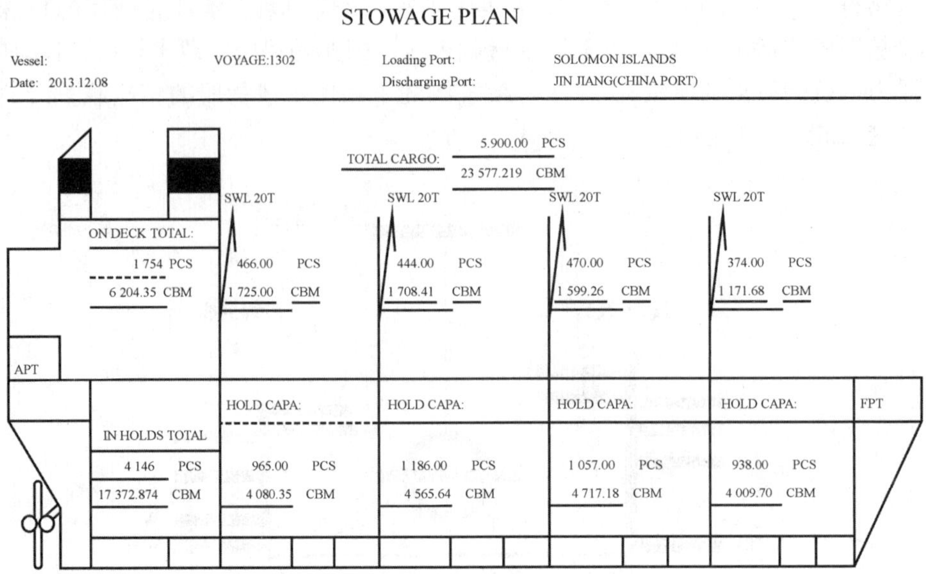

图 18-5　配载图

2. 配载原则

(1)应将比重大的木材配在舱底,比重小的配在上部或甲板上。

(2)配载时要根据装货处所的尺寸、形状及所装木材的长度,合理配置,以尽量减少亏舱。

(3)配载时要使船舶在离装货港、航行期间和抵卸货港时,有足够的稳性高度。由于 GM 过大会引起大的加速度,GM 不宜超过船宽的 3%。应保证船舶有足够的稳性余量,决不允许稳性高度低于稳性报告书中的最低推荐值。但也应避免过大的初稳性高度,否则,遇大风浪时船舶摇摆剧烈,会造成系索因应力过大而断裂。

(4)在配载及计算稳性时,要充分注意燃油、淡水的消耗也会引起船舶稳性变差及自由液面加大。

三、稳性影响

稳性对木材船安全影响很大,许多事故都由于稳性变差或丧失导致船舶倾覆。因为木材甲板货因上浪、下雨、下雪、吸水或结冰,增加甲板上部重量,从而影响船舶稳性,尤其是在高纬度冬季航行时,甲板及甲板上结冰严重,将使船舶稳性变差。

稳性问题一直是木材船的一大隐患,因船舶的稳性太差或海上恶劣天气条件,而造成船舶倾覆的例子不胜枚举,下面就国际和中国对木材运输船运输木材甲板货物时的稳性予以说明。

1. 稳性适用范围

(1)船舶装载木材甲板货,舱内的货物不做考虑。如一船舱内装杂货,而甲板装载木材,并且其甲板货的装载符合木材装载要求,即可作为木材船计算稳性,并使用木材船的稳性要求;反之,如一船舱内装载木材,而甲板未装木材,就只能按杂货船的稳性要求。

(2)甲板货的装载要符合木材船装载要求。对稳性而言主要要求有:

①垂向:堆装高度至少达到上层建筑(艏、艉楼)的高度。

②横向:紧密堆装,应尽可能装至两舷,货物至两舷的间距平均不超过船宽的4%。

③纵向:船首尾和上层建筑间尽可能装满。

2. 重心确定

由于原木不是很规则,准确计算其重心是十分困难的,通常以货舱的体积中心为舱内货物的重心;而甲板上货物的重心,则参考稳性计算书中所给出的满载情况下的中心高度。

3. IMO 稳性衡准要求

针对木材船的特殊性,IMO 对木材船的稳性衡准提出了和普通货船不同的要求。IMO 在《2008 年国际完整稳性规则》PART A 部分—强制性衡准第 3 章“某些特殊类型船舶的特殊衡准”中列出了对载运木材甲板货的货船的替代要求,该规定适用于所有长度为 24 m 及以上的从事运输木材甲板货物的船舶。

对于载运木材甲板货物的船舶,如果货物纵向延伸于上层建筑物之间(如船舶后端无限制性上层建筑,则木材甲板货物应至少延伸到最后舱口的后端),横向延伸至在适当计入圆形舷缘的余量后的整个船宽,圆形舷缘不超过船宽的4%,并(或)固定住支撑立柱,使立柱在大横倾角时仍能牢固地被固定住,则:

(1)复原力臂曲线(GZ 曲线)下的面积,当倾侧达到 $\varphi=40°$ 或浸水角(如果此浸水角小于40°)时,应不小于 0.08 m · rad。

(2)复原力臂(GZ)的最大值至少应为 0.25 m。

(3)在航行中的任何时间,稳性高度 GM_0 不应少于 0.1 m,并考虑到甲板货物吸水和(或)暴露表面积冰情况。

(4)当决定船舶承受强横风和横摇组合影响的能力时,应符合在稳定风作用下的16°倾斜角限制,但可以忽略附加的80%甲板缘淹没角。

另外,IMO 推荐木材船 GM 不超过船宽的3%。

4. 我国稳性衡准要求

我国《法定规则》对国际航行船舶的建议稳性衡准:

(1)复原力臂(GZ)曲线下的面积,当横倾角到达 $\theta=40°$ 时或进水角时(如进水角小于40°)应不小于 0.08 m · rad。

(2)复原力臂(GZ)的最大值至少应为 0.25 m。

(3)在航程中任何时候的初稳性高度 GM_0 经对液体舱自由液面修正,以及对甲板货吸水和/或露天表面结冰影响做适当修正后 GM 不小于 0.10 m。杂货船甲板装载木材时,载重量应小于舱内载重量的十分之一,以保证船舶稳性、甲板强度的要求。

(4)满足气象衡准要求(船长≥24 m)。

为了在整个航行期间保持船舶稳性在安全限度之内,应考虑到木材的吸水和结冰而增加的重量,以及燃料和物料的消耗而减少的重量。原木专用船满载时 *GM* 较小,适当时,可在舱内装一部分重货。

(5)其他国家规定和经验。

加拿大在 IMO 的基础上加上了自己的一些补充规定(CANADIAN CODE OF SAFE PRACTICE FOR SHIPS CARRYING TIMBER DECK CARGOES)。

美/加海岸警卫队(COAST GUARD)对木材船放行的标准之一是 GM_c(临界值)不小于船宽的 2%。应当说这是他们认为的最低安全标准,且无季节之分。

根据经验,木材船离装港的初稳性高度值 GM_0 在 0.5~0.8 m 为最佳,如在北太平洋冬季建议开航时为 0.5 m 以上。

四、吃水和强度

木材船应根据载重线要求和装货港的限制吃水来确定甲板货最大载重量,从而确定装货总量和船舶吃水。另外,在船舶强度方面注意考虑甲板局部强度,即甲板强度限制条件下甲板货物的最大堆高。

第三节　木材货物船安全装卸和运输

木材甲板货物安全装运要满足 A.1048(27)决议《木材甲板货运输船安全实用规则》的要求。

一、木材甲板货物装舱前准备

1.装货前对装载部位及系固设备进行检查

(1)检查拟装木材的甲板、舱口围板及舷墙等结构是否完好,强度是否满足要求;检查立柱及立柱底座是否完好和够用;检查绑扎地令、眼板、羊角是否有损坏,对损坏的部位应予以修复,对缺少者应予以补齐。对船上所有的系固点(包括立柱上的系固点)进行目视检查,如有任何损坏应及时修复。对系索和部件的目视检查,检查间隔时间不得超过 12 个月。

(2)通往露天甲板装货区域的开口、舱盖和该区域以下处所的其他开口都应牢固关闭和封舱;应有效地保护空气管和通风筒,并应检查止回阀和类似装置,以确定其防水有效性;该区域上的积冰和积雪应及时清除,通常最好在所有甲板系索、立柱等就位后再在该区域装货。

(3)检查货舱设备:舱底板、船壳板、肋骨、加强材、舷侧护条、管子、护板、下舱梯子、绑扎令环等有无损坏。

(4)检查污水沟、污水井、污水管系统及污水泵系统,保证其处于良好的使用状态。

(5)检查木材绑扎用品:绑扎钢丝、绑扎链条、钢丝绳卡子、紧索螺套、扣绳滑轮或开口滑车、卸扣等是否完好并够用,对损坏者应予以废弃,对数量不足者要补充齐全,这些设备应有经船级社认可的产品质量证书。

(6)检查封舱用品:多数木材船的舱盖板为箱形铁盖板(Pontoon Hatch Cover),因此每舱要备妥至少三块封舱防水帆布。对舱盖布压条、木楔及防止压坏舱盖布用的木板、胶合板、封舱网等要予以检查,对缺少的应予以补足,对损坏的应予以修复。

2. 船舶的起货设备检查

对船舶装货设备进行全面检查,包括液压系统、起重系统、电气设备等,并对吊货机进行正反车、停车、升降旋转试验。对专用木材绑扎材料进行加油活络等保养和强度检查,以保证状态良好、正常使用。起货设备记录簿所有记载都要符合有关规定,吊货、系固等钢丝的证书均需在有效期内。

二、木材装卸、堆装和运输

甲板木材货的堆装与系固的方法应符合 A. 1048(27)决议《木材甲板货运输船安全实用规则》和《1966 年国际载重线公约》第 44 条的规定。

(一)木材装卸操作

木材积载时,应先装原木,次装特大方、中方、厚板、薄板;重质木材应装载于底部或底舱,然后装轻质木材和细小优质木材;这样既有利改善船舶稳性,又确保轻材、优质材的质量。

1. 舱内木材货的堆装原则

(1)按下重上轻的原则配置。为了保证船舶装载后的稳性,舱内木材货物尤其是原木重量应占总货物重量的60%以上。贵重的木材货物应放置在舱内,以保证其质量。

(2)原木进舱时,纵向堆装,尽量避免横向堆装,舱内木材货物积载时堆装密实,应前后靠拢,原木粗细端应交替放置以达到积载平整,减少亏舱。当舱内装载原木高度达到舱口围板下约 1 m 处时,应减少原木的尺寸,便于将剩余舱室填满。

(3)如从水中吊装原木进舱,每天都要将舱内的污水排出,开航后要时刻监视舱内的污水情况,随时排出污水。

(4)木材船多为箱形钢质舱盖(Pontoon),装完后,必须用三层防水帆布封舱。中间一层应用没有破损的帆布。底层和上层可用修补好的不漏水帆布。封舱帆布向四周拉紧拆好用边压条压好,打紧木楔挤牢。帆布上要压足顶压条并收紧,顶压条间隔一般为 2 m 左右;帆布上要垫上胶合板旧橡皮垫、垫舱板、旧木舱盖板等,其上应用绳网或钢丝网罩好拉紧绑在舱口围的令环上。

(5)货舱内的货物装完后,根据水尺计量的重量和货方提供的装货数量,计算出积载因数,根据甲板装货的最大高度及甲板容积概算出甲板可装货重量。

2. 甲板木材货的堆装原则

(1)舷墙应设置牢固的立柱,间距不大于3 m。立柱有两种样式:一种是钢质立柱,底部用销或铰链与甲板连接,中部及上部用链条逐根相连,这种立柱用吊杆通过导向滑车分段拉起,再与固定立柱联在一起;另一种是分解式,每根独立,多为木质,竖立时用吊杆吊起,把根部插在立柱槽内,中部或上部用绳子或铁丝绑在舷樯的钢丝绳上。

(2)预留通道。甲板木材货应尽可能横向紧密装载至船舷,甲板应留出人行道、排水通道、消防通道、船员住舱、引航员登船通道、机器处所以及船舶的必要运转所经常使用的区域和通道,不得妨碍甲板上安全设备、阀门遥控装置、测深管和甲板机械设备等的正常操作。

(3)原木堆装时应顺船长方向尽可能紧凑,表面应呈水平状或凸状,以使每根原木均能受到绑索的约束。尽可能避免原木堆成金字塔形,以防止其滚动,造成意外事故。

3. 甲板木材货的堆装

装货过程中船上人员应不断检查,使甲板装货紧密堆装,尽量减少堆货空隙。装载靠近两舷立柱的木材货时,应选较长者,以能跨接三支立柱为佳。装货完成时和开船前,应对船舶进行彻底检查。在装卸过程中注意安全操作,不超过吊杆负荷量。

4. 隔票方式

(1)隔票材料

隔票材料通常由港方提供,包括专用油漆、塑料彩带、废旧钢丝绳等。

(2)隔票种类

隔票种类有自然隔票和材料隔票两种,一般采用材料隔票方式。

(3)隔票方法

不同卸货港的木材货物,如原木隔票主要由塑料彩带或废旧钢丝绳来完成,相同卸货港的不同收货人的原木则由在木材两端的横截面上涂抹不同颜色的油漆来完成,并且要在航海日志上记载舱号、装载高度及隔票的油漆颜色。

5. 甲板木材货的卸装

(1)抵卸港前,为节省船期,只要条件允许应解掉部分绑扎系索。但是,在没有准确的进港卸货计划之前,不可把所有的绑扎系索全部解掉,尤其在经常受台风影响的港口或锚地不遮蔽的港口。

(2)在卸货舱内的木材前,需要对货舱进行充分的通风,防止舱内木材呼吸或霉烂产生有毒气体或缺氧,使下舱人员窒息。

(3)注意卸货作业的平衡和对称,要一层层地卸,左右舷要尽量对称,防止挖坑卸货作业,防止横倾过大。监督装卸工起吊要稳,防止木材摆荡碰坏船舶设备或伤人。

(4)卸货完毕后,船长应组织船员对起重设备、货舱、舱盖、系固设备、装货甲板、立柱等设备和场所进行检查,并将检查情况填报“装卸货设备及场所检查表”,对发现的缺陷及时改正。

(二)甲板木材货的高度和范围

(1)在冬天位于季节性冬季区内的船舶,其甲板木材货在露天甲板以上的高度不应超过船舶最大宽度的三分之一。

(2)限制甲板木材货的高度,以保证足够的视域;甲板木材货的重量不超过露天甲板和舱盖的设计最大允许负荷。

(3)在标有和使用木材载重线的船上,甲板木材货的堆装应分布在上层建筑之间的井形甲板可用长度上,并尽可能靠近端舱壁;在尾端没有限制性上层建筑时,至少延伸到最后舱口的尾端;横向上在留出余量后,尽可能接近船舷,但由此在船舷产生的堆装间隙不应超过4%船宽的平均值;高度至少延伸至除后升高甲板以外的上层建筑的标准高度。

(三)木材运输保管

(1)编制合理的航行计划和采取合理的操纵方法。船长应编制航行计划,避开潜在的恶劣气候和海况;在恶劣气候和海况不可避开时,船长应意识到有必要及早采取措施(减速和/或改向),以便最大限度地减小货物、系固系统和系索的受力。

(2)系索的张紧。航行开始时认真检查和张紧所有的系索是至关重要的,开船后的前三天应每天检查和收紧一次系索,因为船舶的振动和颠簸会使货物沉降和紧缩。航行期间应每两三天检查收紧一次系索,恶劣天气下应每天检查一次,必要时将其进一步张紧。如发现紧索螺套的螺杆已到尽头仍不能收紧或绑扎器材损坏,都要重新绑扎。对系索的所有检查和调整应在航海日志中记录。

(3)正确处理航行中出现的船舶横倾。每天至少一次测验船舶摇摆周期来核算船舶的稳性并记入航海日志。注意观察船舶的横倾情况,遇到船向一侧倾斜,应马上查清原因,根据不同原因及时排除。船舶横倾通常有以下几种情况:

①由正常消耗油水等造成的横倾。可通过转移油水或打排压载水调整。

②货物移位。甲板木材大幅度移位易于发觉,而甲板货的小幅移位或舱内货移位不易觉察。可调整航向至顶浪再对移动部分的木材进行绑扎加固处理,防止货物移动加大,危及船舶安全。由于货物移位发生在不利气候条件下,派人去放松或拉紧移动货物或已移位货物上的系索,所带来的危险可能比保留悬挂货物的危险性更大。只有经过仔细考虑后才能将正在移动的或已移位的甲板木材货向海中抛弃,同时,抛货时要考虑螺旋桨的安全。

③船舶进水。通过对各油水舱进行测量可迅速确定进水的可能性和进水部位,如发现来路不明的水,应开动所有可用的水泵来控制局面,再进一步采取其他措施。

④航行中船舶遇较大的横风,可能会发生轻微的横倾,风小时横倾会减轻或完全消失,这属正常情况,不用消除。在利用压载或卸载纠正横倾时应特别谨慎,要防止造成船舶向另一侧更大的横倾。如发现船舶初稳性高度 *GM* 很小或已为零,应先向船舶最低处的一个舱内压水或把高位的油水移到双层底舱。如果可能,可卸载甲板货。

(4)原木受真菌侵害导致腐烂,会产生有毒气体氰化氢(HCN)和易燃的甲烷气体(CH_4),对船舶安全和人员健康都可能产生不利影响。因此,进舱检查前,要确保对货舱已进行足够的通风,并用仪器测量氧气和有害气体的含量,在确信安全的情况下,按进入围蔽处所安全作业规程进行。

三、甲板木材货的系固

甲板木材货应在其全长范围内使用运载木材特性的绑扎系统,有效地紧固,该绑扎系统应经决策者同意。

(一)系固平面图

专用木材船上,为绑扎和加固甲板木材货物而涉及的平面图,图上标明各种系索的生根处、走向及其他绑扎器材的安装位置。甲板木材货运输船上应携带和保存符合A.1048(27)决议《木材甲板货运输船安全实用规则》要求的一份或数份系固平面图;船上绑扎工作参照"系固平面图"来确定系索的生根、走向以及其他绑扎器材的设置。

(二)木材甲板货物系固设备及系固方法

系固以系固手册中的系固平面图为依据。

1. 系固设备

系固设备主要有编网、钢丝绳、链条和属具等,系固属具如图18-6所示。

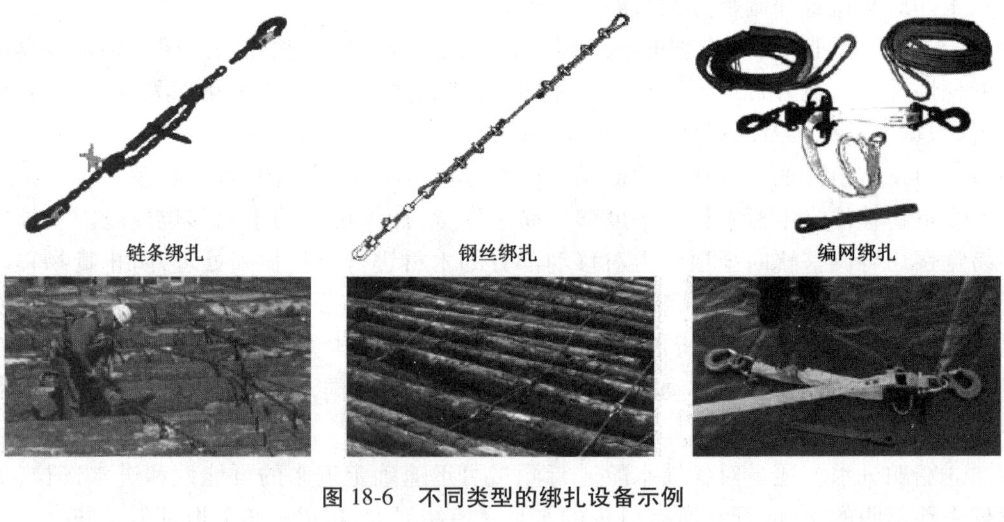

图18-6 不同类型的绑扎设备示例

2. 系固方法

一般为立柱配合链条和属具,结合钢丝绳加固双道绑扎。甲板木材顶部绑扎分两步进行:第一步是绑扎钢丝,绑扎时绑扎钢丝生根处、松紧螺旋扣、开口滑车或导向滑轮的位置及钢丝走向可参考系固平面图。第二步是链条绑扎,绑扎链条在两舷对应设置,绑扎时先用吊杆将链条拉至木材顶部中间拉紧,用松紧螺旋扣连接并收紧,松紧螺旋扣要设置在两个高出的木材中间的空当处,具体方法有:

(1)拱背系固法(Hog Lashing Wire)

甲板上木材货高度超过4.5 m时,在装至一半高度时应实施中间绑扎,高度超过6.0 m时,应做二次中间绑扎。中间绑扎一般使用拱背形系索,即用一根很长的钢丝绳,从木材堆垛一端的一舷甲板眼环上生根,绕过甲板木材拉至对面一舷的立柱交叉缠绕,再拉到另一舷的对应立柱上同样交叉缠绕,重复上述方法,使钢丝绳在木材上呈"S"形走向,最后在甲板上的适当位置生根。拱背形系索中间不设任何收紧设备,也不要拉紧,当上层货装在这些系索上后,其重量会进一步使其绷紧。

(2)绕行系固法

在系链外加用的钢丝绳系索,每根系索可从一侧绕到另一侧并绕最上层货物一圈。每一系索上安装紧索螺套,以便在海上张紧系索。

(3)鞋带交叉系固法

以鞋带形交叉方式张紧货垛的摆绳,从货堆上绕过,并穿过一系列扣绳滑轮,由基索固定就位。紧索螺套从基索顶部装入摆绳中,以使系索在海上保持绷紧状态。

(4)链条围固法

在每一根从货垛顶部绕过并固定到坚固眼板或货物舷外端点的其他系固点的系链上安装紧索螺套,以便在海上张紧。需要说明的是,根据不同木材的特点及装载的具体情况,应选用适当的系固方式,或由以上系固方式组成系固系统。系固方式不排除已为实践检验有效的船员通常做法。

3. 其他要求

(1)每一系索均应配备收紧装置或系统(如紧索螺套、杆式收紧器、滑轮组合等)。其放置位置应使其能安全有效地收紧该装置或系统。

(2)每一系索都应从甲板木材货上绕过,并用扣环扣在适合其预期用途并有效固定在甲板边板或其他加固点上的眼板中。其安置方式应尽可能地保证其在整个高度上与甲板木材货接触。

(3)系索的间距应使在贯通甲板货物堆垛的每一长度各端的两根系索,尽可能靠近甲板木材货的端头。如果木材的长度较短,系牢的间距应做适当调整,要做到每根木材最少有两道系索约束。

(4)木材的绑扎器械质量要求相当严格,无论是链条、钢丝,还是带轮卸扣及松紧螺丝等,均需相应的厂家证书,一般为期4年。

四、人员保护和安全设施

(1)为保护从事装货、系固或卸货的船员和工人,应提供合适的保护服装和装备,例如穿钉靴或钉套鞋和戴安全帽;航行中船舶摇摆,到甲板木材货物上面工作,要注意安全,穿钉鞋或钉套鞋、戴安全帽。

(2)由于木材船甲板上堆装了大量木材,木材顶部不平整,给船员带来诸多不便和不安全因素。为此,应在木材上配有拉索或扶手。同时,货物的装载不应影响消防、救生设备的正常使用,人员的安全防护设备应存放在容易拿到的处所。

(3)在航行期间,如果在船舶甲板上或甲板下没有方便的船员通道供船员从居住舱室安全进入到船舶操作所有处所,则应在甲板货的每侧设置垂直间距不超过330 mm、货物之上高度至少为1 m的栏索或栏杆。此外,还应在尽可能靠近船舶中心线处设置用张紧装置拉紧的救生索,救生索最好是钢丝绳。

(4)货堆中的所有开口,例如在桅室、绞车等处的开口,都应安装围栏或关闭装置。

(5)如果没有安装立柱或者允许采用对(2)规定的替代办法,则应安装构造坚固、有平坦行走面的通道,通道有两行间隔1 m左右、在行走面以上的高度不小于1 m的纵向栏杆或栏索,每行最少有三排栏索或栏杆。

(6)作为(2)(3)(4)的替代办法,可在甲板木材货上安装救生索,最好使用钢丝绳,使装备有吊索保护系统的船员能钩挂在它的上面,在甲板木材货上工作。救生索应该高出甲板木材货大约2 m,尽可能靠近船的中心线。应提供从货物顶部到甲板的配有栏索或扶手的合格构造的梯子、台阶或坡道,作为适当的通道。

第十九章

其他特殊货物船运输

其他特殊货物船运输是指滚装货物船运输、钢材货物船运输等特殊货物船运输，由于这些船舶运输的危险性和事故多发性，将对其进行单独说明，以引起特别关注。

第一节　滚装货物船运输

一、滚装货物及滚装货物船概述

（一）滚装货物

滚装货物系指由滚装船舶载运的不论是否装载货物的机动车辆或者移动机械，如公路车辆、铁路车辆及履带式车辆等。滚装货物包括各类小型汽车、客车、载运集装箱的卡车、挂车和集装箱等。

滚装货物特性就是可以自行装入船舱，或用牵引车牵引载有箱货或其他件货的半挂车，或轮式托盘直接进出货舱装卸；车辆底盘上有系固眼环或挂钩，部分车辆上仍有燃料，且在船舶运输中需要进行加固绑扎。

（二）滚装船

滚装船（Ro-Ro Ship）是指有一层或多层封闭或开敞甲板，一般不分舱，且贯穿船舶全长并能在水平方向装卸货物的船舶，包括滚装客船和滚装货船。由于滚装船货物装卸方式为水平方向作业，装载货物的车辆可直接登上陆岸或船舶，省去许多装卸、起重设备，简化装卸程序；而且，滚装船可以在一般码头停靠，不需要对港口码头进行大规模改造。

1. 船舶分类与结构

(1)分类

滚装船可以分为:滚装客船(Ro-Ro Passenger Ship)、滚装货船[又分汽车卡车专运船 PCTC(Pure Car Truck Carrier)和汽车专运船 PCC(Pure Car Carrier)]。

(2)结构

滚装船驾驶台等上层建筑设置在船舶首部或尾部,船首部一般是居住舱室,船中部主甲板以上贯穿全船为中车辆舱和上车辆舱,船中部线型平直为大货舱,在大货舱内有多层甲板,它们之间由斜坡或大型升降机连接;船尾部是机舱,船尾采用方尾,设有大门或跳板,航行时,折叠式的艉跳板矗立在船尾;客滚船的长宽比(L/B)一般都在 5.2 以上,以保证船舶具有良好的快速性。具体如图 19-1、图 19-2 所示。

图 19-1　客滚船"中远之星"

图 19-2　滚装船货舱

2. 设备

(1)跳板。架设于船舶与码头之间的桥梁,大都设置在船尾,也有设置在船首和舷侧的,如图19-3和图19-4所示。跳板的形式有三种:直跳板、斜跳板和旋转跳板。跳板的正常工作范围一般在船舶纵倾不大于1.5°、横倾不大于3°。

图19-3　艄跳板

图19-4　艉跳板

(2)装卸车。用来装卸集装箱的设备。装卸车分拖车和叉车两种。拖车用来载运集装箱,可与集装箱一起固定在货舱的规定位置,呈纵向排列。叉车用于集装箱的装卸,也可用于集装箱的载运。

(3)升降机。用来装卸集装箱的设备,专门用于升降集装箱或升降装有集装箱的车辆。

(4)定位器。为了避免船舶摇摆时集装箱或装有集装箱的拖车发生移动和碰撞,在货舱甲板上设置用于固定集装箱或拖车的定位器。定位器有插销式、旋锁式。固定拖车的定位器有固定导板、三角支架、框形托架及制动链。

3. 特性

（1）甲板层数多，货舱内不设横舱壁，货舱内支柱极少，一般为纵通甲板，主甲板以下设有双层船壳，两层船壳之间可作为压载水舱。

（2）水平装卸，装卸效率高。通过车辆活动来装卸集装箱和汽车，车辆不仅可从船首部或尾部进出，还可驶到船舱的各层甲板，能节省大量装卸劳动力，减少船舶停靠时间，提高船舶利用率。

（3）设有防摇水舱和其他防摇设备，以减少船舶摇摆。

（4）货舱容积利用率比一般货船低，比同吨位的一般货船大。

（5）重心高，稳性较差。舱内支柱少，无横舱壁，因此，船舶结构强度和抗沉性较差。

（6）装车处所用明显标志标明车辆装载位置，并对车辆装载位置进行编号。可运载特种货物和各种大件货物，有专门装运钢管、钢板的钢铁滚装船，装运铁路车辆的机车车辆滚装船，装运钻探设备、农业机械的专用滚装船等。

二、滚装船安全装卸和运输

滚装船面临的主要危险是在船舶遭遇大风浪时，易引起车辆和其他货物的移动。另外，船艉门或艏门没有及时安全关闭也易造成船舶和货物灭失。滚装船运输应严格按《海上滚装船舶安全监督管理规定》和其他规定实施。

1. 开航前

（1）熟悉船首、船尾部及侧面水密门安全操作程序，对所装载的旅客、货物、车辆情况及滚装船舶的安全设备、船首部、船尾部及侧面水密门等情况进行全面检查，并如实记录。

（2）检查、维护和保养船舶疏排水系统、电路系统、应急系统、救生系统和消防系统等，确保其处于良好的技术状态。

（3）准备并检查快速链条收紧器、尼龙绑扎带、电动扳手等车辆和货物绑扎设备。

（4）搭乘滚装船舶的车辆，应当对所载货物绑扎牢固，适合水路滚装运输。

（5）遇有不符合滚装船舶安全开航限制条件的大风、大浪等恶劣天气和海况，不得开航。

2. 货物配载

（1）配载车辆时，应充分考虑车辆货物重量分布的均衡性，应确保船舶安全作业所必需的通道不受危险货物车辆的影响。

（2）装载危险货物的车辆，应当具备安全运输的条件并处于良好技术状态，不得与客车配置在同滚装船舶。

（3）稳性要求。水平方向装卸货物，速度快、重心移动频繁、浮态难以控制，应加以严格管理。禁止艏倾,因艏倾会使水线面积减少,GM 值变小,稳性恶化。艉开门船卸货时,易发生艏倾,应特别关注,但过于富裕的稳性有时反而会加剧横摇成为危险的根源。

(4)强度核算:仔细核对特殊货物,如重型车辆、集装箱等,一般小车甲板(包括升降甲板)的平均载荷为 0.2~0.3 t/m^2,重车甲板的平均载荷为 2~3 t/m^2。

3. 货物装卸

(1)车辆等按配载图进行装载,车辆进入船舱指定的车位后,司机应当关闭发动机,使车辆处于制动状态。

(2)危险货物车辆在装船到卸船的整个滚装运输过程中,其发动机的排气管应加装火星熄灭装置。装载遇水发生危险的危险货物车辆,应尽可能远离甲板上浪区域并使用具有良好防水性能的材料进行遮盖。

(3)严格管理重型车辆的超载,因为超载将导致强度接近和超过了甲板的局部安全强度,使船体的某一部分发生变形,也影响到开口的水密性;严重时还将造成船舶稳性急剧恶化以致发生倾覆。

(4)在装载和卸载作业时,要保持船舶配载的平衡,尽量减少出现艏倾或横倾或混合倾斜现象。

(5)应指定专人对车辆装载的安全状况进行检查,填写“滚装船舶车辆安全装载记录”,并随船保留,以备查验。

4. 货物系固

系固按滚装船舶车辆和货物系固手册实施,车辆应正确绑扎和系固,以防运输途中发生移动,要确定滚装船舶系索、地令、天令及其他系固附属设备的最大系固负荷。

5. 航行中

(1)滚装船舶在航行中遭遇大风浪等恶劣气候和海况时,提前加固货物、车辆,谨慎操纵和作业,防止货物、车辆位移。

(2)按 SOLAS 公约对滚装处所的规定,车辆舱通风次数至少每小时 10 次。装卸货时,为改善舱内环境,要成倍增加通风次数。

(3)航行中应当加强巡检,如发现安全隐患,应当及时采取有效措施予以消除。

6. 其他注意事项

(1)滚装船舶不得承运不具备安全运输条件的车辆。

(2)载运危险货物或者装载危险货物的车辆,应当按照有关规定向海事管理机构等部门申报。

(3)滚装船舶在航行中,司机和旅客不得留在车内,也不得在装货处所和装车处所走动、停留。

第二节　钢材货物船运输

钢材海上运输对船舶稳性、船体强度、水密完整性及货物积载等具有特殊的要求。为加强钢材海上运输的管理,保障船舶安全积载和系固,遏制钢材海上运输中船舶倾覆事故的发生,我国规定自 2010 年 12 月 1 日起,从事钢材运输的 500 总吨及以上国内航行海船(含江海联运船舶)需配备《国内航行船舶货物系固手册(钢材运输部分)》(以下简称《手册》)。船舶在装载货物时,应取得货物资料,并参照《手册》的要求,妥善实施货物的积载和系固方案。

一、钢材及钢材货物船概述

钢材(Steel)是钢锭、钢坯或钢材通过压力加工制成的一定形状、尺寸和性能的材料。

(一)分类

钢材品种繁多,根据海运特性,一般分为卷材(Steel Coils)、板材(Slab/Bellet/Bloom)、管材(Steel Pipes)、线材(Wire Stock)、型材(Section Bar)等及金属废料(Scrap)。

1. 卷材

卷材指冷、热轧卷,板材钢带经卷曲以卷状供货的各种板卷,如卷钢等,如图 19-5 所示。

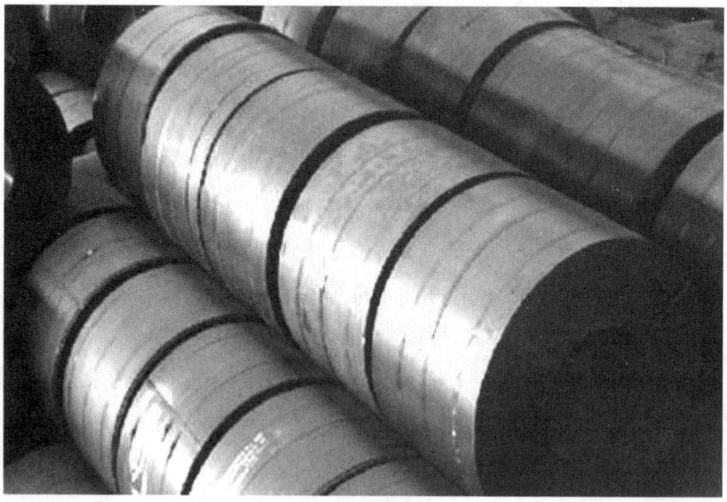

图 19-5　卷钢

2. 板材

板材指冷、热轧板，中厚板，彩涂板，硅钢，带钢，如图 19-6 所示。

图 19-6 板材

3. 管材

管材指无缝管、焊管，如图 19-7 和图 19-8 所示。

图 19-7 大口径钢管

图 19-8　小口径无缝管

4. 线材

直径 5~4 mm 的热轧圆钢和 10 mm 以下的螺纹钢,通称线材。线材大多用卷材机卷成盘卷供应,故又称为盘条或盘圆等,如图 19-9 和图 19-10 所示。

图 19-9　盘圆

图 19-10　螺纹钢

5. 型材

型材包括槽钢（Channels）、角钢（Angles）、工字钢（Beams）、圆钢（Bars）、扁钢（Flats）、H 形钢（H Shape Steel）、方钢（Square Steel）、球扁钢（Flat-bulb Steel），如图 19-11 和图 19-12 所示。

图 19-11　H 形钢

6. 金属废料

金属废料主要是指废钢、废铜、废铝、废铅、废锌等。

图 19-12　方钢

(二)海运特性

(1)积载因数较小,装载钢材船舶重心低,货物易发生货移。

(2)单位重量大,装卸过程易造成船体损坏,并可能影响船舶甲板和舱底局部强度。

(3)不易绑扎固定的物理性质。由于海上运输中钢材制品的形状、体积、尺寸和重量等物理性质的影响,在实际运输中,对其绑扎系固比较困难,如六角钢的六边不等、角钢顶角大、型钢扭转等,而且如遭遇大风浪等恶劣气象,则易造成钢材移动而导致船舶倾覆。

(4)易锈蚀性。这是因为钢材制品在潮湿环境下运输时,接触空气中的水分和氧气后,在常温下就会发生氧化反应,结果使其表面的铁元素变成了铁锈(主要成分是三氧化二铁)。

(三)钢材货物运输船

批量钢材主要由杂货船、散货船和多用途船进行运输,小量钢材也有用集装箱进行运输的。杂货船二层舱不宜装钢材,杂货船、散货船和多用途船底舱装载时,要保证局部强度不受影响。

目前,载运钢材船舶大多是中小型、老旧、低质量船舶,存在着船舶技术状况不良、重要设备维修保养不当等安全隐患。

二、钢材安全装卸和运输

(一)船舶装货前的准备

(1)对货舱进行清洁、无盐化处理、水密检查。舱盖及舱口围无腐蚀、开裂和变形,货舱底板、肋骨状态良好,货舱舱底、侧壁垫木加强防护,对空气管、测深管、污水井及压载水管等做相应保护,避免沉重锐利的钢铁与之接触;检查人孔盖、舱盖以及甲板各开口处封闭设施的水密性。

(2)检查货舱排水泵、管系、分路阀是否处于良好状态,货舱污水井是否通畅。

(3)检查衬垫和绑扎物料是否准备充足;若合同规定由货主或租船人提供垫舱和绑扎物料,船方应积极联系落实。

(4)检查装舱计划、衬垫计划、绑扎计划是否完备。

(二)核算船舶净载重量

按船舶装卸港口、航行区域和船舶实际情况计算船舶航次净载重量,严禁船舶超载。同时,国内航行船舶要特别关注不同季节时使用不同的载重线,如汕头以北热带季节期自 4 月 16 日至 10 月 31 日;夏季季节期自 11 月 1 日至 4 月 15 日;而汕头以南热带季节期自 2 月 16 日至 10 月 31 日;夏季季节期自 11 月 1 日至 2 月 15 日。

(三)船舶和货物资料

(1)船舶应配备《手册》,《手册》的内容包括船舶资料,系固设备的配备、检查和维护等。同时,需将《手册》的配备和具体实施要求纳入公司安全管理体系。

(2)船舶在装载钢材时,需有所装运钢材的相关资料。

(四)钢材积载与系固的一般原则

参照《货物系固手册》要求,妥善实施钢材的积载和系固方案。

(1)合理的积载是钢材安全运输的根本,绑扎是合理积载情况下的重要补充。

(2)钢材装载必须在舱底及舱壁间使用衬垫,不允许直接堆载在船体构件上,也不允许与船体构件直接接触。

(3)应根据船舶资料核实船舶强度,尤其是保证船舶局部强度。舱底允许载重量计算如下:允许载重量=舱底面积×船舶舱底板许用负荷值,船龄较大的船舶应考虑适当降低允许的载重量。

(4)保证船舶的纵向强度

①按舱容比配载装货,保证船舶的总纵强度不受损伤,并应特别注意货物重量。

②预留一定的货物,以调整船舶吃水差,防止出现过大的弯矩,防止中垂现象的发

生，尽量保证船舶正浮。

（5）严格按照配载图从船舶一舷向另一舷密实积载，装舱过程中防止船舶出现倾斜，严格按照绑扎技术要求进行有效绑扎。明确船舶无横倾、合理积载系固后再允许关闭舱盖。

（五）不同钢材货物的积载和绑扎的特殊要求

应严格按照《关于海运生铁、金属块锭、盘元、煤炭、散盐、矿石、矿砂、矿粉等散装货物装舱标准和船舶、港口责任划分的规定》（交海字［1987］261 号）和其他规定进行钢材货物的积载和绑扎，具体方法有：

1. 卷钢的积载和绑扎

（1）立式积载

衬垫：对带有托盘的卷材应采用立式积载方式，不需要另加衬垫。

积载：舱底积载，不允许积载在二层舱柜；每垛卷材的轴线对齐且垂直于舱底板，垛与垛之间靠紧，每层保持水平，如图 19-13 所示。

图 19-13　立式积载法

系固：系固材料建议用软钢丝绳（Φ12.5 mm）及附属配件、钢带（32 mm×1 mm）。对顶层外围的货物用奥林匹克绑扎法进行绑扎，如图 19-14 所示（俯视图）。

（2）纵向积载

①衬垫：衬垫材料建议用木楔（120 mm×120 mm×200 mm）、木方（30 mm×80 mm×1 300 mm）；舱壁衬垫时卷钢靠舱壁处应用方木衬垫，方木的厚度必须高出舱壁上的令环或其他的突出物；舱底衬垫时卷钢应横向放置在垫木上积载，卷钢应使轴线在纵向积载。

②积载：卷材应舱底积载，不允许积载在二层舱柜，在两舷间堆码尽量整齐。卷材积载时，轴线与船舶首尾线平行，卷与卷之间靠紧；为防止卷材在装卸过程中发生移动，

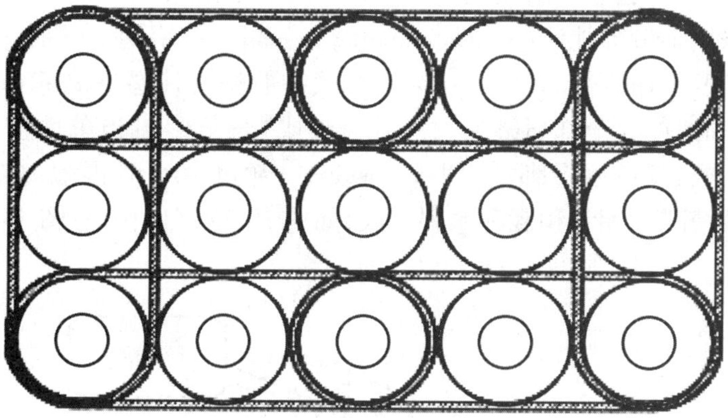

图 19-14 奥林匹克绑扎法

每件卷材至少用 2 只木楔塞紧，木楔的尖端应指向船舶两舷，如图 19-15 所示。

图 19-15 木楔及其使用

为保证卷材积载形成一个不可移动的整体，第一排的积载中，必须设置 1 个或 2 个锁卷（Locking Coil/Key Coil）压缝。锁卷的压卷深度应小于所装卷材直径三分之一，如图 19-16 所示。每排最后一卷通常应放在邻近的两卷上边，利用其质量可固定住该排的其他卷材。

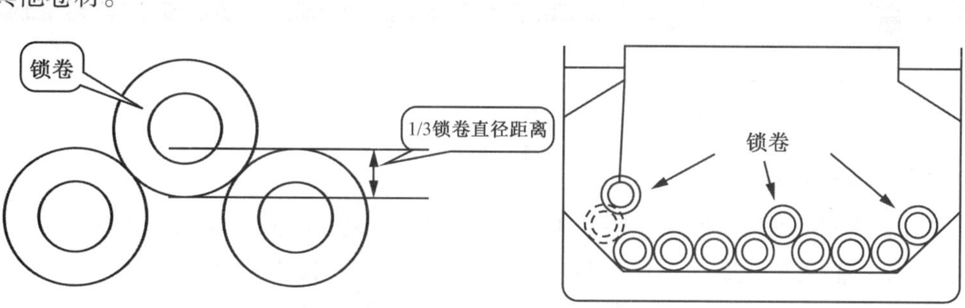

图 19-16 锁卷的压卷设置

若必须在第一层上装第二层，则第二层卷材与第一层卷材应压缝装载，依此类推。板幅相同的卷材应积载在同一排，大卷不能压小卷，重卷不能压轻卷，宽卷不能压窄卷。卷材前后横排间距至少 150 mm，以防止卷材接触发生货损，满足穿过绑扎钢带要求，方便绑扎操作。另外，应按照货舱负荷要求控制卷钢装载层数。

③系固:系固材料建议用软钢丝绳(Φ12.5 mm)及附属配件、钢带(32 mm×1 mm)。卷钢绑扎一般采用钢带绑扎法(Metal Strapping System),使用钢带或钢丝绳对每排锁卷及第一层紧靠舱壁相邻两件卷材进行绑扎,如紧靠舱壁两件卷材上部有压缝卷材需同时进行绑扎,相邻两件与上部压缝卷材绑扎需形成"三角形";当单件重量超过 15 t 时增加绑扎钢带一根,双道钢带绑扎(Ober Lashing),超过 20 t 时再增加绑扎钢带一根。以下为各种装载情况下参考积载和系固方式,如图 19-17、图 19-18、图 19-19 和图 19-20 所示。

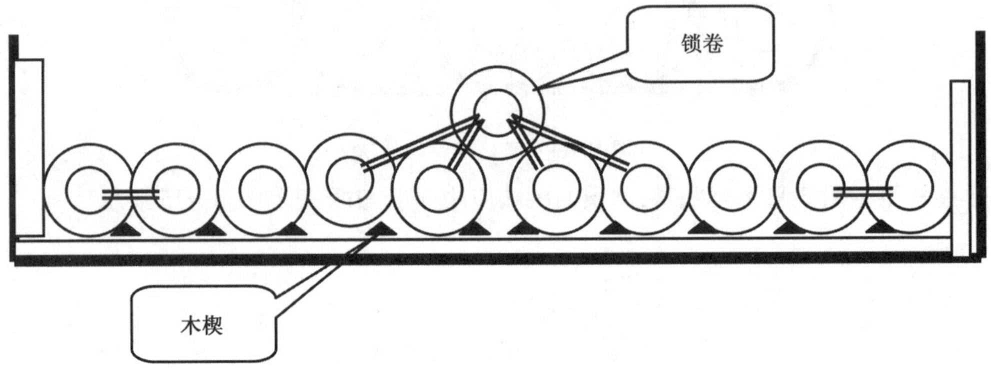

图 19-17　一个锁卷单层卷材的积载和系固

图 19-18　两个锁卷单层卷材的积载和系固

2. 管材的积载和绑扎

(1)衬垫:垫衬材料建议用木楔(120 mm×120 mm×200 mm)、木方(80 mm×80 mm×1 000 mm)。舱底使用适当规格和数量的木方横向铺垫,根据货物长度使用 4~6 道木方铺垫,方向与货物积载方向垂直,应尽可能铺放在货舱内底板加强构件上部;舱壁使用适当规格的木方垫衬,防止货物与船体直接接触;垫衬钢管的垫方要有足够的长度和强度,必要时需要斜木支撑。

(2)积载:建议钢管的积载首选纵向积载。货舱两侧已装货的情况下,短管材可以横向积载在货舱中间。应均匀装载,堆放整齐,在每根管材与舱底接触部分的一侧放置 2~4 个木楔,防止船舶航行中下层货物位移;单支管材第二层以上装载时不垫垫木。成

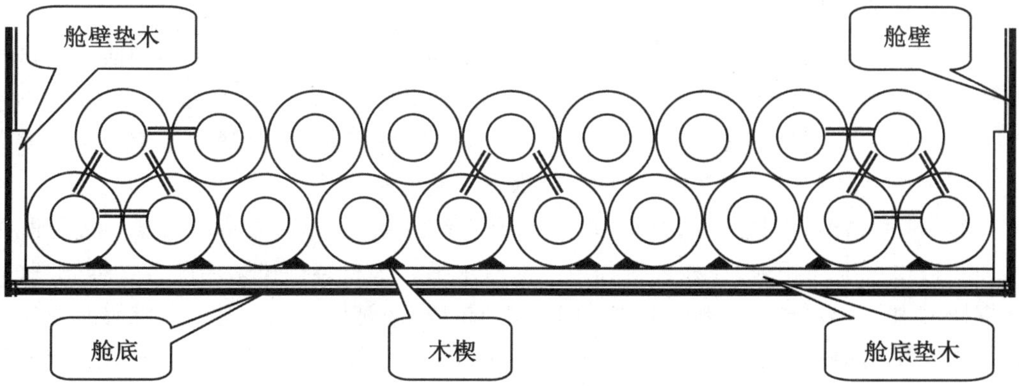

图 19-19　两层卷材的积载与系固

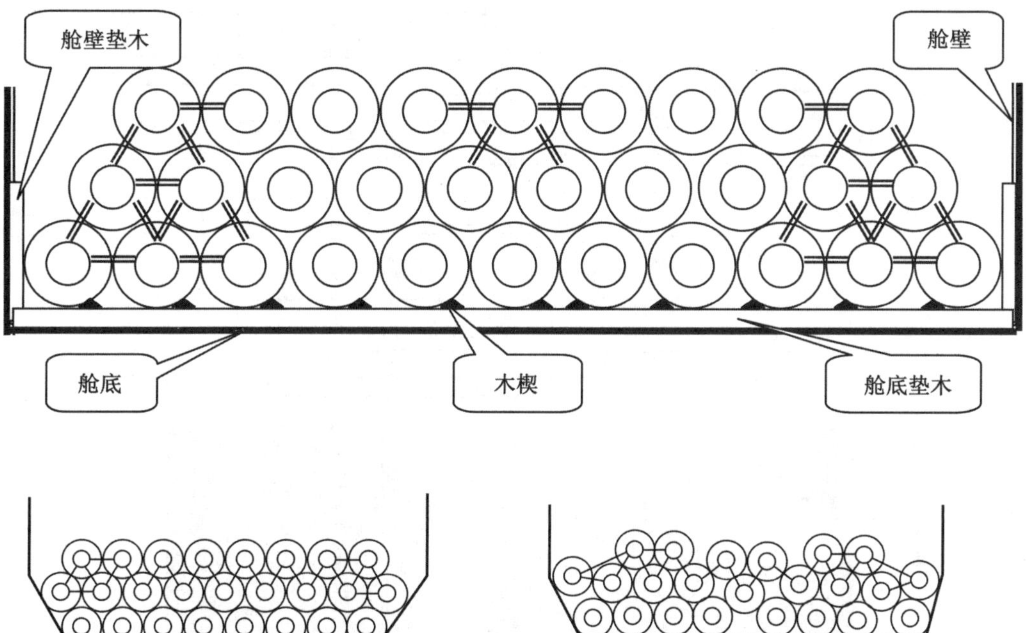

图 19-20　三层卷材的积载与系固

捆钢管装载时，货钩与货钩之间要放置垫木，并且上下垂直。相同直径的管材应尽可能一起装载，确保紧密且平整，减少空当；若不同直径管材混装，管材间空当应用木材塞紧。

(3)系固：系固材料建议用软钢丝绳(Φ15.5 mm)及附属配件。管材系固一般采用分体或整体形式，分体形式采用钢丝绳及附属固件对上面 3~4 层高的管材进行绑扎作业。最上层货物与货物之间、货物与船体之间空当处做木架支撑。舱内管材不到 4 层一般采用整体绑扎，最上层管材间隙用木楔塞紧。单支钢管顶部的绑扎，在顶部取 2~3 个位置，把 2~3 支钢管底垫上垫木。

3. 板材类的积载与绑扎

(1)衬垫:衬垫材料建议用木方(80 mm×80 mm,长度不限)。舱底使用适合数量和规格的木方铺垫,每道间隔不大于 2 000 mm;钢坯垫木需要是硬杂木,规格不小于 8 cm×8 cm;层与层之间使用足够的干垫木或者其他材料衬垫,以增加摩擦力。舱壁以及两层钢板之间需要至少 2 道的衬垫,且垂直于舱底板。

(2)积载:钢坯应按船底两侧的坡度台阶装高,每层钢坯紧靠货舱边缘。板材既可横向积载也可纵向积载,在积载过程中应保持水平。板材装载可采用压缝式堆码、垂直式堆码、"井"字垛堆码三种方式,如图 19-21、图 19-22 和图 19-23 所示。堆码时货钩与货钩之间使用的木方上下要在一条垂线上,如采用"井"字垛装舱,最上边两层顺船装载,防止板材横向移位。

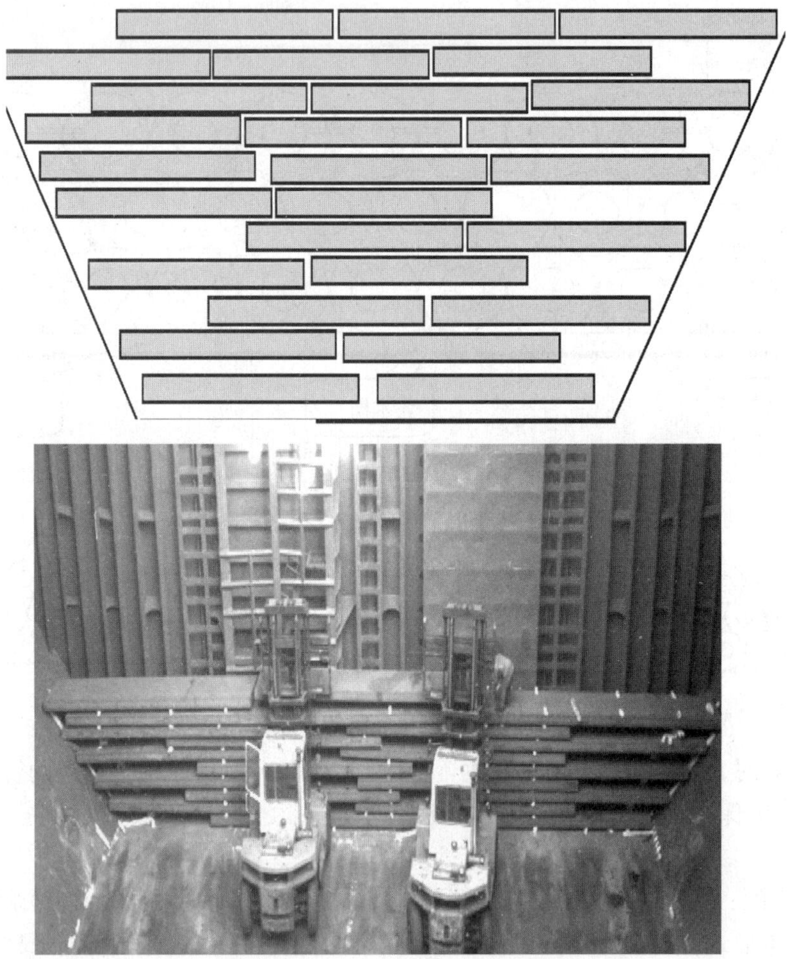

图 19-21 压缝式堆码

(3)系固:系固材料建议用软钢丝绳(Φ15.5 mm)及附属配件。系固一般采用分体或整体形式,分体形式采用系固材料对上部 3~4 层高的板材进行绑扎,板材之间空当

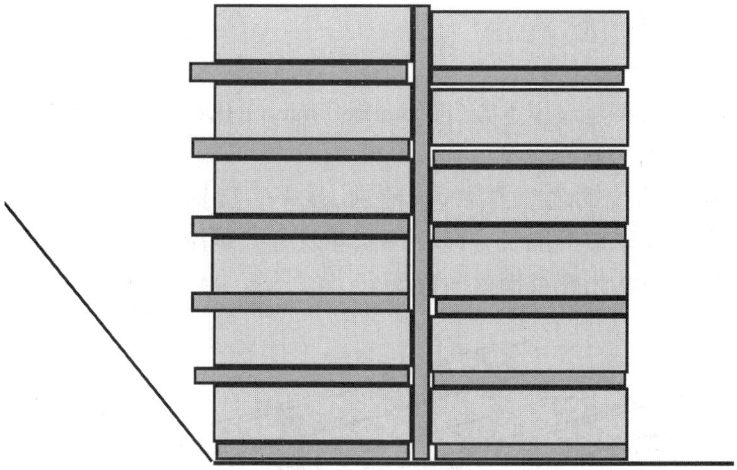

图 19-22 垂直式堆码

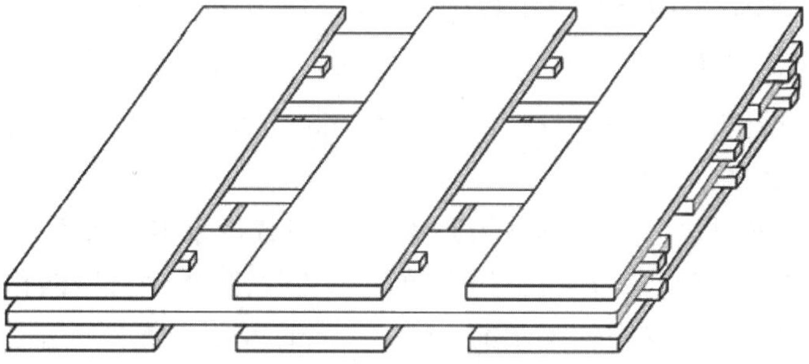

图 19-23 “井”字垛式堆码

处做木架支撑;舱内板材不到 4 层一般采用整体绑扎,最上层板材间隙用木楔塞紧。

4. 线材的积载与绑扎

(1)螺纹钢(捆)

①衬垫:衬垫材料建议用木方(80 mm×80 mm×1 000 mm)。在舱底与货物积载方向上,垂直铺垫两道木方。

②积载:舱内螺纹钢之间要靠紧、铺满、装平。货钩与货钩之间错位装载,如图 19-24 所示。积载可采取顺船长方向和“井”字垛方式装舱,如采用“井”字垛装舱,最上边 3 层顺船装载,以防止螺纹钢横向移位。

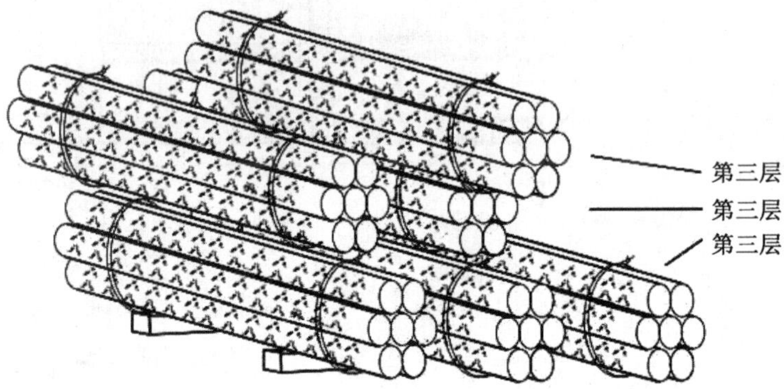

图 19-24　螺纹钢错位装载

③系固:系固材料建议用软钢丝绳(Φ12. 5 mm)及附属配件;系固一般采用分体或整体形式。分体形式采用系固材料对上部 3 层高的螺纹钢进行绑扎作业,舱内螺纹钢不足层的一般采用整体绑扎。

(2)盘圆(Wire Rods)

①衬垫:衬垫材料建议用木方(30 mm×80 mm×1 000 mm)。舱底横向铺设两道木板铺垫,每件一根木方靠紧防止滚动,舱壁放置两道木板铺垫。

②积载:盘圆之间要靠紧、铺满、装平,上层线材卷应压缝叠装在下层卷上。半舱装载需呈纵向梯形码舱,散捆盘圆放在最上层,如图 19-25 所示。

③系固:系固材料建议用棕绳或软钢丝绳。采用系固材料对最上面一层盘圆进行绑扎;当半舱装载盘圆时,需在装货过程中对端面的盘圆进行逐层绑扎,防止盘圆塌陷。

5. 型材的积载与绑扎

(1)衬垫:衬垫材料建议用木方(80 mm×80 mm×1 000 mm)。在舱底与钢材积载方向上垂直铺垫 2 道木方。

(2)积载:舱内型材之间要靠紧、铺满、装平。积载可采取顺船长方向和“井”字垛方式装舱,如采用“井”字垛装舱,最上边 3 层顺船装载,防止型材横向移位。

(3)系固:系固材料建议用软钢丝绳(Φ12. 5 mm)及附属配件。系固一般采用分体或整体形式,分体形式采用系固材料对上部 2~3 层高的型材进行绑扎作业;舱内货物不足 3 层的一般采用整体绑扎。

图 19-25 梯形码舱

6. 金属废料的积载与绑扎

(1)衬垫:货舱壁下应用垫木保护以防舱壁受损,避免沉重锐利的废料与船侧板接触。只用木板防护的空气管、测深管、污水井及压载水管应再做相应保护。

(2)积载:应注意第一批装入货物的落放高度不至于造成舱底板受损;如轻的和重的废金属在同一舱内装载,则应先装重废金属;废金属不得装载在金属屑或类似废料上部。废金属应密实、均匀积载,不留空当,不留悬空面。

(3)系固:废金属制品若移动会造成船侧板或舱壁损坏,因而应在上面加压载或用系索系固。因废料的性质,使用撑木一般无效。应注意避免舱底板和甲板超负荷。

7. 混合装载的积载与绑扎

积载要求符合大不压小、重不压轻的原则。衬垫、积载和系固按照上述不同种类钢材要求分别实施。

8. 其他

(1)钢坯(Steel Slabs)的堆装和绑扎

钢坯重量一般都在 20 t 左右。钢坯的堆积原则上为船舶首尾方向,除非万不得已不可横向堆积,否则一定要向两侧伸出且靠于舱壁;衬垫用足够数量及强度的方木铺设于舱底,因钢坯表面有氧化层,相当光滑,每层之间也需要合理数量的方木铺垫,以增大其摩擦力并便于卸出。钢坯的堆积要紧密,不可留有过大空隙,以免钢坯产生移动时直接撞击斜坡板或舱壁。堆装要平整,切忌高低不平,如果中间空当过大则两侧需要绑扎,一般钢索需向下至少 3 层处生根,以确保其稳定性。

(2)钢梁的堆装和绑扎

为防止钢梁一类的长构材(Beam Bar)弯曲变形,铺设的垫木也需要上下成一直线,且尽量避免横向堆积,以减小移动,减少可能的货损及减小损伤船舶结构的可能性。

(六)钢材货物的运输

1. 通风

通风可以有效地防止货舱中湿气的积聚,避免货舱内凝结水的形成,防止货物发生锈损。货舱何时进行通风,具体采取什么形式的通风,目前还没有统一的规则或标准,需要船长根据实际情况,凭借自己的经验和知识做出准确的估计和决策。

2. 系固检查

每天定期检查绑扎情况,发现绑扎松弛需要及时收紧。当收到大风浪气象预报后,及时组织船员重点检查船舶装载、堆装和系固情况,货舱水密完整性,污水井是否通畅,发现问题及时采取适当措施。

三、影响钢材运输安全的主要因素

1. 人为因素

集中地体现在船员的专业技能上,与船员的知识有关,而且与经验、工作岗位和语言能力有关。具体表现为:配载不当,如超载等;监装不力,如衬垫不足、绑扎不够、加固不牢等;检查不实,如没有有效进行装货前中后、航行中货物检查等;预测不足,如气象预测不足、恶劣天气估计不足等;恶劣天气下(寒潮大风、能见度不良、冰区航行等)操船有误等。

2. 船舶因素

船舶质量好、适航是船舶安全航行的前提。这类因素主要表现为:航运企业对安全管理相关要求执行不力,安全管理责任制落实不到位,安全投入不能满足安全管理要求,船体严重老化,船舶技术状况不良,重要设备维修保养不当,船舶货物装载不当,没有进行合理的积载和绑扎等。

3. 气象海况因素

载运钢材船舶由于其载货的特殊性,在大风浪中更容易发生主机停车、货物移动、船舶严重横倾、船舶进水等情况,继而严重横倾,最终使船舶失去稳性而倾覆。

4. 缺乏具体监管标准

虽有《法定规则》《中华人民共和国海商法》《关于海运生铁、金属块锭、盘元、煤炭等散装货物装舱标准和船舶、港口责任划分的规定》(交海字[1987]261号)等相关规定,但操作上缺乏具体细则。另外,目前没有详细的绑扎、积载和系固的技术规范和标准,船舶衬垫物料和绑扎费用承担人的法律界定不清,使海事、船舶、港口等方面管理缺乏实操性,无法对系固质量的"好"与"坏"进行界定。

学习网站

国家级精品资源共享课学习网站：

参考文献

[1] 田佰军. 船舶货运. 大连：大连海事大学出版社，2019.

[2] 田佰军，崔刚，吴汉才，等. 船舶结构与货运：管理级. 大连：大连海事大学出版社，2019.

[3] 杜嘉立，姜华. 船舶原理. 大连：大连海事大学出版社，2017.

[4] 中华人民共和国海事局. 海船船员培训大纲：2016. 大连：大连海事大学出版社，2017.

[5] 王捷. 海上货物运输. 大连：大连海事大学出版社，2015.

[6] 中国船级社. 货物系固手册编制指南. 北京：中国船级社，2014.

[7] United Nation. Recommendations on the Transport of Dangerous Goods：Eighteenth revised edition. London：United Nation，2013.

[8] United Nation. Globally Harmonised System of Clasification and Labelling of Chemicals（GHS）：Fifth revised edition. London：United Nation，2013.

[9] 交通运输部水运科学研究院. 港口危险货物安全管理与安全技术. 北京：人民交通出版社，2013.

[10] 周晶洁，周在青. 危险货物运输与管理. 上海：上海浦江教育出版社，2013.

[11] 中华人民共和国海事局. 中华人民共和国海船船员适任考试大纲. 大连：大连海事大学出版社，2012.

[12] 中华人民共和国海事局. 中华人民共和国海船船员适任评估规范. 大连：大连海事大学出版社，2012.

[13] 王捷. 海上货物运输. 2 版. 大连：大连海事大学出版社，2012.

[14] 中华人民共和国海事局. 国际海运危险货物规则. 大连：大连海事大学出版社，2012.

[15] 中国船级社. 钢质海船入级规范. 北京：人民交通出版社，2012.

[16] 中国海事服务中心. 船舶结构与货运. 北京：人民交通出版社，2012.

[17] 田佰军，薛满福. 船舶结构与货运. 大连：大连海事大学出版社，2012.

[18] 中国海事服务中心. 船舶装载包装及散装固体危险和有害物质操作与管理.

北京：人民交通出版社，2012.

[19] 交通部水运司. 国际海运危险货物规则培训教材. 北京：人民交通出版社，2002.

[20] 大连危险货物运输研究中心. 船舶载运危险货物法规汇编. 大连：大连海事大学出版社，2011.

[21] 杜嘉立. 船舶原理. 大连：大连海事大学出版社，2011.

[22] 中华人民共和国海事局.《1978 年海员培训、发证和值班标准国际公约》马尼拉修正案. 大连：大连海事大学出版社，2010.

[23] 范育军. 船舶原理与积载. 2 版. 哈尔滨：哈尔滨工程大学出版社，2010.

[24] 王建平. 船舶货运技术. 2 版. 大连：大连海事大学出版社，2010.

[25] 邱文昌，吴善刚. 海上货物运输. 大连：大连海事大学出版社，2010.

[26] 国际海事组织. 国际海上人命安全公约综合文本. 北京：人民交通出版社，2009.

[27] 国际海事组织. 2008 年国际完整稳性规则(2008 年 IS 规则)及其解释性说明. 北京:人民交通出版社，2009.

[28] 韩景宝. 液化石油气(LPG)运输船的建造与修理. 北京：国防工业出版社，2009.

[29] 杨茅甄. 件杂货港口管理实务. 上海：上海人民出版社，2009.

[30] 徐邦祯. 海上货物运输. 北京：人民交通出版社，2008.

[31] 杨星. 船舶结构与设备. 武汉：武汉理工大学出版社，2007.

[32] 蒋维清. 船舶原理. 大连：大连海事大学出版社，2007.

[33] 沈玉茹. 船舶货运. 大连：大连海事大学出版社，2006.

[34] 中国船级社. 散装运输液化气体船舶构造与设备规范. 北京：人民交通出版社，2005.

[35] 邱文昌，施纪昌. 海上货物运输. 北京：人民交通出版社，2005.

[36] 中华人民共和国交通部. 港口危险货物管理规定. 北京：人民交通出版社，2003.

[37] 张硕慧. 水上危险品安全运输管理. 大连：大连海事大学出版社，2003.

[38] 李品友. 液化气体海运技术. 大连：大连海事大学出版社，2003.

[39] 徐邦祯，王建平，田佰军. 海上货物运输. 大连：大连海事大学出版社，2001.

[40] 沈华. 船舶稳性与强度计算. 大连：大连海事大学出版社，2001.

[41] 中国船级社. 货物系固手册编制指南. 北京：人民交通出版社，1998.

[42] 贺顺保. 货物学. 大连：大连海事大学出版社，1996.

[43] 陈桂卿，李治平. 船舶货运. 大连：大连海运学院出版社，1991.

[44] P M ALDERTON. Sea Transport. London：Thomas Reed Publications Limited，1984.

附 录

附录Ⅰ 有关国际公约和国内法规

在海上货物运输的各个环节,国际海事组织(IMO)、各国政府、有关行业和协会均制定了与货物运输有关的国际公约和标准、国内法规等,主要有:

1. 与货物运输有关的国际公约和标准

(1)国际海事组织经修正的《1974 年国际海上人命安全公约》(International Convention for the Safety of Life at Sea,1974)(简称 SOLAS 1974);

其中第Ⅱ-1 章——构造—结构、分舱与稳性、机电设备;第Ⅵ章——货物运输;第Ⅶ章——危险货物的运输;

(2)国际海事组织《1966 年国际载重线公约》(International Convention on Load Lines,1966)(简称 LL 66);

(3)国际海事组织《1969 年国际吨位丈量公约》(International Convention on Tonnage Measurement of Ships,1969)(简称 ITC 69);

(4)国际海事组织.《2008 年国际完整稳性规则》(International Code on Intact Stability,2008)(简称 2008 IS Code);

(5)国际海事组织《国际海运危险货物规则》(International Maritime Dangerous Goods Code)(简称 IMDG Code);

(6)国际海事组织《73/78 国际防止船舶造成污染公约》(International Convention for the Prevention of Pollution from Ships,1973/1978)(简称 MARPOL 73/78);

(7)国际海事组织 A.714(17)决议《货物堆装和系固安全实用规则》(Code of Safety Practice for Cargo Stowage and Securing)(简称 CSS Code);

(8)国际海事组织《1972 年国际集装箱安全公约》(International Convention for Safe Containers 1972)(简称 CSC);

(9)国际海事组织《国际海运固体散装货物规则》(International Maritime Solid Bulk Cargoes Code)(简称 IMSBC);

(10)国际海事组织《国际散装谷物安全装运规则》(International Code for the Safe

Carriage of Grain in Bulk)；

(11)国际海事组织《国际散装运输危险化学品船舶结构和设备规则》(International Code for the Construction and Equipment of Ships Carrying Dangerous Chemicals in Bulk)(简称IBC Code)；

(12)国际海事组织《国际散装运输液化气体船舶构造和设备规则》(International Code for the Construction and Equipment of Ships Carrying Liquefied Gases in Bulk)(简称IGC Code)；

(13)国际海事组织A.1048(27)决议《木材甲板货运输船安全实用规则》(Code of Safety Practice for Ships Carrying Timber Deck Cargoes)；

(14)国际海事组织《1978年海员培训、发证和值班标准国际公约》马尼拉修正案(The Manila Amendments to the International Convention on Standards of Training, Certification and Watchkeeping for Seafarers,1978)；

(15)《联合国国际海上货物运输公约》(United Nations Convention on the Carriage of Goods by Sea,1978),又称《汉堡规则》(Hamburg Rules)；

(16)国际标准化组织(ISO)《Packaging-Pictorial Marking for Handling of Goods》(ISO 780—1997)；

(17)国际标准化组织(ISO)集装箱名词术语(ISO 830—1981)；

(18)国际标准化组织(ISO)集装箱的代码、识别和标记(ISO 6346—1995)；

(19)有关油船的国际规则

①国际航运商会《ICS Tanker Safety Guide》；

②国际航运商会《International Safety Guide for Oil Tanker & Terminals》；

③国际航运商会《Safety in Oil Tankers》；

④国际航运商会《Clean Seas Guide for Oil Tanker》；

⑤国际航运商会《Prevention of Spillages Through Cargo Pumproom Sea Valves》；

⑥国际航运商会《Ship to Ship Transfer Guide》；

⑦国际海事组织《Crude Oil Washing System》；

⑧国际海事组织《Inert Flue Gas Safety Guide》；

(20)国际航运商会《Tanker Safety Guide(Liquefied Gas)》；

(21)国际航运商会《Tanker Safety Guide(Chemicals)》。

2. 与货物运输有关的国内法规

(1)《中华人民共和国海上交通安全法》；

(2)《中华人民共和国海洋环境保护法》；

(3)《中华人民共和国港口法》；

(4)《中华人民共和国内河交通安全管理条例》；

(5)《中华人民共和国海商法》；

(6)《中华人民共和国国际海运条例》；

(7)中华人民共和国海事局《船舶与海上设施法定检验规则》—国际航行海船法定

检验技术规则；

(8)中华人民共和国海事局《船舶与海上设施法定检验规则》—国内航行海船法定检验技术规则；

(9)《中华人民共和国国内水路货物运输规则》；

(10)《水路危险货物运输规则(第一部分 水路包装危险货物运输规则)》；

(11)《中华人民共和国船舶载运危险货物安全监督管理规定》；

(12)中华人民共和国国家标准《包装储运图示标志》GB 191—2008；

(13)中华人民共和国国家标准《危险货物包装标志》GB 190—2009；

(14)中华人民共和国国家标准《危险货物分类和品名编号》GB 6944—2012；

(15)中华人民共和国国家标准《放射性物质安全运输规程》GB 11806—2004；

(16)中华人民共和国国家标准《危险货物品名表》GB 12268—2012；

(17)中华人民共和国国家标准《危险货物运输包装通用技术条件》GB 12463—2009；

(18)中华人民共和国国家标准《常用危险化学品的分类及标志》GB 13690—2009；

(19)中华人民共和国国家标准《常用化学危险品贮存通则》GB 15603-1995；

(20)中华人民共和国国家标准《危险化学品经营企业开业条件和技术要求》GB 18265—2000；

(21)中华人民共和国国家标准《集装箱 代码、识别和标记》GB 1836—2017；

(22)中华人民共和国国家标准《危险货物危险特性检验安全规范 通则》GB 19458—2004；

(23)中华人民共和国国家标准《危险货物分类定级基本程序》GB 21175—2007；

(24)中华人民共和国国家标准《危险货物例外数量及包装要求》GB 28644. 1—2012；

(25)中华人民共和国国家标准《危险货物有限数量及包装要求》GB 28644. 2—2012；

(26)中华人民共和国国家标准《有机过氧化物分类及品名表》GB 28644. 3—2012；

(27)中华人民共和国交通行业标准《危险货物集装箱港口作业安全规程》JT 397—2007；

(28)中华人民共和国交通行业标准《海运危险货物集装箱装箱安全技术要求》JT 672—2006；

(29)中国船级社《钢质海船入级规范》；

(30)中国船级社《集装箱检验规范》；

(31)《危险化学品安全管理条例》；

(32)《港口危险货物安全管理规定》；

(33)《水路货物运输质量管理办法》；

(34)1978 年交通部《关于海运生铁、金属块锭、盘圆、煤炭、散盐、矿石、矿砂、矿粉等散装货物装舱标准和船舶、港口责任划分的规定》。

附录Ⅱ　危险货物标志和标牌

一、《国际危规》危险货物标志和标牌

类别标志
1

数字须约30 mm高，5 mm宽（对100 mm×100 mm标志而言）。
数字“1”置于底角部。

** 属于危险类别的位置——如果属于副危险则留空
* 属于配装类的位置——如果属于副危险则留空

类别标志
2

类别标志
3

类别标志
4

类别标志
5

类别标志
6

类别标志
7

类别标志
8

类别标牌
7

类别标志
9

海洋污染物标记

加温标记

熏舱警告符号

方向标志

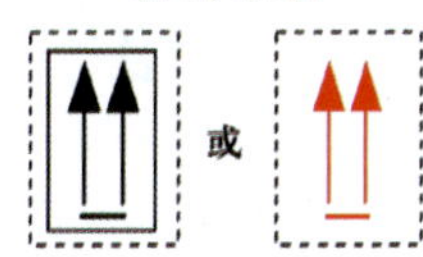

标牌上显示的联合国编号

* 类别或分类编号位置
** 联合国编号位置

限制数量标记

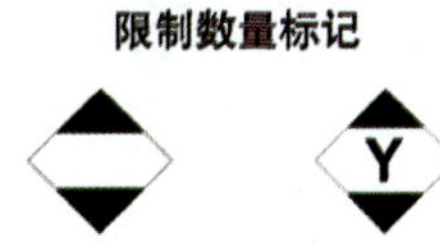

可免除量标记

* 类别编号的位置
** 托运人或收货人名字（如包件上未显示）

二、《水路危规》危险货物主标志

类别标志

1

主 1
适用于1.1 、1.2和 1.3项货物

主 1.4
适用于1.4项货物

主 1.5
适用于1.5项货物

类别标志

2

主 2.1
适用于2.1项货物

主 2.2
适用于2.2项货物

主 2.3
适用于2.3项货物

类别标志

3

主 3
适用于3类货物

类别标志

4

主 4.1
适用于4.1项货物

主 4.2
适用于4.2项货物

主 4.3
适用于4.3项货物

类别标志

5

主 5.1
适用于5.1项货物

主 5.2
适用于5.2项货物

类别标志

6

主 6.1
适用于6.1项货物

主 6.2
适用于6.2项货物

类别标志

7

主 7
适用于Ⅰ级放射性物品

主 7
适用于Ⅱ级放射性物品

主 7
适用于Ⅲ级放射性物品

类别标志

8

主 8
适用于8类货物

类别标志

9

主 9
适用于9类货物